本书受教育部区域国别研究重点培育基地
北京师范大学俄罗斯研究中心资助

帝国风暴
大变革前夜的俄罗斯

张建华 著

图书在版编目(CIP)数据

帝国风暴：大变革前夜的俄罗斯/张建华著.—北京：北京大学出版社，2016.5
ISBN 978-7-301-26871-1

Ⅰ.①帝⋯　Ⅱ.①张⋯　Ⅲ.①俄罗斯－历史－1762～1855　Ⅳ.①K512.34

中国版本图书馆 CIP 数据核字（2016）第 025187 号

书　　名	帝国风暴：大变革前夜的俄罗斯 DIGUO FENGBAO: DABIANGE QIANYE DE ELUOSI
著作责任者	张建华　著
责任编辑	李　哲
标准书号	ISBN 978-7-301-26871-1
出版发行	北京大学出版社
地　　址	北京市海淀区成府路 205 号　100871
网　　址	http://www.pup.cn　新浪微博：@北京大学出版社
电子信箱	pup_russian@163.com
电　　话	邮购部 62752015　发行部 62750672　编辑部 62759634
印刷者	天津中印联印务有限公司
经销者	新华书店
	720 毫米×1020 毫米　16 开本　33 印张　560 千字 2016 年 5 月第 1 版　2022 年 3 月第 3 次印刷
定　　价	69.00 元

未经许可，不得以任何方式复制或抄袭本书之部分或全部内容。
版权所有，侵权必究
举报电话: 010-62752024　电子信箱: fd@pup.pku.edu.cn
图书如有印装质量问题，请与出版部联系，电话: 010-62756370

序　言

"帝国"(империя/empire)对于俄罗斯人来说,是一场梦魇,也是一个梦想。

茫茫无际的草原,静静流淌的河水,如血的残阳下闪烁着几许诡秘的光亮。河边的营地开始喧闹起来。晚归的人们带着猎物和食品回来了,孩子们的欢笑声,男人们的咒骂声,女人们的叹息声,狗儿们的狂吠声交织在一起。

喧闹声停息了,一位白髯飘逸的长者开始了每天的晚祷告,男人和女人们跪在他的面前,长者忽而仰天长呼,忽而俯地亲吻,从他的嘴里发出了唱歌般的声调:"神明的太阳神、雷神帕伦、风神斯特里波格和给我们温暖的火神,我们是您最卑贱的奴仆。神明的万物之灵,我们是您最忠实的朋友。请保佑我们斯拉夫人吧!别让猛兽吃了我们,别再让我们挨饿,别再让我们逃难了。让太阳神保佑斯拉夫男人精力旺盛,保佑斯拉夫女人多多生育,保佑我们的孩子健康成长。"

这即是居住在俄罗斯平原和伏尔加河畔的俄罗斯先民们生活的一幕。

此时的俄罗斯人深受一个地跨欧亚的东罗马帝国——拜占庭的军事威慑和文化辐射。公元988年,基辅罗斯大公弗拉基米尔(Владимир I)通过行政命令的方式强制俄罗斯人接受了来自拜占庭的希腊正教,才使俄罗斯告别了龙荒蛮甸之状态,并攀援上了罗马帝国的奄奄将息的皇脉。

但是,罗马帝国的阴魂并不能拯救俄罗斯人的命运。自13世纪40年代起,俄罗斯人不得不屈辱地接受来自东方蒙古帝国——金帐汗国的2个半世纪的统治。异族残暴统治加速了俄罗斯的国家进程与民族进程。面对异族的武力侵略和殖民统治,分散的俄罗斯各部族有了团结共御外侮的要求。莫斯科公国领导了摆脱鞑靼人殖民统治的斗争,马克思称伊凡三世靠"将近200年的耐心的工作"终于在1480年"把莫斯科从鞑靼枷锁中解救出来。"①

从16世纪起,莫斯科大公和贵族们开始大规模殖民扩张和拓展疆土,到16世纪中期,俄罗斯国家的领土面积扩大到280万平方公里。马克思由此评价:"惊惶

---

① 马克思:《十八世纪外交史内幕》,中央编译局译,人民出版社,1979年,第71页。

的欧洲,在伊凡在位之初,几乎不知道夹在鞑靼人和立陶宛人之间还存在着一个莫斯科公国,这时因看到一个庞大的帝国突然出现在它的东部边境而目瞪口呆。"①

"雄才大略"(马克思称)的彼得一世(Петр Ⅰ)开创了俄罗斯的帝国历程和帝国神话。他不仅完成了"富国强兵""开疆拓土"的时代使命,而且以"野蛮的""强制的"方式开始了俄罗斯民族和国家"文化转型"的历史进程。正如19世纪俄国伟大诗人普希金形容:"俄罗斯进入了欧洲,像一艘舰只在斧头咚咚的敲击声和大炮的阵阵轰鸣声中下水一样。"

在近300年的俄罗斯帝国历史上,叶卡捷琳娜二世(Екатерина Ⅱ)绝对是位居彼得一世之后最重要和最有影响的统治者。她因推行"开明君主专制"和大规模引入法国启蒙思想而被法国思想家狄德罗(Denis Diderot)称为"北方赛米拉米达";她拓疆扩土、纵横捭阖使俄罗斯帝国跻身欧洲霸主之列,因此而被她的臣民尊称为"大帝";她也因残暴统治、生活糜烂和镇压法国大革命而被马克思斥为"欧洲的大淫妇"。但无论什么样的历史评价,都必须承认叶卡捷琳娜二世执政的34年(1762—1796)是俄国历史的重要阶段,与彼得一世执政年代(1689—1725)共同构建了俄罗斯辉煌的一百年,成为俄罗斯帝国最为鼎盛的黄金时代。

1787年,叶卡捷琳娜二世邀请奥地利国王约瑟夫二世(Joseph II)和她一起前往克里米亚半岛"度假"。她踌躇满志地告诉奥地利国王:"我两手空空,来到俄国,现在我终于给俄国带来了我的嫁妆,就是克里米亚和波兰。"

彼得一世和叶卡捷琳娜二世在俄国历史上均被尊称为"大帝",这是因为他们在任期里推行大规模的西式改革,使俄国社会和文化深深地打上了西方的印迹,为俄国现代化的实施创造了必要的前提条件。但是无论是彼得一世的"欧化"改革,还是叶卡捷琳娜二世的"开明君主专制"改革,根本目的是为了维护专制统治,因此改革只能是保守的改革,西化只能是有选择地西化,即它只引进西方文化的表层东西——科学技术、工场制度、教育体制、文化习俗等,而把西方文化的内核精华——自由民主的价值观念和共和代议制的政治制度一概拒之门外。从这一点来看,彼得一世和叶卡捷琳娜二世的文治武功无疑为俄国现代化设置了一层无形的障碍。

由于地理区域、文化背景、宗教理念等因素的影响,尤其是强势的沙皇制度与专制主义意识形态的作用,俄国未能发生和经历西欧国家普遍经历的文艺复兴、宗

---

① 马克思:《十八世纪外交史内幕》,中央编译局译,人民出版社,1979年,第70页。

教改革和启蒙运动三大思想解放运动。反而是俄国最高统治者,如彼得一世、叶卡捷琳娜二世和亚历山大一世(АлександрⅠ)扮演了西方技术和先进思想文化的导入者的特殊角色,而这种导入在主观上极具选择性和目的性,原因在于,俄国严重缺乏先进知识资源和知识阶层的储备。至19世纪初,具有独立精神和批判意识的俄国知识阶层产生了,他们承担了自下而上的俄国思想启蒙的艰巨使命。1838—1848年被俄国著名评论家安年科夫(П. В. Анненков)称为"辉煌的十年"(блестящий десять лет),亦被同时代的西方派代表人物卡维林(К. Д. Кавелин)赞赏为:"那是我们科学和文化生活繁盛的年代,尽管它短暂如北方之夏。"

在思想解放和思想启蒙的同时,来自传统势力和保守势力的政治和思想力量则以拼死之势对抗思想解放的大浪潮,形成一股并非弱势的反启蒙浪潮,最有代表性的是1848—1855年沙皇尼古拉一世(НиколайⅠ)统治的"黑暗七年"(черный семь лет)。

伴随着19世纪30—40年代俄国知识阶层自我意识和群体意识的觉醒,他们以自己的知识权力和舆论影响力重建社会重心,形成了一个特殊的"知识阶层"(интеллигенция)。共济会、沙龙、大学、庄园和出版物是俄国知识阶层的公共空间,而"小组"在其中最具特色和活力,它成为俄国未来政治党团的雏形。俄国知识阶层批判俄国社会现实、迻译欧洲先进思想、规划俄国未来道路,他们扮演着思想启蒙者和实践先行者的双重角色。

时至19世纪50年代中期,自18世纪以来强势运作整整一个世纪的沙皇专制制度和俄国等级体制已渐式微,农奴制度也已显现愈来愈严重的危机状态。而新式工商业和商品经济观念越来越深入人心,以进步贵族和新兴阶层为主体的公民社会日益壮大。俄国人经历了从思想观念到行为方式的巨大变化,俄国社会与欧洲乃至世界的地理距离和地缘政治距离从来没有过如此之近,俄国已经走到了大变革的关键时刻。

1762—1855年,是俄罗斯帝国最为鼎盛的时期,也是俄罗斯思想文化最为辉煌的时期,同时也是旧制度的优势和合法性消耗殆尽的时期,更是民族、国家、社会、家庭、个人以及国际环境大变革的前夜。

然而,俄罗斯帝国的最高统治者和贵族统治阶级仍然盲目沉醉于帝国往昔的辉煌,仍然放纵帝国无羁的梦想,而置来自国家内部、社会层面和国际环境的种种预警和危机于不顾。1853年爆发的克里米亚战争,则大大地加速了帝国危机和社会大变革的到来。正如同时代诗人丘特切夫(Ф. И. Тютчев)断言:"现在脚底下已经没有先前那样牢固而不可动摇的土壤了……有朝一日,醒来一看,自己已处在远离海岸的冰块上。"

　　一场帝国风暴即将到来,一幕曲折离奇的历史大戏徐徐展开。

目　　录

第一章　帝国之兴：彼得大帝和他的帝国 …………………………………（1）
　　一、莫斯科公国的兴起 ……………………………………………………（2）
　　二、彼得一世亲政 …………………………………………………………（8）
　　三、欧风荡涤俄罗斯 ………………………………………………………（13）
　　四、"民族意识"和"帝国意识"兴起 ……………………………………（18）

第二章　"开明专制"：叶卡捷琳娜二世的帝国治理 ……………………（25）
　　一、彼得三世"苛政"与叶卡捷琳娜二世政变 …………………………（26）
　　二、叶卡捷琳娜二世的"开明专制" ……………………………………（32）
　　三、工商业与农奴制经济繁荣 ……………………………………………（43）
　　四、中央与地方机构改革 …………………………………………………（48）
　　五、宗教与民族政策 ………………………………………………………（51）
　　六、对哥萨克的统治与治理 ………………………………………………（59）
　　七、政治腐败与国内矛盾 …………………………………………………（64）
　　八、普加乔夫起义 …………………………………………………………（68）
　　九、外交政策与帝国疆域的拓展 …………………………………………（74）
　　十、帝国治理与开启"政府自由主义"传统 ……………………………（86）

第三章　帝国之基：俄国社会等级制度与贵族特权 ………………………（91）
　　一、贵族阶层与贵族特权 …………………………………………………（92）
　　二、贵族庄园与庄园经济 …………………………………………………（97）
　　三、决斗与贵族意识觉醒 …………………………………………………（104）
　　四、农民与农民地位 ………………………………………………………（107）
　　五、城市发展与市民阶层 …………………………………………………（113）
　　六、东正教会与神职阶层 …………………………………………………（119）

第四章　黄金之前：俄国思想文化的曙光 (126)
一、拉吉舍夫对现实的批判 (127)
二、谢尔巴托夫和卡拉姆津的思想 (131)
三、讽刺杂志与俄国文学 (134)
四、俄国共济会的文化活动 (143)
五、庄园文化与社会风尚 (150)
六、罗蒙诺索夫的贡献 (157)
七、国民教育体系的初立 (160)

第五章　幽暗帝国：神秘沙皇亚历山大一世的统治 (167)
一、保罗一世的五年短暂统治 (168)
二、"弑父者"亚历山大一世 (186)
三、"秘密委员会"及其自由改革 (191)
四、斯佩兰斯基方案 (196)
五、阿拉克切耶夫苛政 (203)
六、1812年反法战争 (209)
七、在"正统"与"神圣"的口号下 (217)
八、十二月党人起义 (225)
九、"神秘沙皇"亚历山大一世 (235)
十、亚历山大一世的帝国治理 (240)

第六章　狂飙时代：俄国启蒙运动和反启蒙思潮 (247)
一、《哲学书简》与"恰达耶夫事件" (248)
二、西方派与斯拉夫派冲突 (253)
三、普希金与恰达耶夫的分歧 (257)
四、俄国文学的思想启蒙 (263)
五、保守主义的反启蒙 (269)
六、果戈理的保守思想 (277)
七、巴枯宁的激进与保守 (283)
八、俄国保守主义的特点 (289)
九、俄国知识界看东方 (292)
十、俄国知识阶层的形成 (296)

第七章　宪兵帝国：沙皇尼古拉一世及其统治 (302)
- 一、不寻常的登基 (303)
- 二、强化独裁体制 (312)
- 三、官方意识形态 (317)
- 四、工商业发展 (323)
- 五、康克林币制改革 (326)
- 六、基谢廖夫改革 (328)
- 七、强化军事力量 (333)
- 八、占领中亚和高加索 (335)
- 九、镇压波兰起义 (340)
- 十、中俄关系 (345)
- 十一、登上欧洲霸权顶峰 (351)
- 十二、尼古拉一世的帝国治理 (361)

第八章　公共空间：俄国知识阶层及其政治表达 (367)
- 一、知识阶层的公共空间 (368)
- 二、庄园：俄国知识阶层的精神堡垒 (372)
- 三、斯坦凯维奇小组 (378)
- 四、赫尔岑—奥加廖夫小组 (381)
- 五、赫尔岑的社会主义思想 (384)
- 六、彼得拉舍夫斯基小组 (389)

第九章　黄金时代：俄罗斯文化与人文之初澜 (403)
- 一、普希金：俄罗斯诗歌和文学的太阳 (404)
- 二、果戈理：俄国批判现实主义奠基人 (418)
- 三、茹科夫斯基和莱蒙托夫的诗歌创作 (422)
- 四、屠格涅夫和冈察洛夫的文学创作 (426)
- 五、绘画艺术 (429)
- 六、格林卡的音乐创作 (432)
- 七、教育事业 (435)
- 八、科学技术 (438)
- 九、"巴拉达"号环球考察 (444)
- 十、俄国史学 (446)

十一、俄国哲学 …………………………………………………………（449）
　　十二、俄国汉学兴起 ………………………………………………（453）
第十章　帝国预警：旧制度危机与思想交锋 ……………………………（464）
　　一、农奴制经济严重危机 …………………………………………（465）
　　二、城市发展与功能转变 …………………………………………（469）
　　三、贵族庄园的巨变 ………………………………………………（473）
　　四、共济会的快速发展及政治影响 ………………………………（479）
　　五、思想交锋：乌瓦罗夫等人的保守思想 ………………………（485）
　　六、思想交锋：别林斯基的革命主张 ……………………………（494）
　　七、思想交锋：赫尔岑的革命主张 ………………………………（503）
　　八、克里米亚战争的爆发和影响 …………………………………（507）
尾声 …………………………………………………………………………（516）

第一章　帝国之兴：彼得大帝和他的帝国

在圣彼得堡的十二月党人广场上矗立着一座巨大的雕像，高头大马上的骑士——彼得大帝果敢刚毅，目光如炬，高昂的马头朝着西方，跃起的马前蹄仿佛要踏破一切罗网，马的后蹄则踏着一条死蛇。涅瓦河水在雕像前缓缓地流过，它经历了无数个春秋冬夏，目睹了一代代皇朝更迭。普希金（А.С.Пушкин）以诗的语言为它命名为"青铜骑士"（медный всадник）。德国哲学家、《西方的没落》的作者斯宾格勒（Oswald Spengler）评价："俄国历史上的致命人物是彼得大帝，因为本来莫斯科的原始沙皇制度，甚至在今天还是适合于俄罗斯世界的唯一形式，但是，在彼得堡，它被扭曲成了西欧那些的能动形式。"当代俄罗斯著名学者利哈乔夫（Д.С.Лихачёв）院士则直接称赞彼得大帝时代开创了"帝国神话"，"彼得大帝统治时期是俄罗斯历史的转折点，在这个点上国家航船的行程急剧改变了自己的方向，这个改变绝对是按照专制者的意志，这个神话仿佛是颠扑不破的真理进入了整个18和19世纪的民众意识。"

莫斯科公国的兴起

从 12 世纪初开始，成吉思汗剽悍的蒙古鞑靼大军远征西亚和东欧，所到之处，战无不胜、攻无不克。蒙古人极其凶狠和残酷，他们常常将俄罗斯人的头颅砍下来当作饮酒的杯子。由于基辅罗斯内部的分裂，各个小公国的王公贵族们忙于内部争权夺利，无力抵御蒙古军队的入侵。到 1240 年，基辅罗斯的都城——基辅就被攻陷。他们在伏尔河下游驻留下来，在原基辅罗斯的领土上建立了金帐汗国（又称钦察汗国），定国都于伏尔河畔的萨莱。从此东斯拉夫人各民族开始了长达 200 余年的蒙古鞑靼人的统治。金帐汗国每年派出大量的武装征税队，向各地的俄罗斯人征收重税。武装征税队唱着小调让人听了就不寒而栗，"哪个没有钱，就要他的女儿。哪个没有女儿，就要他的妻。哪个连妻子也没有，就把他的脑袋留下吧。"

金帐汗国的历代汗对于东斯拉夫人采取了两手统治策略，一方面坚决镇压一切反抗压迫和争取独立的举动，另一方面采取怀柔和安抚政策，保留各个小公国的王公的特权和地位，要求他们效忠金帐汗的政权，从金帐汗那里取得"册封书"，才得以在其公国内继续行使统治权力，条件是每年必须向金帐汗交纳大量的贡赋和战时无条件提供兵源及辎重。为了分化俄罗斯人的团结和便于对俄罗斯人各部的统治，金帐汗国从俄罗斯的王公中间选择一人，将他册封为"弗拉基米尔及全罗斯大公"，授权他代替金帐汗国统治俄罗斯各部，下令俄罗斯人服从弗拉基米尔大公的统治。

莫斯科最初是弗拉基米尔—苏兹达里公国的一个小村镇，属弗拉基米尔大公"长手"尤里·多尔戈鲁津的名下。这位大公在对外征战中曾被敌人砍去左手，然后他命令铁匠打制了一只假手，装在胳膊上，以后尤里便以凶狠、残暴闻名四方，只要提起"铁手尤里"，对手就望风披靡。

莫斯科的得名是一个谜，有人说它得名于流经城边的莫斯科河，有人说它得名于城里最大的桥的名字，在俄文中，"桥"的音译为"莫斯特"（Мост）。在俄罗斯的编年史中,最早提到"莫斯科"的时间是1147年。 莫斯科最初在东北罗斯各公国中并不是实力最强盛的国家,但是由于它处于极其重要的交通枢纽之上并且得到金帐汗国的扶植,使它在较短时期内发展起来。 莫斯科位于东北罗斯各公国的中央地区,是水陆交通的枢纽。 以莫斯科为起点的沃洛季米尔大道经过库里科沃原野。 有一条把契尔尼戈夫、基辅地区与佩列亚斯拉夫尔、罗斯托夫、弗拉基米尔联系起来的道路从洛帕斯纳通到莫斯科。 这些古老的道路都是商队的必经之处。 莫斯科成为东北罗斯以及东欧最大的商品集散地之一,向来往客商征收过境商品贸易关税。 关税成为莫斯科公国重要的收入。 处于中心位置的莫斯科不容易受到金帐汗国和其他游牧民族的侵扰,因此它吸引了大批逃难的俄罗斯人,使它的人口大大增加。

莫斯科公国崛起于伊凡·丹尼洛维奇·卡里达(史称伊凡一世)统治时期(1325—1341)。 伊凡·卡里达是一个善于翻云覆雨的俄罗斯王公,为了达到自己的目的,可以不择手段。 此人非常贪婪,他善于利用手中的权力,巧取豪夺、聚财敛金,扩大自己的腰包和莫斯科的国库,因此他获得了"钱袋"("卡里达"Клита 的俄文意思接近"钱袋"Кашелёк)的绰号。 卡里达将大量的黄金和珠宝贡献给金帐汗,以博得金帐汗的信任。

卡里达派出大量人员,定期游说金帐汗的妻妾和子女,秘密送给她们金银财宝,以便让她们影响金帐汗。 他还以巨额钱财在莫斯科为东正教大主教修建豪华的驻节地——大主教公署,使得俄罗斯希腊正教大主教彼得于1332年将大主教公署由基辅迁到莫斯科,使莫斯科公国成为俄罗斯人的信仰和精神中心,从而获得了东正教会强有力的支持。 东正教会利用其控制的精神工具和宣传武器为莫斯科大公大肆鼓噪,从而为莫斯科在未来领导东北罗斯各公国反抗蒙古鞑靼人的金帐汗国的统治、重新统一俄罗斯增添了神圣的光彩。

1327年,莫斯科公国的邻国——特维尔公国发生了反抗金帐汗国统治的起义,伊凡·卡里达大公主动向金帐汗请命镇压特维尔,将特维尔大公亚历山大·米哈伊洛维奇赶出特维尔(后因伊凡·卡里达的逸言被金帐汗处死),从而一举消灭了他有力的竞争对手。 1328年,伊凡·卡里达获得了金帐汗册封的"弗拉基米尔大公"的称号,同时授权他代理金帐汗国征收全俄罗斯的贡赋,从此他成为众俄罗斯大公中的第一人。 这样伊凡·卡里达一方面可以堂而皇之地假借平定叛乱为名兼并俄罗斯土地,另一方面可以利用职权截留大量的贡赋为己所用。 伊凡·卡里达统治时期,莫斯科公国的版图大大地增加,其经济和军事力量也达到鼎盛，未来俄罗斯帝国的版图已基本形成，金帐汗国对莫斯科公国也不敢小视。

季米特里·伊凡诺维奇于1359年继承莫斯科大公，这一年他仅10岁。年幼的大公即立下大志，一定要领导俄罗斯人摆脱蒙古人的统治，使自己成为全罗斯的最高统治者。他开始积蓄力量，四处张榜，以高官厚禄广纳贤士，吸引一些强大、富有的领主带着众多的仆从、仆役、家丁聚集到莫斯科。他同时命令马不停蹄地建造莫斯科石头城，四周很快就筑起了又厚又高的石墙，并建有塔楼、碉堡、炮门和铁门。

1380年夏天，金帐汗国的马麦汗率20万大军越过伏尔加河，同时派出使节游说俄罗斯的敌人——立陶宛与金帐汗国结盟，联合出兵。两国军队商定于9月1日会师，共同进击莫斯科，瓜分莫斯科大公统治下的"弗拉基米尔大公国"。

在得知马麦汗出兵的消息后，莫斯科大公季米特里立即向各地发出命令：命令8月15日紧急集合军队。这一天前来参战的除了莫斯科政府军队外，还有周围地区的民兵。季米特里大公站在他的高头大马上，他左手持"弗拉基米尔大公权杖"，右手举起闪闪发光的长剑，向在场的15万人喊道："俄罗斯的兄弟们！马麦汗的大军正在逼近我们，他们要抢去俄罗斯王公的称号，他们要焚烧我们的城市，他们要抢走我们的粮食，他们要抢走你们的妻子和女儿。让我们冲上去吧！为家乡的土地而战，为自己的辽阔的牧场、为我们家庭、女人和田地，为了自己的荣誉而不惜流血牺牲吧！"话音刚落，15万将士齐声高呼："乌拉！乌拉！"声音响彻云霄。随后，俄罗斯大军开始进发，王公们率领着自己的武士队，有战斗经验的士兵们行进在最前面。俄罗斯的长剑、宽大矛头、阿拉伯的弯刀和致命毒箭在阳光的照射下闪烁着可怕的青光。沉重的圆锤和六叶锤悬挂在皮带上，民兵们身上穿着缝有铁块、铜块的衬衣、皮袄和用绳子及木板铠甲制成的环甲的服装，手里拿着斧子、猎熊矛、长木棒和短锤。

1380年9月8日中午12时，在库里科沃，金帐汗国军队与莫斯科公国军队的激战开始了。蒙古军人剽悍的骑兵能够在疾驰的马上准确地使用弓箭，他们是最危险的敌人。他们训练有素，在作战时可以迅速地变换几种队列，分成前锋、主力和侧翼。远远望去，蒙古大军的长矛连成一片，好像新种的柞树林一样。士兵的沉重步伐、隆隆的车轮声和马蹄声汇集成强大响声，由远而近，向俄罗斯军队逼来。

马麦汗指挥蒙古骑兵进攻俄罗斯的"先锋团队"，由于蒙古骑兵在人数和装备上占据很大优势,尽管"先锋团队"顽强抵抗,但最终"先锋团队"的士兵几乎全部被杀死。 接着,蒙古骑兵开始攻击季米特里大公亲自指挥的"大团队",骑兵冲击俄罗斯军队的阵中,惊天动地的肉搏战开始了。 狭小的场地内蒙古骑兵与俄罗斯士兵挤在一起,不少俄罗斯士兵被马踏死,被杀死的人甚至都倒不下来,四溅的鲜血挡住了双方士兵的眼睛,血腥味让人难以喘过气来。 面对面地肉搏厮杀,武器撞击的叮当声、铿锵声,喊叫声,伤员和垂死者的呻吟声,马的嘶声——这一切声音混合在一起,直冲云霄。

后人所写的《季米特里大公大战马麦汗的故事》中对战斗做了这样的描述:"镀金的头盔叮铃作响,深红色的盾咚咚响。 宝剑呼啸,锐利的军刀在好汉们的头旁闪烁,勇士的鲜血沿着包铁皮的马鞍流淌,镀金的头盔在马蹄旁滚动。"[1]

库里科沃大决战结束了。 在战斗中幸存的俄罗斯的光荣的勇士们,满身血污疲惫不堪地穿着揉皱的甲胄集合在大旗下。 胜利的"乌拉"声在库里科沃原野响起。

俄罗斯一方战死 6 万人,金帐汗国一方战死 7 万人。 马麦汗后来因金帐汗国内部争斗,被脱脱迷失汗杀死。 莫斯科大公季米特里被全国上下尊称为"顿河王"(Донской,俄语意即顿河的主人)。

库里科沃大决战是俄罗斯人民争取自己独立自主斗争中的历史关键。 顿河王季米特里大公宣布把金帐汗封给他的弗拉基米尔大公国作为自己的"世袭领地"来支配,他可以不经金帐汗的同意就把弗拉基米尔传给自己的继承人。 季米特里大公在遗嘱中告诉儿子瓦西里:"上帝将使金帐汗国发生变化,我的子孙将不再向金帐汗国缴纳贡赋。"

随着莫斯科公国统一了东北罗斯,原来的各公国之间的经济和政治联系大大地加强了,而且由于国内社会经济发展的结果,俄罗斯中央集权国家形成的前提条件已经形成,而阻碍统一的中央集权制的俄罗斯国家建立的唯一障碍就是金帐汗国的统治了。 1477 年,莫斯科公国在兼并了诺夫哥罗德公国后,就停止向金帐汗国交纳贡赋。 阿合马汗在金帐汗国内部分裂的情况下,仍然控制住东北罗斯和莫斯科公国,因此对于莫斯科公国大公伊凡三世的不逊态度大为恼火,于 1480 年与莫斯科公国的对手立陶宛大公卡齐米尔四世结成军事联盟,相约联合进军莫斯科公国,讨伐伊凡三世。

---

[1] 诺索夫主编:《苏联简史》,第 1 卷,上册,生活·读书·新知三联书店,1976 年,第 94 页。

伊凡三世早就准备与金帐汗国军队进行决战,并且为此做了充分的准备,并且与克里米亚汗国达成协议,由克里米亚汗率军截击卡齐米尔四世军队。由伊凡三世长子伊凡·伊凡诺维奇率领的俄罗斯军队在阿合马汗军队必经的奥卡河左岸支流乌格拉河严阵以待。正当莫斯科准备迎出蒙古军队时,大公夫人索菲娅·帕列奥洛格却不相信俄罗斯军队的力量,竟然离开首都,并把宫廷迁到白湖。这在军队中引起很大的混乱。伊凡三世作为军事统帅也非常胆怯,甚至准备与阿合马汗议和。消息传到莫斯科,老百姓群情鼎沸。1480年9月,从前线跑回来的伊凡三世回到莫斯科,愤怒的老百姓将他团团围住,质问他为什么抛弃士兵而临阵退缩,坚持要求伊凡三世回到前线,继续指挥俄罗斯大军。罗斯托夫大主教瓦西安在《致乌格拉书》中呼吁伊凡三世保卫莫斯科,并用顿河王季米特里的故事来鼓励他。伊凡三世害怕群众反对他,便移居红村。过了几周后,他还坚持召回前线领兵的王子伊凡·伊凡诺维奇,但王子坚决地拒绝了他的命令,表示:"我宁愿在乌格拉河战死,也不愿像乌龟一样缩回莫斯科。"在莫斯科群众的强烈呼吁下和王子的鼓励下,伊凡三世振作精神,终于回到前线乌格拉河畔。伊凡三世的行动鼓舞了前方的将士,俄罗斯军队的士气为之大振。

1480年11月,俄罗斯军队和金帐汗国军队在河的冰面上展开激战。双方互有胜负,最后双方退守两岸,展开对峙。在凛冽的寒风中,衣衫单薄、劳师远征的金帐汗国士兵因饥饿和寒冷而不断减员,俄罗斯军队的士气却日渐高涨。最后阿合马汗同意求和,但条件是莫斯科公国继续向金帐汗国交纳贡赋。罗斯托夫主教瓦西安写信给伊凡三世,在信中再次呼吁他坚定对抗蒙古人,抓住这个有利时机,不要理会那些劝他妥协甚至叛国的懦夫们。11月11日,俄罗斯军队从侧面向金帐汗国军队发起进攻,阿合马汗只得率领残部仓皇逃走,俄罗斯军队一路追击,在伏尔加河下游打死金帐汗阿合马。

乌格拉河战役的胜利,标志着俄国从此彻底结束了蒙古鞑靼人和金帐汗国长达200余年的统治。1505年,在位43年的伊凡三世去世,其子瓦西里三世继位,到1533年瓦西里三世去世时,俄国面积已达280万平方公里,成为当时欧洲领土面积最大的国家。1533年瓦西里三世之子伊凡四世即位,但其时年仅三岁,由舒伊斯基公爵摄政。1547年,18岁的伊凡四世正式加冕为沙皇,莫斯科公国正式改称俄罗斯。

1584年3月18日,沙皇伊凡四世病逝,由皇太子费多尔继承了沙皇皇位。费多尔生性懦弱、才智平庸。国家大权逐渐被费多尔的妻兄鲍里斯·费多罗维奇·戈东诺夫把持。 鲍里斯·戈东诺夫是鞑靼人的后裔，出身显贵，善使计谋。1598年1月7日，沙皇费多尔病逝，由于他没有子女，其弟季米特里也于早年因意外事件丧命，留里克王朝到此终止。 戈东诺夫操纵他所控制的缙绅会议选举自己为新沙皇。

1603年，在欧洲出现自称是"未死"的皇太子季米特里的人，俄国历史上称他为伪季米特里一世，在波兰国王的支持下，伪季米特里一世率兵攻打俄国。1605年4月13日，沙皇戈东诺夫突然死去，他16岁的儿子费多尔继位，宫中官兵杀死费多尔，投靠伪季米特里一世。 1605年7月21日，伪季米特里一世在圣母升天大教堂正式加冕为沙皇，皇太后玛丽娅·纳加娅也当着百官的面承认伪季米特里是自己的亲生儿子。

伪季米特里一世是靠波兰贵族和波兰军队夺取皇位的，因此他对波兰人大加封赏，引起了俄国贵族和广大俄国人民的强烈不满。 1606年5月17日，莫斯科市民以钟声为号，发动了声势浩大的起义，起义者冲进宫廷，伪季米特里一世当场被乱刃砍死。 起义者愤怒将他的尸体拖到广场上示众，然后焚烧，再把骨灰装进炮筒里，朝着他来的方向——波兰发射，以警告波兰贵族和国王企图兼并俄国的野心。

1606年5月19日早晨，在克里姆林宫广场召开紧急会议，由缙绅会议推举最有权势的世袭贵族瓦西里·舒伊斯基继任沙皇。

1607年6月，在俄国南部又出现了一个自称是皇太子季米特里的人，历史称他为伪季米特里二世。 波兰国王西吉斯蒙三世安排他与"伪季米特里一世"的"皇后"玛琳娜结婚，又给他大量的军队和装备。 伪季米特里二世率领波兰军队向莫斯科进军，沿途有许多被蒙骗的农民和哥萨克加入他的队伍，一些宫中贵族和官吏也转而支持伪季米特里二世，试图利用他的力量推翻沙皇舒伊斯基的统治。 1608年6月，伪季米特里二世的率领的军队兵临莫斯科城下。 1610年7月17日，沙皇舒伊斯基在宫中贵族的逼迫下退位，政权转归领主杜马。 在莫斯科城内的叛乱贵族的配合下，波兰军队占领了莫斯科，波兰国王准备自立为沙皇。

波兰军队的入侵激起俄国人民的爱国热情，下诺夫哥罗德的商人库茨明·米宁建立了"全国会议"，并以农民游击队为基础建立了国民义勇军，由德米特里·波扎尔斯基担任国民义勇军总司令。 波扎尔斯基将自己的财产捐献了三分之一，并且提议工商业者将自己的财产捐献五分之一，用于武装军队。 国民义勇军从下诺夫哥罗德出发，沿途受到人民的热烈拥护。 1612年10月26日，国民义勇军终于解放了被波兰军队占领两年多的首都莫斯科。

1613年1月，全俄缙绅会议在莫斯科克里姆林宫圣母升天大教堂开幕，50个城市派出了自己的代表，各等级代表总数为700人之多，决定选出新沙皇。会议首先否决了由波兰国王和瑞典国王担任俄国沙皇的提议，最后选举与伊凡四世的儿子费多尔沙皇有姻亲关系的米哈伊尔·费多罗维奇·罗曼诺夫为沙皇候选人。 1613年2月27日，米哈伊尔·费多罗维奇·罗曼诺夫在克里姆林宫圣母升天大教堂正式加冕为沙皇，从此开始了300余年的罗曼诺夫王朝的统治。

彼得一世亲政

1645年，米哈伊尔沙皇病逝，由其子阿列克谢·米哈伊洛维奇·罗曼诺夫继位。 阿列克谢沙皇与第一个妻子玛丽娅·伊莉尼奇娜·米洛斯拉夫斯卡娅生有两个儿子，费多尔和伊凡均智力低下，而且体质羸弱。 但长女索菲娅·阿列克谢耶芙娜却是身体健壮，从小就表现了极强的政治野心。 1672年5月30日，43岁的沙皇阿列克谢与第二任妻子纳雷什金生下儿子彼得·阿列克谢耶维奇·罗曼诺夫。 1676年老沙皇阿列克谢病逝，由彼得的同父异母的哥哥费多尔继承皇位，米洛斯拉夫斯基家族立即得势。 因为费多尔体弱多病，长年卧床不起，宫中大权实际上落入米洛斯拉夫斯基家族手中，一些政令假借费多尔名义发出。 1682年4月27日，长期患有败血症的沙皇费多尔病逝，两个外戚家族——米洛斯拉夫斯基家族和纳雷什金家族展开了争夺皇权的斗争。 这一年的5月15日，俄国宫廷发生了射击军兵变，射击军冲进克里姆林宫，当着幼小的彼得的面杀死了彼得的两个舅舅和一些朝廷命官。 兵变过后，由于两个外戚家族势均力敌，只得将彼得与他的同父异母的哥哥伊凡并立为沙皇，这是俄国历史仅有的"双皇"并列的现象。 鉴于两个沙皇年幼，无法视事，而由他们的姐姐索菲娅公主摄政。 索菲娅初时处处排挤彼得，后来又担心彼得会从她手中夺走权力，因此密谋除掉彼得。 1689年8月7日，彼得听到索菲娅派人杀他的消息后，在一部分禁卫军士兵的支持下，发动政变，软禁索菲娅和同母异父的哥哥伊凡沙皇。 同年17岁的彼得在莫斯科宣布亲政，在俄国历史上是为彼得一世。

17世纪末的俄国是欧洲落后国家,政治上内乱不断,世袭贵族弄权,东正教会干政;经济上严重落后于西欧和中欧国家;军事上经常遭到波兰、土耳其等强邻的进攻,射击军缺乏战斗力,经常参与反对沙皇的叛乱;文化教育方面更为落后,全国没有一所世俗学校,居民识字率仅为2%—3%。面对这样的内忧外患的严重情况,彼得一世下决心改变俄国的面貌。

1696年,彼得一世下令组织一个庞大的"俄国大使团",去周游欧洲各国。俄国曾经是一个国门封闭的国家,彼得一世以前的历代统治者中,只有基辅罗斯大公伊兹雅斯拉夫于1075年到普鲁士的莱茵河畔的城市美茵茨与普鲁士国王亨利四世会过面。因此,当1696年12月彼得一世向大贵族杜马宣布他将亲率"俄国大使团"出访欧洲时,俄国宫廷传来一片反对之声。

面对宫中的反对之声,彼得一世毫不退缩。他任命瑞士驻俄国使馆外交官勒福尔特为"俄国大使团"的第一团长,任命著名的外交家、曾参与中俄尼布楚条约谈判的费多尔·阿列克谢耶维奇·戈洛文为第二团长,任命通晓多门外语的杜马书记官普罗科菲·沃兹尼茨为副团长。而在大使团中,彼得一世仅仅是普通一员,他为自己任命的官职是陆军下士。他特令工匠制作一个特制的沙皇印章,印章上画着一个在海军服役的木匠,周围是木匠工具,边上写着这样一句话:"我是寻师问道的小学生。"彼得一世亲自为大使团制定了出访路线图:阿姆斯特丹、柏林、维也纳、罗马、哥本哈根、威尼斯、伦敦。彼得一世为"俄国大使团"确定了多重使命。第一,游说欧洲宫廷,联合对付俄国南部的主要敌人——奥斯曼土耳其帝国。第二,招贤纳士,广泛地引进各方面人才以为己用,向沿途各国招募水手、船长、水兵以及能工巧匠。第三,为创办新式海军和陆军,购买新式火炮、来复枪以及造船所用的起重设备、淬火所用高炉、导航仪器等。第四,"大使团"成员还包括35名"留学生",彼得一世即是其中一员,任务是学习各国的造船技术、武器制造、军事地形学、战术学、指挥学等。彼得还亲自制定了留学计划:在第一个单元里必须学会军舰的驾驶、指挥和维修等。在第二个单元里所有的"留学生"必须学会造船技术,然后每个人必须选择一个专攻的方面。

1697年8月,荷兰赞丹镇造船厂来了一名俄国留学生——25岁的陆军下士彼得,他不仅干起活来是行家里手,而且特别爱学习和钻研造船技术,他总是非常虚心地向荷兰师傅提出问题。一个月过去了,他的学徒期限到了,他的荷兰师傅以及他的工友都一致推举他为"优秀工匠"。造船厂的厂长亲手给彼得披上大红的绶带，颁发给彼得"优秀工匠"证书，后来当地人才知道这个彼得即是俄国沙皇。

从 1697 年 3 月 10 日到 1698 年 8 月 25 日，彼得率领俄国大使团出访欧洲整整 18 个月，行程所及瑞典的里加、库尔兰公国的米图和里博、普鲁士的哥尼斯堡和德累斯顿、荷兰的海牙、赞丹和阿姆斯特丹、英国的伦敦、神圣罗马帝国（奥地利）的维也纳、波兰的拉瓦鲁斯卡，行程达数千公里。

彼得一世先后与瑞典王室、普鲁士的霍亨索伦家族、勃兰登堡选帝侯腓特烈三世、汉诺威女选帝侯索菲娅夫人及其女儿勃兰登堡女选帝侯索菲娅·莎洛特、荷兰政府的三级会议、英国国王威廉三世、神圣罗马帝国皇帝利奥波德一世、萨克森选帝侯兼波兰国王奥古斯特二世等重要人物进行了会面。在彼得一世的亲自挑选下，俄国政府聘请了海军、陆军、教育、艺术、数学、物理、医疗和建筑等各个方面的专门人才。大使团回国时带回了彼得一世亲自挑选的俄国最需要的和他本人最感兴趣的东西，有各式武器，如弹药、大炮、手枪，有各国男女的服装和帽子、烟斗、指南针、圆规、多脚仪、各国的地图册、阿姆斯特丹的《自鸣钟》报、旧的船锚、牙科的手术器械等，还有各种奇形怪状的花花草草、鲸鱼须、烘干的鳄鱼和鸟的标本，甚至还有装在大玻璃罩中用酒精浸泡着的婴儿和畸形人。有的物品上面特意标有俄文字母 П. Р，表明这是彼得本人的私人物品。

通过与欧洲先进国家的比较，彼得一世真正看到了俄国的极端封闭和经济方面的极端落后，西方国家皆以工业和商业立国，尤其是海上交通和贸易是极其重要的，它可以称得上是英国、荷兰的生命线。欧洲国家的政府和朝廷大都采取有力的政策鼓励本国商人开拓海外市场，发展对外贸易事业。

17 世纪末俄国军队主要的战斗力是射击军，射击军始建于 16 世纪中期，这支军队中的高中级军官大都是从普鲁士、荷兰、瑞典等国雇佣来的职业军官，士兵也大多出身于俄国富裕家庭。在历次俄国宫廷内部斗争中，射击军常常为各种势力所御用。在出访欧洲途中，彼得一世不仅看到了西欧先进的武器装备，而且认识到海洋和出海口对俄国是非常重要的，认识到拥有陆军的重要性，而没有海军的君主就是一个"跛足巨人"。

1699 年，彼得一世正式启动军事改革，首先解散了射击军，并宣布实行义务征兵制，征兵对象主要是拥有人身自由的农民，同时规定贵族家庭的男子服兵役的人数不得少于其家庭总人数的 2/3。政府在征兵时向应征的青年许诺：凡参军的人，每年可以获得 11 个卢布，政府提供口粮及其马匹的粮草，每人还配给一份伏特加酒。 在彼得一世执政的 36 年中，沙皇政府共征兵 53 次，全国有 28 万多人应征入伍。 新兵必须经过外国军事教练的培训后才能被分配到军队之中。 彼得一世亲自起草了《陆军条例》，对士兵的训练和作战做出了详细的规定，它是俄国第一个比较成形和科学的军事法令。

为了加强对陆军的统一集中领导，1817 年俄国设立陆军院，由彼得一世的亲信缅希科夫元帅任院长，下设 3 个部，分别主管后勤、炮兵和筑城。 战时野战部队设总司令，下设野战参谋机构，这是未来的俄军总参谋部的前身。

彼得一世既注意引进国外的军事人才，更注意军队指挥和管理的本国化，从 1705 年起逐渐限制外国人在俄国军队中服役。 到 1720 年，俄国军队中 90% 以上的军官已经由俄国人担任。

在北方战争期间，彼得一世从无到有建立了一支海军。 1703 年，在彼得堡和波罗的海沿岸建立几个大的造船厂和海军基地。 1706 年 4 月，海军部造船厂造出了第一艘装配 18 门大炮的军舰。 俄国第一艘战列舰"波尔塔瓦"号于 1712 年下水。 到 1725 年，波罗的海舰队已拥有战列舰 40 艘、三桅巡航舰 10 艘、其他小型舰艇 800 艘，大炮已达 2226 门，作战人员达到 28000 余人。 在彼得堡、维堡和雷维尔等地建立了海军基地。 同时，里海舰队还拥有大约 100 艘小型舰艇。

俄国政府不仅注意海军舰船的建造，更注意培养大批的专门人才。 1701 年，在莫斯科开办了航海学校，讲授算术、几何、三角、航海学、天文学等课程。 1715 年在彼得堡建立海军学院。 同时俄国还选派大量的贵族青年到荷兰、英国等国学习海军指挥技术。 在彼得一世执政期间，海军的管理体制逐步完善。 1703 年设立海军部，海军部不仅管理海军的作战指挥，而且主管各造船厂、海军要塞，负责海军各级各类人员以及外国专家的挑选、训练及补充。 彼得一世亲自制定了《海军条例》和《海军部章程》，于 1720 年正式公布。

彼得一世的政治改革是与沙皇专制制度的确立和建立中央集权制国家密切相关的。 为防止机构臃肿、人浮于事和政出多门，1708 年在全俄设立 8 个省（后增至 11 个省），各省的总督直接向沙皇负责，统制地方的军事、政治、税收大权。 1711 年 3 月彼得一世下令设立由 9 人组成的枢密院，为国家最高权力机关，以取代大贵族杜马。 枢密院的成员由沙皇亲自挑选和任命，其职责包括制定新法令、编练海陆军、征服赋税、掌管中央和地方的各级政府机构。 彼得一世在有关的诏令中强调:"任何人都得听从枢密院的命令,就像听从朕本人的命令一样。"沙皇出访、因病不能视事时,枢密院代行沙皇的最高权力。 同时设立监察官,作为沙皇的特命钦差大臣,其职责是"秘密监视各种公务,察访冤狱,监视国库收支等等。 如有人营私舞弊,不论其职位多高,监察官均应向枢密院检举告发。 凡被告发者,课以罚款,罚金半数入官,半数奖给监察官。"同时,为防止枢密院和监察官专权,彼得一世于1722年又设立总监察官一职,彼得一世称该官职为"国王的眼睛和一切国务的司法总督察"①,枢密院办公厅隶属于总监察官,而总监察官本人则不受枢密院的管辖,只受皇帝的节制,其职责是监督枢密院、监察官和中央各部。

1703年5月16日,彼得一世做出一项重大决定,放弃世代莫斯科大公、俄罗斯沙皇立都的莫斯科,迁都北方的涅瓦河口。 从1703年下半年开始,新都彼得堡的建筑工程正式开工。 1706年,彼得下令海军部和陆军部迁到彼得堡,1713年,圣彼得堡被正式定为俄国首都。

东正教会是俄国特殊的政治力量,它既是沙皇统治的舆论工具,也是沙皇统治的心腹之患。 为打击东正教的势力,加强世俗政权对东正教会的控制,使其驯服地为沙皇专制制度服务,彼得一世推行了大规模的宗教改革。 他于1721年颁布法令,废除牧首制,建立东正教事务管理局,作为枢密院下设的一个政府机构,该局局长由世俗官员担任,东正教事务管理局的成员无论是神职人员、还是世俗官员都必须宣誓效忠沙皇:"我宣誓,永远听命于我的天然和真正的国君,以及他根据不容置疑的权力而选定的崇高接班人,永远做他们的踏实仆从,并服从他们的意志。 我承认国君是我们这个神圣组织的最高裁判者。"彼得一世自任为"东正教最高牧首",并将"君主的政权是专制制度的,是由上帝亲自托付的,为了良心必须要服从他,各级僧侣必须以他们的祷告为沙皇服务,任何人不得擅自离开职守"的条例写入东正教教规中。 他以"东正教会最高牧首"的身份出席了教区主教会议,发现不知死活的教士们仍坚持在他们中间选出一个大牧首以接替刚刚去世的前牧首阿德里安的职位。 彼得勃然大怒,他强调:"俄国现在不需要大牧首,我给你们立了一个新的大牧首,它就是这个条例。 你们要好好遵守这个条例,看见它,就犹如看见朕本人一样。"随后彼得一世当着大小神职人员的面,拔出一支宝剑,"咚"的一声把它插在桌子上,然后宣布:"谁想违背这个

---

① *Очерки истории СССР*,Москва,1954. с. 308.

条例，就请他尝尝宝剑大牧首的滋味！"① 为了防止弑君篡位和保护国家利益，东正教事务管理局于1722年下令废除了东正教会规定的忏悔保密制，规定所有的教士在得知忏悔者存在图谋"叛变和弑君"的想法时，必须立即密报政府。彼得一世的宗教改革极大地打击了东正教势力，从而结束了教权与皇权之争，永远地将教权置于皇权之下。

彼得一世最痛恨好逸恶劳者，认为修道士和神职人员就是这样一些人。因此他下令教士要以古代的僧侣为榜样，用自己的劳动的双手为自己生产食物，还要用自己的劳动养活乞丐。彼得一世要求枢密院每年派专人对东正教会的收入和财产进行登记，按规定向国家交纳所得税。彼得一世下令禁止修道院购买和出让土地，规定神职人员不论地位高低，一律只能吃一份简单的口粮，不得享受特殊的待遇。此外，他还特别规定每个男女修道士都必须学会一门手艺，以备养活自己。彼得一世还要求神甫和教士的子弟必须学会拉丁文，凡是没有受过教育的神职人员的子弟均不得接替父亲的职位。

1721年10月22日，枢密院举行隆重仪式，称彼得一世为"全俄罗斯大帝"，彼得大帝之名由此获得。

欧风荡涤俄罗斯

在欧洲的一年半生活中，彼得一世最为直接的感受是欧洲社会的文明和开化。而在俄国社会中长期流行着一些陈规陋习，如俄国妇女不能单独出远门，穿衣不得少于三件，俄罗斯男子必须一辈子留着大胡子等等。彼得一世决定首先在上层社会和普通百姓中推行社会习俗改革。

回国后，彼得一世亲自召见大臣和近侍，强令他们刮去俄罗斯男人视为骄傲的大胡子。而后，枢密院颁布法令，要求所有俄罗斯男人必须刮除长胡须，对坚持留胡须者课以重税——胡须税。富商每年缴100卢布，贵族和官吏每年缴60卢布，一般市民每年缴30卢布，农民每次进城要缴1戈比。为此，沙皇政府还

---

① 帕甫连科：《彼得大帝传》，东方出版社，1987年，第363页。

专门制作了一种小铜牌,正面画着胡子的图案,背面上写"须税收讫"。交纳胡须税金的人可以得到这样的证明,但必须把它挂在脖子上,以备随时检查。政府派出专门的人员,在大街上、到居民家里强迫老百姓剪掉胡须。

1700年1月4日,彼得一世颁布诏令,规定:"特权贵族、朝廷命官、莫斯科及其他城市的官吏,必须身着匈牙利服装,外面袍子的长度要到脚上的松紧袜带,里面的衬袍也要保持同样的长度,只略短一些即可。"这一年的8月20日,又规定:"为了国家以及军事机构的荣誉和美观,凡男子,除神职人员、上帝的公仆、车马夫和种地的农民外,一律必须穿匈牙利或德国式的服装。他们的妻子和儿女也要照样办理。"第二年,对新式服装的式样又做了进一步的规定:男子要穿短上衣、长腿裤、长靴、皮鞋和戴法国式的礼帽,穿法国式或萨克森式大衣。女人要穿裙子、欧式皮鞋、高装帽。各个城门口都展出这些服装的式样,有谁违反敕令,步行者罚款4个戈比,骑马者罚款1个卢布。

1702年,彼得一世颁布法令,宣布禁止贵族和领主将自己的妻女藏在自己家中,要求妇女无论婚否都必须参加上流社会的交际活动。朝中大臣和他们的妻子儿女必须学会法国宫廷的礼仪和风尚,谈吐必须优雅,上等人必须学会法语、喝咖啡、抽烟,必须戴假发。男人在公共场合见到妇女应该礼让三先,应该起身脱帽致意。所有宫廷贵妇和达官之妻女都必须学会像法国妇女那样化妆,化妆要得体、自然。彼得一世甚至下令给每个贵族、领主及朝廷官员及其家属发放一包白色的牙粉及一根牙刷,要求他们刷去嘴里的黄斑牙。

彼得一世下令在莫斯科和彼得堡两都城设立定期的"大跳舞会",要求莫斯科的达官贵人们必须带着自己的妻子、女儿前来跳舞,"凡10岁以上的贵妇都必须届时出席,否则予以严惩"。

一时间,参加冬宫的"大跳舞会"变成了上流社会的风尚。每当华灯初上之时,高级军官、显贵、官吏、富商、学者的马车驶向冬宫。每个人都把沙皇的邀请当作一种无上的荣耀。彼得一世力图将英国、法国上流社会的社交方式搬到俄国。他要求每一个来宾都可以根据自己的兴趣和爱好在"大跳舞会"活动,喜欢跳舞的,尽可以大跳英国队舞或者波兰舞。喜欢下棋的,尽可以集中心思考虑棋局。喜欢聊天的,尽可以交流自己感兴趣的东西。

彼得一世命令把德文的《青春宝鉴》译成俄文,并亲自删改书的内容,这本书从1705年第一次出版,到1725年,前后共重印三次。这本书对青年人的言谈、话语、行为、举止、思想、品德都做了标准且细致的规定。青年人应该尊重长者、勤劳、勇敢、诚实。书中告诫:"在家里不要自作主张,应当惟父母之命是从","赡养父母为莫大光荣","不应打断父母的话,更不应该顶撞长者"。《青春宝鉴》中还特别地强调:"青年人应当学会用外语(法语)交谈,以便养成说外语的习惯。特别是当他们要谈秘密的事儿的时候,为了使男女下人听不懂他们在说些什么,为了使别的无知的笨蛋们猜不透他们说的是什么,更应当说外语。"《青春宝鉴》中对青年人在公共场所的行为举止规定得更是非常细致,从青年人的如何走路到如何进食都一一作了规定。行路时,"在街上走路不要东张西望,不要眼睛向下,也不要斜眼看人,要挺直身子,径直前行"。赴宴时,"手不要久久地放在盘子上,喝汤的时候,不要摇晃双腿,不要用手而要用餐巾擦嘴,食物还没有咽下去时,不要喝汤。不要舔手指头,不要用牙齿啃骨头,要用小刀剔它。不要用小刀而要用牙签剔牙,剔牙时要用一只手遮住嘴巴。切面包时,要不把面包抱在胸前。吃摆在你面前的东西,不要伸手去拿够不着的食物"。"吃饭时不要像猪吃食那样发出吧嗒吧嗒的响声,不要摇脑袋,不要只顾狼吞虎咽,一言不发,因为乡下人才这样做。不断地打喷嚏、眨眼睛、咳嗽,都是不成体统的事"。《青春宝鉴》对贵妇和大家闺秀们的行为和举止还有特别的指导,它规定俄罗斯妇女应该具备20多种美德:敬畏上帝、温顺、勤劳、仁慈、腼腆、节俭、贞洁、忠实、沉静、整洁等等。《青春宝鉴》认为羞涩得体是品德高尚、行为端庄的标志,因此善于羞怯作态的闺秀便能受到称赞。

贵族是俄国一个特殊的社会等级,它是俄国政府、军队的官员以及教会的中高级神职人员的主要来源,因此它是沙皇专制制度的支柱。但是几百年来,俄国贵族养尊处优,好逸恶劳。贵族子弟生来就有锦衣美食、宝马良车,长大之后可以凭借祖荫父德,轻而易举地获得土地、俸禄,可以在朝廷和军队里位居高官。因此彼得一世认为,想要改变俄国贵族、领主们的腐朽习气,就必须从他们的子弟开始。

彼得一世下令贵族子弟必须进入各种学校学习语言、文字、航海、筑城学、法学等课程。有条件的贵族家庭应该送子弟到国外留学,留学费用可以由国家承担。谁家的子弟不识字或是逃避留学,其家长就要受到严厉的处分。凡是出国留学回来的人,彼得一世都要亲自进行考试。对成绩优秀的,委以重任高官,对成绩不好的则严厉批评,以至让他继续学习。

彼得一世于1714年3月23日颁布"一子继承法"。这个法令规定:不分世袭领地或封地，都可以作为遗产传给自己的后代。但是为了防止地产的分散，规定只能传给一个儿子，其他的儿子只能通过服役才能从国家那里获得土地、农奴和金钱，只能通过服役才能得到相应的爵位。实行"一子继承法"的目的在于使土地永远集中在少数人手里，借以巩固贵族土地所有制，以保证国家的财政来源，并且以此迫使一些贵族子弟放弃安逸的生活，全心全意为国家服务以博取功名和俸禄，还可以保证政府机关和军队的官员的来源。

彼得一世对荷兰、英国等国发达的文化教育和科学研究倾心已久，他曾向包括著名的万有引力发现者、英国科学家牛顿在内的各国著名学者求教。

为北方战争的需要，彼得一世在1701年下令在莫斯科开办航海学校，规定吸收社会一切等级的孩子入学，但后来基本上只有贵族子弟才能上得起这所学校。学校设算术、三角、几何、航海、天文和地理等课程，聘请外国学者担任教师。随着北方战争的推进，彼得一世于1715年将莫斯科航海学校迁到彼得堡，在此基础上建立了航海专科学校，彼得一世亲自为航海专科学校制定校规、教学计划和实习计划。在莫斯科和彼得堡等地还建立了炮兵学校、警备学校、工程学校、医科学校、秘书学校等。

在改革刚刚开始时，俄国和外国的科学家就已经向彼得一世提出了建立俄国科学院的建议。1718年6月，彼得一世在一份建议书上批示："一定要成立科学院。现在就从俄国人中物色一些有学问又有志于此的人。还应着手翻译一些法学和与法学有关的书籍。今天就着手办这些事。"他责成拉佛仁提·布鲁门托斯特起草科学院的章程，彼得一世提出未来的科学院一定要聘请欧洲第一流的科学家。

1724年1月28日（公历2月9日），俄国枢密院举行一次在俄国科学史上值得大书特书的会议。彼得一世亲自主持会议，通过了两项重要的决议，确定了俄国科学院的职能，科学院将发挥大学、中学和研究院的功能，使它既能担负起国家最高科学研究机构的职能，还能向青年人讲授法学、医学和哲学等课程，培养未来的中高级科学人才。彼得一世为科学院制定了经费预算，每年约25000卢布，这在当时是相当大的数字。1725年8月召开了俄罗斯科学院第一次院士大会，在通过的决议中强调重视知识，重视人才，给科学院的院士以优厚的待遇和地位。

俄罗斯科学院于1725年12月27日正式建立，当时的名称为彼得堡科学院。科学院下设科研部门，科研部门设数学、物理和人文三个学部，在数学和物理学部中分出数学、化学、解剖学等专门研究室，在人文学科中又分成历史、哲学和演讲等专门研究室。 俄国从欧洲招聘了大批的科学家，并且授予了第一批俄罗斯科学院的院士，他们都是普鲁士和荷兰等国聘来的外国学者，其中的不少人为发展俄国的科学事业做出了贡献，如莱·埃勒、达·贝努利、格·李赫曼、戈·巴耶尔等。

科学院不仅是一个研究中心，而且是一个教学机构。 教学部门设立了附属中学和附属大学。 俄国最著名的学者罗蒙诺索夫曾长期担任这两所学校的校长之职。

18世纪以前的俄国教育事业被东正教会把持，全国没有一所世俗学校。 1714年，彼得一世下令在全国各省建立初等算术学校，招收10—15岁的少年入学，学习算术、初等几何等课程，学生既来自贵族、官吏家庭，也来自普通平民之家。

俄国从前使用的教会历法是以公元前5508年为创世纪的元年，每年的新年始于9月1日，这种历法不利于俄国与欧洲国家进行经济、贸易和外交活动。 1699年12月30日，彼得一世发布诏令，宣布采用按照罗马统帅儒略·凯撒于公元前46年创制的儒略历，纪年从基督诞辰算起，新年从新世纪的第一天，即1700年1月1日开始。 彼得一世改革所采用的儒略历与公历（格里高里历）有所区别，两者换算的公式如下：儒略历日期比公历晚，16世纪晚9天，17世纪晚10天，18世纪晚11天，19世纪晚12天，20世纪晚13天。 儒略历在俄国一直沿用到1918年1月26日。 后采用格里高里历。

1718年彼得一世下令将彼得堡的亚历山大·基京大厦改建成彼得堡博物馆和图书馆，并且他早在游历欧洲时就为未来的俄国博物馆收集了第一批展品。 彼得一世为此专门颁布了几条敕令，号召居民上缴一切"古旧和稀罕"物品：死兽和死鸟的骨头、古代的用品、古代的文书、手抄本和印刷的书籍。 到1725年，彼得堡图书馆的各种藏书已经达到11000卷。 彼得堡博物馆和图书馆于1719年正式向居民开放。 为了吸引各界居民来这里参观和看书，彼得一世下令对于来者一律免费，而且无论何人一旦能够动员其他人来博物馆和图书馆，还可以免费享受一杯咖啡，或者一杯烧酒，这笔费用由国家来支付。 据说，每年的此项开支就达400万卢布，但彼得一世认为这是非常值得的。

17世纪莫斯科唯一的一家印刷所印刷的大都是教会用书。 1708年，彼得一世下令用新的世俗字体代替旧的教会斯拉夫字体。 新字体笔画比较简单、方便，适于各种书籍的印刷和出版。1708—1727 年刊印的民用印刷品中的 320 种书籍，1/3 以上是有关陆海军问题的专著，也包括法律、文艺作品、辞典、历书等方面的书籍。到 1725 年，新旧两个京都已经有 6 所印制世俗书籍的印刷所。此外，彼得一世还组织大量的人力，翻译国外出版的自然科学、军事学、建筑学、造船学的著作。随着外国书籍的翻译和广泛介绍，来自日耳曼语、波兰语、荷兰语、法语的一些科学技术词汇越来越多地进入俄语之中。

在彼得一世执政以前，俄国没有一张公开出版的报纸。曾经有过一份手抄报纸《钟楼之声报》，每期只出几份，仅供沙皇及近臣阅读。一些重大的消息和官方文件或者通过地方官员的口头传达，或者靠百姓相互传达，往往谬误百生，极其不利于沙皇的威信和统治。1703 年 1 月 2 日，在莫斯科出版了《新闻报》，这是俄国第一份正式印刷的报纸，彼得一世亲自担任第一期稿件的选择和编辑工作。

彼得一世还亲自主持编写《北方战争史》一书，精心设计了每一个章节，该书前后历时 6 年编成。

俄国从前没有剧院，只是到了彼得一世的父亲老阿列克谢沙皇统治时期，才出现了第一个剧院。但是当时东正教会宣布剧院是一个罪恶的场所，认为它能教唆人们去犯罪。彼得一世决定打破这一观念，他于 1702 年下令在莫斯科建筑了一座木制结构的"喜剧院"，并宣布任何人都可以免费看戏。

"民族意识"和"帝国意识"兴起

近代俄国历史与近代俄国社会变迁以及俄罗斯帝国的兴盛均开始于 18 世纪初的彼得一世改革时期。彼得一世改革不仅完成了"富国强兵""开疆拓土"的时代使命，而且以"野蛮的""强制的"方式开始了俄罗斯民族和国家"文化转型"的历史进程。它启迪了俄罗斯人的"民族意识"，近代俄国知识分子及其群体的孕育同样也始于这一重要历史时期。正因为如此，《西方的没落》作者斯宾格勒（Oswald Spengler）认为："俄国历史上的致命人物是彼得大帝，因为，本来莫斯科的原始沙皇制度，甚至在今天还是适合于俄罗斯世界的唯一形式，但是，在彼得堡，它被扭曲成了西欧那些的能动形式。"①苏联时代和当代俄罗斯的利哈乔夫院士则直接称赞彼得一世时代是一个"神话"，"彼得大帝统治时期是俄罗斯历史的转折点，在这个点上国家航船的行程急剧改变了自己的方向，这个改变绝对是按照专制者的意志，这个神话仿佛是颠扑不破的真理进入了整个18和19世纪的民众意识。"②17世纪末的俄国是一个极其落后的、长期与欧洲文化中心隔绝并带有浓厚的东方色彩的国家。由于战乱频繁和灾荒连年，以及野蛮的农奴制的束缚，俄国的经济发展缓慢，社会生产力水平低下。在国家统治方面，国家大权并未完全归于皇权一尊，皇权还处处受到世袭贵族特权和教权的掣肘，中央集权机构不甚健全，传统的衙门制度流弊严重。俄国统治阶级内部以沙皇彼得一世为代表的一些有识之士清醒地体察到俄国落后的状况，"第一个充分估计了对俄国非常有利的欧洲形势。"③彼得一世自称是"寻师问道的小学生"，率俄国使团亲赴西欧，考察了那里的经济、政治、文化制度，回国后毅然抛弃俄罗斯守旧自大、闭塞因循的传统，仿效西方先进的经济、文化和军事制度，实施自上而下的重大改革。1700—1720年由彼得一世本人签署或枢密院通过的改革法令就达1700个，在彼得一世执政的最后5年（1720—1725），由彼得一世亲自签署的改革也达1200个。1700—1725年间，俄国的手工工场数目由二三十家增加到二百余家，工业水平增长7—10倍，金属产量很快上升到世界第一位。④

对于彼得一世改革的评价，从18世纪初以来，就是一个毁誉不一的历史问题。无论是称赞者，还是诘难者，均认为彼得一世改革方式"剧烈"和"激进"。马克思称赞说："彼得大帝用野蛮制服了俄国的野蛮。"⑤普希金尽管对彼得一世崇敬有加，写下《波尔塔瓦》《青铜骑士》《彼得大帝的黑人》等长诗，但同时也批评彼得一世残暴的一面，称彼得一世"让俄罗斯腾空而起，又用铁笼头将它拽住"。别尔嘉耶夫肯定："彼得大帝的改革对人民来说是如此巨大的痛苦，但是没有彼得的强制性改革，俄罗斯就不能完成自己在世界历史中的使命，也不能在世界历史上讲自己的语言。"⑥美国历史学家伯恩斯认为："他并不是赤

---

① 斯宾格勒：《西方的没落》，陈小林译，黑龙江教育出版社，1988年，第384页。
② 利哈乔夫：《解读俄罗斯》，吴晓都等译，北京大学出版社，2003年，第261页。
③ 《马克思恩格斯全集》，中央编译局译，第22卷，人民出版社，1965年，第22页。
④ Семенникова Л. И. Россия в мировом сообществе цивилизаций. Брянск, 1996. с. 146, 150.
⑤ 《马克思恩格斯选集》，中央编译局译，第2卷，人民出版社，1995年，第620页。
⑥ 别尔嘉耶夫：《俄罗斯思想》，雷永生译，生活·读书·新知三联书店，1995年，第14页。

手空拳地把俄罗斯转化为一个西方国家,他加速了这一过程,并且使这一过程朝更强烈的方面发展。"①

彼得一世改革的最可贵最成功之处在于推动了俄罗斯人的观念转型,在于他通过改革打破了俄罗斯人长期形成的闭塞守旧的思维方式和价值观念,为因袭封闭的俄罗斯文化注入了新鲜的成分,使其深深地打上了西方文化的烙印,自此俄罗斯文化便呈现出开放的特征,从而为俄国现代化的启动创立了必要的前提条件。

彼得一世的社会习俗改革从表面上看是"把欧洲的手安在亚洲躯体之上"(赫尔岑语),但实际上这扩大了世俗文化的社会基础和范围,为俄罗斯文化的更新和发展创造了条件。

俄国是一个传统深厚和闭关自守的国家。历史上有弗拉基米尔大公率众皈依基督教的事件,但更多的是历届沙皇颁布诏令严禁臣民去国外,或者与外国人交往。如彼得一世的父亲,老沙皇阿列克谢于1672年发布诏令,宣布:"俄国人不得离开自己的国土,因为到了国外,他们将学到其他国家人民的风俗习惯,染上其他国家人民的思想,这将是可怕的。"②东正教牧首若阿辛甚至主张驱逐一切外国人,铲平外侨村。彼得一世以前的历代君王中,只有基辅大公伊兹雅斯拉夫于1075年到过普鲁士的美茵茨,与普鲁士国王亨利四世会面。因此,彼得一世冲破阻力,亲身亲历欧洲文明,本身就是一个打破俄国旧习俗的重大事件。

彼得一世在寻访欧洲的一年半中,直接感受到了欧洲社会的文明和开化,反观了俄国的野蛮和落后。刮胡须、割长袍、讲法语、喝咖啡、抽鼻烟、戴假发、习跳舞等具体措施的影响是巨大的。社会习俗和风气的变化引发了俄国社会普遍的震动,冲击了积年累月的古风旧习和陈规陋俗,将俄国的上流社会从东正教的"神性文化"之下"解放"出来,加速了俄国近代世俗文化的形成过程。利哈乔夫院士将这一过程称之为:"是从中世纪类型向近代类型过渡的俄罗斯文化整体发展合乎规律的结果。在整个中世纪文化符号体系内,彼得大帝造成的断裂也是合乎规律的。在他之前这个过渡没有被意识到,而在彼得大帝时代才开始被意识到。对过渡的意识使他更改了符号体系:穿欧洲人的衣服,'刮'大胡

---

① 伯恩斯等:《世界文明史》,罗经国译,第2卷,商务印书馆,1987年,第282页。
② Семенникова Л. И. *Россия в мировом сообществе цивилизаций*. Брянск,1996.с.146.

子，穿新制服，按照欧洲的调子改革全部国家和军事术语，承认欧洲的艺术。 而这个'符号体系'的更换又加速了文化中发生的现象。"①

利哈乔夫认为彼得一世文化教育改革奠定了世俗教育的基础，扩大了"受教育阶层"和"知识界"②的范围和数量，为未来"知识分子"阶层的孕育和形成创造了前提条件。

彼得一世下令贵族子弟必须进入各种学校学习语言、文字、航海、筑城学、法学等课程。 有条件的贵族家庭应该送子弟到国外留学，留学费用由国家承担。 如果谁家的子弟不识字或是逃避留学，其家长就要受到严厉的处分。 凡是出国留学回来的人，彼得一世都要亲自进行考试。 对成绩优秀的，委以重任高官，对成绩不好的则严厉批评，责令他继续学习。 彼得一世这种"野蛮"措施使受教育阶层发生了变化，改变了贵族对教育和艺术的漠视态度。"使学习的习惯进入到贵族阶层的生活方式之中，同时教育的必要性也开始渗透到社会意识之中。"③这为俄国知识分子在 18 世纪末 19 世纪初率先从贵族阶层中孕育和产生创造了条件。 因此，普列汉诺夫（Г. В. Плеханов）称"彼得巢窝的幼雏们（小学生）是俄国知识分子的先驱。"④

彼得一世改革从更深的层次上促进俄罗斯民族意识的形成，导致俄罗斯民族观念上的革命。 彼得一世改革造成了俄国社会的分裂，促进了"受教育阶层"和"知识界"自我意识（самосознание）的形成。

俄国历史上自公元 10 世纪起曾经与欧洲文明有过较密切的接触和交融，但自 13 世纪 40 年代以来，因鞑靼（蒙古）人（татаро-монголы）的入侵和统治便与欧洲文明隔绝了 7 个世纪之久。 彼得一世不仅在国家的发展方向上重新将俄罗斯"拖上"欧化之路，"将罗斯转向西欧，而彼得前的罗斯是与欧洲隔绝的万里长城。"⑤而且，彼得一世通过改革，也将俄罗斯民族的思维模式和价值取向"拖上"欧化之路，使俄罗斯人看到了"野蛮"的罗斯与"文明"的欧洲之间的差距，看到了"东方意识"与"西方观念"之间的本质差异。"全部彼得大帝时期

---

① 利哈乔夫：《解读俄罗斯》，吴晓都等译，北京大学出版社，2003 年，第 263—264 页。
② 利哈乔夫认为"彼得大帝时代不曾有过知识阶层（интеллигенция）"，见：利哈乔夫：《论俄国知识分子》//《新世界》(Лихачёв Д. С. О русской интеллигенции//Новый мир. М. ,1999. No. 2.）, 莫斯科, 1999 年第 2 期。
③ Павловская А. В. Образование в России: история и традиция. М. ,2003. С. 7.
④ 普列汉诺夫：《俄国社会思想史》，孙静工译，第 2 卷，商务印书馆，1996 年，第 92 页。
⑤ 利哈乔夫：《解读俄罗斯》，吴晓都等译，北京大学出版社，2003 年，第 267 页。

帝国风暴：
大变革前夜的俄罗斯

俄罗斯的历史就是西方与东方在俄罗斯灵魂中斗争的历史。"① 彼得一世成功地唤起了俄罗斯民族的久已压抑的民族自尊感和自强意识，在较短时间内动员起全体俄罗斯人抛弃自身的陈腐习俗和落后意识，投身于追赶世界潮流的运动中去。

彼得一世改革的进程是加速化和剧烈的，改革涉及范围是广泛的，改革的形式和受益面是自上而下的，而改革的影响和社会的反应则是全民性的和多样化的。上流社会和贵族阶层作为改革的最大触动者，同时也是改革成果的最大受益者，而"受教育阶层"与社会下层对改革的受益程度和主观反应是不尽相同的。18世纪著名史学家卡拉姆津（Н. М. Карамзин）最先较全面地评价了这场改革，他在1811年完成的《论政治和公民关系中古代和近代的俄罗斯札记》（Записки о древней и новой России в ее политическом и гражданском отношениях）中提出彼得一世改革造成俄国社会两极分化、乃至分裂的命题，即"直到那时，从村社到帝位，俄罗斯人在外表和日常行为中相互之间具有某种共同的特征。从彼得大帝时期起上流等级与下层就分开了，俄罗斯农民、小市、商人在俄罗斯贵族中看见了外国人。"② 俄国思想家车尔尼雪夫斯基也形象地说过："大胡子剃掉了，日耳曼式服装穿上了，但是留大胡子穿旧式衣服时期的那些思想却留下来了。"③ 彼得一世改革造成了俄国社会的分裂，形成了社会的"上层"和"下层"之分，"欧化"和"俄罗斯化"之分，"彼得堡"与"莫斯科"之分。彼得一世发展世俗教育的受益者的圈子很小，仅占全国居民的0.5%，④ 绝大部分人仍然生活在莫斯科公国的传统之中。

俄国社会的分裂导致了知识分子阶层的产生和知识分子问题的出现，这种教育体制使社会上、下层更加分离，直到19世纪受西方影响才在受过教育的俄国知识分子身上产生了热爱人民并使之获得解放的愿望。在这种社会急剧变革，民间情绪异常激化的背景下，"受教育阶层"和"知识界"作为未来的"知识分子阶层"的胚胎，此时虽尚处于酝酿和孕育之中，但自我意识已经开始觉醒。这种自我意识主要体现为两个方面。其一是对彼得一世改革赞同或批评之上。彼得

---

① 别尔嘉耶夫:《俄罗斯思想》,雷永生译,生活·读书·新知三联书店,1995年,第15页。
② 利哈乔夫:《解读俄罗斯》,吴晓都等译,北京大学出版社,2003年,第268页。利哈乔夫本人不同意卡拉姆津这种说法,他认为:"在这整个的过程中彼得改革时代是'进行'觉悟的时代,因此是非常重要的时代,但是对俄罗斯文化发展没有带进任何灾难性的东西。"(参见:《解读俄罗斯》,第264页)
③ 徐景学:《俄国史稿》,中国展望出版社,1987年,105页。
④ Семенникова Л. И. Россия в мировом сообществе цивилизаций. Брянск,1996. с. 150.

一世同时代的著名学者普罗科波维奇（Ф. Прокопович）、塔季谢夫（В. Н. Татищев）、康杰米尔（А. Контемир）是彼得一世改革的拥护者，被普列汉诺夫称为专制制度的"学术侍从"（научные дружинники），"'学术侍从'的成员在许多方面都是很值得注意的，甚至是非常卓越的"，"事实上，自彼得改革以来，我们看到在罗斯不断出现西方启蒙运动的拥护者。俄国的社会思想就是在这种人中发展起来的。"①而谢尔巴托夫公爵（М. М. Щербатов）为彼得一世的同时代人，他最先对彼得一世的改革提出了严厉的批判。他在闻名于世的政论文《论俄国之世风日下》（О повреждении нравов в России）中称彼得一世是"暴君"，并且把18世纪的"世风日下"和"人心不古"统治归罪于彼得的改革。他主张贵族直接参政，反对君主独裁，他认为彼得一世的专制统治是"罪恶"，在独裁统治下，"除了暴君（独裁者）的疯狂爱憎以外，没有任何其他法律。"②对俄国最高统治者（大公、沙皇）的批评在此前的俄国史上并不少见，但是这种批评却是在彼得一世改革培养出的"受教育阶层"和"知识界"自我意识觉醒之后的批评之声，其意义是重大的。其二表现在对俄罗斯民族和国家发展道路的担忧和思考之上。"受教育阶层"和"知识界"对彼得一世大踏步的"欧化"也并非一片赞颂之声，年轻的"受教育阶层"（即尚在孕育中的"知识分子阶层"）已经开始思考俄国向何处去的问题。塔季谢夫公爵因拥护"欧化"而闻名于世，被视为最早的"西方派"。彼得一世时代的另一位著名学者波索什科夫（И. Т. Посошков）则对"外国人"持强烈憎恨态度，对"欧化"持保留赞同态度。

彼得一世在其统治时期使俄国完成了由等级代表君主制向绝对专制君主制的过渡。在17世纪末18世纪初的俄国，君主权力以至独裁权力本身就具有极大的进步意义。因为在处于经济凋敝、政治动荡、社会分裂、外敌威胁之下的俄国，它是清除割据势力、整合各派力量、维护国家统一、抵御外敌入侵、组织有效的国家政治生活和经济生活唯一的政治权威。

彼得一世的改革前后持续26年，在改革过程中，彼得一世意志坚强、身体力行，为了推行改革，不怕一切阻碍。马克思称赞说："彼得大帝用野蛮制服了

---

① 普列汉诺夫：《俄国社会思想史》，孙静工译，第2卷，商务印书馆，1990年，第117页。
② 莫基切夫主编：《政治学说史》，中国社科院法学所编译室译，上卷，中国社会科学出版社，1979年，第36—37页。

俄国的野蛮。"①俄罗斯国家曾经是一个经济和社会落后的国家,曾经长期徘徊在先进国家的大门之外。在早期的仿效西方的社会经济改革过程中,彼得一世成功地唤起了俄罗斯民族的久已压抑的民族自尊感和自强意识,在较短时间内动员起全体俄罗斯人抛弃自身的陈腐习俗和落后意识,投身于追赶世界潮流的运动中去。

1721年11月2日(俄历10月22日),在北方战争的凯歌声中,彼得一世签署命令,宣布俄罗斯更名为"俄罗斯帝国"(Российская империя),枢密院也发表文告,称彼得一世为大帝(Великий император)和"祖国之父"(Отец отечества)。②由此开始了俄罗斯的帝国历程,伟大诗人普希金(А. С. Пушкин)形容说:"俄罗斯进入了欧洲,像一艘舰只在斧头咚咚的敲击声和大炮的阵阵轰鸣声中下水一样。"

---

① 《马克思恩格斯选集》,中央编译局译,第2卷,人民出版社,1995年,第620页。
② Агеева О. Г. Титул «император» и понятие «империя» в России в первой четверти XVIII века//*Мир истории:Российский электронный журнал*.1999. No 5.

第二章 "开明专制":叶卡捷琳娜二世的帝国治理

在近三百年的俄罗斯帝国历史上,叶卡捷琳娜二世绝对是位居彼得一世之后最重要和最有影响的统治者。她因推行"开明君主专制"和大规模引入法国启蒙思想而被法国思想家狄德罗称为"北方赛米拉米达";她拓疆扩土、纵横捭阖使俄罗斯帝国跻身欧洲霸主之列,而被她的臣民尊称为"大帝";她也因杀夫弑位、残暴统治、生活糜烂和镇压法国大革命而被德国思想家马克思斥为"欧洲的大淫妇"。但无论什么样的历史评价,都必须承认叶卡捷琳娜二世执政的34年(1762—1796)是俄国历史的最重要阶段,并与彼得一世执政年代(1689—1725)构成了前后相连的辉煌的一百年,成为俄罗斯帝国的黄金时代。

彼得三世"苛政"与叶卡捷琳娜二世政变

1761 年 12 月 25 日（公历 1762 年 1 月 5 日）伊丽莎白女皇去世，彼得三世继位，史称彼得三世。

彼得三世全名为彼得·费奥多罗维奇·罗曼诺夫（Петр Федорович Романов），他原名卡尔·腓特烈·荷尔斯泰因—戈多普（Karl Friedrich von Schleswig-Holstein-Gottorf）。他的母亲是彼得一世的女儿安娜，安娜年轻时代就远嫁荷尔斯泰因—戈多普公爵卡尔·腓特烈·乌尔利希，但夫妻感情长期不和。彼得三世出生不久母亲即去世，他在缺少母爱的环境下生长。因为他是荷尔斯泰因—戈多普公国的继承人，自幼接受日耳曼式的棍棒式教育，他的身心发育也因为心理上的长期压抑而受到阻碍。荷尔斯泰因—戈多普公国临近普鲁士，彼得三世对普鲁士王国腓特烈二世及其军国主义的治国方略极度崇拜。他唯一的爱好，就是每天身着普鲁士军装，指挥身边的随从进行军事操练。

彼得三世自幼年对俄国毫无感情，他在执政后的对内政策遭到了俄国社会各界的强烈反对。他认为国家方针大政等一切都应该采取普鲁士式的，他以普鲁士式统治者的心态处理俄国事务。他自小即是路德派教徒，尽管来到俄国为做皇储后不得不改宗东正教，但是骨子里对东正教极为反感。因此在他执政后大规模没收东正教会的财产。他甚至下令废除东正教的一切宗教仪式，教堂中除圣母像可以保留外，其余的圣像都要撤除。他命令所有的神职人员剃除胡须，不得穿俄式长袍，必须改穿路德派教士的服装。彼得三世的行为大大触怒了东正教会，因为即使是彼得一世当年推行强制的社会习俗改革时都对神职人员例外。彼得三世废弃数百年来由俄国人组成的宫廷近卫军，建立完全由日耳曼人组成的"荷尔斯泰因团"（Holsteiner Guard），并且自任卫队司令，整日与卫队成员混在一起进行政治密谋。

为了表达对普鲁士国王腓特烈二世的敬仰，彼得三世下令在"七年战争"中占领大量普鲁士领土的俄国军队与普鲁士军队停战，并迅速与腓特烈二世签订和

第二章 "开明专制":叶卡捷琳娜二世的帝国治理

约,并且还将俄国军队归于腓特烈二世麾下对奥地利作战。 尤其让俄国朝野各界极为不满的是,彼得三世在 1762 年继位不久,就派出俄国军队攻打丹麦,目的在于帮助素与丹麦有边界纠纷的荷尔斯泰因—戈多普公爵。 奉命出征的俄国官兵多有懈怠甚至阵前变节,因为他们认为此战与俄国毫无关系,只是为了保卫彼得三世的父系国家。

彼得三世仰慕的偶像除普鲁士国王腓特烈二世外,还有他的祖父、俄国沙皇彼得一世。 他在继位后,力图仿效彼得一世,在国内推行重大改革。 在他短暂执政的半年内,他下令释放政治犯,废除秘密警察制度,强调信仰自由,准许旧礼仪派(старообрядцы)返回家园。 他推行的降低盐税政策得到了下层百姓的支持。

然而,彼得三世朝令夕改的国内政策引起东正教会、宫廷贵族和军人的强烈反对,其对外政策也遭到了传统盟国法国、奥地利的强烈不满。

彼得三世的妻子、皇后叶卡捷琳娜二世同样来自普鲁士。 她原名索菲娅·奥古斯特·弗里德里克(Sophie Auguste Friederike),1729 年 4 月 21 日出生于位于奥得河下游与波罗的海交界的什切青(Szczecin)。① 此地历史上即是北欧战略要地,长期处于波兰、瑞典、丹麦和神圣罗马帝国争夺与控制之下,1720 年落入普鲁士之手,更名为斯退丁(Stettin)。 索菲娅的父亲克里斯金·奥古斯特(Christian August)是安哈尔特—采尔布斯特公爵(Anhalt-Zerbst)。 他在 1709 年担任驻防什切青的步兵团上校职务,1721 年升为陆军少将,1725 年获得了普鲁士黑鹰勋章, 1742 年晋升为元帅,同年被册封为安哈尔特—采尔布斯特公爵。 索菲娅的母亲约翰娜·伊丽莎白(Johanna Elisabeth)是普鲁士显赫的荷尔斯泰因—戈多普(Holstein-Gottorp)家族的公主。 史上还有一种说法,叶卡捷琳娜二世的父系与俄国留里克王朝有血缘关系,她是留里克王朝的后裔。

索菲娅在童年时代度过了既压抑又自由的时光。 父亲作为职业军人常年在外,并且于 1747 年早逝。 母亲素来对儿女苛严要求,并且长期居住在巴黎。 疏于于父母管教的索菲娅自幼养成了性格开朗、活泼好动和敢于挑战的性格。 她从小接受过较好的欧洲式教育,曾随父母游历欧洲,拜会过各国宫廷和诸侯大

---

① 什切青是欧洲古城,位于波兰西北部,奥得河下游,北面靠近波罗的海的斯德丁湾和波美拉尼亚湾,现为波兰的第 7 大城市和第 2 大海港,是西波美拉尼亚省的首府。从中世纪后期,直到第二次世界大战结束之前,该市居民几乎全是德国人,并采用德文的市名"斯德丁"(Stettin),或老斯德丁(Alten Stettin)。什切青这个名称还出现在英国著名政治家丘吉尔 1946 年 3 月在美国发表的著名的"铁幕"演说当中。

公，这些难得的经历对幼年的索菲娅产生了极其重要的影响。

　　1744 年 1 月，14 岁的索菲娅意外地得知自己被俄国女皇伊丽莎白选为俄国未来皇位继承人、同时也是她的远房表哥、荷尔斯泰因王子卡尔—彼得的未婚妻。这一喜讯使索菲娅及其家人激动无比，她立即在母亲的陪同下，随身仅带着两三套连衣裙、一打衬衣、一打袜子和一打手绢的微薄嫁妆，奔赴俄国首都彼得堡去相亲。索菲娅与母亲出发时正值寒冬，她们一路颠簸，风餐露宿，沿途曾数次在普通农户家留宿，饮食也时常粗糙生冷，长途旅行中母女俩差点病倒。等到车队进入俄国境内后，条件马上就大为改善了，俄国各地对公爵夫人母女二人的接待周到有加。2 月 9 日，索菲娅公主抵达莫斯科。伊丽莎白女皇对安哈尔特公爵夫人母女给予热情招待。彼得三世与索菲娅见了面，但他丑陋猥琐的长相和倨傲冷漠的态度，足以使索菲娅对未来的丈夫和婚姻失去了信心。

　　与彼得三世大相径庭，同样来自普鲁士的索菲娅却在女皇伊丽莎白和世人眼中展现了完全不同的风采。为了成为称职的皇后，她拼命地学习俄语和大量地阅读书籍，其中包括法国启蒙思想家的历史和法律著作。1744 年 6 月 28 日，在冬宫里为索菲娅举行了隆重的皈依东正教仪式，索菲娅改教名为叶卡捷琳娜·阿列克谢耶芙娜（Екатерина Алексеевна），因前有彼得一世的皇后和沙皇叶卡捷琳娜称一世，因此史称她为叶卡捷琳娜二世。

　　1745 年 8 月 21 日，在莫斯科的克里姆林宫为彼得三世和叶卡捷琳娜二世举行了盛大的婚礼。但是叶卡捷琳娜二世婚后的生活并不幸福，有寻花问柳之癖的彼得三世经常做出对妻子不忠之事。伊丽莎白女皇也是从心底里对异邦来的未来皇后不放心，经常派人监视叶卡捷琳娜的行动。叶卡捷琳娜二世的母亲甚至被伊丽莎白女皇视为普鲁士的间谍而被逐出俄国。叶卡捷琳娜二世在给母亲的信中写道："我无时没有书本，无处没有痛苦，但永远没有欢乐。"① 1757 年，她郑重告诉英国驻俄大使："我要统治权力，否则不如死亡"。根据她日后所写的回忆录记载，在此期间她已蓄志成为俄国统治者，也正是凭着这一信念才使她能够度过人生历程中最痛苦的一段时光。

　　1754 年叶卡捷琳娜二世生下长子保罗（Павел I），1758 年生下女儿安娜（Анна），1762 年生下幼子阿列克谢（Алексей）。由于叶卡捷琳娜二世与彼得三世婚后长期分居，并且她与身边的近卫军官关系暧昧，因此长期以来，她的二

---

　　① Казимир Валишевский. *Екатерина Великая*（Роман императрицы），Москва，1994. кн. 2，ч. 1，гл. 2，I.

子一女的身世是未解之谜。

伊丽莎白女皇非常厌烦彼得三世，曾多次扬言废除他的皇位继承人资格而改选他的儿子保罗为皇储。尽管伊丽莎白女皇突然病故使彼得三世如愿登上了沙皇位，但是他仍然仇恨已为皇后的叶卡捷琳娜二世和身世不明的皇太子保罗。他私下曾透露，准备废掉保罗皇储的资格，改选短暂执政即被伊丽莎白女皇取而代之并投入死牢的伊凡六世（ИванVI）①。彼得三世公开与情妇沃隆佐娃（Елизавет Воронцова）住在一起，将叶卡捷琳娜二世的住所迁到冬宫最偏冷的房间，作为废黜她再将她贬至修道院的准备。叶卡捷琳娜二世在给情人波尼亚托夫斯基（Станислав Понятовский）将军的信中说："彼得三世已经丧失他极有限的智力。他在任何事情上都是头撞南墙。他想要打碎近卫军。他想要改变他的宗教。他想要娶沃隆佐娃，并且将我打下冷宫。"由彼得一世起亲自建立的宫廷近卫军"奥布拉任斯基团"因彼得三世重用"荷尔斯泰因团"而失宠。以奥尔洛夫兄弟（А. Г. Орлов，Г. Г. Орлов）为首的青年近卫军官支持叶卡捷琳娜二世夺取皇权；与法国和普鲁士宫廷关系良好并担任保罗一世家庭教师的老资格外交官帕宁（Н. И. Панин）伯爵和哥萨克首领拉祖莫夫斯基（А. Г. Разумовский）也是反对彼得三世秘密团体的成员。叶卡捷琳娜二世及其支持者在1762年夏天，利用国内反对普鲁士和军中反对与丹麦作战的不满情绪，秘密与近卫军和军队协商，准备随时起事。他们制造叶卡捷琳娜二世已经被彼得三世废黜的消息，挑动军中的愤怒情绪。叶卡捷琳娜二世密谋政变的企图明显无疑，就连法国驻俄大使布瑞特尔（Breteuil）都风闻此事，他在向国内的报告中说："叶卡捷琳娜多方邀请近卫军与军人，正在等候大好机会的来临"。丹麦驻俄国特使也敏锐地观察到，叶卡捷琳娜二世及其同党加快了宫廷政变的步伐。法国和英国政府也参与此次政变，分别给予叶卡捷琳娜二世6万卢布和10万卢布的资助。②

1762年6月27日，彼得三世率领"伊兹麦依洛夫斯基团"亲赴前线与丹麦作战，守卫京城的任务交由他信任的"荷尔斯泰因团"担任。6月28日，叶卡

---

① 伊凡六世（1740—1764年生卒，1740—1741年在位）俄国沙皇，为彼得一世的侄女、俄国女皇安娜·伊万诺夫娜（Анна Ивановна，1693—1740年生卒，1730—1740年在位）的外甥女、梅克伦堡的安娜·利奥波德芙娜和不伦瑞克的安东·乌尔里希之子。1740年，其母亲安娜发动政变而即位，1741年被女皇储伊丽莎白·彼得罗芙娜发动政变推翻。母子被囚禁。伊凡六世在一次未成功的营救活动中被杀。

② Труайя А. *Екатерина Великая*. Москва，2007，с. 165. Казимир Валишевский. *Екатерина Великая*（*Роман императрицы*），Москва，1994．кн. 1，ч. 2，гл. 2，III.

帝国风暴：
大变革前夜的俄罗斯

捷琳娜二世得知密谋事情暴露，彼得三世正在返回彼得堡路上时，她决定孤注一掷，先行起事。"普列奥布拉任斯基团"和"伊兹麦依洛夫斯基团"的官兵来到叶卡捷琳娜二世的住地——彼得宫（Петергоф），争先恐后地亲吻她的手，大声地宣誓向她效忠。叶卡捷琳娜二世自封为近卫军上校，身着"普列奥布拉任斯基团"军服，骑在马上，率领 14000 余人，向彼得堡进发。沿途陆续有政府高官和军人加入叶卡捷琳娜二世的队伍。枢密院和圣主教公会（Свяшный Синод）在喀山大教堂宣布罢黜彼得三世，并提名叶卡捷琳娜二世为专制君主。彼得三世率部想在克朗施塔德登陆，遭到了守军的拒绝，不得不退回奥伦堡。他派人送信给枢密院，表示："在我短暂的统治时间里，经验告诉我，我的能力无法胜任这项工作。我既不配以专制君主的身份、也不适合以其他任何身份治理俄国。连我自己也开始意识到这一点。因为我的所作所为必定会使国家遭致彻底的毁灭和永远的羞辱。……因此，为了避免让国家陷入内战之苦，我自动提出请求愿意退位。"①

在彼得三世宣布退位后，叶卡捷琳娜二世立即在枢密院宣布亲政并发表《叶卡捷琳娜二世女皇登基宣言》(Манифест о вступлении на престол Императрицы Екатерины II)，历数彼得三世改变国家宗教、与普鲁士结盟的罪行，强调由她继任沙皇，而不是皇太子保罗一世，原因是根据"朕所有的忠实臣民清楚无误的真实的愿望"而行事的。俄国著名历史学家克留切夫斯基评价："叶卡捷琳娜完成双重获得：从她的丈夫手中抢得皇权，并且没有把皇权转给她的儿子，保罗父亲的合法继承人手中。"② 1762 年 9 月 22 日（公历 10 月 3 日），叶卡捷琳娜二世正式在莫斯科举行加冕仪式。经过 18 年的忍辱负重，33 岁的叶卡捷琳娜二世终于登上沙皇宝座。

夺取皇位后，叶卡捷琳娜二世在给情人波尼亚托夫斯基的信中露骨地写道："我要夺取皇位的计划，早在 6 个月前，就已经开始了。在女皇死后，我一直就在探听关于我的讯息。奥尔洛夫老是跟在我身后，惹了不少的麻烦，……他对我的热爱是大家都知道的，这也是为什么他做了他应该做的事情，……近卫军们都早已准备好了。不等他回京，就立即集合起来，拥戴我为女皇……这是所发

---

① Carol S. Leonard. *Reform and Regicide: The Reign of Peter III of Russia*. Bloomington, Indiana: Indiana University Press, 1993, p. 11.

② Ключевский В. *Курс русской истории*. Лекция LXXVI.

生的一切真实情况。我不隐瞒你，每一件事都是在我指挥下发生的。"①

同年 6 月 29 日，即政变的第二天，传来彼得三世暴亡的消息。沙皇政府宣称彼得三世死因是消化不良，但当时社会上就流传许多谣言，大多是说叶卡捷琳娜二世派人毒死（也有说是勒死）他的。叶卡捷琳娜二世在日记中为自己辩解："恐惧使他患了心腹绞痛症。熬过了三天，到了第四天他就死了。而在那一天，他又饮酒过度。主要的原因是他虽然拥有所有的东西，但是没有自由。那个病症先损坏了他的脑子，接着身体变得极为虚弱，不管多少医生的努力，都没有用。最后终于在请求一个路德派的牧师前来祈祷后不久就去世了。我命令给他做尸体解剖，但是胃中并没有疾病的迹象。他的死因被认定是肠胃发炎与中风所致。他有一颗非常小而且已经萎缩了的心脏。"②但是苏联历史学家帕夫连科（Н. И. Павленко）认为在彼得三世去世前两天，叶卡捷琳娜二世派瑞典医生帕尔森（Христофор Михайлович Паульсен）去罗帕沙（Ропша）的行宫为彼得三世治病，然而"事实是，帕尔森并没有携带药品，而是带着解剖遗体的手术器具。"③这条资料表明，彼得三世死于叶卡捷琳娜二世策划的谋杀。

一般说来，无论是在俄国正史，抑或俄国野史中，彼得三世都是猥琐、低能、孱弱和失败者的形象，这个形象甚至也出现在俄国著名史学家克留切夫斯基的笔下。然而，在俄国历史典籍中，关于彼得三世的身世、他与叶卡捷琳娜二世的婚姻、他短短 6 个月的执政、他谜一般的死因以及他个人的形象与才智长期以来都是语焉不详的。后世人对他的了解以及史学家对他的研究所依靠的史料基本来自他的妻子、宫廷权力斗争的胜利者叶卡捷琳娜二世在 1771—1791 年所写的回忆录。

叶卡捷琳娜二世在回忆录中强调她之所以能够"顺天理""取民意"成功夺取皇权并救民于水火，是得到了反对彼得三世苛政的贵族、农民、东正教会和近卫军的支持。但是，彼得三世执政期间推行的宗教信仰自由的改革，使自 17 世纪下半期就遭受宗教和政治迫害的旧礼仪派获得了自由。彼得三世于 1762 年 2 月 18 日颁布的《御赐全俄罗斯贵族特权和优惠诏书》（Жалованная грамота на

---

① Basil Dmytryshyn，*Imperial Russia：A Soruce Book*，1700—1917，4th edition，Academic International Press，1999，p. 74，78.

② Ibid，p. 76.

③ Павленко Н. И. *Екатерина Великая*. Москва，2006，с. 50.

преимущества и вольности Российскому дворянству）在俄国历史上影响巨大，它使得贵族阶层从"沙皇和国家的奴隶"身份变成国家的特权阶层和统治阶层，这一政策得到了贵族阶层的充分支持，并且为叶卡捷琳娜二世 1785 年颁布《俄国贵族权利、自由和特权诏书》奠定了基础。 彼得三世废除死刑的法律改革更是得到了俄国社会各阶层的赞同。 正因为如此，自叶卡捷琳娜二世上台之初，俄国国内的反对派活动就没有停止过。 1764 年，守备施吕赛尔堡（Шлиссельбургская крепость）的近卫军少尉米罗维奇（В. Я. Мирович）纠集近卫军的同党，准备拥戴被囚禁在死牢中的前沙皇伊凡六世，但由于密谋败露，伊凡六世当场被杀，米罗维奇及其同党也被处以极刑。 1773 年哥萨克首领普加乔夫（Е. И. Пугачев）假托"未死的"彼得三世之名揭竿起义之后，三年内所到之处，不仅受到了哥萨克、农民、旧礼仪派等社会下层的支持，而且也得到了各地贵族和地主的暗中资助，普加乔夫起义大军浩浩荡荡、所向披靡，甚至一度攻打皇城莫斯科。 这表明，彼得三世的真实形象和治国理政是留下多处疑点并值得深入研究的问题。①

叶卡捷琳娜二世的"开明专制"

"开明专制"（enlightened despotism, просвещенный абсолютизм）是 18 世纪风行欧洲大陆的政治思潮，这是一股影响颇大的建立在"自由""民主""平等"概念之上的社会政治思潮，是启蒙思想家们与各国君主们的一次特殊联合。 法国启蒙思想家伏尔泰（Voltaire）、孟德斯鸠（Montesquieu）、狄德罗（Denis Diderot）是"开明专制"理论的创建者和鼓吹者，他们认为专制制度的缺点在于权力过于集中，势必会造成当权者的专权独断和扼杀自由，而共和制度也不是最好的制度，尽管它提倡自由平等，但平等会导致无政府状态，容易滋生个别人的

---

① 美国印第安纳大学历史学家列昂纳德(Carol S. Leonard)曾尝试用当时驻俄外国使节的报告、日记和回忆录中提供的点滴资料还原彼得三世和叶卡捷琳娜二世的真实历史形象,试图给予彼得三世较公正的评价。他出版了《改革与弑君:彼得三世对俄国的统治》(Carol S. Leonard. *Reform and Regicide*:*The Reign of Peter* Ⅲ *of Russia*. Bloomington, Indiana:Indiana University Press, 1993)。

政治野心。因此，最完善的政治制度是"保存着专制政体中有用的部分和一个共和国所必需的部分"的开明君主制度，他们的政治理想是君主立宪制度，寄希望于君主们的开明自识，提倡"君主与哲学家的结合"，他们认为"开明专制是由君主专制向君主立宪制过渡的桥梁"。法国启蒙思想家达兰贝尔（Jean Le Rond D'Alembert）也认为："当统治者和教育统治者的人意见一致时，国家的最大幸福便实现了。"在他们看来，教化专制君主是一件一劳永逸的事情，因为教育人民要花数百年时间，启迪社会的精英阶层也是一项非常艰巨的任务，用伏尔泰的话说，"在统治者灵魂中……来一场革命"才是捷径。由于这些思想家在法国身处政治上被迫害和思想孤立地位，并且在经济上极为窘迫，在国内无法出版自己的著作，无法通过正常渠道宣传自己的思想和理想，美国学者盖依（Peter Gay）认为：这种待遇"使哲学家产生了一些错觉……至少在某些场合，他们很容易把自己想象成柏拉图和亚里士多德，把王室的朋友想象成为努马或利库尔戈。"①他们自然地将目光转向国外，将希望寄托于欧洲其他国家的君主身上。他们也在遥远的俄国找到了自己的知音。

叶卡捷琳娜二世早在远嫁俄国，在被丈夫彼得三世冷落和伊丽莎白女皇怀疑之时，即把孤灯青影、埋头苦读作为排遣孤寂的手段。此时，她已经如饥似渴地开始研读法国启蒙思想家的著作了，她"狼吞虎咽地阅读现代法国和英国作者有关道德、自然和哲学的优秀著作"。她称赞伏尔泰的《论各国的习俗和思想》"可能是人类智慧史上唯一的华章"②。她在登上皇位后立即与法国启蒙思想家们建立起了频繁的书信联系，并着手实施"开明专制"。

叶卡捷琳娜二世自称是"皇位上的哲学家"（философ на троне），她与法国启蒙思想家狄德罗、伏尔泰、孟德斯鸠和达兰贝尔等人保持密切的书信往来。她甚至用 15000 法郎买下了狄德罗的私人图书馆，聘任他为图书馆的馆长，并提前支付了 5 万法郎的薪水。后来又盛情邀请狄德罗来俄国，帮助她进行政治改革。另一位法国启蒙思想家达兰贝尔她被任命为俄国皇位继承人保罗一世的家庭教师。叶卡捷琳娜二世曾对被她请到俄国作客的狄德罗说："我完全理解您的伟大原则，您只是用这种原则很好地著书，但行动上却不在行。您的事业是与纸张打交道，它们是默不作声的。而我是一个可怜的皇帝，我的事业是与人打

---

① Peter Gay. *Voltaire's Politics*. Princeton，1959. p. 167.
② Казимир Валишевский. *Екатерина Великая*（*Роман императрицы*），кн. 2，ч. 1，гл. 2，I.

交道，他们却是多愁善感、小肚鸡肠的。"①叶卡捷琳娜二世宣称："我只希望上帝让我统治的那个国家繁荣富强；上帝是我的见证人……自由是万物的灵魂，没有自由，一切都将死气沉沉。我需要人人遵守法律，但不需要奴役。我需要一个使人得到幸福的总目标，不需要破坏这个总目标的任性、奇想和暴政……"她把"不禁止，也不强迫"（не запрещать и не принуждать）经常挂在嘴上②，她有选择地吸收启蒙思想，并且积极实践，力主实现"君主与哲学家的结合"。

叶卡捷琳娜二世执政之初，即仿效彼得一世当年所为，亲赴俄国各地视察。1763 年她视察了罗斯托夫、雅罗斯拉夫地区及波罗的海诸省。1767 年，她亲率 2000 人的考察团沿水路视察了伏尔加河流域地区。所到之处，叶卡捷琳娜二世都深入民间了解当地百姓生活状况，倾听地方贵族和官员的汇报和建议。此举动在普通百姓中间获得了空前的亲民效果，并且也使自 1644 年远嫁俄国即苦守宫闱的叶卡捷琳娜二世对于俄国真正的国情与民情有了亲身的体验。经过各地巡视和多方思考之后，叶卡捷琳娜二世认为俄国当务之急是解决农民问题和立法问题。

叶卡捷琳娜二世看到了农民与地主的紧张关系，在伏尔加河流域，她无数次认真倾听农民所诉苦衷以及对土地和自由的渴望，她也看到了俄国农民传统的忠君爱国意识。视察途中，当地农民视她为降凡的圣母，箪食壶浆地迎接她的到来，热情呼唤她为"女皇！我们的亲爱小母亲！"叶卡捷琳娜二世在给法国启蒙思想家的信中，把自己说成是农奴制度的反对者，强调"让那些出生是自由的人沦为奴隶，是同基督教和正义原则格格不入的"。

1765 年成立的"自由经济协会"（Вольное экономическое общество-ВЭО）③，是俄国第一个独立的社会组织和学术机构，不附属于任何政府组织，因此协会的名称即标榜"自由"。彼得一世时代著名工匠的儿子、科学院顾问和著名活动家纳尔托夫（А. А. Нартов）是该协会的真正创始人，他欢迎土地所有者、实业家、商人、农民、知识分子、公众人物和政治家加入协会。他还曾多次向叶卡捷琳娜二

---

① Семенникова Л. И. Россия в мировом сообществе цивилизаций. Брянск，1996. с. 192.

② Там же. с. 193.

③ 全名为"促进俄国农业和住宅建设帝国自由协会"（Императорское вольное экономическое общество к поощрению в России земледелия и домостроительства），后来该协会发展壮大，内划三个分部："农业经济学部""农业技术生产和土地机具"和"政治经济学和农业经济统计学"，1766—1915 年出版《帝国自由经济协会著作》(Труды Императорского Вольного Экономического Общества)220 卷，该协会还颁发"自由经济协会徽章"（Герб Вольного экономического общества）。该协会在 1918 年实际停止活动，1982 年恢复活动至今。

世建议大量购买国外图书并为俄国科学院引进一流的科学家和艺术家。叶卡捷琳娜二世也是该协会的实际创始人,协会第一批 15 名会员中大多是女皇的随从和亲信,如退役将军、枢密院成员瓦龙佐夫(Р. И. Воронцов)伯爵、枢密院成员奥苏菲耶夫(А. В. Олсуфьев)、著名外交家兼枢密院成员切尔尼绍夫(П. Г. Чернышев)伯爵等。叶卡捷琳娜二世任命辅佐她夺取皇权有功的奥尔洛夫(Г. Г. Орлов)伯爵担任该协会主席职务。叶卡捷琳娜二世亲自批复提供给"自由经济协会"6000 卢布补贴,用于购买房舍作为协会的常设处所。叶卡捷琳娜二世经常参加该协会的讨论活动,每次都是认真倾听国内外学者的发言和建议,她还化名"И. Е."直接与各国学者通过书信往来讨论问题。她在给伏尔泰的信中形容自己对协会工作的关心程度,"飞到东飞到西,采得好蜜回蜂巢,这就是我的蜜蜂格言"。

"自由经济协会"章程是根据著名学者罗蒙诺索夫(М. В. Ломоносов)在 1763 年所写的《关于农业和土地、房屋建设国家委员会机构的意见》〔Мнении об учреждении государственной коллегии(сельского)земского домостроительства〕所拟定,章程宣布该组织关心"人民福利在全国的增长",所有的成员都应该提出"有益的和必要的知识"和"改进农业和畜牧业的建议"。该协会的首项任务是主办解决农民问题方案的竞赛活动,奖金是 1000 金币或 2250 卢布。在两年内,共收到了 162 份方案,其中 155 份来自国外。最后竞赛的优胜者是法国第戎科学院院士贝当·德·拉阿贝尔(Bearde de l'Abbaye),他在方案中提出不急于废除农奴制,也不急于给农民土地,而应该培养农民的自由意识。叶卡捷琳娜二世也亲自起草了一份解放农奴的草案,宣布 1785 年以后出生的农奴子女都可以获得自由,但当 1773 年的普加乔夫起义爆发后,叶卡捷琳娜二世就把这个草案束之高阁了。

由于文化教育长期落后、国民意识淡薄以及东正教长期把持,俄国的法律体系极不健全,彼得一世大改革后,才开始仿效西欧建立各类法律条文。叶卡捷琳娜二世在视察全国途中,看到大量的地方官员和贵族枉法营私欺压百姓的事例。在出席枢密院和陆军部等中央机构的议事会议时,她又深感最高决策机构中尸位素餐、议事和决策效率缓慢。叶卡捷琳娜二世认为导致上述国家严重弊端的根本原因在于俄国缺乏创之有据、行之有效的法律。她认为应该以基督教义原则和法国启蒙主义精神为基础,为俄国制定一整套从中央到地方的法律体系,并以此为先导,继续推动其他领域的重大改革。她立志成为俄国的查士丁尼（Justinian），认为当务之急是废止 1649 年制定的古老的《法律汇编》（Собоное Уложение 1649года），制定一部统筹各个领域的法律。

1766 年 12 月 14 日，叶卡捷琳娜二世提议召开立法委员会（Уложенная комиссия）的筹备会议，修改 1649 年法典。为了让该委员会贯彻法国启蒙主义的立法精神，她亲自花了两年的时间，于 1767 年写出一部法律著作《圣谕：立法委员会文本》（Наказ, данный комиссии о сочинении проекта нового уложения），在这部内容涉及 256 条、655 款的法令中，五分之四的条文来自孟德斯鸠的《法意》(The Spirit of Laws)，其余一百条来自意大利法学家贝卡里亚（Cesare Beccaria）的《论犯罪与刑罚》(Essays on Crimes and Punishments)。

在《圣谕》的序论中，叶卡捷琳娜二世强调所有立法必须遵守基督教法律，宣称要制定"一部禁止富人欺侮穷人的法令"。[①] 同时她又强调尊重自然法则的精神，要求立法委员会在制定新法典之前，一定要认真倾听全体俄罗斯人民的呼声，一定要了解俄国的自然情况，"因为凡是与大自然原则相融合的法律，必然也是最适合于人类的环境""凡是不容于自然法则的行为，也必不能被法条所准许。至善的法律在于守护中庸之道。任何使人肢体残废的刑法，皆违背自然法律，应该全部废除"。

叶卡捷琳娜二世在《圣谕》中宣布：

1. "将俄国定位为一个欧洲国家。因为从彼得大帝改革开始，他就介绍欧洲的文化与典章制度，逐渐削弱俄国与东方的关系，使其变成一个欧洲国家"。

2. "要在这一片幅员广大的土地上处理各项事物和治理国家，必须独裁君主制"，"在一个主人之下顺从法律，胜过顺从许多主人"。

3. "国王的真正目的不在于剥夺人民其自然的自由，而在于矫正其行为以使其至臻至善"。

4. "王国的意图与目标，乃是公民、国家与君主的荣誉"。

5. "法律的制定，指在尽可能确保每个国民的自由"，"公民平等的真髓在于他们都应该遵守相同的法律"，"百姓不是为君主创造的，相反，君主是为百姓创造的"。

6. "自由乃是从事法律所允许的每件事情的权利"，"这种平等需要制度，以防富人压迫不像他们那么富有的人"。

[①] Леонтович В. В. История либерализма в России 1762—1914, Москва, 1995. с. 35—38.

7."刑罚的行使,违背了大自然与理性的所有原则,乃至人类也要高呼反对","无辜的人不应该受到刑罚,而在法律的瞩目下,罪行尚未证实的每个人都是无辜的"。

8."政府有义务制定教育法律,作为教育子女的典范。教育的重点是从培养敬畏上帝开始,牢记十戒和东正教的各种传统与信条"。

9.贵族、农民和商人是俄国社会的基本结构,各从其业,各居其所。而贵族应该承担起国民领袖之责任,必须体现忠君爱国、奉公守职、品德优秀、操行有持的贵族精神。

10."农业是人民的首要工作,应该加以鼓励。其次是我们自己的制造业"。①

《圣谕》在叶卡捷琳娜二世执政34年间再版8次,并且被翻译成其他国家的文字。当《圣谕》首次提交立法委员会讨论时,保守派贵族被文中关于人身权利和农民自由的大胆条文而吓倒,多次建议删除,但叶卡捷琳娜二世坚持保留,并令立法委员会全体代表逐字逐句学习和体会。《圣谕》是典型的自由主义的法令,它被伏尔泰誉为"是一部详尽、完整、业已生效的法典"。伏尔泰在写给达兰贝尔的信中说:"这是怎么样的时代啊!法国迫害哲学,而西徐亚人喜欢他们","我敬慕叶卡捷琳娜,我痴心地爱戴她,西徐亚人成了主宰一切的主人"。当代俄罗斯学者托姆希诺夫(В. А. Томсинов)认为:"叶卡捷琳娜二世作为《圣谕》的作者,可以列入18世纪下半期俄国最优秀的法学家之列"。② 历史学家克留切夫斯基也称赞《圣谕》是"开明专制时期的重要文献汇编"。③ 但波兰历史学家瓦利舍夫斯基(Казимир Валишевский)则认为它是"最直接的、完全抄袭著名著作的学生作品"。④ 叶卡捷琳娜二世是有自知之明的,她在给普鲁士国王弗特烈二世的信中承认:"在这部文献中我的功劳只是做了这个句子放哪儿,那个词放哪儿的资料整理工作"。⑤

1767年6月30日,立法委员会在莫斯科克里姆林宫天使长大教堂隆重开

---

① *Полное собрание законов российской империи*. том. 17. Санкт-Петербург, Типография II Отделения с обственной Его Императорского величества Канцелярии. 1830. с. 346—351.

② Томсинов В. А. Императрица Екатерина II(1729—1796)//*Российские правоведы XVIII-XX веков: Очерки жизни и творчества*. В 2-х томах. Москва, 2007. Т. 1. с. 63.

③ Ключевский В. *Курс русской истории*. Лекция LXXVII.

④ Казимир Валишевский. *Екатерина Великая*(*Роман императрицы*), кн. 2, ч. 1, гл. 2, I.

⑤ Павленко Н. И. *Екатерина Великая*. Москва, 2006, с. 114.

幕,与会代表共564人,其中来自枢密院、东正教会和中央政府各机构的指派代表28人,其余536名代表则由各行省和哥萨克边疆区按照比例选举出来的。据统计,161名来自贵族阶层,208名来自城镇商人阶层,79名来自国家农民,88名来自哥萨克和其他少数民族。叶卡捷琳娜二世亲自到会,她表示希望委员会制定出一部绝对平等的法律,这部法律"既适合基督教徒,又适合穆斯林。既适合鞑靼草原的牧民,又适合富庶的乌克兰的农民。既适合莫斯科人,又适合西伯利亚人"。委员会首先宣读了叶卡捷琳娜二世的《圣谕》,随后开始讨论贵族权利,然后讨论城市市民的权利。无论是俄国,还是欧洲,都对俄国立法委员会的工作予以关注。狄德罗应叶卡捷琳娜二世的邀请亲临俄国指导委员会的工作,并希望立法委员会成为俄国常设机构。1768年2月,委员会转移到彼得堡继续讨论。由于这次会议是俄国历史上极少见的全民大会,其代表来自不同社会阶层和不同地区,无论是委员会的组织者还是参与代表均无经验,许多来自下层的代表不识字,代表们为《圣谕》的高深理论和华丽词句所迷惑。代表们提交的各类方案层出不穷。在短短的6天之内,委员会共收到来自各阶层和各地区的委托书1500余份。任何议题都会引发无休无止地辩论,很难得出一致意见和决定。但是当某一贵族代表以轻蔑态度对待农民代表的时候,叶卡捷琳娜二世都要当场处以罚金,以示地位平等。旧贵族代表要求取消彼得一世时期设立的"职官秩序表",因为该文件让非贵族也有权从事公职,但遭到新贵族反对。农民代表激烈抨击地主和贵族的残暴行为,要求立即废除农奴制,给农民以土地和人身自由。贵族代表柯洛宾(Георгий Карпин)提出限制地主对农奴的权利,赋予农奴财产权的折中提案。立法委员会召开一年半,就已经举行了234次立法会议,但未能做出任何一项决议。1768年12月,俄国与土耳其战争即将爆发。叶卡捷琳娜二世下令暂停立法委员会的工作,中断一切修订法律的事务。当普加乔夫起义爆发后,叶卡捷琳娜二世于1774年12月4日正式下令立法委员会停止全部活动。

尽管立法委员会的活动无果而终,但是叶卡捷琳娜二世以《圣谕》和立法委员会声势浩大的活动在国内外赢得了一片的赞美之声。在1767年6月,立法委员会开幕之际,东正教会的唯一代表德米特里都主教(митрополит Дмитрий)提议大会授予叶卡捷琳娜二世"伟大英明的国母"称号,她经过数次推辞后予以接受,自此叶卡捷琳娜二世获得与彼得一世齐名的"大帝"(Великая императрица всероссийская)称号。

尽管立法委员会没有制定出任何法律，但是在其筹备和讨论过程中，收集了大量的文献与资料，来自俄国各阶层的代表所提交的议案中反映了俄国的实际情况和各阶层的愿望，它为叶卡捷琳娜二世和沙皇政府了解俄国状况，推行"开明专制"政策和实施进一步的大改革创新了条件。

叶卡捷琳娜二世重视发展文化教育事业。她登基的第一年，就将男女儿童的学制由 5 年延长到 18 年。叶卡捷琳娜二世在《圣谕》中特别强调教育对于培养忠君爱国和国民意识的重要作用，在立法委员会下设立了专门的教育委员会，该委员会提出在当时欧洲都非常先进的公共教育两项基本原则：1. 公共学校按其职能分为初等学校、初级中学和高级中学。2. 对适龄青少年实行强迫性的义务教育制度。1786 年，国民教育部成立，正式实施公共教育计划。叶卡捷琳娜二世下令各省都必须建立贵族中学（гимназия），省长和总督必须主管本省和本地区的国民教育。1768 年起俄国开始建立城市中学教学网络，同时开办大量的技术学校（училище）。

1764 年俄国建立了贵族女子教育院（Воспитательное общество благородных девиц），后来发展成为斯莫尔尼学院（Смольный институт）和专门招收中产阶级女子的新圣母学院（Новодевичий институт）。叶卡捷琳娜二世亲自为其设计世俗非神学内容的课程，如阅读、写作、算术、拉丁文、家政、舞蹈、绘画与室内设计。

叶卡捷琳娜二世是俄国统治者中为数不多的善于通过文字（宣言、法规、法律、文章）的形式直接与她的臣民交流思想，并通过论战文章和讽刺散文的形式直接与她的敌人进行辩论的沙皇。她还是历史著作和教化作品的作者。她一生写了大量的笔记、翻译作品、剧本、寓言和童话，叶卡捷琳娜二世的童话创作基本上是为了教育她喜爱的孙子亚历山大（Александр I）。1782 年她撰写了童话《赫罗尔小王子》（Сказка о царевиче Хлоре）、《费维小王子》（Сказка о царевиче Февее）。她亲自编写了《论时间！》（О время!）、《沃尔恰金娜女公民命名日》（Именины г-жи Ворчалкиной）、《女公民维斯特尼科娜一家》（Г-жа Вестникова с семьёй）、《骗人精》（Обманщик）、《诱惑者》（Обольщенный）、《西伯利来的萨满巫师》（Шаман Сибирский）等系列喜剧，并且亲自登台演出，开一时社会风气。叶卡捷琳娜二世还撰写了历史著作《俄国史论》（Записки касательно российской истории）。她还亲自担任 1769 年出版的《五花八门》（Всякая всячина）杂志、1783—1784 年出版的《俄罗斯语言爱好者对话人》（Собеседник любителей российского слова）杂志的出版资助人的角色。 但也有研究者认为，叶卡捷琳娜二世的大量作品不过是其他作家和艺术家捉笔代刀而已，目的只是为了沽名钓誉。①

莫斯科和彼得堡还建立孤儿保育院（воспитательный дом），为无家可归的孩子提供生活和教育的机会，建立寡妇基金以帮助因战争和灾难失去丈夫而无法生存的妇女。 俄国强制推广种植免疫疫苗的活动，为消除国民的恐慌心态，叶卡捷琳娜二世率先接受种植。 俄国御前会议（императорский совет）和枢密院下设立专门医疗机构，管理全社会抗流行病工作。 根据叶卡捷琳娜二世法令，在边境线、主要干道和大城市建立防疫的哨所，为此还颁布了《边境和口岸检疫条令》（Устав пограничных и портовых карантинов）。 俄国医疗机构也开始了梅毒、精神病学、病毒学的研究工作。

从 18 世纪初开始，欧洲各国宫廷大量购买或资助艺术家的作品与创作。 叶卡捷琳娜二世也加入这个行列，从 1763 年开始拨巨款从荷兰和弗兰德斯艺术家手中，或者从荷兰和巴黎的著名画廊中购买艺术品。 从 1764 年起，冬宫内开始修建"小艾尔米塔什博物馆"，到 1775 年建成。 但是叶卡捷琳娜二世立即感觉它过于狭小，又开始了建设"大艾尔米塔什博物馆"，最终在亚历山大一世时期完成建筑。 叶卡捷琳娜二世下令在彼得堡市中心的涅瓦大街上建立公共图书馆。 她频繁出席建筑、音乐、绘画等各个艺术领域的活动。 根据她的建议，大量的外国艺术家移居俄罗斯、乌克兰和波罗的海各地，如彼得堡枢密院广场上的"青铜骑士"的设计者、法国雕塑家法尔科内（Tienne-Maurice Falconet）。

但是后世的历史学家批评叶卡捷琳娜二世将大量的金钱和奖金用在外国艺术家和科学家身上，对本国人士却极其吝啬，"叶卡捷琳娜并没有支持他们，这些俄国艺术家感觉生活在俄罗斯遭到屈尊和蔑视，俄国优秀艺术家罗先科（Лосенко）告诉法尔科内：'我是可怜的和受侮辱的人，没有面包，想离开圣彼得堡'。 皮列斯（Фортиа де Пилес）在俄国游历时看到，俄罗斯本国的一个才华横溢的雕塑家舒宾（Шубин）挤在小小的画室里，没有模特，没有学生，也没有正式的订单。 叶卡捷琳娜为了她的统治只给予少数俄国艺术家补贴，但在购买外国艺术家的作品时却从不吝啬"。② 围绕女皇周围的都是外国艺术家，而年轻

---

① Труайя А. *Екатерина Великая*. Москва，2007，с. 346.
② Там же，с. 456.

的俄国艺术家的命运却被弃之不顾。曾经在法国学习雕塑并以优异成绩毕业，于 1782 年回国的雕塑家斯科罗杜莫夫（Гравер Скородумов）找不到工作，不得不跟着木匠学习木工手艺。罗先科最终沦为酒鬼而悲惨死去。即使是被叶卡捷琳娜二世宠幸，一生只为女皇颂诗的宫廷诗人杰尔查文（Г. Р. Державин）一辈子才从女皇那里得到 300 农奴、2 个金鼻烟壶和 500 卢布的奖赏。[①] 而俄国作家和艺术家，如拉吉舍夫（А. Н. Радищев）、诺维科夫（Н. И. Новиков）等则因文致祸，遭到迫害或被流放。

从思想和文化方面看，叶卡捷琳娜二世实行"开明专制"的意义是重大的。叶卡捷琳娜二世在思想、文化和社会方面的革新，不仅仅体现在她与法国启蒙思想家密切的联系以及翻译和介绍启蒙思想著作上，还体现在具体的改革措施上。她重视发展文化教育事业，拨巨款发展俄国科学院，改建冬宫内著名的艾尔米塔什博物馆。她鼓励兴办各类学校，并且根据洛克、巴斯杜等人的理论，系统地采用新教学方法。莫斯科大学开始聘任本民族的教授。她为贵族建立一个特殊的高等学校，鼓励贵族子女入学，并采取奖励学习的一些措施。1783 年她取消国家对出版事务的垄断，准许私人开办印刷所和出版社。在"开明专制"这种特殊的政治环境影响下，沉闷老死的俄罗斯社会出现了活跃的气氛。在实行"开明专制"期间，书报检查制度一度较为宽松。拉吉舍夫的《从彼得堡到莫斯科旅行记》、诺维科夫的讽刺杂志《公蜂》《画家》（Живописец）、《钱袋》（Кошелёк）、冯维辛的讽刺剧等就是在这种特殊的环境下出版的。在叶卡捷琳娜二世统治期间，俄国涌现了大量的本民族的科学家、教育家和发明家，他们的活动为俄国的社会发展做出重要的贡献。

在 1789 年法国大革命的消息进入俄国社会的最初的日子里，不论是俄国社会，还是主张"开明专制"的叶卡捷琳娜二世所代表的统治阶级都是将其视为法国启蒙思想的延续而接受的，当时俄国许多报纸，包括《圣彼得堡公报》（Санкт-Петербургская ведомость）上都从正面发表了有关法国大革命的报道文章，包括发表翻译成俄文的《人权与公民权宣言》，政府新闻检查机构并未禁止。法国驻俄外交官让·热内（Jean Jeunet）惊喜地写道："农民贪婪地吞噬从俄文报纸上读来的法国事件的消息。"[②]

---

① Павленко Н. И. *Екатерина Великая*. Москва, 2006, с. 389.
② Семенникова Л. И. *Россия в мировом сообществе цивилизаций*. Брянск, 1996. с. 196.

叶卡捷琳娜二世为未来的皇位继承人亚历山大一世所请的宫廷家庭教师瑞士人弗雷德里希—凯撒·拉阿尔普（Frédéric César de la Harpe）也是一个共和主义者，被同时代人看成是"瑞士革命党"，后来被叶卡捷琳娜二世看成是"雅各宾派"。拉阿尔普向亚历山大一世"这位未来的绝对君主灌输的是对人民意志的尊重"。由此可见，不仅叶卡捷琳娜二世实施"开明专制"期间，法国启蒙思想大量被介绍到俄国，法国大革命的思想也在"第一时间里"进入并影响着俄国。

沙皇政府和叶卡捷琳娜二世本人在大张旗鼓地宣扬"开明专制"的同时，也实施了严苛的书报检查制度，过分批评政府、过分揭露吏政和影射叶卡捷琳娜二世的作品和作者受到严厉惩罚。叶卡捷琳娜二世的研究者，波兰历史学家瓦利舍夫斯基认为："在俄国建立仍然为今天所用的国民教育原则，在彼得堡建立国民教育机构的是诺维科夫，他被叶卡捷琳娜视为敌人并将他投入监狱。"[1]科尼亚什宁（Княжнин）的历史剧《瓦季姆·诺夫哥罗德斯基》（Вадим Новгородский）被禁止，所有的印刷品被销毁。著名出版家诺维科夫主办的杂志《公蜂》（Трутень）第8期（1770年2月）上发表了《中国哲人程子给皇帝的劝告》，以赞扬中国文化背景下统治者治国的最高理念"立志""立责"和"求贤"为借口，隐晦地讽刺了当政的叶卡捷琳娜二世"叶公好龙"式的"开明专制"，最终引起女皇的愤怒，下令《公蜂》杂志停刊。随后，诺维科夫出版新的杂志《画家》也被政府查封了，原因仍然是因为杂志上的文章涉及了那个时期最为尖锐的社会问题：地主对待农民的压迫态度、政府官员的贪污受贿行为等。

沙皇政府的书报检查政策同样用于对待书籍出版，所涉及的书籍不仅包括在俄国内出版的图书，而且包括在国外出版的涉及俄国和叶卡捷琳娜二世的图书。1768年法国天文学家夏朋·德·奥特罗谢（Chappe d'Auteroche）在他关于俄国旅行游记的书中揭露了俄国官员的贿赂和走私的丑闻，这本书让叶卡捷琳娜二世非常不满。1782年出版了法国历史学家拉威科（L'Evesque）所著《俄国史》，叶卡捷琳娜二世同样认为这本书很少表达对于俄国女皇的尊敬。[2] 1781—1790年俄国共出版2685本书，诺维科夫出版的图书达748本书，所占比例达28%。[3] 1785年叶卡捷琳娜二世命令大主教普拉东（Платон）审查诺维科夫出

---

[1] Казимир Валишевский. *Екатерина Великая*（Роман императрицы）, кн. 3, ч. 1, гл. 3, II.

[2] Казимир Валишевский. *Екатерина Великая*（Роман императрицы）, Дополнение（Екатерина II и мнение Европы）, I.

[3] Павленко Н. И. *Екатерина Великая*. Москва, 2006, с. 282.

版的书籍是否有害。普拉东受命审查诺维科夫出版的书籍，发现这些书绝大部分是用于国民教育，最终也没有从中找到"任何对于国家利用和信念有害的东西"。但是几年后他们仍然关闭了诺维科夫的共济会会堂，查封他已经出版的图书。1792 年 5 月 1 日，诺维科夫被捕后关押在施吕塞尔堡城堡，诺维科夫并未经法庭审判，而是根据叶卡捷琳娜二世的个人命令称他是"国家罪犯"和"欺骗人们感情的庸医"而被关押 15 年。①

工商业与农奴制经济繁荣

叶卡捷琳娜二世在回忆录中曾写到执政之初俄国的衰败景象："财政已经完全枯竭。军队已经 3 个月没有领到薪金。贸易额直线下降，各个方面落入垄断之手。国家经济没有一个正确的体系，陆军部陷入巨额债务中，海军部勉强维持几近破产边缘。神职人员大量逃离和擅离职守。正义被拍卖，法律掌握在强权之手中。"②但后世的历史学家认为，叶卡捷琳娜二世上述自白并非符合历史事实。七年战争后，俄国经济并非崩溃并尚有发展。1762 年俄国的财政赤字仅为 100 万卢布或仅占国家收入的 8%③。并且这个赤字产生于叶卡捷琳娜二世执政头半年中，她拿出 80 万卢布奖励参加 6 月 28 日宫廷政变的有功人员，这里尚不包括无法计算的土地和农奴等其他财产。④

叶卡捷琳娜二世在 1774 年给立法委员会的回信中支持立法代表扩大国内商业贸易的要求。她下令废除大多数垄断法令，允许任何人经营工业企业，但受益最大的是地主贵族，而不是商人。1775 年颁布法令规定工厂是工厂主的私人财产，不需要政府的特别许可。

在对外贸易方面，叶卡捷琳娜二世深受法国启蒙思想家魁奈（Francois

---

① Павленко Н. И. *Екатерина Великая*. Москва, 2006, с. 282—284.

② *Записки императрицы Екатерины Второй*. Москва, 1989. с. 110—112.

③ Чечулин Н. Д. *Очерки по истории русских финансов в царствование Екатерины II*. С-Петербург, 1906, с. 43, 61.

④ Казимир Валишевский. *Екатерина Великая*（*Роман императрицы*）, кн. 1, ч. 2, гл. 3, III.

Quesnay）为首的重农主义学派的影响，①实行了渐进的重商主义政策，这区别于伊丽莎白女皇时期完全的自由贸易政策。在她执政之初就取消了对外贸易垄断和禁止粮食出口的法令，也取消了大商人谢缅金（О. Д. Шемякин）个人对丝绸进口的垄断。② 1766 年，政府实行了新的海关关税，大幅度降低关税贸易，平均增税为产品的 30%，1782 年则降为 10%，只有某些特殊产品关税为 20% 至 30%。③ 1765 年，她提议并支持建立了"自由经济协会"，通过学术讨论和出版刊物促进自由贸易理念的传播。

沙皇政府颁布法令，宣布工商业自由，取消对贸易的限制，鼓励向国外出口柏油、亚麻籽、蜡、油脂、铁矿石、大麻、黑鱼子酱和钾碱。对国内商品则采取保护关税政策，1782 年的关税税率比 1766 年提高 20%—30%，1789 年法国大革命爆发后，沙皇政府下令禁止与革命后的法国政府贸易。俄国主要的欧洲贸易国是英国，俄国从英国进口的最大宗的商品是俄国帆船上风帆所用布匹，大多数出口商品是由英国船只运输。出口其他欧洲国家的有生铁和铁制品，此时俄国国内的生铁业迅速发展。④ 俄国本身航海运输力量弱小，海运港口限于芬兰湾、波罗的海以及北极圈内的阿尔汉格尔斯克。1768—1774 年第一次俄土战争结束后，俄国终于通过《库楚克—凯纳吉和约》（Кючук-Кайнарджийский мирный договор）夺取了黑海出海口，但由于俄国航运落后，实际上黑海贸易仍然掌握在阿拉伯商人手中。俄国也与法国、丹麦、葡萄牙签订贸易协议，但双方的贸易额均不大。18 世纪的俄国仍然是农业国，因此它出口西欧的商品是大麻、亚麻布、原木、皮革、毛皮、铁矿石、钾碱等农产品和初级工业品，进口商品多是皇室和贵族所需的奢侈品。从 1760 年至 1790 年，在国家政策的推动下，俄国对外贸易额由 1390 万卢布增长到 3960 万卢布。其中木材出口增长 5 倍，大麻、毛皮和粮食出口大幅度增长。⑤ 俄国商船开始在地中海航行，但是商船数目仅占 18 世纪末 19 世纪初俄国商船总数的 7%，而与此同时外国商船航行到俄国的数目已

---

① Туган-Барановский М. *Русская фабрика*. Ленинград-Москва，1934，с. 37.

② Павленко Н. И. *Екатерина Великая*. Москва，2006，с. 94.

③ Чечулин Н. Д. *Очерки по истории русских финансов в царствование Екатерины II*. С-Петербург，1906，с. 208，211，215.

④ Бердышев С. Н. *Екатерина Великая*. М. ：Мир книги，2007. с. 140.

⑤ Павленко Н. И. *Екатерина Великая*. Москва，2006，с. 304—305；Рожков Н. *Русская история в сравнительно-историческом освещении*（*основы социальной динамики*）. Ленинград-Москва，1928，т. 7，с. 41.

由叶卡捷琳娜二世执政之初的 1340 艘增长到 2430 艘。①

俄国经济史学家罗日科夫（Н. А. Рожков）指出 18 世纪中后期俄国出口产品中基本上是原材料和半成品，而进口商品中 80—90% 是外国制成的工业产品，进口商品数倍超过了国内同行业的产品。1773 年的国内手工工场的产量为 290 万卢布，与 1765 年的产量相差无几，但 1765—1773 年外国商品和产品的进口量却为 10 亿卢布。② 工业技术水平没有提高，农奴制经济仍然占据绝对统治地位。因此，每年的毛纺织产品不能满足国民需求，布匹质量不高，甚至都无法满足军队的需求，于是不得不大量向国外购买。

当时俄国实行国家对食盐价格的监管，表明此时它已成为全国最重要的商品。枢密院立法规定食盐价格每普特 30 戈比（以前为 50 戈比），在产盐区每普特 10 戈比。当时没有实行国家对食盐的专买权，叶卡捷琳娜二世认为不是靠垄断，而应该靠商品的品质的竞争提高国家经济水平，但是，很快食盐的价格再次上调。③

沙皇政府鼓励向人口稀少的地区殖民以增加农业生产。国家对私人财产给予新的保障，并允许地主自由处理从他们土地上开采的矿产。在叶卡捷琳娜二世执政时期，俄国的工商业获得较为迅速的发展。俄国的手工工场的开工数目从 1962 年的 984 家增加到 1796 年的 3161 个家。俄国的生铁产量从 1760 年的 6 万吨增加到 1800 年的 16 万吨。据统计，17 世纪中期，俄国城市人口为 50 万人，到 1794 年这个数目已经增长到 228 万人。但是，此时俄国的工业企业仍然是手工工场（мануфактур 或 мастерская）和生产轻工业产品的小型工厂（фабрика），大多数工场（厂）都是雇用工人不超过 50 人的小店，相当一部分还设在农村，产品也以亚麻、粗布、皮革、羊毛等为主，生产钢铁和机器的工厂（завод）仅为少数。很多贵族庄园主为了扩大自己的收入，热衷于经营自己的庄园，开始大规模在庄园上设立工场。以纺织业来说，1725 年俄国计有 41 家纺织手工工场，在以后 25 年内又建立 62 家新的手工工场，其中包括 34 家麻布手工工场、20 家纺织业手工工场和 8 家呢绒手工工场。另外，在上述工场做工的工

---

① M. Kowalevsky. *Russie a la fin du 19e siecle*，sous dir. de Paris，1900，p. 687，691.

② Рожков Н. А. *Русская история в сравнительно-историческом освещении（основы социальной динамики）*. Ленинград-Москва，1928，т. 5，с. 41；Чечулин Н. Д. *Очерки по истории русских финансов в царствование Екатерины II*. С-Петербург，1906，с. 222.

③ Ключевский В. *Курс русской истории*. Лекция LXXVII.

人的身份仍然以农奴为主。 非黑土地区的工场雇用工人来自俄国内陆、楚瓦什、摩尔多瓦的农村。 沙皇政府为鼓励乌拉尔开设冶金工厂,大量将农奴赠予贵族、地主和商人作为劳动力的来源,但是许多贵族企业经营不善而短期倒闭。 由于工人来源于农奴,劳动力价格极其便宜,因此工场(厂)较少使用先进工艺,著名矿山机械发明家波尔祖诺夫(И. И. Ползунов)将蒸汽动力机引入阿尔泰冶金工厂内,但因无人会用,最终被废弃。

这一时期的金融政策也发生较大变化。 1763年,俄国禁止银币与铜币的自由交换,目的在于控制通货膨胀的恶化。 国家银行和信贷银行成立了,从1770年开展存款业务,银行的金融业务得到较大的扩展,并且在贸易复苏和经济发展方面做出了特殊的贡献。 1769年国家银行开始发行纸币,在最初十年内,纸币与银币和铜币同时并存,并且对促进国家经济起到重要作用,它减轻了国家制造金属货币和金属币本身在帝国境内流通所需费用。 然而,由于连年对外用兵和对内镇压农民起义,军费支出占据三分之一的国家预算。 财政部门不得不在18世纪80年代大量发行纸币,其中纸币的发行量在1796年达到了1.56亿卢布。 此外,国家还大量从国外借贷,对内发行国债。 外债额为330万卢布,内债额达到1550万卢布,到1796年国债(内债与外债)已达到215万卢布,每年支付利息将近6百万卢布。 大举借贷外债也使卢布在海外市场上失去信誉,反过来影响到俄国的对外贸易。① 俄国经济史学家切丘林(Н. Д. Чечулин)认为保罗一世上台时俄国国库空虚,国库支出远远大于国家预算。 叶卡捷琳娜二世执政末期,俄国已经成为"严重经济危机"的国家,其"金融体系彻底崩溃"。②

俄国工商业的迅速发展,不仅增强了俄国的国力特别是军事实力,而且提高了俄国的国际地位及影响。 著名历史学家克留切夫斯基在这方面对于叶卡捷琳娜二世的执政是赞赏有加的,他认为:"陆军从16.2万人增加到31.2万人,帝国舰队在1757年拥有21艘战列舰(линейный корабль)和6艘护卫舰(фрегат),到1790年代分别增加到67艘和40艘,另加300艘划桨船(гребной суд),国家收入从1757年的1600万卢布增加到1790年的6900万卢布,增加了4倍多。 俄

---

① David Mackenzie, Michael W. Curran, *A History of Russia, the Soviet Union, and Beyond*. Fourth Edition. Wadsworth Publishing Company, 1993. pp. 299—300.

② Чечулин Н. Д. *Очерки по истории русских финансов в царствование Екатерины II*. С-Петербург, 1906, с. 323, 373, 364, 87, 374.

国对外贸易取得巨大成效，波罗的海的进出入贸易从 900 万卢布增加到 4400 万卢布，黑海贸易从 1776 年的 390 万卢布增长到 1796 年的 1900 万卢布。在叶卡捷琳娜二世执政的 34 年里，国内货币流通额达到 1.48 亿卢布，而在 1762 年前的数字仅为 9700 万卢布。"①

18 世纪中叶，俄国尽管还在农奴制度的统治下，农业耕作技术仍陈旧落后，基本上还是通过增加耕地的数量的方法提高农业收成，"自由经济协会"曾大力宣传"密集耕作法"，但收效不大。从 1762 年起，俄国即周期性地发生全国饥荒，一些同时期的经济史学家解释其原因为农作物歉收。1780 年全国性饥荒最为严重，各地破产农民比比皆是。伊丽莎白女皇时代禁止粮食出口的法令被废除，到叶卡捷琳娜二世执政末年，每年的粮食出口额为 1300 万卢布。

叶卡捷琳娜二世是依靠近卫军和部分贵族支持获得皇位的，她在登基后不仅即以法文郑重宣布："我是贵族"(Je suis un noble)，即表明她既是国家的最高统治者，也是俄国最大的地主和农奴主。为继续得到贵族阶层的支持，她给予贵族极大的特权和优惠，包括叶卡捷琳娜二世于 1785 年 4 月 21 日颁布《御赐高尚贵族权利、特权和优惠诏书》(Жалованная грамота на права, вольности и преимущества благородного дворянства)，宣布贵族拥有占有农奴、土地、矿山、森林和水源的权利，拥有在城市购买房屋、土地、投资建厂的权利。这从法律上确定了贵族是俄国的特权阶层，这个阶层不承担任何国家义务；在法律上，除图谋反对沙皇的罪名之外，这个阶层不受任何法律限制和处罚。叶卡捷琳娜二世将大量的农民与土地赏赐给一百个贵族家族。1777 年，只有 16% 的贵族拥有 100 名以上的农民，而且将近三分之一的贵族拥有的农奴不超过十个。这些贫困的贵族不得不在狭小的庄园上与农民住在一个屋檐下，吃饭共用一张餐桌。1794—1796 年的人口普查数字表明，地主农民人数已经从以前的 380 名增加到 1070 万名。② 到 1796 年，地主农民和国有农民已占全国总人口的 90%。最富有的贵族谢列梅季耶夫（Б. П. Шереметьев）伯爵拥有 105 万公顷土地，农奴 18 万 5 千名。③ 他在莫斯科和彼得堡都有庄园，他在库斯科沃的庄园更是闻名于

---

① Ключевский В. О. *Курс русской истории*. Часть V. М.：Государственное социально-экономическое издательство, 1937.

② Michael Florinsky, *A History and An Interpretation*. New York：The MacMillan Company. 1965. Vol. I. p. 375.

③ David Mackenzie, Michael W. Curran, *A History of Russia, the Soviet Union, and Beyond*. Fourth Edition. Wadsworth Publishing Company, 1993. p. 303.

世，其规模和建筑风格被称为俄国的"小凡尔赛宫"。各国学者普遍认为18世纪下半期，即在叶卡捷琳娜二世执政时期，俄国农奴制经济达到巅峰状态，她被贵族尊称为"贵族专政的女皇"。

18世纪贵族思想家卡拉姆津（Н. М. Карамзин）曾断言："如果将我们所知道的一切俄国时代加以比较，我们当中几乎任何人都会说，叶卡捷琳娜时代是俄国公民的最幸福时代，我们当中几乎任何人都愿意生活在那个时代，而不是别的时代。"俄国政治家和革命家普列汉诺夫（Г. В. Плеханов）评价了他的这段话，"当然，这里所谓俄国公民，自应理解为俄国贵族。如果说，那时劳动群众的情况是很艰苦的，那么贵族却比过去任何时候都确实生活得好些。"①

中央与地方机构改革

叶卡捷琳娜二世在登基之初视察各地期间以及亲历亲为参加枢密院等中央机构会议时，深感旧的国家管理体制从中央到地方均是叠床架屋、冗员充斥、效率低下、腐败成风。1773年至1775年爆发了波及全俄的普加乔夫起义，农民起义军所到之处，地方政府往往镇压不利或完全瘫痪，军事和警察制度均无法应付农民起义。上述情况致使叶卡捷琳娜二世下决心实行对国家管理体制进行重大改革与调整。

改革从中央体制开始。叶卡捷琳娜二世登基不久，重臣帕宁就提议仿效18世纪30年代沙皇与显臣共商国是的模式建立御前会议，并拟提名6至8名高官参加御前会议，这是叶卡捷琳娜二世借助贵族支持夺取皇位后面临的贵族分权的实际要求。俄罗斯科学院院士、莫斯科大学著名法学教授戴斯尼茨基（С. Е. Десницкий）参加了立法委员会草案的起草工作，他建议将枢密院由最高咨议机构变成立法机构，成员扩大到600至800人。但是，叶卡捷琳娜二世坚决拒绝了上述方案。

帕宁在1763年12月15日又提出改组枢密院的方案，即把枢密院拆分为6

---

① 普列汉诺夫：《俄国社会思想史》，孙静工译，第3卷，商务印书馆，1990年，第34页。

个局（департамент），每个局的行政长官为总检察长（генерал-прокурор）。 第一局负责彼得堡的国家和政府事务。 第二局负责彼得堡的司法事务。 第三局负责国家交通运输、医学、科学、教育和艺术事务。 第四局负责陆军和海军事务。 第五局负责莫斯科的国家和政府事务。 第六局负责莫斯科的司法事务。 枢密院虽然保留，但是其职能和权力大大降低，立法权和立法建议权中心转移到直属女皇的内阁和国务秘书，枢密院变成了国家机关和最高法庭的监督机构。 女皇通过总检察长监督和处理各局和枢密院的事务。 1768 年，叶卡捷琳娜二世设立最高宫廷会议，作为沙皇讨论最重要的法律和国家措施的咨询机构。

1775 年 11 月 7 日通过了《全俄行省管理机构》（Учреждение для управления губерний Всероссийской империи），取消原来的行省（губерния）、省（провинция）和县（уезд）三级行政区划，改设省（губерния）和县（уезд）两级行政管理，省和县的划定根据纳税人口规模的原则而定。 原来的 23 个行省重新划分为 41 个省，后扩展到 50 个省，这个数字直到 1917 年二月革命前没有发生变动。 每个省人口 30 至 40 万人，每个省管辖 10 至 12 个县，每个县人口 2—3 万人。 总督由枢密院任命，他直接向皇帝汇报。 省检察官（губернский прокурор）服从总督指挥。 副省长领导下的省国库（казенная палата）掌管省财政。 省土地局（губернский землемер）实际管理省土地资源。 省府是总督（省长）权力的执行机构，监督一切机构和官员的活动，主管辖区内的公共慈善机构、学校、医院、孤儿院。 每县设警察上校（Капитан исправник）为县的最高行政长官，也是当地贵族的领袖，他的职务通过选举产生，任期三年。 县府是省府权力的执政机构。 县国库和县土地局管辖县的财政和土地事务。 贵族有权向省长直至沙皇提出自己的要求。 在省长之上由沙皇任命若干总督（Генерал-губернатор），管辖二至三个省。 总督既是地方驻军的最高长官，又是地方的行政长官，他同时又是中央枢密院的成员。 总督在辖区有充分的行政、财政、司法和军事权力。 省、县设地方议会，选举省、县一般行政官员，议员均由贵族担任。 省议会向相应的中央各委员会报告，而由枢密院监督协调。 这项改革加速了行政部门的贵族官僚化，极大地强化了沙皇个人的独裁权力，使沙皇能够通过内阁、枢密院、省长（总督）、省议会更直接有力地控制中央和地方。

由于俄国地域广大，各地出现大量的农村移民，县的中心城市为数甚少，无法担负起行政、文化和社会中心的作用。 因此，政府建立 216 个新城市，城市的居民被称为市民和商人。 城镇的人口被称为市民和商家。

伴随行省改革，地方的司法和检察机构也进行重大调整。省设有等级司法机构，包括贵族最高地方法院（верхний земский суд для дворян）、审查普通公民案件的省法院（губернский магистрат）、审查农民案件的最高法院（верхная расправа）。而刑事和民事法院（уголовная и гражданская Палата）作为省的最高司法机构审理所有社会等级的案件。县也设有代表不同社会等级的行政机构：负责贵族事务的县法院（уездный суд）、负责平民事务的城市法院（городской магистрат）、负责国家农民事务的下等法院（нижняя расправа）。荣誉法庭（совестный суд）是根据叶卡捷琳娜二世的建议在1775年设立的，女皇从孟德斯鸠的《法意》和与百科全书派的通信中获得思想，认为应该尊重人的"自然公正"和"自由法"原则。荣誉法庭由1名法官和6名陪审员组成，陪审员来自贵族、市民和农民不同等级。历史学家克留切夫斯基评论："一些特殊的刑事和民事案件被集中到荣誉法院。法庭认真研究那些罪犯犯罪的原因，有的是无意识的行为，有的是个人的不幸，有的是身体或精神上的缺陷，有的是因为偏见，有的是因为幻想，有的是因为迷信等。在此基础上认真判断的平民知道的事情适用于他自己的当事人。在这种情况下，就像我们所说的，荣誉法庭首先要在当事人中间扮演调解人的角色。"①按照规定，俄国最高的司法机构是枢密院，省与县司法机构遇重大案件不得自行结案，须送交枢密院最后判决。

自17世纪50年代中期以后始终处在特殊地位的乌克兰左岸也在1783—1785年被强制纳入省制改革过程之中。扎波罗热哥萨克的堡垒被清除，按照俄罗斯帝国其他地区的模式将乌克兰左岸划为一个总督区，分为三个省，由俄罗斯官员统治，并且将农奴制强制推行到这一地区。

波罗的海各省的特殊地位也随之结束，俄国举办一次人口普查后，在当地实施人头税和农奴制。在1782—1783年地方行政区划改革中，波罗的海被划为：爱沙尼亚（Эстляндия）和立夫兰（Лифляндия）被划分为里加省（Рига）与列维尔省（Ревель），其余部分被划入俄国其他省的行政区划之中。原来的波罗的海的政治秩序被废止，这给当地贵族提供了比俄罗斯地主还要多的领有土地和农民的权利。

在地方行政改革和省制区划中，西伯利亚被划分为三个省：托博尔斯克

---

① Ключевский В. О. *Курс русской истории*. Часть V. М.：Государственное социально-экономическое издательство，1937.

（Тобольск）、科雷万斯克（Колыванск）和伊尔库茨克（Иркутск）。

至1785年，政府从中央到地方的大规模行政改革终于结束。

历史学家大多对18世纪70年代中期的中央和地方行政是持批判改革态度。苏联历史学家帕甫连科认为新的行政区划设置没有考虑居民与贸易和行政中心的联系，忽视了居民的民族构成，例如摩尔达维亚被拆分划给4个省。"改革切碎了国家的领土，就像把一个活人切碎一样。"①波兰历史学家瓦利舍夫斯基认为司法改革"实际上极有争议"，"就像同时代人所说的：司法改革不过是提高了贿赂的价码，因为现在不是给一个法官行贿，而需要给几个法官行贿，因为法官的数量已经增加了好几倍"。② 俄国经济史学家切丘林认为省制改革导致官僚机关的预算成本大幅增加，根据枢密院的估算，省制改革导致国家总预算支出增加12%至15%。省制改革完成后不久就发生了国家赤字，并且直到1796年叶卡捷琳娜二世去世都未能平抑赤字。

宗教与民族政策

叶卡捷琳娜二世执政之初刻意标榜启蒙思想并积极实施"开明专制"，因此她在宗教方面推行宽容但又自相矛盾的政策。她继承了彼得一世的宗教政策，由政府管理教会事务，世俗当局有权决定建立任何宗教的教会。1773年法律宣布宽容所有的宗教，禁止东正教会和神职人员干涉其他宗教的事务。③ 执政之初，为获得东正教会支持，叶卡捷琳娜二世废止了彼得三世推行的没收教会土地的法令。但是，在1764年2月女皇又颁布了一项法令，剥夺了教会土地及教会农民约200万，交由经济委员会（коллегия экономики）管理，教会、修道院和主教地产收归国有。在乌克兰，教会土地在1786年实行了世俗化。从此神职人员在经济和生活上要依赖于世俗权力，因为他们被禁止独立地经营活动而无法获

---

① Павленко Н. И. *Екатерина Великая*. Москва, 2006, с. 179.
② Казимир Валишевский. *Екатерина Великая*（*Роман императрицы*）, кн. 2, ч. 2, гл. 2, III.
③ Муравьева М. Веротерпимая императрица//*Независимая газета*. 03. 11. 2004; Смахтина М. В. Правительственные ограничения предпринимательства старообрядцев в XVIII первой половинеXIX в. // *Материалы научно-практической конференции* 《*Прохоровские чтения*》.

得生活所需。

叶卡捷琳娜二世继承了彼得三世对于旧礼仪派和其他宗教的宽容政策。彼得三世在1762年2月28日发表宣言，郑重许诺保护旧礼仪派免受"欺辱和迫害"，所有逃亡国外的各等级的大俄罗斯人和小俄罗斯人，甚至包括旧礼仪派、商人、地主农民、宫廷农民和军队脱逃者只要在1763年1月1日前返回俄国就没有任何罪行和惩罚。她执政的第一年停止了对旧礼仪派的迫害，枢密院通过关于因宗教迫害而逃亡国外的旧礼仪派自由归国的法令，欢迎他们返回俄国和从事经济活动，并宣布酌情为他们提供在西伯利亚、巴拉宾草原（Барабинской степи）和"伊尔吉兹"（Иргиз，现俄罗斯联邦萨拉托夫和萨马拉省境内）的居住地，允许他们自行决定和选举神职人员。①

然而1765年，迫害旧礼仪派的政策又得以恢复。枢密院提出不允许旧礼仪派建筑教堂的建议被叶卡捷琳娜二世批准，已经建成的教堂被拆除。而且旧礼仪派的城镇和在乌克兰的城镇"维特卡"（Ветка）也被拆除。② 为什么会出现前后反复的政策？ 波兰历史学家瓦利舍夫斯基认为叶卡捷琳娜二世和沙皇政府认为旧礼仪派与其他宗教不同，它不仅是一种宗教异端，而且是一个社会和政治运动，对国家危害极大。③ 民间则认为，叶卡捷琳娜二世与彼得一世一样，都是"敌基督的沙皇"（Царь-антихрист）。④

日耳曼人获得在俄国自由移民的权利，他们可以在当地建筑教堂和学校以及建立互助性质的组织。18世纪下半期，来自普鲁士和奥地利的新教徒、主要是路德教徒（Лютеран）的人口数量在俄国大幅增加。仅在彼得堡一个城市，已经有路德教移民2万余人。

叶卡捷琳娜二世执政时期的犹太人政策可谓复杂。一方面是政策苛严。三

---

① Смахтина М. В. Правительственные ограничения предпринимательства старообрядцев в XVIII первой половине XIX в.//Материалы научно-практической конференции 《Прохоровские чтения》; Беглопоповщина// Энциклопедический словарь Брокгауза и Ефрона: В 86 томах (82 т. и 4 доп.). СПб., 1890—1907.

② Казимир Валишевский. Екатерина Великая（Роман императрицы）, кн. 2, ч. 1, гл. 3, II; Покровский М. Н. Русская история с древнейших времен. При участии Н. Никольского и В. Сторожева. Москва, 1911, т. 4, с. 186.

③ Казимир Валишевский. Екатерина Великая（Роман императрицы）, кн. 2, ч. 1, гл. 3, II.

④ Рожков Н. А. Русская история в сравнительно-историческом освещении（основы социальной динамики）. Ленинград-Москва, 1928, т. 5, с. 264—268; Покровский М. Н. Русская история с древнейших времен. При участии Н. Никольского и В. Сторожева. Москва, 1911, т. 4, с. 209.

次瓜分波兰之后，原波兰—立陶宛联盟（Речи Посполито）境内的一百万犹太人成为俄国居民，他们在宗教信仰、生活方式和文化习俗都不同于信仰东正教的俄罗斯人。为了防止犹太人向俄国中部移民，并便于税收和管理，叶卡捷琳娜二世于1772年下令在西南部的草原地带、黑海地区和东部人烟稀少的第聂伯河流域建立犹太人居住区，犹太人被人为地与其他民族隔离开来，后来范围扩大到了立陶宛、白俄罗斯、乌克兰、高加索和黑海地区新占领的"新俄罗斯"等地区。法令规定犹太人不准许离开犹太人居住区。这一政策使俄国成为世界上唯一以法令形式允许犹太人定居的国家，在一定程度上保留了犹太人的传统和信仰。另一方面是自由化的犹太政策。犹太人可以公开坚持自己的犹太教信仰，宗教事务和民事纠纷按照犹太习俗由犹太法庭解决。沙皇政府鼓励犹太人皈依东正教，皈依者获得全部的俄罗斯公民权利。犹太富商凭资本和才能可以当选城市杜马议员或当地政府官员，也可以成为法官及其他国家的官员。

　　沙皇政府开始在帝国体制中建立穆斯林的居民社区，允许他们建筑和维修清真寺。根据叶卡捷琳娜二世1787年签署的法令，在彼得堡的俄罗斯科学院印刷所出版了完整的阿拉伯文字的《古兰经》（Коран），免费派发给吉尔吉斯人。这部《古兰经》与欧洲版明显不同，它完全按照穆斯林的传统风格，大毛拉乌斯曼·易卜拉欣（Усман Ибрахим）负责文本的准备和校对工作。1789至1798年在彼得堡出版了5个版本的《古兰经》。叶卡捷琳娜二世接受乌法学者阿扎马托夫（Д. Д. Азаматов）的建议，在1788年9月22日签署了"俄国伊斯兰教历史中最重要的法令"给乌法省和辛比尔斯克省的总督伊戈里斯特罗姆（О. А. Игельстром）伯爵，下令在两省设立伊斯兰法的宗教大会（духовное собрание Магометанского закона），它拥有自己的办公室和伊斯兰法的所有神职官员，但不包括塔夫立达省（Таврическая область）。① 宗教大会长官穆夫提（Муфтие）由侯赛因（М. Хусейн）担任，此人是沙皇政府在中亚和高加索的代理人和眼线，他的年工资是1500卢布，与当地的陆军少将的工资不相上下。根据1790年8月13日和1793年1月26日法令，侯赛因的个人地产和巴什基尔族的农奴增长了数倍。从喀山鞑靼人中选出的三位陪审员（заседатель），作为穆夫提的助手，他们的年工资是120卢布。穆夫提的重要任务是检验毛拉的忠诚程度，培

---

① Арапов Д. ОМДС: цели создания и начальный этап деятельности // Медина Аль-Ислам. № 27, март 2007.

养他们的"强大的忠诚度和良好行为",将"背叛者"上交帝国政府。 穆夫提通过"伊斯兰教法的宗教法院"（духовный суд по шариату）审查下层穆斯林的违法行为。 但是奥伦堡穆夫提辖区里的穆斯林宗教大会在穆斯林中间缺少权威性——在克里米亚,传统上穆斯林神职人员必须出身于伊斯兰法学家的家庭。 但奥伦堡穆夫提的工作得到沙皇政府的支持,枢密院在1789年4月20日下令建立"穆夫提办公室"（канцелярия муфтията）,以下设有秘书和公务人员。 1789年12月,总督伊戈尔·里斯特罗姆（Игорь Листром）伯爵以叶卡捷琳娜二世的名义制定穆夫提权利和义务的条例,条例规定：1.穆夫提须监督乌法地方政府并发挥"中间的司法地位"作用。 2.监督和检验所有毛拉的信仰。 3.监督和检验当地警察（земский исправник）候选人的信仰。 4.把所有俄罗斯方言翻译成鞑靼文字。 5.按照伊斯兰教法规管理穆斯林居民的结婚和离婚事宜,监督清真寺神职人员的举止。 6.每100院子建筑1座清真寺。 7.为每个县设立2名阿訇（Ахун,又称老毛拉 старший Мулл）。 8.剥夺穆斯林神职人员和穆夫提本人对穆斯林的身体惩罚权力。 9.监督当地穆斯林中学。 政府颁布一系列法令,努力扩大和强化设在乌法的穆夫提办公室的影响。 1792年6月15日法令规定,星期五是所有穆夫提办公室官员的休息日。 1792年8月17日法令规定,奥伦堡穆夫提管辖的毛拉,都具有"中间司法地位"的权利。 每三年在当地的宗教大会从喀山鞑靼人中选举新的毛拉,"坚定的信念"和"良好的行为"是重要标准。①

奥伦堡的伊斯兰教宗教大会（ОМДС）的影响和作用越来越大,宗教大会的工作人员被称为"诏命毛拉"（Указный Мулл）,他们既是伊斯兰教神职员也是世俗权力的官员。 他们获得大量的津贴和旅行的机会,他们可以通过主持婚礼和葬礼获得特殊的收入,他们的住宅免于被军队和政府征用。 1803年3月23日,奥伦堡省总督巴赫梅基耶夫（Н. Н. Бахметьев）签署了第一份俄国人赴麦加朝觐的法令,该法令也使来自布哈拉的朝觐者穿过帝国国境,赴伊斯兰教的圣地朝圣。 因此,沙皇政府更清楚地认识到俄国穆斯林的宗教身份和个人权利,政府对穆斯林的宗教生活和宗教组织给予了特别的关注,积极将其纳入帝国体制之

---

① Арапов Д. ОМДС: цели создания и начальный этап деятельности//*Медина Аль-Ислам*. № 27, март 2007.

内，最终目的是试图将伊斯兰教与其他宗教一样完全纳入世俗的国家政权管理之下。①

佛教也得到沙皇政府的支持。1764 年叶卡捷琳娜二世下令在布里亚特设立汉博喇嘛（Хамбо-ламы,མཁན་པོ་བླ་མ་），作为东西伯利亚和外贝加尔湖地区的藏传佛教的领袖。首位汉博喇嘛是达布·道尔基·扎亚耶夫（Дамбу-Дорж Заяев）。1766 年，布里亚特汉博喇嘛称赞叶卡捷琳娜二世实施仁政是对"白度母菩萨"（бодхисаттвы Белой Тары）的尊敬，她的政府是人性化的政府。

叶卡捷琳娜二世还对在所有欧洲国家遍受迫害的耶稣会士（Орден иезуит）施以礼遇，允许耶稣会将其总部设在俄国，批准耶稣会士在莫吉廖夫（Могилев）建设住宅，根据她的指示，政府取缔了所有已经印刷成册的对耶稣会历史污蔑的书刊。她本人多次参观耶稣会士的住宅，向他们表达理解和支持之意。②

1762 年 12 月 4 日叶卡捷琳娜二世签署法令《关于允许来俄国的所有外国人定居其意愿的省份以及赋予他权利》（О дозволении всем иностранцам, в Россию въезжающим, поселяться в которых губерниях они пожелают и о дарованных им правах），她认为吸收外国移民者有利于使用俄国闲置的土地和资源。1763 年 6 月 22 日，叶卡捷琳娜二世再次签署法令宣布俄国全境对外国移民者开放并给予外国移民者众多的优惠和利益。俄国东南边区成为日耳曼移民聚居地始于 18 世纪初，最初这里是卡尔梅克人、哥萨克、吉尔吉斯人等流浪者的地盘，克里米亚鞑靼人、土耳其人、诺盖人经常进攻这里，影响了从俄国中部向这里的移民。直至 18 世纪上半期，这里几乎没有耕地。七年战争结束后，第一批日耳曼家庭来到俄国。他们从汉堡乘船到彼得堡，在接受了移民登记后再继承南下，当时出现了一条日耳曼移民的路线"从拉多加湖经过基赫文镇再到索明河，最后到达萨拉托夫"（от Ладоги через Тихвинский посад до реки Сомины и далее до самого Саратова）。日耳曼移民多来自普鲁士西南部的施瓦本地区、普法尔茨州、巴伐利亚、萨克森地区。移民中不完全是普鲁士人，还有瑞典人、法国人、奥地利人、荷兰人、丹麦人、瑞士人、波兰人，但是俄国通称他们为"德国移民"

---

① Арапов Д. ОМДС: цели создания и начальный этап деятельности//Медина Аль-Ислам. № 27, март 2007.

② Гризингер Т. Иезуиты. Полная история их явных и тайных деяний от основания ордена до настоящего времени. Минск, 2004, с. 485.

（Немцы-колонисти），或简称"德国人"（Немцы）①。1763 年俄国境内出现第一批日耳曼移民点。在 1764 年 3 月 19 日叶卡捷琳娜二世的移民法令之后出现了日耳曼移民浪潮。日耳曼移民大量移居伏尔加河沿岸地区，从恰尔德姆（Чардым）到察里津（Царицын），再到顿河（Дон），然后沿着哥萨克土地的边界到赫普尔河（Хопр），再向赫普尔河上游到兹纳缅斯基村（Знаменское）和多尔戈鲁科沃村巴乔夫（Долгоруково），从奔萨省到萨拉托夫县。日耳曼移民潮日益增强，以至于在 1766 年不得不暂时中止接受新移民的申请。1763 年 6 月 22 日叶卡捷琳娜二世下建立中央移民管理机构——"外国移民管理委员会"（канцелярия опекунства иностранных колонистов），女皇任命宠臣奥尔洛夫（Г. Г. Орлов）担任首任长官，该委员会一直存在到 1782 年。由于日耳曼移民人数急速增加，于是 1766 年在萨拉托夫当地设立移民委员会。1765 年，伏尔加河地区移民点（колоние）有 12 个，1766 年上升到 21 个，1776 年达到 67 个。

政府按照女皇法令为每个定居俄国的日耳曼移民家庭分配土地 30 亩。每个移民者都可以向地方政府领取从国外来俄国的交通补贴和安家费，条件上保证服义务兵役制。政府提供日耳曼移民家庭 30 年的纳税优惠，每个移民家庭分配 2 匹马、1 头牛和种子、农具。叶卡捷琳娜二世在 1769 年写给伏尔泰的信中得意地写道："美丽的萨拉托夫移民地已有移民 27000 人，……新移民们和谐地在自己的田地里劳作着，因为他们在 30 年里完全不必支付任何的赋税项及关税。"从此，日耳曼人在俄国社会发挥着重要作用，后来出现了"伏尔加沿岸德国人"（Поволжкие немцы）的说法。

在叶卡捷琳娜二世执政 34 年里，黑海北部、亚速海、克里米亚、乌克兰右岸、德涅斯特河和布格河之间的土地、白俄罗斯、库尔兰、立陶宛的土地陆续被纳入俄国版图，随之全国人口也达到 700 万。② 因此，历史学家克留切夫斯基写道：在俄罗斯帝国境内"不同民族之间的利益纷争愈演愈烈。"③这是因为每个民族享受的特权和利益是不同的，绝大多数的新移民是由于战争被强迫归并俄国并且强迫纳入特殊的国家经济、税收和监管体制之中，唯独日耳曼移民者是完全免除赋税和其他国家职责。对于犹太人移民来说，以建立封闭的特殊移民点方式

---

① 在罗斯时期，俄国人一般把来自欧洲的、不讲俄语的外国人统统称为"德国人"（Немцы），后来"德国人"以"外国人"的同义词进入俄国文学作品中。

② Ключевский В. Курс русской истории. Лекция LXXVI.

③ Там же.

解决犹太人移民问题,遭到犹太人的反对。 乌克兰人和白俄罗斯人移民到原波兰立陶宛的土地之上,最初免除人头税,后来征收取一半的人头税。 这种因民族而异并有歧视和不平等的政策遭到了社会的非议,惹恼了当地居民。 18世纪末19世纪初的一些俄罗斯贵族提出服役条件就是"参照德国人"(записать в немцы),为的是享受相应的优惠。

在18世纪70至90年代俄国向南方征战和开发过程中,波将金元帅发挥了重要的作用。 这位孔武有力、精力充沛、好战乞功的独目元帅深得女皇的宠爱和信任。

波将金全名格里戈里·亚历山德罗维奇·波将金—塔夫里达斯基(Григорий Александрович Потемкин-Таврический)。 他于1739年(另说1737或1742年)出生于斯摩棱斯克的贵族家庭,这个家庭有着古老的姓氏,势力散布在俄罗斯和波兰。 波将金在5岁时被送到莫斯科,在自己的堂叔和国库总管(президент Камер-коллегии)基斯洛夫斯基(Г. М. Кисловский)的家中接受教育。 之后,波将金在日耳曼人区的利特克私立寄宿学校以及莫斯科大学附属中学接受了更好的教育。 波将金在法语课上的同学有剧作家冯维辛、启蒙思想家诺维科夫、诗人彼得罗夫(В. П. Петров)和波格丹诺维奇(И. Ф. Богданович)、建筑师巴热诺夫(В. И. Баженов)和斯塔罗夫(И. Е. Старов)。 波将金获得了非常优秀的成绩。 第一学年之后,他获得了金质奖章并作为12名优秀学生之一,被大学监督人舒瓦洛夫(И. И. Шувалов)送往彼得堡,向伊丽莎白女皇做报告。 然而,在返回莫斯科后不久,波将金却被母校开除了,官方的说法是由于"懒惰和旷课",而根据他同学的说法,则是因为他写了讽刺德国教授的诗文。

此时,波将金已经掌握了德语、法语、拉丁语、波兰语和古斯拉夫语,并自学古希腊语。 他还曾投入到对神学的研究中,在莫斯科的斯拉夫——希腊——拉丁学院(Славяно-греко-латинская академия)神学图书馆刻苦读书。 1762年政变前,波将金认识了龙骑兵司务长和格奥格·荷尔什金斯基(Георг Голштинский)公爵的侍从官——彼得三世的叔叔。 因为公爵不会说俄语,而大多数士兵和军官当时并没有掌握德语或者法语。 因此波将金就被公爵任命为私人翻译。 年轻聪明的波将金在准备政变的过程中发挥了积极的作用,他站在了叶卡捷琳娜二世一边。 波将金身居一群受教育少并且举止粗莽的近卫军中,他很快就显示了他的智慧、广博和优雅的风度。 尤其是1762年6月28日政变当

帝国风暴：
大变革前夜的俄罗斯

夜，叶卡捷琳娜二世被拥戴为女皇后，准备骑马检阅军队，她发现自己的长柄剑没有配挂剑穗，在万分紧急的情况下，站在一边的波将金不失时机地解下自己的剑穗跑过去呈上，为女皇化解了问题。作为对参与政变的回报，女皇提升波将金为宫廷高级侍从官和骑兵少尉，奖励他1万卢布和400个农奴。作为特殊恩典，波将金被派往斯德哥尔摩的奥斯杰马（И. А. Остерман）伯爵处，通告新任统治者叶卡捷琳娜二世女皇的登基情况。

波将金有丰富的宗教知识，与教会高层之间建有联系，他还在莫斯科时，他的教父和朋友泽基斯—卡缅斯基（Амвросий Зертис-Каменский）成为都主教，叶卡捷琳娜二世派年轻的侍从官波将金到圣主教公会工作。作为圣主教公会事务大臣的助手，波将金促进了教会土地国有化的准备工作。在1767年立法委员会工作中，波将金完成了监护外国代表和非东正教信仰人物的职责。

波将金领导了1768—1774年和1787—1792年两次俄土战争①，他致力于在俄国南方建立一个"新俄罗斯"（Новороссия）。18世纪70年代，波将金元帅平息哥萨克的叛乱并将乌克兰左岸改造成省制区域。18世纪80年代，他主导在俄国南方大力建设安置日耳曼、保加利亚、希腊和波兰移民的新城镇，积极主持建设克里米亚的海军军港——塞瓦斯托波尔和第聂伯河畔的新城叶卡捷琳斯拉夫以及库班的新城叶卡捷琳诺达尔，此外还有黑海沿岸的第聂伯罗彼得罗夫斯克、赫尔松和尼古拉耶夫。波将金在南方的工作，增强了俄国对这一战略要地的控制能力。因此，叶卡捷琳娜二世在1784年极其隆重地奖励给波将金大笔的国家奖金，并授予他"特级公爵"②称号。

除了波将金与叶卡捷琳娜二世有着暧昧关系以及他贪污军费等丑闻外，他还与一个特殊名称"波将金村"（потёмкинские деревни）密切相关。1787年，他以极大热情迎接女皇叶卡捷琳娜二世和奥地利国王约瑟夫二世视察"新俄罗斯"。为了给女皇留下好的印象，从彼得堡到基辅再到哈尔科夫和克里米亚，他在沿途遍设驿站，途经的村庄的破败墙壁事先粉刷，所到之处都设有豪华的凯旋门，沿途都是精神饱满的军人和手捧鲜花的居民热情迎接女皇的到来。这些好大喜功和弄虚作假的村庄被称为"波将金村"。

---

① 波将金于1791年10月5日在从雅斯（Ясс）去尼古拉耶夫（Николаев）的路上暴亡于靠近斯摩棱斯克的佩尔利兹村（села Пырлица，今摩尔达维亚境内），埋葬于第聂伯河畔的赫尔松（Херсон）。

② 特级公爵（светлейший князь）是18世纪俄国非常罕见的贵族称号，彼得一世时期只有他的亲信缅希科夫（А. Д. Меншиков）和康杰米尔（Д. К. Кантемир）获得。

对哥萨克的统治与治理

哥萨克虽然不是俄罗斯的一个民族，但是它以特殊的生活方式和居住区域区别于俄罗斯其他地区和民族。

在南俄草原上，原来就生存着一些游牧民族。15世纪到17世纪，东欧地区农奴化趋势越来越明显，部分追求自由、不愿沦为农奴的人，逃亡到远离统治中心的边区地带，受恶劣自然条件的影响，这些人不得不聚集在一起，共同面对艰难困苦的生活。由于耕地短缺，又受到西南部草原地带突厥民族的影响，这些逃亡的自由民之间逐渐形成了一种崇尚骑马射猎、追求自由独立的独特文化认同。当时波兰和莫斯科公国对南部草原的控制力非常微弱，这些以逃亡农民为主体的人大量聚集在南俄草原地带，自称"哥萨克"①，他们长期处于半军事状态，平时为农，战时为兵。他们不仅用战争保卫自己的安全，也受雇于出资更多的国家，为其效力，赚取财富。在广阔的东欧平原上，他们往往临河而居，主要聚集在顿河（Дон）、伏尔加河（Волга）、第聂伯河（Днепр）、捷列克河（Терек）、库班（Кубан）以及俄国东部的雅伊克河（Яик，后更名乌拉尔河Урал）、西伯利亚（Сибирь）和外贝加尔（Забайкал）等广大地区，因此也多以河流命名和区分哥萨克的不同群体。到16世纪后期，俄国哥萨克形成了几个大的分支：顿河哥萨克、库班哥萨克、伏尔加哥萨克、捷列克哥萨克、雅伊克哥萨克和乌克兰哥萨克。②

哥萨克以哥萨克公社为基础生活在村镇之中，社会构成经历了从简单到复杂的演变过程。到17世纪后半期，哥萨克社会逐渐变得复杂。财富观念越来越影响哥萨克政治生活，哥萨克社会出现分化。经济上，世代都是哥萨克的家庭积累了大量财富，拥有大量土地和家畜；而较晚来到哥萨克社会的人则一贫如洗。经济分化很快带来了政治和社会分化，富裕的哥萨克不再愿意作为流浪者和战士生活，转而开始追求安全和稳定，抢劫和战争也不再是他们唯一的生财之

---

① 哥萨克是突厥语系 Казаки 的音译，意为"自由的人"。
② 乌克兰哥萨克分为第聂伯河左岸和右岸哥萨克，左岸哥萨克处于波兰统治之下，右岸哥萨克曾游离于俄国、波兰和土耳其之间。

路，这批人逐渐成为哥萨克上层。 同时，再不是每一个人都可以以平等的身份立即加入哥萨克社会，新来者往往会受到富裕哥萨克的剥削，他们逃离了在俄国成为农奴的厄运，却仅仅是成为了一名赤贫哥萨克，没有土地、没有家、没有财产，他们沦落为哥萨克下层。

沙皇俄国当然也注意到了哥萨克社会这种变化，这给他们加强对哥萨克地区的控制提供了可乘之机，沙皇对哥萨克上层采取了拉拢收买政策，赏赐他们粮食、金钱和武器，使他们承担保卫边疆的职责。 沙皇的这种做法进一步加剧了哥萨克社会上层和下层的分化，上层对沙皇俄国的依赖性逐渐增加，反叛思想渐渐被从沙皇处获得的利益消磨掉。 自 17 世纪后期起，沙皇的势力缓慢渗入哥萨克群体，为 18 世纪俄国全面加强对哥萨克的控制奠定了基础。

不同地区的哥萨克也存在着程度不等的区别，他们的社会发展程度有高有低，与沙皇俄国的关系有远有近。 以当时两个最大的哥萨克聚居区——顿河哥萨克和乌克兰哥萨克来看，最高领袖的称谓就反映着这种区别。

乌克兰哥萨克政权是一个完整的国家机构，盖特曼（Гетман）政权拥有一个独立国家所必需的构成要素：主权、领土、国民和政权，因此，领袖盖特曼也就拥有更多的权威，在乌克兰哥萨克的生活中发挥了更大的作用。 盖特曼曾被用于称呼波兰、立陶宛的后备部队高级长官，哥萨克最高统帅波格丹·赫梅利尼茨基（Богдан Хмельницкий）第一个公开使用盖特曼称号。 盖特曼既是乌克兰国家的元首、军事最高统帅，又是盖特曼政权的行政首脑。

1654 年，乌克兰哥萨克为了抵制来自波兰方面的压力，在波兰、奥斯曼土耳其和莫斯科公国之间，选择了在族源和宗教信仰方面都很相近、实力强大的莫斯科公国，希望借助它的力量维持自己的地位。 双方签订了《佩列亚斯拉夫协定》，从表面上看，这是乌克兰哥萨克摆脱波兰统治的勉强可以接受的选择，事实上，它却开启了俄国公开插手乌克兰哥萨克事务的闸门。 乌克兰哥萨克将莫斯科公国的军队和军官集团引入了自己的地盘。 莫斯科公国通过驻军，在各个主要城市设立军政长官干涉乌克兰内政，开启了将乌克兰合并到莫斯科公国的进程。 后来，俄罗斯人逐渐控制了乌克兰盖特曼政权的财政、税收、外交、军事和贸易，并且占领了大量的乌克兰土地，推行农奴制，一步步将乌克兰纳入俄罗斯帝国地方行政区划范畴。

1654 年，赫麦尔尼茨基与俄国签订的《佩列亚斯拉夫协定》中规定："盖特曼及整个乌克兰从属于莫斯科公国沙皇，不经沙皇批准不得选举盖特曼、总长官部官员,新推举的盖特曼必须前往莫斯科觐见沙皇;不经沙皇准许不得更换盖特曼;不经沙皇同意盖特曼不得任命或罢免团长;盖特曼无权进行外事交往或与外国进行战争"。 沙皇通过批准盖特曼的任职逐渐地迫使新任职的盖特曼在权力上做出让步,甚至不惜使用武力消灭乌克兰拉达会议选出的合法盖特曼,盖特曼的权威逐渐被削弱。 最终在1764年,叶卡捷琳娜二世下令废除了乌克兰自治政权和盖特曼职务,乌克兰合并于俄罗斯帝国。

顿河哥萨克的最高领袖称"阿塔曼"(Атаман)。 阿塔曼由"全民大会"选举产生,这种选举是以领导才能和在哥萨克中的受欢迎程度为基础的。 阿塔曼负责执行"全民大会"的决议,并没有任何特权,他受到全体哥萨克的监督,如果大会认为阿塔曼严重违背了哥萨克的利益,就会处死他。 每年,大会选举一位首领和几个助手来处理休会期间的事务。 在阿塔曼任职期间,所有的哥萨克都要服从他。 哥萨克的司法权力掌握在哥萨克大会手中,行政管理权被授予阿塔曼及其助手。 阿塔曼必须严格采纳大会的意见,他必须在大会上详细汇报自己的活动,不经大会同意,不能开展任何行动。 阿塔曼任期为一年,期满后,在一个特殊的日子里,他将被大会废除权力。 如果大会的大多数成员认为他是合适的人选,他可能会再度当选,如果他未能连任,则成为一名普通的哥萨克,与其他成员享有同等的权力。 后来,随着沙皇俄国的扩张,整个哥萨克上层向统治机构靠拢,阿塔曼的作用越来越被限定在行政执行权范围内。 可以说,最初的阿塔曼受到哥萨克群体平等思想的束缚,后来则受到来自沙皇的控制,决策和行动都受到制约。

哥萨克与沙皇俄国之间的关系,也以顿河和乌克兰哥萨克最为典型,17世纪下半叶以后,二者的发展历程也极为相似。 顿河哥萨克,尤其是哥萨克上层,与俄国的关系比较密切。 在拉辛起义失败之后,顿河哥萨克将拉辛交给了俄国政府,此举破坏了自古以来哥萨克所享有的"庇护权",沙皇更是借此机会迫使顿河哥萨克向自己宣誓效忠,顿河哥萨克的独立性受到极大削弱。 到彼得一世执政时,沙皇完全不顾及哥萨克的传统,而将他们视为与其他臣民并无区别的俄国治下的普通阶层。 经过长期的斗争,特别是通过控制对顿河哥萨克首领阿塔曼的任命权,彼得一世时期最终控制了顿河哥萨克上层,使之成为了俄罗斯帝国无可争议的一部分,中央政府哥萨克管理机构由外务部门转为军事部门。[①] 在镇压

---

① Shane O'Rourke, *Warriors and Peasants: the Don Cossack in Late Imperial Russia*, London: Macmillan Press Ltd., 2000, p.37.

普加乔夫起义的过程中，顿河哥萨克甚至帮助沙皇政府恢复雅伊克（乌拉尔）地区的秩序，沙皇政府以此为契机，展开了对哥萨克群体的系统治理。

叶卡捷琳娜二世从其丈夫彼得三世手中夺取皇权过程得到上层哥萨克的帮助，特别是乌克兰哥萨克首领拉祖莫夫斯基（Алексей Разумовский）鼎力协助。作为回报，叶卡捷琳娜二世把俄国贵族的权力扩大到哥萨克上层，通过赐予哥萨克上层的贵族地位，将哥萨克精英纳入帝国管理体制。

而中下层哥萨克则面临逐渐农奴化的命运。沙皇政府对哥萨克实行分化统治，被编入俄国军事组织的哥萨克（即注册哥萨克）还有可能通过参军提高自己的地位和生活状况，而众多不在册的哥萨克及留守在哥萨克居住地的老弱妇孺，在俄国中央政权的高压之下，逐渐沦为失去自由的农奴。1775年11月，中央政府新颁布的全俄帝国各省管理体制法令，以省、县两级体制取代之前行省、省、县三级体制。此番改革之后，俄国大大加强了中央对地方的控制，从前处于自治状态的哥萨克居住区，现在成为了帝国行省的一部分。失去自治身份的中下层哥萨克，完全无力与中央政府抗衡。在日渐现代化的军事技术发展之下，擅长骑马作战已经不再是决定性的胜利因素，即便是被编入正规军、依然从军打仗的哥萨克，也渐渐失去了原有的独特和不可替代性。

在1767年6月召开的立法委员会的代表构成中，哥萨克与其他非俄罗斯族的代表仅为88名，总共占12％左右的比例。① 主宰俄国政治生活的是贵族（161名）和城市代表（208名），哥萨克与异族人被归为一类，可见哥萨克整体处于俄国社会等级的边缘。但另一方面，此时的哥萨克虽然不能完全被规划到城市或者农村中去，但是作为一个特殊群体，在立法委员会中占有少量的名额，这说明他们的独特地位还是受到了沙皇政府的承认。

沙皇政府在镇压了普加乔夫起义之后，立即大规模展开了省级管理体制的改革，哥萨克传统自治权随之丧失，哥萨克生活的边疆地区特殊性不复存在，成为帝国治下的普通省份。

雅伊克哥萨克生活在雅伊克河附近，距离莫斯科和彼得堡的距离比乌克兰哥萨克远，但比西伯利亚等地哥萨克近。17世纪末到18世纪初，有大量的俄国逃犯迁移至这里，这些人的加入，使雅伊克地区自由哥萨克势力逐渐扩大。

与更远地区的哥萨克相比，雅伊克河地区的哥萨克同俄国的联系更多，自治

---

① 克留切夫斯基：《俄国史教程》，刘祖熙等译，商务印书馆，2009年，第5卷，第77页。

权遭到削弱,零星的反抗沙皇政府统治的斗争不断发生。如普加乔夫在此地发动了持续 2 年、影响波及俄国全境的哥萨克起义。1768 年,俄国军队镇压了哥萨克反抗其统治者"长老"(старшина)的叛乱。在通过《库楚克——凯纳吉条约》使俄国获得了黑海出海口和克里米亚后,沙皇政府感觉没有必要再保持哥萨克的独立权利和扎波罗热哥萨克谢契(Сечь)。同时,哥萨克的传统生活方式往往与其他居民发生冲突,在哥萨克大屠杀塞尔维亚移民事件后,并且也由于哥萨克支持普加乔夫起义,叶卡捷琳娜二世下决心解散扎波罗热谢契。彼得·杰克里(Петр Текели)将军执行了叶卡捷琳娜二世的宠臣波将金元帅在 1775 年 6 月所下的镇压反抗的扎波罗热哥萨克的命令。索契的堡垒被拆除,与俄罗斯军队合作的哥萨克贵族被授以军官职务和地产,一部分的哥萨克逃亡土耳其。

沙皇政府通过镇压农民起义,逐步将哥萨克纳入俄罗斯帝国体制之内。在 1775 年镇压了普加乔夫起义之后,沙皇政府加强对雅伊克地区的控制。同年,俄国将雅伊克河更名为乌拉尔河,以淡化人们对雅伊克地区哥萨克自治的记忆。通过省制改革,乌拉尔地区被划为俄罗斯帝国的普通行省行列,其军事职能由总督统一管理。

乌克兰 1775 年 11 月开始了省制改革,沙皇政府将原有的哥萨克行政区面积缩小,增加行省的数目、官员人数与省长的权力,以便中央政府更容易掌握地方。叶卡捷琳娜二世于 1764 年下令彻底废除乌克兰盖特曼制度,使乌克兰成为小俄罗斯总督区,另设小俄罗斯委员会(малороссийская коллегия)管辖。随即她于 1765 年任命鲁缅采夫(П. А. Румянцев)为总督,其担任此职长达 25 年。1781 年底,乌克兰总督鲁缅采夫撤销哥萨克原有的 10 个军政合一的军团和百人长制,按照俄国其他地区的模式将乌克兰左岸划为一个总督区,初划分为 3 个省(波尔塔瓦、哈尔科夫和基辅),后又划分为 6 个省(波尔塔瓦、切尔尼戈夫、哈尔科夫、基辅、波多利亚和沃林尼亚省),由俄罗斯官员统治。所谓的总督区与俄国其他各个行省相同,实行与各行省相同的行政、司法体制。新的省县行政体制宣告原来哥萨克国自治权荡然无存,旧的中央组织被解除,所有的财政事务转移至三个省新设立的财政局(Финотдел),财政局有权征税。

在地方层级的行政机构方面,哥萨克失去了昔日全部特权,仍暂时保留哥萨克和士兵身份。原哥萨克政权处理非军事事务的权力被废除,转由新的省、县行政单位处理;警察职务从哥萨克队长转移至城镇的警察长与乡村的土地法庭负责。新的行政官员大半是从乌克兰贵族中选派,因此排除了哥萨克官员、职员和地方上的乌克兰人。 再者，新机构是官僚政府机构，需要任职人员具备一定的簿记能力，因此多由基辅学院毕业的年轻人担任，少数由识字的平民哥萨克、士兵担任。 经由俄罗斯对乌克兰的行政改革，哥萨克的自治权终止了。

至此，左岸乌克兰地区完全成为了俄国的地方行政单位，考虑到后来从波兰瓜分得来的右岸乌克兰，整个乌克兰地区成为了俄罗斯帝国的行省。"乌克兰"作为一个政治地理的名称不再使用，乌克兰人成为俄罗斯族的一个分支，在政府公文和历史著作中被称之为"小俄罗斯族"（малороссия）。

1787年4月，叶卡捷琳娜二世在宠臣波将金元帅的陪同下视察克里米亚，在这里她看到了波将金为取悦于她，刚刚成立的由清一色的女性组成的"亚马逊团"（Амазонская рота）。 在这一年建立了"忠诚的扎波罗热军团"（Войско Верных Запорожцев），后来成为"黑海哥萨克军团"（Черноморское казачь войско），1792年库班被授予给他们作为永久的住地，哥萨克在此建立了新城叶卡捷琳诺达尔（Екатеринодар）。 伏尔加、乌拉尔和顿河的哥萨克也失去了自由，政府将哥萨克军团纳入俄罗斯军队编制之中。 其中在顿河的省制改革是按照俄国中央地区省的行政体制建立了"军人公民政府"（войсковое гражданское правительство）。 1771年卡尔梅克汗国最终归并于俄国。

政治腐败与国内矛盾

叶卡捷琳娜二世是靠政治阴谋和少数权贵支持夺取皇位的，在她登基后即开始对所谓的"有功之臣"大加封赏。 执政之初，叶卡捷琳娜二世有感于吏政腐败，在1762年7月18日发表宣言宣布杜绝中央和地方的官员和法官勒索与受贿行为。 然而，很快俄国现实就教训了这位励精图治的女皇，她承认"公共事务中的贿赂行为是无法通过法令和宣言根除的，这需要一个基本的全国性的政治制度改革"①。

叶卡捷琳娜二世执政时期最腐败的人物是枢密院总检察长格列博夫（Н.

---

① Бильбасов В. А. *История Екатерины Второй*. Берлин，1900，т 2，с. 208，212.

Гребов），他在向省和县回购酒类时专门选择给他提供大量金钱的销售者。 英国驻俄大使在报告中透露格列博夫"用自己的权威背着枢密院下令以无利可图的方式回购酒类"①，他在 1764 年被罢免。 女皇宠臣叶尔莫洛夫（Александр Ермолов）是波将金的副官，他被指控盗取国库资金修建自己在白俄罗斯的官邸。 波将金则轻描淡写地说叶尔莫洛夫只是从国库借一点钱罢了。② 耶稣会士为取得在俄国的生存权，给波将金大量的贿赂金，使得他说服女皇允许耶稣会将其总部设在俄国③。

叶卡捷琳娜二世去世前的俄国吏政混乱，国内危机四伏。 亚历山大一世评价自己的祖母的统治是"混乱、无政府状态和抢劫。"他在 1796 年 3 月 10 日写给科楚别依（В. П. Кочубей）伯爵的信中谈到国内形势，"我国国内充满了来自各个方面的难以置信的无政府状态，各个方面都是大病缠身，无法控制的混乱，秩序无影无踪，而帝国仅仅努力扩大自己边界。"在 1796 年 2 月叶卡捷琳娜二世去世前，步兵将军、保罗一世沙皇的密友罗斯托普欣（Ф. В. Ростопчин）写道："任何时候的犯罪都没有像现在一样，已经到了无法无天的程度了。 三天前，某个卡瓦连斯基，是陆军部的前秘书，因贪污受贿被女皇撤职查办，现在却被任命为梁赞的省长。 因为他有一个哥哥，一个像他一样可恶的人，与祖博夫（П. А. Зубов）④办公室主任格里包夫斯基（А. М. Грибовский）⑤是熟人。 德里巴斯⑥一个人在一年可以收贿金 50 万卢布。"⑦一系列的腐败案件都与叶卡捷琳娜二世的宠臣相关，历史学家帕夫连科认为这并非偶然，"因为他们都是窃贼，为个人利益，窃取国家财产。"⑧ 帕夫连科称叶卡捷琳娜二世的行为是"爱情游戏"（играть в любовь），然而其成本是非常昂贵的。⑨ 历史学家统计，女皇个人送给她 11 个宠臣的礼物共计 9282 万卢布⑩。

---

① Павленко Н. И. *Екатерина Великая*. Москва，2006，с. 365.
② Труайя А. *Екатерина Великая*. Москва，2007，с. 355.
③ Гризингер Т. *Иезуиты. Полная история их явных и тайных деяний от основания ордена до настоящего времени*. Минск，2004，с. 487.
④ 祖波夫是叶卡捷琳娜二世最后一位宠臣，参与谋杀保罗一世的活动。
⑤ 格里包耶夫斯基是叶卡捷琳娜二世的女皇办公室主管。
⑥ 德里巴斯（Осип Михайлович Дерибас，1751—1800），西班牙贵族出身，俄国军事活动家。
⑦ Казимир Валишевский. *Екатерина Великая*（*Роман императрицы*），кн. 3，ч. 1，гл. 3，IV.
⑧ Павленко Н. И. *Екатерина Великая*. Москва，2006，с. 355.
⑨ Там же，с. 389，371.
⑩ Павленко Н. И. *Екатерина Великая*. Москва，2006，с. 389；Труайя А. *Екатерина Великая*. Москва，2007，с. 409.

波兰历史学家瓦利舍夫斯基评价：叶卡捷琳娜二世把国库"变成了她的公共机构"。①

除极丰厚财产的馈赠外，滥发荣誉勋章也是沙皇政府腐败的表现。波将金作为叶卡捷琳娜二世的亲密同事和宠臣，他事实上在俄国成为仅次于女皇的第二号人物，领导国家的军事、外交，以及南方地区的行政和经济。第一次俄土战争（1768—1774）开始之后，波将金主动请缨到前线部队去，指挥骑兵支队，在前锋作战，很快他被晋升为少将。他在霍京（Хотин）战役，在伏克沙宁（Фокшан）、布拉依洛维（Браилове）、拉格（Ларге）和卡古尔（Кагуле）等战役中表现杰出，洗劫了奥尔特河的土耳其人，俘获了许多敌方的战舰，烧毁了切布雷（Цебры）城。

波将金自1776年得到第一枚勋章以来，他几乎获得俄国和当时欧洲的所有荣誉。这些荣誉和官职包括：神圣罗马帝国大公、上将，陆军院副院长（自1783年开始为院长），轻骑兵和非正规军（哥萨克）统领、副官长，阿斯特拉罕、新罗西斯克、亚速三省（自1783年起还有叶卡捷琳诺斯拉夫和塔夫里达）总督，圣安德烈勋章、圣乔治大十字勋章、圣亚历山大·涅夫斯基勋章（орден Александра Невского）的获得者，普鲁士黑鹰勋章获得者，瑞典塞拉芬勋章获得者，丹麦大象勋章获得者，波兰白鹰勋章（орден Белого Орла）、圣斯坦尼斯拉夫勋章（орден Святого Станислава）获得者。为了取悦于宠臣波将金，女皇给波将金的侄女每年100万卢布，并在她的婚礼上送给新郎100万卢布。

另一位年少俊美但毫无从军和战功的亚历山大·兰斯科依（Александр Ланской）就因为是叶卡捷琳娜二世宠臣的特殊身份，不断获得女皇颁发的"亚历山大·涅夫斯基勋章""圣安娜勋章"（орден Святой Анны）、波兰的"白鹰勋章"和"圣斯坦尼斯拉夫勋章"、瑞典的"北极星勋章"（орден Полярной звезды），女皇赏赐给他700卢布的财产。②

祖波夫也是叶卡捷琳娜二世最喜欢的宠臣。同时代的法国驻俄外交官马森（Массон）写道：祖波夫身着挂着那么多发勋章，"看起来就像是卖绶带和铁器的女商贩"。③ 叶卡捷琳娜二世封赏财产并不限于她的宠臣们，而是包括任何人。在她统治期间，她共赏赐过800多万农民。波兰国王波尼亚托夫斯基原是

---

① Казимир Валишевский. *Екатерина Великая*（Роман императрицы）, кн. 3, ч. 2, гл. 3, I.
② Павленко Н. И. *Екатерина Великая*. Москва, 2006, с. 376.
③ Труайя А. *Екатерина Великая*. Москва, 2007, с. 430.

第二章 "开明专制":叶卡捷琳娜二世的帝国治理

叶卡捷琳娜二世的情夫,女皇不仅将波兰王位作为礼物送给他,为了让波兰贵族予以支持,还每年从国库拨出巨资用于波兰国家支出。每年俄国大量的财产就这样轻易从国库流入波兰国王和贵族的口袋里。①

著名诗人普希金曾在1824年创作诗歌《我惋惜妻子自大》(Мне жаль великия жены)讽刺叶卡捷琳娜二世:"在萨尔村的小巷里,她与杰尔查文,与奥尔洛夫进行着睿智的谈话;她与杰里尼,有时又与巴拉科夫喝着热茶;这位可爱的老妇人,她忽而兴高采烈忽而稍卖风骚;伏尔泰是她的第一朋友;她写的《圣谕》光辉灿烂;土耳其船火光冲天,她坐船上一命归天;从此阴霾满天,从此俄罗斯变成穷国;你被扼杀的荣誉也随着叶卡捷琳娜走进了坟墓。"②

叶卡捷琳娜二世是以政变手段从丈夫彼得三世手中夺取皇位的,因此从她登基之日起,针对她的政治反对派和民间骚乱从未停息过。尤其是在顿河和乌拉尔河一带,民间谣传最盛,传说彼得三世没有死,就隐藏在哥萨克中间。从1764年到1773年先后出现了7位自称是"未死"或"复活"的彼得三世揭竿而起,他们是阿斯兰别科夫(А. Асланбеков)、叶夫多基莫夫(И. Евдокимов)、卡列姆斯基(Г. Кремнев)、切尔诺绍夫(П. Чернышов)、梁波夫(Г. Рябов)、波戈莫洛夫(Ф. Богомолов)、克列斯托夫(Н. Крестов)和普加乔夫(Е. И. Пугачёв)。1774—1775年又出现一位自称是女皇伊丽莎白女儿塔拉加诺娃女大公(княжна Тараканова)的阴谋家。③

在1762—1764年出现了3次旨在推翻叶卡捷琳娜二世统治的叛乱,其中2次与被伊丽莎白女皇废黜的前沙皇伊凡六世相关。第一次叛乱发生在1762年,参加叛军有70位近卫军军官。第二次叛乱发生于1764年,近卫军中尉米罗维奇攻入关押伊凡六世的施吕赛尔堡,试图将其救出,结果堡垒守军按照伊丽莎白女皇生前的指令,在关键时刻处死伊凡六世,而米罗维奇被政府审判和流放。

1771年在莫斯科鼠疫大爆发,继而演变成市民起义,史称"瘟疫骚乱"(чумной бунт)。地方长官萨尔蒂科夫(П. С. Салтыков)恐惧疫情和骚乱不可控制,临阵辞职而退守莫斯科郊外的庄园,使得城市管理失控,骚乱越来发挥严

---

① Грабеньский В. История польского народа. Минск, 2006, с. 496.
② http://www.pushkinskijdom.ru/Portals/3/PDF/XVIII/21_tom_XVIII/Berezkina/Berezkina.pdf Екатерина II в стихотворении Пушкина «Мне жаль великия жены».//pushkinskijdom.ru. Архивировано из первоисточника 15 октября 2012. Проверено 24 августа 2012.
③ Павленко Н. И. Екатерина Великая. Москва, 2006, с. 144.

重。但是，叶卡捷琳娜二世并没有责怪他，而且事后批准了他的辞呈①。起义者攻入克里姆林宫，捣毁了楚多夫修道院（Чудов монастырь）。第二天，起义者攻入顿斯科伊修道院（Донской монастырь），杀死隐藏在此的都主教阿姆夫罗西亚（архиепископ Амвросия），烧毁了贵族的庄园。后来是在格里戈里·奥尔洛夫的指挥下，经过三天的激烈战斗才平息这场起义。

普加乔夫起义

1773—1775 年爆发的普加乔夫起义是叶卡捷琳娜二世执政时期也是俄国历史上最大的农民起义。

普加乔夫于 1742 年出生于顿河省的齐莫维斯克镇的哥萨克村，俄国历史上另一位著名的哥萨克起义领袖斯捷潘·拉辛（Степан Разин）也出生在这个村镇。普加乔夫的姓氏来自他祖父的绰号"普加察"（Михаил Пугач）。普加乔夫家族信仰东正教，而不像其他哥萨克一样是旧礼仪派教徒。普加乔夫在 17 岁时被征兵到波兰打仗，参加了七年战争，也参加过对土耳其战争，因作战勇敢被提升为少尉。1762 年彼得堡发生宫廷政变，他因病退伍回乡。1763—1767 年他一直在家乡的哥萨克村服役。

1773 年 9 月 13 日，普加乔夫去雅伊克城向哥萨克宣传，此时他的助手缅斯尼科夫（Т. Г. Мясников）已经半公开地宣称他为"已经回到人民中间"的"彼得三世"。当地居民在东正教神甫的带领下，以面包和盐的传统方式欢迎他，称他为"彼得·费多罗维奇皇帝"。9 月 16 日，普加乔夫召集起义骨干商议起义事宜，与会的有契卡—扎鲁宾（И. Н. Чика-Зарубин）、科诺瓦洛夫（В. С. Коновалов）、波切塔林（И. Я. Почиталин）、科热夫尼科夫兄弟（С. А. Кожевников 和 В. А. Кожевников）、普罗特尼科夫（В. Я. Плотников）、科丘洛夫兄弟（А. Т. Кочуров 和 К. Т. Кочуров）、伊杰尔金·巴依梅科夫（Идеркей Баймеков）、缅斯尼科夫（Т. Г. Мясников）、雷索夫（Д. С. Лысов）、丰法夫

---

① Павленко Н. И. *Екатерина Великая*. Москва, 2006, с. 332.

第二章 "开明专制":叶卡捷琳娜二世的帝国治理

(К. И. Фофанов)、巴拉加·穆斯塔夫(Баранга Мустаев)、科希尼(В. А. Кшинин)、修鸠科·马拉耶夫(Сюзюк Малаев)、乌拉格里德·阿马诺夫(Уразгильды Аманов)、奇比克耶夫(Ф. А. Чибикеев)、巴尔泰·伊杰克耶夫(Балтай Идеркеев)、切尔努辛(М. В. Чернухин)、托卡耶夫(П. П. Толкачёв),这些人成为起义军各个方面军的领袖。

1773年9月17日,普加乔夫聚集一支由80名雅伊克哥萨克组成的队伍,以沙皇彼得三世的名义,正式宣布起义。

普加乔夫在起义军发布的文告中宣布:

"朕曾经到过基辅、波兰、埃及、耶路撒冷。朕从特里尔河来到你们的顿河流域。朕知道你们被迫害,所有的人被迫害的事情。这是我不被贵族们喜爱的最大原因。这些权贵们许多人年富力强、身体健康并且身有官职,但是他们却愿意回到自己的庄园去,过着靠剥削农民们而活的寄生虫生活。这些欺压百姓毁了农民一生的贵族老爷们,把国家当成自己的所有物。朕曾强迫他们离开自己的庄园,强迫他们靠文职或军功受领取俸禄,强迫他们以自己的才能自食其力。朕也曾对那些欺压农民民愤极大的贵族大加惩罚,把他们打下牢狱。他们因此嫉恨于朕,开始设计各种毒辣的阴谋陷害于朕。当朕在涅瓦河上乘船视察之时,他们突然拘押了朕。随后编造了一个有关于朕的谣言,强迫朕在世界各地流亡。"①

普加乔夫宣布来自普鲁士的坏女人索菲娅·奥古斯特·弗里德里卡(叶卡捷琳娜二世)在一小撮阴谋家的协助下,从他(彼得三世)手中夺取了皇权,与贵族和权贵一起鱼肉贫穷和忠诚的百姓。他在真心地接受上帝的惩罚之后回到了俄国,他要率领忠于他的人民打回彼得堡,从叶卡捷琳娜二世手中重新夺回皇位,他将把叶卡捷琳娜二世打入修道院闭门思过或者把她驱逐出国。他将与皇太子保罗一世一起执掌俄罗斯帝国,不再让善良的人民遭受弑君篡位者和贵族的欺压。普加乔夫特意为自己设计了拉丁文的签名,用在以彼得三世名义发布的"诏书"之上。普加乔夫的面貌完全不像彼得三世,大多数哥萨克领袖也不相信他是彼得三世,但是仍然愿意跟随他走上起义的道路。原因即是,普加乔夫能够给他们土地和自由。正如,普加乔夫的"诏书"中所示:"朕,彼得·费奥多罗维奇,俄罗斯帝国的皇帝,你们的父亲,朕宽恕你们所有的罪恶。根据并赐给

---

① *Пугачёвщина (сборник документов)*. Москва,1926. т. 1. с. 131—135.

你们从上游到下游的河流、土地与草原，赐给你们金钱、铅弹和火药，赐给你们谷物和食物。 这就是朕，伟大的主宰与皇帝彼得·费奥多罗维奇亲自给予你们的赏赐。"①

9月18日，起义军接近坚固设防的雅伊克镇（今乌拉尔斯克），因无火炮而放弃强攻，只留部分部队对其围困。 普加乔夫率其余队伍向俄国东南部的军政战略要地——奥伦堡进军。 由于农民、哥萨克、逃亡士兵、鞑靼人、哈萨克人、卡尔梅克人和乌拉尔各厂矿工人纷纷自愿参加起义军，普加乔夫的队伍很快壮大起来。 起义军在归降普加乔夫的各要塞（伊列克镇、塔季谢瓦、萨克马拉镇等）缴获了大批武器（其中包括火炮、弹药）和粮食。 10月5日，普加乔夫起义军（约2500人，火炮20门）开始围困奥伦堡，围困时间达6个月之久。 为镇压农民战争并增援奥伦堡，政府派出以卡尔少将为首的讨伐队（3500人，火炮10门），但在11月7—9日尤泽耶瓦村附近的战斗中，被奥夫钦尼科夫和奇卡（扎鲁宾）统率的起义军击溃。 11月间，由西伯利亚和辛比尔斯克（今乌里扬诺夫斯克）派往起义地区的政府军也被击败。 普加乔夫驻地别尔茨卡亚斯洛博达（距奥伦堡6公里）成为指挥农民战争的中心。 俄国各地农民自愿者云集于此参军参战。

乌拉尔省的首府奥伦堡，这里聚居了大量哥萨克、巴什基尔人、鞑靼人、卡尔梅克人，俄罗斯人在此是少数居民。 此外，奥伦堡又是俄国东部地区经济和工业中心城市，在奥伦堡和乌拉尔其他的城市里散布着不少的工厂，国家农民（农奴）是工厂的主要劳动力。 尽管他们被称为"工人农民"（рабочий крестьян），但是与农民有着较大的不同。 他们被集中在大型工厂里，易于联合起事；他们生活在大都市，日常见识和文化水平均高于农民。 因此，普加乔夫将奥伦堡作为重要的据点。

1773年12月，普加乔夫在奥伦堡附近已拥有约2.5万人和火炮86门。 农民战争席卷南乌拉尔、阿斯特拉罕和喀山两省的大部地区、西西伯利亚和西哈萨克斯坦各地。 阿尔斯拉诺夫和萨拉瓦特·尤拉耶夫率领巴什基尔人民揭竿而起。 在叶卡捷琳堡、格里亚兹诺夫、阿拉波夫、杰尔别托夫、昆古尔和克拉斯诺乌菲姆斯克、雅伊克镇等地出现了许多由杰出的军事首领领导的起义中心。

普加乔夫于1773年11月建立军事委员会，军事委员会成员有：维托什诺

---

① *Пугачёвщина (сборник документов)*. Москва, 1926. т. 1. с. 131—135.

夫、希加耶夫、特沃罗戈夫、波奇塔林、戈尔什科夫等人。军事委员会负责指挥各路起义军作战，组织乌拉尔各工厂的武器制造，组织起义军兵员补充和武器供应并同抢劫行为作斗争，等等。除军事职责外，军事委员会还执行行政司法职能。奥夫钦尼科夫是这次农民战争中颇有才干的统领之一，他主持的作战指挥部是普加乔夫的参谋部，主力军的作战由普加乔夫亲自指挥。所有作战行动都是在普加乔夫直接领导下组织实施的。

沙皇政府于1773年12月派遣彼比科夫将军率军6500人，携火炮30门前往镇压普加乔夫起义军。在1774年3月22日的塔季谢瓦要塞决战中，农民起义军被政府军击败，约2000人阵亡，4000人受伤被俘，并损失全部火炮。1774年4月1日，普加乔夫率部与政府军在萨克马拉镇附近再次交战而失败，起义军方400余人阵亡，2800余人被俘。普加乔夫不得不率余部进入乌拉尔山隐蔽和招兵买马。

1774年5月5日普加乔夫率领五千人出山攻占马格尼特纳亚要塞并与战友别洛博罗多夫和奥夫钦尼科夫的队伍会合。起义军沿雅伊克河溯河而上，于5月19日攻下特罗伊茨克要塞。但在5月21日起义军被击败，普加乔夫向乌拉尔草原撤退。政府军继续追击，多次重创起义军，但普加乔夫巧妙运用游击战术摆脱敌军追击。

1774年6月中旬，普加乔夫决定大规模调动起义军，向伏尔加河流域进军。起义军在伏尔加河沿岸得到了鞑靼人、楚瓦什人、莫尔多瓦人、马里人、梅谢里亚克人以及广大的哥萨克的支持。起义运动席卷了伏尔加河流域大多数县并向莫斯科省边界蔓延，直接威胁莫斯科。7月12日，普加乔夫把起义分成四个纵队，向俄国南方另一军事重镇喀山发动猛攻。经过激烈战斗，起义军占领喀山城。两天后，官兵立即反掉过来，起义军只得弃城而走。在喀山战斗中，起义军阵亡和被俘约8000人，使新补充的队伍几乎全部丧失了。普加乔夫从喀山撤退，西渡伏尔加河，向顿河挺进，打算发动顿河地区的哥萨克，去攻打察里津，然后进攻莫斯科。在西进途中，沿途又有无数群众参加起义，起义很快席卷了诺夫哥罗德省和沃龙涅什省，几千名当地贵族仓皇逃往莫斯科。

1774年7月31日，普加乔夫以彼得三世的名义签署《解放令》，由识字的哥萨克当众宣读，并且将其制成传单发布全国。

"根据这个充满皇帝仁慈和爱戴的诏书，朕宣布把自由赐给每个以前身处农奴制度中，或向贵族服任何劳役的人，你们将成为朕忠实的臣民。对于旧礼仪教徒，朕给予可以使用古老的十字架与颂文及保留胡须的权利。 对于哥萨克，朕将恢复并永久保持你们的自由，终止强迫的征兵制度，取消你们的人头税及其苛捐杂税。 废除土地、森林、草原、鱼塘和盐场的私有权，不给原来的所有者任何补偿。 最后，朕要把所有的人民，从盗贼似的贵族和敲诈成性的城市官吏强加给农民和其他人身上的苛捐杂税的压迫下解放出来。 朕真诚地为你们心灵的解放而祈祷，希望你们能在这个世界上有快乐和平安的生活。 因为朕像你们一样，曾经同样经历了这些可恶的贵族和官吏带来的流亡与折磨的痛苦。 现在朕的名字已经传遍俄罗斯大地。 朕郑重下令：所有拥有贵族庄园和私人领地的地主，反对我们、叛变国家、使朕流亡的贵族们，都将被抓起来和吊死。 用他们对付你们的一样方式来对付他们吧！ 因为他们曾毫无怜悯心地压迫过你们。 当这些乱臣贼子与强盗贵族全部被消灭以后，每一个人才能永远生活在和平和幸福之中。"①

1774 年 8 月，沙皇政府以 20 个骑兵团和 20 个步兵团，此外还有哥萨克部队和贵族义勇军，在著名指挥官苏沃洛夫（А. В. Суворов）元帅的指挥下，准备与普加乔夫起义军决战。 8 月 25 日凌晨，政府军和起义军在察里津（今伏尔加格勒）以南 75 公里处的萨尔尼科夫展开决战，起义军寡不敌众被击溃。 普加乔夫带领 200 多名余部，东渡伏尔加河，逃往左岸草原深处。 沿途众叛亲离，队伍不断缩小，最后剩下不到 50 人了。 1774 年 9 月 4 日，起义军重要领袖特沃洛戈夫、丘马科夫等叛变，把普加乔夫及其妻子和儿子捆绑起来，交给了雅伊克镇的沙皇政府当局。 普加乔夫及其战友分别在雅伊克镇、辛比尔斯克和莫斯科受审。 普加乔夫与战友被戴上脚镣手铐装在木笼里运到莫斯科，由于铁笼尺寸很小，普加乔夫在转移过程中只能匍匐在地上。 叶卡捷琳娜二世得知这个消息后轻蔑地说："我们的大公被捕了，用手拷和脚镣牢牢地锁着，匍匐在地，像愚蠢的黑熊一样。 莫斯科的绞刑架在等着他呢。"②

沙皇政府于 1774 年年底组成的贵族、地主、教会和官员组成的法庭设在克里姆林宫，判决普加乔夫死刑，决定"将其活体车裂后肢解绑在牛车上，头颅割下挂在木杆上，沿莫斯科全城示众，然后将其尸烧毁。"后来叶卡捷琳娜二世下令改车裂为先斩首，以示皇恩。 1775 年 1 月 10 日，普加乔夫在莫斯科克里姆林

---

① *Пугачёвщина（сборник документов）*. Москова，1926. Том 1. c. 139—141.
② Paul Avich, *Russian Rebels*, 1600—1800. Schocken, 1972. p. 243.

第二章 "开明专制":叶卡捷琳娜二世的帝国治理

宫旁莫斯科河畔博洛托广场被处决和分尸,分送城中各处示众。数千名起义官兵被处笞刑或被流放西伯利亚。

历史学家普遍认为1773—1775年的普加乔夫农民战争反映了叶卡捷琳娜二世统治中期严重的社会危机,它是1769—1770年扎奥涅什(Заонежье)的基什起义(кижское восстание)、1771年莫斯科的"瘟疫骚乱"、1769—1772年的雅伊克哥萨克起义等一系列农民起义的继续。① 历史学家认为在这场声势浩大的农民战争中反映了社会反抗运动性质的转变,即它本身体现了阶级斗争和反贵族的特点。美国圣地亚哥大学布留姆(Edward J. Blum)教授统计,在这场农民战争中有1600名贵族被杀,其中一半以上是妇女和儿童,并且在农民战争期间,全俄各地的贵族被杀案件大幅度增加。② 俄国历史学家克留切夫斯基认为这场农民战争"被染上了社会颜色,即起义不是统治阶级反对行政体制,而是下层百姓反对上层阶级和当权者以及贵族。"③

普加乔夫起义毫无疑义地对叶卡捷琳娜二世的统治产生了极其重大的冲击,起义过程声势浩大历时两年并得到民间和社会力量的拥护,反映了民间蕴藏的巨大的反政府力量,也反映了俄国全社会对叶卡捷琳娜二世执政十年的评价。此外,普加乔夫起义为乌拉尔地区的冶金业造成巨大的损失。乌拉尔地区的129个工厂和4万农民效忠普加乔夫起义军,因战争、停工和损毁造成的经济损失达到5536193卢布。④ 乌拉尔地区工业恢复非常缓慢,受叶卡捷琳娜二世派遣到乌拉尔调查普加乔夫起义镇压后的情况的莫夫林(С. И. Маврин)上尉认为当地工厂农民绝大部分参加过普加乔夫起义军,仍然对女皇和政府存有强烈的反对情绪,尤其对于沉重的税收和极低的工资有强烈的抵触情绪。他建议必须采取果断措施防止再次发生农民大规模骚乱。叶卡捷琳娜二世给波将金写信指示:莫夫林已非常清楚地向她汇报工厂农民存在的问题,必须予以关注。1779年5月19日,政府发布法令规定了在国有企业和特殊企业使用在册农民的共同原则,限制工厂主对工厂农民的使用权力,限制工作时间和提高工厂农民的工资。

---

① Павленко Н. И. *Екатерина Великая*. Москва, 2006, с. 140—144.
② Blum J. *Lord and Peasant in Russia. From the Ninth to the Nineteenth Century*. New York, 1964, pp. 554—557.
③ Ключевский В. О. *Курс русской истории*. Лекция LXXXI.
④ Павленко Н. И. *История металлургии в России XVIII века*. Москва, 1962. с. 475.

在帝俄正史和官方史学中，普加乔夫起义（Пугачёвское восстание）一直被以"普加乔夫暴乱"（Пугачёвщина）、"普加乔夫叛乱"（Пугачёвский бунт）或"普加乔夫专案"（дело Пугчева）记载的，到苏联时代普加乔夫才以正面形象"普加乔夫起义"重新书写。著名诗人普希金不仅写过闻名于世的文学作品《上尉的女儿》（Капитанская дочка），还写过历史著作《普加乔夫暴乱史》（История Пугачевското бунта）。为撰写这部著作，他亲自到普加乔夫起义军活动过的下诺夫哥罗德、喀山、辛比尔斯克、奥伦堡、乌拉尔斯克，还到过普加乔夫自设的起义军首都拜尔它村。普希金是第一个系统和完整地研究普加乔夫及其起义的历史学家，他在充分收集起义资料和起义者撰写的资料基础上完成《普加乔夫史》的撰写，全书共八章，正文和注释共17余万字。20世纪40年代，时任苏联科学院院长的瓦维洛夫（Н. И. Вавылов）院士在苏联科学院大会上指出："普希金关于普加乔夫暴动及彼得大帝时期的历史研究，使他成为我国最优秀的历史学家之一。"苏联著名史学家布洛克（Г. П. Блок）也称赞："直到现在，当苏联科学家一页一页地仔细翻阅一切档案材料时，普希金所描写的细节，仍不需要任何修改。这个细节普希金在《上尉的女儿》里已完成了，不过在《普加乔夫史》中则更详细罢了。"①

外交政策与帝国疆域的拓展

叶卡捷琳娜二世的外交是在极其困难的情况下展开的。她上台伊始，七年战争尚未结束，俄军官兵普遍厌战，短时期俄国难以集结力量在国际舞台上有所作为。彼得三世时期前后摇摆的外交政策，使俄国传统盟国大为不满，导致俄国在欧洲的极度孤立。叶卡捷琳娜二世将俄国外交突破重点放在强化俄国在欧洲的影响和扩大俄国疆域之上。她的名言是："我们需要与所有的大国搞好关系，但始终保持不成为最弱的一个，始终保持手上的自由，而不成为追随它国的

---

① Блок Г. П. *Пушкин в работе над историческими источниками*，Москва-Ленинград，1949. с. 87—88. 121.

尾巴。"①

　　叶卡捷琳娜二世的外交政策主要受资深外交家帕宁伯爵的影响。帕宁曾担任俄国驻瑞典大使达十年之久，深谙欧洲文化与国际形势。从1763年至1780年，他是叶卡捷琳娜二世外交政策的主要顾问，他拟定的"北方体系"（северная система/северный аккорд/Northern Accord）影响了叶卡捷琳娜二世的外交决策，实际上主导这一时期的欧洲外交大趋势。"北方体系"的重点是以俄国为首，联合普鲁士、瑞典、丹麦、撒克森等非天主教的北欧国家及英国，对抗法国、西班牙、奥地利和南欧等天主教国家的联盟，目的在于维持欧洲的均势。俄国传统的日耳曼政策，是亲近奥地利和防范普鲁士。彼得三世执政后，立即转变外交政策，亲善普鲁士对抗奥地利。叶卡捷琳娜二世夺取皇权，接受帕宁的建议，联合普鲁士等国对抗法国、西班牙和奥地利。叶卡捷琳娜二世的外交调整是彼得一世以来新形势下的外交突破。因为俄国向普鲁士示好，并不是真要推动"北方体系"政策，真实目的在于联合普鲁士瓜分波兰。但是，俄国疏远奥地利的政策导致恶果，促进奥地利与法国结盟，并且在俄土战争中不断设置阻碍，处处牵制俄国。

　　叶卡捷琳娜二世时期向南方拓展领土、夺取南方出海口和打通通往地中海的通路是其最重要的方向，而俄国在南方和巴尔干地区主要的竞争对手是土耳其，俄国梦寐以求的克里米亚、黑海沿岸和北高加索处于土耳其控制之下。

　　奥斯曼土耳其帝国自1299年立国以来，其军事和政治影响力在西亚、中东、巴尔干和北非渐进扩展，至14世纪末，其势力控制了巴尔干半岛大部及小亚细亚。1451年，苏丹穆罕默德二世（Fatih Sultan Mehmet，1421—1481年在位）执政后，帝国步入强盛时期。1453年他攻克君士坦丁堡，灭拜占庭帝国，将君士坦丁堡（后改名伊斯坦布尔）作为帝国的新都，并将圣索菲亚大教堂改为清真寺。苏莱曼一世（Muhteşem Süleyman，1520年—1566年在位）统治时期，土耳其国力达到鼎盛。1521年，占领贝尔格莱德；1529年围攻维也纳；1555年进占两河流域。至1574年，势力更达到的黎波里、突尼斯和阿尔及利亚。版图包括巴尔干半岛、小亚细亚、南高加索、库尔德斯坦、叙利亚、巴勒斯坦、阿拉伯半岛部分地区及北非大部，形成地跨亚、非、欧三洲之大帝国。帝国极盛时，

---

① Бахрушин С. В.，Сказкин С. Д. *История дипломатии*. Москва，1959，с. 361.

其领土东迄高加索和波斯湾，南抵非洲内地，西达非洲摩洛哥，北迄奥地利边界直到俄国境内，囊括今欧、亚、非近 40 个国家和地区的土地，领土面积约 600 多万平方公里。

克里米亚汗国（1430—1783）是 15 世纪 80 年代金帐汗国分裂后的诸多独立汗国之一，首都巴赫奇萨赖。这里地处黑海沿岸，连接巴尔干半岛，东以顿河下游为界，西至第聂伯河下游地区，向北一直延伸到耶列兹城和坦波夫，战略地位十分重要。土耳其 1475 年起入侵克里米亚，1478 年战败沦为土耳其的藩属国。克里米亚汗国历史上定期出兵北上阻止斯拉夫人定居草原和对抗信奉东正教的俄罗斯人与信仰天主教的波兰人。克里米亚汗国亦多次深入俄国腹地，抢夺财产和牛羊，声势最大的一次是 1570 年围攻莫斯科，杀死数万人俄国人，尸骸塞满莫斯科河。他们将虏获的 15 万俄国人当作奴隶出售到奥斯曼帝国、中东甚至欧洲国家。因此打败克里米亚汗国并使其脱离土耳其控制，可使俄国从此脱离来自南方的最大袭扰；从此获得黑海出海口和进入地中海的权利，为俄国黑海舰队提供可靠的海军基地，扩大俄国海军的活动范围；进而可以进攻北高加索，使俄国势力扎根于此。因此，俄土战争在一定意义讲是俄国与土耳其及其附属国克里米亚汗国之战。

在 18 世纪中期以前曾发生四次俄土战争（1676—1681、1686—1700、1710—1713、1735—1739），俄土之间互有胜负，但俄国在军事和地理上基本未获得多少收益。尤其是 1711 年，彼得一世在与瑞典的北方大战的间歇，曾率军亲征普鲁特河，但陷入土耳其和鞑靼军队的重围。战争最终以俄国的失败告终，他们被迫放弃亚速，拆毁亚速海沿岸的工事。1735—1739 年，米尼赫（Б. К. Миних）元帅率军再次进攻土耳曼，一度占领亚速和克里米亚汗国首都巴赫奇萨赖，但由于瘟疫流行，粮食和饮水不足，俄军被迫撤回乌克兰。

18 世纪 60 年代的俄土冲突乃至战争也源于波兰问题。17 世纪中期后，采取贵族共和制的波兰—立陶宛共和国由于自由否决权的确立，全国逐渐走向无政府状态，国家对外防御力量减弱，遭到了所有邻国（瑞典、俄国、奥斯曼土耳其帝国、普鲁士和奥地利）的进攻。俄国借口波兰境内的东正教问题，强迫波兰政府授予这些人与天主教徒一样的平等权利。1764 年波兰举行新国王选举，叶卡捷琳娜二世施压使宠臣波尼亚托夫斯基当选。波兰议会准备通过限制"自由否决权"法律，也遭到俄国的阻挠。1768 年 3 月波兰贵族在乌克兰的波多里（Подолии）的巴尔（Бар）城堡建立了反俄联盟（барская конфедерация）。俄国派军打击巴尔联盟，法国支持巴尔联盟，土耳其以捍卫"波兰的自由权利"为名向俄国宣战。

1768年9月25日，土耳其在法奥两国支持下对俄宣战。俄国戈利岑（М. М. Голицын）将军率领第一军团从基辅突袭霍京，鲁缅采夫（П. А. Румянцев）将军率第二军团35000人突袭第聂伯河与顿河之间的地带。1768年12月，克里米亚汗国军队8万人在乌克兰与俄军发生遭遇战，被鲁缅采夫将军所部击退，随后乘胜追击包围了克里米亚。在多瑙河流域，戈利岑将军的第一军团与20万土耳其军作战，在对霍京的两次进攻失利后，被迫于1769年6月率部撤回德涅斯特河。11月，土耳其军队发生粮食和弹药紧缺，不得不放弃了霍京。

1769年7月，海军上将斯皮里多夫（Г. А. Спиридов）指挥的波罗的海舰队从波罗的海驶入地中海参战。波的海舰队在爱琴海的出现，促进了希腊人民反抗土耳其统治的起义。在1770年8月的切什梅海战中，俄国海军击溃了土耳其舰队，从而保障了在爱琴海的制海权，并完成了对达达尼尔海峡的封锁。9月，俄军攻占了宾杰里要塞，7—11月，相继夺取了伊兹梅尔、基利亚、布拉伊洛夫和阿克尔曼。1771年，俄军第一军团在多瑙河区舰队的协同下，于2月占领了久尔久，3月封锁了图尔恰和伊萨克恰要塞。多尔戈鲁科夫将军指挥俄军在亚速海区舰队的协同下，于6月25日攻下了彼列科普，并占领了克里米亚。俄国在陆战和海战中的胜利迫使土耳其于1772年5月30日同俄国签订停战协定。11月12日，俄国又同克里米亚汗国缔结条约，规定克里米亚脱离土耳其，成为俄国的保护国。

1773年6月，俄军在鲁缅采夫将军指挥下渡过多瑙河，包围了锡利斯特拉要塞。1774年6月，鲁缅采夫率俄军5.2万人强渡多瑙河。6月20日，俄国军队在科兹卢贾附近击溃土耳其军4万人。俄军萨尔特科夫部在图尔图凯附近击溃土军1.5万人。1774年7月24日俄土双方于签订《库楚克—凯纳尔吉和约》，俄国获得了第聂伯河和南布格河之间的地区和刻赤海峡，打通了黑海出海口。和约承认克里米亚亚汗国的独立地位。1775年，土耳其支持傀儡人物德夫雷·基瑞（Devlet Girei）当选克里米亚汗。叶卡捷琳娜二世立即派军进驻克里米亚，扶植亲俄的沙金·基瑞（Shagin Girei）更换德夫雷·基瑞。土耳其提出严重抗议，但俄国反而指责土耳其干涉克里米亚内政，违背《库楚克—凯纳尔吉和约》的有关协定。1783年4月，叶卡捷琳娜二世下令将克里米亚并入俄国版图。因奥地利已与俄国协定密约，故对此行为保持中立，普鲁士、法国、瑞典、英国等极力抗议。

1783 年叶卡捷琳娜二世下令建立黑海舰队，其最早的舰只是 1695 年彼得一世建立的亚速海舰队的船只。舰队很快就通过新造舰只得到扩充，黑海舰队成为俄国最为重要的海上力量。克里米亚的塞瓦斯托波尔成为黑舰队基地和军港。

1781 年以后，帕宁的"北方体系"被叶卡捷琳娜二世放弃，他本人也失去女皇的信任，他被迫辞去国务大臣职务。女皇身边出现新的外交政策顾问是波将金元帅和别兹博罗德科（А. А. Безбородко）。

1780 年 11 月，叶卡捷琳娜二世亦敌亦友的主要竞争者、奥地利女皇玛丽娅·特莉萨（Maria Theresa）去世，其皇位由其子约瑟夫二世（Joseph II）继承。约瑟夫二世此前曾访问过彼得堡，对俄国素有好感。他向叶卡捷琳娜二世建议，俄奥联手制衡普鲁士。1781 年俄奥签订密约，保证维持波兰在 1773 年经由其议会所决定的现状，并秘密协商如何瓜分奥斯曼土耳其帝国的计划。

波将金在 1782 年向叶卡捷琳娜二世上呈《关于克里米亚》的建议，1788、1790 和 1791 年上呈了《关于波兰》的建议，1789 和 1791 年又分别上呈《关于瑞典》等建议。波将金认为与奥地利的亲近只是临时措施，俄国在中欧地区的真正政策应该是维持德意志国家的平衡，防止其中任何一国统一德国。他建议消灭俄国的大敌克里米亚汗国，在沿海地区建立稳定的边界，防止劳动力因克里米亚鞑靼人的侵袭而从帝国南部土地上不断流走，这些劳动力会被作为俘虏带到奥斯曼帝国的地中海港口市场上。1791 年 10 月，波将金的去世中断了他的众多计划的实施工作。

别兹博罗德科以及受他影响的扎瓦多夫斯基（П. В. Завадовский）和瓦罗佐夫（А. Р. Воронцов）则认为奥地利才是俄国真正的联盟。他们秘密接受奥地利皇帝约瑟夫二世给予的巨额津贴，在俄国宫廷里联合"亲奥地利派"，这些著名的言论记录在名为"索契杰特"（социетет）的回忆录和外交书信集中。①

1780 年 9 月，别兹博罗德科向叶卡捷琳娜二世女皇上奏他的《政治备忘录》（Мемориал по делам политическим），旨在说明与奥地利结盟订约的条件，以及

---

① Елисева О. И. Геополитические проекты царствования Екатерины II // Российская империя от истоков до начала XIX века. Очерки социально-политической и экономической истории / ред．Н. М. Рогожин, А. И. Аксенов, Я. Е. Водарский, Н. И. Никитин. М.：Русская панорама，2011．с. 754.

提供接下来肢解土耳其的方法。① 这个文件并没有像后来叶卡捷琳娜二世和约瑟夫二世于 1782 年 9 月通过书信确定的《希腊计划》（греческий прект）那样吸引研究者的注意。但是它已经包含了《希腊计划》所主张的思想。

别兹博罗德科编写《政治备忘录》的直接原因是为满足奥地利驻俄大使路德维希（Людвиг Кобенцел）伯爵的质疑。1782 年春，在克里米亚发生了反对俄罗斯的代理人沙吉—吉列依（Шагин-Гирея）汗的起义。别兹博罗德科向叶卡捷琳娜二世建议直接和约瑟夫二世讨论包括港口在内的《关于收购协定》（Соглашение о приобретениях）。叶卡捷琳娜二世任用他起草咨文初稿，这即是《希腊计划》的原始本。别兹博罗德科在《关于收购协定》中预言：从此就可以从欧洲完全驱逐土耳其人，得以重建拜占庭帝国。而新帝国皇帝属于女皇的孙子康斯坦丁·帕夫洛维奇（Константин Павлович）。具体措施是，在摩尔多瓦（Молдавия）和瓦拉几亚（Валахия）之间建立一个缓冲国——达契亚（Дакия），俄国获得第聂伯河口的城市奥恰科夫（Очаков），包括亚得里亚海群岛的领土和岛屿。奥地利则获得巴尔干半岛西部全部地区。②

1787 年，叶卡捷琳娜二世率领一个规模庞大的使团，其成员有奥地利皇帝约瑟夫二世和波兰国王波尼亚托夫斯基和数国大使，经由第聂伯河顺流直下到克里米亚，以胜利者的姿态视察"新俄罗斯"，特意在塞瓦斯托波尔军港视察刚刚建立的黑海舰队，亦是向土耳其宣示控制克里米亚和称霸黑海的决心。

1787—1792 年的俄土战争是由于土耳其推行复仇计划而引起的。土耳其要求俄国归还克里米亚，承认格鲁吉亚为土耳其属地，授权土耳其检查通过海峡的俄国商船。俄国拒绝了这一最后通牒。土耳其出动了 20 万军队和战列舰 19 艘、巡航舰 16 艘、轻巡航炮舰 5 艘的联合舰队于 1787 年 8 月 21 日对俄宣战。俄军方面派出波将金元帅指挥的 82000 人和鲁缅采夫元帅指挥的乌克兰军团 37000 人以及海军少将沃伊诺维奇（Г. Войнович）指挥的刚刚建成不久的黑海舰队军舰 24 艘参战，俄方还有克里米亚的哥萨克军团和库班哥萨克军团协助俄军。

1787 年 9 月 13 日夜，土耳其军队 5 千人在炮火掩护下在金布恩附近登陆，

---

① Елисева О. И. Геополитические проекты царствования Екатерины II // Российская империя от истоков до начала XIX века. Очерки социально-политической и экономической истории / ред. Н. М. Рогожин, А. И. Аксенов, Я. Е. Водарский, Н. И. Никитин. М. : Русская панорама, 2011. с. 754.

② Там же. с. 755.

但遭到苏沃洛夫将军率领军队还击，几乎被全歼。1788 年战局初期，奥地利加入俄国一方参战。在奥恰科夫要塞攻坚战中，黑海舰队发挥了重要作用。1789 年 8 月 1 日，苏沃洛夫将军指挥的 5000 俄军和科布尔格斯基亲王指挥的奥地利军 1.2 万人在福克沙尼击溃土耳其军 3 万人。9 月 22 日，俄奥联军 2.5 万人在苏沃洛夫的指挥下，在勒姆尼克河畔一战，击溃了土耳其宰相优素福率领的 10 万土军。但在西线的波将金元帅却未乘胜向多瑙河对岸发展进攻，而仅限于占领宾杰里、哈吉别伊（今敖德萨）和阿克尔曼诸要塞。

在黑海和地中海，俄土海军持续交战。俄军黑海舰队在海军少将乌沙科夫（Ф. Ф. Ушаков）指挥下，在锡诺普海域、刻赤海峡和坚德拉岛海域的海战中接连实施突击，击败了土耳其舰队。9 月 8—9 日坚德拉岛一战，俄国舰队再次获胜。俄国南方集团军在舰队的协助下占领了基利亚、图尔恰和伊萨克恰要塞。向卡巴尔达进攻的土耳其巴夏巴塔尔所部被击溃。9 月，奥地利单独与土耳其缔结和约，致使俄国孤军奋战，腹背受敌。

俄军统帅部仍然下令苏沃罗夫将军和库图佐夫将军率部强攻多瑙河流域。1790 年 12 月 22 日，苏沃洛夫所部以强大攻势一举攻克土耳其坚固设防的伊兹梅尔要塞。1791 年 6 月 15 日，库图佐夫（М. И. Кутузов）将军所部强渡多瑙河，在巴巴达格附近击溃土军 2.3 万人。随后 7 月 9 日，列普宁（Н. В. Репнин）元帅率领俄军在默钦战役中重创土军。7 月 3 日，俄军古多维奇（И. В. Гудович）将军所部在西高加索攻克阿纳帕。8 月 11 日乌沙科夫将军指挥黑海舰队在卡利亚克里亚角击溃土耳其舰队。

1792 年 1 月，俄土签订《雅西和约》（Ясский мирный договор/Treaty of Jassy），土耳其承认俄国兼并克里米亚、奥恰科夫和格鲁吉亚，第聂伯河为俄国与土耳其的国界线。

在俄土战争中，培养出一批像鲁缅采夫、奥尔洛夫、切尔明斯基（А. Г. Орлова-Чесменский）、苏沃洛夫、库图佐夫和乌沙科夫等俄国著名军事家，俄国陆军和年轻的海军得到了发展。俄国终于控制黑海北部，占领克里米亚以及库班地区，加强了在高加索和巴尔干地区的政治影响，俄国在欧洲国际舞台上的权威也得到极大加强。

众多俄国和苏联历史学家认为这是叶卡捷琳娜二世执政时期取得最大的成就。然而也有一些历史学家如波兰历史学家瓦利舍夫斯基和俄国历史学家克留切夫斯基以及叶卡捷琳娜二世的同时代人普鲁士国王菲特烈二世和一些法国大臣们认为俄国对土耳其取得"令人惊奇的胜利"的原因,不是俄国陆军和海军力量多么强大,它实际上很虚弱,组织力量也极差,是因为该时期的土耳其国家和军队极其孱弱并且自不量力急剧向外扩张而遭受败绩的结果。①

占领乃至瓜分波兰是叶卡捷琳娜二世和沙皇政府另一个最重要的外交目标,实际它与俄土战争和俄国向南方及乌克兰右岸(Правобережная Украина)扩张是紧密相关的。

波兰(波兰—立陶宛联盟)领土面积超过28万平方公里,居民人口达到110万,曾经是欧洲大国和霸主,从17世纪中期以来走向衰落,其中贵族绝对民主制下的"国王由议会选举产生、外国人有资格当选"的"自由选王制"(liberum veto)对周边国家干涉波兰内政发挥了较大作用。1763年10月,波兰国王奥古斯都三世病故。在新国王选举过程,叶卡捷琳娜二世拉拢波兰贵族并派俄国军队包围选举国王的波兰议会(Sejm),最终把自己的代理人波尼亚托夫斯基推上波兰国王宝座,但自此后波兰的反抗活动始终未能停止。

1767年6月,波兰部分贵族发动抗俄起义,俄国军队入侵波兰。1768年10月,为防止俄国向巴尔干扩张,土耳其对俄发动战争,即第一次俄土战争爆发。为摆脱外交上的困境,俄国放弃独霸波兰的计划,同意普鲁士国王腓特烈二世提出的瓜分波兰的主张,由此产生了18、19世纪欧洲大国外交关系中的"补偿原则"和"权利平衡原则"。

1772年8月5日,俄、普、奥三国在彼得堡签订瓜分波兰的条约。俄国占领西德维纳河、德鲁奇河和第聂伯河之间的白俄罗斯以及部分拉脱维亚,面积9.2万平方公里,人口130万;普鲁士占领瓦尔米亚、除格但斯克市以外的波莫瑞省、除托伦市以外的海尔姆诺省、马尔博克省,面积3.6万平方公里,人口58万;奥地利占领克拉科夫省、桑多梅日省的南部和加里西亚大部,面积8.3万平方公里,人口265万。波兰议会在俄国驻军的监视下,于1775年被迫正式通过承认领土变更的决议。

在发生了毁灭性的民族和国家灾难之后,波兰贵族和知识界痛定思痛,在法国大革命精神的影响下,提出众多的国家政治改革方案。经过四年艰苦的议会

---

① Казимир Валишевский. *Екатерина Великая*(*Роман императрицы*), кн. 2, ч. 2, гл. 3, IV; Ключевский В. О. *Курс русской истории*. Лекция LXXVI.

辩论（史称"四年议会"），议会第一条法令是建立一支 10 万士兵的军队保卫波兰边疆。 在 1791 年 5 月 3 日波兰通过了欧洲第一部成文宪法《五三宪法》(Konstytucja 3 Maja)，宣布废除外国人担任国王的传统；改"自由否决制"为"多数表决制"，实行三权分立；废除贵族特权，实行市民参政；废除农奴制，改行自由农民制。《五三宪法》遭到了俄国和普鲁士的强烈反对，《五三宪法》也遭到波兰大贵族的反对，他们组成反对宪法的塔戈维查联盟①。 1792 年 5 月，叶卡捷琳娜二世宣布应波兰大贵族的请求，派出苏沃洛夫率 10 万俄国军队进入波兰，普鲁士也随后出兵波兰。 在俄国和普鲁士的两面夹击下，波兰军民虽然英勇抵抗，终因众寡悬殊，最后遭到失败。 在波兰国内，塔戈维查联盟军队击败了忠于国王波尼亚托夫斯基的军队，最终国王波尼亚托夫斯基也宣布加入这个联盟。 俄普军队占领了首都华沙，扶植起傀儡政府，废除了《五三宪法》，重新恢复了波兰大贵族的统治。 1793 年 1 月 23 日，俄普两国在彼得堡签订瓜分协议。 俄占白俄罗斯（包括明斯克）、第聂伯河西岸乌克兰大部、立陶宛一部，面积 25 万平方公里，人口 300 万；普占格但斯克和托伦两市、大波兰地区的凡省、马佐夫舍一部分，面积 5.8 万平方公里，人口 110 万。

1793 年 6 月，波兰民族英雄科希丘什科 (Tadeusz Kościuszko) 筹划了全国起义。 1794 年 3 月 24 日，科希丘什科在克拉科夫广场上发表著名的《波瓦涅茨宣言》，号召波兰人民举行民族起义，4 月起义军占领华沙和维尔塔，宣布建立革命政权和公布农民解放宣言。 为了扑灭波兰人民的起义，1794 年 7 月，俄国和普鲁士开始从东西两面猛攻华沙，奥地利也从南面攻入波兰。 科希丘什科在马切约维奇战役中负伤，被俄军俘虏，俄军将他押解到彼得堡监禁。 在俄国驻波兰大使馆里通过了由波兰国王和第二次瓜分波兰后成立的国民议会的议员签字的文件，为使波兰大贵族就范，俄国政府给予每个签字者重金贿赂。 仅国王波尼亚托夫斯基本人就收了数千金币。② 在血腥镇压了波兰起义之后，俄普奥三国于 1795 年 10 月 13 日第三次签订瓜分波兰的协议，波兰就失去了国家主权和地位。 俄国占领立陶宛、西白俄罗斯、库尔兰、沃伦西部、西乌克兰大部，面积 12 万平

---

① 塔戈维查联盟（波兰语：Konfederacja targowicka）是由波兰和立陶宛大贵族在彼得堡于 1792 年 4 月 27 日建立的政治联盟,该联盟得到叶卡捷琳娜二世的支持。联盟反对由四年议会通过的《五三宪法》,尤其是其中限制贵族特权的条文。联盟条约由女皇的宠臣格里高利·亚历山德罗维奇·波将金的参谋长瓦西里·斯捷潘诺维奇·波波夫起草,在 1792 年 5 月 14 日于乌克兰小城塔戈维查宣布生效。四天后两支俄罗斯军队在没有宣战的情况下入侵波兰。

② Грабеньский В. *История польского народа*. Минск, 2006, с.496.

方公里，人口 120 万；奥地利占领包括克拉科夫、卢布林在内的全部小波兰地区和马佐夫舍一部分，面积 4.75 万平方公里，人口 50 万；普鲁士占领其余的西部地区，其中包括华沙和马佐夫舍的余部，面积 5.5 万平方公里，人口 100 万。①

在 1793 年的第二次瓜分波兰协议中标明波兰国王未经沙皇许可，不得与外国宣战与媾和，波兰自此实际上已成为俄国的傀儡国。经过三次瓜分，俄国成为最大获利者，共占领了原波兰领土的 62%，共约 46 万多平方公里。它不仅巩固了俄国对乌克兰的控制，而且一下子将俄国西部边界推到了涅曼河和布格河一线，使俄国由一个东欧国家变成了中东欧国家。

16—18 世纪格鲁吉亚为波斯和土耳其两国的争夺对象。在 1762—1798 年的格鲁吉亚国王卡尔特里（Картли）和卡赫基（Кахети Ираклии II）组成的"卡尔特里—卡赫基联合国家"（объединённое Картлийско-Кахетинское государство）在外高加索的影响越来越大，土耳其人被赶走，格鲁吉亚文化得到恢复，格鲁吉亚文书籍开始印刷，启蒙思想影响格鲁吉亚。卡赫基二世国王为防止波斯和土耳其侵略而亲近俄罗斯。正在与土耳其打仗的叶卡捷琳娜二世一方面对与其结盟感兴趣，另一方面不愿意也没有能力向格鲁吉亚派出大量俄国军队。1769—1772 年只有托特列别（Тотлебен）将军率领的俄军在与土耳其作战时进入格鲁吉亚。1783 年俄格签署《格奥尔基耶夫协定》（Георгиевский трактат），宣布在格鲁吉亚建立俄国保护地以换取俄国的军事保护。1795 年波斯国王阿加·穆罕默德汗入侵格鲁吉亚，在"克尔察战役"（Крцанисская битва）后摧毁第比利斯。

1764 年，普鲁士和俄国签署同盟条约，实现两国关系的正常化，在此基础上建立了"北方体系"，俄国、普鲁士、英国、瑞典、丹麦和波兰立陶宛联盟联手反对法国和奥地利，俄普英同盟关系得以延续。在 1782 年 10 月俄国与丹麦签署了友好贸易条约。

在美国独立战争期间，俄国政府于 1780 年通过欧洲大部分国家支持的《武装中立宣言》（Декларация о вооруженном нейтралитете），宣布非参战国有权在受到参战国攻击时以武力保护自己。

在欧洲事务中，俄国作用在 1778—1779 年的普奥战争中增加了，俄国作为

---

① Грабеньский В. История польского народа. Минск，2006，c.496.

直接中介者参与了"蒂森协议"（Тешенский конгресс）。叶卡捷琳娜二世实际上决定了普奥的和解和恢复欧洲平衡。此后，俄国经常作为德国各公国矛盾的仲裁者，叶卡捷琳娜二世接受来自各公国的调解请求。

18世纪80年代以后，叶卡捷琳娜二世醉心于雄心勃勃的"希腊方案"，导致俄国外交政策发生巨大变化，鼓吹"北方体系"的帕宁被冷落而辞去国务大臣职务，女皇任命他担任皇太子保罗一世的家庭教师。"希腊方案"初由波将金元帅制定。"希腊方案"即由俄国和奥地利联合瓜分土耳其的欧洲领土；将土耳其势力驱逐出欧洲；重建拜占庭帝国；由女皇孙子康斯坦丁大公担任新拜占庭帝国的皇帝。叶卡捷琳娜二世称其目的在于"在野蛮统治的废墟上，重建古代的希腊王国"。① 这个方案早在1780年初就已经计划好，但由于俄奥之间的矛盾和持续的俄土战争因此没有执行。

1789年法国大革命爆发后，叶卡捷琳娜二世提议建立"反法联盟"（антифранцузская коалиция），并确定"正统原则"（принцип легитимизма）。她说："君主制在法国的弱化，就会危及欧洲所有君主制。就我而言，我已经准备好通过各种手段抵抗。现在是采取行动的时候，快拿起武器吧！"② 这位曾大力推行"开明专制"的沙皇废除了所有与法国签订的条约，下令驱逐任何被怀疑同情法国大革命的人士，并于1790年颁布法令，要求撤回所有在法国的俄国人。然而俄国并不急于投入力量参与反法联盟。她提议建立反法联盟的真正原因在于分散普鲁士和奥地利对波兰事务的注意力。

在叶卡捷琳娜二世去世前，她开始考虑远征波斯的计划。她的最后一位22岁的年轻宠臣祖波夫（Платон Зубов）适时制定出"东方计划"（Восточный план）③。祖波夫的弟弟瓦列里·祖波夫（Валериан Зубов）作为指挥官率领2万俄国士兵占领波斯。祖波夫还制定了更加雄心勃勃的计划：向君士坦丁堡进军，祖波夫率部从西部穿过小亚细亚，同时苏沃洛夫率部从北部到达巴尔干，最终实行叶卡捷琳娜二世的"希腊方案"。由于女皇的突然去世，这个计划未能实施，但是祖波夫却获得不少军事上的胜利，占领了杰尔宾特（Дербент）和巴库

---

① David Mackenzie, Michael W. Curran, *A History of Russia, the Soviet Union, and Beyond*. Fourth Edition. Wadsworth Publishing Company, 1993. p. 286.
② Манфред А. З. *Великая французская революция*. Москва, 1983. С. 111.
③ 也称《波斯计划》（Персидский проект）。

第二章 "开明专制":叶卡捷琳娜二世的帝国治理

(Баку)等要地①。

到 18 世纪 90 年代末,叶卡捷琳娜二世统治的俄国已经成为欧洲最有影响力的大国。经过两次取胜的俄土战争,俄国夺取土耳其在克里米亚半岛和黑海北部的全部领土。在 1772 至 1795 年俄国参加并主导了俄普奥三次瓜分波兰,现在的白俄罗斯、西乌克兰、立陶宛和库尔兰即是从波兰分得的战利品。俄国开始在阿留申群岛和阿拉斯加建立俄属殖民地。叶卡捷琳娜二世在其统治的 34 年间,使俄国版图由 1642 万平方公里增加到 1705 万平方公里。

许多史学家把叶卡捷琳娜二世的外交政策(亡国波兰和占领君士坦丁堡)看成是消极而非积极政策的结果。苏联历史学家帕夫连科认为灭亡作为主权国家的波兰是"掠夺邻居的行为"。② 英国历史学家埃里克松(Karoli Erikson)认为:"今天的历史学家攻击叶卡捷琳娜剥夺波兰的独立,将其看成是野蛮的行为和违背她所宣扬的人道主义和启蒙思想的行为。"③

波兰历史学家瓦利舍夫斯基和俄国历史学家克留切夫斯基则另有一种评论。他们认为在波兰被瓜分过程中,有 800 万斯拉夫人沦为普鲁士和奥地利的"枷锁"之下,因此这普鲁士和奥地利的罪恶不比俄国小。俄国用自己的双手建立起自己的西部边界,结果却大大加强了对手普奥的力量,并且就将与之决战。④ 克留切夫斯基毫不客气的评论叶卡捷琳娜二世"这位自认聪明和卖弄风骚的女人最终变成了精明的普鲁士大兵菲特烈二世的牺牲品"。⑤

叶卡捷琳娜二世的后继者则大多以否定的态度对待她的外交政策。她儿子保罗一世上台后,立即全面修改了外交政策。在她的孙子尼古拉一世执政时期,布鲁诺夫男爵(барон Брунов)起草的报告中说:"我们不能不承认,叶卡捷琳娜女皇选择的方案在执行其计划时,它具有不完整的性质和荣誉,它是我们政策不能改变的限制原则。"沙皇尼古拉一世表示赞同:"我们的真正力量掌握在自己的手中。"⑥

---

① Казимир Валишевский. *Екатерина Великая*(*Роман императрицы*), кн. 2, ч. 2, гл. 3, V.
② Павленко Н. И. *Екатерина Великая*. Москва, 2006, с. 290.
③ Кароли Эриксон. *Екатерина Великая*. Смоленск, 1997, с. 480.
④ Казимир Валишевский. *Екатерина Великая*(*Роман императрицы*), кн. 2, ч. 2, гл. 3, IV; Ключевский В. О. *Курс русской истории*. Лекция LXXVI.
⑤ Ключевский В. О. *Курс русской истории*. Лекция LXXVI. Том. 5. с. 44—46.
⑥ Казимир Валишевский. *Екатерина Великая*(*Роман императрицы*), кн. 2, ч. 2, гл. 3, V.

帝国治理与开启"政府自由主义"传统

叶卡捷琳娜二世统治时期,俄国内部结构及国家趋势发生了质的变化。美国历史学家列文(Dominic Lieven)在其著作《帝国——俄罗斯帝国和它的竞争对手》(Empire: The Russian empire and Its rivals)中,将"帝国"视为一种中心组织原则,一种一系列帝国性政治体的手段。① 如果说自彼得一世以来,俄国一直在追求一个帝国,那么到此时,这个帝国终于初具规模。彼得一世的改革改变了国家治理体系,但作为俄罗斯国家政治基础的上层政权,不仅没有改变,反而得到了巩固。立法和意识形态的基础被引向绝对主义,君主专制思想像得到神意的庇护一样贯穿了整个18以及19世纪。叶卡捷琳娜二世则开启了真正的俄罗斯帝国治理模式,她的"文治武功"为18世纪俄罗斯帝国的繁荣奠定了基础。从叶卡捷琳娜二世处理哥萨克问题上即可看出其构建俄罗斯帝国的宏观思路。

第一,沙皇政府对哥萨克群体的征服为俄罗斯帝国带来了更多的直接控制之下的边缘地带,并进而将边缘演变成地方行政机构。

在地方层级的行政机构方面,哥萨克失去了昔日全部的公民权,暂时仍旧保留哥萨克和士兵身份。原哥萨克国处理非军事事务的权力被废除,转由新的省、县行政单位处理;警察职务从哥萨克队长转移至城镇的警察长与乡村的土地法庭负责。新的行政官员大半是从乌克兰贵族中选派,因此排除了哥萨克官员和地方上的乌克兰人。再者,新机构是官僚政府机构,需要任职人员具备一定的簿记能力,此多由基辅学院毕业的年轻人担任,少数由识字的平民哥萨克、士兵担任。经由俄国对乌克兰的行政改革,哥萨克的自治权终止了。至此,整个乌克兰地区成为了俄罗斯帝国的行省。从地理位置上讲,这里是俄国地缘政治的交叉点,政治意义自不待言;从经济地理上看,这里是东欧粮仓,为俄国解决粮食问题提供了依靠。

---

① Dominic Lieven, Empire: The Russian empire and Its rivals. Yale University Press, 2002, Preface, p. x.

第二，对哥萨克的征服和利用极大增强了俄罗斯帝国的军事实力。对哥萨克军事力量的运用是非常危险的，这支力量易于反叛、桀骜不驯又有追求自由的传统，但是沙皇并没有兴趣使他们定居，正是他们亦兵亦农的生活方式，使得他们能够保护迷失在广阔草原的帝国边界不受外来游牧民族的攻击和侵袭。到1796年叶卡捷琳娜二世去世时，很少受到控制的俄国南部和东部前线对俄罗斯腹地社会稳定产生的威胁已经消失。此时哥萨克就已经受到了紧密的控制，成为了帝国军队中非常有用的轻骑兵。① 这支强大的军事力量成为以后沙皇俄国甚至苏联时期国家重要的军事力量。

俄国从来不曾想过消灭哥萨克作为军事力量的存在，它要的是将这支力量收归己用，将其从对帝国的威胁因素变成为帝国军事行动的武器。1786年，叶卡捷琳娜二世创立新龙骑兵，征召原属于乌克兰修道院的农民，他们因实行教产世俗化而成为国家农民。如此将不同出身的农民和哥萨克编入同一军队，接受同样的军事训练，使原本截然不同的社会阶级逐渐混合为一，实际上使哥萨克人的地位大幅降低。这只是俄罗斯逐渐控制哥萨克军的手段之一。

第三，在军队和哥萨克士兵奋勇作战的幕后，俄国农民从莫斯科本土出发，不断向土壤肥沃的地带殖民。在1678年，俄罗斯人90%居住在俄罗斯帝国的大俄罗斯的核心土地上，到1917年却只有50%了。② 在大规模向边疆地区迁移的过程中，俄国越来越表现出一个大陆性帝国的殖民倾向。对于一个起源于大俄罗斯本土的贵族来说，他们的土地本来就不肥沃，又有子孙分割其财产，沙皇俄国获得合法性的一个重要途径就是不断成功地进行领土扩张，在扩张中殖民，分散帝国中央的压力，也获得新的人口和经济潜能。叶卡捷琳娜二世1762年登基时俄国人口比法国还少，不到2000万。1772—1795年间三次瓜分波兰就给她带来了750万臣民。③

在这里，需要特别强调：从意识形态和社会思潮方面来看，叶卡捷琳娜二世的"开明专制"在客观上极大地促进了欧洲启蒙思想和自由主义思潮在俄国的传播。

---

① Dominic Lieven, *Empire：The Russian empire and Its rivals*. Yale University Press, 2002, Preface, p. 271.

② Ibid.

③ E. C. Thaden, *Russia's Western Borderlands* 1710—1870. Princeton University Press, 1984, P. 32.

首先，叶卡捷琳娜二世的开明专制和帝国治理方案是建立在西欧自由主义原则、首先是孟德斯鸠的思想基础之上的，改革不仅顺应了欧洲的政治潮流，还在客观上促进了西方先进思想的传播，促进了自由、民主思想在俄国的浸润，推动了自由主义思想和思潮在俄国的产生。俄国自由主义研究的开创之作《俄国自由主义史》的作者列昂托维奇（В. В. Леонтович）认为："自由主义思想在俄国是在叶卡捷琳娜二世（1762—1796）时代开始取得意义……"①当代俄罗斯学者格舒斯基（Б. С. Гершунский）和罗扎斯基（Э. Д. Лозанский）也认为："理解自由和民主思想在俄国确立的特点应该从18世纪中期着手。"②

　　俄国自由主义正是在西欧的"自由""民主""平等""宪政"的概念进入俄国之后，才找到自己的理论本源。在西欧，个人自由思想的出现是与贵族阶层的形成相联系的。国家的政治自由表现为两种形式，最初是贵族自由，而后是民主权利和个人自由。西欧自由主义的根在俄国是不存在的，在俄国甚至连教会权力在任何时候都不被承认为主权拥有者，因此从理论上讲，俄国自由主义观念是从外部获得的。叶卡捷琳娜二世统治时期对于自由主义思想在俄国确立起到特别的作用。正所谓，"自由主义和民主主义的倾向就产生于君主制自身之中，它客观地促进了俄国社会中进步的国家体制形式和民主政治成分的增长。"③

　　叶卡捷琳娜二世改革既是统治者惯用的灵活手段，又是自由主义的体现，在客观上宣告自由主义在俄国的诞生。针对苏联和西方史学界对叶卡捷琳娜二世改革持否定态度的观点，俄侨历史学家列昂托维奇认为："当然，叶卡捷琳娜二世没有考虑在俄国限制极权主义，然而不得不承认，极权主义是反动的、渐进的和反自由主义的。相反，由极权君主亚历山大二世推行的改革，就没有得到以上的评价，而是得到了充分的社会肯定。所有赞同者都认为他的改革正是自由主义的。毫无疑问，叶卡捷琳娜二世的立法方案本身没有政治自由的依据……然而，这并没有给我们否定叶卡捷琳娜二世立法的自由主义特点的权利，实际上她的世界观是建立在立法的基础上的。"④

---

① Леонтович В. В. История лилерализма в России 1762—1914. Москва，1995. с. 27.
② Гершунский Б. С.，Лозанский Э. Д. Демократический опыт России. Москва，1998. с. 18.
③ Там же. с. 15.
④ Леонтович В. В. История либерализмав России，1762—1914. Москва，1995. пролог，с. 39—40.

其次，从帝国治理和政治运作角度来看，叶卡捷琳娜二世的"开明专制"首开俄国"官方自由主义"的传统①。

"官方自由主义"是流行于俄国宫廷和上层统治阶级内部的一种政治思潮和政治传统，它主要表现为俄国最高统治者——沙皇以及上层统治阶层的一些人士在某些时期对西方资产阶级思想在俄国的传播采取鼓励的态度，是引进西方的先进思想、先进技术和管理方式，亲自主持或支持在俄国进行经济、政治和社会等方面的改革。国内社会政治矛盾越是复杂纷乱，沙皇政府的独立性就越明显，就愈加自由地和自主地寻找发展方向和巩固统治所依靠的社会基础。而且从国家管理手段方面来看，自由主义不仅是抵消政治激进主义和革命主义的最好工具，而且它还是政治气氛极度紧张背景下的俄国，中下阶层宣泄政治不满、表现政治期望的有效渠道。

从历史角度看，"俄国缺少西欧式的自由主义的根，叶卡捷琳娜二世的统治对俄国自由主义的形成产生特别的作用。"②彼得一世仿效西方，大力推行改革。但是他只引进了西方的技术机械，却把英国式议会民主制拒之门外。彼得一世在政治上的功绩是完成了从等级君主制向绝对专制君主制的历史性过渡，但是他未能也不可能推开俄国政治现代化的大门，他也无法打开俄国官方自由主义的大门。然而，18世纪60年代的俄国所处的内外环境已非昔比，启蒙思想风潮已遍及欧洲，法国大革命正处在"山雨欲来风满楼"的状态，拉吉舍夫等人在国内已开始了自由思想的传播，俄国专制制度的积弊已现端倪。叶卡捷琳娜二世自小接受的正统的西式教育，早年的启蒙思想和普鲁士国王菲特烈二世的"开明君主专制"对她的影响更是巨大的。当18世纪60年代的俄国社会发展遇到危机时，叶卡捷琳娜二世选择了自由主义的统治政策，选择了"开明专制"，首开了俄国官方自由主义的先河。俄国革命领导人列宁（В. И. Ленин）曾经指出："实行贵族杜马和贵族制度的17世纪的俄国专制制度就不同于实行官僚政治、官吏等级和有过个别'开明君主专制政体'时期的18世纪的专制制度，而19世纪的专制

---

① 索尔仁尼琴称之为"民主式集权主义"（демократический абсолютизм）或"帝国式民主"（империалистическая демократия）。参见：Леонтович В. В. История либерализма в России 1762—1914. Москва, 1995. пролог, с. 3.

② Гершунский Б. С, ЛозанскийЭ. Д. Демократический опыт России. Москва, 1998. с. 31.

制度又与这两者大不相同。"①俄国统治者和上层有识之士继承了官方自由主义传统,19世纪的亚历山大一世——莫尔德维诺夫——斯佩兰斯基——亚历山大二世——洛里斯·梅里科夫改革,20世纪的维特——斯托雷平改革等都是俄国官方自由主义传统的体现,也是俄国政治现代化的继续。

---

① 《列宁全集》,中央编译局译,人民出版社,1988年,第17卷,第321页。

第三章　帝国之基：俄国社会等级制度与贵族特权

18世纪60年代至18世纪末的俄国已经发展为成熟的等级社会，以政治和经济特权为权力分配原则又形成了稳定的社会结构。贵族（дворяне）这个诞生于彼得一世大改革过程中的社会阶层，在叶卡捷琳娜二世时代经历了三十余年的辉煌时期。他们把持国家管理大权，占有俄国绝大多数的土地和财产，享有各种政治、经济、司法、教育和文化特权。贵族社会与国家权力之间的和谐关系，促成这一时期俄国国势强盛并成就叶卡捷琳娜二世的"贵族女皇"和"大帝"英名。然而，在贵族阶层主导俄国社会的同时，社会结构的多元变迁也已经潜流暗动。市民、商人、工场（厂）主经济地位迅速上升，迫使国家和政府予以法律认可。占全国人口绝对比例的农民（农奴）面临的却是个人自由、国民权利和社会地位的急剧下降，农民情绪与农民问题成为最为重要和紧急的社会政治问题。

贵族阶层与贵族特权

贵族是俄国古老的社会阶层，其起源可以追溯到基辅罗斯或更早时期。谈及俄国贵族必然涉及"领主"（бояре, боярин 或 боляре）和"贵族"（дворянин, дворяне）这两个词汇。①

领主②是俄国贵族阶层的起源，研究俄国贵族必须追溯领主的起源。领主与王公（великий князь）和封地公爵（удельний князь）同为公元 10—18 世纪俄国社会的上层，其地位最初来自于封赏，后来成为世袭身份。关于领主称号的来源，在俄国学术界有三种解释。其一，认为 бояре 来源于"战争"（бой）和"战役"（битва），把其视为古罗斯时期的职业武士（воины）或"侍卫"（дружинники）。③ 其二，认为 бояре 来源于突厥语中的"财主"（богатый）和"显贵"（знатный），即强调 бояре 最初是称呼社会中那些富有的和显贵的人士。其三，认为 бояре 起源于 6—9 世纪古代斯拉夫社会氏族部落瓦解时期，是当时氏族部落中作为侍卫的显贵阶层。在公元 9—10 世纪，бояре 成为侍卫阶层的上层，在他们向基辅大公交纳的从老百姓那里征收的赋税中已拥有一定程度的自留权利，并且在城镇区域已拥有自己的庭院（двор）和家奴（челядь），到此时 бояре 已经由少数的、散居的和无影响的"显贵"发展成为"领主阶层"

---

① 在英语中，涉及"贵族"也有两个常用词，即 aristocracy 和 nobility，aristocracy 源于希腊语 aristos（意为"优秀的"），《朗文现代英语词典》解释为"指高尚社会等级（class）的人，来自高尚家族或拥有等级（rank）头衔的特殊人"，"由世袭特权阶层人士组成的团体"，nobility 的词意是"由拥有头衔的高级社会等级、家庭或等级的人士组成的集团"（见普罗科托主编：《朗文现代英语词典》(Paul Proctor, Longman dictionary of contemporary English. Longman Group Ltd. 1978.)，朗文出版集团 1978 年，第 44、739 页）。从中可以发现：虽同为贵族，但 aristocracy 在身份高于 nobility，并且具有世袭性。aristocracy 接近于俄语中的 бояре，而 nobility 接近于 дворяне。

② 中国学者也有将其译为"大贵族"，以区别于后来出现的"贵族"（军功贵族）。

③ 达里《大俄罗斯民间口语详解词典》释义："原写为 боярыня，后写为 барин 或 барыня，疑来源于战争（отбой）、战斗（бить）或战士（воевода），或来源于显贵（отболярин），或来源于当家人（отбольшака）"。见：达里《大俄罗斯民间口语详解词典》(Даль В. И. Толковый словарь живого великорусского языка) 网络版：http://www.rubricon.com/qe.asp? qtype=1&id=92&ii=92&srubr=0&fstring=боярин.

（боярство）。公元 10 世纪，领主阶层分化为两部分——"公人"（княжий муж）或称"执事"（огнищан），和"地方显贵"（земский бояре）或称"市镇长老"（градские старцы）。领主必须要为大公服军役，此时领主已拥有自己的采邑（вотчина）以及转换服役主人的权利。需要指出的是，此时的领主既不是免除服役的显贵，其身份也不具有世袭性，想要成为领主必须以对大公的服役和效忠为条件。王公和领主成为基辅罗斯的第一批封建主和农奴主，他们构成早期封建统治阶级的上层。

"贵族"（дворянин 或 дворяне, служилый феодал-дворян）是一个新生的上层社会阶层，中国学界也将其译为"军功贵族"，以强调与领主的区别。"дворяне"最早出现在 12 世纪末的文献之中，其词根来源于"家院"（двор），其含意是"家院的人"（люди из двора）。① 该阶层起源于 12 世纪下半期，他们原来作为大公、王公和领主的亲兵和侍卫，处于前者的军事的、行政的或司法的庇护之下，但与雇用他们的王公并没有人身依附关系，属于自由差役。在 13—14 世纪，贵族以服"人头役"（людно）、"马匹役"（конно）和"兵器役"（оружно）为条件从君主那里获得领地（поместье），但是这种义务和条件有别于领主和"领主之子"（дети боярские）的自由差役。

从 14 世纪起，王公开始以土地赏赐贵族，伊凡三世就曾把他从诺夫哥罗德领主手中夺取的土地分配给他手下的贵族，后来又向他们赏赐国有官地。这种赏地有别于领主的世袭田庄，不得出售、交换和继承，服役期满即交还王公或国家。在封建割据时期，这部分人成为王公和领主争夺封建继承权、大公权，争夺领地和采邑所倚重的对象，在他们的操纵和控制下，甚至可以决定大公政权的兴废或使王公成为其傀儡，因而他们的社会地位和重要作用已经非同寻常。他们平时居住在自己的领地上，只在战时必须奉召率领其"属民"去为王公打仗，因此他们已经不是过去意义的王公们的武士队成员，他们已经变成拥有自己的土地及土地上的农民的中小封建主了。他们是早期罗斯封建社会中较新的一个阶层，他们支持中央政权和大公权力，因为他们没有领主那样显赫的出身，只有靠军功才能获得丰厚的俸禄，他们是未来的俄罗斯中央集权国家的主要社会基础。由于王公和领主的世袭领地日趋衰败，一些贵族便以巧取豪夺方式据为己有。另一方面，王公和国家赏赐的田地到期也不再偿还，而成为贵族的世袭领地。

---

① Буганов В. И. Российсое дворянство//*Вопросы истории*. Москва. 1994. No. 1. с. 29—30.

到 16 世纪，领主和贵族之间在与君主的关系方面，在国家机构中从政资格方面，包括出身方面的原则差别已经基本消失。①

到 18 世纪初，彼得一世废除了领主（бояре）称号，此后的贵族仅指дворянин，贵族阶层仅指дворянство。бояре 的称呼虽然在日常生活还在使用，但已转意为"老爷"（баре 或 барин），其意思接近于"地主"（помещик）。彼得一世时期贵族分为世袭的和非世袭的两种。彼得一世放弃古罗斯流传下来的贵族称号，如王公、侍卫、封主（вотчинники）、廷臣（княжеский двор），他认为这是落后的旧传统的象征。他引进了西欧通行的贵族爵位称号，即公爵（князь）、伯爵（граф）和男爵（барон）等，第一个获得公爵称号的是彼得一世儿时的游戏伙伴、后来辅佐他的陆军元帅、陆军大臣、彼得堡省省长、近卫军团上校、枢密院成员、平民出身的缅希科夫②，而且是特级公爵。

贵族既是沙皇统治最稳定的社会基础，同时也是沙皇专制制度统治的对象。从 15 世纪开始，莫斯科公国即对所有贵族、服役人员和宫廷官员进行注册，注册的目的是为了估测莫斯科国家的军事力量。这种制度目的在于加强莫斯科大公通过服役领地占有制对所有在政府和军队供职的贵族最有效的控制。在 18 世纪中期前，俄国贵族必须从 15 岁起终生为国家和沙皇服役，同时还要承担纳税和向国家提供新兵的义务。彼得一世推行大改革主要的依靠对象是新生的"贵族"（дворяне）阶层而非古老的"领主"（бояре），他以《职官秩序表》和《一子继承法》（Указ о единонаследии）把散居各地的贵族组成了一个统一的社会集团和为国家和沙皇服役的社会等级。俄国贵族必须从 15 岁起终生为国家和沙皇服役，同时还要承担纳税和向国家提供新兵的义务。彼得一世规定贵族服兵役者不得少于三分之二，其余三分之一者担任文官，无论文武差役均不设期限，并且须从最低一级做起，即服兵役的贵族先当列兵，任文职的贵族先做文员。通过以上的改革，彼得一世进一步强化了贵族对于国家和沙皇的依附程度，贵族实际成为沙皇与国家的奴隶。

1727 年彼得二世去世，贵族奉迎彼得一世的侄女安娜一世（Анна Ⅰ）为沙

---

① Блохин В. Ф. История России：учебный словарь-справочник．Брянск，1996．c．82．

② 关于缅希科夫的出身有两种不同的说法。其一是官方文件上记载缅希科夫出身于"立陶宛的望族"，其父曾在宫廷近卫军中服役。但是后来的宫廷史学家认为，这是缅希科夫在彼得大帝去世独霸大权后，特意为自己编造的家史。其二是说他的祖上是莫斯科皇村的奴仆，专司为皇村供应鲜鱼和肉类，他本人在少年时曾经卖过馅饼。

皇，并且迫使安娜一世于 1736 年下令将贵族服役期限缩短为 25 年，退休年龄定为 45 岁。此为贵族与沙皇争夺自由权利道路上取得的一个胜利。

彼得三世于 1762 年 2 月 18 日颁布的《御赐全俄罗斯贵族特权和优惠诏书》。这份"贵族特权诏书"无论是在给予贵族自由的程度和范围方面均超过安娜一世。彼得三世宣布："依据本诏书的仁慈精神，朕现将自由赐给了贵族。朕将会像父亲一样对他们及他们的子孙们，永远加以关怀"，"根据本宣言，俄国贵族们将永远不会违背自己意愿，再被强迫服役。我政府各部门，除非是在紧急的状态下，由沙皇亲自宣示，也绝不会再征用他们。但本条文法不适用于在圣彼得堡与莫斯科地区。因为彼得大帝特别指定该两区的退役贵族们，将会随时被召如担任枢密院和外交衙门的职务"。①

但是这份诏书中，彼得三世再次申明了彼得一世对贵族子弟教育和学识方面的严厉规定："朕现在命令，凡是年达 12 岁的贵族子弟，必须向当地省、县、城市或其他任何方便地区中的联络处登记。他们的双亲或监督人，必须说明他们在 12 岁以前的教育程度，以及他们要到何处求学的意愿：是要继续留在国内的学校读书，或是到欧洲留学，或者自己聘请家教自修。凡是隐瞒实情不报者，将受政府处罚。凡是拥有一千名以下农奴的贵族地主们，应立即将子弟们送至贵族会议报到，学习贵族们应该具备的每一样学识。每一个完成教育与学习的贵族子弟们，可以就其身份与成绩，进入政府部门服务。"

彼得三世此项改革影响重大。从表面上看，这是皇权危机迫使政府对贵族做出很大的让步，在经济、政治方面给予贵族很多权益。但究其实质，则是日渐成熟并壮大的贵族阶层在欧洲自由平等思想影响之下维护自身权益的表现。

1785 年 4 月 21 日，叶卡捷琳娜二世签署重要法令《御赐高尚贵族权利、特权和优惠诏书》。该文件做如下规定：贵族免除被军事单位和团队征用住宅；贵族免除体罚；贵族不仅拥有土地所有权，并且拥有土地之下矿产所有权；贵族拥有建立自己的等级机构的权利；贵族拥有变更为第一等级称号权利，即由"贵族"更名为"高尚贵族"（благородное дворянство）；禁止因刑事犯罪没收贵族房产，房产应该转让给合法继承人；贵族拥有唯一的土地所有权，但是在这份诏书中却没有一句话谈到贵族对农奴的垄断权利；乌克兰长老（украинские

---

① *Полное собрание законов российской империя.* том. 15. Санкт-Петербург, Типография II Отделения собственной Его Императорского величества Канцелярии. 1830. с. 366.

старшины）与俄罗斯贵族拥有平等权利；没有官级的贵族被剥夺选举权；房产收入超过 100 卢布的贵族拥有选举权。

1766 年，贵族获准成立县级组织。1775 年，俄国对成立县级组织做出了更加明确的规定，贵族获准设立等级法院，从贵族中推举人选充实县行政机构。1785 年颁布的俄国贵族权利、自由和财产特权诏书，不仅确认了此前贵族得到的权利并使之系统化，而且还为其增加了一些新的权利，尤其是设立了自治的省贵族协会和省贵族会议。诏书还免除了贵族的所有赋税、义务和体罚，规定了贵族的外部标志，如服装、长剑、轻便马车和教堂位置等。这样，从 1785 年开始，所有贵族都赐予了贵族门第封号（彼得一世以前，只有皇室才有此权利），有权拥有家庭徽章、房产、农奴，担任高级文职或军职，获准成立省贵族组织，享有自治权和法人权。苏联历史学家帕夫连科认为："在俄国历史上贵族从来没有获得过像叶卡捷琳娜二世时代那样的和那么多的特权。"① 俄国贵族已经完全成为俄国特权等级。

按照 18 世纪初以来俄国上流社会和贵族家庭的习俗，年满 5 岁以上的子女都应有法国家庭教师，教授法语及历史、地理课程。俄国著名的无政府主义者克鲁泡特金（П. А. Кропоткин）幼年时，他的父亲克鲁泡特金（А. П. Крупоткин）公爵用年薪 600 卢布的重金聘请法国人普兰（Poulain）做克鲁泡特金的启蒙教师。普兰对启蒙运动和人权思想非常崇拜，经常给克鲁泡特金讲法国大革命的故事，"他的这些故事在彼得（克鲁泡特金）思想上留下深刻的印象，这和彼得后来毕生对法国大革命史怀有那种特殊感情多少有一些渊源关系。"② 克鲁泡特金于 1883 年 1 月在法国里昂法庭受审时发表的辩护词中也曾宣布："人们还责备我，说我是无政府主义理论的始祖。这对我是大大过誉了。无政府主义理论的始祖是不朽的蒲鲁东。"③

1861 年签署废除农奴制宣言的"解放者——沙皇"亚历山大二世幼年时的家庭教师是著名的诗人茹科夫斯基，茹科夫斯基认为教育的宗旨是"教导善良"，"历史是所有科学中最重要的学科，甚至要比哲学更为重要，因为在历史中蕴藏着最深刻的哲学，因此，它是最重要的，而且也是最有益的"。茹科夫斯基选定的历史教科书是法国历史学家米涅（Auguste Mignet）的《法国大革命史》，这

---

① Павленко Н. И. *Екатерина Великая*. Москва, 2006, с. 300—301.
② 陈之骅:《克鲁泡特金传》,中国社科出版社,1986 年,第 9 页。
③ 普列汉诺夫:《无政府主义和社会主义》,王荫庭译,生活·读书·新知三联书店,1980 年,第 27 页。

本书对激进的雅各宾派持肯定的态度。①

贵族庄园与庄园经济

俄国贵族特权最主要的内容即是经济特权，集中体现即是遍及各地的贵族庄园和庄园经济。

18 世纪初，私人土地所有制形成的过程最终完成，这与两种土地所有制类型——领地与世袭领地的合并有关系。彼得一世于 1714 年公布的"一子继承法"在法律上完成了领地与世袭领地的合并，并导致了不动产这一个新概念的产生。与此同时，在 18 世纪初伴随着俄国学习西欧，出现了经济高涨。以欧洲形式为目标导致了领地结构的重大改变，也引起了庄园主对庄园经济的更多关注。庄园经济开始按意大利、英国的模式改组。运用欧洲的经验进行私营经济管理，这是俄国贵族庄园形成的先决条件。

俄国贵族庄园形成的过程完成于 18 世纪最后 10 年。正是在这一时期，俄国贵族庄园达到了最大繁荣。贵族开始拥有法律特权和本阶层的特权，物质上却不是完全富裕的贵族等级出现了。对于此类贫穷的贵族来说，"准庄园"（проусадьба）经济具有重要的意义。1760—1790 年描述中出现新的名称"老爷的房子"，代替了原来人口调查册中使用的"地主的"或"世袭领地的宅院"。②

18 世纪末，在各种经济因素的影响下，俄国贵族庄园形成了。18 世纪末政府进行的"全面测定地界"成为了俄国贵族庄园形成的重要因素。庄园建筑数量最多的地区位于特维尔省（Тверь）。其次是普斯科夫省（Псков）、诺夫哥罗德省（Новгород）、科斯特罗马省（Кострома），再往下是雅罗斯拉夫省（Ярослав）、沃洛格达省（Вологда）。③庄园数量最少的地区是叶卡捷琳诺斯拉夫省（Екатеринослав）、彼尔姆省（Перм）、沃罗涅日省（Воронеж）。比它

---

① Захарова Л. Г. Александр II: исторический портрет // Вопросы истории. Москва, 1992. No. 2.

② Рассказова Л. В. Русская провинциальная усадьба как социокультурный феномен. Автореф. дис. канд. истор. наук. Нижний Новгород, 1999. с. 27.

③ Там же. с. 35.

们稍多一点的是赫尔松省（Херсон）、奔萨省（Пенза）、奥伦堡省（Оренбур）。①

贵族庄园主囊括全部贵族阶层。上到沙皇、大公、陆军元帅、海军大将、一品文官、御前侍从、伯爵、公爵、男爵、省长、副省长，下到尉级军官、低级文官均可能有自己的庄园，他们都是庄园主。只是他们等级差别甚大，庄园规模大小不同。

贵族庄园主分为大、中、小三种：一般拥有100俄亩土地以下（有少于20个男性农奴）的称小庄园主；拥有100—500俄亩土地（有21—100个男性农奴）的称为中等庄园主；拥有500俄亩土地（有100个男农奴）以上的称为大庄园主。

莫斯科、圣彼得堡周围的庄园主组成了俄国最高统治阶层、中等阶层军人与官吏、世袭显贵名门最有威望的领地。莫斯科县的省政务委员②的人口调查册（1715—1716年编成）指出：该县共计717个居民点，庄园位于386个村镇。通常一个村落有一个庄园主的宅院，46个村落有2—3个庄园主宅院，只有7个庄园主的宅院分布在一个村落中。

1800年，由于省份编制改变，俄国编写了新的莫斯科县经济附注。③ 18世纪末，县的边界被重新测量，共有353处居民点，内有154个庄园村落，登记有154个地主。

18世纪圣彼得堡地区4个县共登记了225名贵族领主。其中13人在2个县中拥有领地，2个人在3个县中拥有领地。

索菲亚县的31个庄园中有28个庄园没有用于耕作的农业用地。奥拉宁鲍姆县，29个庄园中有24个无耕地。足见，那些无耕地的庄园，庄园主只是为了在那休息，经济仅限于蔬菜栽培及园艺。典型的是波将金（Г. А. Потемкин）及谢列梅基耶夫（Н. П. Шереметев），他们在其他县中拥有上千俄亩领地。最大的贵族庄园主拉祖莫夫斯基（К. Б. Разумовский）在这里有农业用地。

1727—1858年，小贵族庄园主及其占有农奴数量平均每年下降0.3%，中等贵族庄园主及其占有的农奴数量每年增长0.15%，而大贵族庄园主及其占有农奴

---

① Рассказова Л. В. *Русская провинциальная усадьба как социокультурный феномен*. Автореф. дис. канд. истор. наук. с. 35.

② 1713—1719年，由俄国各县贵族选出的。

③ Тихонов Ю. А. Дворянская сельская усадьба близ Москвы и Санкт-петербурга в XVIII веке// *Отечественная история*，1998. No2 c. 39.

数量平均每年增长 0.83%。大贵族庄园主保证了自己和自己农奴人口扩大再生产，中等贵族庄园主保证了自身和自己农奴的人口简单再生产，而小贵族庄园主却不能保证自己和自己农奴的人口简单再生产，因为小贵族庄园主没有扩大生产的土地，不得不将其多余的农奴卖去充军，卖给大贵族庄园主，或让其自由，而自身也脱离了土地所有者行列。尽管中等贵族庄园主土地多些，但不足以用于扩大生产，被迫用同样办法处置多余农奴。只有大贵族庄园主有足够的土地或当需要时可购置土地，有能力扩大再生产，可以容纳农奴的自然增长，同样保证自身人口增长。由于贵族人口的自然增长，继承法又便于分散财产（贵族死后，其财产包括领地，除依法给女儿留份嫁妆外，其余的应在所有儿子间均分），致使中小领地贵族被迫转入其他职业集团和等级。

庄园里的农奴一般分为两类：一类负责耕地，一类负责庄园内部事务，但是从法律上来讲他们的地位不存在任何差异。农奴去耕地还是去打扫庄园完全取决于庄园主。一般来说，在庄园主和附近村落农奴之间的交往过程中，生活方式、思维意识甚至言谈都可能暴露出他们之间的地位差异。这样就在农奴和庄园主之间形成了一道不可逾越的鸿沟，这道鸿沟不仅存在于整个社会之中，更存在于每个人内心。19 世纪 30、40 年代，虽然生产力、生活方式及世界观急速变化，庄园主们兴趣品味也发生了改变，极大程度地变革了庄园的运营方式，但是农奴仍然在落后的劳作体系下，使用陈旧的劳动工具耕种。庄园主和农奴之间的所属关系依旧牢不可破。事实上庄园主的权限经常超越了法律规定，农民的状况比各种法律规定更差。

庄园里的仆人是与庄园主关系最近的农奴。庄园主的人品、庄园经济模式的反复变化及 19 世纪上半期风行的各种生活方式的变革，都对他们的生活方式产生了独特的影响。自然经济的消亡趋势促进了农产品加工业（像奶酪生产、黄油的生产、葡萄酒酿造等）的产生，这样一方面保障了庄园里的食品供应，另一方面也满足了市场的食品需求。这些都是由庄园里仆人们完成的，因此一时间许多庄园里的仆人数量大大增加，并且每个庄园的仆人都各有特长（他们中有木工、钳工、裁缝、鞋匠、奶酪工、驯狗师、歌者、演员、粉刷工、接生婆、马车制造者等等）。但随着庄园经济商品特征的加强，庄园主更加强烈地想要缩减农奴不必要劳动时间，并且开始尝试使用雇佣劳动力代替农奴，这尤其体现在工业生产中。

西方文化强势影响和庄园主自身教育程度提高，一方面促使庄园主脾气变得缓和，自身的文化水平提高并且对农奴的态度有所改善，但从另一方面来讲，需求的增长又加深了他们对农奴的剥削。长期缺钱迫使庄园主想方设法从庄园里榨取钱财。姑且不说庄园主们频繁的出游和宴请客人等，只是庄园日常生活就需要各种各样大量的采购，像鱼、香料、海货、葡萄酒，还有铁、焦油、染料等。庄园主的数量不断增加，这些庄园主在发展商品经济的同时，还到市场上购买粮食来增加庄园的粮食储备。一位来自下诺夫哥罗德省的庄园主杰米多夫，就是从市场上购买庄园日常生活所需肉、家禽、米、蛋，而他自己的庄园则生产面包卖。① 这些情况使庄园主开始重新审视和众仆人之间的关系。1843年，普鲁士学者哈克斯特豪森（August Haxthausen）在实地考察了俄国后表示："如今的贵族庄园主生活习惯和生活方式，对自己有利并且很适合自己，即让不在工厂工作的仆人成为代役租农奴。一些接受过欧式教育的贵族庄园主，随身带的不再是自己的农奴而是雇佣仆人。"②

所有的庄园里的下人按一定标准（主要是工作类别）被分成许多类型。在工作上他们听从大管家的安排，侍童一般都很小，有的还只是小男孩。与庄园主最近的贴身男仆，经常是作为老爷们的代理人、保镖、管钱者。家庭教师也有很独特的地位。贴身仆人要为老爷穿衣、脱衣，出门时要伴随左右。

女仆一般就是清扫女工和家庭女教师，此外还有一类仆人——"老姑娘"，她们是老女仆或是老爷心腹女仆。作家萨尔特科夫—谢德林（М. Е. Салтыков-Щедрин）曾这样描述"老姑娘"这一类的女仆：唯命是从、廉价，在很大程度上正是这种廉价，使她们更加唯命是从。首先，很多情况下仆人都是处理事情的能手、老手；其次，就算仆人没什么手艺，但是他们熟知老爷的习惯，能及时送上衣服，这也是一种能力；再次，可以把仆人送去当兵，以便日后卖个好价钱。但"老姑娘"绝对不是值得重视的仆人，那些有才能的或曾在莫斯科学习的仆人，才能得到珍视。③

在庄园里仆人们的工作通常就是照料主人、整理打扫庄园。有的仆人被选来接送客人、服侍主人用餐，而"老姑娘"多数情况下只能在房间里做一些辅助性工作，像纺线、织点东西、绣绣花。在庄园里还有厨师、女厨师、厨师学徒，

---

① Водарский Я. Е. , Иванова Л. В. Дворянская и купеческая сельская усадьба в России XVI-XX вв : ист. очерки. Москва, Эдиториал УРСС. 2001. с. 345.

② Там же.

③ Там же.

负责上菜、摆桌、上酒水的侍餐者，有时还有准备饼和甜点的糕点师傅。

还有一类特别的仆人是马车夫。此外庄园里还有园丁、仓库管理员、庭院清洁工和不少驯狗师。例如托尔斯泰—克里斯季（Толстой-Кристи）在梁赞省博罗克—萨波日科夫思科县（Борках-Сапожковск）的诺瓦耶庄园（Новое），那里的仆人名单记载庄园中有3个马车夫、3个饲养员、1个仓管者、1个带学徒的菜农、1个细木工、2个园丁、1个养家禽的女工、1个牙医、1个帮忙管理庄园的助手。① 庄园的牲口圈里特意建了一座小茅草屋，为仆人们储备1个月用的所需物品。一部分仆人开始得到伙食、衣服的补助，很多人只得到面包、面粉、米就很满足了。这些仆人也是由农民来养活的，农民要向庄园主供应肉、家禽、蛋、奶、浆果、蘑菇等产品。②

奥尔洛夫省（Орлов）库拉金公爵的小阿尔汉格尔斯克庄园（Малоархангельск）的仆人达到800人。庄园里每个男仆从12岁到65岁要充当各种角色——办事处的文书、会计员、档案保管员、代理人、管家、看门人、歌手、乐师等。但是那些在合唱团、乐队工作的仆人一般还要作其他的工作，像是看门、仓库管理员、教师、服务员、接客仆人、理发师等。库拉金公爵的大多数下人可分为贴身男仆、驭手、驯马师、饲马员、园丁、菜农、饲养员、细木工、钳工、铁匠、信差、医院里的实验品、猎手、家禽饲养女工、饲牛女工。此外，仆人中还有一些是做女工的能手，工厂里的"老姑娘"、毛纺技师、洗衣女工、牧人、捕鱼者、林务员。当然仆人当中也有寡妇和无法干活的"退休者"。庄园里还设有警卫队、消防队和警察局，他们都是由健康人组成，警卫队里有25个拿着铁棍的守卫者和一些巡逻者。③ 有时农村里农奴数量的减少，会稍微影响到庄园里的仆人数量。有的仆人从公爵那里得到了终生的重视，有的因为某些功劳而免受处罚，有的可以免于挨打。通常那些为主人及其家人服务的仆人都受过严格训练、养成了一种符合主人要求的行为方式。

沃洛格达省科洛波夫（П. В. Колобов）的庄园有1500个农奴，但他没有过着库拉金公爵的那种奢华的生活。暖和的时候住在避暑庄园的共有77个仆人，他

---

① Водарский Я. Е., Иванова Л. В. Дворянсткая и купеческая сельская усадьба в России XVI-XX вв: ист. очерки. Москва，Эдиториал УРСС. 2001. с. 345.

② История крестьянства России. с древнейших времен до 1917 г. Т. 3. Москва, 1993. с. 363.

③ Водарский Я. Е., Иванова Л. В. Дворянсткая и купеческая сельская усадьба в России XVI-XX вв: ист. очерки. Москва，Эдиториал УРСС. 2001. с. 345.

们被分在 10 个左右院子中，冬天他们住在庄园的厢房里。 8—10 个织花边女工和刺绣女工在女主人的管理下工作，连同织布女工总数达 20 人。 老爷的每个小孩都有自己的保姆。 在隆重宴会时会比平时多需要一些仆人，以便来伺候客人用餐。 在庄园里有两个主厨、一个裁缝、一个鞋匠、一个细木工。 当庄园主的收入减少时就会相应消减一下仆人的数量，首当其冲的就是那些没有生产贡献的，像歌手、演员、画家等。 在农忙时节几乎所有的仆人都被派到地里，这样一来仆人就成了发展经济的储备劳动力。①

一般情况下，农民完全依附于庄园主。 庄园主可以残酷的处罚任何一个仆人——殴打、充军、流放到偏远的村子，无限的权力让庄园主变得荒淫腐化。 1767 年以前，在鞭子和流放服苦役的恐吓下，没人敢状告庄园主。②

庄园主可以买卖没有家庭的仆人。 庄园就像是一个"国中国"，庄园主就是这里的主人。 在涅维洛夫（Я. М. Неверов）著名的回忆录中就具体描述了下诺夫哥罗德省（Нижегород）韦里亚库希地区（Верякуши）科什卡廖夫（П. А. Кошкарёв）的庄园： 有 15—20 个年轻漂亮的姑娘，这一特殊的人员掌管了半个庄园，没有人能够进入庄园，晚饭过后当班的姑娘说："老爷要睡觉了"，这就意味着大家要回自己房间。 主人和大家告别后回到自己的卧室，姑娘们已经把床搬进来并铺好。 在科什卡廖夫旁边的值班姑娘开始讲故事、讲历史、为老爷捶背。③

对庄园主的刚愎自用、独断专权，仆人们开始出现了反抗和不服从，特别是 19 世纪 30—40 年代，这种反抗通常出现在一些大庄园里。 有时反抗掺杂了个人复仇因素，例如诺夫哥罗德省格鲁津诺庄园（Грузино）阿拉克切耶夫（А. А. Аракчеев）的女管家被杀事件。 当然这也与庄园主的专横残暴有关，1809 年，尼科利斯基—沃洛戈茨基省（Никольский-Вологодский）庄园主梅扎科夫公爵（А. М. Межаков）被杀的原因就是对农奴的残忍压迫。 在他死前的三年里仆人列别杰夫（Г. Лебедев）到内务部的科楚别依伯爵（В. П. Кочубей）那里状告梅扎科夫（А. М. Межаков）的残忍、无人性，20 个农奴逃跑，2 个自杀。 尽管梅扎科夫接受了这些指责，但是他对仆人的态度仍旧没有改变。 最终农民们忍受不

---

① Водарский Я. Е., Иванова Л. В. Дворянсткая и купеческая сельская усадьба в России XVI-XX вв: ист. очерки. Москва, Эдиториал УРСС. 2001. с. 348.

② Там же. с. 350.

③ Там же.

了他的横行和侮辱决定杀死他。法庭制裁了杀人者：他们中 3 个人被判每人鞭打 200 下，流放到涅尔钦斯克（Нерчинск）①服永久性苦役；6 个人被判每人棍打 40 下；5 个人被永久发配到西伯利亚。法庭通常是站在庄园主这一面的，农奴们想要得到任何法律帮助是不现实的、不可能的。所以就不用对经常有农民逃跑、自杀及最后杀死庄园主的事情感到奇怪。

18 世纪最后 25 年间，乡村贵族庄园日常生活变化开始增多。贵族出身的历史学家卡拉姆津写道：1762 年法令之后，各省的改革"为贵族开辟了新的活动天地"，而这一活动"使他们脱离了任意的拘禁，与社会联系起来，彼此间有了更多了解"。② 18 世纪末，诺维科夫（Н. Н. Новиков）的阿夫多季诺（Авдотьино）庄园中，牲口棚是最杰出的建筑设施。它由被开凿下来的大块白色石头建成，里面有 29 个单马栏、17 所单间牲口马厩、冰窖、"奶罐"、地窖，用于保存农业用具、马具、大车、雪橇、宽大农业雪橇以及保存经济性物品的仓库、两间石制谷物干燥棚。1790 年初，诺维科夫的阿夫多季诺庄园共有 127 位仆人，包括儿童。其中 43 人是在莫斯科工作，18 人在庄园企业里劳动。女仆为地方纺织厂提供纱线作为代役租。仆人拥有许多绵羊以及 19 匹马和 12 头母牛。③

贵族庄园主改变自己的经营方式，开始有大量经营工场手工业状况的出现，这是由俄国历史发展特点所决定的。庄园工业在西欧封建制早期为满足封建主和他们家庭生活需要，曾以小生产形式存在过，后来城市手工业，特别是资本主义工业在工业产品方面不仅满足了市民和农民需要，而且满足了封建主需要，因此西欧庄园工业没有发展起来。但是在俄国则不同，俄国面对大诸侯，城市从来没有取得自主权独立性，也没有手工业行会，一直到 17 世纪中叶，俄国城市还不像西欧城市那样成为后来工商业资本的组织中心。正是由于城市手工业软弱，在自然经济内部产生手工业，除了一些同庄园经济无联系行业外，在很长时间里并未在社会分工基础上发展成为特有的手工业企业。于是，庄园工场手工业在 17—18 世纪发展起来。

贵族庄园企业活动首先出现在 17 世纪下半叶，包括开办制铁、亚麻工厂，

---

① 中文名为"尼布楚"。

② Водарский Я. Е., Иванова Л. В. Дворянсткая и купеческая сельская усадьба в России XVI-XX вв：ист. очерки. Москва, Эдиториал УРСС. 2001. с. 156.

③ Там же. с. 220.

加工皮革，制作钾碱，酿酒业，酿造啤酒。① 18 世纪上半叶这类经济活动大大增强，18 世纪中叶企业经济在庄园中形成了一定规模。② 17 世纪其他一些贵族代表，包括米洛斯拉夫家族（Милославы）、特鲁别茨科伊家族（Трубецкой）、奥多耶夫家族（Одоевы）直到沙皇阿列克谢·米哈依洛维奇（Алексей Михайлович）在内也都大量经营工场手工业。所有这些庄园工场手工业都是为市场而生产的典型封建世袭手工业，并且从这些工业中贵族获得巨大收入。像莫洛佐夫（Морозов）从销售灰碱中所得收入按最低额计算，每年可达 24000 卢布的利润，除灰碱外，莫洛佐夫还有冶铁场、制革场和特种柔皮商业、大规模麻布生产、酿酒场等多种经营。这一切说明了庄园工场手工业发展是非常广泛的。

同时，庄园戏剧文化及庄园主的戏剧化生活成为这个时期贵族时髦特征。庄园打造了贵族知识阶层成长的平台，一批杰出贵族知识阶层在庄园里脱颖而出。因此，18 世纪上半叶，尤其是 1762 年贵族自由令颁布之后，至 19 世纪中叶 1861 年农奴制改革前，是俄国贵族庄园最为繁荣的时期。

决斗与贵族意识觉醒

18 世纪末 19 世纪初，决斗是俄国文学的一个突出情节并成为作品的主题。在同时代的贵族阶层出身的著名作家格列鲍耶多夫（А. С. Грибоедов）、普希金（А. С. Пушкин）、莱蒙托夫（М. Ю. Лермонтов）、涅克拉索夫（Н. А. Некрасов）等人的作品都曾出现决斗的场景或主题，并且他们中间的大部分人都曾参与决斗，普希金和莱蒙托夫还为此失去生命。从表面上看，他们参与决斗目的是维护个人或家庭的名誉，从深层次看，他们的极端行为是贵族阶层追求个性解放和自我价值的实现，是俄国贵族反抗情绪的一种表现。

---

① Щепетов К. Н. Помещичье предпринимательство в XVII в. // *Русское государство в XVII в*. Москва，1961.

② Водарский Я. Е.，Иванова Л. В. *Дворянсткая и купеческая сельская усадьба в России XVI-XX вв：ист. очерки*. Москва，Эдиториал УРСС. 2001. с. 222.

第三章　帝国之基：俄国社会等级制度与贵族特权

俄语"决斗"(дуэль)音同于英语(duel)、法语(duel)、德语(duell)、意大利语(duello)，表明均来自拉丁语(duellum)。在俄国文学作品和历史文献中也常将"决斗"写为"最后的较量"(решительная борьба)。英语中的决斗(duel)来源于拉丁语 duellum，由"duo"(两个)和"bellum"(战争)合成，意谓"一对一的战争"。它还有其他几种表达：meeting(会战)、rencounter(交战)、encounter(遭遇战)、satisfaction(报偿)、affairs of honor(荣誉事务)等。决斗是作为"时尚的"欧洲上流社会文化和习俗伴随着18世纪初彼得一世的大规模的欧化改革，作为欧洲的社会风尚进入俄国的。① 然而，决斗在俄国贵族和上流社会中迅速流传的程度却是彼得一世始料未及的。为此，彼得一世于1701年下诏严禁决斗，1715年他颁发的军法条例重申前旨，规定决斗者开枪便可判死罪，而不问其是否造成伤亡。若出了人命，更要处以绞刑，连被杀者也要悬尸首示众，以儆效尤。② 然而，尽管彼得一世出此峻法，但并没有制止决斗的发生。

叶卡捷琳娜二世于1787年颁布《关于决斗的公告》。公告中认为决斗是异域文化入侵之物，决斗的所有参与者(包括证人)将被处罚款，决斗双方中的胜者(造成对方死亡或重伤者)将被终生流放到西伯利亚。然而，在1794年叶卡捷琳娜二世颁布《军官间争端审理准则》，规定如果一个贵族军官的名誉被人玷辱，军官委员会认为只有决斗才是他唯一的报复手段，他就必须提出挑战，以保持自身的尊严。要是他不肯决斗，又不在两周内呈请辞职，他所在的团队的长官可径直禀报上级将他罢免。这一法令在客观上宣布了决斗行为的合法化。

叶卡捷琳娜二世去世后继位的保罗一世(Павел Ⅰ)的统治使决斗在俄国的历史重新改写。保罗一世出于对母亲叶卡捷琳娜二世执政政策的逆反心理，对决斗采取了暧昧不明的态度。一方面，他极端重视荣誉并试图参加决斗，另一方面，他严厉惩罚决斗者甚至包括要求得到上级尊重的军官。而且，保罗一世在其执政的6年里暴虐蛮横，喜怒无常，对贵族阶层的压制引起极大反弹。1790年，库图佐夫元帅曾给好友洛普欣写信，表示："痛心呀！祖国，一切都隶属于君主的意志，而不是法律。个人的安全感在减弱，对法律的信任感也在降低，法律本身在失去原有的作用。"所以，当保罗一世压制贵族军官们决斗的时

---

① 卡芬加乌兹、巴甫连科：《彼得一世的改革》，郭奇格译，商务印书馆，1997年，上册，第235—236页。
② 米罗诺夫：《俄国社会史》，张广翔等译，山东大学出版社，2006年，下卷，第16页。

候，他也点燃了军官们保卫自己荣誉和尊严的欲望。

亚历山大一世统治早期的自由氛围，被军官们视为一个信号——先前被禁止的行为现在被允许了。这促使许多决斗者，开始为保卫自己的荣誉与尊严而决斗。当时许多社会上举行的决斗起因都是很微小的事情，而在贵族精英中也盛行这种无意义的决斗，尤其是未来的十二月党人。当代美国学者伊莲娜·列芙曼（Irina Reyfman）认为："这些贵族之所以冒不必要的风险为无意义的小事决斗，激情来源于决斗不仅仅是表现他们勇敢的方式，还证明了他们是自由的人，选择活着还是死去，是他们自己的意愿，不是政府能控制的。"① 到 18 世纪末 19 世纪初，决斗在俄国已经成为合法的行为，并且蔓延至整个俄国社会，在平民阶层之中也颇为流行。

俄国贵族阶层之所以热衷于决斗，除了政府态度和社会风气推波助澜之外，更为重要的原因是与俄国贵族阶层的荣誉观念相关。莱蒙托夫（М. Лермонтов）在悼念因决斗而死的普希金的著名长诗《诗人之死》（Смерть поэта）中，曾将普希金称为"荣誉的奴仆"（невольник чести），直言杀害普希金的罪魁祸首是俄国上流社会。② 俄语"荣誉"（честь 或 почет）包括了勇敢（мужество）、美德（добродетель）、尊敬（уважение）、诚实（честность）、身份（личность）和地位（положение）等含义。在俄国，荣誉观念的形成伴随着贵族自我意识的觉醒。荣誉是一个贵族与生俱来的特性，这种观念在很大程度上是从西欧传来的。③ 以后，贵族逐渐脱离了落后的人民，在"低贱的"人与"高贵的"人之间形成了一条深深的、不可逾越的文化鸿沟。贵族自身的荣誉感不断增强，参加宫廷政变培养了贵族的等级精神，使他们意识到了自己的力量。1785 年，叶卡捷琳娜二世颁布《御赐高尚贵族权利、特权和优惠诏书》，宣布贵族的"荣誉、生命和财产"不受侵犯。由此，俄国贵族们从法律上获得了完全的自由，他们的个人尊严得以真正建立，成为真正的特权阶级，个人权利意识觉醒了。而决斗的出现与个体权利意识的觉醒是同时发生的。

到 18 世纪末，在俄国，决斗已经从历史上为荣誉而决斗的单一原因的社会

---

① Ирина Рейфман. *Ритуализованная агрессия：Дуэль в русской культуре и литературе*. Москва，2002. с. 76.

② 莱蒙托夫于 1841 年 5 月与老朋友马丁诺夫（Николай Мартынов）发生言论冲突，他接受了后者决斗的挑战，于 1841 年 7 月 27 日决斗中饮弹身亡，年仅 27 岁。

③ Ирина Рейфман. *Ритуализованная агрессия：Дуэль в русской культуре и литературе*. Москва，2002. с. 68.

现象发展为为个人权利和个人荣誉的双重原因的社会现象。呼唤个性解放首先触动了贵族阶层的根本利益,迫使他们从传统的、共有的价值观危机中走出来,社会地位的丧失、专制主义理想学说的弱化在贵族意识中引起了震动。他们希望获得新的价值学说,他们希望远离和相对独立于沙皇政府、官僚机构、世俗社会之外,逐渐摆脱沙皇专制主义的压迫获得个性解放。而决斗被俄国接受的过程,从很大程度上看是俄国精英贵族追求平等的斗争历史。决斗作为贵族同沙皇在权力斗争中的武器,对促进贵族的独立性起了很大帮助。俄国贵族通过参加决斗,声明了他是独立于政府的,他有权不通过沙皇的参与而自行解决某些特定的冲突。决斗使俄国贵族精英注意到了个人权利的问题,并促使他们思考捍卫这些权利。

农民与农民地位

18世纪的俄国农民(крестьянин)泛指从事农业劳动并交纳人头税的人们,除少数人拥有土地和人身自由之外,绝大部分人为无地和依附于地主(贵族)、国家、宫廷和教会的农奴农民(крепостные крестьяне)。18世纪60年代至18世纪末,农民占全国居民总数的95%左右,农奴农民占全国居民总数的50%以上。历史学家认为叶卡捷琳娜二世执政时期俄国农民的地位是俄国历史上最低下时期,其状况堪比奴隶。① 19世纪俄国著名历史学家克留切夫斯基认为:"地主将自己的庄园变成了奴隶制的种植园,很难将其与废奴前的美国种植园区别开来。"②美国历史学家布留姆同样认为:直至18世纪末,俄国农奴农民与美国种植园的黑奴没有区别。③ 俄国贵族,包括叶卡捷琳娜二世在往来书信中往往直接称农民为"奴隶"(раб)。④

---

① Покровский М. Н. *Русская история с древнейших времен*. При участии Н. Никольского и В. Сторожева. Москва, 1911, т. 4, с. 120.
② Ключевский В. О. *Курс русской истории*. Лекция LXXX.
③ Blum J. *Lord and Peasant in Russia. From the Ninth to the Nineteenth Century*. New York, 1964, p. 422.
④ Пушкарев С. *Обзор русской истории*. Москва, 1991. с. 67.

帝国风暴：大变革前夜的俄罗斯

据 1762—1766 年俄国人口普查资料，有 380 万人（占全国农民总数的 53.2%）依附于地主和贵族庄园，他们即是地主农民（помещичьи крестьяне）或称为农奴农民（крепостные крестьяне），这种经济形态形成于 16 世纪中期，是俄国最古老的一种农奴制经济形式，他们依劳作方式不同被分成"徭役农民"（барщинные крестьяне）、"契约农民"（оброчные крестьяне）和"宫廷农民"（дворовые крестьяне）。地主通常采取两种方式经营土地。一种是在南方黑土地带，地主将庄园土地分成两块，小块交给农民经营，农民以徭役或代役租形式偿付年租金；大块土地由地主自己经营。另一种是在土地贫瘠和地广人稀的北方与西伯利亚地区，地主往往把大部分或全部土地都交给农民经营，自己每年坐收租金。

国有农民（государственные крестьяне）专指居住在国家公共土地之上，向国库交纳赋税的农民。彼得一世下令将中央地区农民、西伯利亚、伏尔加河和乌拉尔地区非俄罗斯族农民划分为国家农民，随后有 18 世纪以后被征服地区（波罗的海国家、右岸乌克兰、白俄罗斯、克里米亚、巴什基尔、高加索和北高加索地区）的农民以及被没收的波兰贵族庄园上的农民被纳入国家农民之列，此外还有大量的贵族庄园上逃亡的农民，他们在国家和皇权的庇护下得以免受贵族和地主之压迫，国家农民还包括来自德国、希腊、保加利亚的外国移民。① 到 18 世纪 60 年代有 180 万农民住在国有土地之上，他们与被政府强制接收的 100 万原教会农民一起被称为国有农民，其人数比例占据全国农民总数的 39.2%。他们的身份仍然是农奴，只是依附的对象是国家政权。② 沙皇政府法律规定，土地贫瘠省份的农民可以合法向国家领有 8 俄亩土地，土地肥沃省份的农民可以合法向国家领有 15 俄亩土地。国家农民使用的土地所有权为国家所有，但在实际情况下，农民可以进行土地交易。③ 国家农民需向国库交纳赋税，但生活条件和税赋压力小于地主农民。国有农民向国库交纳人头税（налог）和代役金（оброг），1760 年人头税额为每个农民 70 戈比，到 1794 年上涨为 1 卢布。1761 年代役金为每俄亩 1 卢布，1768 年为 2 卢布，1783 年上涨到 3 卢布。

---

① Любавский М. К. Обзор истории русской колонизации. Москва, 1996. c. 123—125.

② 有一些学者认为国家农民的法律身份是自由农民，区别于地主农民。因为根据法律规定，国家农民被视为"自由的农村居民"。他们拥有一定的法律权利，他们以个人名义上法庭申诉或受诉，他们可以拥有自己的财产，国家允许农民以批发和零售从事贸易，允许国家农民开设工厂。参见：Баггер Ханс. Реформы Петра Великого. Москва, 1985.

③ Баггер Ханс. Реформы Петра Великого. Москва, 1985. c. 24. 78. 132.

在国有农民中有一类特殊的农民，他们是"专属农民"（приписные крестьяне 或 посессионные крестьяне）。他们与其他国有农民的区别在于，他们专属国家或私人开设的工场（厂），不向国库交纳人头税，他们完全脱离了与土地和农业的关系。18世纪下半期，沙皇政府重视工业，在乌拉尔和西伯利亚开设大量工场（厂），将大量国有农民转为工场（厂）工人，作为劳动力价格低廉的劳动力。从名称和形式看，他们是农民并属于国家，但实际上却属于工场（厂）主，遭受本国和外国资本家的剥削，因此在专属农民中经常发生起义和骚乱。18世纪末，政府不再将国有农民分配给工场（厂），1807年通过法令解除乌拉尔地区的"专属农民"的强制性的工厂劳动。①

宫廷农民（дворцовые крестьяне 或 государные крестьяне）依附沙皇（大公）本人或皇室家族。12—15世纪是皇室领地最为兴盛时期，宫廷农民主要的职责是为沙皇及皇室提供食品（面包、肉类、蛋类、鱼类、蜂蜜）、柴火、交通工具、日常手工业品和奢侈品。16—17世纪随着中央集权制国家建立、西伯利亚和高加索新地区的占领和独裁皇权的大大加强，宫廷农民数量迅速增加。在罗曼诺夫皇朝首任沙皇米哈伊尔（М. Ф. Романов 1613—1645）执政期间，宫廷农民数量达到100万。沙皇（大公）经常将农民用于奖励贵族，在彼得一世执政初期（1682—1699年）有24.5万宫廷农民赏赐给贵族。1753年，大部分的宫廷农民从沉重的徭役中解脱出来，通过交纳现金租金或实物租金获得更多的人身自由。到18世纪70年代，有49万宫廷农民，占全国农民总数的6.9%。

另有近100万农民依附于东正教会，他们是教会农民（церковные крестьяне 或 монастырские крестьяне）。18世纪20年代后，沙皇政府强令教会土地和财产世俗化，根据1764年法令实行教会土地强制世俗化，到18世纪70年代，有将近100万农民转为国家农民。教会农民随教会土地被纳入经济委员会的管辖之下，他们的地位有所改善。他们的徭役被以代役金取代，因此获得了越来越多的独立性和发展个人经济的积极性。自然，教会农民暴动随着教会农民被国家收容而结束。

俄国因幅员广大，各地气候和自然条件不同，也导致农作物种植种类和收获多寡不同，因此在不同地区采取了不同的对农民（农奴）的管理方式。在北方与

---

① Булыгин Ю. С. *Приписная деревня Алтая в XVIII веке.* Алтайский государственный университет, 1997.

中部等非黑地地区是大多数农民生存地,由于土地地力有限,国家或贵族乐于让农民交纳租金——实物支付或货币支付,或者两者兼收,这种制度对于冬长夏短天气寒冷的北方农民最为适合,因为这样农民就可以暂时离开贫瘠或产量有限的土地,进城打工或经商。 1783年,特维尔省的农民从农业经营方面获得的现金收入不到半数,其余都是来自家庭手工业或在国家与私人工厂打工所得。[①] 在乌克兰和南方黑土地地区多是贵族领地,贵族对于农民则普遍实行强迫劳役制。农民每星期必须无偿在地主的土地上劳动三天,余下四天才可以在自己租种的土地上劳作。 地主往往要求农民无偿工作四至五天。 在地主土地上工作时间相当长,通常每日在10小时以上,而农忙和收获季节则要求农民全天为地主工作。农民自己租种土地以租金为偿付方式,但地主经常提高租金。 18世纪60年代,每一个男性农民每年交纳租金1至2卢布,1770年则提高到2至3卢布,1780年则上涨到4卢布。 因此,黑土地带农民的负担往往要高于国有农民,并且要接受地主的各种方式的剥削和压迫,并且还必须向政府交纳人头税、服兵役等其他国家徭役。 这种情况到1797年才立法限制。 据统计,18世纪后半期,44%俄国农民以年租方式生活,另有56%的农民被迫接受劳役制。[②]

农奴贸易在叶卡捷琳娜二世时期极为盛行:市场可见被出买的农奴;报纸上可见出售农奴的广告;农奴可以作为贵族赌博的抵押品;农奴可以被农奴主随意交换和赠予;女农奴被强迫出嫁。 农奴无权以个人名义借贷,没有地主或地方官员签发的通行证不能离开村子30俄里(верст),否则视为逃亡而受到法律惩罚。 从17世纪40年代末农奴制关系确定始,贵族已拥有在自己的领地上的治外法权和自身的法律豁免权。 他们在自己的领地上享有行政管理权,可以审理除杀人案以外的任何案件,有权流放农奴。 贵族本人犯法后不由地方官员审理,而由王公亲自裁决。 大的贵族庄园多设有庄园法庭和酷刑室。 根据法令贵族无权处罚农民死刑,但是贵族折磨甚至处死自己农奴的案件比比皆是,农奴主几乎没有受到惩罚。 1767年8月22日叶卡捷琳娜二世在"立法委员会"上宣布:"今后凡是未经许可,胆敢上诉控告自己的主人,或然胆敢将诉状递交朕手中的,无论是上诉者还是代写诉书者,一律处以鞭刑,然后流放到涅尔琴斯克(尼

[①] Миронов Б. Н. Хлебные цены в России за два столетия (XVIII—XIX вв.). Л.:Наука,1985. с. 173,186.

[②] David Mackenzie, Michael W. Curran, A History of Russia, the Soviet Union, and Beyond. Fourth Edition. Wadsworth Publishing Company,1993. p. 416.

布楚），永远不得特赦。所告之地主，则无罪释放。"①

叶卡捷琳娜二世颁布的数项法令使农民地位更为下降。

1763年俄国将派出军队镇压农民暴动写入法令之中。

1765年法令规定地主有权将公开的不服从管制的农民流放或服苦役，流放时间由地主决定，地主有权在任何时间里将农民从流放地招回。

1767年法令禁止农民报复自己的主人，违背者将被流放到尼布楚。但是也规定农民可以向法院申诉。

1783年农奴制被推广到小俄罗斯，即乌克兰左岸地区和俄国黑土地区。1796年农奴制被推广到新俄罗斯，即顿河和北高加索地区。在波兰被瓜分后，农奴制立即推行到乌克兰右岸、白俄罗斯和立陶宛。

1785年以后，贵族司法特权得以扩大。贵族和地主把犯罪农奴流放到西伯利亚，或者派遣农奴从军打仗的事件屡见不鲜。贵族在自己庄园设有法庭和监狱，有权对农奴进行司法审判并施以酷刑，即使打死农奴也不受国家刑罚。贵族有权决定农奴的婚姻，有的贵族要求享有新娘的初夜权，如本庄园女农奴嫁到庄园之外则能通常获得巨额的买卖费用。从1792年起，农奴作为贵族的私有财产出现在庄园的财产清单上，每遇人口普查和地产普查，农奴均被登记在贵族个人财产名下。贵族经常将男女农奴全家或拆标价出售，还可以将农奴作为赌资偿还债务。

莫斯科的女地主萨尔蒂科娃（Дарья Николаевна Салтыкова）②在自己的庄园残酷欺压和处死农奴的事件是叶卡捷琳娜二世执政时期最大的丑闻。萨尔蒂科娃身为女公爵，26岁成为寡妇，她在莫斯科、沃洛格达和科斯特罗马都拥有名下的庄园和农奴600余人。其丈夫在世时她并没有表现出嗜血成性的性格，反而使人感觉她是一个虔诚的东正教徒。然而，在其丈夫去世半年后，她就性格大变，性格暴躁、举止无常，对待仆人和农奴极为刻薄。她在自己的庄园上私设公堂，想尽办法折磨农奴，10年内经她亲手折磨死的农奴达到138人。根据官方记录在她的庄园上有50名农民"死于疾病"，72名农民"下落不明"，16名女农民"藏匿起来"或"投奔丈夫"。根据农奴当庭作证，萨尔萨科夫亲手造成75人丧生，其中大部分是妇女和女童。后人研究了萨尔蒂科娃案件后认为她患

---

① Michael Florinsky, *A History and An Interpretation*. New York: The MacMillan Company. 1965. Vol. I. pp. 74—75.

② 萨尔蒂科娃(1730年3月—1801年11月)被民间贬称为"萨尔蒂契哈"(Салтычеха)。

有"癫痫性精神病",她毒打农奴理由多是地板没有清扫干净或衣服没有洗干净,因此受害者多为女性。 她经常用滚烫的开水浇在受害人头上,或者是用加热后的烫发器毒打农奴,或者让农民裸体站在寒冷的室外。 萨尔蒂科娃喜欢毒打即将出嫁的新娘,新娘被萨尔蒂科娃扯着头发拖在地上走直至死去。 档案资料证明,1759 年 11 月,萨尔蒂科娃一夜间打死青年仆人安德列耶夫(Хрисанф Андреев),1761 年 9 月,她亲手打死男孩卢基扬(Лукьян)。 但是当舆论大哗东窗事发后,当地政府却不闻不问,而且萨尔蒂科娃有不少有影响的亲戚帮助她。 两位共同被萨尔蒂科娃折磨死妻子的农民马尔丁诺夫(Савелий Мартынов)和伊里因(Ермолай Ильин)将诉状辗转递交给叶卡捷琳娜二世,女皇非常生气,痛斥萨尔蒂科娃"不是女人",政府才将她收押。 莫斯科司法部(Московская юстиц-коллегия)用 6 年时间收集这个案件的资料,法官沃尔科夫(Степан Волков)和他的助手齐恰诺夫公爵(князь Дмитрий Цицианов)专门负责这个案件。 1765 年莫斯科司法部正式审理案件并提交枢密院第六局再行审议。 沃尔科夫提交报告中宣布萨尔蒂科娃对 38 名农奴之死负有"绝对有罪"(несомненно повинна)的责任,对 26 名农奴之死负有"存在疑点"(оставлена в подозрении)的责任。 庭审持续三年,结论是萨尔蒂科娃对于 38 人犯有"不可推卸"(виновной без снисхождения)的谋杀罪,但仍然未能做出最后判决。 1768 年 9 月,叶卡捷琳娜二世几次写信给法庭要求将萨尔蒂科娃治罪并流放。 叶卡捷琳娜二世在 1768 年 10 月 2 日交给枢密院指令详细指示如何对萨尔蒂科娃案做出最后判决并建议改流放为关押修道院监狱。 枢密院做出判决:1. 剥夺萨尔蒂科娃贵族称号。 2. 剥夺她使用父系和丈夫姓的权利,禁止她再度申明贵族出身和贵族姓氏。 3. 流放途中须带脚镣,头上标牌"女魔王和丧失灵魂者"(мучительница и душегубица)。 4. 关押在没有光亮和无人交谈的牢房里。 只有吃饭时才有灯光,只能与女修道院院长谈话。 1768 年 10 月 17 日,罪犯"尼古拉耶夫的女儿达里亚"(Дарья Николаевой дочери)①在莫斯科红场游街示众,然后押解到莫斯科伊万诺夫斯基女修道院,为她设立特别的监室,命名为"忏悔"(покаянной),房间高度仅为 2.1 米,使得阳光无法照射进来,她只能终日点蜡烛取光。 她不得寄收信件,只有在重大宗教节日里,她才被带到监狱的一个小窗口听一听外边的宗教仪式。 关押萨尔蒂科娃的监室成为教堂旅游者必拜访的

---

① 因为萨尔蒂科娃已经被剥夺夫姓、父姓和父称,只能称为"尼古拉耶夫的女儿"。

地方，后来允许观看者通过小窗口与她交谈。历史学家写道："每当好奇者接近萨尔蒂科娃的小铁窗时，就会听到她在咒骂、吐痰和用小棍子捅窗户。"①萨尔蒂科娃在监狱中度过 33 年，于 1801 年 11 月 27 日死亡，被埋在顿斯科伊修道院，这是她家族的传统墓地。

叶卡捷琳娜二世在执政的 34 年里赏赐给地主和贵族的农奴超过 80 万，创造了俄国历史上的一个特殊的纪录。② 这些农奴大部分不是国家农民，而是三次瓜分波兰后，随着土地被征服的农民，也包括少量的宫廷农民。1762—1796 年，工厂农民（посессионные крестьяне）人数从 21 万增加到 31.2 万，在名义上他们是自由（国家）农民，但是其地位与农奴没有差别，因此乌拉尔的工厂农民积极地参加了普加乔夫起义。③

苏联历史学家帕夫连科强调，在叶卡捷琳娜二世时期，农奴制"在深度和广度都获得了巨大的发展"，这是"女皇的开明专制与实际上对农民残酷压迫之间奇异的种种矛盾的体现"。④

城市发展与市民阶层

在俄国早期的城市发展史上，城市一般来源于军事堡垒或居民定居点，俄语中"城市"（город）一词本身就来源于"篱笆"（ограды 或 забора）。从 18 世纪初开始，城市被称为居民点，正式得到国家的承认。15 世纪下半期开始，政府调查城市和农村居民点的法律、经济和职业的情况。纳税的居民点获得专门的城镇居民点的名称，在 1649 年进行了城镇改革。1721—1724 年地方行政官改革（магистратская реформа）推进了城镇和农村居民点的城市化进程，首次确定了

---

① Кичеев П. Г. Салтычиха. // *Русский архив*，1865. Изд. 2-е. Москва，1866. с. 641—652. ；Рябинин Д. Д. Княгиня Александра Владимировна Козловская. 1799 г. // *Русская старина*，1874. Т. 9. № 2. с. 383—390.；Студенкин Г. И. Салтычиха//*Русская старина*. 1874. Т. 10.

② Blum J. *Lord and Peasant in Russia. From the Ninth to the Nineteenth Century*. New York，1964，p. 357.

③ Струмилин С. Г. *Очерки экономической истории России*. Москва，1960，с. 371；Покровский М. Н. *Русская история с древнейших времен*. При участии Н. Никольского и В. Сторожева. Москва，1911，т. 4，с. 129—131.

④ Павленко Н. И. *Екатерина Великая*. Москва，2006，с. 225，298.

居民从事贸易和工业活动的权利,首次以立法形式确定了城市阶层属性的特征,如职业特质、居住在城市中、属于城市社区和自身拥有法律权利等。1775 年政府确定了市长(городничий)作为城市和县镇以及农村居民点的唯一代表者的职权,自此,城市成为沙皇政府一个独立的行政单位与具体的政府机构。1785 年叶卡捷琳娜二世颁布的《俄罗斯帝国城市权利与利益诏书》(Грамота на права и выгоды городам российской империи)最终完成了俄国城市地位的法律确定程序,不仅确定了城市的行政管理机构,而且确定了城市所有居民享有自治权利,有权享受城市生活的好处,包括医疗、教育、慈善、公园及其他设施。到 18 世纪末,沙皇政府承认的"正规城市"(официальные города)的数量得到巨大增长。1678 年为 200 座,1708 年为 339 座,1727 年为 342 座,到 18 世纪 60 年代为 337 座。在叶卡捷琳娜二世政府实施地方行政改革后,在 1775—1796 年有 271 个村镇变成城市,到 1796 年城市总数达到 673 座。保罗一世执政时曾撤销 171 座城市,但到亚历山大一世执政后就全部恢复了。

城市最初兼有军事、行政、居民、商业和宗教等综合功能,但是随着国家版图扩大、城市数量和城市居民人数的增加,城市的功能日趋专业化或单一化,18 世纪下半期,不仅俄国城市数量有较大增加和城市人口大幅度的增加,城市的职能也有越来越多元化和单一化的特点。据统计:18 世纪 60 年代俄国有城市 216 座,其中行政—军事城市为 10 座,农业城市 129 座,混合型城市 67 座,商业城市 5 座,工业城市 8 座。到 18 世纪 90 年代城市总数已上升到 489 座,其中行政—军事城市 19 座,农业城市 266 座,混合型城市 179 座,商业城市 19 座,工业 6 座。①

在 18 世纪 60 年代俄罗斯科学院进行了数次针对城市居民职业和生活状况的调查,调查由科学院专家制定 30 个问题,交由什里亚赫特斯基武备中学学生深入城市各部门进行调查和咨询。1764 年商会对城市市政机关和城市自治局进行了调查,在回答"居民从事何种手工业?""居民从事何种手工业状况最好?"问题时有 147 份问卷回答有效。"格列米亚切夫城万民不从事任何手工业,家中只有耕地""德米罗夫城市多数市民种菜,而裁缝匠、鞋匠和做手套的人很少","莫扎斯克城居民主要务农,家境好的有余粮"。据此可以证明上述城市是农业

---

① Миронов Б. Н. *Русский город в 1740—1860-е годы*:*демографическое*,*социальное и экономическое развитие*. Л.:Наука,1990.c. 202.

城市。 在调查中也有回答是:"弗拉基米尔城商人从事各种手工业,多数人经营皮革工场,加工用于出口的油性革,居民也经营雅罗斯拉夫城需要的手工业品",据此证明弗拉基米尔是工业城市。 而"雅罗斯拉夫城有少数手工业者,还有不少的商人,还有从事园艺和种菜的人",证明这类城市是混合型城市。 而"雷勃诺城居民主要依靠向伏尔加河上游的城市,向彼得堡出售商品,城市中没有农业也没有工厂",显然这类城市是典型的商业城市。①

在进行城市分类时,将城市设立时间、按等级和按职业人口分类和数量、商业和手工业企业数量、展销会集市日及贸易额、城市土地及其类别、商人数量及申报资本额、城市位置及其地位、外出打工人数、畜牧业和各种副业的资料作为重要的标准。 18世纪60年代农业城市是城市居民点的主导形式,农业城市居民95%从事农业活动,其中种庄稼、种菜和从事园艺业的分别占88%、11%和1%。 此外,几乎所有的农业城市都兼任行政中心的职能,大多是县的中心。 77%的农业城市也具有商业职能,成为集市和固定的贸易中心。 29%的农业城市除行政和商业职能外,还有工业职能和文化职能。 以上数据说明18世纪60年代俄国城市尚处在由农业人口的居民点向专业分工细致的近代城市的过渡之中。② 18世纪60年代,有37%的城市主要是商业、工业和混合型城市。 在混合型城市的经济中农业职能最为明显,只是在商业和工业城市中农业居于次要地位。 5%的城市主要履行行政—军事职能。 到18世纪末,虽然农业城市占据主要比例的城市结构未发生根本性变化,但是混合型城市和商业城市增长了3%和1.5%,农业城市数量减少了4%。 到18世纪末,俄国境内的489个城市中农业城市占73%,行政—军事城市占5%,工商业城市占16%,6%城市为混合型城市。③

如果按照当时的惯例分类:2万居民以下的城市为小城市,2万至10万居民的城市为中等城市,居民人数超过10万以上的城市为大城市,17至18世纪的俄国只有一个大城市——莫斯科,其余城市都是小城市。 到1722年,有3个城市上升为中等城市,到1782年有5个城市成为中等城市,彼得堡成为莫斯科后的

---

① Миронов Б. Н. *Русский город в 1740—1860-е годы: демографическое, социальное и экономическое развитие*. Л.: Наука, 1990. с. 202.

② Миронов Б. Н. *Внутренний рынок России во второй половине XVIII-первой половине XIX в.* Л.: Наука, 1981. с. 56—57.

③ Миронов Б. Н. *Русский город в 1740—1860-е годы: демографическое, социальное и экономическое развитие*. Л.: Наука, 1990. с. 203.

第二大城市。到 1856 年才有 39 个城市成为中等城市，此时敖德萨成为莫斯科、彼得堡之后的俄国第三大城市。① 另一个统计数字是，1646 年俄国城市平均居民人数为 2700 人，1722 年为 4600 人，1782 年 4700 人。

俄国城市居民数量也随之增加，到 1782 年俄国不包括高加索、波兰、芬兰和中亚的城市居民约为 285 万人。

17 世纪末至 18 世纪末俄国城市居民分布(不包括高加索、波兰、芬兰和中亚）②

居民(人)	1678 年	1722 年	1782 年
少于 1000 人	71 个	60 个	70 个
1000—1900 人	52 个	29 个	112 个
2000—4900 人	63 个	54 个	209 个
5000—9900 人	9 个	36 个	111 个
10000—19900 人	4 个	8 个	33 个
20000—49900 人	—	3 个	4 个
50000—99000 人	—	1 个	1 个
100000—499900 人	1 个	—	2 个
500000—999900 人	—	—	—
总计	200 个	191 个	542 个

城市居民从事职业的比例变化也是从古代城市向近代城市转变的一个重要指标，从俄国旅行家马克西莫维奇（М. Л. Максимович）和谢卡托夫（А. М. Щекатов）1801 至 1802 年编写《俄罗斯国家地理辞典》(Географический словарь российского государства）的统计数据中可以看到城市居民职业的变化。他们分别统计了 1765 年的 131 个城市和 1797 年 110 个城市的居民从事职业占全城居民的百分比情况。③

---

① ВишневскийА. Г. (ред.) Население России 2008: Шестнадцатый ежегодный демографический доклад. Москва, 2010. с. 29—30; Народное хозяйство СССР за 70 лет. с. 376..

② Миронов Б. Н. Социальная история России периода империи (XVIII-начало XX в.): Генезис личности, демократической семьи, гражданского общества и правового государства. СПб., 2000. Т. 1. с. 287; Народное хозяйство СССР за 70 лет. с. 376.

③ Миронов Б. Н. Русский город в 1740—1860-е годы: демографическое, социальное и экономическое развитие. Л.: Наука, 1990. с. 207.

从事职业	1765 年	1797 年
工业和手工业	12%	14%
商业和运输业	18%	19%
农业及农副业	47%	45%
行政管理	2%	2.5%
神职	3%	2.5%
军队	15%	13%
文化和其他职业	3%	4%
总计	100	100

商人阶层是俄国社会中一个特殊阶层，也是俄国新兴的城市中最为活跃的阶层。他们中的一些人以其经济地位在俄国社会中处于较高社会地位，以至于一些人得以进入统治阶级的行列。在伊凡四世统治时期，他们是伊凡四世所依靠的重要的经济力量，成为缙绅会议不可缺少的成分。

到18世纪中期，莫斯科、下诺夫哥罗德、彼得堡、基辅、阿尔汉格尔斯克、斯摩棱斯克等已经成为俄国最重要的工商业城市。在城市中出现了商人阶层组织的裁判所、审判庭和反省庭。这样，商人在18世纪中叶已形成为一个独立的阶层，在经济上、法律上和组织上同农民以及贵族都有所区别。据统计，1766年，全俄的行会商人人数已经达183500人，经商的农民也有5500人[①]。

叶卡捷琳娜二世懂得独裁统治除了主要依靠传统的统治阶层——贵族之外，还必须顾及18世纪中期以来俄国社会结构发生的巨大变化，必须借助于新兴的工商资产阶级。因此她在1785年4月21日颁布《御赐高尚贵族权利、特权和优惠诏书》的同一天还颁布了《俄罗斯帝国城市权利和利益诏书》。

这项法令宣布赐予城市自治权，城市自治机关为城市联合会、城市杜马和市政局。城市杜马选出6位公职人员，主持城市的管理。城市联合会和城市杜马的选举活动受总督的监督。城市联合会每三年召开一次，拥有5000卢布资本的市民有资格成为城市联合会的成员。城市杜马由市长和市议员组成。

城市居民基于财富分为六个等级，包括所有的城市有产者，不论其原来的等级和出身：

第一等居民是"真正的城镇居民"（настоящие городские обыватели），拥有

---

① 雅哥夫柴夫斯基：《封建农奴制时期俄国的商人资本》，敖文初译，科学出版社，1956年，第50页。

这一身份的"实质在于它在这个城市里有住房或建筑物或土地或地产"。

第二等居民是加入三家行会的"行会商人"（купцы гильдии），其在三家行会的资本最低不可低于100卢布。

第三等居民是"杰出公民"（именитые граждане）：包括资本超过5万卢布的商人，资金不低于10万卢布的大银行家（богатые банкиры），以及城市知识阶层：建筑师、画家、作曲家和科学家。

第四类万民是外国商人（иностранные купцы）和非本城商人（иногородние купцы）。

第五类居民是在车间注册的"工匠"（ремесленник）。

第六类居民是"城镇人"，其职业包括裁缝、养殖者和奶妈，他们虽然住在城里，但是没有不动产。①

这项法令规定拥有财产500卢布以上的"顶级商人"（верхушки купечества）免受体罚、可交纳金钱免服兵役和免交人丁税，只征收1%的资本税。法令规定第一等居民的"真正城镇居民"、第二等万民"行会商人"和第三等居民"杰出公民"免于体罚。杰出公民的第三代人的代表可以提出贵族称号申请。

但是也有历史学家指出并不是所有的贵族都极大地增加了收入和提高了社会地位，一些贵族的经济状况有所下降。美国历史学家布留姆指出一些贵族在叶卡捷琳娜二世时代占有的农民少于从前。1777年有三分之二的地主占有的男性农民少于30名，三分之一的地主占有的农民少于10名。许多在政府部门工作的贵族，缺少合适的衣服和鞋子。②克留切夫斯基也写道，一些在海军军官学校读书的贵族子弟因家庭贫困不得不领取每月1卢布的奖学金。③

---

① 第五和第六等级的城市居民称为"平民"（мещан），这个词来自于波兰语，通过乌克兰和白俄罗斯传入俄国，最初的意思是"城市居住者"（жителя города）或者"城里人"（горожанина），其词根是用于城市的"地点"（место）和用于镇的"地块"（местечко）。

② Blum J. *Lord and Peasant in Russia. From the Ninth to the Nineteenth Century*. New York，1964，p. 367，376.

③ Ключевский В. О. *Курс русской истории*. Лекция LXXXI.

东正教会与神职阶层

东正教会在18世纪初彼得一世的大改革中遭到沉重打击,在组织上失去了选举东正教会最高领袖牧首的权利,并且东正教会归由世俗的政府机构——圣主教公会管理;在思想上,东正教会也失去了对法律和文化的独立的和最高的解释权,神职人员必须宣誓效忠沙皇并祈祷为沙皇和政府服务。但是在经济方面,教会地产和经济活动得以保留。

历经叶卡捷琳娜一世、安娜女皇和伊丽莎白女皇时期,教会的经济特权未有太大变动。彼得三世对东正教会采取敌视态度,没收教会财产和土地,但始终未颁布法令予以确认。叶卡捷琳娜二世执政后,迫切需要得到来自东正教会的支持。她指示枢密院研究政府对待教会的政策。教会领袖认为女皇的态度开始动摇,试图通过上层和教士向行政机关施加压力,要求收回土地。莫斯科大主教阿姆夫罗辛(Амвросий)抱怨彼得三世的士兵在教会的鱼池里强行捕鱼,罗斯托夫教主教阿勒谢尼(Арсений)悲哀地给国务大臣别斯图热夫—柳明(Бестужев-Рюмин)写信,抱怨有人抢走了教堂所有的鸡。叶卡捷琳娜二世在1762年7月16日颁布法令废除了彼得三世禁止建立家庭教会的法令,归还了教会的地产,但同时提高了教会农民的人头税到1卢布,50戈比返还教会,50戈比给慈善机构。另外她让教会农民自己选择划归国家管理还是留在教会土地之上。

在教会土地的去留问题上,东正教会高层神职人中由于受教育程度和文化偏见导致意见不一。以诺夫哥罗德都主教德米特里(谢切诺夫)[Димитрий (Сеченов)]为首的俄罗斯的宗教领袖们认为土地是教会的一大负担,愿意将土地交给国家或军队管理。但是出身于波兰贵族的乌克兰主教却坚决反对将教会土地收归国有,他们捍卫土地如同捍卫教会自由一样重要。① 诺夫哥罗德都主教的做法极为善解叶卡捷琳娜二世的意思,女皇在给伏尔泰的信中称赞:"他不是

---

① Карташов А. *Очерки по истории русской церкви*. Париж. 1959. Т. II. с. 449.

迫害狂，也不是幻想狂。他讨厌两个权力的思想"，①这里说的两个权力是指政府和教会。诺夫哥罗德都主教之所以极力支持政府的改革，还是由于数万农民抱怨他支持叶卡捷琳娜二世政变上台。德米特里都主教建议组织世俗和教会人员组成的混合委员会，讨论说明教会需要每个农民收取 50 戈比的税费。1762 年 8 月 12 日，叶卡捷琳娜二世颁布法令，宣布暂时将教会土地回归教会管辖之下。这个法令在政府内部此起争议，别斯图热夫—柳明表示赞同，帕宁即认为教会土地应该由国家管辖。1762 年 9 月 29 日，混合委员会召开。教会方面参加者有：诺夫哥罗德都主教德米特里（谢切诺夫）、圣彼得堡大主教加夫里尔（克列明尼茨基）［Гавриил(Кременецкий)］、佩列雅斯拉夫—扎列斯基主教西里维斯特（斯塔罗果茨基）［Сильвестр(Старогодский)］，反对教会土地世俗化的教会领袖没有前来参加。政府方面参加者有：瓦隆佐夫伯爵（И. Л. Воронцов）、库拉金公爵（Б. А. Куракин）、加加林公爵（С. Гагарин）、圣主教会公会副检察长卡兹洛夫斯基公爵（А. С. Козловский）以及枢密官和科学院院长杰普洛夫（Г. Н. Теплов）。叶卡捷琳娜二世在会议上表示遵从上帝是国家财富的基础，可惜大多数的教士没有受到很好的教育，因此也无法成为人民的楷模。

1763 年初，罗斯托夫都主教阿勒谢辛（马切耶维奇）［Арсений (Мацеевич)］表示反对教会土地世俗化，他本人是乌克兰当地人，拥有农奴 16340 人，他是政府政策的最激烈的反对者。他认为教会拥有地产和农民不是为了世俗需要，而是为宗教和精神需要，并且直接来自于信徒。1763 年 3 月 6 日，阿勒谢辛都主教向圣主教公会提出自己反对教会土地世俗化的意见。他提醒圣主教公会，叶卡捷琳娜二世在登基之际许诺保护东正教，他暗讽女皇言行不一。他针对叶卡捷琳娜二世的建议给予反驳，认为教士不应该学习哲学、神学、数学和天文学，他们只应该学习上帝的语言。他强调如果教会失去地产也即教士们失去生活来源，那么教士们不再是人民的牧师，而是变成了每天必须为一块面包而奔波的生活奴隶。阿勒谢辛都主教的主张实际上是坚持教会作为精神堡垒独立于国家和政府的权利。② 3 月 15 日，阿勒谢辛都主教再次给圣主教公夫

---

① Smotitsch I. *Geschichte der russischen Kirche*, 1700—1917. Leyden, 1964. S. 709—710.
② Карташов А. *Очерки по истории русской церкви*. Париж. 1959. Т. II. С. 460；Бильбасов В. А. *История Екатерины* II. Т. И. с. 261；Соддатов Г. М. *Арсений Мациевич，митрополит Ростовский*(1706—1772). St. Paul, Minnesota, 1971. С. 112—120.；Иконникое В. С. *Арсений Маиеевич: Историко-биографический очерк*//*РС*. 1879. №4, 5, с. 8—10.

写信,表示:"我们这里不是英国,为了钱是唯一的生活的目的……在那样的情况下,教会依赖农民生存,根本谈不上教会的崇高了。"他还指责圣主教公会和教会其他的领袖们是"只会看,不会叫的走狗",这遭到了莫斯科大主教的反击。①

叶卡捷琳娜二世在视察顿河和罗斯托夫时曾与阿勒谢辛都主教交谈,这位主教认为自己的影响力可以使女皇改变政策。但是他没有想到,自彼得一世以来政府的教会土地世俗化政策得到了贵族和国家官员的支持。1763年3月16日,叶卡捷琳娜二世下令将阿勒谢辛都主教逮捕,捆绑在马车上,送至莫斯科法庭。4月1日开庭审判,尽管阿勒谢辛在法庭上声明自己从来不敢冒犯女皇的龙颜,但他仍然被剥夺教职并囚禁于一个遥远的修道院,在那里被收走任何纸张或墨水,不允许写作,并且要处于严格的监禁之下。阿勒谢辛最后死于1771年莫斯科的"瘟疫暴动"。

1764年2月26日,叶卡捷琳娜二世签署教会土地世俗化法令,它成为未来的教会和修道院设置的基础。法令宣布原属教会和修道院的土地以及土地之上的农民均划归国家管理,由国家每年按照补偿原则给予教会和修道院经费。原有的26个教区根据国家给予的费用划分为2类。划入第一类的只有诺夫哥罗德、圣彼得堡和莫斯科,每年相应获得国家经费11031卢布、15000卢布和7510卢布。8个教区被划入第二类,每年获得国家经费5500卢布。15个教区被入第三类,每年获得国家经费4232卢布。一些教区由于统一国家经费政策而受益,特维尔教区一年获得的国家经费不是1200卢布,而是5500卢布,而乌斯久教区(Устюжская епархия)获得的国家经费从926卢布上升到4323卢布。②

男修道院和女修道院也被划分三类。一些很小而贫困无法生存的修道院被合并或转为教区教堂。原有的572座男修道院只剩下161座。四座修道院被划分为第一类:大特罗依兹—谢尔基耶夫修道院(великий Троице-Сергиевсикий монастырь)每年获得国家经费10070卢布,彼得堡的亚历山大—涅夫斯基修道院(Александро-Невский монастырь)每年获得国家经费15000卢布,诺夫哥罗德

---

① Солдатов Г. М. *Арсений Мациевич, митрополит Ростовский*(1706—1772). St. Paul, Minnesota, 1971. с. 120—123.

② *Полное собрание законов Российской империи*. Т. XVI. № 11814,12 мая 1763 г. *Полное собрание законов Российской империи*. Т. XVI. № 12060, 26 февраля 1764 г.; *Полное собрание законов Российской империи*. Книга штатов. Т. XLIII. Ч. III.

的索菲亚修道院（Софийский монастырь）每年获得国家经费 11031 卢布，莫斯科的牧首院（Патриарший двор）获得国家经费 7510 卢布。15 座修道院每年获得了 2017 卢布的国家经费，41 座修道院每年获得 1311 卢布的国家经费，100 座修道院每年获得 806 卢布的国家经费。219 座女修道院保留 67 座，同样被划分为三类。4 座女修道院每年获得 1009 至 1506 卢布的国家经费，18 座女修道院每年获得 475 卢布的国家经费，45 座女修道院每年获得 375 卢布的国家经费。① 此外，俄国还修订了给东正教的官方管理机构——圣主教公会的待遇，给予大主教每年经费 2000 卢布，给予神父每年经费是 600 卢布，每年给予教会管理机构的日常经费为 25 082 卢布。

这项法令还涉及原属教会或修道院管辖下的赏赐土地，那大多是鱼塘或水池，因此没有农民。修道院免除安置受伤军官和士兵的责任，理由是无钱来支付这项开支。但是在每个教区的修道院仍然要设置慈善院，收容人数不等，每人国家每年支付 5 卢布，全俄 26 个教区共设慈善院 705 个，国家支付经费共计 3825 卢布，经济由经济院支付。教会从此失去经济特权，无权经营农业和手工业，100 万原教会农民转为国家农民。在失去经济和金融来源之后，东正教会和各级神职人员就完全依赖于国家财政支持。教会土地收归国家后，当年（1764年）国家从原教会土地上获得的收入就达到 1366299 卢布，从这个数目中国家支付给教会的经费在 1764—1768 年起大约是 462868 卢布。与此同时，国家从教会土地上获得的收入 1784 年达到 3647000 卢布。国家给予教会的赏赐也从 1782 年的 54 万卢布增长到 1782 年的 71 万卢布以及 1792 年的 82 万卢布，即使是 1796 年，国家仍然赏赐给教会 11 万卢布。② 很明显，国家从教会土地世俗化的过程中得到了极大的收益。

神职阶层（духовное сословие）是俄国古老的社会阶层，18 世纪以前几乎全部由希腊教会和拜占庭教会派来的希腊人、保加利亚人和塞尔维亚人充任，彼得一世改革后俄罗斯人出身的神职人士才逐渐多起来。神职人士享有众多的特权，他们免除人头税和服兵役。

神职阶层分为黑神阶（черное духовенство），又称为"修道院教士"

---

① Полное собрание законов Российской империи. Т. XV. № 12060；Т. XVIII. Ч 111；Т. XVI. N. 12121. 31 марта 1764 г.

② Чечулин Д. Н. Очерки по истории русских финансов в царствование Екатерины II. СПб., 1906. C. 138—139，315—316.

（монашествующее）和白神阶（белое духовенство），又称为"教区教士"（приходское духовенство），后者在受戒之前可以结婚。修道院教士占全部神职人员的10%，但他们是教会的上层，主教（Епископ）从修道院教士中产生。教区教士晋升最高教阶不能超过大司祭（Протоиерей）。教区教士的身份不能继承，不能作为社会等级，但是在神职人员补充方面具有优先甚至是唯一的权利。到18世纪初，修道院教士（黑神阶）已经具有了社会等级的特点：拥有较高的社会地位；拥有教会地产；拥有优先的神职继承权。

1738 至 1783 年东正教白神阶神职人员的结构①

年份	司祭		助祭		下层人员		总计	
	千人	%	千人	%	千人	%	千人	%
1738	—	37	—	10	—	53	—	100
1783	27.3	29	13.4	14	54.6	57	95.3	100
1824	34.1	31	15.1	14	59.7	55	108.9	100

最初教区教士对所有俄国阶层开放，但是到18世纪教区教士变成了封闭的阶层，其他社会阶层和背景的人士很难加入到白神阶之中。教区或教堂神职一旦出现空缺，即由本教区神职人员家庭的子弟予以补充，他们在短暂的学习之后立即就可以得到主教的祝福和任职。而农民文化水平很低，识字率在3%，他们无数胜任神职人员的责任。贵族拥有较高文化水平，但是他们不屑于从事清贫寒苦的神职工作。再者，教区和村社的农民必须承担人头税和其他徭役，如果从自己人中间选出神职人员就意味着他们要分担被选出者的税役负担。如果选举外边的人担任神职人员，就意味着要在村社为他安排住处以及其他必需生活必需物品。国家出于对神职人员队伍无限制扩大的担忧而支持从神职人员子弟中选择从业人员，而神职人员家庭也愿意让他们的子弟和养子继承教职，这样就可以继续免除人头税和服兵役的压力。此外，17世纪中期的尼康改革之后，出现了大量的不公开的分裂教徒，政府担心这类人从事教职将为国家带来严重影响。因此，国家和教会出于各种利益的考虑都主张禁止其他社会阶层进入神职阶

---

① РГИА(Российский государственный исторический архив). Ф. документы синод. ОП. 18(1783г), Д. 275. ОП. 64(1783г). Д. 275.

层。① 但是由于教区教士可以结婚，婚后所生子女的人数时间一长自然要超过政府和教会想要控制的数量。为了解决这个问题，国家定期进行注册，将教区教士子弟未从事神职的人划入国家纳税行列。1736 年安娜女皇颁布法令，接受从事神职的子弟从事军职。

教区教士文化水平很低，教士中识字率并不高，尤其是在 19 世纪以前。教区教士的生活水平也很低，主持教区信徒的出生、婚配、安息、命名等仪式的收入是教士们主要的生活资金的来源，此外还有信徒自愿贡献给教堂的食品和生活用品。每个教堂都有一块面积不等的土地，这些低级教士们要像农民一样耕耘土地和收获庄稼。18 世纪蔓延俄国的欧洲习俗和文化，扩大了教士和贵族之间的差距。教士不能像地主贵族那样将自己视为农民的"老爷"，这也影响到地主对待自己农民的态度。彼得一世的宗教改革试图使教士脱离土地和主持宗教仪式的收入，目的在于提高教士的道德和精神水平，但是收效不大，事实上，教士们的道德和精神水平未见多大的提高。

彼得一世在 18 世纪初的宗教改革中就确定了教区教士的配额，试图借此固定神职人员的队伍。规定中每 100—150 家的村社设 1 名教士，200—150 家的村社设 2 名教士，250—100 家的村社设 3 名教士，配以相应数量的神父和未受戒的神职人员，如教堂司事、圣器保管员和执事等。到 1764 年，神职阶层（包括定期司铎、执事和教堂服务人员，不包括其家属）共计 67111 人，他们服务于全俄的 15671 座教堂和一些家庭教会。②

1774 年圣主教公会应枢密院的指示颁布法令规定禁止纳税阶层进入神职人员行列，禁止教士退出神职人员行列，每个教区和教堂的神职人员及名额必须固定。在 18 世纪 40 年代还有 3％的教士出身于世俗家庭，到 18 世纪 80 年代这样身份的教士仅剩下 0.8％。③ 1797 年圣主教公会通过法令取消教民集体选举制，司祭去世后，主教通常从其子女中任命继承人，如无儿子，而由其女儿继承，如女儿出嫁，则由其丈夫继承。如果女儿年龄太小无法视事，就由其家族临时推举一人代理司祭职责，待女儿长大或嫁人后再由其本人或丈夫接任。这表明，

---

① Freeze G. L. *The Russian Levites. Parish Clergy in the Eighteenth Century*. Cambridge，MA and London：Harvard University Press，1977.

② Smotitsch I. *Geschichte der russischen Kirche*，1700—1917. Leyden，1964. S. 709—710.

③ Freeze G. L. *The Russian Levities：parish clergy in the eighteenth century*. Cambridge，MA and London：Harvard University Press，1977. p. 196，198，200.

神职人员队伍几乎完全对世俗阶层封闭，从事神职成为神职家庭子弟的特权，这使这一职业具有了社会等级的最大特点。

神职人员自18世纪初开始拥有了司法特权。教士犯罪一般不由世俗法庭审理，而由圣主教公会受理。从1735年开始，世俗法庭审查神职人员与世俗人士法律纠纷时，必须邀请圣主教公会的代表在场。

神职人员在获得特权之后，其等级意识也很快表现出来。大主教吉洪（Тихон Задонский）曾经回忆，自己幼时担任教堂执事的父亲去世，母亲无力抚养他，准备将其送给马车夫当养子。他继任执事的哥哥恳求母亲："你要把弟弟送到哪儿？要知道你是把他送给一个车夫，他长大后就会成为车夫，我不想让弟弟成车夫，让我去讨饭吧，不要把弟弟送给车夫，我会尽全力让他接受教育，这样他就会成为某个教堂的执事或圣堂工友了。"①

此外，在彼得一世废除东正教会牧首制之后，圣主教会公就成为国家管理东正教会的官方机构，同时也是东正教会自我管理的机构，它在针对全国神职人员的教堂编制方面，在新的主教、祭司和其他神职人员的选举方面，在神职人员的品德和业绩考查方面、神职人员犯罪审查方面发挥着独一无二的作用。它建立了一套集宗教性、行政性和司法性职能为一体的官僚体制，甚至成为沙皇独裁专制制度之下的具有相对独立性和自主性的小社会。到18世纪初，神职阶层具有了等级社会的所有特征，成为居贵族之后的社会第二个拥有政治自由特权的阶层，即：1. 中央的圣主教公会和地方的宗教裁判所成为神职阶层特有的等级自治代表机构。2. 各级神职人员免除一切国家赋税和徭役，免除军事义务，在一定程度上免除司法惩罚。

---

① Лебедев А. А. Святитель Тихон Задонский и всей России чудотворец（его жизнь，писание и прославление）. СПб.，1896. с. 8—9.

第四章　黄金之前：俄国思想文化的曙光

　　俄罗斯的民族觉醒始于俄国贵族的觉醒。18世纪下半期，俄国第一批贵族知识阶层开始了自我的思想批判和对现实的批判，他们是拉吉舍夫、冯维辛、谢尔巴托夫、卡拉姆津、苏马罗科夫等人。另一批同样出身贵族的知识阶层和共济会员诺维科夫、施瓦尔茨、洛普欣等人则开始了更为实际的创办世俗平民学校和图书出版的事业。这些贵族思想家扮演了俄国启蒙运动先行者的角色。在沙皇政府"开明专制"的特殊环境和民间启蒙思想的双重影响之下，曾经在较长时期落后于西欧的俄国文学、艺术、教育和科学事业曙光初现。以贵族庄园为代表的俄国社会风尚和习俗也由初期的简单模仿西欧而转向多元化和民族化。

拉吉舍夫对现实的批判

拉吉舍夫（А. Н. Радищев）是俄国第一批知识阶层的代表。俄国著名哲学家别尔嘉耶夫（Н. А. Бердяев）认为拉吉舍夫堪称俄国知识阶层第一人，因为"拉吉舍夫之受迫害开始了俄国知识阶层的殉难史。"[①]他把拉吉舍夫的《从彼得堡到莫斯科旅行记》（Путешествие из Петербурга в Москву）中的那段话视为俄国知识阶层思想史上里程碑式的路标，即："看看我的周围——我的灵魂由于人类的苦难而受伤。我审视自己的内心，认为人的灾难不是来自人，而且往往只是由于人不正视他周围的事件"[②]苏联及当代俄罗斯著名学者利哈乔夫（Д. С. Лихачёв）院士也认为："第一批真正的、典型的俄国知识阶层出现在18世纪末至19世纪初，他们是苏马罗科夫、克尼亚日宁、拉吉舍夫和卡拉姆津。"[③]

拉吉舍夫于1749年出身于贵族家庭，童年和少年时代生活在优越的环境之中，接受了正统的贵族式教育。他是叶卡捷琳娜二世亲自签署命令并从贵族子弟中选出来的12名到普鲁士莱比锡大学留学的青年一员。按照叶卡捷琳娜二世的训令，这些留学生必须学习拉丁文、德文、道德哲学和罗马法，"特别是自然法和民法"。但是拉吉舍夫除了学习这些科目外，还努力学习了自然科学，广泛地阅读能够找到的有关法国启蒙思想的著作。一位俄国旅行家途经莱比锡时，向拉吉舍夫推荐了爱尔维修（Claude Adrien Helvétius）的《精神论》，拉吉舍夫"认真地读了这本书，而且用心地读，学会照那本书思考。"[④]自青年时代起，拉吉舍夫的思想就发生了巨大的变化。他开始用批判的目光审视俄国社会现状，展望俄国的发展前途。

---

① Бердяев Н. А. Русская идея：Основные проблемы русской мысли XIX века и начала XX века//*О России и русской философской культуре：Философы русского послеоктябрьского зарубежья*. М.：Наука, 1990. с. 43—271.
② Радищев А. Н. *Путешествие из Петербурга в Москву*. Ленинград, 1979. с. 95.
③ Лихачёв Д. С. О русской интеллигенции//*Новый мир*. Москва, 1999. No. 2.
④ 普列汉诺夫：《俄国社会思想史》，孙静工译，商务印书馆，1990年，第3卷，第352页。

帝国风暴：
大变革前夜的俄罗斯

拉吉舍夫所处时代是俄国专制制度达到顶峰的时代，是叶卡捷琳娜二世统治的"贵族专政的黄金时代"。拉吉舍夫只身面对俄国社会的反动势力，勇敢地向数百年来形成的俄国专制制度挑战，将其无情的笔触直指农奴制度和沙皇专制制度。他毫不留情地剥去了长期以来沙皇统治所依靠的"君权神授"的面具，强调"主权在民"，强调"专制政治是一种最违背人性的制度……法律赋予了君主处理罪犯的权利，但是君主的违法同样赋予了他的裁判者——人民以同样的和更大的权利来处理他。"①

拉吉舍夫著有《从彼得堡到莫斯科旅行记》。他在书中揭露了专制制度的黑暗，甚至隐晦地抨击了当政的女沙皇叶卡捷琳娜二世。拉吉舍夫认为沙皇是专制制度最集中的代表者，是"强盗的魁首、叛国的元凶、破坏公共安宁的首犯、毒害弱者心灵的最残暴的敌人"，是一个披着神圣外衣的"骗子、假仁假义者、为害极大的伪君子"。正如叶卡捷琳娜二世恶毒诅咒的一样，这本书中"充满了最有害的理论，企图破坏社会安宁，减低对当局应有的尊敬，力图在人民中激起对长官和上级的愤怒"，她断言："作者不喜欢沙皇，当一有可能贬低对沙皇的爱戴和尊敬时，他就以罕见的大胆肆意挑剔。"②《从彼得堡到莫斯科旅行记》的社会影响几乎超过了同时期声势浩大的普加乔夫起义，而在叶卡捷琳娜二世看来，拉吉舍夫则是"比普加乔夫更坏的暴徒"。③

拉吉舍夫在《从彼得堡到莫斯科旅行记》的开端即把农奴制度比作一头生有"一百张血盆大口"的怪物。作品描写俄国农民过着极其悲惨的生活，他们成年累月地为地主服徭役，只有夜里和星期天才能耕种自己的小块土地。他们靠糠菜充饥，住在倒塌的矮屋子里。地主就是这样依靠大批农奴的破产和死亡而发财致富的。作者愤怒地诘问地主："贪婪的野兽，永不知足的吸血鬼，你们给农民留下了什么？只有你们无法抢走的空气。是的，只有空气！"作者详尽地描述了公开拍卖农奴等骇人听闻的事实，指出这一切都是由于"法律给农奴规定了一条死路"，农奴制度是和沙皇专制统治密不可分的。叶卡捷琳娜二世曾告诉伏尔泰俄国农民生活富足，"随时可以吃到鸡"。拉吉舍夫在《从彼得堡到莫斯科旅行记》中愤怒地驳斥：沙皇的红袍上沾满了人民的血泪，手指上有人的脑浆，两脚站在污泥里；人民称沙皇为"骗子、伪君子和害人精"。

---

① 布拉果依：《拉季谢夫》，殷山译，作家出版社，1957年，第18页。
② 同上书，第32—33页。
③ 同上书，第38页。

拉吉舍夫深信农民革命不可避免，任何镇压只会引起更加强烈的反抗。他说农民到了忍无可忍的时候，就会像冲破堤坝的激流一样，势不可挡。在《扎伊佐沃》一章中记述全村农民用木棍打死为非作歹的地主父子四人，事后法院给农民判罪，他们仍不屈服。作者站在农民一边，认为他们是无辜的。在其他章节里，他甚至号召农民起来烧光地主的房屋。他希望俄国人民能够推翻沙皇政权，建立以小农经济为基础的资产阶级联邦共和国。

拉吉舍夫对农奴制度进行了深入的批判，他认为农奴制度是"荒谬绝伦"的制度，它是靠沙皇政权的支持，靠地主贵族的棍子和鞭子而存在的。在《从彼得堡到莫斯科旅行记》中，拉吉舍夫更多地关注农奴制度下广大的农奴的悲惨地位，展现了他所亲眼目睹或亲耳所闻的地主贵族在政治上、经济上以及人格上欺辱农奴的事件，"农民在法律上是死人……一方是几乎具有无限的权力，另一方是孤苦无告。而地主对农民的关系上，既是农民的立法者、审判官、自己的决议的执行人，同时又是可以任意加人以罪名的原告。对这样的原告，被告不准说任何话。这对于农民是带枷锁的囚犯的命运，是被囚于地牢的囚犯的命运，无异于轭下牛马的命运。"①拉吉舍夫主张废除农奴制，在人身上和财产上彻底解放农奴，使他们拥有自己的土地和自由选择职业。

拉吉舍夫在《从彼得堡到莫斯科旅行记》中使用了政治意义上的词汇"自由"（свобода），书中有诗句："伟大啊伟大，你，自由精神之构建，……本身犹如是上帝"（Велик, велик ты, дух свободы, ... как сам есть Бог）②，这是俄文文献中свобода词意最接近政治自由和社会自由含义的最早表述。③

拉吉舍夫思想最为可贵之处在于，他能够自觉地站在唯物主义的立场上，赞美历史真正的英雄——人民大众，歌颂人民大众的伟大力量，呼唤人民群众起来推翻沙皇的残暴统治，而不是寄希望于所谓的"开明君主"的良心发现。他在《特维尔》一章的颂诗《自由颂》里，以满腔热情欢呼革命："我看见犀利的刀剑遍体闪闪发光，死神打扮成各式各样的形状，在那颗高傲的头上盘旋飞翔。狂

---

① 布拉果依：《拉季谢夫》，殷山译，作家出版社，1957年，第28页。
② Леонтович В. В. История либерализма в России 1762—1914. Москва., 1995. с. 42.
③ 尽管叶卡捷琳娜二世对《从彼得堡到莫斯科旅行记》极其不满，认为拉吉舍夫是"比普加乔夫更坏的暴徒"。但是，她也曾在其他场合谈到"自由"（свобода），认为它是"一切之心灵"（душа вся）（参见：Екатерина II Алексеевна, Собрание сочинений. ПБ. 1907. Т. 12. С. 615. 转引自：Леонтович В. В. История либерализма в России 1762—1914. Москва, 1995. с. 42.）。专制女皇叶卡捷琳娜二世和她的囚徒拉吉舍夫对"自由"的理由竟有如此多相似之处，是值得思考的问题.

欢吧，被束缚的人民，这是天赋的复仇权利，它把沙皇送上断头台上……当权的罪人，是我把权利交在你的手上，凶手，是我把王冠给你戴在头上，说吧，你怎么胆敢与我作对？……"①拉吉舍夫强调"不是所有出生于祖国的人，都有资格获得祖国儿子这一庄严的称号。"一个真正的爱国主义者不仅应该保护祖国不受外来敌人的侵略和捍卫祖国领土的完整，而且还应该为争取人民的自由和平等权利而斗争，应该将广大的劳苦大众从残暴的沙皇专制统治和农奴主的压迫下解放出来，即真正的爱国者应该"为人民的幸福而牺牲一切"。他坚信："一旦戴着沉重枷锁的奴隶们绝望得恼怒起来，用妨碍他们自由的镣铐，打碎我们的头颅——他们的残酷无情的老爷们的头颅，用我们的鲜血涂染自己的田地，那么国家将会因而失去什么呢？ 在他们中间很快就会出现伟大的人物来代替被痛击的家伙。 但是他们将不会再有同样的自私打算和压迫人的权利。 这并不是梦想，视线会透过我们眼前遮蔽着未来的、厚密的时间帷幕。 我向前看透了整整一百年！"②

1792 年拉吉舍夫因《从彼得堡到莫斯科旅行记》被判处死刑（后改判流放托博尔斯克 10 年），这个判决是根据叶卡捷琳娜二世的个人命令，她认为《从彼得堡到莫斯科旅行记》"充满了有害的空论，破坏社会的安定，减少对政权应有的尊敬"③。 拉吉舍夫始终坚持自己的信念。 他宣布："如果法律或国王，或人间任何权力要你撒谎或违反德行，你应对此毫不动摇。 要不怕嘲笑，不怕折磨，不怕疾病，不怕坐牢，甚至不怕死。 要精神坚定，有如中流砥柱。"④拉吉舍夫在 1796 年保罗一世继位才得大赦，但仍然不许他返回首都。 1801 年，拉吉舍夫被允许回到彼得堡参加了沙皇政府法制委员会的工作，起草《关于法制》《民法法典草案》，重申废除农奴制度的主张，为此他又遭受新的政治迫害。 1802 年 1 月 12 日，在东正教圣诞节后 7 日，他自杀身亡。 拉吉舍夫以最极端的方式最后发出了对专制制度的愤慨。 美国学者赫克评价"拉吉舍夫和一切后来者一样，作了当时专制政体的牺牲者。 这种专制主义抵挡不住思想的力量，只有用残暴来压迫它。 拉吉舍夫并不是白受了罪的。 他的死感动了许多人来效法他。"⑤

---

① 布拉果依：《拉季谢夫》，殷山译，作家出版社，1957 年，第 20—21 页。
② 同上书，第 26、3518 页。
③ Павленко Н. И. Екатерина Великая. Москва, 2006, с. 279—281.
④ 普列汉诺夫：《俄国社会思想史》，孙静工译，商务印书馆，1990 年，第 3 卷，第 363 页。
⑤ 赫克：《俄国革命前后的宗教》，高骅等译，学林出版社，1999 年，第 265 页。

谢尔巴托夫和卡拉姆津的思想

18世纪是俄国专制制度最终确立时期,也是俄国保守主义思潮在贵族阶层中酝酿和初成时期。

当代俄罗斯历史学家马拉西诺娃(Е. Н. Марасинова)在《18世纪中后期俄国贵族的上流社会心理》中用社会学方法研究了当时45位著名的国务活动家、外交家和贵族思想家之间的往来信件,揭示18世纪下半期到19世纪初俄国社会急剧变化时期贵族阶层心理的变化趋向、贵族对立情绪发展倾向和行为方式、贵族革命家形成的社会心理前提。她认为彼得一世对待贵族的政策导致贵族阶层的心理和行为的分裂,导致专制制度和沙皇独裁统治的日益强化,诱发了贵族阶层的政治信仰危机和与沙皇统治的政治背离,使得一部分贵族告老还乡,退隐田园,离群索居,醉心于宗教、文学和艺术的精神境界,因此古典主义和感伤主义成为这一时期文学的主流。另一部分贵族则不甘堕落,他们或是出国考察学习,或是大量阅读法国启蒙思想家的著作。因此,"俄国社会转型时期贵族等级上层心理基本上处于一种复杂的、矛盾的和内心恐惧的状态。因为忠君爱国的传统观念不容许贵族追求地位、财富,而这种观念与当时俄国现实不相符合,导致了贵族对官方学说的背叛。18世纪俄国贵族的意识基本上沿着官方爱国主义和个人供职仕途诱惑相互交织、自我毁灭的矛盾方向发展,尤其是在俄国贵族知识阶层中缺乏一种现代民主进取精神,所以他们对俄国面临的社会危机无能为力,只能成为一批古怪的、讥讽人士。"[①]

在叶卡捷琳娜二世时代,俄国保守主义作为一种思潮就已经初露端倪。最著名的人物就是卡拉姆津和被赫尔岑称为"前斯拉夫主义者"的谢尔巴托夫(М. М. Щербатов)公爵。

---

① Марасинова Е. Н. *Психология элиты российского дворянства последней трети XVIII века*. Москва, 1999. с. 238.

谢尔巴托夫家族源自古老的留里克（Рюриквичи）王族，他本人在童年就被授予了彼得一世亲自创立的谢苗诺夫近卫军团的准尉军职。1767年被选为雅罗斯拉夫尔省立法委员会的贵族代表。1778年，他担任秘密委员会（Камер-коллегии）主席和顾问，1779年担任枢密官。他被选为俄罗斯科学院荣誉院士。1788年，谢尔巴托夫宣布退休，专门从事历史学研究和写作。

谢尔巴托夫生活在叶卡捷琳娜二世的开明专制时代，他接受了法国启蒙思想的影响。他宣布拥护君主制，但反对君主专制，因为"后者只是听凭自己一人的愿望"，而"破坏一切法律"，专制君主可以"毫无顾忌地……在一切方面扰乱每一公民的生活和安宁。只要碰上这一肮脏的东西，便会中毒，便会成为社会危害。君主独裁制甚至不能称为政体，因为它是一种折磨，除了独裁君主的愚笨的刚愎自用之外，别无任何法律和规章。在专横的政体里，人民是为了君主而创造的。"①他在《致国家的达官显贵统治者书》中对实际掌握国家大权的人提出了批评，认为他们"践踏人民"，"把法律变成具文"，"公民的自由徒具虚名，甚至受害者也不敢提出申诉。"②谢尔巴托夫在对君主专制提出较为尖锐的批判的同时，还没有忘记提醒当政者要注意人民群众的反抗，"船仍在行驶，但止不住暴风的狂吼，不知道哪儿是浅滩，哪儿有暗礁，也不知道飘流的地点。"③他主张应该使农民长期处于愚昧无知的状态，因为"要是卑劣的人受了教育，安知他们不会对赋税满腹牢骚，最后安知他们不起来造反。"④

谢尔巴托夫的理想政体是等级代表君主制和贵族制，理由是在贵族政体下，国家事务不再由君主一人专断，而是以国家最有聪明才智的人的建议和决策为根据。他认为俄国古老的贵族等级制度是政权和国家的支柱，他极力主张贵族直接参政，以便贵族能够决定国家大政并制约君主的言行，这样的政体即是伊凡四世时代之前的等级代表君主制。因此，他对叶卡捷琳娜二世1785年颁布的《御赐高尚贵族权利、特权和特惠诏书》提出了批评，认为贵族所享有的政治权力与贵族的身份远不相称。而在《俄罗斯帝国城市权利和利益诏书》中给予商人的权利又过多过泛，他认为商人无权进入国家管理行列，因为这是贵族的专利。

---

① 普列汉诺夫：《俄国社会思想史》，孙静工译，商务印书馆，1990版，第3卷，第216页。
② 同上书，第219页。
③ 同上书，第216页。
④ 莫基切夫主编：《政治学说史》，中国社科院法学所编译室译，中国社会科学出版社，1979年，上卷，第282页。

他创作了乌托邦式长篇小说《奥菲尔国游记》(Путешествие в землю Офирскую),在其中描绘了自己的理想社会:在奥菲尔国里不仅官吏,连国王也受法律的限制,法律阻止国王滥用权力。在这个中世纪乌托邦里实现财产奖励原则,国家向每个官员按照等级规定"他如何生活,穿什么样的衣服,住多大的房子,有多少奴仆,以及餐桌上有多少佳肴。"奥菲尔国的最高政府是纯粹的贵族政体,最高政府拥有立法权,而国王仅被赋予执行权,商人代表只允许参加工商部,但工商部的最高决策者仍然由贵族担任。该社会的经济是建立对财产和国家干涉进行自我限制基础之上,"在这个社会里,官员既不贪财,也不好色",人民喜欢劳动和拥有美德。

谢尔巴托夫在《论俄国世风之日下》中,尖锐地批判了当时政府的政策及宫廷风气的败坏,文中对国家体制、权力体系、宗教信仰和法律、改革和传统等各种问题都作了精辟的论述,表达了保守主义的立场。1858年,赫尔岑在伦敦出版了谢尔巴托夫的这部作品,并将它与拉吉舍夫的《从彼得堡到莫斯科旅行记》相比,称两者分别从"右边"和"左边"对俄国社会提出了批判。普列汉诺夫评价:"谢尔巴托夫公爵在社会方面是一个大的保守派。但是他对'君主独裁制'的憎恨,却显然是在法国著作的强烈影响下产生的。"[1]

卡拉姆津(1766—1826)出身于辛比尔斯克省的地主贵族家庭,后进入莫斯科大学学习,大学毕业后到著名的普列奥布拉任斯基军团服役。卡拉姆津是18世纪下半期至19世纪初著名的历史学家和俄国感伤主义(сентиментализм)文学流派的奠基者。卡拉姆津曾游历奥地利、瑞典、法国和英国,曾与德国著名哲学家康德、文学家歌德会面。他在法国亲眼目睹了法国大革命,并把这段经历和感想写入《俄国旅行者书简》(Письма русского путешественника)之中,于1791—1892年发表在他主编的《莫斯科杂志》(Московский журнал)上。

卡拉姆津对彼得一世改革持批判态度。他在1819年俄罗斯科学院的一次演讲中强调:"彼得大帝以自己有力的手腕改造了祖国,将我们变成与欧洲人相类似的人,抱怨是无益的。古代俄罗斯人和近代俄罗斯智慧之间的联系永远地断裂了。"[2] 1802年卡拉姆津发表《对祖国和民族自豪感的爱》,批评了自彼得一

---

[1] 普列汉诺夫:《俄国社会思想史》,孙静工译,商务印书馆,1990版,第3卷,第237页。
[2] 利哈乔夫:《解读俄罗斯》,吴晓都等译,北京大学出版社,2003年,第262页。

世时期开始的欧化习俗,他表示:"无论是人,还是民族,开始时永远是模仿,但应当随着时间的流逝而在为自我,以便说,我合乎理性地存在着。 现在我们在生活中已经有足够的知识,知道怎样生活,不需要问在巴黎和伦敦是怎样生活的:那里穿什么? 坐什么车? 怎样布置房间? ……我不敢说,在俄国有多少爱国者。 但是我感到,我们在民族尊严方面过于谦逊,而谦逊在政治上是有害的。 毫无疑问,谁不自我尊重,别人也不会尊重他。 我不是说,对于祖国的爱应当是盲目的,相信我们一切都好,但俄罗斯人至少应该知道自己的价值。"①

尽管卡拉姆津对彼得一世改革持批评态度,但是他对专制制度却持坚定的拥护态度。 1811 年 3 月,卡拉姆津在大公夫人叶卡捷林娜·帕甫洛夫娜(Екатерина Павловна)的授意下写成《论政治和公民关系中古代和近代的俄罗斯札记》(Записка о древней и новой России в ее политическом и гражданском отношениях),呈送给沙皇亚历山大一世。 在文章中,卡拉姆津认为专制制度完全是神圣之物,是俄国繁荣昌盛的保障。 他甚至断言:"野蛮的民族喜欢独立,聪明的民族喜欢秩序,而没有专制制度就没有秩序。"②他与谢尔巴托夫一样鼓吹恢复贵族政体,由贵族对沙皇形成限制。 他反对非贵族出身的人靠军功或文才进入贵族等级,认为这是对贵族的侮辱。 他的政治理想中包含了强烈的保守主义内容。

讽刺杂志与俄国文学

叶卡捷琳娜二世短暂的开明专制政策极大地促进了俄国民族文学和民族艺术的发展,促进了欧洲先进的文艺思潮和作品在俄国的传播。 然而,正如历史学家们所评价的,叶卡捷琳娜二世一方面创造开明专制体制下的领导文学创作的个人风格,另一方面对她不喜欢的作家进行严格的书报检查和迫害,这样并不利于本国文学的发展。③

---

① *Славянофильство и современность*. СПБ. 1994. с. 21.
② 莫基切夫主编:《政治学说史》,中国社科院法学所编译室译,中国社会科学出版社,1979 年,上卷,第 360 页。
③ Труайя А. *Екатерина Великая*. Москва, 2007, с. 453.

讽刺文学是这个时期最为引人注目的亮点，贵族生活和上流社会的恶习是讽刺文学主要的抨击对象。贵族最大限度地享有各种特权和优惠以及免除国家军事和经济义务的典型形象广泛地出现了当时的文学和艺术作品之中，如冯维辛的讽刺喜剧《纨绔少年》(Недоросль)和诺维科夫主办的杂志《公蜂》上批判的贵族形象。

1783 年俄罗斯科学院出版杂志《俄罗斯语言爱好者对话人》[①]，杂志主编是俄罗斯科学院的前负责人达什科娃（Е. Р. Дашкова）女公爵。叶卡捷琳娜二世是杂志的出版资助人，她还积极地参加杂志的创刊号和提供其他的物质资助。俄罗斯科学院出版这份杂志的目的是完成叶卡捷琳娜二世交给的任务：由科学院编撰一本规范的俄语辞典。杂志从 1783 年 6 月到 1784 年 9 月共出版 16 期，每月印数约 1800 份。几乎这一时期著名的俄国作家和思想家都在这份刊物上发表过作品，如杰尔查文献给叶卡捷琳娜二世的颂诗《费里察》(Фелица)，以及冯维辛、克梁日宁（Я. Б. Княжнин）、卡普尼斯特（В. В. Капнист）、波格丹诺维奇（И. Ф. Богданович）、赫拉斯科夫（М. М. Херасков）、穆拉维约夫（М. Н. Муравьев）、涅列金斯基—米里茨基（Ю. Нелединский-Мелецкий）、德米特列耶夫（И. И. Дмитриев）、卡兹里斯基（Ф. Козельский）、科斯特罗夫（Е. И. Костров）等人作品，还有历史学家鲁缅采夫（С. П. Румянцев）和巴图勒（П. С. Батур）的作品。杂志上还发表外国作家的作品。

《俄罗斯语言爱好者对话人》几乎每一期都有叶卡捷琳娜二世半说教和半讽刺并且冠之以《无稽之谈》(Были и небылицы)的作品，内容是她的每周观察和思考，作品风格模仿英国作家斯特恩（Laurence Sterne）及其作品《特里斯特拉·谢金的生活和意见》(Жизнь и мнения Тристрама Шенди)。[②] 杂志对于叶卡捷琳娜二世来说非常重要，因为她可以借助杂志与社会思想沟通联系，她在 1769 年还曾出版了一本杂志《杂俎》(Всякая всячина)。

18 世纪是俄罗斯文学重要的转型时期。这一转型包括了在文学性质上从古典文学（классическая культура）向近现代文学（новая культура）的转变，在文学内容上从宗教文学（церковная культура）向世俗文学（светская культура）的

---

① 该杂志全名为《俄罗斯语言爱好者对话人，包括俄国作家诗歌和散文》(Собеседник любителей российского слова, содержащий разные сочинения в прозе и стихах некоторых российских писателей)。

② Громова Л. П., Ковалева М. М., Станько А. И., Стенник Ю. В. История русской журналистики XVIII-XIX веков. СПб.: Издательство С-Петерб. ун-та, 2003 г.

转变。18世纪30—50年代开始了转型。这一时期的代表人物是康杰米尔（А. Д. Кантемир）和罗蒙诺索夫（М. В. Ломоносов）。康杰米尔是俄国的古典主义和近代讽刺诗的奠基人之一。他的诗歌嘲笑贵族的不学无术、游手好闲、荒淫挥霍、挑拨是非，宣扬公民精神、爱国主义和天赋平等等思想。他大胆使用民间语言和谚语，在许多方面对18世纪后半期俄国讽刺诗风格产生影响。而罗蒙诺索夫不仅是伟大的科学家，还是俄罗斯文学的奠基人。他在1739年所写的《攻克霍京颂》(Од на взатии Хотина) 被19世纪俄国著名思想家和文学评论家别林斯基视为："我们的文学从1739年开始（即从出现罗蒙诺索夫第一首颂诗那年开始）"。① 从18世纪60年代开始，俄罗斯文学的转型速度加快了，代表人物是苏马罗科夫（А. П. Сумароков）、冯维辛和杰尔查文。

苏马罗科夫是18世纪下半期俄国最著名的作家、诗人和古典戏剧作家。他出生于莫斯科的一个贵族家庭，在家中接受启蒙教育，后来在贵族的陆军武备学校学习。苏马罗科夫在学校中参加文学小组，深受俄国诗人特列基雅科夫斯基（В. К. Тредиаковский）的影响，他以"特列基雅科夫斯基文体"创作的爱情诗在彼得堡和莫斯科的上流社会风行一时，还得到叶卡捷琳娜二世的赏识。武备学校毕业后，苏马罗科夫担任米尼赫（А. Миних）伯爵和拉祖莫夫斯基（А. Г. Разумовский）伯爵的副官。在此期间他写了许多悲剧、喜剧和歌剧，获得很大的成就。1756年俄国第一家剧院建立，苏马罗科夫长期担任剧院院长职务，他因此被称为"俄国剧院之父"（отец русского театра）。苏马罗科夫在作品中批判贵族的骄横和不道德，提倡减轻对农奴的压迫。

1747年，他完成了具有古典主义文论性质的两部诗体书简。在推崇颂诗和悲剧为崇高体裁，并且大量写作的同时，他也开始表现出自己的特性和偏好，他对所谓中间和低级体裁给予了更多的关注，例如牧歌、田园诗、歌曲、寓言、喜剧诗等。他与他的弟子和追随者们在题材、主题、语言、形象以及格律和韵律方面进行了大量探索。在当时已经形成了"苏马罗科夫学派"，其成员有著名诗人赫拉斯科夫、迈科夫（В. И. Майков）和波戈丹诺维奇（И. Ф. Богданович），他们都坚持古典主义诗歌创作方法。

苏马罗科夫一生著有9部悲剧和12部喜剧，包括《霍列夫》(Хорев, 1747)、

---

① Белинский В. Г. Полное собрание сочинений. Москва, 1948. Т. 2. с. 732.

《哈姆雷特》(Гемлет, 1748)、《西纳夫和特鲁沃尔》(Синав и Трувор, 1750)、《维舍斯拉夫》(Вышеслав, 1768)、《僭皇德米特里》(Димитрий Самозванец, 1771)、《姆斯季斯拉夫》(Мстислав, 1774)等。苏马罗科夫创作的戏剧情节则取材于俄罗斯历史。尽管作品用的主要是历史人名，而不是真实史料，但是由于他的努力，民族历史主题成为俄罗斯古典主义的突出特点。他的作品结构质朴简明，人物角色很少，而成熟时期的作品一般都是幸福结局。他的悲剧的戏剧冲突核心是爱情和责任的斗争。他的悲剧颂扬贵族的公民美德，主人公为责任而战胜自我。代表作为悲剧《霍列夫》和《僭皇德米特里》。他早期喜剧只是讽刺以人物为化身的某种恶习。60 年代的喜剧《监护人》(Опекун, 1765)、《高利贷者》(Лихоимец, 1768)、《三兄弟竞争对手》(Три брата совместники, 1768)等风格怪异，主要揭露人物身上体现出来的卑鄙欲望。监护人觊觎孤儿财产而将青年贵族变成奴仆；高利贷者出于吝啬让仆人半饥半饱，逼他们去偷木材。他还曾为俄国第一部歌剧《采法尔和普罗克里斯》(Цефаль и Прокриса, 1755)撰写了剧本。他的后期作品主要是对贵族的愚昧、盲目模仿西方生活方式等进行讽刺。他在讽刺诗《论贵族》(О дворянстве)中对不劳而获、不思进取的贵族提出了忠告："你的头中如果没有脑筋，那你还是种田或砍树去吧；你同下层人无大差别，祖先的头衔不能使你变得伟大！"苏马罗科夫强调贵族应该由本国最优秀的人组成，而那些仅以"门第"和"祖荫"为荣的领主则是他笔下的被批评者。苏马罗科夫在另一首诗中再度对领主出身的阶层发出讽刺："贵族这头衔，我们世代相传，试问：为什么给我们以贵族身份？既然我的祖先为社会利益生活在人间，他便给自己取得了报偿，为我付了定金。"①

苏马罗科夫的创作体裁是多种多样的，除戏剧外，还写过抒情诗、颂诗、童话、讽刺诗、铭词、哲学著作。他的诗歌的韵律丰富多彩，在俄国诗歌发展中起过一定作用，其歌谣很多取材于民间作品。由于苏马罗科夫在戏剧理论和戏剧创作均成就巨大。他因此被后世称为"北国的拉辛"(Северный Расин)和"俄罗斯的拉封丹"(Российский Лафонтен)。

1762 年 9 月 22 日，在叶卡捷琳娜二世登基日，戏剧家沃尔科夫（А. Г. Волков）朗诵了苏马罗科夫写的一首讽刺俄国社会风尚的诗《对变化无常的世界

---

① 普列汉诺夫：《俄国社会思想史》，孙静工译，商务印书馆，1996 年，第 3 卷，第 234 页。

的大合唱》(Хор к превратному свету)，引起女皇的愤怒。苏马罗科夫被迫离开彼得堡，后贫困潦倒而死。

冯维辛①于 1744 年 4 月 14 日生于莫斯科的一个破落贵族家庭。他的父亲伊万·安得烈耶维奇·冯维辛是一个彼得一世时代的学者，由于家庭经济问题，无法雇用外国教师，他以道德劝学著作给予幼年的冯维辛以发蒙教育，冯维辛通过阅读宗教书籍学会了古斯拉夫语。冯维辛后来说："没有古斯拉夫语，我是无法掌握俄语的。"他的宗教情感也因此而得以培养。1755 年，冯维辛进入刚刚成立的莫斯科大学的附属中学，1760 年进入莫斯科大学哲学系，但是仅仅在大学学习了 2 年。尽管此时大学的教学水平不高，部分教师酗酒成性，但冯维辛还是学会了德语和法语，了解了欧洲文学，并且在一些教授的影响下走上了文学创作之路。1761 年起，他在赫拉斯科夫的杂志上发表了一系列的翻译文章。1762 年他被授予近卫军中士头衔，进入外交部工作，担任法文翻译，成为外交大臣叶拉金的秘书。冯维辛的第一部喜剧《旅长》(Бригадир, 1768) 就是在大臣秘书任上写成的，该剧既嘲讽了贵族阶级的道德堕落，也揭露了俄国社会崇拜法国的媚外思潮。但冯维辛对公职并不感兴趣，他把较多的时间用于翻译外国戏剧作品上，并因此得到了上司的支持。1769 年冯维辛转投国务大臣帕宁门下，成为他的秘书，并且一直工作到 1783 年，随后以"文职助手"(статский советник) 的官衔和享受 300 卢布的退休金而退休。在帕宁手下工作时，他接触到了大量的农民事务的法案。他认为"自由"和"财产"是对"国家"和"农民"最有益的两个最重要因素，而最好的方法就是解放农民。这些日常事务性的工作虽然枯燥乏味，但使他对俄国现实有了较深的了解。他的另一部喜剧《纨绔少年》则对贵族阶层进行了严厉抨击。女地主普罗斯塔科娃多方虐待寄养在她家的孤女索菲娅，后来由于索菲娅可以继承叔父斯塔罗东的一宗财产，普罗斯塔科娃便强迫她做自己的儿媳。但是索菲娅在开明贵族普拉夫津和斯塔罗东保护下，终于和贵族军官米朗结婚；普罗斯塔科娃因虐待农民和孤女被法办，财产也交官代管。作品真实地刻画了普罗斯塔科娃这个农奴主的形象。她横暴、奸诈、愚蠢、狠毒。她对农奴进行敲骨吸髓的剥削，农奴出身的保姆在她家工作了 40 年，所得

---

① 全名为杰尼斯·伊万诺维奇·冯维辛 (Денис Иванович Фонвизин)，冯维辛的姓原来写为"冯—维津" (Фон-Визин)，这是一个来自古老的立夫兰骑士家族的姓氏，按照普希金的解释，这是一个半过渡的俄国人的姓氏，这种写法一直持续到 19 世纪下半期。

的酬报是"一年五个卢布,外加每天五记耳光"。 她虐待周围的一切人,包括她的丈夫,却十分溺爱儿子米特罗法努斯金（Митрофанушкин）,一心希望他娶上成了巨富的索菲娅。 在母亲的教养下,米特罗法努斯金成为了是个只会吃喝玩乐的纨绔少年,他已经十六岁,念了三年书,却不会加减乘除。 他利用母亲的溺爱装病逃学,捉弄仆人。 他善于见风使舵,并像普罗斯塔科娃一样凶暴狡黠。他无所事事,不爱学习,贪图声名。 他经常声称:"不想学习,想娶老婆!"（Не хочу учиться, хочу жениться!）这是对当时贵族阶层不学无术和不求进取的讽刺,他的名字成为"纨绔子弟"的同义词收入俄语词典。 剧本以宣布对女地主的庄园实行监护结尾,显示了剧作者呼吁实现社会改革的鲜明立场。 叶卡捷琳娜二世曾经抱怨说:"我活得别扭极了! 就连冯维辛也想教导我怎样治理国家。"①

彼得一世18世纪初的大改革一个最大的负面结果就是导致在俄国出现了"欧化"思潮与"本土"思潮的对抗,实际上分化出了拥有完全不同的价值观和理想的两个社会,导致俄罗斯分裂的悲剧,而且这种分化随着国家的发展有越来越严重之势。 正如当代俄罗斯历史学家评论的:"分裂性不可避免地将选择道路问题摆在国家面前。 如果选择'本土'化道路,就意味着采取伊凡四世时代启动的东方类型道路。 如果选择'文明'化道路,就意味着拒绝基辅罗斯、诺夫哥罗德共和国和莫斯科公国的传统,接受欧洲传统。 俄国几乎用了300年来解决这个难题。"②

"欧洲与俄国""西方与东方""文明与本土"之争早已开始。 谢尔巴托夫公爵是斯拉夫主义思想的启蒙者之一。 他对彼得一世改革持完全否定态度,并且把18世纪以来世风日下、国家混乱的责任归结于彼得一世。"他既是一个反对启蒙运动的贵族,同时又是一个用启蒙思想的辞藻掩盖起来的叶卡捷琳娜暴政的叛逆者。"③波尔京（А. И. Полтин）被史学家克留切夫斯基称为"斯拉夫派的某种旁系先驱"④。 波尔京对彼得一世改革持批评态度,他认为:"按照其他欧洲国家的情况来判断俄国,等于用矮个子的尺寸为高大汉缝制衣衫。 欧洲各国在许多特点上彼此相同,了解了半个欧洲,便可按照这一半来判断另一半。 但是对于俄国,不能用这种方式判断,因为它同它们毫不相

---

① 普列汉诺夫:《俄国社会思想史》,孙静工译,商务印书馆,1990年,第3卷,第86页.
② Семенникова Л. И. Россия в мировом сообществе цивилизаций. Брянск, 1996. с. 156.
③ 马里宁:《俄国空想社会主义简史》,丁属桂等译,商务印书馆,1990年,第33页.
④ 普列汉诺夫:《俄国社会思想史》,孙静工译,商务印书馆,1990年,第3卷,第158页.

像","自从我们向外国派出自己的青年一代……我们的道德风尚完全改变了。由于臆想的所谓教育，在我们的心灵里灌输了种种为我们祖先所不知道的新成见、新嗜好、新弱点、新念头。我们对祖国的爱熄灭了，对祖国信仰、习惯等等的依恋消失了。"①

冯维辛即是在以上的历史前提条件下，提出他的著名命题"俄国与西方"（Россия-Запад）。

如果从19世纪初俄国思想文化界划分出的两大阵营的不同的政治态度和主张来看，冯维辛应当属于"斯拉夫派"，因为他"过分赞扬俄国社会生活而贬低法国社会生活，部分地是出于对俄国上流社会的法国狂的反对。"②普希金称他是"所有俄罗斯人中最俄罗斯的人"（из перерусских русский）。但是他在青年时期曾醉心于欧洲自由思想，他在做外交官驻欧洲时写给他的保护人和上司，即著名的国务大臣帕宁伯爵的信中曾说："就我所知，现代哲学家（即启蒙思想家）的整个体系，就是要使人们无论信仰什么宗教，都有德行。"③在这里他将德行置于第一位，而信仰是第二位的。回国后，冯维辛立即恢复了对东正教的信仰。他在1785年身体瘫痪之后，曾对学生自嘲地说："我是因自由思想而受惩罚的"。④他在晚年所写的《真诚坦白》中说："对于渎神行为，我从来没有参加。……至于渎神行为，我却起过不是最小的作用。"⑤这种对俄国与西方（欧洲）认识态度的转变，同时也是他的世界观的转变。因此，他于1770年的《法国来信》（Письма из Франции）中一反初期对欧洲文化的仰慕，对俄国大加赞扬，他认为："在法国，没有什么有价值的好东西值得模仿"，"我任何一位头脑正常的同胞，与祖国的疏离感是因为俄国腐败造成的，但比起把他送往法国来，则没有更好的办法能使之回归所热爱的祖国了"，"对比我们的农民与法国的农民，我可以客观地说：我们要幸福得多。"他认为俄国晚加入欧洲是幸福的，因为他眼中的欧洲尽管在技术是先进的，但是在精神上却是污秽的和罪恶的。⑥冯维辛在18世纪80年代在《俄罗斯语言爱好者对话人》杂志陆续发表了一系列的文章，如

---

① 普列汉诺夫：《俄国社会思想史》，孙静工译，商务印书馆，1990年，第3卷，第158、155、156页。
② 同上书，第94页。
③ 同上书，第47页。
④ 同上书，第39页。
⑤ 同上书，第39页。
⑥ Фонвизин Д. Письма из Франции. под ред. Макогоненко. Русская литература 18 века. Ленинград, 1970. с. 338—348.

《俄国阶层的经验》《致〈往事和谎言〉作者的问题》《致俄国作家的米涅尔瓦[①]的呈文》《伊列尔·瓦西里在灵魂日的训诫》。在上述文章中,他提出一系列著名的问题:(1)俄国文化与西方(欧洲)文化的差异性。即:"为什么许多在外国被认为是聪明的人,在我们这里被认为是傻瓜,相反,我们这里的聪明人在外国常常是傻瓜?"(第15个问题)"怎样杜绝两种对立的、有害的极端倾向:第一种,似乎我们的一切都是丑恶的,外国的一切都好;第二种,外国的一切都是丑恶的,我们的一切都好?"(第19个问题);(2)"我国的民族性格是什么?"(第20个问题);(3)俄国文化胜于西方(欧洲)文化。他提出的理由是:"我们出生在西方死亡的时刻。"[②]由此,"俄国与西方"问题——冯维辛命题提出来了,它推动尚在形成之中的俄国知识阶层的深入思考,并反映在"斯拉夫派"和"西方派"的论战之中。

杰尔查文是叶卡捷琳娜二世时代最负盛名的宫廷诗人,他在1783—1793年间成为叶卡捷琳娜二世的御用诗人。杰尔查文的创作对18世纪末至19世纪初的诗人,包括早期的普希金有积极影响。

杰尔查文于1743年7月3日诞生在喀山省拉伊舍夫县喀尔马契村的没落贵族家庭,家里拥有一小块领地和10个农奴。父亲早亡,家庭一直处于贫困的境地。1759—1762年他在喀山男子第一中学读书。1763年,他应征入伍,在彼得堡的普列奥布拉任斯科耶近卫军团充当普通士兵,1770年晋升为准尉。三年以后,他主动请缨镇压普加乔夫领导的农民起义,为此普加乔夫曾经悬赏一万卢布换取他的头颅。1777年,他因与上司意见不合,脱离军队。1783年,他因创作歌颂叶卡捷琳娜二世的颂诗《费丽察》而受到女皇器重。这首诗借用了女皇本人于1781年给她的孙子亚历山大写的童话《关于赫洛尔王子的故事》,将女皇塑造为关心人民疾苦的贤明君主。叶卡捷琳娜二世奖给他一个金烟盒和500金卢布,并先后任命他为奥隆涅茨省和唐波夫省省长。1791年,叶卡捷琳娜二世任命他为私人秘书,但杰尔查文对女皇的作风和宫廷生活感到厌恶,1793年被解职并因此失宠。在保罗一世和亚历山大一世时代,杰尔查文重新被沙皇重视,被

---

① Минерва,科学文艺女神。

② Попов А. А. *Социальная утопия раннего славянофильства* (*историко-философский анализ*). дис. канд. филос. нау. МГУ им. М. В. Ломоносова. 1999. с. 106—109.;*Славянофильство и современость.* СПБ., 1994. с. 89—92.

任命为司法大臣。

　　杰尔查文以写颂诗为主，就内容而言，他的颂诗可以分为政治性颂诗、讽刺性颂诗和哲理性颂诗等。杰尔查文早年遵循罗蒙诺索夫的传统，后来突破了古典主义的固定模式，开始用生动的口语描写日常生活，丰富了诗歌语言，并使俄国诗歌接近现实。除《费丽察》外，《攻克伊兹梅尔要塞》(Гром победы, раздавайся! 1791)描写苏沃罗夫元帅的功绩；《权贵》(Вельможа, 1798)大胆讽刺不法君主，批判宫廷恶习，谴责权贵的荒淫无耻。《梅谢尔斯基公爵之死》(На смерть князь Мещерского, 1779)提出人生的意义、生与死等哲理性问题。《上帝》(Бог, 1784)和《瀑布》(Водопад, 1798)表现了他对人的命运的思索。杰尔查文的颂诗具有强烈的讽刺和揭露性质。杰尔查文特有的"讽刺颂诗"格式促进了俄国诗歌的革新。

　　在革新颂诗的同时，杰尔查文继续了罗蒙诺索夫开创的事业。他常常使用对比的手法，把无能的达官显贵同多才多艺的普通人民相对照。对普通人民的关注促使他在文学创作中不懈地探索民族性格和民族形式，合理的吸收民间文学的精粹，表现民族特征。现实的、活生生的、复杂的人的生活、趣味、激情、习俗，所有这些被古典主义视为"低级的"、不配用诗歌表现的东西，统统纳入了杰尔查文的创作视野。用类似绘画中的景物写生的手法描绘日常生活，在他晚期创作中表现得尤为明显。

　　杰尔查文一个重要的历史轶事是他在 1815 年初皇村学校的升级考试中发现了普希金的天才，他预言已经找到了自己的接班人。

　　波兰历史学家瓦利舍夫斯基评论整个 18 世纪的俄国文学基本上都是"来源于外国因素"。[①] 法国历史学家特罗亚认为这一时代俄国最著名的文学家苏马罗科夫、赫拉斯科夫和波戈丹诺维奇和其他作家都是直接从法国作家那些吸取营养。[②] 19 世纪法国历史学家列荣—鲍里耶（A. Leroy-Beaulieu）强调国外因素在一个世纪里持续影响俄国并诞生了俄罗斯的民族文学。[③]

[①] Казимир Валишевский. *Екатерина Великая*（Роман императрицы）, кн. 3, ч. 1, гл. 1, I.

[②] Труайя А. *Екатерина Великая*. Москва, 2007, с. 454—455.

[③] Leroy-Beaulieu A. *L'empire des tsars et les russes*. Paris, 1881, t. 1, p. 257.

俄国共济会的文化活动

共济会俄文为 масон，来源于法文 macon，它表明俄国共济会起源于法国共济会。而法文 macon 又源自英文 mason（石匠），在英文中共济会又写为 Freemasonry，意即"自由石匠"。世界上第一个共济会于 1717 年 6 月 24 日诞生在英国伦敦。

彼得一世执政时期共济会正式进入俄国。有文字记载的涉及俄国共济会的文件出现在 1731 年。这一年，伦敦共济会分会领袖洛弗尔勋爵（Lovell）任命乔治·菲利普（George Philip）上尉为俄国分会的领导人。1747 年，俄国沙皇政府开始注意到国内的共济会组织，伊丽莎白女皇政府在这一年对共济会的性质和目的做了调查。根据女皇的命令，政府大臣舒瓦洛夫（А. И. Шувалов）对刚从国外回来的戈洛温（Н. Головин）伯爵进行了调查，调查内容包括共济会的章程内容及其成员等。

在俄国国内，共济会首先流行于驻俄的外国人之中，特别是英国和德意志驻俄国的专家和商人，他们对俄国共济会的早期传播起了主导作用，此时的俄国人在共济会分会中只占有次要地位。很快，共济会在俄国就有了另外的传播者，一些俄国人自身也从国外带回了共济会。共济会传入俄国后很快被那些欧化贵族接受。18 世纪 50、60 年代在彼得堡建立的各个共济会分会，如："谦逊"（Скромность，1750）、"永恒"（Постоянство，1762）和"幸福约定"（Счастливое согласие）等，都具有贵族化的特征。

18 世纪的俄国共济会主要有瑞典传统的共济会和玫瑰十字会两种组织模式。它们的组织形式非常接近，下级共济会员服从上级共济会员的领导都是一种必须的行为；它们的最高组织机构成员，都对低级别共济会员保密，最高组织机构掌握所有的权力。

18 世纪著名共济会员洛普欣（И. В. Лопухин）认为："读书是一副催化剂，它在很多年内，使数以千计的人命运发生了潜移默化的转变。"① 俄国共济会希望

---

① Соколовская Т. *Русское масонство и его значение в истории общественного движения*，Москва，1999. с. 125.

由教育引起相应的"社会变革"和"完善"是俄国共济会追求"道德的自我完善"的重要组成部分。在这一指导思想和目标的引导下，以诺维科夫和施瓦尔茨为代表的俄国共济会员首先依靠会员的捐助建立了相应的教育机构。因此，兴办教育是18世纪下半期俄国共济会的主要活动之一。

区别于叶卡捷琳娜二世政府对建立贵族学校的热衷，俄国共济会更注重对普通民众的培养。诺维科夫共济会小组主办的《莫斯科公报》上曾发表过一篇名为《论艺术和科学发展的主要原因》（О главных причинах, относящихся к приращению художеств и наук）的论文，作者坚称教育必须把根基扎到人民的土壤中去，因为"人民是科学成果的第一手收集者。这种成果到达'显贵'的人们，是很晚的"①。

在这种指导原则下，1777年11月，诺维科夫共济会小组发起建立的附属于弗拉基米尔圣母教堂的叶卡捷琳娜学校（Екатерининское училище при церкви Владимирской Божьей Матери）开始招生，这是一所针对普通民众的福利性学校，第一批学生总计有30—40个，包括需要交学费和免费入校的学生。1778年，以诺维科夫为首的俄国共济会员又在彼得堡开设了一所校址位于瓦西里岛，附属于报喜教堂的初级国民学校——亚历山得罗夫学校（Александровское училище при церкви Благовещения）。这些学校一直存到1781年左右。1779年，这两个学校的在校生总量达到了93个，对于18世纪的俄国教育来说，这已经是个不小的数目了②。

以施瓦尔茨为首的另外一些共济会员也在建立学校方面取得了很大成就。1779年11月13日，以施瓦尔茨为首的俄国共济会员创办了一所附属于莫斯科大学的初级师范学校（Педагогическая семинария при московском университете），这实际上是俄国第一个私人培养教师的教学机构，其目的是为一些人民学校培养教师。与莫斯科共济会员建立的其他机构一样，学校的生存主要依赖于俄国共济会员的捐献③，如共济会员杰米多夫（Н. А. Демидов）就曾为学校的建立捐献

---

① Плеханов. Г. В. *Сочинение*, Москва, 1925. т. 22. с. 302—304.

② Брачев В. *Масоны у власти*, Москва, 2006. с. 144—145.

③ 施瓦尔茨遇见了共济会员塔季谢夫，塔季谢夫在就其儿子的教育问题向施瓦尔茨请教的时候，施瓦尔茨向他提出了让其捐资助自己的教育计划的请求，塔季谢夫同意了施瓦尔茨的请求。后来，塔季谢夫将自己的很大一部分财产捐献给了施瓦尔茨的教育事业。施瓦尔茨后来在谈到这件事时说道，"当我很轻松地就得到了实现我的思想所需要的大量资本时，我甚至比第一个发现新大陆的哥伦布还要快乐"。参见：*Масоны.—История, идеология, тайный культ*. Москва, 2005. с. 202.

了 2 万卢布。 为了创办这所学校,俄国共济会员特意购买了一座临近缅什科夫塔(Меншиковая башня)的砖制小楼作为校舍。 3 年后,师范学校在校大学生已达 30 名①。

在这些俄国共济会创办的学校中,共济会思想对学员形成了很大的影响。在学校的毕业生中,除少数人外,几乎所有的学生,包括拉布津(А. Ф. Лабзин)、后来的六翼天使教堂都主教格拉戈列夫斯基(С. Глаголевский)和后来的米哈依尔教堂的都主教杰斯尼茨基(М. Десницкий)等都在这些学校加入了共济会。

1782 年 6 月,施瓦尔茨利用共济会员捐献的资金又创办了一所翻译学校。为了扩大影响,他在当月的《莫斯科公报》上刊登了这一消息,第一批招收了 16 个学生。 翻译学校创立后翻译了大量的西欧著作,对当时的社会发挥了巨大的作用。

俄国共济会甚至还将一些有潜质的学生送到国外学习。 1786 年,共济会员巴格良斯基(М. И. Багрянский)在莫斯科大学毕业后,诺维科夫资助他(每年500 卢布)出国学习了 4 年。 俄国共济会领袖施瓦尔茨为了能从莫斯科大学的学生中培养熟练的翻译人员,使用了共济会员的捐献包括会费,将一些年轻人派到国外学习。 共济会员屠格涅夫(И. П. Тургенев)在 1792 年 8 月表示:"在不同时期总共有 3 个学生被派出,他们其中有 1 人回国时获得了荷兰一所大学的博士学位。 我们的社会没有对他的学业进行资助,也并非我们的社会将其派出,他们派出的费用是由我们几个自己支付的"②。

共济会员洛普欣后来谈到,他们派出留学生的目的,是为了让他们学习化学、医学、博物学等知识,以使他们加入共济会后,能更加熟练地掌握共济会玫瑰十字派的方法,能成为他们的实验员,为其他会员提供表率③。 洛普欣还认为,带有启蒙目的地派遣留学生出国,是在完成一种善行,作为这一善行的物质支持,他每年给予这些留学生捐助近千卢布的费用④。 俄国共济会的这种行为,虽然其目的本身并不一定是促进俄国科学文化的发展,但其行为本身却导致了这

---

① Брачев В. *Масоны у власти*. Москва, 2006. с. 145—146.
② Соколовская Т. *Русское масонство и его значение в истории общественного движения*. Москва, 1999. с. 122—123.
③ Там же.
④ Там же.

样一个事实。

俄国共济会建立的是针对普通民众的福利性学校，这和叶卡捷琳娜二世建立的贵族学校有所区别。 也区别于叶卡捷琳娜二世时期存在的其他普通学校，俄国共济会建立的这些学校具有更多的形而上和"道德完善"色彩，也即俄国启蒙运动的"美德"的色彩。

为使毕业生通过阅读和讨论自己的文学作品而"培养他们的思想和兴趣"，促进他们的"道德完善"，实践他们的仁爱观，1781年3月13日，根据施瓦尔茨的倡议召开了"大学毕业生协会"（Собрание университетских питомцев），毕业生在这里宣读和讨论他们的著作。 这是俄国第一个大学生文学学术团体，他们拥有自己的定期出版物——《曙光》（Заря）（这是沿用的诺维科夫创办的一个杂志的名字，它源于共济会的一个标识符号，即一轮冉冉升起的太阳）杂志，施瓦尔茨本人任杂志编辑，其他工作人员还包括：共济会员达维多夫斯基（А. Я. Давыдовский）、马克西莫维奇（Л. М. Максимович）、拉布津、佩利斯基（П. А. Пельский）和莫吉良斯基（А. В. Могилянский）等①。 杂志除了刊登克柳恰廖夫（Ф. П. Ключаев）、索哈茨基（П. А. Сохатский）、巴格良斯基和屠格涅夫的文章外，还刊登一些莫斯科大学学生翻译的西欧共济会神秘主义译著及宗教神秘主义论题的论文。

很多重要人物都与"大学毕业生协会"有着密切联系。 格尔内绍夫（Ч. З. Гернышёв）伯爵本人出席了协会的开幕式，莫斯科大主教普拉东（Платон）公开宣布将此协会纳入自己的庇护之下。 协会的成员有近50人，其中包括：施瓦尔茨、诺维科夫、洛普欣、特鲁别茨基、丘尔科夫、巴热诺夫（В. И. Баженов）、М. М. 赫拉斯科夫、切尔卡斯基公爵、拉德任斯基（Н. Ф. Ладыженский）、巴乌泽（Ф. Баузе）、施奈德（Я. Шнейдер）、克柳恰廖夫、斯特拉霍夫（И. П. Страхов）、延加雷切夫公爵（К. М. Енгалычев）、科舍廖夫（Р. А. Кошелев）、格列博夫（Ф. И. Глебов）、维亚泽姆斯基公爵（А. И. Вяземский）、А. М. 库图佐夫、Г. П. 加加林公爵、施赖特尔（Г. Шрейдер）、А. М. 多尔戈鲁基公爵、波兹杰耶夫（О. А. Поздеев）、普列谢耶夫（С. И. Плещеев）、列普宁公爵（М. П. Репнин）等②。 从这份名单中可以看出，"大学毕业生协会"的成员基本上都来

---

① Брачев В. *Масоны у власти*. Москва, 2006. с. 146.
② Там же. с. 147.

自俄国共济会。

"大学毕业生协会"等机构的建立引起了叶卡捷琳娜二世的注意。在后来对诺维科夫共济会小组的审判中,沙皇政府力图弄清建立这些机关的目的,试图找出其背后是否隐藏有什么秘密。科洛科利尼科夫(В. Я. Колокольников)的供词记录上记载着这样几个沙皇政府试图弄清的问题,"这样一个用自己的费用建立的机构究竟是一个什么样的机构? 这样一个大学生们生活和学习的房子是什么样的房子? 大学生们在这栋房子中的生活状态是怎样的? 他们的人多吗? 他们在这栋房子里学的是什么? 他们有什么责任和义务吗?"①

除"大学毕业生协会"外,1782 年 11 月 6 日,在施瓦尔茨等俄国共济会员的参与下,一个酝酿于 1779—1781 年间的"友好学术协会"(Дружеское учёное общество)在共济会员塔季谢夫家中成立。该协会的任务是:出版各种教学书籍,研究并从事哲学、历史、教育和自然科学知识的传播,换句话说,就是在俄国社会推行教育和启蒙,这构成了俄国共济会扩大宣传,推行共济会式"启蒙"的重要手段。协会的组织者洛普欣说:"我们创办协会的目的是——出版各种宗教书籍、那种真正符合福音书道德的书籍,再版各种古代有关福音书道德的外文译著,以及帮助那些时刻以上帝的旨意来布道的人。同时,借此来促进提高人们的修养。"②在这里,无论宗教目的,还是道德、提高修养等,实际上都是俄国共济会用来"自我完善"的手段。俄国共济会为"友好学术协会"建立了奖学金制度,僧侣出身的涅夫佐罗夫(М. Невзоров)就成为了这一制度的受益者,他在出国前领取了"友好学术协会"的大学生奖学金③。

这一时期俄国共济会学术机构的建立发生在有利的社会政治背景之下。1783 年 1 月 15 日颁布的自由出版法令,更使"友好学术协会"的存在有了合法依据。

"大学毕业生协会""师范学校""翻译学校"和"友好学术协会"的组建费用全部来源于俄国共济会员的捐献。为了顺利组建这些机构,共济会"和谐"分会的几乎所有的成员都付出了艰辛的劳动。当然,这些成就的取得还与施瓦尔茨的倡导、他的自我牺牲精神以及以他为中心的共济会团体紧密相关。

---

① Соколовская Т. *Русское масонство и его значение в истории общественного движения*. Москва, 1999. с. 121—122.
② Брачев В. *Масоны у власти*. Москва, 2006. с. 147.
③ 普列汉诺夫:《俄国社会思想史》,孙静工译,商务印书馆,1996 年,第 3 卷,第 413—414 页。

除创办学校、组建社团及讨论哲学问题外，俄国共济会为达到其改造社会和人类，以达到不断"完善"的目的，还大大加强了出版活动。在这样的指导思想下，俄国共济会领袖诺维科夫很快与另外一些共济会员，包括莫斯科大学学监赫拉斯科夫、特鲁别茨基等，组成了一个紧密的出版团体。1779年，诺维科夫在赫拉斯科夫的帮助下得到了租赁莫斯科大学印刷厂、书店和出版《莫斯科公报》的机会。在租金很少的情况下，诺维科夫接受了赫拉斯科夫的建议，租下了印刷厂。1779年6月5日，租赁合同最后签订。同一年，诺维科夫把家搬到了莫斯科。

俄国共济会帮助诺维科夫筹集了用于印刷厂、书店和报纸的资金。因此，这些机构不仅仅是诺维科夫本人的事业，也是俄国共济会的重要活动。在拿到印刷设备后，诺维科夫和其他共济会员即刻投入到了出版活动之中。

14个俄国共济会员出资捐献的资金构成了出版公司的共同财产，捐献比较多的有 Н. 特鲁别茨基和 Ю. 特鲁别茨基（每人各一万卢布）、切尔卡斯基公爵、丘尔科夫和拉德任斯基（А. Ф. Ладыженский）各五千卢布，诺维科夫和其他共济会员、莫斯科玫瑰十字会领袖施雷德尔男爵也捐献了价值不菲的书，甚至还有在尼科里大街（Никольская улица）大街上的房子。共济会员洛普欣、И. П. 屠格涅夫、А. М. 库图佐夫、加马列亚和加雷切夫公爵虽然没有捐献资金，但也参加了公司的活动。出版公司最初拥有资本57500卢布，这还不包括诺维科夫捐献的价值32000卢布的书。出版公司的建立，使俄国玫瑰十字会员的出版潜能急剧提升，也使其投入书籍出版活动成为可能。

受俄国共济会组织原则的影响，出版公司最初具有集体领导的风格。И. В. 洛普欣、Г. А. 施雷德尔、А. М. 库图佐夫、加马列亚、尼古拉公爵、Ю. 特鲁别茨基和诺维科夫等，都曾在出版公司担任过重要职务。不过，诺维科夫很快就在事实上成为了出版公司唯一的主持者。施瓦尔茨去世后，诺维科夫借助于自己准确的"民族知识和过人的智慧"，很快在俄国共济会内部获取了会员的信任和无条件服从，这为他借助其他会员的力量和热情发展出版公司提供了可能。

从这一时期诺维科夫出版物的内容来看，它首先是用来提高俄国社会识字水平的识字课本，既有俄语的，也有拉丁语的。一些具有大众人文特征的文学作品在诺维科夫的出版物中也占有重要位置，包括伏尔泰、狄德罗、卢梭及欧洲其他一些著名作家的作品、教科书、语法词典、历史著作等。一些定位于大众读物的文艺翻译作品也在莫斯科玫瑰十字会员出版物中广泛存在，其中仅在1784

年,诺维科夫出版集团的成员就出版了译自法文的独幕剧《安德烈和采齐拉》(Андрей и Цецила)等数十数本译著。

诺维科夫共济会小组在将国外哲学著作介绍给俄国读者的同时,还将一些秘密组织(主要指共济会)的思想介绍给了俄国读者。比如,在1785年第1期的《长眠的爱好劳动者》上就刊登了一篇名为《关于所谓的卡巴拉科学》(О науке называемой каббале)的文章,其中谈到,借助于"卡巴拉"(каббала)[①]的力量可以解开《圣经》的秘密含义并能正确地对《福音书》做出解释。这一时期诺维科夫出版的此类书籍还有:《十字架、耶稣基督及其成员的圣礼》(Таинство креста и Иисуса Христа и Членов его)、《自由石匠的宝库:历次会议言论及歌曲、书信集》(Магазин свободнокаменщический, содержащий в себе речи, говорённые в собраниях, песни, письма)等。

对比诺维科夫加入俄国共济会前后的变化,可以发现在他加入共济会后,图书出版的数量有了明显的增加。在1784—1791的8年间,仅诺维科夫属下的一个出版公司就出版了554种图书。而1771—1780的10年间,诺维科夫出版的图书总量只有167种[②]。诺维科夫加入共济会后,其出版物的内容也有了重要变化,与共济会、宗教和神秘主义相关的书籍显著增加。

诺维科夫共济会小组在使用俄国共济会资金捐赠的情况下,迅速扩大了出版物的数量和种类确为史实。这种出版物数量和种类的增加在构成俄国共济会教育事业的同时,也对俄国社会的启蒙产生了重要推动作用。受俄国共济会教育思想的影响,诺维科夫共济会出版集团并没有把出版活动全部集中于共济会读物,而是将那种与其价值观相一致的带有启蒙性质的读物,包括译著等置于了出版的重要位置。区别于官方的"启蒙"读物,诺维科夫共济会小组对于启蒙概念,包括"美德""平等""自由"等概念的传播更为自觉,影响也更大。诺维科夫共济会小组没有把出版公司的利润置于首要位置,而以书籍传播的扩大为重要目标。用诺维科夫本人的话说,他这一时期不但注重图书的出版,还特别关注图书的价格,为的是能让图书成为一种在更大范围读者内传播的工具,"我特别注意的是,如何使书的价格更便宜一些,试图以这种办法来吸引所有阶层的人都

---

① 英文为Cabala,希伯来神秘哲学。参见冯契、徐孝通主编:《外国哲学大辞典》,上海辞书出版社,2000年,第167页。

② Брачев В. *Масоны у власти*. Москва, 2006. c. 165.

来读书"①。为达到这一目的，诺维科夫降低了书籍的价格，很多书籍的销售价格甚至低于其成本价。

这一时期图书市场的繁荣和扩大也与诺维科夫的努力息息相关。在出版图书的同时，诺维科夫还将图书贸易视为图书传播的源泉之一。在不脱离企业经营模式的前提下，诺维科夫同许多书店建立了直接联系，将书直接卖给它们。在诺维科夫努力下，仅在莫斯科，书店的数量就增加了10倍，从原来的2家增加到了20家②。除此之外，诺维科夫还在莫斯科建立了一家公共图书馆。

图书贸易在外省也有了很大的发展。到18世纪末，17个外省城市中已有书店建立，在彼得堡和莫斯科有近40家书店③。作为在图书传播方面取得的巨大成就，诺维科夫共济会小组承办的《莫斯科公报》，其订阅人数还达到了当时空前未有的数字4000人④。

庄园文化与社会风尚

庄园文化艺术是俄罗斯文化史中一种独特的文化现象，它的特点是高度的综合性，即将建筑、园林、雕塑、绘画、音乐、戏剧等艺术门类集于一处、融于一体。庄园布局合理，协调和谐，并与周围的自然环境互为衬映，相得益彰。它不仅给人以诗情画意般的宁静感觉，同时，在这里可以找到人与自然、艺术与自然和谐的结合。

18世纪最后的25年间，乡村贵族庄园日常生活中的变化开始增多，这些变化没有瞒过善于观察同时代的人们。著名文学家和历史学家卡拉姆津写道："1762年法令之后，许多定居乡村的贵族过着平静地、对国家来说是游手好闲的生活"，从事经济、打猎、会客是他们唯一的活动。各省的改革"为贵族开辟了新的活动天地"，而这一活动天地"使他们脱离了任意的拘禁，与社会联系起

---

① Брачев В. *Масоны у власти*. Москва, 2006. с. 205.
② Там же. с. 165.
③ 泽齐娜等著：《俄罗斯文化史》，刘文飞等译，上海译文出版社，2005年，第123页。
④ 格奥尔吉耶娃：《俄罗斯文化史》，焦东建、董茉莉译，商务印书馆，2006年，第247页。

来，彼此间有了更多了解"。①

建筑艺术是俄国庄园文化的主要特点之一。在庄园的建筑群中，宫殿和教堂是各个庄园都有的两大建筑，规模宏大，气势雄伟，风格各异。如阿尔汉格尔斯克（Архангельск）庄园的柱廊陵园神殿、梦幻宫、茶房；库斯科沃（Кусково）庄园的暖房、埃尔米塔什、荷兰小楼、瑞士小屋；阿勃拉姆采沃（Абрамцево）庄园的木屋等。它们在建筑风格上各具特色，多数为古典主义之作，但也有仿哥特式的察里津庄园宫殿、巴洛克式的库斯科沃庄园格罗特小楼、帝国风格与古典风格相结合的库斯科沃庄园中的埃尔米塔什等。这些规模与风格各异的建筑，既体现了俄国18、19世纪建筑艺术的水平，也反映了当时人们对建筑艺术的审美情趣。

18世纪60年代之前，无数俄国贵族到国外去旅行，他们一下子迷上了意大利建筑和英国式房屋和花园风格。②叶卡捷琳娜二世本人就是意大利建筑和英国建筑风格的鉴赏家。虽然她从未到过英格兰，但是在18世纪70年代早期，她已经积累了大量描绘英式乡村房屋和花园的著作。另外，她创作的童话《维吉伍德的青蛙》（Лягушка веджвуда）的592篇中，复制了1244个英国乡村景观，有比较出名的，也不排除那些不为人知的建筑景观。③沙皇与贵族对园林（花园）的情有独钟，是俄国贵族庄园园林（花园）形成的基础因素。

叶卡捷琳娜二世决心要通过立法和案例来建立一个理想国度。在她当政期间，庄园界限首次被测绘，并在她的命令下，用于这些庄园的城镇和道路也迅速建立起来。她的法令为贵族提供了一个新的舞台。

俄国贵族阶层权力最大的时期是城郊贵族庄园兴盛的时期。④1785年俄国重新公开宣布贵族在法律的保障下享有特权。贵族免受体罚和各种赋税，有自由服役的权利，有优先拥有土地、农民、矿藏、水、森林的权利。贵族可以得到与欧洲教育水平相等的教育。所有这些给庄园文化的发展以很大的动力。叶卡捷琳娜二世的统治时期是纪念碑式城郊建筑群兴起的开始，这时庄园出现了建筑综合体（асамбль）。

---

① Брачев В. *Масоны у власти*. Москва. 2006. с. 156.

② Roosevelt Priscilla R. *Life on the Russian country estate：a social and cultural history*. New Haven：Yale University Press, 1995. p. 37.

③ Ibid. p. 37.

④ Марасинова Е. Н., Каждан Т. П. Культура русской усадьбы//*Очерки русской культуры XIX в*. Ч1. Москва, 1998. с. 265—368.

莫斯科附近聚集了众多庄园建筑，1765—1787年间，掀起了一股翻新老建筑的热潮。 位于库斯科沃的老房子，即谢列梅基耶夫伯爵的乡村庄园，在卡尔·布兰克（Карл Буранк）的指导下，天才的农奴建筑师巴维尔（Павел）重新翻修了这个庄园。 重修的库斯科沃有一个耗资巨大的中心廊厅，由12根克林西雅式圆形石柱支撑，外围还有与之对称的一个环形车道封闭在一堵白墙之内，门口有蹲坐的石狮子，车道通往一层的会客厅。 廊厅前及沿着整个建筑正面用白色栏杆划开了界限，由两座带栏杆的栈桥维持着廊道的平衡，突出得并不明显，没有影响整个建筑正面景观的安谧感。

库斯科沃、奥斯坦基诺（Останкино）和阿尔汉格尔斯克庄园都是那个时代的辉煌成果，至今仍处在相对较好的修缮中。 其他位于莫斯科省附近的宫殿群有的已经成了断壁残垣，有的则被改得面目全非了。 例如，18世纪中叶的杜布罗威辛（Дубровисин）庄园，刚建成时，它的对角线上有两个侧楼，这样的设计模式是巴洛克风格最初的特色。 1781年，叶卡捷琳娜二世的宠臣波将金买下了这个庄园，并开始按照新古典主义风格重新改造，但不久就转卖给了财政部。 最终由叶卡捷琳娜二世曾经的一个宠臣马莫诺夫（Дмитриев Мамонов）完成了这座庄园的改造。

庄园建筑是一种社会文化环境，它在很多方面都体现了贵族所代表的生活方式。 庄园建筑过程决定了庄园主要在建筑群结构、园区规划、肖像画廊以及家族、农民的墓地、墓碑等方面投入巨大资金。 尽管庄园主为克服已形成的庄园生活做了很多的尝试，但事实上仍继续着守旧的生活方式。

戏剧艺术是18世纪下半期俄国庄园文化的又一大特色。 每个庄园都有独具特色的表演舞台，有自己的戏班子，其中不乏著名的演员，演出著名的剧目。 例如库斯科沃庄园主谢列梅基耶夫（П. Б. Шереметев）伯爵培养的著名女奴演员热姆丘戈娃（П. Л. Жемчугова）就是18世纪末俄罗斯舞台艺术中一颗灿烂的明星。 她那非常鲜明的戏剧性表演和罕见的美丽歌喉不知倾倒了多少达官显贵。 1787年6月30日，热姆丘戈娃在库斯科沃庄园前宫大厅主演歌剧，令叶卡捷琳娜二世欣赏不已，女皇高兴之余，当场奖给全体演员1000金卢布，并赐给女主角一颗钻石戒指。

从叶卡捷琳娜二世到1861年俄国农奴制改革期间，贵族庄园剧院里面农奴演员们的表演一直是俄国贵族和农民们的主要娱乐项目。 贵族庄园里的戏剧表演形式表现为：农奴的表演、为欢迎客人精心排练的演出、庄园物质生活的戏剧表现,以及私人生活的戏剧化和仪式化。 18世纪后半期到19世纪前半期的百余年间,可谓庄园戏剧的辉煌时期。 一位自传体小说家写道:"没有哪个富有的庄园主家里没有管弦乐队的喧嚣声,或者合唱团优美歌曲的演唱,也没有哪家不搭建舞台的"。① 庄园戏剧对俄国文化传统产生了持续绵长的影响,其发展历程经历了两个阶段。 第一阶段主要是那种模仿性的,有时甚至是极其雄壮华丽的戏剧,它被用来奉迎吹捧俄国官场。 第二阶段,是贵族们脱离逃避社会、愤世嫉俗等戏剧类型的初期孕育阶段。 他们通过改变戏装、戏中台词以及动作行为等方式来表达他们对现实的强烈不满。 这种戏剧是俄国贵族心理上受到挤压和疏远冷落时,或者因周围糟糕的环境和氛围而感到激愤时,所出现的一种特有的对社会挖苦性的反应。

18世纪70年代初,库斯科沃庄园的演出与圣彼得堡的许多剧院的演出处于同一水平,甚至人们还公认库斯科沃庄园的演出比当时在莫斯科排名第一位的剧院的演出水平还要高出许多。 18世纪90年代,谢列梅基耶夫创建出比传统剧院稍小,但建造工艺更复杂的奥斯坦基诺剧院,该剧院时有70箱昂贵的演出服装、76箱道具及3箱乐谱。 19世纪30年代,梅尔加诺夫(Мердянов)庄园、阿普拉克辛庄园、施克维斯基(Шквиский)庄园等都有剧院,每个剧院都拥有高质量的舞台布景、精美的演出服装及高水平的演员。 他们高超的演出团队能够演出欧洲和俄国的戏剧、芭蕾、歌剧以及滑稽歌舞表演。 这些演出团的农奴男、女演员非常出名,不仅在庄园演出,也到省会和其他地方演出。 库斯科沃庄园、马尔菲诺庄园(Марфино)的主人都拥有2个剧院。 18世纪末,热情参与庄园戏剧表演的贵族减少了,而一些更为富有的贵族则成为戏剧活动的积极组织者,他们经常组织庄园里的农奴戏剧演员和舞蹈演员排练节目,这些农奴演员的表演水平有时可与皇家艺术家的水平相媲美。 富裕贵族的剧院通常设备齐全,装修精美,设有正厅、包厢、廊台、贵宾席。 卡缅斯基伯爵在他剧院的每个包厢里都放置一个本子,供观者记录舞台上的错误或写下批评和建议。 他还给演员制定了严格的行为准则,并按照皇家标准给他们划分了等级。 在1827年的一年中,卡缅斯基的演出团共排演戏剧82部,其中歌剧18部、话剧15部、喜剧41部、芭蕾舞剧6部、悲剧2部。 农奴身份的女演员们被关在后宫般的僻静地方,并严密

---

① Roosevelt Priscilla R. *Life on the Russian country estate: a social and cultural history*. New Haven: Yale University Press. 1995. p. 140.

看守着，与外人隔绝。① 沙克霍夫斯科夫王子（Шакховсков）的演出团的演出水平远远高出卡缅斯基演出团的水平，演出时，有一支由 50 名专职音乐家组成的管弦乐队伴奏，他们不仅在诺夫哥罗德演出，也在各地巡回演出。 在马卡利夫定期举行一年一度的演出时，彻夜的歌剧和芭蕾舞表演常常吸引上千的痴迷观众，演出的票价与莫斯科剧院票价一样高。 但在规模较小的庄园里，剧院不过就是一所稍大的空房子，剧院里保留剧目也是粗制滥造的。 有时，剧院就是跑马场的侧厢房改造而成的。 博洛托夫（А. Болотов）培训了一批孩子在他自己的起居室里面表演戏剧，如赫拉斯科夫（Храсков）的《无神论者》（Атеист），而且每天都有音乐会。②

叶卡捷琳娜二世对华丽的追求和她炫耀华丽的用意在很大程度上和路易十四（Louis XIV）是一样的。 在她执政期间四处出游时，总是受到皇家规格的接待。 1767 年春天，她乘皇家游船顺伏尔加河从喀山返京途中，在巴塔斯夫卡（Батасвка）庄园作了短暂停留。 许多显贵的大庄园主在考虑到皇室成员的品位爱好后，不惜花大把的钱只是为了能给皇家人士提供奢华的享乐。 1775 年 8 月，叶卡捷琳娜二世去莫斯科的路上参观了伦亚特瑟夫（Р. А. Руньятсыв）将军的特洛伊兹克·卡伊纳尔兹赫（Троицк Каинарцк）庄园，后来在库斯科沃用了膳。 在她面前的桌上站立着一个大得异乎寻常的钻石镶成的丰饶角饰，上面刻有她名字的首字母；餐桌上摆满了不计其数的水晶制成的碗碟。 屋子被各种各样五光十色、价值连城的宝石装点得富丽堂皇。 1787 年，叶卡捷琳娜二世在其登基 25 周年之际来到了莫斯科。 为女皇的到来专门修建了一座凯旋门，为她专门举办了一场管弦音乐会、一场假面舞会和一场丰盛的宴会。 叶卡捷琳娜二世乘皇家丹尼尔特号游船驶过的每个停靠站，都有为取悦她而精心设计的景观，有高大健壮妇女组成的整齐游行队伍，有令人目眩神驶的礼花，还有在烟花不断旋转的色彩中出现女皇名字的景象。

皇室鼓励奢侈的盛大庆祝活动推动了整个国家的奢靡之风盛行。 1767 年，在庆祝立法委员会召开之际，扎卡·奇瑞斯（Зака Чжуйс）伯爵为了表示对当地贵族的慷慨，在其亚诺博伦庄园（Яноболун）大摆宴席，当晚还举行了礼花表演。 俄国贵族这种戏剧的奢侈浪费，在叶卡捷琳娜二世死后仍在继续。 有一

---

① Roosevelt Priscilla R. *Life on the Russian country estate：a social and cultural history*. New Haven：Yale University Press. 1995. p. 139.

② Ibid. p. 140.

次，保罗一世到奥斯坦基诺巡视，谢列梅基耶夫苦心为其创造了一番壮丽的景象。 在通往奥斯坦基诺的路上有一片繁茂的小树林，谢列梅基耶夫事先锯断了保罗一世必经之路的几乎所有树木。 在每一棵树旁边安排了一个人。 在保罗一世骑马经过这条路时，这些锯断的树按照约定的信号被同时拉倒。 这样做所产生的效果是在你面前骤然揭开一道帘子，奥斯坦基诺的全幅图景便展现在你眼前，教堂、池塘、宫殿和花园等。 位居皇位的保罗一世对皇室和贵族们挖空心思的骄奢行为已经司空见惯，但禁不住对谢列梅基耶夫这种独创力连心称赞。①

尼古拉·尤苏波夫（Николай Юсупов）公爵是远近闻名的浪荡公子，常在雅致的阿尔汉格尔剧院里请他的朋友看特殊的芭蕾舞。 只见他的手杖一挥，芭蕾舞女演员就会脱得一丝不挂地站在舞台上。② 纳施金（И. И. Нашкин）的将军，他让庄园的农奴日夜站岗，哨兵一旦发现远处有访的马车驶来，就立即向将军报告，将军命令他手下的一班音乐师们爬上一座中国风格的塔楼顶层。 当来客的车子穿过通道大门时，音乐师们一起管弦齐鸣，冷不防奏出一阵音乐，来客往往会感到迎面而至的惊奇。 罗伯特·莱沃尔（Robot Revel）是经历过这种号角齐鸣招待方式的一名英国游客，他记录了纳施金将军严厉惩罚了一个哨兵，因为这个哨兵没有看到一位即将到来的王子。③ 莱沃尔进一步解释道："俄国贵族款待同僚们热情十分高涨，只要能找到支持这种招待的方法，只要能保证主人家里有络绎不绝的到访客人，那么俄国贵族可以把每一天都当成是星期天那样来过；事实上，一些相对更富裕一点的贵族一年到头都为宾客大敞宴席之门。"莱沃尔继续报告说，纳施金将军每个星期天都会向他庄园周围 20—30 英里以内的所有贵族发出邀请。 被邀请的宾客们上午 11 点钟左右陆续到达，客人来齐后，他们一起到离摆宴席的屋子 40 码远的教堂做礼拜。 之后，主人会非常隆重地让宾客们坐一辆车子进入酒宴。 正午时分，主人端上叫扎库基的种类较少的饭菜（通常是一些开胃小菜，例如用肉作馅的油酥面饼、熏鱼面包片、腌制的蘑菇）和伏特加酒。 随即他们四下分散开去，有的玩牌，有的散步。 3 点钟，上来的是一道正宗的法国和俄国菜的正餐，并伴有上等的好酒。 正餐过后又是更多的牌会，散步闲逛，骑马溜达，或者也可以来个小睡，直到下午 6 点钟，也就是品茶的时

---

① Roosevelt Priscilla R. *Life on the Russian country estate*: *a social and cultural history*. New Haven: Yale University Press. 1995. p. 143.
② Ibid. p. 144.
③ Ibid. p. 144.

间。晚上的时光充斥着形形色色的戏剧和舞蹈表演，晚宴在午夜时分进行，用过晚餐后散去的宾客们，有的直接回家，还有的则来到宾客用房，在那儿住上一宿。莱沃尔评论："这无疑是一幅极具概括性的图景，描绘出了俄国贵族们消遣空虚无聊日子的方式。那些富有的贵族变成了主人，而贫穷一点的则沦落为客人。"①

对俄国各个等级的贵族来说，耗费巨大的热情款待客人不仅仅是他们自尊与骄傲感的源泉，更是一种生活方式，一种作为一个文明开化和有教养的人应尽的职责。把 18 世纪 90 年代俄国贵族生活习俗跟同时代的英国相比，卡拉姆津注意到："我们的风俗习惯是，要么作一个客人，要么时刻准备好接待客人。"②尽管并不是所有的贵族都有能力进行规模宏大的款待，但是所有的贵族都感到去招呼款待蜂拥而至的客人是他们必须履行的义务，而且客人的到访被认为是主人的无上光彩。

各省举办的戏剧节日庆祝活动，证实了当代俄罗斯文化学家洛特曼（Ю. Лотман）的观点，即热衷生活戏剧化的趋势在这个时期普遍盛行。在纳德兹季诺（Надздино）庄园，库拉金（Куракин）公爵让农奴们扮演法庭场景，其中包括一个农奴警察局长和其他一些法庭工作职员。纳德兹季诺庄园的日常生活受严格的礼节规则管治，这些礼节规则条款明文写在一张印刷纸上，题目是"纳德兹季诺村镇生活中关于行为举止的规则和规定"。库拉金公爵穿着光彩夺目的金丝背心和宽大松软的锦织或天鹅绒长袍，长袍上佩珠戴玉，傲慢地佩戴着令人炫目的皇勋章，显得雍容华贵。他统治着一大帮围着他团团转的仆人和成群的贵族。

通常贵族们都梦想举行皇家仪式，都约定俗成地建立凯旋门或矗立纪念碑来纪念某位皇族成员对自己庄园的造访。没有如此荣幸的庄园主也用凯旋门装饰庄园的入口，同时命令农奴们给许多马车镶上金边。年轻的男农奴穿着制服，女农奴身着美丽的服装，他们坐到众多车中的某一辆，试图再现他们主人进入莫斯科朝拜亚历山大和他妻子的盛况。庄园主自己带着队伍，沿途不断响起钟声。③

---

① Roosevelt Priscilla R. *Life on the Russian country estate: a social and cultural history*. New Haven: Yale University Press. 1995. p. 144.
② Ibid. p. 145.
③ Ibid. p. 146.

为了给平日庄园里的大小事情造成一种戏剧性效果，贵族们会去借用一些皇家仪式上用的东西，例如号角、车辆、队伍等等。更有趣的是，诺夫哥罗德省的维亚库斯基（Веякуский）庄园，把外出狩猎变成一种盛大恢弘的游行场面。狩猎队的领队，在门廊吹起了一声悠长的号角，宣布狩猎正式开始。号角一响，马倌牵出并聚集起马匹，猎犬管理人也拉出了猎犬，猎人们穿着"鲜艳如画的盛装"骑上他们的马，站成整齐的队列，这些猎人其实也是克什卡洛夫的仆人，同时也是他的管弦乐团和唱诗班成员。科什卡罗夫（Кошкаров）登上了一辆双轮轻便马车（马车后边是骑着马的马夫，负责引领马匹），这时又一次吹响了号角，伴着激情高亢的歌声，队伍开始行进。狩猎完毕后返回的情景同样也是充满了繁琐的礼节程序。

罗蒙诺索夫的贡献

18世纪下半期，俄国科学院已发展成为欧洲科学研究的重要基地，天文台、物理实验室、解剖剧场、植物园、工具车间、印刷、图书馆、档案馆等一应俱全。到了18世纪末19世纪初，科学院的工作性质也发生了变化，它不再担负教学和其他一些职能。高等教育工作直接由莫斯科和彼得堡的大学担任，艺术方面的工作转到了俄国国立艺术学院。科学院的很多学者继续在大学和学术机构里任职，科学院的通讯院士和名誉院士数量大大地增加了。

但是科学院的工作也存在相当大的问题，如科学院不是将重点放在培养本国科学人才之上，而是大量从西欧聘请科学家，如法国数学家欧拉（Leonhard Euler）、帕拉斯（Robert Palais）等从事研究工作，法国历史学家特罗亚（Henri Troyat）认为："所有这些留在俄罗斯科学院的学者们并不都具备丰富人类知识的宝库的能力。"① 俄国著名学者罗蒙诺索夫的出现改变了这一状况，罗蒙诺索夫的科学成就构成了18世纪俄国科学发展史上的最亮的闪光点。

罗蒙诺索夫（М. В. Ломоносов）是18世纪俄国最杰出的科学家。他出身于

---

① Труайя А. *Екатерина Великая*. Москва, 2007. с. 456.

俄国最北部的白海之滨哈尔谟戈尔城的杰尼索夫村的渔民家庭，父亲是当地比较富裕的船主。幼年时期，罗蒙诺索夫在父亲的船上做工，同时又从事农业劳作。罗蒙诺索夫自幼天资聪慧，10岁就学完了识字课程，15岁读完了斯莫特利茨基的《斯拉夫语文法》和马格尼茨基的《算术》。1730年他离开故乡到了莫斯科，进入斯拉夫—希腊—拉丁神学院学习。因为学院不招收渔民的子弟，罗蒙诺索夫只好隐瞒了自己的真实身份，对外称自己是神父的儿子。但是神学院枯燥、脱离实际和毫无意义的宗教教义不能吸引罗蒙诺索夫。他想探究自然界的奥秘，想观察神秘的自然现象和了解当时已在各国开始进行的实验的结果。1735年，罗蒙诺索夫和另外11个人被选送到彼得堡的科学院学习。1736年，罗蒙诺索夫被俄国科学院选中，派往国外学习矿业和化学。在欧洲游学过程中，罗蒙诺索夫学习了拉丁语、数学、物理和化学等课程，他大量阅读了当时最先进的自然科学的著作。1741年，罗蒙诺索夫回到俄国，到彼得堡科学院从事科学研究工作。他由于抵制官僚和把持科学院的普鲁士籍院士，被拘禁了七个月。直到他直接上书沙皇伊丽莎白，处境才有所改善。1751年，罗蒙诺索夫被科学院授予教授头衔，这在外国学者把持的科学院里是一件大事。

罗蒙诺索夫的科学研究是在极其困难的条件下进行的，在科学院中他屡屡受到实际控制科学院管理大权的普鲁士科学家舒马赫（Johann Daniel Schumacher，俄文名 Иван Данилович Шумахер）的排挤，沙皇政府对他的研究工作也极不重视。1748年，罗蒙诺索夫建立了俄国第一个化学实验室，在这里他进行了一系列的化学和物理学的实验。他第一次把物理学的研究方法应用于化学上，创建了俄国的物理化学学科。

罗蒙诺索夫的科学活动分为三个时期：1740—1748年，主要从事理论物理学研究，研究微粒学说、热和冷、空气弹性等；1748—1757年，主要从事化学实验和化学原理研究；1758—1766年，他主要从事科学管理、科学考察、采矿、金属学和航海等研究工作。

在自然科学方面，罗蒙诺索夫的贡献非常广泛。他探索了燃烧的奥秘，用实验证明了化学反应前后物质质量相等，这比物质不灭定律的提出要早18年。他否定了当时盛行的"燃素"学说，指出热是物质本身内部的运动，从本质上解释了热现象，创立了热的动力学。分子运动、原子——分子学说也是他的贡献。他第一次记录了水银的凝结现象，在观测金星凌日时还发现了金星上存在大气。

罗蒙诺索夫关于地球形成和变迁的观点在当时是极具科学意义的思想。他认为山岳、平原、河流以及地下矿藏不是同时产生的，更不是造物主创作的，而是经历了数百万年自然的演变而成的。他反对用圣经中的大洪水泛滥来解释化石起源的说法。他认为化石是生物的残迹，是受水、风、寒、热等一系列复杂的地球的气候条件的变化，随数百万年地壳变迁而形成的。

关于宇宙形成的原因与构造，在 18 世纪中叶托勒密的地心学说占据支配地位。罗蒙诺索夫则坚决捍卫哥白尼的日心说。他在一首诗中讽刺那些传统的、已经被科学研究推翻的陈腐观点。

"在这方面正确的是哥白尼，
我虽没有在太阳上住过，却要证明这个真理。
绕着灼烧火炉而旋转的厨子，
谁认为他是傻子？"

罗蒙诺索夫既是物理学家、化学家、天文学家、地理学家和发明家，又是历史学家、语言学家和著名的诗人。罗蒙诺索夫在历史学、语言学等方面也进行了开创性的研究，他在俄罗斯民族起源研究方面、在革新俄语语法及规则方面做出了贡献。罗蒙诺索夫在纯洁俄语、使文学语言接近口语方面贡献也很大，著有《修辞学》(1744)、《俄语语法》(1757)和《论俄文宗教书籍的益处》(1757)等。他认为俄语是一种丰富、灵活、生动有力的语言，同样具有欧洲其他语言的优点。彼得一世改革以来，由于社会政治经济的变化，俄语中夹杂着许多外来词汇，古老的教会斯拉夫词汇也未经清理。罗蒙诺索夫针对这种情况提出了改革意见。根据古典主义的原则，他把文学体裁划分为高、中、低三种，规定每种体裁所允许使用的词汇，主张避免陈旧的教会斯拉夫词汇和不必要的外来语。这为克服当时俄语的混杂现象、创造统一的规范语言打下了基础。

罗蒙诺索夫文学创作的成就主要是诗歌。他的诗颂扬英雄的业绩，充满对祖国的热爱。他认为诗歌最重要的任务不是咏唱醇酒和爱情，而是培养崇高的爱国精神。这种看法鲜明地体现在他写的颂诗里。《伊丽莎白女皇登基日颂》（1747 年）实际上是一首对祖国和彼得一世的赞歌。诗人把彼得一世奉为榜样，希望女皇伊丽莎白继承父业，开发资源，发展科学，培养人才，使俄国走上繁荣富强的道路。他向年轻一代呼吁，相信"俄罗斯的大地能够诞生自己的柏拉图和智慧过人的牛顿"。他还以颂诗体裁写过一些雄伟瑰丽的科学诗，解释自然现象（《晨思上天之伟大》《夜思上天之伟大》等）。他在同时代诗人特列基雅科夫斯基（В. К. Тредиаковский）研究的基础上，在《论俄文诗律书》(1738)中提出俄国重音诗体的理论，并在创作中进行了成功的实验。他的诗音调铿锵，庄严雄辩，富有节奏感。他著有《俄罗斯古代史》《俄国简明编年史》等历史著作。他是俄罗斯科学院第一个本国的院士（академик）。他还是瑞典科学院院士、意大利波伦亚科学院名誉院士。他被誉为"俄国科学之父""文学上的彼得大帝"，普希金则称他本人即是"俄国的第一所大学"。

国民教育体系的初立

彼得一世推行改革后，俄国完成了初等、中等和专科教育机构的设置，这些学校在彼得一世执政期间，特别是在北方战争期间培养了大批的急待使用的人才。但高等教育和高水平人才一直是俄国的空缺，这不仅影响沙皇政府的对外争霸，也阻碍俄国社会的发展。它迫使沙皇政府不得不花高薪从国外聘请学者，这些学者对于发展俄国的文化教育和科学研究事业发挥了重要的作用，但是其中也有一些人是不学无术者，更有一些人将俄国的情报出卖给俄国的敌国。因此，建立自己的高等教育体系，培养本民族的科学家是18世纪俄国的当务之急。

18世纪中期，形成了以著名科学家罗蒙诺索夫为首的有当时最著名的俄国知识阶层参加的团体，他们的目的是讨论俄国最重要的问题，提出建立国家科学中心，为"大自然的俄国"培养学术骨干。罗蒙诺索夫认为彼得堡自成为俄国首都后始终是俄国的生活、经济、文化和社会中心，未来新的科学中心应该设在莫斯科。1755年4月，女皇伊丽莎白批准了罗蒙诺索夫的建议，拨款在克里姆林宫的旁边建立全俄第一所综合性大学——莫斯科大学。这所大学最初只设历史—哲学、法律、医学三个系和两所附属中学（гимназия）。在大学结构和学科方面，确保自然科学（特别是物理学）和人文科学（文学和历史）的平衡。莫斯科大学从一开始就没有像欧洲大学那样，设立神学系，表明俄国大学自其诞生之初就具有了鲜明的世俗性，莫斯科大学从一开始就是一个世俗教育的中心。

从1767后开始，莫斯科大学全部课程都用俄语来教授，而当时欧洲其他大学还大都沿用拉丁语教授。莫斯科大学最初的发展极为困难，一方面是经费严重缺乏，每年从政府得到的经费仅为 15000 卢布，这些钱尚不足骄奢淫逸的伊丽莎白女皇用在皮鞋的花费。 学校无钱从国外购买昂贵的教学和实验仪器。 另一方面是高等教育不为世人重视，贵族子弟都以上贵族武备学校为荣并且可以获得较高官职，莫斯科大学建立时，只有 100 名学生，这些学生以平民出身的子弟居多，过了 30 年以后，大学生的人数非但没有增加，反而降至 82 名。

叶卡捷琳娜二世本人重视教育事业，在其执政的 34 年内，尤其是在其推行的"开明专制"统治期间，俄国教育事业获得了突飞猛进般的发展。

俄国著名建筑师卡赞科夫创办了莫斯科大学附属中学，目的是为"大自然的俄国"培养建设者。 在莫斯科大学内设立了两所中学，只招收贵族子弟。 俄国中学自其设立之初就将本国语言作为重要的学习对象，而有别于欧洲其他国家的做法。 1758 年，根据莫斯科大学的建议在喀山设立了中学，目的是为莫斯科大学培养未来的大学生。 1804 年，在喀山中学的基础上正式建立喀山大学（Казанский университет）。

莫斯科大学的毕业生、著名建筑师别热诺夫（Ф. Баженов）开办了面向农民等级的中学，目的是培养天才的平民知识分子和自由职业者。 莫斯科大学的教授和贵族中学的讲师大量投入 18 世纪的教育改革之中，如巴尔诺夫（А. Ф. Барсов）和德维古巴斯基（И. А. Двигубский）编写教科书，瑞典著名生物学家卡尔·冯·林奈（Carl von Linné）的弟子佩列沃希科夫（Д. М. Перевощиков）教授和英国著名经济学家亚当·斯密（Adam Smith）的弟子杰斯尼茨基（С. Е. Десницкий）、作家兼教育家冯维辛和诺维科夫以及当时许多著名的俄国科学家和教育家都参加到俄国教育改革之中。

莫斯科大学教授和讲师们、莫斯科大学的毕业生们一起投入了教育问题的讨论和研究之中。 他们研究了教育的方法论问题，提出许多有价值的和原创的教学意见。 这些意见被收录在 1771 年用俄文、拉丁、法文和德文出版的《大学预备学习方法》（Способ учения подготовляющегося к университету）之中。

18 世纪下半期在莫斯科大学内活跃着许多文学和科学组织。 1783 年 1 月 15 日，在叶卡捷琳娜二世颁布出版自由令后，包括诺维科夫在内的 14 个俄国共济会员发起成立了"印刷业友好学术协会"（Дружеское учёное общество Типографической компании），将以诺维科夫为首的俄国共济会出版事业向前推进了重要一步。 而该学会在促进中学教育发展方面则发挥了重要作用。 该协会联合了书报销售机构、地方印刷所和省县的图书馆，为中学生和居家儿童出版了大量的文学作品和教科书。 在普加乔夫农民战争被镇压后，政府关闭了莫斯科大学的学术团体，一些组织的领导人被捕、关押或流放。 尽管受到极大的压制，莫斯科和它的进步的学术活动家们仍然对发展俄国的文化、教育机构和教育学说发挥了重要影响。 作为对诺维科夫租赁莫斯科大学印刷厂的补充，俄国共济会又陆续开办了两个印刷厂：一个以诺维科夫的名义，另一个以俄国共济会领袖洛普欣的名义。 除此之外，他们还建立了一个秘密印刷所，用来印刷一些特殊的共济会书籍。

别茨科依（И. И. Бецкой）在1762—1779年间担任叶卡捷琳娜二世的私人秘书职务，1763—1775年担任俄国帝国艺术学院（императорской академии искусств）院长，他也是俄国著名的教育家。 他曾多年在法国生活，与法国启蒙思想家们有着极好的交往，熟知教育学规律和教学原则。 他向叶卡捷琳娜二世提交"关于为培养俄国下一代改革教育的报告"（доклад об общей реорганизации в России дела воспитания детей），这份报告得到了女皇的首肯。 这份文件中强调必须通过封闭的教育和教学机构培养"新品种的人"。 上述教育机构招收从5—6岁的儿童到18岁的青年。 在这一个时间段和学习期间，学生应该与周围世界隔绝，使其免于受到普通人的"破坏性影响"。 1763年，根据他的建议在莫斯科建立了孤儿院，随后在彼得堡和外省也建立了类似的机构。

别茨科依非常重视教育在日常和社会生活中的作用，他认为："善恶的根源都在于教育"，他强调培养"新品种人"的目的在于培养有教养的贵族，能够友好地与农民相处并以正义方式管理国家，另一个目的在于培养有知识的平民知识分子，使其从事工业、贸易和手工业。 他希望，这些"新品种人"将自己的良好知识和习惯传给自己的孩子和未来一代，这样就能渐进地改变整个社会的道德水平和行为举止。 别茨科依认为让儿童摆脱周围世界的不好影响是必需的，用正面的例子进行灌输让儿童产生对上帝的敬畏感是道德教育的主要手段。 因此，他坚持让儿童在封闭的学校中学习，努力改变他们的原有的不良习惯，使他们有礼貌，对贫穷和苦难富有同情心。

别茨科依非常重视体育教育，他认为体育最主要的武器就是"清新的空气"（чистый воздух）和"天真无邪和快乐的游戏和乐趣"。 关于心理训练的问题，他指出学习过程最重要的内容是让儿童在愉快的环境和心情下学习，不能使用暴力和胁迫。 要根据儿童的愿望，"多看和多听，而不是生硬的教训"，更应该禁止体罚。

别茨科依主持了士官学校（кадетский корпус）和贵族中学的教育改革，延长学习期限，为除农民等级外的所有等级开设新的学校，其中包括为男童开设艺术学院附属学校（училище при Академии художеств）和商业学校（коммерческое училище）。

别茨科依十分重视女性在儿童培养，尤其是强调幼儿阶段培养的不可替代的作用，他是推行妇女教育的拥护者和首创者。他强调必须培养社会对作为母亲和教育者的双重身份的妇女的尊重。他推动俄国开办了第一所女性教育机构"高尚贵族女子学院"——斯莫尔尼学院（смольный институт）。

1764年5月5日，根据叶卡捷琳娜二世的命令，俄国第一所女子大学——斯莫尔尼学院正式开学，招收贵族女子。同年在莫斯科建立了新圣母学院（новодевичий институт），招收中产阶级女子。两个学院课程相同，包括阅读、写作、算术、拉丁文、家政、舞蹈、绘画与室内设计。到1794年，斯莫尔尼学院已经毕业学生440名，新圣母学院毕业学生410名。

1777年，在彼得堡建立国立商业学校（государственное коммерческое училище）。1781年，叶卡捷琳娜二世自费在彼得堡的伊萨基耶夫教堂里建立一所学校。其他教堂也立即仿效，建立了6所中学。1781年，这类学校招收的学生人数为486人。① 1789年叶卡捷琳娜二世完成了在俄国西北部地区的巡视，在普斯科夫，她得知平民子弟中学（школа для мещанских детей）因缺少经费无法为继，她立即拿出1000卢布给城市平民中学，500卢布给神学院，300卢布给孤儿院，400卢布给济贫院。

1768年起根据叶卡捷琳娜二世的要求俄国开始建立城市中学教学网络，同时开办大量的技术学校（училище）。到1796年，俄国已经建立315所公立学校，就学学生19915名。② 但是上述学校基本都设在城市中，因此贵族子弟仍然是公共教育的最大受益者，农民子弟仍然难以获得平等的受教育机会。

比较而言，俄国高等教育发展缓慢，突出的表现即是全国大学生人数增长尤其缓慢。1755年莫斯科大学建立时，有大学生100人，30年后的1785年仅剩下82人，原因在于很多大学无法通过考试并获得毕业证书。在叶卡捷琳娜二世执

---

① Исабель де Мадариага. Россия в эпоху Екатерины Великой. М.：Новое Литературное Обозрение，2002.

② Сборник материалов для истории просвешения в России. Санкт-Петербург，1893. том. 1. с. 339—340.

政的 34 年里，没有一个医学院大学生获得毕业证书。贵族子弟不喜欢读书。两所海军学院的学生人数不超过 250 人。①

1782 年 9 月 7 日，沙皇政府成立"国民教育委员会"（комиссия народных училищ），这一举动在当时极为罕见。塞尔维亚人扬科维奇（Ф. И. Янкович）是该机构的负责人。他是捷克著名教育家夸美纽斯（Johann Amos Comenius）教育思想的拥护者，也是著名的教学法论专家，叶卡捷琳娜二世根据奥地利皇帝约瑟夫二世的推荐聘请扬科维奇入俄。

1786 年政府颁布由国民教育委员会制定的《俄罗斯帝国国民教育章程》（Устав на родным училищам в Российской империи），宣布以城市为单位实施教育规划，即开设学制为 2 年的初等国民学校（малые на родные училища）和学制为 5 年的中心国民学校（главные на родные училища）。学校的主要课程包括以下科目：阅读、写作、算术、短暂教义问答、神的历史、书法、绘画、数学、历史（世界通史和俄国史）、地理、语法、几何、力学、物理学、自然历史和建筑等。

这份教育章程还规定，教科书对于中学生来说是"人类和公民职责之书"，在书中应该向孩子们讲明专制制度和农奴制度的意识形态之下对待上帝、沙皇和他人的态度。

到 18 世纪末，俄国已有初等和中心国民学校 315 个，在校学生 20000 人，在上述学校工作的教师是 790 位。相比较俄国自身国民教育的发展水平，俄国国民学校发展速度相当迅速。当然，针对俄国这样的大国来说，无论是学校还是学生的数目显然都是严重不足的。参与彼得堡中心国民学校的俄国学者一起研究在新创建的国民学校教育的基础上制定出实用的原则和方法。国民教育委员会在 1782 年建立了"教师培训班"，借此为未来的国民教育学校培养师资。

科学院和莫斯科大学的学者也参与了国民教育学校规则的研制，他们编写了涉及国民教育计划中所有重要内容的教科书和《国民教育学校教师指南》（Руководство учителям народных училищ）。在《国民教育学校教师指南》中涉及中学教育和培育工作的所有的问题。其推荐的教育方法如：累积或集体阅读。在班级里应该由教师或教师指定的学生阅读课本，所有学生应该人手一册课本；规范的累积，即教师在班级上讲解学生在家阅读和学习的课本上的难点；

---

① Ключевский В. О. *Курс русской истории*. Лекция LXXXI.

表格，即编制计划、撰写摘要和教科书的注释；字母图片，即在黑板上或在笔记本上展示字母图片，解释字母的构成规则；答疑，即当学生向教师提问时，教师应该为其解疑，直至其全部明白。《国民教育学校教师指南》强调教师不仅要记学生记住知识，更重要的是开发他们的智力，重要的是理解，而不是死记硬背。然而，实际上让学生记住课文仍然是主要的教学方式，教师往往在课文上花上很多时间，其目的仅仅是让学生能够流利背诵。国民教育学校一年设两次考试。第一次是学年中间，考官是所有年级的教师，第二次是学年结束之时，考官是除所有年级教师外，还邀请当地贵族、商人、神职人员和当地官员参加。公开考试举行日一派节日气氛，教师必须致欢迎辞，要讲明科学和教育的意义。学生们朗诵诗歌。客人有权向学生提出考试大纲上的问题。《国民教育学校教师指南》被看成是官方规定的教学方法，所有教师必须严格遵守，严格使用推荐的教科书和教学资料。

俄国共济会著名人物诺维科夫毕业于莫斯科大学，在大学期间即形成了自己的世界观。诺维科夫主张建立独立于沙皇政府国民教育体系之外的非特权阶层的中学。他致力于帮助家庭教师正确地对待儿童教育，他组织出版了大量的字母表、识字本和各方面内容的教科书。

诺维科夫在俄国创办了第一份儿童刊物《儿童心灵阅读》（Детское чтение для сердца и разума），在刊物上发表著名作家和历史学家卡拉姆津的作品。这份刊物对俄国著名思想家别林斯基（В. Г. Белинский）的童年影响巨大。在他创办的其他刊物《公蜂》和《画家》上许多文章涉及教育题目，目的在于引起社会对于教育的关注。

诺维科夫认为教育是解决社会问题的重要途径，即"所有人类的妄想的原因就是无知，而解决的办法就是知识。"诺维科夫认为人民的道德水平是可以改善的，因为人民是善良的，只要教育者的启发和教育方式得当。他试图解决在儿童和青少年教育中科学与宗教的冲突问题，他批评东正教神职人员，建议教育应遵从人的自然法则和世界的发展需要。在他看来，教育的目的是创造一个积极的有德之人，指导其活动，以符合祖国和人民的利益。诺维科夫坚持对学生施加广泛和多方面的心理健康教育。他认为教育应该不仅丰富学生的知识，更应该培养他们的思维能力。他认为学生"头脑不仅要用各种知识来丰富，同时也应靠实践使他们逐渐掌握学习和研究的方法，使他们能够清楚分辨真假"。

诺维科夫认为公共教育理念在所有的教育体系中占有重要地位，儿童必须先学习当地的语言、文学、历史和地理。诺维科夫认为儿童本身就具有探索周围的植物和动物的天生兴趣。他公开呼吁教育工作者要教导学生尊重工人和农民，"带他们到农民的房子和谷仓，带他们去济贫院，带他们去艺术家和手工业者的作坊里，让他们看见，地球上的不同财富是如何生产的，让他们学会使用主要工具。"

诺维科夫在道德教育方面提出了许多建议。他认为有必要爱护和尊重孩子，他强烈反对体罚。他指出首要的任务是培养"人生而平等的理念"，而不管他们的地位、宗教、国籍和社会地位有何不同。为了使孩子对穷人和弱势群体产生同情和尊重感，诺维科夫建议："把他们带到可悲的但有启发性的破住宅去，看一看生病和死亡。"

诺维科夫在杂志《莫斯科公报增刊》（Прибавление к Московским ведомостям）发表文章《论儿童的教育和指导。为了传播有益的知识和社会福利》（О воспитании и наставлении детей. Для распространения общеполезных знаний и всеобщего благополучия），这是那个时代著名的教育学著述。他认为教师的工作相当重要，本身即是一门学问——教师学（педагогика）。

第五章　幽暗帝国：神秘沙皇亚历山大一世的统治

亚历山大一世执政的24年，俄国在政治、经济、外交、军事和文化方面都进入了历史上的全盛时期。一方面是极具自由主义色彩的沙皇专制制度与结构多元、职能广泛的现代官僚体制并存；另一方面是传统的贵族等级制度与新型的公民身份制度并存。因此，在19世纪初的俄国，形成了"独裁制度"与"官僚体制"，"贵族政治"与"公民国家"的奇异结合。俄国已经具备了现代化国家的部分特质。

保罗一世的五年短暂统治

1. 迟到的皇位

保罗一世于1754年9月20日出生于距彼得堡冬宫不远的伊丽莎白女皇的夏宫①，他是叶卡捷琳娜二世的长子，女皇伊丽莎白亲自为他洗礼并赐名保罗，并且下令由她亲自负责保罗一世的抚养和教育问题，其母叶卡捷琳娜二世和其父彼得三世则完全被排除在外。

保罗一世的第一位教师是外交家别赫杰耶夫（Ф. Д. Бехтеев）。别赫杰耶夫着迷于各种法规法令和军事纪律，他印制一份不大的纸片，上面写明了保罗一世应该采取的正确的行为举止。保罗一世因此一生都憎恨计划性的工作。

1760年42岁的帕宁伯爵被任命为保罗一世的新教师，他曾担任俄国驻丹麦和瑞典的外交官，在俄国宫廷中极有影响力。他拥有广博的知识，与共济会有良好的关系，他的政治理想是君主立宪。他的弟弟彼得·伊万诺维奇·帕宁将军（П. И. Панин）是俄国共济会的"师傅"（мастер）。帕宁为保罗一世制定一个庞大的教育计划，并为他请来最称职的教师。"教会法"（Закон Божий）课程教师是大主教普拉东，"自然史"教师是著名作家波罗申（С. А. Порошин），舞蹈教师是法国人皮埃尔·格朗热（Pierre Grange），音乐教师是意大利著名歌唱家居谢普·米里科（Giuseppe Millico），彼得三世和叶卡捷琳娜二世对于上述课程的设置是没有任何发言权的。②

---

① 随后这座宫殿被推倒，在其基础上重建米哈伊洛夫斯基城堡（Михайловский замок），1801年3月12日，保罗一世死于这座城堡.

② 帕宁教育保罗一世的历史参见他的自述：Панин Н. И. Всеподданнейшее предъявление слабого понятия и мнения о воспитании его императорского высочества, государя великого князя Павла Петровича. Записка графа Н. И. Панина. 1760 г. /Сообщ. Т. А. Сосновский//Русская старина, 1882. Т. 35. № 11. с. 313—320.

第五章　幽暗帝国：神秘沙皇亚历山大一世的统治

为防止周围不好的环境和坏人影响保罗一世，伊丽莎白女皇精心为他安排访客和玩伴，访客都是品行端正和才华出众之士，玩伴均来自显赫贵族家族，如库拉金家族（Куракины）和斯特罗加诺夫家族（Строгановы）的儿童。保罗一世学习了历史、地理、算术、教会法、天文、外语（法语、德语、拉丁语、意大利语）、俄语、绘画、击剑和跳舞。帕宁让保罗一世大量阅读了法国启蒙思想家伏尔泰、狄德罗、孟德斯鸠和卢梭的著作，此外，他还阅读了法国作家拉辛（Jean Racine）、高乃依（Pierre Corneille）和莫里哀（Molière）、西班牙作家塞万提斯（Miguel de Cervantes Saavedra）的著作，国内作家苏马罗科夫、罗蒙诺索夫、杰尔查文的著作也是他的必读书目。保罗一世接受了同时代最好的教育，但是他资质有限，从书中收获甚少。在上述课程中，保罗一世最喜欢的是莫斯科大主教普拉东的教会法与教会史课程，这使他成为一个虔诚的东正教信徒。另外，一个有趣的现象是，尽管帕宁从未安排军事课程，但保罗一世最感兴趣的是军事游戏。承担"自然史"教学的作家波罗申在1764—1765年所写的日记，成为后人研究那个时期保罗一世和俄国宫廷史的重要资料来源。① 保罗一世自少年时代就拥有对荣誉和业绩的向往，波罗申在1765年2月23日的日记记载："当我给大公讲授马耳他骑士团历史时，他非常激动，然后玩起游戏，他把自己的旗帜绑在马鞍上，代表自己是马耳他骑士。"②

保罗一世几乎是从一出生就被伊丽莎白女皇"抢走"，他的母亲叶卡捷琳娜二世必须通过女皇允许才能看到他。在他七岁时，他看到母亲叶卡捷琳娜二世通过政变夺取了本属于他的皇位，也看到他的父亲不仅失去皇权而且不明不白地死去。虽然叶卡捷琳娜二世立即宣布保罗一世为合法的皇位继承人，但是长时期的等待使保罗一世极其憎恨母亲。在叶卡捷琳娜二世看来，儿子保罗一世是自己皇位的威胁者。并且自保罗一出生之初其真实父亲的身份就备受宫廷内

---

① Порошин С. А. *Записки, служащие к истории Его Императорского Высочества благоверного Государя Цесаревича и Великого Князя Павла Петровича наследника престолу российского.* СПб., 1844. 563 с.；Порошин С. А. Сто три дня из детской жизни императора Павла Петровича(Неизданная тетрадь Записок С. А. Порошина). 1765 г. /Сообщ. С. Н. Абразанцевым//*Русский архив*, 1869. Вып. 1. с. 1—68. "波罗申日记"还以名称《谢苗·安德列耶维奇·波罗申》（Порошин Семен Андреевич）于2010年8月24日公布于世界通史网络ХРОНОС：www.hrono.ru.

② Порошин С. А. *Записки, служащие к истории Его Императорского Высочества благоверного Государя Цесаревича и Великого Князя Павла Петровича наследника престолу российского.* СПб., 1844. 563 с.；Порошин С. А. Сто три дня из детской жизни императора Павла Петровича(Неизданная тетрадь Записок С. А. Порошина). 1765 г. /Сообщ. С. Н. Абразанцевым//*Русский архив*, 1869. Вып. 1. с. 1—68.

的质疑，这给叶卡捷琳娜二世带来无尽的烦恼。 另一种说法是保罗一世长得实在太像彼得三世，无论是身高、相貌和举止简直就是彼得的翻版。 每次看到儿子保罗一世，叶卡捷琳娜二世就像看到自己死去的丈夫彼得三世一样。 因此，保罗一世自然得不到母亲叶卡捷琳娜二世的喜爱，尤其是在1762年宫廷政变和叶卡捷琳娜二世登基之后。 叶卡捷琳娜二世并不阻碍宫廷和社会上关于保罗一世身世谣言的流传，甚至还有意让外人知道他的父亲不是彼得三世，而是萨尔蒂科夫公爵（Н. И. Салтыков），目的在于毁坏保罗一世皇位"正统"身份。 1761年伊丽莎白一世女皇病逝时，保罗一世还不到10岁，叶卡捷琳娜二世和她的宠臣们曾经设想过废黜彼得三世，直接扶保罗一世登基，由叶卡捷琳娜二世作摄政王，总揽朝政。 但后来形势发展推动叶卡捷琳娜二世直接登上了皇帝位。 于是，保罗一世登基和由其母叶卡捷琳娜二世摄政的方案也就落空了。

保罗一世经常成为不满叶卡捷琳娜二世统治的人"拥戴"的对象。 1771年在堪察加半岛发生以别尼奥夫斯基（Молиц Август Бениовский）为首的暴动，起义者拥戴保罗一世为沙皇。 在1771年的莫斯科"瘟疫骚乱"中，起义者举起保罗一世肖像，认为叶卡捷琳娜二世是这场大瘟疫的背后黑手。 僭称"彼得三世"的农民起义军领袖普加乔夫经常提到保罗一世的名字，普加乔夫的卫队举的旗帜即是"荷尔斯泰因团"的军旗。 普加乔夫表示打败叶卡捷琳娜二世政府后，就将把皇位传给保罗一世。 普加乔夫还经常把保罗一世的肖像带在身边，以示父子关系。

除保罗一世外，叶卡捷琳娜二世还有与情夫奥尔洛夫（Григорий Орлов）秘密生下的另一个儿子阿列克谢·鲍波林斯基（Алексей Бобринский），他也是保罗一世的潜在的皇位竞争者。

按照俄国宫廷的传统和叶卡捷琳娜二世的安排，1773年9月20日，保罗一世与来自黑森——达姆斯塔特公国的公主威廉米娜·路易莎（Wilhelmina Luisa von Hessen-Darmstadt）举行婚礼，婚后威赫米娜皈依东政教，教名为娜塔莉娅（Наталья Алексеевна）。 派驻俄罗斯的许多外国使节在大量报告中指出这是俄国宫廷中以帕宁为首的"普鲁士党"成员的胜利。 娜塔莉娅于1776年4月15日病逝于彼得堡，她死于难产，未曾生育子女。

1776年10月，保罗一世与来自符腾堡的公主索菲娅·多萝西娅·奥古斯塔·路易莎（Sophia Marie Dorothea Augusta Luisa von Württemberg）再婚，索菲娅皈依东正教，改教名玛丽娅（Мария Фёдоровна），她于1828年10月24日逝于彼得堡郊外的巴甫洛克斯克城。 保罗一世与第二任妻子玛丽娅生育 10 个孩子，其中 4 个是儿子：长子亚历山大一世（Александр Ⅰ Павлович）；次子康斯坦丁（Константин Павлович）；第三子尼古拉一世（Николай Ⅰ Павлович）；第四子米哈伊尔（Михаил Павлович）。 此外，保罗一世还与其他女人非婚生 2 个儿子 1 个女儿。

当 1777 年 12 月 12 日，保罗一世与第二任妻子玛丽娅的儿子亚历山大一世出生，叶卡捷琳娜二世立即无情将长孙亚历山大一世与其父亲隔离，承担起抚养亚历山大一世成人的任务，甚至数次准备宣布废除儿子保罗一世皇位继承人的身份，由孙子亚历山大一世直接继承皇位。 她曾把这个方案提出参政讨论，遭到了多数大臣的反对，尤其是具有影响的帕宁伯爵坚持叶卡捷琳娜二世要么将皇权直接传给保罗一世，要么将其作为皇位继承人。 帕宁与他的秘书冯维辛和巴枯宁（П. И. Бакунин）在 1773 年起草了一份宪法法案，目的在于迫使叶卡捷琳娜二世下令立保罗一世为法律意义上的皇位继承人，这份法案得到枢密院大多数官员的支持，这一行动被称为帕宁为首的宫廷"普鲁士党阴谋"。① 1773 年后，帕宁及其同党失去了叶卡捷琳娜二世的信任。

保罗一世不仅在面貌举止方面颇似其父彼得三世，在性格方面也是暴躁易怒，胆小多疑，做事情不能善始善终。 他在老师帕宁伯爵的帮助和支持下，多次向叶卡捷琳娜二世提出国家方针大政的建议。 两次与普鲁士王室的联姻，极大地加深了保罗一世对普鲁士政治和文化的亲近感，乃至影响到他执政后对普鲁士的外交决策。

保罗一世也曾努力学习并试图向女皇——母亲叶卡捷琳娜二世表明自己的聪明才智。 1774 年，保罗一世向叶卡捷琳娜二世提交了一篇关于俄国政治状况的长文《论普遍国家：关于保卫上述及相关所有边界所需的军队数量》。 保罗一世在这篇文章中分析了俄国军事和外交问题，他认为由于俄国军事力量不足才导致与第一次对土耳其战争进展不利。 他深受帕宁亲普鲁士弃奥地利观点的影响，他表示在欧洲和波罗的海地区，俄国与普鲁士之间存在着必然的共同利益和友谊。 他认为俄国应该向普鲁士学习，要按照拥有"世界上最先进的军队"的普鲁士国王腓特烈二世的方式改组俄国军队。 保罗一世接受了帕宁在外交方面许多建议，但是这个"学生"在亲普鲁士方面比"老师"走得更远。 保罗一世不仅建

---

① Шумигорский Е. С. *Император Павел Ⅰ: Жизнь и царствование*. СПБ. 1907. с. 7.

议与普鲁士签订"友好协议",并且建议让俄国社会生活完全普鲁士化。 保罗一世这一份极端亲普鲁士的文章引起了叶卡捷琳娜二世的极度反感。 1783 年 5 月,叶卡捷琳娜二世第一次邀请保罗一世讨论涉及波兰和合并克里米亚的外交政策。 其结果是增加了母子两人之间的隔阂,因为两人在许多问题上意见完全相左。

在专制、自由和宪政问题的理解方面,保罗一世既反对叶卡捷琳娜二世的"开明专制"政策,更反对帕宁伯爵的"君主立宪"理想。 保罗一世在撰写《论普遍国家:关于保卫上述及相关所有边界所需的军队数量》的同时,还撰写了《对修改国家酒类专卖、酒类品质审查事务管理及相关问题指示的看法》,他在两篇长文中强调沙皇专政和中央集权制的重要。 他建议废除拥有军政大权的总督制,因为总督的存在妨碍了在沙皇和省长之间实现一长制(единоначалие)管理。 在 1783 年 3 月 29 日,帕宁在其去世前两天,还试图说服保罗一世在登基后实行立宪君主制,对此建议保罗一世未置可否,使得拥护保罗一世的人对未来的立宪制改革的结果产生了许多幻想。

保罗一世请求母亲叶卡捷琳娜二世赐给他封地,由他独立经营和管理。 1783 年 8 月,女皇就将远离彼得堡西南 50 余公里的银湖(Серебряный озер)畔的加特契纳宫(Гатчинский дворец)及周边领地赏赐给保罗一世。 加特契纳原是叶卡捷琳娜二世在 1765 年从贵族库拉金公爵家族手中购得,转赠给情夫奥尔洛夫(И. И. Орлов)。 奥尔洛夫从 1766 年开始改建,并于 1781 年建成加特契纳宫。 1783 年奥尔洛夫去世,宫廷和领地收归国有。① 从 1783 年开始,保罗一世与叶卡捷琳娜二世的关系恶化。 保罗一世接手加特契纳宫后,就大兴土木,按照普鲁士宫廷的样式实施改建,将加特契纳宫变成了一个军事堡垒,并且在宫内实行了一整套与叶卡捷琳娜宫中迥然不同的规矩。 保罗一世建立了"加特契纳军"(гатчинский войск),自任总司令。 历史上,彼得一世登基后因年幼被迫接受其同父异母的姐姐索菲娅的摄政,而与其母纳雷什金娜被排挤到普列奥布拉任斯基皇村,彼得一世还建立了一只"游戏兵团"并将其训练为未来的忠于他的近卫军团。 保罗一世建立"加特契纳军"的举动显然是仿效彼得一世。 保罗一

---

① 1801 年沙皇保罗一世死于非命后,在 1801—1828 年加特契纳宫和领地由保罗一世的遗孀玛丽娅占有。1828—1855 年由保罗一世和玛丽娅皇后的儿子、沙皇尼古拉一世占有。后来由沙皇亚历山大二世、亚历山大三世和末代沙皇尼古拉二世占有。再后来成为苏联和俄罗斯著名的国家级名胜,因精美的设计和建筑风格而闻名于世。

致力于这只特殊军队的训练,军官必须戴假发,穿紧身制服,任何人因一点轻微的遗漏就要遭到鞭刑。 亚历山大一世的密友、波兰贵族恰尔托雷斯基公爵(Adam Jerzy Czartoryski)在回忆录中提到一件有趣的故事:"有一次从军中来了一位信使,人们开始询问他法国军官们的服装和梳妆打扮的详细情形。 他顺便讲到,那些法国军官都蓄着连鬓大胡子。 皇上听说了这件事以后,下令所有的人立即剃掉连鬓大胡子;一个小时以后,命令执行完毕。 晚上开舞会时见到的可以说已经是新面孔了,连鬓大胡子都已剃掉,脸颊上长胡子的地方一片空白。 大家见了面都仔细端详对方,边看边笑。"保罗一世此举是与叶卡捷琳娜二世深受法国风格影响的为政大唱反调。 于是,"在此之前流行的是法国式的优雅的发型;头发卷曲并从后面分开向下低垂。 现在人们开始把头发梳得又直又平,耳朵上有两鬏卷得很紧的卷发,按普鲁士的样式,在头发根部向后绾成发髻;整个头发上还要厚厚地抹上油、搽上粉,就像一面抹了灰浆的墙。 在此之前讲究穿着的人总是试图让自己的制服显得更加优雅,而且喜欢把胸前敞开。 现在则推行加特契纳军队穿的、老腓特烈时代普鲁士式的外衣,而且严格执行,不容商量。"①当代俄罗斯历史学家阿尔汉格尔斯基(А. Н. Архангельский)评价:"加特契纳练兵场上的制服、操典和场地仿佛是叶卡捷琳娜和保罗之间默不作声的争斗中的一篇铿锵有力的抗辩词。 更准确地说,是女皇和被杀害的彼得三世·费奥多罗维奇之间的尚未完结的斗争,而保罗·彼得罗维奇则认为自己是彼得三世死后利益的全权代表。"②加特契纳军建立时有3种武器,人员共有两个团队,每队30人。 到1796年保罗一世登基时,这只特殊的军队人员已经达到2399人,包括4个步兵营、1个骑兵团和哥萨克骑兵团,拥有12门火炮的步兵炮队和骑兵炮队,有19名校官和109名尉官,亚历山大一世时代著名的军事家和政治家阿拉克切耶夫(А. А. Аракчеев)即是加特契纳军的军官。

按照俄国宫廷的习俗,皇太子学习期满和长大成人的标志是独立并隐名完全欧洲旅行。 1788—1789年间,保罗一世与第二任妻子玛丽娅化名"北方伯爵"(граф Северного)和北方女伯爵(графини Северной)赴欧洲列国考察。③ 这次长途旅行是保罗一世极其重要的人生经历,改变了他的很多想法。 保罗一世在普

---

① 阿尔汉格尔斯基:《亚历山大一世》,刘敦健译,人民出版社,2011年,第16—17页。
② 同上书,第16页。
③ Башомон Л. Цесаревич Павел Петрович во Франции в 1782 г. Записки Башомона(Отрывки)// *Русская старина*,1882. Т. 35. № 11. с.321—334.

鲁士游历期间得到妥善的接待,他被普鲁士军队的严明纪律和作战能力,被普鲁士政府官员的克俭奉公和办事效率而折服。 和他父亲彼得三世一样,保罗一世成为了普鲁士国王腓特烈二世的忠实崇拜者。 保罗一世后来在法国逗留期间,看到了法国大革命给社会带来的动荡,得出了必须全力维护君主制的结论,为此需要全社会各阶层严格遵守规章制度,军队也要严格遵守军纪,而所有这些社会阶层都要严格接受专制君主的领导。 保罗一世认为母亲叶卡捷琳娜二世的统治方式过于自由化,致使许多国家政策议而不决或者朝令夕改。

保罗一世是虔诚的东正教信徒,每天都要花大量的时间来做祈祷,在私生活方面清心寡欲、严格操守,他极为反感母亲生活放荡和身边众多宠臣围绕,尤其嫉恨因此而给自己的身世带来无端的困扰。 他憎恨叶卡捷琳娜二世在国家大政和决策上重用自己的宠臣,导致小人干政和裙带关系严重,导致朝政松弛和政出多门,并且影响整个社会风气腐化堕落。

1792 年 8 月 14 日,叶卡捷琳娜二世在给自己的密友、法国男爵格里姆(Гримм)的信中透露:"首先我的亚历山大要结婚,然后在那个时候就可能将皇位隆重地根据人民意愿传给他。"社会上流传了不少版本的谣言,甚至还准确地预言说 1797 年 1 月 1 日或 11 月 24 日,叶卡捷琳娜二世将逮捕保罗一世关押在罗德城堡(замок Лоде,现在立陶宛境内),将皇位继承人身份转给他的儿子亚历山大一世继承。 在 1796 年 11 月 6 日,叶卡捷琳娜二世突然病逝后,又传出一个版本的女皇遗嘱:"把朕的物品(библиофика)和手稿以及我手写的东西,包括各种我的密藏,交给我最亲爱的孙子亚历山大·巴甫洛夫维奇,为了让他更聪明和心地善良。"①

叶卡捷琳娜二世晚年的最后一位情夫兼宠臣是比她年龄小 40 岁的祖波夫,他被叶卡捷琳娜二世先后任命为外交委员会大臣和陆军委员会大臣,他还掌握了秘密警察机关,在叶卡捷琳娜二世生命的最后 7 年里,他是仅次于女皇的权贵人物。 法国大革命的急风暴雨震惊了叶卡捷琳娜二世,使她放弃了以往对于民主和自由以及"开明专制"的向往,她下令禁止宣传法国大革命思想的书籍在俄国流通,甚至禁止她曾经如痴如醉般研读和仿效的法国启蒙思想家伏尔泰、狄德罗等人的著作在俄国出版。 她亲手把一直放在她卧室里的伏尔泰的半身像扔到了储

---

① Александренко В. Император Павел I и англичане. (Извлечение из донесений Витворта)//*Русская старина*,1898. Т. 96. No 10. с.93—106.

藏室里。1792年，叶卡捷琳娜二世为法国恢复君主制拟定了一个方案。她在1796年表示："如果我是路易十八，要么我绝不离开法国，要么就顶着风浪回到那里去，我在法国的去留问题，只能取决于我，而不能由任何外人的意志来决定。"①

到1796年，叶卡捷琳娜二世年龄已经67岁。表面上看，这位女皇身体健康，情绪愉快，但是过于丰富和奢华的夜生活消耗了她太多的精力和体力，1796年11月5日早晨，叶卡捷琳娜二世像往常一样享用了极浓的咖啡之后独自到换衣间去更衣。很长时间之后，宫女打开大门，发现女皇倒在地上不省人事，宫廷医生检查结果是脑动脉血管出血导致全身中风。11月6日晚上10时，叶卡捷琳娜二世在极度痛苦中结束了她辉煌的一生。她死前吩咐把一份诏书藏在首饰盒中，这份诏书上写着她死后俄国皇位的归属，大多数历史学家推断遗诏上的皇位继承人是叶卡捷琳娜二世的喜爱孙子亚历山大一世，而不是她的儿子保罗一世。然而这份遗诏被匆匆赶来的保罗一世烧毁，成为一个永远的未解之谜。1796年11月6日，42岁的保罗一世终于成为俄罗斯帝国的新沙皇。

2. 保罗一世的国内政策

1797年4月4日，保罗一世沙皇与玛丽娅皇后在莫斯科克里姆林宫乌斯宾斯基大教堂（Успенский собор）举行了正式登基大典，由此首开俄国宫廷史的一个先例，即沙皇和皇后共同加冕。当天，保罗一世颁布《帝国皇位继承法》（Учреждение об императорской фамилии），宣布沙皇长子即是法律意义上皇位继承人，如沙皇无嗣其长兄或长弟或长姐或长妹为皇位继承人，在位沙皇不得擅自指定皇位继承人，这一法令改变了彼得一世开始的指定式皇位继承人做法，重申了皇位继承的"正统"和"神圣"的原则，从而杜绝了为争夺皇位而发生的宫廷政变以及民间僭称沙皇的行为。这项法令一直行使到1917年二月革命爆发俄国帝制被推翻为止。

由于长期以来屈辱的身世和危机四伏的皇位继承人身份而导致他对母亲叶卡捷琳娜二世的仇恨，并且在治国理念、国内施政和外交政策以及对独裁与民主理念理解方面与叶卡捷琳娜二世的巨大差异，保罗一世在执政后，推行了与前任沙

---

① Казимир Валишевский. *Екатерина Великая*（*Роман императрицы*），Москва，1994. кн. 2, ч. 1, гл. 2, I.

皇、他的母亲叶卡捷琳娜二世迥异的政策。

保罗一世急于与叶卡捷琳娜二世及其时代划清界限,按照自己的想法建立起自己的一整套政策。他下令流放了数百名曾经服侍叶卡捷琳娜二世的人员。他颁布大赦法令,释放被囚禁的拉吉舍夫和诺维科夫。他亲自到监狱中会见了波兰独立运动的领袖科希秋什科,并赠送他一笔不菲的旅费,让他自由去北美。他同时也赦免了1795年波兰民族大起义的其他被捕关押的波兰民族独立分子,准许他们返回波兰。叶卡捷琳娜二世时代的规章典制大量地被保罗一世下令废除或做大幅改动。1796年11月19日,保罗一世还将死于非命的父亲彼得三世的遗体从彼得堡涅夫斯基大修道院的坟墓中掘出,重新放进一副新棺材,并且保罗一世亲手在棺材上安放了俄罗斯帝国的皇冠。然后在12月2日,彼得三世的棺材被隆重地移入冬宫,与叶卡捷琳娜二世的棺材放在一起,然后于12月5日合葬于彼得—保罗要塞。

为防止权力外流和加强沙皇专制权力,保罗一世改革了叶卡捷琳娜二世时期的中央和地方的行政和司法机构,并且推动俄国国家机构由中世纪的独裁体制向近代的官僚体制转变。保罗一世实行的中央机构改革的目标有二。其一是改革枢密院的职能,恢复被叶卡捷琳娜二世取消的一些"委员会"(коллегия)。其二是将18世纪以来沿用的政府机构名称"委员会"改成近代的国家机构"部"(министерство)和任命相应的大臣(министр),用个人负责制取代集体责任制。保罗一世根据自己的想法建立了财政部、司法部、商业部、外交部、陆军部、海军部。保罗一世授予军事检察官很大权力,军事检察官的权力甚至相当于政府首脑、内务部、司法部和部分财政部的权力之和。1796年12月4日,保罗一世签署《关于设立国库部职能》(Об учреждении должности государственного казначейства),同日建立国库部(государственное казначейство)。1800年9月,保罗一世签署《设立商业委员会法令》(Постановлении о коммерц-коллегии),其成员13人,根据保罗一世的想法,该委员会成员由商人从自己的圈子里选出。1798年,保罗一世下令建立水运局(департамент водных коммуникаций),配合工商业的发展。他的这些改革设想在亚历山大一世时期得到完善。①

---

① Гейкинг К.-Г. фон. Император Павел и его время. Записки курляндского дворянина. 1796—1801/ Пер. И. О. //*Русская старина*, 1887. т. 56. № 11. с. 365—394., № 12. с. 783—815.

保罗一世削弱叶卡捷琳娜二世赋予贵族的政治和经济特权，把整个贵族阶层变为沙皇专制体制的驯服工具。 1797 年 1 月 2 日，保罗一世签署一项重要法令，宣布废除叶卡捷琳娜二世在 1785 年颁布的禁止对贵族阶层实施体罚的特权条文。 贵族因杀人、抢劫、酗酒、放荡和不当行为须接受体罚。 1798 年法令宣布未经枢密院批准，禁止军队中贵族出身服役不满一年的人员转业，禁止非贵族出身的人获得贵族身份，而且以后贵族名号只可世袭，不得册封。 1797 年 12 月 18 日法令宣布贵族必须向省的地方管理局机构缴税。 1799 年这笔税的额度有所增加。 1797 年 5 月 4 日，保罗一世禁止贵族呈递集体申诉书。 1799 年保罗一世下令废除了省贵族会议（губернские дворянские собрания）。 1800 年 8 月 23 日法令废除了贵族协会（дворянское общество）选举司法机构代表的权利。 保罗一世下令将逃避军事和民事义务的贵族提交法庭。 保罗一世最终的构想是连贵族阶层的穿戴、发型和跳舞时的动作都有明确规定，国家各个机关的公务人员都有不同的制服。 保罗一世大幅度裁撤军官的贵族人数，仅近卫军骑兵军团中的贵族出身的军官人数就从 1786 年的 182 人减少到 1801 年的 2 人。

保罗一世对贵族的苛严政策导致来自上层统治阶层的反对和憎恨，一些不满者和共济会员开始丑化保罗一世的形象，称他是"暴君、疯子和独裁者"。 洛普欣公爵在自己的回忆录写道："皇帝周围的都是不怀好意的人，他们利用他的急躁冒进性格，而近来甚至有意推动，为了自己的目的让世人憎恨君主。"[①]在关于保罗一世的回忆录和历史著作中经常谈到他将数千和上万贵族流放到西伯利亚，而实际档案表明实际流放贵族的数量不超过 10 人，并且这些贵族都是因为贿赂和盗窃而被送上军事和民事法庭的。

保罗一世执政时期的军事改革占据了很大的比重，其历史影响也最大。 叶卡捷琳娜二世执政末期，俄国军队开始衰落，在军队中间虐待、盗窃、贿赂、违反军纪屡见不鲜，军队的训练水平很低，只有苏沃洛夫和鲁缅采夫的军队尚能保持军纪和战斗力。 在俄国军队服役的法国将军罗热龙（Longeron）在其所写的《叶卡捷琳娜二世去世后的俄国军队：俄国军队的构成和序列》(Русская армия в год смерти Екатерины II. Состав и устройство русской армии) 中透露：近卫军是"耻辱和祸害"的军队，并且几乎没有战斗力，"俄国骑兵勉强站在马鞍上，这只

---

① Гейкинг К. -Г. фон. Император Павел и его время. Записки курляндского дворянина. 1796—1801/ Пер. И. О. // *Русская старина*, 1887. т. 56. No 11. c. 365—394., No 12. c. 783—815.

是骑在马背上的农民,而不是骑兵,他们能做点什么呢? 一年内他们最多上马 5—6 次","俄国骑兵从未练习过的军刀技术,勉强能挥舞着几下长剑罢了","到处都是疲惫的、瘸着腿的和没有牙齿的老马","在俄国不会骑马的骑兵军官太多了。 我知道只有 4 个骑兵团团长胜任骑术"。① 于是,保罗一世将自己在加特契纳宫训练军队的经验用在军事改革之上。

保罗一世于 1796 年 11 月 29 日,即其登基三周后,签署了三份法令:《野战步兵军事条令》(Воинский устав о полевой и пехотной службы)、《野战骑兵军事条令》(Воинский устав о полевой кавалерийской службе)和《骑兵条例》(Правила о службе кавалерийской)。

首先,保罗一世加强对军官和士兵的日常管理,严明军官的军纪法规,提高普通士兵的荣誉和待遇。 明确制定了军队操练大典,规定了军纪守则,对军人的着装和言行做出严格的规定,尤其是对军官和将军的品德和举止做出了严格的规定。 在彼得堡经常可以看到保罗一世头戴三角军帽,脚蹬长筒靴,身披长军服,手持指挥棒。 他要求军官对所属士兵的生命和健康承担个人责任,如有疏忽将受到惩罚。 保罗一世经常在士兵面前,故意羞辱贵族军官。 军官和将军在一年内的休假不得超过 30 天。 禁止军官借债和放贷,有欠债不还者除须受到惩罚之外,还须强制用其薪水偿还债务,如果薪水不够偿付,欠债军官将被逮捕,其薪水全部用于还债直至还清。 低级军官一年可享 28 天休假。 禁止军官驱使士兵在其领地之上从事与军事服务无关的工作。 士兵有权向政府控告军官的不良行为。 保罗一世每天都要亲自检阅自己的近卫军,严格检查近卫军的着装和出操是否规范整齐。 检阅式已成为半官方机制,保罗一世以这种方式发布政令和听取汇报。 无论军官还是士兵,如果军服纽扣没有扣齐整,都可能被流放。 因此接受检阅的官兵甚至都常常在口袋里准备些钱财,在背包里准备几件换洗衣服,准备接受突然被流放西伯利亚的命运。

保罗一世规定士兵服役为 25 年,如果士兵自愿并且身体状态良好可超过 25 年,士兵及退役者根据其战功和伤病程度领取额度不同的抚恤金。 战死士兵须妥善保留其遗体和埋葬。 保罗一世创造"完美服役"(беспорочной службы)概念,如果"完美服役"20 年以上,低等级人士永远免除体罚。 保罗一世在 1799

---

① Гейкинг К. -Г. фон. Император Павел и его время. Записки курляндского дворянина. 1796—1801/ Пер. И. О. //*Русская старина*,1887. т. 56. № 11. с. 365—394.,№ 12. с. 783—815.

年设立银制"勇气"勋章（За храбрость）颁发给低等级人士，服役 20 年以上的士兵获得"圣安娜"勋章（орден св. Анны）——1800 年更名为"圣约娜·耶路撒冷斯基"勋章（Орден св. Иоанна Иерусалимского）。为普通士兵设立奖励勋章，这不仅在俄国，而且在欧洲都属首次，1800 年以后，法国皇帝拿破仑才开始为法国士兵设立勋章。 在 1796 年颁布的军事条例中第一次具体规定军官军事训练的责任，"士兵永远在看着军官和士官，当他们持枪或站位上错了，军官在队列后教给他们，或者是从岗位上换下来公分再教给他们，如果士兵知错犯错，那么就施以惩罚。"在保罗一世时代，不只是他一个人持减轻对士兵体罚的观点，苏沃洛夫在自己的著作《制胜的科学》（Наука побеждать）也认为："谁不体恤士兵，棍棒加之，谁就是不休恤自己，棍棒一样加之自身"（Кто солдат не бережёт-палочки, кто себя не бережёт-тому палочки тоже）。保罗一世力图减轻对士兵的体罚，其执政 5 年间士兵的待遇均好于叶卡捷琳娜二世和亚历山大一世时代。

其次，保罗一世扩建军营及其他军事设施，提升军队形象和训练水平。 在彼得一世时代，军队有权将普通居民家居作为军人住处，当时只有在新首都——圣彼得堡才建有正规军营。 保罗一世认为此举不仅扰民和有损军队形象，而且不利于管理和训练。 1797 年他下令在莫斯科的叶卡捷琳娜宫（Екатерининский дворец）附近建筑军营，随后在全国各地普遍建筑军营，建筑费用由当地贵族和居民支付。 保罗一世特别规定为冬天室外岗哨和行军的士兵提供羊皮外套和靴子，为警卫室站岗士兵提供干爽的靴子，这条站岗规则一直保持到苏联时代。

在彼得一世时代，军服曾经由军人自己花钱购买或穿普通服装作战。 叶卡捷琳娜二世时代的军服被称为"波将金式"，因为它的设计者是女皇的宠臣波将金元帅，军服主要用于与土耳其战争，军服仿效奥地利军服样式，军人除穿夹克、长裤和短统靴外，头上还要戴假发。 当俄军人身着这套适用于热带的军服来到俄国北方和西伯利亚时，常因当地气候寒冷而生病，18 世纪 60 年代一项调查表明：俄国军人最常见的疾病是"风湿"病和呼吸系统疾病，因此这套军服受到了各方面的批评。 保罗一世则采取了"巴甫洛夫斯克式"军服，第一次在俄国军服史上引入大衣，在 1812 年卫国战争中，温暖的大衣拯救了几百万俄国军人的生命，寒冷的冬季也使身着温带地区军服的法国军队及其他杂牌军队遭受没顶之灾。

保罗一世修改了彼得一世执政的海军法令，重视舰队的技术保障、日常维护和补给舰队建设。在彼得一世的海军法令中大量条文是对官兵违反法令后的惩罚措施，如将犯罪者五花大绑后沉入水，从船的一侧拖向另一侧直至认罪。在保罗一世的海军法令中则很少看到惩罚的条文，而是增加了关于航行史志记录员、天文学教授、导航教授和绘图员的职责安排规定。

根据 1797 年法令建立了俄国军队中的第一个大型的军事工程团——先锋队（пионерный полк）。为了解决军事地图的准确问题以及军事地图匮乏问题，保罗一世在 1796 年 11 月 13 日签署关于授权库列绍夫（Г. Г. Кулешов）主导绘制总统帅部地图和皇帝陛下用图的法令。1797 年 8 月 8 日库列绍夫完成第一批军事地图的绘制。

保罗一世是俄国军事通信的奠基人，1797 年 12 月 17 日根据他的法令建立了"通信团"（фельдъегерский корпус）。保罗一世改革了俄国军队中的荣誉标志，1797 年起他颁发了龙骑兵团（драгунский полк）和胸甲骑兵团（кирасирский полк）徽章。在保罗一世时代军团徽章和横幅都是军队必备的物品，一般放置在团队的荣誉圣地。保罗一世设计了庄严神圣的军队横幅和标志，新入伍军官和士兵须向军旗和荣誉圣地宣誓。

自伊凡四世执政的 16 世纪中期以来，军队成为俄国宫廷政变的工具，甚至有时直接介入国家政治之中，保罗一世试图改变这种局面。他禁止在军官中建立政治组织。卡玛罗夫斯基（Е. Ф. Комаровский）公爵回忆："在保罗皇帝继位后我们军官的生活面貌发生了变化，在皇帝的命令下我们只能考虑去开会、剧院时穿晚礼服，现在从早到晚被关在团队的院子里，教给我们这个，教给我们那个，好像我们是新兵一样。"①但是大量经常性的严格出操训练，不但使士兵们感到难以忍受，就连军队的很多指挥官也对工作量加大颇为不满，甚至像苏沃洛夫这样的著名将领都开始消极对抗保罗一世的法令，认为军队的普鲁士化只能导致军队的士气和实战能力下降。

但客观地分析，保罗一世实行的大规模军事改革，对于俄国军队向现代化军队转型和加强专制—官僚国家机器发挥了极其重要的作用。

保罗一世在发展工商经济和对外方面着墨不多，在反法联盟期间，俄国与英国接近，签订了贸易协定。俄国贵族大量的收入和经济来自于英国的木材、亚

---

① Гейкинг К. -Г. фон. Император Павел и его время. Записки курляндского дворянина. 1796—1801/ Пер. И. О. // *Русская старина*, 1887. т. 56. № 11. с. 365—394., № 12. с. 783—815.

麻和粮食贸易，俄国向英国提供廉价的原料，然后换来英国廉价的商品。这一政策得到了俄国贵族地主阶层的支持，对于发展俄国农业经济起到一定作用，但同时它遭到工商业资产阶级的反对，因为低廉的英国商品大量输入俄国实际上阻碍了本国工业的发展。

3. 保罗一世的外交政策

镇压法国大革命和拿破仑势力是保罗一世时期最为重要的外交事务，并且贯穿其5年执政始终。

保罗一世在青年时代曾携妻子玛丽娅女大公化名"北方伯爵"和"北方女伯爵"秘密游历欧洲，亲眼目睹法国大革命的场景，亲身经历了1789年法国大革命发生之初最为激烈的政治和社会动荡。他对这种自下而上的社会运动极其反感和恐惧，在一定程度上也改变了对老师帕宁伯爵刻意宣扬的民主和宪政思想的态度。因此加强沙皇专制独裁权力，把社会各阶层和各地区的权力压缩到最小，通过严格的规章制度来保障君权的至高无上，这是保罗一世绝不动摇的坚定信念。

从1796年11月登基以来，普利斯科兰（Ф. М. Брискорн）成为保罗一世的秘密顾问和秘书。在保罗一世执政之初，为了显示和母亲叶卡捷琳娜二世的政策不同，保罗一世刻意强调对邻国友好，坚持不干涉欧洲事务。但当拿破仑在法国夺权，在1798年率军横扫欧洲，逼近俄罗斯统治下的波兰，最终将导致波兰再次独立时，保罗一世又放弃原来主张，急忙和英国结成反法联盟。这一年保罗还宣布自己担任马耳他骑士团团长，以此保卫马耳他不受拿破仑的进犯。

俄国在1798年积极参加反法联盟，派遣苏沃洛夫元帅远征瑞士和意大利。为防备法国启蒙思想和法国大革命的思想进入俄国，1800年保罗一世下令禁止进口欧洲的商品，包括书籍和乐谱，禁止年轻人到国外接受教育，这一政策的客观效果是减少了外国贵族，社会上层改变讲法语的习惯逐渐转为日常讲俄语。他甚至下令将"公民"（гражданин）、"祖国"（отечество）名词从俄文中删除。保罗一世的上述政策与彼得一世和叶卡捷琳娜二世鼓励甚至强迫贵族子女去国外读书，鼓励贵族讲俄语之外的法语、德语和意大利语的政策相反。

1798年俄国与英国、奥地利、土耳其和西西里王国一起加入了反法联盟。

在 1798 至 1800 年间，俄国军队接连取得了几个重要的胜利，乌沙科夫海军上将率领的地中海舰队成功地在意大利登陆，相继攻克那不勒斯和罗马，而苏沃洛夫元帅率领的陆军也成功地完成了著名的翻越阿尔卑斯山的军事行动，从北部进入意大利境内。 苏沃洛夫元帅是欧洲最优秀的指挥官，奥地利军队也由他指挥。但是，俄罗斯军队的辉煌胜利，却因为保罗一世的外交缺乏连续性而葬送。 当俄国军队在意大利取得一连串胜利后，引发了英国和奥地利的不安。 1799 年俄国与英国、土耳其组成了第二次反法同盟，趁着法国军队被困埃及的时机，再次发起反法战争。 1799 年 9 月俄国军队在苏沃洛夫指挥下，长征穿过阿尔卑斯山。 同年 10 月，俄奥联军由于奥地利军队未认真执行其职责而被打败，俄军撤出欧洲。 同年底拿破仑只身返国，发动雾月政变，任首席执政官，并取得法国军政大权，成为法国第一执政官。 此后拿破仑亲自指挥意大利方面军，回头对付反法各国，1800 年 6 月 14 日拿破仑在马伦哥之役大败奥地利军，帝国不得不与拿破仑议和，迫使第二次反法同盟解体。

1799 年拿破仑解散了革命议会并夺取了政权，他开始寻找外交上的盟友并试图与俄国接近。 当拿破仑执政之后，保罗一世明白与法国大革命的斗争已经结束了，他试图停止对法战争，与法国接近，试图与有着传统关系的英国断交，遭到与英国有往来的俄国贵族和商人的激烈反对。 最后俄法两国甚至决定组织联军，向英属殖民地印度进军。 在未与法国签订协议，在缺乏军需和对南亚次大陆毫无了解的情况下，保罗一世就于 1801 年 2 月下令派出 22000 名哥萨克骑兵，自乌拉尔河的奥伦堡向东出发，独自向英属殖民地印度进发，只是由于同年 3 月 11 日保罗一世突然死去，此项军事行动才停止。 军事和外交政策上的反复，造成军队的疲于奔命，招致了大部分军事将领的公开反对。

欧洲大陆国家中产生了建立法国、俄国、丹麦和瑞典联合舰队的设想，随后普鲁士、荷兰、意大利和西班牙也加入这个联盟，法国试图成为这个新联盟的支配者，从而对英国形成一大打击。 1800 年 12 月 4—6 日，俄国、普鲁士、瑞典和丹麦签订协定，实际上这意味着对英国宣战。 英国政府下令夺取敌视英国联盟成员国的船只。 作为对英国行动的回答，丹麦控制了汉堡，普鲁士控制了汉诺威。 联盟成员国签订禁止与英国贸易的协定，欧洲港口对英国船只关闭，英国立即出现了粮食危机和饥饿恐慌。 打击英国的海洋霸权和对海上贸易的控制权是促成反英同盟形成的关键因素。

保罗一世执政之初的外交决策导致俄国与法国接近，英国驻俄国大使查尔斯·威特沃德（Charles Whitworth）对此最初表示理解。 然而，在 1800 年 3 月 6 日，查尔斯·威特沃德被驱逐离开俄国，他愤怒地写道：" 从字面上讲，俄国皇帝已经丧失了理智……从他登上皇位起，他的心理紊乱就越来越严重了。"[①]于是，在他回到英国后，欧洲各国就开始流传保罗一世精神失常的谣言。

5. 保罗一世的历史命运

到 18 世纪末，贵族、军队和社会各阶层对保罗一世不满的呼声越来越高，最后军队的高级军官和朝中大臣们联合起来，阴谋推翻保罗一世，让皇储亚历山大一世继位。 历史学家研究成果证明，保罗一世时代存在不止一个针对他的密谋组织。 在他登基后不久，在斯摩棱斯克就出现了一个密谋组织"卡纳里工坊"（канальский цех），目标是暗杀保罗一世，此组织被破获，其成员被流放或服苦役，有关档案资料根据保罗一世的命令被销毁。 随后在保罗一世经常居住的冬宫和巴甫洛夫斯克城相继发生了三次刺杀他的案件，叛乱官兵甚至冲进宫中。 1800 年，在叶卡捷琳娜二世的最后一位情夫祖波夫的弟弟、苏沃洛夫的女婿尼古拉·祖波夫（Николай Зубов）的妹妹奥尔嘉（Ольга Жеребцова）位于彼得堡的家里建立了针对保罗一世的密谋组织。 该组织成员有英国大使、奥尔嘉的情人查尔斯·威特沃德，彼得堡省长兼秘密警察首领巴林（П. А. Пален）、科楚别依（В. П. Кочубей），尤金轻骑兵团（изюмский легкоконный полк）司令本尼格森将军（Л. Л. Беннигсен），成员还有尼基塔·帕宁（Н. П. Панин）[②]、近卫军骑兵军团司令乌瓦罗夫（Ф. П. Вувалов）、谢苗诺夫近卫军团长杰普列拉多维奇（Н. И. Депрерадович）和普列奥布拉仁斯基近卫军团长塔雷金（П. А. Талызин）等人。 巴林建议把亚历山大一世吸收到密谋组织之中。 居住在彼得堡的波兰公爵恰尔托雷斯基是亚历山大一世的密友，也是这一密谋事件的参与者，他事后回忆当时彼得堡已经传遍要暗杀保罗一世的谣言，保罗一世也有耳

---

① Исторические материалы, хранящиеся в Библиотеке дворца города Павловска//*Русская старина*，1873. т. 8. No 11. с. 649—690；No 12. с. 853—884；1874. т. 9. No 1. с. 37—56；No 2. с. 277—300；No 3. с. 465—512；No 4. с. 667—684；т. 10. No 5. с. 60—70；No 6. с. 309—320；No 7. с. 549—560；No 8. с. 735—742. Каратыгин П. П. Светлые минуты императора Павла. 1796—1801//*Исторический вестник*，1886. т. 26. No 10. с. 121—151.

② 尼基塔·帕宁出身帕宁家族，是保罗一世老师帕宁（Н. И. Панин）的侄子，时任副大臣（вице-канцлер）。

闻。他直截了当地问彼得堡省长兼秘密警察首领的巴林："我听说有一个不利于我的阴谋正在进行中，此事是否属实？"。巴林回答："皇帝，这是毫无意义的谣言。除非我是参与者，否则这是一件不可能进行的事。"保罗一世的疑心，使帕宁下决心立即采取果断行动。

1801年3月12日，密谋者在巴林和祖波夫兄弟的带领下，冲进保罗一世卧室并杀死了他。英国大使查尔斯·威特沃德支持政变，巴林是密谋行动的总指挥，尼基塔·帕宁、祖波夫兄弟和乌瓦罗夫是密谋行动的领导者。史料证明，参与这次宫廷政变的人数为150人左右。关于保罗的死因，至今流传的有两种说法：一种说法为尼古拉·祖波夫用金制长杆烟斗打死了熟睡中的保罗一世；另一种说法是众人用枕头或者围巾将保罗一世活活闷死，他儿子尼古拉一世就在场，保罗一世曾苦苦向儿子哀求："殿下，你在这里吗？慈悲！空气！空气！我做错了什么事？"至于保罗一世的长子亚历山大一世是否参与这次阴谋，至今史学界没有定论。但比较通行的观点是亚历山大一世迫于压力，同意发动政变，推翻保罗一世，直到他签署了秘密文件，同意阴谋策划者的行动计划后，众人才动手。

在俄国（苏联）和欧美史学界笔下，对保罗一世的历史评价同其父亲彼得三世一样均不高。究其原因，一方面是因为其母叶卡捷琳娜二世和其子亚历山大一世的治理帝国业绩和历史地位均超过保罗一世，另一方面是由于他死因蹊跷，而其子亚历山大一世和尼古拉一世都有意回避这一问题，甚至默许社会上对保罗一世的诋毁。为消除他们与保罗一世之死的牵连关系，他们甚至亲手销毁保罗一世的重要档案史料。在亚历山大一世和尼古拉一世执政时期，禁止研究保罗一世及其死因。尼古拉一世亲手销毁了父亲保罗一世死亡的材料。对外公开宣称保罗一世死于中风。俄国第一次出版谋杀保罗一世事件的参与者本尼格森（Л. Л. Беннигсен）将军的回忆录是在1905年，立即此起极大的社会反响，因为它说明了保罗一世死去宫廷谋杀，而凶手逍遥法外。

史家对于执政前的保罗一世的评价尤其低下，认为他资质不高，性格孤僻，笃信宗教，酷爱军事，并称他在加特契纳宫所建立的"加特契纳军"完全是只会在操场上严格演练和走威武雄壮的普鲁士正步通过检阅台的毫无战斗力军队，叶卡捷琳娜二世称加特契纳军为"神棍军"（батюшкиный войск）。但实际情况并非如此。加特契纳宫的守军完全采取普鲁士军制，从武器、军服和训练方式均是"普鲁士化"。加特契纳军除练习盛装队列行进之外，还训练一些实战的技能。从 1793 年至 1796 年，在保罗一世的亲自监督下，加特契纳军练习了凌空劈杀技术、拼刺刀、涉水障碍、快速前进和后退、反击敌方的水陆两栖登陆、夜间作战。保罗一世非常重视炮兵，他在 1795 年至 1796 年间请来了普鲁士将军指导加特契纳军的炮兵训练。到 1796 年，加特契纳军是俄国军队中纪律最严明和战斗力最强的部队，并且为保罗一世执政后推行大规模军事改革积累了宝贵的经验。① 并且，保罗一世在加特契纳宫和加特契纳军中培养了忠于他的军事将领和文职官员，如将军和外交家列普宁（Н. В. Репнин）、步兵将军贝科列绍夫（А. А. Беклешов）、步兵将军和超级公爵沃龙佐夫（С. М. Воронцов）、著名国务活动家和元帅萨尔蒂科夫（Н. И. Салтыков）、叶卡捷琳娜二世的御用诗人杰尔查文和亚历山大一世时期著名的国务大臣和改革家斯佩兰斯基（М. М. Сперанский）。

在保罗一世签署的法令和推行的改革措施中，有部分内容具有自由主义的色彩，究其原因主要是源于保罗一世青年时代受崇拜君主立宪制度的帕宁伯爵的影响。叶卡捷琳娜二世时代的农民地位极其低下，从而导致农民的激烈反抗。保罗一世推出一系旨在减轻农民负担和限制地主权利的政策。他以宣言形式禁止地主在星期日和节日向农民摊派徭役，农民在地主土地上服徭役最多不得超过 3 天，这项法令因地主和贵族的激烈反对，实际上从未得到施行。保罗一世下令废除农民的粮食税和其他沉重的税收，并给予农民购买食盐以优惠。保罗一世禁止出售地主农民和无土地的农民，禁止将农民家庭拆散出售。他责成地方省长关注地主与农民的关系，如发生农民问题紧急情况省长要立即向沙皇提交报告。1797 年 9 月 19 日的法令废除了农民为军队提供马匹和粮食的义务，代之以每个农民征收 15 戈比的人头税。1797 年颁布的法令登记处在地主的处罚威胁之下的农奴农民，给农民以喘息的时机。1797 年 10 月 21 日法令又确定了登记在商人和市民名下的国家农民的权利，再次给农民以活下来的生机。保罗一世下令为平抑粮食价格，出售国库粮食，这一措施大大地降低了高昂的粮食价格。然而，保罗一世不了解俄国农奴制和等级制度的真正情况，他认为地主农民的地位要好于国有农民，下令将 60 万国有农民转为地主农民，因此遭致来自各个方面的反对。

---

① Порошин С. А. Записки, служащие к истории Его Императорского Высочества благоверного Государя Цесаревича и Великого Князя Павла Петровича наследника престолу российского. СПб., 1844. 563с.

保罗一世的宗教政策也具有强烈的自由主义色彩。1797年3月18日法令宣布波兰境内的天主教徒和东正教徒拥有信仰自由的权利。1798年3月12日,保罗一世颁布法令允许旧礼仪派在俄国各地建筑教堂。1800年他确定了皈依教堂（единоверческая церковь）的地位,旧礼仪派因此非常怀念保罗一世。1796年11月29日保罗一世下令特赦参加叛乱被流放的波兰人。保罗一世笃信东正教,许多研究者认为他具有极其明显的神秘主义思想倾向。他放弃彼得一世、叶卡捷琳娜二世打击东正教会势力的做法,力求提升东正教在俄国社会中的地位,允许教会人士插手世俗政务。保罗一世自认为是救世主的化身,希望重新统一天主教和东正教,并为此在彼得堡建筑了与意大利罗马圣彼得大教堂相似的喀山大教堂（казанский собор）。①

在保罗一世执政的短短5年多时间里,他推出了2251项立法令,平均每天都有1项以上的立法令出台。保罗一世还签署了5614项一般法令,给军队发布的法令达到14207项。上述数字超过了彼得一世和叶卡捷琳娜二世时代。因此,尽管保罗一世个人资质有限,一些法令和改革收益有限,但仍然可以认为他是俄国历史上不多的勤勉为政和励精图治的最高统治者。

保罗一世在帝国治理方面的最大贡献是在短时间内、通过全方位的改革使俄罗斯帝国开始了从传统的独裁帝制国家向近代的专制——官僚国家的转变。他的许多政治、军事、经济和社会改革设想在亚历山大一世以及其后的继承人那里得到实现。保罗一世执政时期可以称为"大改革"（великая реформа）时代。

"弑父者"亚历山大一世

亚历山大一世出生于1777年12月12日,当日,欣喜若狂的叶卡捷琳娜二世下令彼得—保罗要塞和海军要塞鸣放201响礼炮。亚历山大的名字即由叶卡捷琳娜二世亲自命名,女皇期望孙子成为俄国历史上的著名君主亚历山大·涅夫斯基（Александр Невский）。著名诗人杰尔查文也应时地创作了《北方皇家少年

---

① Император Павел и старообрядцы/Сообщ. И. Н. Лапотников//*Русская старина*，1878．т. 22．No 5. с. 173—176.

的诞生》(На рождение в Севере порфирородного отрока)，诗中赞美："神灵们一个个驾着祥云，从天上飞到他的身边；每一位神灵都把礼物送到新生儿的摇篮边；一位把雷霆交到他手上，保佑他来日决胜在疆场；另一位授予他科学与艺术，等待他给世界上披上霞光。 最后一位天神降临，则是把美德植入他的心房：'你要善于驾驭自己的情绪，身居皇位，做一个品德高尚的人'。"①

几乎是从他出生之日起，他就像父亲保罗一世被伊丽莎白女皇强制从其父彼得三世和其母叶卡捷琳娜二世身边"抢走"一样，被他的祖母叶卡捷林娜二世从其父保罗一世和其母玛丽娅身边强制"接管"。 叶卡捷琳娜二世对亚历山大一世的日常生活要求非常严格，他每天早晨都要在低于 15 摄氏度的房间里开着窗户洗冷水澡，目的是磨炼他的意志。 4 岁的时候他就开始学习英语、法语和德语。 在亚历山大一世 6 岁时，叶卡捷琳娜二世将他的女保姆赶走，专门请了 12 名男家庭教师教育他，以造就他威猛、坚定的性格。

在亚历山大一世所有的家庭教师中对他影响最大的是瑞士人拉阿尔普（Frédéric-César de La Harpe）。 拉阿尔普受启蒙思想，尤其是卢梭（Jean-Jacques Rousseau）思想影响巨大，他赞同法国大革命精神。 拉阿尔普曾经在内塞尔曼神学院、日内瓦大学和普鲁士的图宾根大学学习，他原准备大学毕业后去北美参加独立战争。 他认为欧洲受到许多世纪以来传统的束缚，而远在北美洲的美国才是一个全新的社会。 1782 年来他到俄国，原为英国驻俄大使的子女担任家庭教师，后被叶卡捷琳娜二世邀请入宫，担任男舞伴和亚历山大一世、康斯坦丁大公的法语教师。 1784 年 6 月，拉阿尔普向叶卡捷琳娜二世提交了一份详细的教育计划，并得到女皇的赞扬，他随即被任命为亚历山大一世的导师。 拉阿尔普在给女皇的教育计划中建议从讲授地理开始，然后学习历史、自然历史和几何学原理，最后学习哲学并结束全部课程。

1793 年 10 月 18 日，叶卡捷琳娜二世召见拉阿尔普，要求他教育好亚历山大一世作好"未来登上高位"的思想准备。 拉阿尔普知道女皇话语的特殊含意，他惊恐地在当天的日记中写道："假如这个秘密公开出来，全部责任会落在我这无依无靠的外国人身上。"②拉阿尔普的宪政思想和自由主义立场与叶卡捷琳娜二世此时的保守政治主张相悖。 叶卡捷琳娜二世经常嘲笑他为"瑞士的雅各宾分

---

① 第一次发表在《圣彼得堡公报》1779 年第 12 期，第 410 页。后收入《杰尔查文文集》第 1 卷（Сочинения Державина. СПб., Императорской Академии наук. 1876. т. 1.）。

② 阿尔汉格尔斯基：《亚历山大一世》，刘敦健译，人民出版社，2011 年，第 34 页。

帝国风暴：
大变革前夜的俄罗斯

子"（швейцарец-якобинец），责怪他不应该把亚历山大一世教成"共和派"，他回答："在君主专制制度下君主应当是民主派，而人民则应该一心遵守君主制度的行为准则，正因为如此，我才打算把您的孙子培养成民主派。"[①]1794 年 10 月 23 日，叶卡捷琳娜二世召见拉阿尔普，宣布授予他上校军衔并不再担任皇太子们的导师，发给他一万卢布的车马费。 拉阿尔普认为这是女皇对他的遗弃，他想转而投靠保罗一世，但并未得到保罗一世的信任，他只好离开俄国，1794 年回到瑞士，在家乡沃德州（Vaud canton）发动反对伯尔尼统治的革命，失败后到巴黎寻求督政府的支持。 1798 年在法国军队帮助下建立了赫尔维蒂共和国（Helvetic Republic），拉阿尔普是督政官之一，但在 1800 年被拿破仑支持的保守派驱逐后，他隐退法国。 1814 年反法联盟军队进入巴黎后，已是俄国沙皇的亚历山大一世授予他俄国将军头衔，他代表沃德州和提契诺州参加了维也纳会议，在沙皇帮助下，他确保了这两个州作为瑞士联邦的主权成员得到承认。

亚历山大一世的军事教师是出身于著名的萨尔蒂科夫家族的特级公爵萨尔蒂科夫（Н. И. Салтыков）元帅，他是保罗一世为亚历山大一世选择的军事教师，这是保罗一世唯一能够插手的权利。 保罗一世对萨尔蒂科夫说："我选择了你是为了我的儿子，而关于你应该站在哪一边，责任是什么，明天上午 10 点，你到我这来，我自然会告诉你的。"[②]萨尔蒂科夫用传统的俄国贵族的尚武精神教育亚历山大一世，为他讲授俄国历代君主的军事才能以及军事指挥技术。 保罗一世也经常插手军事教育，把亚历山大一世带进他的加特契纳军营，给他灌输普鲁士的军人严格服从长官和命令的思想。 有一段时间亚历山大一世被允许住在加特契纳军营，他的一只耳朵因为隆隆的炮声而失去听力。 1796 年 11 月 7 日他被授予近卫军上校军衔。 当亚历山大一世年满 17 岁时，他和弟弟君士坦丁被派往西伯利亚学习军事，次年返回彼得堡。

童年、少年和青年时代的亚历山大一世面临的最大问题是处理祖母叶卡捷琳娜二世和父亲保罗一世的关系。 他知道叶卡捷琳娜二世多次准备废除保罗一世的皇位继承人身份，让他直接继承皇位，对此他不敢也不愿拒绝。 但是在回到父亲保罗一世身边时，他又发誓说只有父亲才是唯一的皇位继承人。 幼年的亚历山大一世在讨大人喜欢这方面有着过人的天赋。 他 9 岁就会给自己的奶奶写

---

① *Русская старина*. 1899. No 6. с. 637.
② Волков С. В. *Генералитет Российской империи*. М.：Центрполиграф, 2009. т. 2. с. 450.

赞美信，而且每封信都无比煽情地用"吻您！吻您的手！"作为结尾。他的父亲保罗一世是普鲁士腓特烈二世的崇拜者，因而要求亚历山大一世应该成为严肃果敢的职业军人。有的时候，亚历山大一世在内心里转而倾向于让父亲继位，以避免在祖母、父亲和他本人之间发生冲突，他甚至准备逃到北美洲以躲避皇位继承的问题。

叶卡捷琳娜二世为孙子选择的妻子是来自普鲁士巴登公国的路易莎（Luise Marie Auguste），皈依东正教后改教名为伊丽莎白（Елизавета Алексеевна）。1793年，亚历山大一世与伊丽莎白正式结婚，1799年他们的长女玛丽亚·亚历山德罗芙娜（Мария Александровна）公主出生，1806年次女叶丽萨维塔·亚历山德罗芙娜（Елизавета Александровна）公主出生，但是两个女儿都未到两周岁就夭折了。①

1796年9月16日，病入膏肓的叶卡捷琳娜二世担心自己来日不多，提出要亚历山大一世"不按顺序"，趁她在世时继位。9月24日，亚历山大一世给祖母写信含糊其辞地表示同意。与此同时，他又和父亲保罗一世密切接近，甚至直接称父亲为"皇帝陛下"。19世纪俄国军事史学家希里杰尔（Н. К. Шильдер）据此推测，亚历山大一世曾当着密友阿拉克切耶夫的面向父亲秘密宣誓。②

1796年11月6日，叶卡捷琳娜二世去世，保罗一世顺利继承皇位。19岁的亚历山大一世被封为皇位继承人，然而父子关系仍然疏离。保罗一世在当政时期暴虐蛮横，喜怒无常，就连亚历山大一世也成了受害者。他对父亲唯命是从，做任何事情都要请示，就连自己的时间也不能自主支配。保罗一世随时召见他，让他汇报一些琐事的细枝末节，而且在大多数情况下，他会因不称职而遭到父亲的训斥。根据亚历山大一世的密友波兰贵族恰尔托雷斯基公爵所回忆："陛下与父亲每个月见面的次数不超过十次，而且两人即使在宴会这样的喜庆场合会面，也绝不交谈。"③

1797年亚历山大一世被任命为彼得堡的总督，担任驻守首都的谢苗诺夫近卫军团团职务。此外他还担任了粮食供应委员会（комиссия по поставкам

---

① 历史学家认为亚历山大一世还与有夫之妇玛丽娅·安东诺夫娜·纳雷什金娜（Мария Антоновна Нарышкина，生卒年月：1779年2月2日至1854年9月6日）维持了15年情人关系，玛丽娅为他生有两个女儿。亚历山大一世拥有11个非婚生子女。参见：Сахаров А. Н. Александр I. М.：Наука, 1998.
② 阿尔汉格尔斯基：《亚历山大一世》，刘敦健译，人民出版社，2011年，第43页。
③ Шильдер Н. К. Император Александр Первый. Его жизнь и царствование. СПб.：《Новое время》А. С. Суворина, 1897. т. 1. с. 132.

продовольствия）主席等一系列公职。 从 1798 年起，他开始主持军事会议（военный парламент），担任枢密院和国务会议（государственный совет）成员。渐渐地，亚历山大结交了一些有实权的朋友，他们都对沙皇保罗的统治不满，常常在一起商量如何废除妨碍自由的桎梏，实现全体公民的平等，建立公正博爱的社会。

1801 年 3 月 11 日夜，针对保罗一世的宫廷政变开始。 尽管亚山大一世事先准确地知道密谋者的行动，他仍然与平静地与父亲保罗一世在距冬宫不远的米海伊洛夫城堡共进晚餐，餐毕后亚历山大一世告退，保罗一世入寝。 亚历山大一世回到自己的房间，并未脱衣睡觉，而是与妻子伊丽莎白紧张地等待着外边的消息。 当听到父亲保罗一世死讯后，亚历山大一世大为震惊，躲在自己的行宫号啕大哭，不肯出来面见众人。 结果是，密谋行动的总指挥巴林走进来对他不客气地说："够了！ 别耍孩子脾气了，赶紧登基去吧！"就这样，亚历山大一世成了俄罗斯帝国的新沙皇。① 亚历山一世就任沙皇后，除了借故强迫密谋事件的主谋巴林退休外，其他任何人没有受到惩罚。

1825 年 9 月，亚历山大一世遵照医生的嘱咐，与皇后伊丽莎白离开圣彼得堡，到气候适宜但位置偏僻的亚速海上小镇塔甘罗格疗养和视察。 他在 10 月末去沃龙佐夫伯爵庄园的路上，喝了一杯伏牛花果子露以后，他便患病了。 11 月初回到塔甘罗格，经医生全力诊治，他的病情有了好转。 但有的记载又说他病情日趋恶化。 11 月 19 日上午 10 点 45 分，亚历山大一世病逝，终年 47 岁。 11 月 20 日，御医为遗体做解剖和遗体防腐处理，9 名医生在死亡证明书上签字。 诗人普希金诗中写道："他一生都在劳顿奔波，终年逝于塔甘罗格"。

1825 年 12 月 14 日，亚历山大一世的大弟康斯坦丁大公保护着他的遗体回到彼得堡，已是波兰大公并与非皇室血统的女公爵乔安娜·戈鲁津斯卡（Joanna Grudzińska）②结婚的康斯坦丁公开宣读了自己放弃承继权的信件。 亚历山大一世的二弟尼古拉于 12 月 13 日（公历 12 月 25 日）深夜在枢密院正式即位，是为尼古拉一世。 新沙皇尼古拉一世向康斯坦丁归还了他自愿所献的金质元帅权

---

① Соловьев Ю. Рыцарство и юродство. К поэтике образа императора Павла Первого//*Одиссей*：Человек в истории. М.：Наука, 1989, с. 262—282. Цареубийство 11 марта 1801 года：записки участников и современников（Саблукова, графа Бенигсена, графа Ланжерона, Фонвизина, княгини Ливен, князя Чарторыйскаго, барона Гейкинга, Коцебу）：с 17 портретами, видами и планами. СПб., издание А. С. Суворина, 1907；Изд. 2-е. дополн. СПб.： А. С. Суворин, 1908. 458 с.

② 她的俄国名字为热涅塔·安东诺夫娜·戈鲁津斯卡娅（Жанетта Антоновна Грудзинская）。

杖、波兰与东欧总督勋章、佩剑，并且向他保证他将会得到除了外交权和立法权外所有管治波兰的权力，还赐予"皇室之盾"称号。1826年1月1日，亚历山大一世正式下葬于彼得—保罗大教堂，棺椁上长长的文字写明了他一生文治武功的荣誉："极其伟大的沙皇，圣主上帝神权的最高捍卫者，俄罗斯保卫者，欧洲救世主，全俄罗斯、莫斯科、基辅、弗拉基米尔、诺夫哥罗德的皇帝和独裁者，喀山沙皇，阿斯特拉罕沙皇，波兰沙皇，西伯利亚沙皇……沙皇亚历山大·帕夫洛维奇安葬于此。"然而，他的墓志铭却只有短短一句话："我征服了死亡。"

"秘密委员会"及其自由改革

1801年3月12日，24岁的亚历山大一世认为自己是得到"意外的幸运"而登基的皇帝，他要"按照法律和他英明的奶奶的心愿"实施统治。1801年9月15日，亚历山大一世在莫斯科克里姆林宫的乌斯宾斯基大教堂举行加冕典礼，莫斯科大主教普拉东主持了仪式。伊丽莎白也被加冕为皇后，与此前不同，皇后是站着接受皇冠的。①

亚历山大一世是以非正常方式继位的，其皇位和权威均受到反对派贵族的挑战。自其继位之初，有关保罗一世死因以及与亚历山大一世关系的种种谣言就在宫廷内外流传，一些保罗一世的亲信和手握军权的王公纷纷举兵发起讨伐。亚历山大一世利用反对派贵族内部的矛盾，在短时间内分化瓦解了叛军力量。格鲁吉亚大公贝尔·巴格拉季昂（Б. И. Багратион）在别尔哥罗德聚集30万军队，他不顾弟弟彼得·巴格拉季昂（П. И. Багратион）的劝阻，于1801年6月12日率部起兵反对亚历山大一世，6月14日凌晨，沙皇的军队到达，一举突袭格鲁吉亚大公的亲兵营，活捉了巴格拉季昂大公。当叛乱平定时，亚历山大一世表示不大规模追究参与者责任，但格鲁吉亚国必定要被清除，于是命令参与叛乱的军队返身攻击格鲁吉亚，从而趁机将东格鲁吉亚领土划入俄国版图。

---

① *В память Священного коронования их императорских величеств Николая Александровича и Александры Феодоровны. Со множеством иллюстраций лучших художников.* СПб.：книгоиздательство Герман Гоппе, 1896. ч. I. с. 28.

帝国风暴：
大变革前夜的俄罗斯

亚历山大一世在签署的法令和私人下的谈话中强调当前国家的主要威胁是"困扰俄罗斯的国家秩序"，俄国政界的腐败成为颇为头疼的问题，他表示要在个人肆意的权力上加装严格的法律限制，要设立以前从来没有的法律。 在亚历山大一世执政的第一个月里，他下令废除保罗一世时代对各种商品和产品（包括书籍和音乐制品）进口俄国的禁令，恢复贵族子弟出国受教育的权力。 他宣布大赦逃亡的农奴，将保罗一世时代被判刑的 12000 多人赦免或者平反。 他下令恢复其父在位期间受贬军官的职务。 亚历山大一世在 1801 年 4 月 2 日签署命令恢复叶卡捷琳娜二世给予但被保罗一世大量限制或废除的贵族特权和城市特权。他还下令解散保罗一世时代只服从他个人的 "秘密办公厅"（тайная канцелярия）。 他把家庭教师拉阿尔普请回俄国，共商国是。 亚历山大一世上述政策达到了安抚贵族阶层，分化瓦解反对派势力的目的，获得了大批贵族的支持。

当亚历山大一世还是皇太子期间，在他身边就形成了一个政见相同的亲密朋友组成的小圈子。 1801 年 5 月，斯特罗加诺夫（П. А. Строганов）建议成立一个国家改革委员会，亚历山大一世立即接受了这个建议，立即成立 "秘密委员会"（негласный комитет），他甚至开玩笑对密友们称该委员会为 "社会拯救委员会"（комитет общественного спасения）①。 该委员会宣称要 "制订一部好的法律，使其成为国家幸福的源泉"。

斯特罗加诺夫伯爵是秘密委员会中唯一的职业军人，最高军衔中将，出于乌拉尔山的西伯利亚贵族家庭，他曾在法国求学时参加法国立宪派（吉伦特派）的会议，赞同君主立宪的主张，认为俄国值得仿效；科楚别依伯爵（В. П. Кочубей），出身于乌克兰哥萨克家庭，他主张开明专制体制，认为君主要有绝对的权力，但同时也必须率先遵守国家法律，并成为全民的典范。 他在 1802—1803 年间曾担任内务大臣；恰尔托雷斯基（Adam Jerzy Czartoryski/Адам Адамович Чарторыйский）公爵，出身于波兰古老的恰尔托雷斯基家族，这个家族的成员不止一次被选为波兰国王，他年轻时代就来俄国长期侨居，是俄国波兰侨民的领袖，1798 年成为亚历山大一世的密友。 他深信崇尚开明思想的亚历山大一世必须恢复波兰的自由。 恰尔托雷斯基曾在 1804—1806 年担任俄国外交大臣；诺沃西里采夫（Н. Н. Новосильцев）公爵，出身彼得堡贵族家庭，1806 年作

---

① 此名称来源于法国大革命中建立的革命组织 "社会拯救委员会"（Comité dusalut public）。

为俄国驻法国大使被派往巴黎,对法国大革命精神有很深的了解,主张实施君主立宪政体。 他1803—1810年间担任俄国皇家科学院院长,1834年担任国务会议主席职务。

"秘密委员会"成员加上沙皇亚历山大一世的平均年龄不超过30岁,经常彻夜商讨改革方案。 该委员会在1801—1803年间成为枢密院之外的"影子内阁",成员均为亚历山大一世的亲密朋友,作为参政议政的补充,任务是帮助沙皇"研究帝国管理涉及的无形的任务的系统改革工作"。 具体任务是首先研究俄国目前形势,然后讨论各别行政机构的改革,以及"通过上述改革维护基本的国民精神"。 该委员会于1801年12月12日颁布法令,给予商人、小市民和官屯移民以购买无人居住的土地的权利,但由于遭到贵族的反对而失败。 秘密委员会在两年半内研究了枢密院和中央部委的改革,讨论了农民问题和一系列的内政措施。 1803年11月9日,亚历山大一世下令解散"秘密委员会"。

亚历山大一世在皇太子位上就曾与其密友协商解放农民事务,登基后"秘密委员会"将农民问题作为重要议题。 亚历山大一世在登基当天即宣布禁止出售国有农民。 1801年12月12日他颁布法令,给予商人、市民和非城市的国家农民和领地农民购买土地的权利。 1848年地主农民也获得上述权力。 1803年2月20日《自由农民法》(О вольных хлебопащцой)颁布,规定如果农民与地主双方协商同意后农民可获解放。 同时法令禁止贵族随意处死农奴,农奴犯罪需交由法律审判,不可私自杀害,违背者将受到严厉惩罚。 前者的确有效地保障了农奴的生命安全,但后者却因为牵涉面太大,而且难以定罪,最终往往不了了之。 沙皇政府法令规定,如果农民已经获得自由,地主就不能将其身份降为农奴。 在取得地主同意后,农民可以从事商业,签订票据,承担合同。 饥荒年份地主必须赈济农民。

1804—1805年,沙皇政府率先在波罗的海地区开始了解放农民的第一步,但是在1816—1819年间,波罗的海地区解放农民的改革再度停步。 1809年3月10日法令废除地主将犯罪农民流放到西伯利亚的权力,1822年则恢复了地主将农民流放西伯利亚的权力。

1818年亚历山大一世委托莫尔德维诺夫(Н. С. Мордвинов)将军、阿拉克切耶夫伯爵和古里耶夫(Д. А. Гульев)伯爵研究农民解放问题,各自提出方案。 莫尔德维诺夫的方案是农民不连带土地获得人身自由,土地仍全部留于地主,根据农民须通过交纳金钱赎买人身自由,9—10岁交纳100卢布,30—40岁交纳

2000 卢布，40—50 岁交纳 4000 卢布；阿拉克切耶夫的方案是农民在政府主导下获得人身自由，方式是国家与地主按当地价格协商逐渐购买连带土地（1 人 2 俄亩）的农民；古列耶夫的方案是在 60 年内，即到 1880 年前，逐渐向地主购买足够规模的农民土地。 然而这些方案和建议只停留在纸面之上，随着 1818 年后亚历山大一世走向保守和大力支持"军屯制"，农民问题就被束之高阁。 并且，亚历山大一世在 1823 年颁布法令，再次确定了世袭贵族对农奴农民的领有权。

中央行政机构改革是"秘密委员会"计划和指导下的重要改革措施，是亚历山大一世执政前期标志性的自由主义改革措施。

国务会议（государственный совет）始设于叶卡捷琳娜二世时代，初期是服务于女皇个人的机构。 根据 1801 年 3 月 30 日（公历 4 月 11 日）法令，国务会议成为国家常设机构，最初获得了"不可缺少委员会"（непременный совет）的称呼，任务是讨论国务和作出决定。 国务会议由 12 名各部的高级官员组织。 1810 年 1 月 1 日，根据斯佩兰斯基的改革方案《国家法律规定》，"不可缺少委员会"改组为国务会议。 它拥有一个总委员会和四个局（法规局、军事局、国民局和宗教事务局），以及国家经济局和稍后成立的波兰国王事务局。 在国务会议之下还设立了立法委员会（комиссия составления законов）和申诉委员会（комиссия прошений）。 国务办公厅（государственная канцелярия）主持国务会议日常工作。 国务会议主席由沙皇本人或由他指定人士担任，所有部的大臣为其成员，此外部分成员由沙皇指定。 国务会议不制定具体法律，它的使命是讨论各项法律，集中各种立法的审查，以确保统一的法律规则，以防止冲突的法律。 斯佩兰斯基被任命为国务会议的国务秘书。

枢密院始建于彼得一世时代，在叶卡捷琳娜二世时代职能有所改变。 1802 年 9 月 8 日枢密院颁布《关于枢密院权力和职责法令》（О правах и обязанностях сената），确定了枢密院自身职能和与其他最高政府机构的关系。 枢密院在国家机构中拥有最高的行政、司法和监督权力。 当颁布法令和法律冲突时，枢密院拥有最后的法律和法令裁决权。 但是在实际上由于一系列条件的限制，改革后赋予枢密院的权力没有得到实际的执行，首先枢密院成员的构成并不完全是国家最重要的官员，不具备权威性。 枢密院与沙皇的直接联系也没有建立，其次枢密院与国务会议、各个部和大臣委员会（комитет министров）的关系也没有理顺。

亚历山大一世对圣主教公会进行了改革，它的成员由东正教会高级神职人士担任，但是该机构的最高行政长官由世俗官员——总检察长担任。 从 1803 起直至 1824 年，这一职务一直由戈利岑（А. Н. Голицын）公爵担任，从 1816 年起他也是国民教育大臣。

中央行政机构的改革最为重要，影响也最为深远。 1802 年 9 月 8 日，亚历山大一世签署《关于设置部的宣言》（Об учреждении министерств），宣布在中央设立 8 个部，取代被叶卡捷琳娜二世废除又被保罗一世恢复的中央行政机构"委员会"（коллегия）。 8 个部分别为"外交部""陆军部""海军部""内务部""财政部""司法部""商业部"和"国民教育部"。 每个部设置由沙皇亲自任命并向沙皇本人负责的一长制的大臣（министр），每个部设立若干副大臣（заместитель министра）和办公厅（канцелярия）。 部下设立若干职能"局"（департамент），其行政长官为局长（директор）。 局下设立若干职能"处"（отделение），其行政长官为"处长"（столоначальник）。 各部之间的共同事务交由大臣委员会讨论。

1810 年 7 月 12 日，颁布了斯佩兰斯基主持制定的《关于特别管理的国家事务划分宣言》（О разделении государственных дел на особые управления），1811 年 6 月 25 日颁布了《部机构总则》（Общее учреждение министерств）。 依据上述宣言建立了新的国家管理机关——警察部（министерство полиции）和不同信仰宗教事务管理总局（главное управление духовных дел разных исповеданий）。 宣言按照"执行程序"将所有国家事务划分为 5 个部分：第一部分涉及对外关系，执行部门是外交部；第二部分涉及对外安全，执行部门是陆军部和海军部；第三部分涉及国家经济，执行部是内务部、国民教育部、财政部、国库部（государственное казначейство）、国家审计和统计总局（главное управление ревизии государственных счетов）、交通总局（главное управление путей сообщения）；第四部涉及民事和刑事司法，执行部门是司法部；第五部分涉及国内安全，执行部门是新设立的警察部。 在亚历山大一世统治时期，各部和不同职能总局的数量达到了 12 个，唯一的国家预算机构也得以建立。①

亚历山大一世时代废除了俄国所有的传统酷刑，改以欧洲盛行的绞刑、断头台斩首和枪毙来执行较为人道的死刑，减低了死刑犯的所受的痛苦。

在贵族政策方面，亚历山大奉行软硬兼施的政策，拉拢一批，打压一批，其

---

① Ключевский В. О. *Избранные лекции «Курса русской истории»*. Ростов-на-Дону，2002. с. 101—113.

至还故意挑拨贵族之间的矛盾,让他们之间互相进行决斗,对贵族进行一连串的清洗以巩固皇权。戈东诺夫(Годуновы)家族和奥利戈维奇(Ольгвичи)家族是拥有千年悠久历史的领主家族,因屡次叛逆而被亚历山大一世完全肃清。亚历山大一世将领主家族的权益分给服从他的中下级贵族,扶植他们成为新贵族。但这些新贵族没有军权,只有少数拥有自己的领地,而且贵族门第的高低由战功评定,元帅等于公爵、上将等于侯爵、中将至准将属于侯爵或伯爵,亲王和大公等皇族另外计算,没有军功者没有资格成为高级贵族。

斯佩兰斯基方案

斯佩兰斯基是亚历山大一世和尼古拉一世时期重要的俄国政治家和改革家,这一时期许多改革方案出于他的设计,他还曾担任俄罗斯科学院(императорская академия наук)的荣誉院士(1821—1831),退休后他担任了皇太子亚历山大三世的家庭教师。拿破仑曾称他是"俄国唯一一头脑清醒的人"。①

斯佩兰斯基于 1772 年 1 月 1 日出生于弗拉基米尔省切尔古基诺村(Черкутино)的东正教神职人员家庭。斯佩兰斯基自少年时代就熟读欧洲各国政治文献,深受法国启蒙思想和百科全书派的影响。斯佩兰斯基在彼得堡亚历山大·涅夫斯基神学院度过了他的少年和青年时代,在这里他成为数学和物理教师。他精通法律、哲学、政治、数学、修辞和神学。斯佩兰斯基杰出的才能和素质使得他受到库拉金(А. Б. Куракин)公爵的注意,将其委任为家庭秘书,当库拉金官升至总检察长(генерал-прокурор)后,他又将斯佩兰斯基引入宫廷之中,不久斯佩兰斯基就成为最年轻和最有才能的政府官员。在 1797 年的三个月里,他跃升第八等文官职等,获得了世袭贵族身份。斯佩兰斯基善于驾简驭繁,他的备忘录与报告文笔优雅,含意精确,成为同仁中的典范。1798 年,他升为第六职等,相当于军队的上校职位。1801,斯佩兰斯基加入了俄国共济会组织

---

① Кречетников Артём. Отставка изобретателя Государственной думы(рус.)// *Русская служба Би-би-си* (16 марта 2012). Архивировано из первоисточника 26 мая 2012. Проверено 16 марта 2012.

"北极星"(Полярная звезда)。① 1801 年春，内务大臣科楚别依将斯佩兰斯基带入"秘密委员会"，他参与了中央机构部制改革方案的设计。1807 年 7 月 9 日，在科楚别依缺席的前提下，斯佩兰斯基代替科楚别依向沙皇亚历山大一世汇报内务部工作。亚历山大一世对斯佩兰斯基报告简洁并妥善主持内务部复杂事务的能力印象深刻，他的才能得到亚历山大一世的常识，于是任命他为沙皇的文职参事(действительный статский советник)，专门为亚历山大一世起草诏书和圣谕。

在 1802—1804 年间，斯佩兰斯基制定了数份重要的政治改革方案：《关于国家根本法》(О коренных законах государства)、《关于社会渐进完善》(О постепенности усовершения общественного)、《关于社会意见的力量》(О силе общественного мнения)、《再谈点自由与奴役》(Ещё нечто о свободе и рабстве)。其中最为重要的是《关于俄国司法和政府机构设置的草案》(Об устройстве судебных и правительственных учреждений в России)，该草案直接成为中央行政机构改革的依据。1806 年 11 月 18 日，斯佩兰斯基获得圣弗拉基米尔三级勋章(Орден Святого Владимира 3-й)。

斯佩兰斯基对俄国及欧洲的局势有清醒的认识，他头脑敏捷，办事认真，而且富有创见。他的政治生涯中最重要的阶段开始于 1808 年。这年 10 月，亚历山大一世携斯佩兰斯基参加爱尔福特会议，并派他与拿破仑进行直接会谈，拿破仑对斯佩兰斯基的才华大加赞颂，他开玩笑地对沙皇说："皇帝，我用我的帝国来换这个人，你是否同意？"②多年以后，这句话变成了斯佩兰斯基为法国从事"间谍服务"的证据。

斯佩兰斯基在 1802 年上呈亚历山大一世的意见书深刻地分析了俄国现实和出路。他认为："表面上看来，我们似乎已经拥有了一切，但实际上，没有一件真正扎实的事情。假若君主政府不只是一个空有其名的自由的话，则显然我们仍然不是在君主制度之下。事实上，我们先抛开各种政府组织皆属无用之说不谈，让我们先问一问，当一个人的财产、光荣以及所有的一切，都不是来自法律而只是依靠君主一个人的意愿所形成的贵族阶层到底是什么。难道这些法律的

---

① Серков А. И. Русское масонство. 1731—2000//Энциклопедический словарь. М.，2001.

② Кречетников Артём. Отставка изобретателя Государственной думы(рус.)//*Русская служба Би-би-си* (16 марта 2012). Архивировано из первоисточника 26 мая 2012. Проверено 16 марта 2012.

本身不也是建立在君主的个人意愿之上的吗？ 我希望有人指出，附属于地主之下的农奴与附属于君主之下的贵族之间区别到底在哪里？ 我也希望有人能发现君主与地主是否有像地主与农奴一样的权力。 因此我们可以抛开自由的俄国人民确实是被划分成地主、商人以及其他的阶层之事不论，但我在俄国所看到的只不过是两个阶层而已：即是君主的奴隶与地主的奴隶。 第一个阶层享有的自由，只不过是与第二阶层相比而已。 在俄国，除了乞丐与哲学家外，就没有真正的自由人。 造成俄国人民活力之所以如此羸弱，就是这两种奴隶之间的关系所造成的。 贵族的利益是将农奴屈服在君主之下。 贵族因为在政治上毫无保障，他们必须将自己的自由生活完全建立在土地与土地耕种所得的收入之上，结果就是必须要奴役农民。 农民生活在压榨他们的奴役之下，只能恳求沙皇，把他当作是唯一可以制服地主权威的力量。"① 在上述叙述中，斯佩兰斯基明显地运用了英国自由主义思想家洛克（John Locke）和美国联邦党人（Federalists）的宪政思想和社会概念。

1808 年底，对斯佩兰斯基的改革理念极为欣赏和支持的亚历山大一世责成斯佩兰斯基制定国家改革计划。 1809 年 10 月，斯佩兰斯基完成改革计划的设计，以《国家法典导言》（Введение к уложению государственных законов）的名称提交亚历山大一世。 改革方案总原则是按照欧洲君主立宪制国家的模式，实行立法、行政和司法的三权分立和中央、省、州和乡的 4 级管理。 沙皇是国家最高的行政首脑，由沙皇任命大臣委员会成员，中央机构设 8 个部（1811 年增加了内务部、交通部和国家监督部）。 在各部大臣之上设立大臣会议。 各部大臣和官员首先向国家负责而不是向沙皇负责，法律成为衡量各级官员德勤业绩的唯一标准。

关于社会等级：划分贵族、中等阶层和劳动阶层三个等级。 贵族拥有公民权利和政治权利；中等阶层包括商人、市民、国家农民和拥有一定资产的小经营者，拥有公民权利，包括有权占有动产和不动产，自由择业和流动，有权以个人名义上法庭等；劳动阶层（рабочий народ）包括地主农民、工人（рабочие）和家庭佣人（домашние слуги），拥有公民权利即公民的个人自由，但由于没有足够的财产，没有参与政治的权力。

关于俄国行政区划：分为省（губерния）、州（волость）、县（уезд）、镇

---

① Сперанский М. М. *Проект и записки*. Москва-Ленинград, 1961. с. 56—59.

（поселок）四级。在哥萨克聚居地区设立与州平级的军区（окружность）。

关于三权分立：斯佩兰斯基理想中的三权，应该是国家杜马、政府、枢密院，这三个权力机构分别是立法系统、行政系统、司法系统的最高机关。

其中行政权的最高权力机构是枢密院和大臣会议。1811年初，斯佩兰斯基提出枢密院改革方案，到6月改革方案提交国务会议。枢密院职能拟分为两部分：行政职能包括管理政府事务和统辖大臣会议、各部大臣、副大臣、特别机构和总局长官；司法职能被划分为俄国境内的四个地方分部：彼得堡、莫斯科、基辅和喀山。中央设立最高刑事法院，负责审理涉及高官和重大的案件，其他案件由省、州、乡等各级法院审理。除枢密院之外，沙皇之下所设的大臣会议是另一个最高行政执行机构，下面还有四级管理委员会。改革的目的很明确，即把原由沙皇亲自控制的权力下放到各个机构，而这些机构都要向法律负责而不是对沙皇负责。

其中立法权由四级杜马承担，杜马议员由四级机构分别选出，组成县杜马（уездная дума）、州杜马（волостная дума）、省杜马（губерская дума）、国家杜马（государственная дума），层层递进，成员从下一级机构中选出。凡拥有不动产或相当数量财富的市民拥有选举权和被选举权，选举人依据财产资格划分为四个等级。国家杜马每三年一届，拥有立法权和法律监督权，国家遵照"任何法律未经国家杜马的批准不得生效"[①]的原则。省设省杜马，州设州杜马[②]，县设县杜马，此项改革的目的在于扩大社会各阶层的参政权。

在斯佩兰斯基的改革方案中，司法改革最具先进性。司法机构包括枢密院、省法院（受理民事和刑事事务）、州法院（受理民事和刑事事务）[③]和县法院的四级司法体系。枢密院的司法特点在于它的构成，最高枢密官由沙皇亲自任命，其余枢密官由贵族选举产生。这样的司法机构具有了相当程度的等级代表特点，反映贵族阶层政治权力的上升，另一方面反映了沙皇专制权力的弱化。

改革方案建议将国务会议置于沙皇治下，作为平衡沙皇独裁权力与国家杜马权力的中间机构。该机构在形式上模仿法国皇帝拿破仑主导的国务委员会（Conseil d'Etat）。沙皇有权停止国家杜马的工作或解散国家杜马，有权宣布重

---

① Сперанский М. М. *Проект и записки*. Москва-Ленинград, 1961. с. 227.
② 军区设军区杜马（окружная дума），与州杜马同级。
③ 军区法院与州法院同级。

新选举国家杜马。各部大臣由皇帝亲自任命，枢密院的人员组成由皇帝本人决定。按照此方案，从形式上看，改革后的俄国国家管理体制属于三权分立，但是沙皇仍然是俄国的最高统治者，仍然在立法、行政、人员任免等方面拥有最终裁决权。

斯佩兰斯基制定了《宫廷高级侍从法》，反对宫廷中只是挂名而无具体责任的职位，高级文官的提升必须通过考试或有大学毕业资格；采用文官考试制度及其他提高政府效率的措施以加强俄国的官僚机构。所有的官衔都需要经过考试，合格者方能胜任。他的改革为贵族的晋升设置了障碍。斯佩兰斯基的改革方案遭到了枢密院成员、各部大臣和其他高级官员的激烈反对，亚历山大一世本人也持怀疑态度。

1810年1月1日，按照斯佩兰斯基方案设立了国务会议，斯佩兰斯基被亚历山大一世任命为国务秘书（государственный секретарь）。1810年7月12日和1811年6月25日中央行政机构各部改革开始实施。

在国务会议讨论中，斯佩兰斯基的改革方案受到了来自各个方面的激烈批评，但是在投票表决时多数人表示赞同。斯佩兰斯基本人却劝说国务会议放弃他拟定的改革方案。于是，立法、司法和行政三个方面改革只进行了立法和行政两个方面，司法改革未有涉及。至于谈到省制改革，没有任何进展，甚至也没有提出改革方案。

斯佩兰斯基还曾在1809年设想改革教会学校教育，让一些更加有才能的神职人员加入其中。斯佩兰斯基提出在教会学校要实行新的教学大纲，建立与世俗学校相类似、教学大纲连贯性的四级教会学校，即教区教会学校、县教会学校、中等教会学校、教会学院，并建教学区。教会学院院长和中等教会学校学监职务实行选举制原则。斯佩兰斯基还制定了四级教会学校的规章条例，要求教会学校的学生学习世俗学校的课程，如学习数学、物理、生物、本国和世界通史、语言文学、哲学、近现代外语等等。上述改革建议遭到了东正教会的反对和嫉恨。亚历山大一世支持他的教育改革方案并开展了计划的第一阶段，但改革直到1814年才完成。

亚历山大一世登基时面对国家财力匮乏，资金严重短缺的状况。截至1809年，国家财政赤字已达1.57亿卢布。1810年发行纸币5.77亿卢布纸币，发行外债1亿卢布，1810年编制的预算收入为1.27亿卢布，但实际支出为1.93亿卢布，赤字达到 6600 万卢布。① 由于纸币发行量大大增加、国家各项预算开支增长、官僚机构过于臃肿等因素，又因参加大陆封锁体系而消耗掉国家大量的财力和资源，导致对外贸易急剧萎缩，出口额从 1805 年的 1.34 亿卢布下降至 1808 年的 8200 万卢布。这种情况既损害了地主、贵族和商人的利益，也直接影响到国家收入。

斯佩兰斯基在 1908 年拟定的《国家法典导言》将财政改革作为国家全面改革的重要内容。斯佩兰斯基提出："俄国应该确认银卢布为真正的货币单位"，他提议成立专业的国家银行作为币制改革的重要机构，政府发行银行券并可用于兑换银卢布，所有先前发行的纸币都应退出流通领域并予以销毁。斯佩兰斯基的币制改革方案得到亚历山大一世的肯定。

亚历山大一世在 1810 年 2 月 2 日的诏书中宣布："流通中的纸币为国债，以帝国全部财产为担保，国家打算清偿这一债务。为此，国家拟发行新国债，销售债券以兑换纸币，而纸币应在未来予以销毁。"沙皇政府拟发行 1 亿卢布的国家公债，均分为五次售出。第一期公债于 1811 年开始上市销售，偿还期为七年，平均年利 6%，到期时要以金币或银币支付，用这种方法收回的纸币应全部销毁。1810 年 6 月 20 日，亚历山大一世下令宣布俄国国内流通的所有货币中，银卢布为法定货币，每 1 银卢布内含约 4 佐洛特尼克（золотник）纯银（1 佐洛特尼克约合 4.266 克银）。

1810 年 8 月 29 日，亚历山大一世再次宣布："铜币成为辅币，是可兑换货币"。② 政府通过行政手段加速币制改革，确定了银币、铜币和纸币的主次关系，为向银本位过渡创造了条件。上述改革发生于 1812 年战争前夕，具有临时应付财政困境的特点，在一定程度上缓和了政府财政压力。1812 年 3 月 29 日，斯佩兰斯基被解职后，财政大臣古里耶夫（Д. А. Гульев）停止了币制改革，重新大量发行纸币，国家财政再度恶化。

由于亚历山大一世的信任和支持，在 1809—1812 年间，斯佩兰斯基成了宫廷中最显赫的官员，他的影响仅次于沙皇。斯佩兰斯基几乎成为俄国事实上的首相。亚历山大一世撤换了他早年"秘密委员会"的密友，斯佩兰斯基实际上变成了唯一的御前重臣，所有政务在呈递沙皇之前都先由斯佩兰斯基单独过目。

---

① Власенко В. Е. *Денежная Реформа в России*. 1895—1898 гг. Киев, 1949. с. 12.
② Сборник Статей *Денежная Реформа в России*. История и Современность. Москва, 2004. с. 101.

即使是后来权倾一世的阿拉克切耶夫伯爵也被斯佩兰斯基强势排挤,在亚历山大一世那里失去信任。 因此斯佩兰斯基的地位自然受到其他官员和贵族的嫉妒。而且斯佩兰斯基的系列改革的目的是建立行政、立法、司法三权分立并相互制衡的国家管理体制,与沙皇制度和亚历山大一世本人的利益都是相悖的。 警察总监巴拉绍夫(А. Д. Балашов)利用他所控制的情报机构,大肆宣扬斯佩兰斯基与法国皇帝拿破仑私通情报,出卖俄国利益。 亚历山大一世明白上述谣言目的是诋毁斯佩兰斯基,但是面对国内反法情绪日益高涨,亚历山大一世还是决定抛弃斯佩兰斯基。 1812 年 3 月 17 日晚 8 点,亚历山大一世与斯佩兰斯基进行了秘密谈话,具体内容无人知晓,随后下令解除了斯佩兰斯基的职务。 但时人记录那个时刻的斯佩兰斯基"几乎失去意识,他想把文稿放进公文包里,结果差一点把帽子也放进去,他最后瘫倒在椅子上,库图佐夫立即去取水。 过了几秒钟,皇帝办公室的门开了,皇帝站在门口,显得很不高兴,'再一次告别,米哈伊尔·米哈伊洛维奇'①,说完后门就关上了"。② 斯佩兰斯基被流放到了诺夫哥罗德,后来又被流放到西伯利亚的彼尔姆。

在流放地,斯佩兰斯基不断给亚历山大一世写信,竭力证明自己的清白。1816 年 8 月 30 日,根据亚历山大一世的法令斯佩兰斯基被免除罪名,他被任命为奔萨省省长。③ 1819 年 3 月,斯佩兰斯基被任命为西西伯利亚总督,他制定了一个新的政府体制方案《西伯利亚省管理机构》(Учреждения для управления Сибирских губерний)和《外国人管理条例》(Устав об управлении инородцев)。 斯佩兰斯基在担任西西伯利亚总督期间,正是俄国吞并哈萨克草原的关键时期,斯佩兰斯基秉承沙皇的旨意,搜集哈萨克的习惯法,于 1822 年制定了《西西伯利亚吉尔吉斯人条例》(Устав о сибирских киргизах),这部条例废除了哈萨克原有的政治统治制度(可汗制),把哈萨克地区划分为若干行政区,一切按照俄国的政治制度、由俄国政府派遣的官员统治。 在西伯利亚,斯佩兰斯基还结交了后来的十二月党人巴基年科夫(Г. С. Батеньков)。

1821 年 5 月 26 日,斯佩兰斯基应亚历山大一世的召唤回到彼得堡。 亚历山大一世去世后,斯佩兰斯基被新沙皇尼古拉一世任命为十二月党人审判委员会成

---

① 斯佩兰斯基的名字与父称.
② 阿尔汉格尔斯基:《亚历山大一世》,刘伦健译,人民出版社,2010 年,第 142 页.
③ Гречишкин С. С., Луковская Д. И., Морозов В. И. М. М. Сперанский. Материалы к научной биографии. СПб., 2000. с. 55—56.

员。1826年,斯佩兰斯基被任命为沙皇办公厅第二部主任,负责对俄国法律进行整理、编制索引和摘要的工作。在斯佩兰斯基领导下,该部于1833年发布了《俄罗斯法律全集》(полное собирание законов Российской Империи),共收录了35993条法规,内收录阿列克谢沙皇(Алексей Михайлович Романов)时期编写的《1649年法典汇编》(Соборное Уложение 1649 года)到亚历山大一世时期所有的法律文献,到1832年出版了15卷,斯佩兰斯基因此获得"圣安德烈·佩沃兹瓦内勋章"(орден Святого Андрея Первозванного),此法典成为后来45卷本《俄罗斯帝国法律全书》(Свод законов Российской Империи)的基础。在1833年1月的国务会议上,斯佩兰斯基将第一版《俄罗斯帝国法律全集》贡献给沙皇尼古拉一世,尼古拉一世当场摘下自己佩戴的"安德列耶夫之星"(Андреевская звезда),亲手给斯佩兰斯基戴上。1835年,斯佩兰斯基被任命为皇位继承人亚历山大二世的法律教师,他将这份工作一直干到1839年2月23日逝世。斯佩兰斯基在1839年被授予伯爵头衔,他的女儿继承伯爵的头衔。① 斯佩兰斯基死后葬于彼得堡的亚历山大涅夫斯基修道院的齐赫文斯基公墓,他的墓碑是一个花岗岩石棺并饰以铜十字。

阿拉克切耶夫苛政

斯佩兰斯基于1812年3月的失势和改革失败,即是亚历山大一世自由主义改革的终结。亚历山大一世在其执政后期,放弃了年轻时代的自由主义理想,在这一时期体现了极其明显的保守主义政治风格,其突出的表现即是重用阿拉克切耶夫以及支持他提出的"军屯制"。

阿拉克切耶夫于1769年9月23日出生于诺夫哥罗德省的没落贵族家庭。②

---

① Томсинов В. А. Михаил Михайлович Сперанский (1772—1839). Биографический очерк// Сперанский М. М. Юридические произведения. Москва, 2007. с. 8.

② 阿拉克切耶夫较准确的出生地始终没有记载。《苏联大百科全书》(Большая советская энциклопедия)中只标出他出生于诺夫哥罗德省。1994年出版的《俄国历史百科全书》(Энциклопедия 《Отечественная история》 М., 1994)也没有给出准确地址。1996年出版的《俄国名人传记》(Сборник 《Знаменитые россияне》Лениздат, 1996)同样没有准确地址。

其早期教育是在农村教堂司事指导下学习的俄语、识字和算术知识。 其父希望他进入彼得堡炮兵和工程兵学校学习，但因家境贫穷无法入学，彼得堡主教加夫列尔（Гавриил）资助其3个卢布，才使阿拉克切耶夫得以入学。 1783—1787年阿拉克切耶夫就读于彼得堡炮兵和工程兵学校。 1792年，他任加特契纳炮兵总监和步兵总监，因而成为保罗一世最为信任的密友，保罗一世称赞他"在俄罗斯是不可多得的操练大师"①，并委派他担任时为皇位继承人的亚历山大一世的军事训练教师。

1796年11月7日，在保罗一世登基第二天，阿拉克切耶夫被任命为彼得堡城防司令，同年11月8日被任命为少将，11月9日被任命为近卫军普列奥布拉任斯基团少校，11月13日授予圣安娜一级勋章（ордена Святой Анны 1-й степени）。 1797年4月5日，27岁的阿拉克切耶夫又获得了圣亚历山大·涅夫斯基勋章（орден Святого Александра Невского）。 此外，保罗一世还赏赐给他2000名农民。

在保罗一世时代，阿拉克切耶夫曾领导俄国军队的改制，推行普鲁士的军事制度、棍棒纪律和过时的线式战术。 阿拉克切耶夫是苏沃洛夫学派的积极压制者，在他的直接参与下，苏沃洛夫以及其他许多反对在军队中实行普鲁士制度的将军和军官被解除军职。

1798年3月8日，阿拉克切耶夫被解职，军衔被降为中尉。 同年12月22日，他被任命为军需少将。 第二年1月4日，他被任命为近卫军炮团司令和全俄炮兵总监。 1月8日被授予圣约翰·耶路撒冷斯基勋章。 5月8日，阿拉克切耶夫获得伯爵称号。 然而，在同年10月1日他再次被解除职务。

在亚历山大一世登基后，阿拉克切耶夫很快得到了新沙皇的信任，亚历山大一世想把他吸收进"秘密委员会"，但由于其他成员的反对而放弃。 1803年5月14日，沙皇重新任命阿拉克切耶夫为炮兵总监的职务，并责成他实行炮兵改革。 他在炮兵的组织和装备方面采取改革措施，把炮兵部队编为独立的战斗单位，加强了炮队，改进了炮兵军官的训练。 1807年，他被授予炮兵上将军衔。 1808—1810年，阿拉克切耶夫任陆军大臣。 在1808—1809年俄国对瑞典的战争中，他亲自率兵跨过冰冻的芬兰湾进攻奥兰群岛，迫使瑞典把芬兰割给俄国。 1810年

---

① Томсинов В. А. *Временщик*： А. А. *Аракчеев*. М.： Теис，1996. С. 40.

起，阿拉克切耶夫为国务会议军事局局长。在 1812 年反法卫国战争中，他担任沙皇亚历山大一世的军事顾问。他曾自豪地说："所有的对法国作战都经过我的手，还有所有的秘密证据、报告和皇帝手写的命令也是这样。"①1812 年 3 月斯佩兰斯基被解职，阿列克切耶夫就成为亚历山大一世唯一信任的人，这一过程也体现了沙皇本人政治主张由自由向保守转变的特点。

军屯制（военное поселение）是阿拉克切耶夫在亚历山大一世支持下，着力推行的一项重大国策。1812 年卫国战争结束后，亚历山大一世开始考虑改变了从伊凡四世一直沿用二百余年的贵族统兵制，实行军屯制，即通过军事移民和军事化定居方式解决俄军兵源和边疆安全问题。

亚历山大一世希望通过军屯改革，建立一只亦农亦兵的强大后备军，即平时士兵居家从事农民或手工业，但仍然从事定期的军事训练，战时即成为训练有素的士兵。军屯既是兵营，也是农场和手工业工场，军屯的农业和商业活动，不仅可以缓和地方财政困难，而且可以为前线提供源源不断的物资供应。但是也有一些官员反对军屯制，认为建设军屯设施、大量移出移入居民需要政府支付巨额费用。亚历山大一世表示军屯制势在必行，哪怕"不论成本如何，都将推行到底，即使从彼得堡到丘多沃（Чудов）②尸横遍地"。史料证明，阿列克切耶夫本人最初也不是坚定的军屯制的拥护者，因为他作为该项制度的主持者听到了大量的军屯内部骚乱的信息，但是由于担心失去亚历山大一世的信任，他才违心表示赞同。

军屯制在 17 世纪就已开始在莫斯科公国的南部和东部边疆实施，目的是为了防止克里米亚鞑靼人和其他游牧民族的袭击。18 世纪，在彼得一世时期，在乌克兰沿察里津线建立了军屯。在伊丽莎白女皇时期，在伏尔加河和奥伦堡线建立了军屯。在叶卡捷琳娜二世时期，在高加索和新俄罗斯地区大量建立了军事垦殖机构。除上述边疆地区外，在俄国内地（喀山、奥伦堡、斯摩棱斯克和其他省份）也建有军屯，但它主要的目的是为低阶层人员、老兵、伤兵和荣誉军人提供生活帮助，具有慈善机构的特点。到 18 世纪末，这些军屯已经被废除，阿斯特拉罕、奥伦堡和高加索的哥萨克被合并到城市或其他国有农民定居点。只

---

① *Словарь достопамятных людей русской земли*. СПб．，1847.
② 丘多沃位于现俄罗斯的大诺夫哥罗德州以北 75 公里，位于沃尔霍夫河（Волхов）的支流克列斯金河（Керести）畔。

有东部尚留下部分军屯,但居民身份与国有农民已没有差别。

1810年,亚历山大一世到阿拉克切耶夫位于格鲁吉亚的私人庄园视察,他最有感触的是阿拉克切耶夫庄园的有效管理、清洁环境和秩序井然:农民们勤奋工作,每一个人和每一份工作都根据既定计划进行,非常有效率,整个庄园俨然就是一个步调一致和整齐划一的兵营。亚历山大一世计划要将阿拉克切耶夫的庄园管理经验作为改革俄国军事制度的借鉴。他指派阿拉克切耶夫为这场军事制度改革的主要负责人。

1815年底,亚历山大一世开始考虑全面实施军屯制。阿拉克切耶夫为此制定了方案:第一,在俄国西部和南部边境以及特定重要省份或地区设置军屯,该地区原有地主和农民迁往政府补偿的其他土地上居住,商人与其他市民阶层在获得政府给予的象征性补偿之后,必须在规定时间内立即迁走,自寻落户新土地。第二,建立一个新的社会阶层——军屯农民(военно-земледельческое сословие),它作为自力更生的常备军而不需要国家预算的支持,加入该阶层的国家居民免除税赋。第三,划分好的军屯区,由军屯农民及家属迁入居住。居住在军屯区的成年男性,除了要接受军事训练与作战外,还须从事农业和手工业。军屯农民和士兵免除一切国家税捐和劳役,每人获得一匹马与住处,残废者将受到终生照顾。所有已婚军屯农民的妻子都被强迫住到军屯来,不管她们在什么地方,也不管军人是否愿意恢复夫妻关系,因为事实在服役期间许多家庭已经解体。军屯内凡达到结婚年龄的青年男女的名字被写在纸条上,在规定的时间抓阄决定婚配,而且是马上去教堂成婚。上述做法,一方面是为了通过婚姻和家庭安定军屯男性成员。另一方面是为了提高军屯内部的出生率,为国家提供更多的农民和军人。

典型的军屯居民点居民人数228人,建有60个左右的房屋,军官分配给单独的房屋,低级别的单身士官和军人则集体合住。有的建筑下层为工场,上层为住宅。军屯附近有大型农场。军屯内一般设有小教堂、学校、车间、库房、灭火队和商店,几乎所有的房屋外都建有牲口棚,农具、粮食、木材和干草堆积在场院上。军屯的政治和活动中心是团部,团部一般都是石头建筑,周围设有大教堂、医院、警卫室、武器库、弹药库。沙皇政府在初期非常重视军屯建设,希望能将其推广全国。政府除供给品质优良的木材、石城建筑住宅,引进改良的农业技术、招募工匠施工外,还设立医院与学校,所学课程除神学、算术、俄文之外，还包括外文。 因此，来自国外的参观者，往往对军屯内人文环境和各种设施赞不绝口。 史料记载，并非所有军屯都能达到上述标准，阿拉克切耶夫设置个别军屯作为样板接受各方参观，有时甚至事先排演和弄虚作假。

一些贵族与地主对军屯制则持反对意见。 一方面是由于他们被迫接受政府强制性的迁移命令，将世代居住的领地让给国家，不得不接受国家较低的补偿。 另一方面他们担心军屯内的较高的农民生活水平会导致自己庄园内农民的攀比，由此成为不稳定因素。 再一方面他们担心在政府特别扶植的军屯农场中生产的粮食在产量、质量和价格上对庄园经济及收入造成威胁。

军屯农民对军屯制也是深恶痛绝。 阿拉克切耶夫将普鲁士军队的严格管理和加特契纳军的日常军事条例照搬到军屯中普通居民的日常生活之中。 如有轻微的犯错，不问军人还是平民，都会遭受严厉体罚。 各级军官和管理人员普遍贪污受贿。 1817 年，在诺夫哥罗德省维索茨基州和霍林州（холынской）发生了军屯农民骚乱。 农民不能容忍军官的体罚和欺压，派出一个代表团到彼得堡面见沙皇申诉。 同年在布格团（бугский войск）发生了哥萨克士兵骚乱，原因是退休的哥萨克上校巴维诺夫斯基（Барвиновский）透露消息：叶卡捷琳娜二世当年规定哥萨克永远不被转为军屯民。 这次骚乱持续到第二年。 1819 年，驻乌克兰的塔甘罗格团和楚古耶夫团，在军官塔列耶夫（Тареев）的煽动下发动叛乱。 沙皇政府对所有这些骚乱采取了强硬的镇压武力手段。 主谋被捕后流放到西伯利亚的奥伦堡，因骚乱被处罚的农民和士兵达到 813 人，其中 70 人被判接受"夹列鞭刑"（шпицрутен）①惩罚，不少人当场被打死。 1820 年，顿河发生农民起义，2556 个军屯被起义军民控制。 1820 年 10 月 16 日，著名的谢苗诺夫团第一营提出停止严酷的军屯政策和更换指挥官的要求，先头队的首领被骗到彼得堡练马场，后被逮捕关押于彼得—保罗要塞的监狱里。 随后谢苗诺夫团的所有团队起义，起义军被彼得堡驻军包围和逮捕。 第一营成员被送上军事法庭，其余士兵被流放到西伯利亚。 谢苗诺夫团内的共济会员广泛散发传单，鼓动新的起义。

1816 年颁布新的军屯组织规则。 1818 年亚历山大一世责成司法大臣诺沃西里采夫（Н. Н. Новосильцев）制定"国家宪章"（государственная уставная

---

① "夹列鞭刑"即受刑者裸身，双手被后背的长木绑住，他们须从两边手持木棒的壮汉中往复走过，受刑者常常中途即死于乱棒之下。

грамота）。 1816 年 8 月，开始把第一批士兵和居民转为军屯制。 1817 年在诺夫哥罗德省、赫尔松省、斯洛博达—乌克兰省设置军屯。 1818 年成立了军屯经济委员会。 1821 年成立军屯独立军团司令部和委员会，最高司令是阿拉克切耶夫。 地方最高司令部设在诺夫哥罗德和莫吉廖夫省。 所有南方军屯和军屯军总指挥是骑兵中将维特伯爵（И. О. Витте）。 而阿拉克切耶夫他实际上变成了庞大的军屯区的"无冕沙皇"和独裁者。

1817 年 4 月，诺夫哥罗德省派驻了掷弹兵团，在莫吉廖夫省派驻了波洛茨克步兵团，在乌克兰的哈尔科夫省的斯洛博达—乌克兰派驻了 3 个长枪骑士团。 派驻这些军团的意图十分明确，就是大规模实施军屯制。 随后军事定居点建设速度加快，诺夫哥罗德省有 12 个掷弹兵团和 2 个炮兵旅，在莫吉廖夫省有 6 个步兵团，在乌克兰的斯洛博达—乌克兰省、赫尔松省和叶卡捷琳诺斯拉夫省有 16 个骑兵团，在彼得堡省有 2 个团队派驻奥赫金面粉厂（охтинский пороховый завод）服务。①

到亚历山大一世执政末期，军屯制已经覆盖从波罗的海到黑海的俄国境内大部分地区。 1825 年，诺夫哥罗德省有 90 个军屯军团，乌克兰有 36 个军屯军团，南方省有 240 个骑兵队军屯区。 军屯内正规军士兵计 169828 人，国家农民和哥萨克计 374000 人。 至 1857 年，军屯人口达到 80 万，但当年军屯制亦被废除。

1815—1825 年十年间，阿拉克切耶夫拥有无限的权力，这一时期被称为阿拉克切耶夫苛政时期，同时代人创造了 Аракчеевщина 的名词。②

亚历山大一世去世后，阿拉克切耶夫被免去军屯最高司令职务，其职务由克连米赫里伯爵（П. А. Клейнмихель）继任。 阿拉克切耶夫先是赴欧洲旅行，然后回到自己在格鲁吉亚的庄园生活。 他于 1834 年 4 月 21 日去世。 史料记载，在死前"他躺在作为曾经的全俄独裁者坐过的沙发上，他的眼睛没有离开过墙上的亚历山大一世的画像"③

---

① Томсинов В. А. *Аракчеев*. Москва, 2003. с. 322—337.
② Аракчеевщина 意为"阿拉克切耶夫主义"或"阿拉克切耶夫暴政"。
③ Фёдоров В. А. *М. М. Сперанский и А. А. Аракчеев*. Москва, 1997. с. 134.；Томсинов В. А. *Аракчеев*. Москва, 2003. с. 213.

1812年反法战争

1804年5月,拿破仑成为法兰西第一帝国皇帝。次年,奥地利、普鲁士和英国签订盟约,俄国也随即加入反法同盟。拿破仑率军不断打击英国在欧洲大陆的盟国。他率部队从乌尔姆向东推进,在摩拉维亚突然袭击俄奥联军,取得了奥斯特利茨大捷。这次大捷之后,俄国残余部队退入波兰,奥地利被迫与法国缔结了和约,拿破仑从奥地利取得威尼斯地区,把威尼斯并入了受他控制的意大利王国。

1807年6月25日至7月7日,法国皇帝拿破仑一世与俄国沙皇亚历山大一世在提尔西特①附近的涅曼河上多次进行长时间的单独会晤。由于会谈完全是在秘密状态进行的,有关会议的具体细节以及档案资料后世知晓不多。历史学家和文学家给出了不少的说法。同时代的法国历史学家比尼翁(Francois Bugnion)对两位皇帝的会晤作了精彩描述:6月25日上午11时,明亮的阳光照耀在涅曼河上。在河的正中央,与两岸等距离的水面上停泊着一个大木筏,上面搭起两顶装饰华美的白色帐篷。一面的篷布上写着一上硕大的字母"A",这是亚历山大一世名字的第一个字母。另一面则写着同样大的字母"N",这是拿破仑名字的第一个字母。法国历史学家阿尔芒·勒费弗尔(Armand Lefebvre)的《执政府和帝国时期欧洲各国内阁史》描述:"拿破仑皇帝伸出右手,俄国沙皇亚历山大一世同他握手,两位皇帝互相拥抱。亚历山大一世说:'我同您一样仇恨英国人,您在反对英国人上所做的一切中都将得到我的协助。'拿破仑皇帝回答:'这样的话,一切都可以解决,和平已经实现。'"为确立会谈的机密性,两人命令所有随从和秘书退下,只有两位最高统帅相向而坐。拿破仑对亚历山大提议:"我来充当您的秘书,您给我当秘书……只有我们两个人,不会有第三人。"

1807年7月7日,法俄双方签订《和平友好条约》(《提尔西特条约》)。内

---

① 德文 Tilsit,1945年前称"提尔西特",划归苏联后,更名"苏维埃茨克"(Советск),现属俄罗斯联邦加里宁格勒州。

容包括：原属普鲁士的易北河以西大部分地区被划入新成立的威斯特伐利亚王国的版图，由拿破仑一世的弟弟热罗姆·波拿巴任国王；在普鲁士第二次、第三次瓜分波兰时所取得的地区成立华沙公国，由萨克森国王兼任君主；格但斯克成为自由市；比亚韦斯托克地区划归俄国。 俄国承认拿破仑的兄长约瑟夫·波拿巴为那不勒斯国王，路易·波拿巴为荷兰国王，允诺将卡塔罗海湾转让给法国，承认法国对伊奥尼亚群岛的主权。 同时签订的《法俄同盟条约》规定：在英国拒绝俄国提出的媾和条件时，俄国将同英国断绝外交关系并参加对英国的大陆封锁；在土耳其拒绝调停或在3个月内俄土谈判不能取得满意结果时，法国和俄国将对土耳其采取一致行动。 提尔西特和约标志着第四次反法同盟的失败。 这对普鲁士来说是奇耻大辱，对法国和俄国来说，是瓜分欧洲的条约。 提尔西特条约暂时调解了法俄之间的矛盾，两国结成同盟关系，同时也开始了针对英国的几乎无效的大陆封锁政策。 但和约未能缓和俄法矛盾，法俄同盟在表面上维持了5年，最终迎来了1812年的俄法战争。

1807年7月9日，法国与普鲁士签订了和约。 条约规定普鲁士承认科特布斯割让给萨克森，易北河左岸则分封给新建立的威斯特伐利亚王国，比亚韦斯托克则割给俄罗斯（此举让俄罗斯建立了贝洛斯托克州），而普鲁士在第二次及第三次瓜分波兰时所占的领土，则转交给半独立的华沙大公国。 此外，普鲁士还被迫削减军力至四万人，并罚款一亿法郎。

拿破仑在欧洲大陆获得了空前的军事胜利，法国占领了几乎整个意大利、德意志地区（成立了受法国控制的莱茵联邦），击败了欧洲强国奥地利，大败普鲁士，控制了西班牙、荷兰等地。 为了获得整个欧洲的霸权，让当时的法国的死敌、海上帝国英国臣服，法国联合其他欧洲大国发起了"大陆封锁"政策，但俄国处于自身利益的考虑，且对法国的扩张存有强烈的戒心，所以在1811年退出了法国主导的大陆封锁政策。

俄国的敌对行为招致拿破仑的愤怒，并萌生通过战争迫使俄国投降的念头。 拿破仑在1811年说过："在5年内，我将是世界的统治者，现在只剩下俄国，但我一定将其打败。"[①] 从1811年开始，法国准备入侵俄国，拿破仑的军事和外交政策有越来越强的针对性。 1812年2月和3月，法国分别同普鲁士和奥地利结成短暂的军事同盟。 为了对俄作战，普军2万人、奥军3万人归拿破仑指挥。

---

① Гарнич Н. Ф. *1812 год*. Москва，1952. с.342.

法国的其他附庸国政府也开始训练远征俄国的军队。在这一年，拿破仑准备了空前强大的军队，其控制的由欧洲各国组成的军队总数达到约120万人，其中一半用于进攻俄国。

1812年夏，拿破仑集结军队61万，分为三路，其中中路由其亲自带领指挥，这支被拿破仑称为"大军"（Grande Armée）的部队在法国控制的华沙公国集结，6月12日（公历6月24日）渡过涅曼河，向俄国不宣而战，俄法战争正式爆发。

拿破仑的战略计划是：通过一两次总决战歼灭俄军以在短期内取胜，占领莫斯科，迫使俄国投降。为此，拿破仑军队的主力从东普鲁士出发，在科夫诺（考那斯）以南渡过涅曼河，进入维尔诺（维尔纽斯）地区俄军右翼。这一行动保障法军在主要方向上的兵力优势，造成切断俄军在波列西耶以北全部交通线的威胁，打通一条通往莫斯科的捷径。

法军主力成两个梯队展开：第1梯队（44.4万人、940门火炮）分为三个集团，部署在涅曼河与维斯瓦河之间。第1集团（左翼军队，共21.8万人、527门火炮）由拿破仑直接指挥，集结在但泽（格但斯克）至托尔恩（托伦）一线，准备经科夫诺向维尔诺进攻；第2集团（8.2万人，208门火炮）由欧仁·德·博阿尔内将军指挥，用于在格罗德诺至科夫诺之间展开进攻，以分割俄西线第1、第2集团军；第3集团（右翼军队，共7.8万人、159门火炮）由拿破仑之弟热罗姆·波拿巴指挥，任务是向格罗德诺方向运动，以牵制俄西线第2集团军，策应拿破仑军队主力进攻。上述各集团实施包围突击，各个围歼俄西线第1、第2集团军。麦克唐纳元帅的普鲁士军（3.2万人）进抵蒂尔西特，向里加总方向实施突击，负责保障第1集团在左翼入侵。施瓦岑贝格元帅的奥地利军（3.4万人）从伦贝格（利沃夫）调到卢布林，负责保障第3集团在右翼入侵。主力第2梯队（17万人、432门火炮）和预备队（奥热罗元帅的军队及其他军队）留在后方，位于维斯瓦河至奥得河之间。

亚历山大一世对任命库图佐夫为俄军总司令犹豫不决，一方面他认为库图佐夫已经年老体衰（67岁），并且身有残疾。1807年的奥斯特里茨战役期间，库图佐夫曾经不客气地将沙皇亚历山大一世赶下战场。库图佐夫与土耳其作战经验丰富但几乎没有在欧洲的作战经历，并且他最擅长的是在最紧急的关头展开军事外交，而不是与敌人硬碰硬。库图佐夫还是保罗一世死前与亚历山大一世一起与其最后进餐者，这一特殊历史也让亚历山大一世极为不舒服。亚历山大一世看中的俄军统帅是巴克莱-德-托利（М. Б. Барклай-де-Толли）。 巴克莱-德-托利祖籍苏格兰，他于1757年出生在里加。 巴克莱-德-托利早在1807年就告诉亚历山大一世，俄法之战终将不可避免，要想打败拿破仑，就必须使他的军队被迫拉长战线，利用俄国幅员广阔的优势，使法军分散驻扎，分散法军的战斗力，在它力量消耗殆尽和精疲力竭之际，再打一场总决战，从而决出战争的胜负。 但是巴克莱-德-托利年轻气盛，经常居功自傲，而库图佐夫在军队中有着极高的威望，善于协调各方面军的矛盾和最佳配合。 当时俄军中流传着一句话："库图佐夫到，法国佬打跑"。 库图佐夫曾经说过："拿破仑有可能打败我，但是用巧计胜过我——永远不可能。"[①]卫国战争初期，库图佐夫于7月被任命为彼得堡义勇军和莫斯科义勇军司令。

俄军战前在西部边境共有22—24万人，火炮942门。 共分为三个集团：巴克莱-德-托利将军指挥的西线第1集团军为主力，配备6个步兵军和3个骑兵军，共11—12.7万人、火炮558门，集结在罗谢内至利达之间；巴格拉季昂（П. И. Багратион）将军指挥的西线第2集团军，配备2个步兵军、1个骑兵军及1个骑兵机动支队和9个哥萨克骑兵团，共4.5—4.8万人、火炮216门，集结在涅曼河与布格河之间的地区；托尔马索夫将军（А. П. Тормасов）指挥的西线第3集团军，编有3个步兵军、1个骑兵军及1个骑兵机动支队和9个哥萨克骑兵团，共4.3—4.6万人、火炮168门，集结在卢茨克地区。 第1、2集团军负责掩护莫斯科和彼得堡方向，第3集团军负责掩护基辅方向。 在南部的波多利亚，集结了奇恰戈夫（П. В. Чичагов）海军上将的多瑙河集团军。 俄军集结在罗谢内至卢茨克的600余公里的战线上，而法军主力却在300公里的战线上展开。 当时由于没有委任的俄军总司令，俄军统由沙皇亚历山大一世指挥，他同大本营随西线第1集团军行动。

拿破仑为确保战略主动权对俄不宣而战。 亚历山大一世得到法军入侵的消息，还企图以和平方式调解双方冲突，于6月26日派警察总监巴拉索夫（А. И. Барасов）将军给拿破仑带去一封亲笔信。 但是，拿破仑拒绝了和谈建议。 在法军优势兵力的压力下，俄西线第1、2集团军被迫向俄国腹地步步撤退。 西线第1集团军放弃了维尔诺，撤回德里萨兵营，从而使它与西线第2集团军之间的距离扩大到200公里。 法军主力便乘虚而入，于7月8日占领明斯克，形成了对俄

[①] 阿尔汉格尔斯基：《亚历山大一世》，刘敦健译，人民出版社，2010年，第151页。

军各个歼灭之势。战争初期，拿破仑没有获得预期的结果，法军伤亡和开小差的人数共达15万人，还死掉许多马匹。法军士兵的战斗力下降，纪律涣散，抢劫成风，进攻速度开始缓慢，拿破仑不得不于7月29日命令部队停止前进，在韦利日至莫吉廖夫地区休整7—8天。

亚历山大一世要求俄军采取积极行动。俄军军事首脑会议遵照沙皇的这一旨意，决定利用法军配置分散之机，转攻普德尼亚和波列奇那。7月25日，第1、第2集团军开始进攻，但由于准备仓促，行动优柔寡断，加之巴格拉季昂和巴克莱-德-托利意见分歧，致使进攻未获成果。此时，拿破仑突然把部队调到第聂伯河左岸，又占领斯摩棱斯克，切断俄军同莫斯科的联系。俄军开始仓促退却。8月4—5日，俄法军队进行斯摩棱斯克战役，交战结果是俄军放弃斯摩棱斯克，向莫斯科撤退，亚历山大一世下令撤换巴克莱-德-托利的职务，并于1812年8月8日任命库图佐夫为俄军总司令。亚历山大一世对其近臣说："公众盼望委任他，所以我就委任了他。至于我个人是与此无关的。"

1812年8月17日，库图佐夫抵达部队就职。从8月22日起他在距离莫斯科约125公里的波罗季诺村建立了防御阵地，以切断法军通往莫斯科的两条主要通道，库图佐夫决心依托阵地与拿破仑军队进行一次决战。8月26日（公历9月7日），战役打响并持续到晚上。双方投入的总兵力将近30万人。双方的伤亡异常惨重，仅白天战役双方伤亡总数高达6万6千多人，创造了世界战争史上有记载的单日死伤人数最多的战役的记录。第二集团军司令巴格拉季昂战死，亚历山大一世追赏其家属赏金5万卢布。库图佐夫被晋升为陆军元帅，获得赏金10万卢布。巴克莱-德-托利被授予圣格奥尔基二级勋章。

库图佐夫率领俄军连夜从波罗季诺退向莫斯科。9月1日，库图佐夫在莫斯科城郊的莫扎伊斯克重新部署部队，打算再次抗击法军，但最终放弃这个计划。法国军队逼近莫斯科城，莫斯科市民和农民也自发投入保卫城市的战斗之中。莫斯科市市长和守城军总司令罗斯托普钦（Ф. В. Ростопчин）命令政府官员深入居民和市场中散发传单。

第4号传单写道："谢天谢地，咱们莫斯科一切照常，平安无事！粮食没有涨价，肉也没有涨价。大家把法国佬狠狠地打了一顿。我们要向上帝祷告，要给士兵提供武器，要送他们去前线。该干什么事的时候我就跟着你们一起干，上战场我走在你们前面，不打仗时我走在你们的后面。没有什么可怕的，天上的乌云总要散去。只要坚持到底，总有天开云散的时候。唯一要注意的是，要防备酒鬼和傻瓜们,他们会竖起耳朵到处流窜,然后又冷不防地向别人耳朵里吹妖风。因此我提醒大家伙,'我们的人中有这种人,预言这个预言那个,那么不管他是谁,一律抓住他的头发扭送到政府这里'谁抓住这种人谁就是功臣,享受光荣和得到奖赏,谁要是被抓住了,我就找他算账,让他尝尝我的厉害。沙皇让我掌权就是让我干这件事,我是沙皇的忠实仆人,我是一名尊贵的俄国贵族,我更是一名信仰正教的基督徒。"

第7号传单写道:"我用生命担保,法国坏蛋们到不了莫斯科,因为我们有13万大军,有1800门大炮,还有特级公爵库图佐夫元帅,他是沙皇亲自选定的俄国军队的总司令,是理想的人民统帅……请大家放心读一读吧!一切都可以理解,没有什么解释不清的,也没有什么可以担心的。"

第15号传单写道:"弟兄们!我们人多势众,准备为保卫祖国牺牲生命,不让坏人进莫斯科。但是应当有人伸出援手,我们要干好自己的事,莫斯科是我们的母亲。她给你们吃的喝的,让你们过得富足美满。我以圣母的名言号召你们:保卫上帝的殿堂,保卫莫斯科,保卫俄罗斯的土地。武装起来,各尽所能,有马的骑马,没马的当步兵,只带三天的粮食,带上十字架;拿出教堂的神幡,带上这个标志立即在三山集合;我将跟你们在一起,咱们一块儿消灭坏蛋。不掉队的人将荣登天国!牺牲的人将永垂不朽!谁要是推脱逃避,最后审判就该他遭殃。"

第17号传单写道:"农民们,莫斯科省的居民们!人类的敌人、上帝对我们罪孽的惩罚,莫名其妙的恶魔,凶恶的法国人进了莫斯科;烧杀开始了……难道你们,东正教徒们,我们皇上忠实的仆人们,养育我们的母亲石头城莫斯科的子民们,会相信凶残的敌人、嗜血的坏蛋的话,会受他们的骗吗? ……我们要消灭外来的恶棍,把他们的尸体扔出去喂狼、喂乌鸦;而莫斯科将重新打扮得漂漂亮亮,金色的屋顶、石砌的房屋都会重现,人们会从四面八方涌来……不要胆怯,勇敢的弟兄们,莫斯科的义勇兵们,抓住最后机会就近消灭那些讨厌的坏蛋、卑鄙的恶棍,到时候再到莫斯科来面见沙皇,夸一夸你们的功劳。他会让你们恢复昔日的生活,你们会依旧过得美满快乐……"①

但这些传单都没有发挥作用,1812年9月2日清晨,库图佐夫下令放弃莫斯科,他表示:"丢掉莫斯科,俄国不会灭亡;丢掉军队,俄国一定灭亡。"俄军川

---

① Барсук Н. В. *Ростопчинские афиши*. СПб., А. С. Суворина, 1912, с. 71—72.

流不息地穿过莫斯科,大部分居民也随军撤出。 9月4日,缪拉(Joachim Murat)元帅率领的第一支法国军队进入了莫斯科城。 拿破仑命令法军换上了阅兵盛装,等候莫斯科市长前来奉献克里姆林宫的钥匙。 当法军骑兵沿着狭长的阿尔巴特大街进入莫斯科的时候,全城静悄悄的空无一人。 留下来的只是一些外国人和来不及撤走的居民。 拿破仑和法军大本营也迁入克里姆林宫,法国军队在城中大肆抢劫。 当晚,莫斯科各地燃起大火,木制的住宅、商店、仓库立即成为一片火海。 大火连续烧了6个昼夜,原莫斯科有5000幢房屋只剩下不到300幢石头房屋。①

俄军放弃莫斯科后沿梁赞大道退却,行军30公里后,在博罗夫斯克渡口渡过莫斯科河,并遵照库图佐夫的命令掉头西进。 随后,俄军急行军转移到图拉大道,于9月18日在波多尔斯克地区集结。 3天之后,俄军已踏上卡卢加大道,于9月21日,在克拉斯纳亚—帕赫拉扎营。 在克拉斯纳亚—帕赫拉停留5天后,又进行了两次转移,于10月2日渡过纳拉河,到达塔鲁丁诺村。 库图佐夫非常巧妙地计划和实施了侧敌行军行动。 法军没有发现这一行动。 拿破仑在两周之内不知俄军去向。

法军攻占莫斯科后,拿破仑明白情况不利,曾向俄国提议停战,却未获答复。 这时寒冷的冬季已经来临,前线飘雪,法军过分深入,补给线又太长,而莫斯科实为一座空城,既无粮草,亦无柴火。 拿破仑在10月6日晨终于下令撤退。 根据他的命令,法军试图炸毁克里姆林宫,但是雨水把地雷的导火线淋湿了,因此对克里姆林宫的破坏并不严重,仅有一座塔楼和一部分宫墙被炸毁。 法军南下直奔卡卢加寻找粮食和温暖的住所,但是库图佐夫军队切断了法军的退路。 等到法军开始撤退后,俄军紧跟法军后方,但不派出主力跟法军交战,只用哥萨克骑兵、游击队埋伏骚扰法军。

1812年11月,俄军主力在切尔尼什尼亚河畔发起反攻。 塔鲁丁诺战役和马洛亚罗斯拉韦茨战役持续3天,法军伤亡6000人,被俘2.6万人,几乎丧失了全部炮兵。 被打散的法军残部沿波里索夫大道向别津纳河方向撤退,俄西线第3

---

① 俄国和苏联史学著作强调莫斯科大火是法军有意所放。但另有说法是为坚壁清野,不给法军留下粮食、水源和弹药,俄军撤退时在全城纵火,莫斯科市长和守城司令罗斯托普钦执行了这个任务,事后也因此遭到了国人的批评。库图佐夫在回答法国一议员关于莫斯科大火时曾说:"我知道莫斯科每天每小时发生的事。我曾下令烧过商店;但法国人到达以后俄国人只是消灭你们掌握的马车队并把马车分掉了。居民招致火灾很少。你们按自己的方式破坏首都:确定起义的日子和指定在一定钟点应该点火的城市区域。"参见:Гарнич Н. Ф. 1812 год. Москва,1952.с.143.

集团军和维特根施泰因（П. Х. Витгенштейн）军团各部在向别列津纳推进的途中，在波里索夫地区布成了一个口袋，使法军陷入重围。但是，由于维特根施泰因将军行动踌躇，违反库图佐夫的命令，将本部主力从波里索夫向南调到了扎博舍维奇而造成错误，使拿破仑能够做好在斯图焦恩卡抢渡别列津纳河的准备工作。11月底法军穿越别列津纳河时，被俄军炮击，死伤惨重。被围在别列津纳河畔的法军虽未被彻底消灭，但在渡河时伤亡很大，渡过别列津河的法军只剩下6万人。拿破仑丢下法军残部，秘密地于1812年12月6日回到巴黎。缪拉元帅代替拿破仑率领幸存的3万法军于12月12日到达科夫诺，从这里再次跨过结冰的涅曼河逃离俄国。法军在俄国损失了57万余人，丧失了所有骑兵和几乎全部炮兵。

1812年12月20日，亚历山大一世发表致俄国人民书："将士们！今天，朕正式宣布！朕即将向拿破仑和法国宣战！法国人践踏我们的土地，糟蹋我们的妻子儿女，现在朕要他们为血洗俄罗斯付出惨痛的代价！只有向法国宣战，我们的国家才能前进，我们斯拉夫民族才能振兴！我们已经克服了无数的困难！无数的考验！崇高坚忍的斯拉夫民族将和这些自大无耻的、卑劣的法国人战争！让他们偿还血债！朕的命令只有一个！全体军队，前进！"库图佐夫也在1812年12月21日给俄军的命令中总结了俄国的胜利："这样辉煌的胜利是史无前例的：2个月内你们的双手每天都在不停地惩罚恶棍们。在他们经过的道路上，到处是尸体，连他们的首领本人也是死里逃生。"1813年元旦，彼得堡的彼得—保罗要塞为庆祝俄国全境解放而礼炮齐鸣。

1812年反法战争对欧洲外交和政治产生了深远的影响。拿破仑的法国因为战败而分崩离析，其建立的欧洲秩序很快就发生了根本性的崩溃，遭到了毁灭性的打击，很多法国占领的领土上发生民族独立运动。拿破仑本人也因为战败而退位，被放逐到意大利沿海的一个小岛厄尔巴岛上。通过俄法战争和后来的滑铁卢战役，拿破仑一世的军事和政治生涯就此终结。1812年反法战争对于俄国历史发展也产生了重大的影响，在这场战争中，从沙皇亚历山大一世，到贵族阶层，到普通军人和农民阶层，俄国人民充分体现了爱国主义精神。这场战争整合了俄罗斯民族精神，因而被称为俄国历史上的第一次卫国战争。此外，这场战争迫使俄国先进人士在民族危机的时刻思考国家和民族的未来，将俄国的历史发展道路与欧洲先进国家发展道路比较，这加速了法国大革命以来启蒙思想和反专制主义文化在俄国的传播，并且培养出了第一批贵族革命家——十二月党人，他们自称是"1812年的产儿"。

在"正统"与"神圣"的口号下

1814年3月19日，凌晨3点，拿破仑派出的代表在未来的十二月党人奥尔洛夫（М. О. Фролов）起草的投降书上签字。当日10时，亚历山大一世骑坐拿破仑送给他的那匹名为埃克利普斯的灰马在普鲁士国王威廉三世（Friedrich Wilhelm III）和反法联军总司令、奥地利陆军元帅施瓦岑贝格（Schwarzenberg）公爵的陪同以及来自反法联盟的各国1000名将军的簇拥下进入巴黎市区。这是18世纪彼得一世大规模推行西化改革后，俄国沙皇第一次不是以法国文化的仰慕者和考察者的身份，而是拿破仑战争的胜利者和法国征服者的身份走在巴黎香榭丽舍大街（Champs Elysees）上，亚历山大一世和俄国政府在欧洲外交中的影响达到了一个前所未有的地位。1814年6月2日，亚历山大一世接受英国牛津大学授予的法学博士证书，俄国沙皇也受到了英国人和政府的仰慕。

亚历山大一世原打算住在路易十六和拿破仑曾住过的爱丽舍宫（Elysée Palace），但还是听从塔列朗（Charles Maurice de Talleyrand-Périgord）的劝告，为确保安全住进了塔列朗的私人官邸。

随后召开的一系列的秘密会议，亚历山大一世是当然的主导者，成员有普鲁士王国威廉三世、法国代表塔列朗、奥地利政府代表兼陆军元帅瓦岑贝格公爵和俄国外交大臣涅谢尔罗德（К. В. Нессельроде）伯爵。

在选择法国新统治者问题上与会者出现了分歧。塔列朗建议选路易十六的弟弟普罗旺斯（Provence）伯爵，这样可以示正统。有人建议选择曾经是法国元帅并与拿破仑政见不和的瑞典国王的约翰·贝尔纳多特（Jean-Baptiste Bernadotte），也有人建议选择法国大革命中支持革命派的奥尔良公爵路易·飞利浦（Louis Philippe）。亚历山大一世原本对波旁王室和普罗旺斯伯爵都没有好感，曾建议由拿破仑的儿子罗马王继位，让玛丽·路易丝（Marie Louis）皇后摄政。塔列朗努力说服亚历山大，他认为法国人民渴望和平，而只有在"正统的"皇位继承人的统治下，和平才能得到应有的保障。只要同盟国宣布不再同拿破仑及其家族成员进行谈判，他本人可以保证元老院会表明法国需要波旁王朝复辟的意愿。

帝国风暴：
大变革前夜的俄罗斯

塔列朗的建议符合亚历山大一世思考中的"正统"和"神圣"原则，因此他同意波旁王朝复辟的选择。

3月19日，塔列朗以法兰西帝国副大选侯的身份召集元老院会议，废除了原来的宪法，任命了以他为首的临时政府。第2天，元老院和立法院宣布拿破仑的统治告终。3月25日，拿破仑被迫在枫丹白露签署了退位文告，随后被流放到地中海上的厄尔巴岛。元老院在塔列朗的主持下通过新宪法，决定召回波旁王室和普罗旺斯伯爵——路易十八（Louis VIIIX）。

从1814年9月18日到1815年6月9日之间在奥地利维也纳召开的欧洲列强外交会议，其目的在于重划拿破仑战败后的欧洲政治地图。英国政府代表初是外交大臣卡斯雷里（Viscount Castlereagh），1815年2月后是威灵顿公爵（Arthur Wellesley, first Duke of Wellington）。奥地利政府代表是外交大臣梅特涅（Klemens Wenzel von Metternich）和外交副大臣瓦岑贝格公爵。普鲁士代表是首相卡尔·奥古斯特·冯·哈登堡亲王以及外交家和学者威廉·冯·洪堡（Wilhelm von Humboldt）。俄国政府代表是外交大臣涅谢尔罗德伯爵。法国国王路易十八的代表是塔列朗。一开始四个战胜国打算不让法国参加他们的内部交涉，但塔列朗很巧妙地在会议的第一个星期便使自己加入了他们的内部交谈。

由于大多数代表在不少时间里都无所事事，会议的东道主奥地利帝国皇帝弗兰茨一世（Franz I）①于是举办了许多娱乐活动来给这些代表提供消遣。因此有一种说法："大会不工作，大会在跳舞。"（le Congrés ne marche pas, il danse）

亚历山大一世目标在维也纳会议取得最大利益，他决心夺取波兰，进军西欧，像拿破仑那样，成为欧洲的新霸主。英国则决心阻止任何一国，不论是法国抑或俄国在欧洲大陆建立霸权，英国还着力保持海上霸权、取得海外殖民地及海外航运利益。与此同时，奥地利不愿意俄国干预中欧事务，故反对亚历山大一世对波兰的领土要求，并因要应付普鲁士希望提升在德意志地区的领导地位的野心，亦须着手巩固在德意志的盟主地位。

在对革命的态度上各列强亦有分歧，奥地利、俄国、普鲁士三国决心压抑民

---

① 他亦是神圣罗马帝国的末代皇帝（1792年—1806年在位），史称弗兰茨二世（Franz II）。1804年奥地利帝国成立，他是第一任皇帝，史称弗兰茨一世，执政到1835年。

族主义及自由主义的发展，但英国却无意让上述三强借干预他国之革命来扩张势力。而法国的塔列朗则在会议中希望借列强之利益矛盾及对革命见解之不同，从中维护法国在欧洲的地位，以免列强一致对法国的惩罚。

1815年2月26日，拿破仑从厄尔巴岛逃出，率领忠于他的士兵于3月1日打回法国。3月13日，维也纳会议将拿破仑定性为歹徒。3月17日，英、俄、奥、普四国联盟组织了一支15万人的军队对抗拿破仑的反扑。1815年3月20日，拿破仑率重组的14万人正规军和20万人志愿军攻入巴黎，路易十八逃跑，拿破仑的百日王朝开始。在3月20日至6月28日期间，维也纳会议休会。6月18日的滑铁卢战役粉碎了拿破仑的希望。获胜的反拿破仑盟军一直追击到巴黎，拿破仑被流放到南大西洋上的圣赫勒拿岛上。路易十八返回巴黎，波旁王朝再次复辟。

1815年6月9日，维也纳会议闭幕，与会者签署《维也纳会议最后议定书》。"正统"原则是维也纳会议讨论和决议时的重要原则，它强调承认1789年前法国及其他各封建君主是正统王朝，恢复他们的统治权力、政治制度及所属领土，若原有君主被拿破仑推翻，可由其兄弟或亲属代替为世袭君主。于是法国的路易十八、西班牙的斐迪南七世（Ferdinand VII）、荷兰的奥伦治（Orange）王室、西西里两王国的费迪南多一世（Ferdinando I）、梵蒂冈教皇国的教皇皆恢复统治。此外会议还建立了补偿原则（重整版图的过程中失去领土的国家及在对拿破仑力战有功的国家均给予补偿）、势力均衡原则（确保在重整欧洲版图的过程中无一国家可取绝对的优势以如拿破仑般主宰欧洲）、围堵法国原则（增强法国周边国家的力量，以围堵法国，以防其扩张）和恢复原状原则（恢复1792年欧洲政治文化、领土分配）。法国是上述原则的最大受益者，塔列朗因此被视为法国的民族英雄，他也获得了"欧洲外交的老狐狸"的称号。

奥地利获得原属波兰的加里西亚、意大利的伦巴底及威尼托，取得了亚德里亚海东岸的达尔马提亚。普鲁士获得原属波兰的波兹南，取得五分之二萨克森的领土，取得威斯特法伦地区及莱茵河地区，取得瑞典属波美拉尼亚。普鲁士和奥地利都赞同恢复神圣罗马帝国，并竞相争取该帝国的盟主——但这个目的没有达到，它只是组成了德意志邦联，名议上将390个邦国被合并作39个邦国。德意志邦联由奥地利皇帝弗兰茨一世任主席，普鲁士国王威廉三世任副主席。

俄国取得之前由瑞典统治的芬兰以及大部分领土的波兰，并且取得由俄国沙皇兼任波兰国王的权利。

相较于领土和战争补偿等实物性的利益，俄国所获得的无形的利益是最大的，那就是沙皇亚历山大一世和俄国政府从始至终主导了维也纳会议。沙皇亚历山大一世本人大多数时间坐镇会议现场，并且是漫长的维也纳会议上经常在场的唯一的国家元首。因此，尽管这次会议是由奥地利政治家梅特涅提议和组织的，但会议真正的主角和主人是俄国沙皇亚历山大一世。

1810 年以后，亚历山大一世深受神秘主义和宗教情绪影响，圣主教会公会总监戈利岑（А. Н. Голицын）成为他的精神导师。在戈利岑的建议下，他在 1812 年 1 月 6 日批准设立俄国圣经协会（Российское библейское общество），其主要目的是以俄国境内所使用的各种语言，重新翻译《圣经》，借此将基督教精神传到各地，负责主持翻译工作的是彼得堡神学院院长菲拉列特（德罗兹多夫）（Филарет [Дроздов]）。1812 年 12 月 25 日圣诞节，亚历山大一世签署了两项命令，一项是关于战争的文告，另一项是宣布建筑救世主基督大教堂（Собор Спас Спасатель）。

1814 年，亚历山大一世有了更大的设想，在全国仿照欧洲的做法建立一个完整的基督教知识体系：对神职员进行宗教教育，让修士和神父们重新拥有完整的斯拉夫语的《圣经》文本。此前对斯拉夫语《圣经》修订是在 1751 年伊丽莎白女皇在位时期进行的，自 1759 年就再没有再版，而俄语版则从来没有出版过。1663 年曾有神父尝试把《圣经》翻译成俄语，但在当时遭到了大牧首尼康的禁止。为了指导《圣经》的翻译和教育工作，俄国圣经协会出版了《俄国圣经协会的目的与达到目的的方法》小册子，其中首次提到重新出版斯拉夫语《圣经》及准备铸版印刷斯拉夫语版《新约》。

1814 年的基督复活节是俄历 3 月 29 日，公历的 4 月 10 日，在巴黎天主教徒、新教徒和东正教徒都在庆祝这一节日，亚历山大一世下令招集巴黎所有的东正教神父，聚焦在巴黎革命广场，这里曾是处决路易十六和王后玛丽·安东内托（Marie Antoinette）的地方，这一场景让亚历山大一世非常感动。他在做祈祷词说："此时此刻我的心里充满了庄严崇高的感情，我觉得这一时刻令人感动，但也很可怕。我想，按照令人莫测的上天的意志，我从寒冷的北方祖国来到我的信仰正教的土地上，在他们著名的首都，在他们的国王惨死于民众的狂暴行为之中的地方，共同向上帝进行赎罪的、同时也是庄严隆重的祈祷。北国的男儿们仿佛是在祭奠法国国王，追荐他的亡灵。俄国沙皇按照正教仪式，同自己的子民一起举行全民祈祷，仿佛是以此把受难的国王血染的土地清洗干净。……法国的元帅们，排成长队的法国将军们挤在俄国十字架旁边，他们相互推挤，都想尽快恭恭敬敬地吻一吻十字架。"①

亚历山大一世在1815年维也纳会议期间，遇见云游欧洲宫廷的俄国神秘主义者巴巴拉·朱莉安·冯·克鲁德纳（Barbara Juliana Von Kruedener）男爵夫人②，此女对亚历山大一世产生极大影响。克鲁德纳出身于波罗的海东部沿海省古老的菲廷霍夫家族，她的丈夫是俄国派驻普鲁士的外交官，她随之进入了欧洲宫廷和上流社会。她后与丈夫离婚，曾经与法国外交家、浪漫作家夏多布里昂（Fran ois-René de Chateaubriand）有过甚密的往来。她在立夫兰加入了基督教胡斯派的莫拉维亚兄弟会，从此成为一个宗教狂热分子和神秘主义者。她宣称亚历山大一世是上帝派驻人间救赎人类的天使，他应该承担起这个伟大的责任。亚历山大一世在1815年倡导、建立并主导的"神圣同盟"（Священный союз/La Sainte-Alliance/Heilige Allianz/Holy Alliance）即来源巴巴拉·朱莉安·冯·克鲁德纳男爵夫人思想的启发，她被称为"神圣同盟之母"。1821年，克鲁德纳男爵夫人因到处招摇撞骗，被欧洲各国宫廷驱逐。她写信给亚历山大一世，请求允许她返回彼得堡，以便继续宣传基督思想和传达上帝的旨意。亚历山大一世拒绝了她的请求。1821年12月，克鲁德纳男爵夫人在警察的监视下离开彼得堡去立夫兰，2年后死在那里。

1815年在主持签订第二次巴黎和约后，亚历山大一世回到彼得堡。他签署一项命令宣布：俄"向至圣俄罗斯东正教圣主教公会表达表达衷心而明确的愿望……让俄罗斯人有可能使用自己俄罗斯本民族的语言诵读《圣经》，因为它是斯拉夫语言中最浅显易懂的语言，我国正在出版俄文本的《圣经》"。③ 1818年，亚历山大一世在与普鲁士主教伊勒特谈话时，把战后欧洲政治和俄国东正教的普世主义使命联系在一起。他说："'神圣同盟'根本不是我们的事，而是上帝的事……要让每一个基督教徒都亲身体验到《圣经》的影响……当然，它对人

---

① 阿尔汉格尔斯基：《亚历山大一世》，刘敦健译，人民出版社，2010年，第185页。

② 在俄国历史上流传一种离奇的说法，即1815年6月5日（公历6月16日晚），《维也纳会议最后议定书》签署完一周后，亚历山大一世在从海尔布隆赴海德堡的路上，当他翻开《圣经》，读到《启示录》中的一句话："天上出现了一个伟大的征兆——一位身披阳光的妇女"时，侍从将军沃尔康斯基公爵就急急忙忙地跑进来，通告说有一位女士急切要求见沙皇，这位女士就是克鲁德纳男爵夫人。

③ Шильдер Н. К. *Император Александр Первый. Его жизнь и царствование*. СПб.：«Новое время» А. С. Суворина，1897. т. 4. с. 110.

们的影响各不相同,因人而异……但在这种差异中包含着统一,这就是教会和国家繁荣兴旺的主要条件。"①

正是基于以上对基督教义和俄罗斯责任的理解,沙皇亚历山大一世在1815年初提出了以"神圣"和"正统"联合所有信仰基督教国家,建立一个从未有的国际组织。俄国沙皇的建议立即得到奥地利皇帝弗兰茨一世和普鲁士国王威廉三世的赞同,虽然三位君主信奉不同的基督宗教教派:俄罗斯沙皇信东正教,奥地利皇帝弗兰茨一世信天主教,普鲁士国王威廉三世信新教。三位君主赞成君权神授的说法,将基督宗教看作是政治系统的基础。他们承诺以宗教维系保护这个系统、在反对所有市民和民族国家运动的过程中互相帮助。他们各自劝令子民信奉基督教义,以保护"宗教信仰、和平及公义"(即反对自由思想、市民动员及维持君权神授)为同盟间的最高目标。

1815年1月亚历山大一世颁布《关于神圣同盟的公告》,并命令在俄国所有教堂宣读:

"我们从经验和整个世界遭受的灾难性后果认识到,欧洲各国之间先前的政治关系的进程所依据的,并不是上帝的卓越智慧在其启示中赖以确立各国的安宁幸福的那些真正的基础。因此,我们着手建立,我们互相保证,不论彼此之间还是对待我们的臣民,都要通过唯一能够达到目的的手段,采用从我们的救世主耶稣基督的言论和学说中汲取的准则,他教导人们要亲如兄弟,不是生活在仇恨和愤怒之中,而是生活在和解和仁爱之中。"②

俄普奥三国君主于1815年年9月14日(公历9月26日)③在巴黎签署了由亚历山大一世负责起草的《神圣同盟宣言》,宣言标榜根据基督教教义处理相互关系,宣布:三国属于上帝统治下的"同一家庭的三个分支",三国君主以"手足之情""互相救援",引导臣民和士兵"保卫宗教、和平与正义",要求人民遵守教义,恪尽职守。

亚历山大一世还设想将刚刚建立的彼得堡的皇村学校作为"神圣同盟"培养

---

① Шильдер Н. К. *Император Александр Первый. Его жизнь и царствование*. СПб.:《Новое время》А. С. Суворина,1897. т. 4. с. 114.

② 阿尔汉格尔斯基:《亚历山大一世》,刘敦康译,人民出版社,2010年,第205页。

③ 这一天是东正教12大节日的"举荣圣架节",纪念传说中公元312年,罗马皇帝君士坦丁一世在行军作战途中,看到天空中显现的发光的十字架,上面写着"制胜以此为记",他立即宣布按照耶稣基督的吩咐,用十字架为旗号,君士坦丁的这些话引起了军队中基督徒极大的振奋。随后,君士坦丁一世前往耶路撒冷寻得耶稣受难的那个十字架。

外交官的摇篮。皇村学校首届毕业生将参加启动"神圣同盟"的政治机构，随后在其实际动作中发挥重要作用。他们可以作为沙皇的助手，起草照会、参与谈判，通过俄国内部的改革慢慢阻止欧洲革命的进程。他们将作为欧洲共同祈福家园的创建者而载入俄国官僚和外交史册。

1815年11月19日，法国国王路易十八宣布加入"神圣同盟"，这样除梵蒂冈国（因反对跨宗教联盟）、奥斯曼土耳其帝国（因不是基督教国家，因此无法参加这个基督教组织）和英国外所有欧洲大陆的国家全部参加这个同盟。英国国王乔治四世（George Ⅳ）虽然本人表示支持"神圣同盟"，而且他个人也以汉诺威王国国王的身份参加了这个同盟，但是英国政府认为这个同盟只有抽象的基础声明，不包含任何义务，因此拒绝参加。亚历山大一世以极大热情劝说欧洲各国参加"神圣同盟"，而大多数参加国都是迫于俄国包括普鲁士和奥地利政府的压力而在神圣同盟条约上签字。奥地利首相梅特涅认为它"高调而空洞无物"，不相信以宗教为名的保证能产生实质作用。领有"宗徒彼得的继位人""基督在世的代表""罗马教区主教""罗马教省都主教""西部宗主教"和"梵蒂冈国君主"等众多称号的基督教世界最高领袖的教皇庇护七世（Pius Ⅶ）也拒绝加入神圣同盟，理由是不愿与新教徒为盟，并且讽刺地说教廷从古至今都一直拥有基督教的真理，不需要任何新的解释。

奥地利外交大臣梅特涅鉴于神圣同盟内容和同盟成员国分歧越来越大，建议在"神圣同盟"基础上再建立一个新的组织。在1815年11月20日，"四国同盟"（Quadruple Alliance）在维也纳签约，成员除原"神圣同盟"的三成员俄罗斯、普鲁士和奥地利外，还将英国包括进来。四国强调任何盟国如果受到法国攻击，各盟国将各出兵六万互相援助。"四国同盟"将透过经常举行会议，以解决彼此的共同问题及商讨所应采取的协调行动，如盟约第六条指出："加盟各国……为了商讨它们的共同利益，并为了考虑每个时期被认为是最有利于各国的安定和繁荣的措施，以及为了维持欧洲和平……应定期召开会议"。"四国同盟"盟约有效期为20年。

由于"四国同盟"在1820年以后，受保守国家如奥地利、俄罗斯、普鲁士所控制，遂成为专制君主压迫欧洲各地民族主义及自由主义革命的联盟，当英国和法国不肯再与其合作后，它甚至不复存在欧洲协调的外形，东欧三专制国家为主的"四国同盟"实际是保守主义和反革命联盟。

到1818年，由于法国已付清所有赔款，奥地利、英国、俄罗斯、普鲁士四个

帝国风暴：
大变革前夜的俄罗斯

列强因此在亚琛会议上聚首一堂讨论与法国将来的关系，决定恢复其平等的国际地位，并与法国结盟，并将"四国同盟"发展成为"五国同盟"（Quintuple Alliance），"五国同盟"盟约有效期为20年。

在"神圣"和"正统"的原则下，被拿破仑战争推翻的欧洲各国皇室王朝纷纷粉墨登场，开始了一场"欧洲复辟"（European Restoration）的浪潮。 在1814至1830年的七月革命期间波旁复辟（Bourbon Restoration）。 当时有人讥讽说路易十八是"被装在联军的行李车里载回来的"。 路易十八在俄、普、奥、英四强炮制分割法国的《巴黎和约》上服服帖帖地签字画押。 在亚历山大一世的主导下，法国临时政府起草一部宪法，称为《1814年宪章》（Charter of 1814）。 宪章虽表明所有法国人在法律面前平等，但仍然为国王保留大量特权。 国王仍然是国家的最高领导者，有权指挥陆海军、宣战、缔结条约、委任所有公共行政的职位，以及有权为法律执行和国家安全而制订必须的法例。 值得一提的是，以路易十八为首的波旁王朝复辟后建立的是立宪政府，而非以往的君主专制统治。

"神圣同盟"是个国际性的保守力量联合组织，亚历山大一世和俄国政府及其军队在其中扮演了主要角色，成为镇压欧洲革命的排头兵。 在1818年的亚琛会议上神圣同盟讨论对付普鲁士的市民和民族主义运动的策略。 1820—1821年在意大利也爆发了革命，在"神圣同盟"的特拉波会议和莱柏克会议上，英、俄、奥、普、法在梅特涅的建议下，派奥军前往镇压，并间接决定支持土耳其镇压希腊独立运动，意大利革命遭到失败。

1821年4月，土耳其发生了大规模的反基督教的事件，事件源于希腊人民起义反对奥斯曼帝国苏丹马哈麦德的残暴统治。 4月10日复活节当天，君士坦丁堡东正教大牧首格里高利被紧急招进奥斯曼帝国政府，并被判处死刑。 在复活节晚祷钟声敲响后，格里高利被吊在君士坦丁堡的牧首驻节府大门上绞死，长挂示众。 同一时刻，有6名资深的东正教都主教被杀。 三天以后，格列高利大牧首的尸体被从绞索上放下来，以10万皮阿斯特的价格卖给当地的犹太人团体，犹太人在尸体上绑上一块大石头，把尸体投进大海。 4月14日，格里高利大牧首的尸体被一艘挂俄国国旗的希腊船队打捞上来，并且以最快速度运到俄国的敖德萨。 亚历山大一世想再次使用"神圣"原则和保护斯拉夫人与东正教徒的名义借谴责苏丹马哈麦德迫害东正教徒向土耳其宣战，但又担心引起普鲁士、奥地利和英国的反对。 他说："假如我们用战争回应土耳其人，那么巴黎的总委员会就会占上风，没有一个政府会支持下去。 我不打算给破坏秩序的敌人提供行动的自由。"①6 月 17 日，格里高利大牧首的遗体在彼得堡下葬，亚历山大一世同一天下令召回俄国驻君士坦丁堡的使团。

1822 年的神圣同盟的凡罗拿会议决定让法国镇压西班牙的市民革命。 神圣同盟还曾企图干涉拉丁美洲的独立运动，招致美国抛出"门罗主义"（Monroe Doctrine）予以反对。 后因欧洲革命蓬勃发展，列强间矛盾加剧，1822 年希腊爆发独立运动后神圣同盟名存实亡。 这样，一系列革命冲破了维也纳会议安排下的反动体系。 神圣同盟的目标在于维持君主制以及在维也纳会议上所确立的欧洲政治和国家体系，这个体系激化了国民内民族和社会运动的冲突。 19 世纪 20 年代里由于就希腊独立和比利时革命问题的分歧使得"神圣同盟"开始分裂。

在亚历山大一世时期，俄国商人希望将市场开放到远东及日本。 1811 年，戈洛文将军（В. Гровин）率领俄国海军准备在日本北海道登陆，结果被日本守军打败，所有俄军被俘受囚，一直到 1813 年才得以释放。 18 世纪下半期，俄国开始在北美大陆考察和建立据点，西伯利亚商人什里霍夫（Г. И. Шелихов）通过萨哈林岛（库页岛）沿岸最先到达美洲的阿拉斯加。 他在 1788 年在阿拉斯加建立据点"卡基克"（Кадьяк）。 1799 年夏天，西伯利亚一等商人梅里尼科夫（Н. П. Мыльников）建立了"俄美公司"（Российско-Американская компания）。 保罗一世时期，巴拉诺夫获得了特许证书，得以管理北纬 55 度以北的美洲阿留申群岛与萨哈林岛（库页岛）上的俄国人。 到亚历山大一世时期，巴拉诺夫在距离旧金山一百俄里的地方建立了罗斯港（порт Русь）。

十二月党人起义

1825 年 12 月 14 日，在俄国的两大首都和南方的一些省份发生了一起声势浩大的以近卫军官为主体的起义，起义的斗争目标是推翻沙皇制度，建立资产阶级的政权体制和国家体制，这些起义者被称为十二月党人（Декабристы）。

---

① 阿尔汉格尔斯基：《亚历山大一世》，刘敦康译，人民出版社，2010 年，第 250 页。

十二月党人大多数出身于贵族家庭并且在沙皇统治机构中担任一定的官职,但是他们并不愿意沉溺于贵族阶级醉生梦死的生活,盲目地为沙皇专制统治尽忠尽德,他们从爱国主义和人道主义的立场出发,努力探寻俄国社会的出路。他们从少年时代起大多都接触过西方的文化和教育,有些人在学校读书时便开始钻研西方特别是法国启蒙思想家的著作,这些著作多半出自伏尔泰、卢梭、狄德罗等人手笔。这些勤于思考的青年贵族军官在莫斯科大学和军官学校读书时就已经广泛阅读了拉吉舍夫的《从彼得堡到莫斯科旅行记》。在1812年抗击拿破仑大军入侵俄国的战争中,他们曾经响应沙皇亚历山大一世的号召英勇地进行战斗,直至把法国军队赶出俄国领土。在俄国军队远征西欧的过程中,其所到之处大多都已经进行过资产阶级民主革命,在诞生了"自由""民主"和"平等"思想的土地上,他们真正呼吸到了自由的空气,感受了人类的尊严。他们便不由自主地将黑暗的俄国与自由的法国进行了比较,他们在现实面前感到困惑,他们感受到"不仅在俄国,在所有欧洲国家,都感到失望和受骗了",感到自己为保卫祖国曾不惜流血牺牲,但"难道我们解放欧洲就是为了把锁链套在我们身上吗?难道我们给了法国一部宪法,反而自己不敢讨论它吗?难道我们用血汗换来的国际地位就是为了在国内让人们受侮辱吗?"[1]十二月党人领袖彼斯特尔(П. И. Пестель)早年曾经主张在俄国实施君主立宪改革,法国之行结束后,他表示:"我在心里变成了共和主义者,并且认识到任何统治形式也不会像共和主义统治形式那样,给俄国带来更大的幸福及更大的安乐。"[2]他认为:"我从君主立宪思想方式转变为革命的思想方式,最主要的是由于下列论题和见解的影响,——德杜—德—特拉西的法文著作对我发生很强烈的影响。"[3]因此,十二月党人自称是"1812年的产儿"(сына отечества 1812 года)和"祖国之子"(сына отечества),[4]他们在民主思想的指引下,坚定地走上了反对沙皇专制制度的革命道路。1818年,在彼得堡出现了一本杂志《祖国之子》(Сына отечества),后来成为十二月党人或接近十二月党人思想的格林卡(Ф. Н. Глинк)、普希金(А. Пушкин)、雷列耶夫(К. Ф. Рылеев)、别斯图热夫(А. А. Бестужев)等人在这本刊物发表了诗作或文章。

---

① Эйдельман Н. Я. *Удивительное поколение. Декабристы: Лица и судьбы*. СПб., 2001. с. 137.
② Там же. с. 210.
③ Там же. с. 233.
④ *История русской журналистики XVIII—XIX веков*. Москва: Высшая школа, 1966. с. 125—128.

第五章 幽暗帝国：神秘沙皇亚历山大一世的统治

1816年2月8日，在彼得堡近卫军中成立了第一个秘密组织"救国协会"（союз спасения）①，成员有亚历山大·穆拉维约夫（Александр Муравьёв）和尼基塔·穆拉维约夫（Никита Муравьёв）、上校雅库什金（Иван Якушкин）、马特维·穆拉维约夫—阿波斯托尔（Матвей Муравьёв-Апостол）和谢尔盖·穆拉维约夫—阿波斯托尔（Сергей Муравьёв-Апостол）、特鲁别茨科伊（Сергей Трубецкой）公爵，后来又有多尔戈鲁科夫（И. А. Долгоруков）伯爵、卢宁（М. С. Лунин）少校、格林卡上校、维格什金（Витгенштейн）伯爵和彼斯特尔加入。该组织活动到1818年。

1818年1月，"幸福协会"（союз благоденствия）建立，18岁以上的成员超过200人，遍及圣彼得堡、莫斯科、图里钦（Тульчин）、波尔塔瓦（Полтава）唐波夫（Тамбов）、下诺夫哥罗德（Нижний Новгород）、基什廖夫（Кишинёв）等15个城市。该协会的使命是对人民进行道德和文化教育，帮助政府进行农奴制改革和减轻农民负担。为进行宣传，它还建立一些外围组织，如"绿灯社"（зелёная лампа）和"俄国文学爱好者自由协会"（вольное общество любителей российской словесности）等，著名诗人普希金即是"绿灯社"会员。1820年12月，在莫斯科召开了"幸福协会"代表大会，与会者的政治主张发生冲突，一部分人主张在保存沙皇制度的前提下推行君主立宪，而以彼斯特尔为代表的激进派则主张暗杀沙皇，建立纯粹的共和国制。他在发言中比较了共和制与君主立宪制的优缺点。尼古拉·屠格涅夫（Ноколай Тургенев）站起来，大声用法语喊叫："总统制，用不着再讨论了！"②与会者的意见并不统一，"幸福协会"内部发生分裂。

1821年3月，彼斯特尔在图尔钦成立南方协会（южное общество），这个团体的政治主张是彻底推翻沙皇专制制度，实行共和制。1823年，南方协会通过了由彼斯特尔起草的《俄罗斯法典》。这是俄国历史上第一部资产阶级宪法，这部宪法是以法国1793年宪法和土地纲领为蓝本，集中地反映了十二月党人的政治、经济和社会主张。按照彼斯特尔的设想："《俄罗斯法典》是给临时最高政权机关的委托书或者说指令，同时又是给人民的告示：他们将得到哪些自由和可以重新获得哪些权利……《俄罗斯法典》规定了最高政权机关的义务，并且

---

① 从1817年改名为"真诚和可信任的祖国之子协会"（общество истинных и верных сынов отечества）。
② Нечкина М. В. Декабристы. Москва, 1975. с. 14.

是对俄罗斯的一份保证书，保证临时政权机关将一心一意地为祖国的利益而工作。"①

《俄罗斯法典》宣布农奴制度是一种野蛮的生产方式，因为"把别人当作自己私有财产，把人当作东西一样转让、抵押、赠送和继承，任凭自己的专横无道……乃是最可耻的、违背人性和自然规律的，是违背神圣的基督教义，并且还是违背天神的戒条与意志的丑恶事情"，"必须坚持废除奴隶制度，贵族必须永远放弃占有他人的卑鄙的优越地位。"②因此"消灭奴隶制度和农奴状态是临时最高政权机关最神圣和义不容辞的义务"，谁阻挠废除农奴制，谁就是"祖国的敌人"和"叛徒"。农民应该在取得人身自由的同时得到他们生活所必需的土地，使"他们将确信，在自己乡里随时能找到一块土地来养活自己。他可以从这块土地上得到食物，不靠别人的施舍，也不再依附于他人，而是靠耕耘所付出的劳动过活，他本人作为乡的一员和其他公民是平等的。"③

《俄罗斯法典》宣布人人生来是平等的，"一切人都是为追求幸福而生，人人都是上帝所创造的，那种只把贵族等级的人物称为高贵，而称其他等级人下贱的行为是极不公正的。"④因此必须废除封建等级制度，废除贵族阶级所享有的特权，使所有的俄罗斯人都成为"高贵的人"，建立一个"统一的公民等级"。凡年满20岁的成年男子都拥有选举权，选举权不受财产和教育资格的限制，法律面前人人平等；人人拥有自由择业权、迁徙权、言论和出版自由以及宗教信仰自由。《俄罗斯法典》对未来的新政权提出了要求，它应该保证每个人的人身公民权，因为"人身自由是每个公民首要的权利，是每个政府最神圣的职责。国家大厦的整个建筑以此为基础，没有人身自由，就没有安宁，就没有幸福。"⑤

在法典中规定未来的国家政体将采取资产阶级共和制，国家最高立法机关为一院制的人民议会，人民议会的选举分两级进行。国家的最高行政权力交给由5人组成的最高杜马，其成员由人民议会选出，并且向人民议会负责，任期为5年。中央监察机关为最高会议，其职责是监督宪法和其他立法的执行情况，由

---

① *Восстание декабристов*. Москва-Ленинград, 1958. Т. 7. с. 229.
② Там же. с. 229.
③ Там же. с. 230.
④ Там же. с. 231.
⑤ Там же. с. 231.

120 个人组成。从中央到地方的各级官吏应该选举产生,任何国家立法和行政机构应该服务于人民,人民有权推翻不称职的政府和领导人,因为"俄国人民不是属于某一个人或者某一家族的。恰恰相反,政府属于人民,它为给人民谋幸福而成立,人民不是为给政府谋幸福而生存的。"①

南方协会与 1823 年 1 月成立的"斯拉夫联盟"(славянский союз)建立联系。"斯拉夫联盟"在自己的纲领中宣布其目的是"把全体斯拉夫人从专制制度下面解放出来,消除他们某些民族之间存在着的民族仇恨和把他们所居住的土地联合成为联邦国家。"②经过协商,"斯拉夫联盟"与南方协会在对未来俄国国家制度方面达成一致,"斯拉夫联盟"宣布加入南方协会,成为南方协会领导下的"斯拉夫人联合会"(общество соединённых славян)。南方协会领导之一的别斯图热夫—柳明表示:"俄国从暴政下获得解放之时,将真正地帮助斯拉夫人联合会完成其目标,那就是解放波兰、波希米亚、摩拉维亚及其他斯拉夫人的土地,在这些土地上建立起自由,并通过联邦将所有这些斯拉夫人的国家联合起来。"③

1822 年 8 月,尼基塔·穆拉维约夫、特鲁别茨科伊(С. П. Трубецкой)和屠格涅夫(Н. И. Тургенев)在彼得堡成立了北方协会(северное общество),北方协会的基本政治主张体现在穆拉维约夫亲自编写的《宪法》(Конституция Н. М. Муравьёва)之中是实行君主立宪,主张废除农奴制和等级制,建立君主立宪制和联邦制国家;联邦的最高政权机关为两院制的人民议会,行政权归皇帝。

彼斯特尔和尼基塔·穆拉维约夫一直在致力于将南方协会和北方协会在纲领上和组织上联合起来。1824 年,彼斯特尔带着《俄罗斯法典》来到彼得堡,与北方协会的领导人商议未来起义的政治纲领和行动计划,北方协会成员对彼斯特尔的建议进行了热烈的讨论,彼斯特尔将《俄罗斯法典》作为未来起义的政治纲领的建议没有被通过,南方协会与北方协会的联合始终没有完成。但是,双方就联合行动达成协议,一致同意必须采取暴力行动,发动各自控制的军队进行武装起义。任何一方开始行动,另一方应立即给予支持。他们相互约定于 1826 年春天起事,趁沙皇亚历山大一世离开彼得堡巡视南方时刺杀他,然后分兵进军彼得堡,迫使枢密院宣布召开立宪会议以决定未来国家的命运。

---

① *Восстание декабристов*. Москва-Ленинград, 1958. Т. 7. с. 233.
② Там же. с. 570.
③ Там же. с. 571—572.

1825年10月18日，亚历山大一世在南方视察军屯路上得到了密报，"秘密社会规模大为增长""第18步兵师尤其受到这种情绪的感染""其中起主要作用的是维亚特卡步兵团上校彼斯特尔"。另一份报告透露一项密谋已准备就绪，参与其中的有两个军团和"个别的军"，密谋者包括"许多将军、上校、团长；此外还有很大一部分各级校官的尉官"。① 亚历山大一世命令继续调查。

事件的发展超出了十二月党人的预料。1825年11月19日（公历12月1日），在南方塔甘罗格军港检阅军队的亚历山大一世突然病逝，8天后这个消息传到彼得堡，宫廷内部出现了一片混乱。亚历山大一世无嗣，按保罗一世修改的皇位继承法，按顺序应由其大弟康斯坦丁继承皇位。然而，康斯坦丁已担任波兰大公和波兰军队总统司令职务，并且与非皇族血统的波兰女伯爵乔安娜·格鲁德津斯卡再婚。他已于1822年1月14日致信亚历山大一世，宣布放弃皇位继承权。1823年8月26日，亚历山大一世修改皇位继承密旨。这份密旨复制4份，附有亚历山大一世亲笔所书"保留我的请求，在我死前隐藏任何其他行动。"② 4份分别收藏在莫斯科圣母升天大教堂、枢密院、圣主教公会和国务会议。而身为二弟的尼古拉一世并不知详情，也未见这份密旨。因此，在亚历山大一世突然去世后，出现了彼得堡的尼古拉向华沙的哥哥康斯坦丁宣誓效忠，而华沙的康斯坦丁向彼得堡的弟弟尼古拉宣誓效忠的奇怪现象。由于两地相距遥远，信息极其不畅，因此形成了25天皇位无人继承的混乱局面。十二月党人决定利用这样一种特殊的形势，赶在皇位继承人尼古拉举行再宣誓继位的12月14日（公历12月26日）前发动军事行动，迫使新沙皇和枢密院宣布改制。他们选举了近卫军团长特鲁别茨科伊（С. П. Трубецкой）担任起义军总指挥，并且拟定了《告俄国人民宣言》，宣布推翻沙皇政府，立即召开立宪会议，成立临时政府，同时宣布废除农奴制，解放全国农奴。

尼古拉一世在几天前已经得到十二月党人的起义计划。他在1825年12月13日晚22点30分在国务会议上已宣誓就任皇位，然后接受国务会议、枢密院和圣主教公会的宣誓效忠。然后他即以沙皇名义从彼得堡各处调集军队包围彼得堡枢密院广场。

1825年12月14日凌晨，十二月党人亚历山大·别斯图热夫、谢平——罗斯

---

① Мироненко С. В. *Самодержавие и реформы: Политическая борьба в России в первой четверти XIX в.* Москва, 1989. с. 84—85, 95.

② Шильдер Н. К. *Император Николай Первый. Его жизнь и царствование.* СПб, 1903. Т. 1 С. 386.

托夫斯基（Д. А. Щепин-Ростовский）按照计划率领各自的团队，打着旗帜，最先开进彼得堡枢密院广场，士兵围绕着彼得一世的铜像排成了一个战斗方阵，等待总指挥特鲁别茨科伊发出起义信号，然而特鲁别茨科伊临阵脱逃，始终未见其出现。农奴、工匠和城市贫民也都涌到枢密院广场。士兵们手执武器，在广场上排成方阵，在焦急等待的过程中，十二月党人军官命令士兵高呼口号："康斯坦丁万岁！"以反对尼古拉一的"再宣誓"，也命令士兵们高呼"宪法万岁！"以示此次革命的目的。但大多数士兵并不知道"宪法"是何物，而将"宪法"（канституция，发音"康斯季图齐娅"）误认为是康斯坦丁的夫人的姓，高呼："康斯坦丁和夫人康斯季图齐娅万岁！"

初时，尼古拉一世鉴于他在军队和官员中间威望很低，试图以怀柔政策派出使节与起义官兵谈判，想劝说起义官兵放弃政治行动，因而没有立即向忠于他的近卫军骑兵部队下达镇压命令。在起义者一方显现了组织混乱和缺乏有威望的领袖人物的状况，起义官兵只是占领枢密院广场，寄希望于新沙皇尼古拉一世主动做出让步，而没有果断采取军事行动攻占枢密院，只是试图迫使枢密院废止尼古拉一世的皇位，宣布俄国实行宪政。修建伊萨基辅教堂的工人从空中向沙皇军队投掷木块和石块。彼得堡总督米洛拉多维奇（М. А. Милорадович）想劝说起义士兵解散，他是 1812 年战争的英雄，极受士兵爱戴。他对士兵们说：尼古拉一世"本人也真诚愿意康斯坦丁继承皇位，但是事实上他已经拒绝，应该相信他"。① 他认为向尼古拉一世再宣誓，是先皇亚历山大一世决定的，并且康斯坦丁大公也是同意的。他抽出随身佩带的剑，上书"赠给朋友米洛拉多维奇"，以证明他与康斯坦丁大公的亲密关系。十二月党人军官担心内心动摇的士兵会被他的言语说服，奥勃连斯基公爵（Е. Оболенский）从起义队伍中走出，用刺刀驱赶米洛拉多维奇并且刺伤了他，卡霍夫斯基（П. Г. Каховский）向米洛拉多维奇开枪射击，米洛拉多维奇因伤重不治而亡。沙皇尼古拉一世又派来诺夫哥罗德主教谢拉菲蒙（格拉戈列夫斯科姆）[Серафим（Глаголевском）]和基辅主教叶甫根尼（Евгения）前往劝说士兵，士兵回答："你们是什么样的主教啊，你们向两个沙皇宣誓效忠，你们不可信，快滚吧！"②

到下午 1 点，尼古拉·别斯图热夫（Николай Бестужев）和阿尔布佐夫（А.

---

① *Мемуары декабристов. Северное общество*. М.：МГУ, 1981. с. 222.

② Там же. с. 228.

П. Арбузов）率领的近卫军水兵来到广场，潘诺夫（М. О. Панов）率领的近卫掷弹兵团也来到广场报到。 广场上的起义士兵已达 3020 人，起义的军官有 30 名。① 他们来自于莫斯科近卫军团（московский полк）、格列纳季军团（гренадерский полк）和近卫军水兵（гвардейский морский экипаж）。 在特鲁别茨科伊避而不见而群龙无首的情况下，起义官兵临时推举奥勃连斯基（Е. П. Оболенский）为总指挥。 起义军两次打退奥尔洛夫（Алексей Орлов）将军指挥的龙骑兵的进攻。

尼古拉一世调集了 9000 名步兵、3000 名骑兵、36 门大炮，还调来了掷弹兵团，彼得堡其他地方设置 7 万枪刺兵和 22 个骑兵队作为镇压起义的后备军。② 在枢密院花园出现了炮兵少将苏霍扎涅特（И. Сухозанет）率领的近卫军炮兵。

下午 3 时，尼古拉一世下令开炮。 先是凌空放炮给予起义军警告，随后他下令发对起义军齐射霰弹，枢密院和邻近的房子屋顶上的围观人群也成了政府军射击的目标。 起义军不得不退到冰冻的涅瓦河上，试图通过冰面到达对面的瓦西里岛。 米哈伊尔·别斯图热夫试图命令起义军在冰面上重新组成战斗队形，进攻并占领彼得—保罗要塞。 然而，队伍刚刚排列完毕，就被炮弹炸散。 冰面已被炮弹打穿了许多大洞，不少人掉了进去。③

起义到傍晚最终被镇压。 枢密院广场上弹痕累累，血迹斑斑，尸横遍地。 十二月党人、枢密院起义的目击者施金格尔男爵（В. И. Штейнгейль）在回忆录中写道：" 似乎这已经是有所限制了，但是苏霍扎涅特还是命令沿着狭窄的加列尔胡同（галерный переулок）和涅瓦河通往艺术学院的横道发射炮弹，许多围观的好奇者正在那里奔跑。"④宪兵第三厅官员波波夫（М. М. Попов）和希里杰尔（Н. К. Шильдер）记载：" 皇帝尼古拉·巴甫洛维奇在下令停止炮击后命令警察将军舒里金（А. С. Шульгин）将广场上的尸体移走，非常遗憾，命令执行者采取了最没有人性的方式。 深夜里，在从伊萨基辅桥到艺术学院的涅瓦河上，也包括到瓦西里岛的河面上有数不清的冰窟窿，在它里面不仅有死尸，还有不少失去了救护机会的伤者。 那些来得及逃走的伤兵，尽力隐藏自己的伤口，害怕被医

---

① *Мемуары декабристов. Северное общество.* М. ： МГУ，1981. с. 345.
② Там же. с. 345.
③ Там же. с. 345.
④ Там же. с. 224.

生发现,他们往往因没有医疗援助而最终死亡。"①

同时代人、亚历山大一世时期的著名国务大臣莫尔德维诺夫(Н. С. Мордвинов)的外甥科萨可夫(С. Н. Корсаков)从警察局(департамент полиции)获得了参政院广场及附近死亡的较准确数字:将军1名,参谋本部军官1名,各团队军官17名,莫斯科近卫军士兵92人,掷弹兵1名,海军近卫军103人,骑兵19人,穿外套和大衣者39人,妇女9人,儿童19人,平民903人,共计1271人。②

第二天,尼古拉一世和俄军总参谋长迪比奇—扎巴尔干斯基(И. И. Дибич-Забалканский)元帅③调动约一万名士兵镇压各地的十二月党人起义。

亚历山大一世去世的消息传到乌克兰,南方协会马上准备起义,但领导人彼斯特尔在12月14日前突遭逮捕。领导起义的责任落在谢尔盖·穆拉维约夫—阿波斯托尔和别斯图热夫的肩上。北方起义失败的消息传来,他们并未因此退缩。1825年12月31日,切尔尼戈夫团从科瓦廖夫卡出发,向基辅进攻。途中因迷失了方向,6天后又转回原地,在空旷的草原上遭到沙皇军队骑兵和炮兵的猛烈攻击,最终起义被镇压下去。切尔尼戈夫团起义领导人谢尔盖·穆拉维约夫—阿波斯托尔和别斯图热夫被捕。

1826年6月1日,尼古拉一世签署法令成立由国务会议、枢密院和圣主教公会代表组成的"最高法庭"(Верховный уголовный суд)对参加起义的人进行审判。法庭判处五位十二月党人领袖绞刑,他们是彼斯特尔、雷列耶夫(К. Ф. Рылеев)、卡霍夫斯基、谢尔盖·穆拉维约夫—阿波斯托尔、别斯图热夫—柳明(М. П. Бестужев-Рюмин),有50余人被判死刑,数千人流放或处各种刑罚,或遣送到高加索与山民作战。很多士兵被法庭判处夹鞭刑12000鞭,在行刑当场被打死。

十二月党人起义是俄国历史上对沙皇专制制度的一次巨大的冲击,它不同以往的以农民起义为主体的革命,十二月党人无论是在文化教育水平、政治素养和远见、政治斗争手段、组织能力等方面远远胜于前者。列宁(В. И. Ленин)把

---

① Шильдер Н. К. Император Николай Первый. Его жизнь и царствование. СПб, 1903. т. 1 с. 516.
② Мемуары декабристов. Северное общество. М.: МГУ, 1981. с. 362.; Михаил Ершов. Покаяние Кондратия Рылеева//Секретные материалы. СПб., 2008. № 2.
③ 又名汉斯·卡尔·弗里德里希·安东·冯·迪比奇(Hans Karl Friedrich Anton von Diebitsch)。

十二月党人称为"贵族革命家""贵族中的优秀人物帮助唤醒了人民"①，并且把这一时期称为贵族革命时期。

赫尔岑说："关于那次暴动的情节、那次审判以及莫斯科的恐怖，使人大吃一惊。在我面前有个新世界出现了，它把我整个精神抓住了。我并不知道那些有什么意思，我却很觉得我并不站在那班放枪杀人、打了胜仗的人那一边。我又不能去站在监狱和锁链那边。彼斯特尔和他的同志们被杀的事，把我的灵魂由儿时的睡梦中弄醒了。"②

十二月党人起义的意义还在于，它以自己的牺牲划清了旧贵族与新贵族的界限，把 18 世纪下半期贵族的觉醒推向高潮，同时还带动了其他阶层出身的知识分子的觉醒和反思。时至今日，俄罗斯学者沙霍夫斯科依仍然强调："要理解和评价俄国，就必须从研究十二月党人开始。因为当时的知识阶层正处在生机勃勃的青年时代。尽管知识阶层还什么都没有品尝过，但他们却已经做好争取胜利的准备了。这就是为什么直至今天，仍旧需要十二月党人精神的原因所在。"③

十二月党人中有不少著名的文学家和诗人以自己的文学创作在士兵和百姓中间开展宣传，在起义失败被流放后以诗歌鼓舞战友士气。拉耶夫斯基（В. Ф. Раевский）被称为"第一个十二月党人"（первый декабрист），他在起义前著有《论农民奴役》（О рабстве крестьян）和《论士兵》（О солдате）等文，认为农民起义不可避免。拉耶夫斯基于 1822 年被捕，他在狱中写有《狱中的诗人》（поэт в тюрьме）等诗。丘赫尔别凯（В. К. Кюхельбекер）在十二月党人中属于激进派，起义失败后被流放西伯利亚，并死于当地。他在流放中写有《雷列耶夫的魂影》（Тень Рылеева）、《怀念格里鲍耶陀夫》（память Грибодоевкого）等诗，他还著有剧本《阿尔吉维扬涅》（Аргивяне）、《伊若尔斯基》（Ижорский）、《拜伦之死》（Смерть Байрона）和《莎士比亚之灵魂》（Шекспировы духи）。奥多耶夫斯基（А. И. Одоевский）在十二月党起义失败后被流放到西伯利亚，在服苦役时期开始写诗。奥陀耶夫斯基曾代表十二月党人写诗答赠普希金。著名诗人莱蒙托夫（М. Ю. Лермонтов）十分推崇他，写有《纪念奥陀耶夫斯基》（память Одоевского）一诗表示悼念。列宁曾用他的名句"星星之火，可以燎原"（Из

---

① 《列宁全集》，中央编译局译，第 19 卷，人民出版社，1990 年，第 422 页。
② 赫克：《俄国革命前后的宗教》，高骅等译，学林出版社，1999 年，第 281 页。
③ Шаховской Д. И. Письмо о Братстве//*Звенья*. Москва-Санкт Петербург, 1992. No. 2. с. 286.

искры возгорится пламя）作为《火星报》（Искра）刊头题词。 别斯图热夫（М. А. Бестужев）笔名马尔林斯基（Марлинский），属于十二月党人组织"北方协会"中的激进派，他的代表作为《致穆拉维夫—阿波斯托尔》（М. И. Муравьёву-Апостолу）和《颂歌》（Песня）。 格林卡是十二月党人中创作成果最为丰富的诗人，他在起义前创作了 50 余首诗歌，如《拿破仑的命运》（Судьба Наполеона）、《致普希金》（К Пушкину）和《三套车》（Тройка）等，在起义失败被流放的过程中则创作了数百首诗歌，直至 1775 年去世。 柯尔尼洛维奇（А. О. Корнилович）是俄国参谋总部的少校，早年参加"俄国文学爱好者自由协会"，1825 年加入南方协会。 起义失败后被判处 5 年流放西伯利亚并服苦役，他著有历史小说《安德烈·别兹缅内》（Андрей Безыменный）。 别林斯基在评价十二月党人的文学创作时表示："马尔林斯基（别斯图热夫）是我国的第一个小说家，他不仅是创作家，说得再准确一些，他是俄国小说的'罪魁祸首'（зачинщик）。"①

1856 年 8 月 26 日，沙皇亚历山大二世（Александр Ⅱ Александрович）为纪念登基一周年，宣布赦免所有被判决刑罚的十二月党人。

"神秘沙皇"亚历山大一世

亚历山大一世自童年和少年时代在特殊的宫廷环境中养成的心理性格、行为举止和待人处世影响其终生。 从表面上看，亚历山大一世身材高大，英俊潇洒，有着金色头发和蓝色眼睛，受过同时代人中最好的教育，能说流利的三个重要的欧洲国家的语言（法语、德语、英语）。 同时代人和历史学家对他的一般评论多是优柔寡断、多疑善变、自卑伤感又极其自尊自傲。 亚历山大一世的老对手拿破仑（Napoléon Bonaparte）称他是"聪明绝顶的拜占庭人"（изобретательный византиец）、"北方的塔尔马"②（северная Тальма）、"神秘的斯芬克司"（загадочный Сфинкс）。 普希金（А. Пушкин）则认为他是"一位懦弱而狡猾的

---

① Белинский В. Г. *Полное собирание сочинения*. Москва, АН СССР. 1954. т. 1. с. 272.
② 塔尔马（François-Joseph Talma，1763—1826 年），法国著名演员，戏剧艺术的改革者。

君主"。这一特殊的性格不仅对他执政后的文治武功影响巨大，而且也使他的人生经历中充满了神秘和离奇。

亚历山大一世笃信东正教，并且在打败拿破仑登上欧洲最高位后，幻想建立"神圣同盟"，以"神圣原则"拯救欧洲。也正是在1815年维也纳会议期间，他迷恋于云游欧洲及俄国宫廷的神秘主义者巴巴拉·朱莉安·冯·克鲁德纳男爵夫人，尽管到1821年克鲁德纳男爵夫人被亚历山大一世冷落，但并未代表此时沙皇的神秘主义思想和生活倾向的减轻。从1822年起，亚历山大一世更加笃信宗教和神启。30岁的诺夫哥罗德修士司祭福季（彼得·斯帕斯基）［фудин（петр спасский）］取代了克鲁德纳男爵夫人的位置。福季是虔诚的"圣愚"（Юродство），1820年前在第二士官学校当神学教师，还当过低级别的杰列维亚尼茨克修道院院长。随后他就放弃舒适的生活和工作，在俄国各地云游讲道，平日只以水和面包为生，整个大斋期什么都吃，穿的是独居修士光身穿的粗制衣服，手脚一直戴着沉重的镣铐。福季通过他的信徒、叶卡捷琳娜二世的情夫奥尔洛夫的女儿安娜·奥尔洛娃（Анна Орлова）与沙皇亚历山大一世接近并影响他，莫斯科大主教菲拉列特也极为向亚历山大一世推崇福季，评价他是神职人员德行道高之士。1822年6月22日是圣亚历山大·涅夫斯基的兄弟圣费奥多尔大公的纪念日，亚历山大一世与福季第一次秘密见面长谈。福季走进沙皇办公室一开始就不断对身边经过的一切物品划十字，仿佛发现到处都有成群的魔鬼。他对亚历山大一世讲："我的修道院和我自己没有任何尘世间的需要，过去没有，现在也没有；上帝跟我们同在，而跟上帝一起我们便有一切。我唯一需要的是要告诉你，对你来说最需要的是什么：神圣教会和王国的敌人正变得日益嚣张；邪恶的信仰和罪恶的诱惑在公开而又放肆地展现出来，想要建立邪恶的秘密团体，极大地危害神圣的基督教和整个王国；但他们不会得逞；没有什么好害怕的，应当立即制止首都内部秘密和公开的敌人的放肆的活动，不让他们成功。就像流水一样，渎神的行为和邪恶的信仰到处泛滥。啊，沙皇，上帝保佑你！你一切都能办得到。"沙皇亚历山大一世不仅跪在福季面前，求他的祝福，而且不止一次请求他给自己划十字以驱除魔鬼，并且请求福季赐给密计，福季告诉他："对付秘密的敌人要不动声色，秘密行动，然后出其不意采取行动，公开加以禁止。"①福季后来又会见了皇太后玛丽娅，福季告诉了她身边"秘密的内部敌人"的名单，他获得了奖励——一只金表。 亚历山大一世也赏赐给福季一个镶钻石的十字架，批准了莫斯科都主任谢拉菲姆提议任命福季为尤里修道院修士大司祭的建议。 在亚历山大一世晚年，活跃在他身边的各种神人和修士不胜枚举。

亚历山大一世与妹妹叶卡捷琳娜女大公的特殊关系亦是世人津津乐道的话题和历史学家们的不解之谜。 保罗一世与皇后玛丽娅·费多罗夫娜共生有三子二女，其中长子亚历山大，长女叶卡捷琳娜，兄妹俩年龄相近，从小一起长在皇宫中，父母太热衷于权力斗争，备受忽视的两个孩子自幼就建立了很深的感情。法国著名传记历史学家亨利·特罗亚研究了兄妹两人自童年到亚历山大一世登基后的往来书信，发现信内许多用词和表达远远超出了兄妹之情，令人对其兄妹的真实关系产生极大怀疑。 亚历山大一世与妹妹叶卡捷琳娜女大公的关系是纯洁的兄妹之情，还是违背伦理的乱伦之爱，就是一个令很多人疑惑的难解之谜。②

1825年11月19日，亚历山大一世在视察塔甘罗格军港时去探望有病的皇后，途中感了严重的伤寒热证（另有说法是疟疾或肺炎），于在帕普科夫宫（Папков）突然病逝③，然而死亡证书却发布于32小时以后，而且10名御医中只有7人（一说2人）在证书上签了字。 病情报告中所述亚历山大病况，又多处与实际情况相悖。 证明书中说他患的是间歇热，因而肝脾肿大，但沙皇实无此病。 11月21日，人们在参加了他的尸体瞻仰时发现死者的面目已经完全腐烂，真实面目已无法辨认。 次日，棺木便被禁止打开直至运回圣彼得堡。

然而，自亚历山大一世去世之日起，有关沙皇真实死因的各种谣传就在俄国及欧洲街流传开来。 有人说笃信宗教的亚历山大一世并没有死，而是搭乘一艘英国游艇，到耶路撒冷朝圣去了；有人说沙皇已秘密前往北美洲隐居，去实现他青年时代的梦想。

在亚历山大去世12年后，1837年3月，在乌拉尔山区彼尔姆省克拉斯诺乌菲姆斯克市附近的一个村子出现了一位雍容高雅、仪表超俗的老人，自称费奥多尔·库兹米奇（Федор Кузьмич）。 他没有身份证明，自称"出生于树木之间"，此外对于自己的一切都不清楚了。 他后来在乌拉尔各地流浪生活，他并未出家修行，也不曾改换名字，但他身边的人都感觉他有意掩饰自己的真实身份。 他

---

① 阿尔汉格尔斯基：《亚历山大一世》，刘敦健译，人民出版社，2010年，第270页。
② 参见亨利·特罗亚：《神秘沙皇亚历山大一世》，迎晖等译，世界知识出版社，1984年。
③ 帕夫科夫宫被设为亚历山大一世纪念馆，一直开放到1925年.

学识渊博，待人宽厚，深得当地群众爱戴。他对当代的政治事件了如指掌，对俄国宫廷名人事迹如数家珍，并且对欧洲外交极为熟悉，他能绘声绘色地讲述俄军开进巴黎时的盛况，甚至能一个一个地说出当时沙皇身边的随员。有一位曾跟随亚历山大一世打到巴黎的退役老兵看见他后，竟失声高叫："这是我们的皇上，我们的父亲亚历山大·保罗诺维奇！"然而，对这位老兵的失态行为，费道尔·库兹米奇立即给予了制止。另一个神奇不解之谜是，在继任沙皇的亚历山大二世办公室的墙壁上，一直挂着费奥多尔·库兹米奇的画像，民间传说亚历山大二世在费奥多尔·库兹米奇生前，曾来秘密来乌拉尔拜见了他。有人说他在某段时间内经常收到一个名叫玛丽亚·费多罗芙娜（Мария Феодоровна）①的女人寄来的钱和衣物。伊尔库茨克的主教曾亲自来看望过他，并和他作了长时间的交谈。有史料记载，费奥多尔·库兹米奇生前曾收养一个孤女，有人说是亚历山大一世与其情妇的孩子。当少女长大村民们为她说媒时，总遭到费奥多尔·库兹米奇养父的阻拦，理由是："你比农民的身份高，将来可以嫁一个军官。"这位养女果然嫁给了一位军官。1864年1月20日，费奥多尔·库兹米奇以87岁的高龄寿终正寝。人们在他的墓前立了一个东正教十字架，上面的铭文是："这里安葬着洪福齐天的伟大长老费奥多尔·库兹米奇，死于1864年1月20日。"一位在亚历山大一世生前为其治病的医生在同一天为亚历山大一世的亡灵祈祷，并且流着眼泪说："沙皇真的是死了。"费奥多尔·库兹米奇去世后，当地商人赫罗莫夫（С. Ф. Хоромав）在整理费奥多尔·库兹米奇的遗物时，发现了一个关于沙皇亚历山大一世大婚时的印刷品，一枚圣安德鲁勋章以及以字母"A"打头的王室婚姻机密文件。在同一个挂在床端的文件袋里，发现了两个窄纸带，其两侧都写有文字。他立即动身去彼得堡皇宫，向沙皇尼古拉一世密报刚刚去世的长老费奥多尔·库兹米奇就是1825年11月19日去世的沙皇亚历山大一世的真身，他当年并没有死于塔甘罗格，而是秘密遁世，流浪于乌拉尔山区，经历了许多苦难，曾经被人鞭打，他仍然克制自己，造福当地人民，以求救赎自己的灵魂。赫罗莫夫把费奥多尔·库兹米奇留下的笔记和什物交给亚历山大二世，但未得到任何答复。②随后，库兹米奇的坟墓所在地成了保皇派和虔诚的东正教徒朝拜的圣地。沙皇亚历山大三世曾于1873年，末代沙皇尼古拉二世曾于1891

---

① 亚历山大一世母亲的名字。
② 阿尔汉格尔斯基：《亚历山大一世》，刘敦健译，人民出版社，2011年，第43页。

年(当时均为皇太子身份)秘密来费奥多尔·库兹米奇的墓前祭拜。

  多年以来,俄国历史学家围绕此事的真伪做了大量的研究。军事历史学家希里杰尔是第一个将此事写入其著作的,他在1897年出版的四卷本亚历山大一世传记中把费奥多尔·库兹米奇的传说作为最后一卷的结尾。著名作家列夫·托尔斯泰(Лев Толстой)知道此事后,曾非常仔细地向希里杰尔请教历史细节,随后撰写了《费奥多尔·库兹米奇长老(1864年1月20日在西伯利亚托木斯克附近、商人赫罗莫夫的小村庄去世)死后发表的笔记》。[1] 当代俄罗斯历史学家阿尔汉格尔斯基在2006年出版的新作《亚历山大一世》中再次提及这个历史之谜,他认真地分析了这段历史的由来,并且使用了大量的同时代人的日记以及官方档案文献,但仍然未能就费奥多尔·库兹米奇是"亚历山大一世"得出肯定的结论。阿尔汉格尔斯基在书的结尾意味深长地写道:"不管自称为费奥多尔·库兹米奇的那个人是谁,他就是别具一格的(Sui gene ris)亚历山大一世。他背负着俄国沙皇的十字架,偿还他欠下的债,赎他的罪,那是精神上的罪孽而不是政治的罪孽。俄国沙皇政治上的罪孽要靠整个俄罗斯去赎罪;俄罗斯应当背负起十字架;在这个意义上,'集体的费奥多尔,库兹米奇'的命运正好落在俄罗斯的身上。"[2] 与亚历山大一世神秘之死相关联,他的妻子皇后伊丽莎白之死也被蒙上

---

[1] 俄罗斯国内及国外的相关研究很多,帝俄时代有:希里杰尔:《亚历山大一世皇帝:他的生活和统治》(Шильдер Н. К. *Император Александр I：Его жизнь и царствование*. СПб.，1897—1898. Т. Ⅰ-Ⅳ.);罗曼诺夫:《大公,亚历山大一世在西伯利亚以费奥多尔·库兹米奇长老身份死亡的传说》(Романов Н. М. *Великий князь*，*Легенда о кончине императора Александра I в Сибири в образе старца Фёдора Козьмича*. СПб.：А. С. Суворин，1907.);瓦西里耶:《亚历山大一世皇帝和费奥多尔·库兹米奇长老》(Василич Г. *Император Александр I и старец Феодор Кузьмич*. М.：Образование，1911.);巴梁金斯基:《帝王的秘密:亚历山大一世皇帝与费奥多尔·库兹米奇》(Барятинский В. В. *Царственный мистик. Император Александр I-Феодор Козьмич.* М.，1913.).苏联和当代俄罗斯时期的著作有库德里亚绍夫:《亚历山大一世与费奥多尔·库兹米奇的秘闻》(Кудряшов К. В. *Александр I и тайна Фёдора Козьмича*. Ленинград，1923.);库巴洛夫:《西伯利亚和冒名顶替者》//《西伯利亚星火》1924年第3期(Кбалов Б. Сибирь и самозванцы// *Сибирские огни*. 1924. No3);科鲁宾斯基:《帝王的秘密:亚历山大一世和费奥多尔·库兹米奇》(Крупенский П. Н. *Тайна императора*(Александр I и Федор Кузьмич). Берлин, 1927);柳宾莫夫:《费奥多尔·库兹米奇长老的秘密》//《历史问题》1966年第1期(Любимов Л. Тайна старца Федора Кузьмича// *Вопросы истории*. 1966. No 1.);《西伯利亚的费奥多尔·库兹米奇长老和亚历山大一世皇帝》(*Таинственный старец Феодор Козьмич в Сибири и император Александр I*. Калуга：Золотая аллея, 1993.);阿尔汉格尔斯基:《首与尾:费奥多尔·库兹米奇长老和沙皇亚历山大一世》//《新世界》1995年第11期(Архангельский А. Н. Первый и последний. Старец Феодор Козьмич и царь Александр I：роман испытания. //*Новый мир*. 1995. No 11.和《旧事重提:谁"制造"了费奥多尔·库兹米奇长老》//《科学和宗教》2008年第1期(Архангельский А. Н. Ревизия давнего дела，или Кто же "сотворил" старца Феодора Козьмича// *Наука и религия*. 2008. No 1.).

[2] 阿尔汉格尔斯基:《亚历山大一世》,刘敦健译,人民出版社,2011年,第382页。

了神秘色彩，伊丽莎白皇后死于 1826 年，然而有人在 1834 年看见她出现在彼得堡远郊的齐赫文镇附近的希尔科夫修道院（Сырков монастырь），名字是"维拉·莫尔恰里尼察"（Вера Молчальница）。①

为反击十月革命后保皇党人"借尸还魂"般的反苏行动和消除老百姓的圣徒崇拜意识，1921 年苏俄政权在彼得格勒保存的沙皇灵柩开棺验证，发现棺内并无亚历山大一世的遗体。② 这自然又增加了这一谣言的可信度。

已经作古了的亚历山大一世并不知晓，在他的遗体返回彼得堡的当天（1825 年 12 月 14 日，公历 12 月 26 日）发生了震惊世界的十二月党人起义，更不知晓在其身后出现了众多"费奥多尔·库兹米奇"式的人物。

亚历山大一世的帝国治理

在亚历山大一世的统治下，俄国在政治、经济、外交、军事和文化等多方面都进入极盛时期。 在击败法兰西第一帝国后，俄国领有北至北冰洋、南至高加索山脉、东至阿拉斯加、西至法国巴黎的土地，是俄国历史上（包括苏联）领土最大的时期。 1801 年沙皇政府正式宣布吞并格鲁吉亚，使其彻底地沦为殖民地。 1814 年沙皇俄国吞并立陶宛全境，在沙皇亚历山大一世统治时期（1801—1825 年）兼并了芬兰和波罗的海的大片土地。

1806—1812 年俄国和土耳其之间爆发了第七次俄土战争。 此次战争是土耳其在拿破仑一世的支持下发动的。 土耳其企图用战争进行报复，因为当时俄国正与法国（1805—1807）和伊朗（1804—1813）进行激战。 这场战争的起因是 1805 年签订的关于俄国船只自由通过海峡的条约遭到破坏，土耳其擅自更换摩尔达维亚和瓦拉几亚公国大公。 对此，俄国政府于 1806 年 11—12 月派米赫尔松（И. И. Михельсон）将军的摩尔达维亚军队进驻土耳其控制的摩尔达维亚大公

---

① Вера Молчальница 意为"信念·沉默者"。参见：Молин Ю. А. *Анализ версий смерти императрицы Елизаветы Алексеевны*. АРСИИ им. Г. Р. Державина. Архивировано из первоисточника 20 августа 2011. Проверено 26 января 2009.

② Эйдельман Н. Я. Связь времён//*Знание --сила*. 1994, No 3.

国和瓦拉几亚。多瑙河哥萨克军转到了俄国方面。1812年5月16日俄国迫使土耳其政府签订《布加勒斯特和约》(Бухарестский мирный договор)，俄国获得了罗马尼亚的比萨拉比亚，把边界推进到普鲁特河。

沙皇亚历山大一世展现了极高的军事指挥和外交才能。他不仅指挥俄国军队，还曾经在几次反法联盟中指挥多国军队，后世的沙皇缺少这种军事才能和参与欧洲外交的机会。1812年卫国战争胜利之后，亚历山大一世两次以"拿破仑战争胜利者"和"欧洲解放者"姿态进入巴黎，使其个人威望和俄国霸权升至欧洲国家顶峰，随后亚历山大一世和俄国又扮演了欧洲事务仲裁者的角色。在维也纳会议上，他听从本尼格森伯爵的进言，将欧洲各国的土地归还各国王室，以免去占领时遇到的种种问题和面对各国王室道义上的责难，此举为他赢得了欧洲舆论的普遍支持，从而使俄国瓜分波兰和吞并芬兰时并未受到反对。同时他更将黑海舰队推进到位于博斯普鲁斯海峡和土耳其首都伊斯坦布尔的城下，迫使在第七次俄土战争战败的奥斯曼土耳其帝国不敢在俄军进占欧洲时乘虚而入。

亚历山大一世的军事才能获得当时欧洲普遍承认，而且他极受士兵的爱戴，波兰贵族恰尔托雷斯基公爵回忆："他带领军队作战时充满霸气，只要他一声令下，即使是拿破仑的大军，我们也会义不容辞地冲过去，因为我们深信着沙皇！我们深信他会带领我们获得胜利！"亚历山大一世毕生获得了5枚俄国最高勋章：圣安德烈·佩沃兹瓦内勋章（орден Святого Андрея Первозванного，1777年12月20日）、圣亚历山大·涅夫斯基勋章（орден Святого Александра Невского，1777年12月20日）、圣安娜勋章一等勋章（орден Святой Анны 1 класс，1777年12月20日）、圣约翰·耶路撒冷斯基勋章（орден Святого Иоанна Иерусалимского，1798）和圣格奥尔基四等勋章①（орден Святого Георгия 4 класс，1805年12月13日）。此外他还获得36枚外国勋章。

亚历山大一世为俄国留下庞大的遗产，包括庞大的军队、庞大的财产、庞大的领土。在他统治俄国期间，权力从贵族回到沙皇手中，实现了中央集权。但在将皇权极大化的同时，他又允许自由主义在俄国发展。他又亲自率领军队征服欧洲宣扬军威，而且还展开报复性的屠杀。他以极端强硬的手法强迫普鲁士王国和奥地利帝国认同他作为东欧和中欧之主，和英帝国在中亚展开了长期的大

---

① 1805年12月13日亚历山大一世拒绝接受圣格奥尔基一级勋章，自愿将勋章等级降为四级，理由是他"不是军队的指挥官"。

博弈,击败拿破仑一世更将俄国的国威推进至顶峰。 种种行动使他在位期间的俄国变为一个绝对王权和官僚体制并存的近代国家。

亚历山大一世的帝国治理之道还展现了他的扶弱抑强的英雄主义倾向,他在位期间则屡次恐吓欧洲列强,在拿破仑战争结束后还经常挑衅奥斯曼帝国和大英帝国,在国内对叛乱的贵族家族尽力清除。 另一方面,他屡屡表现出对一般平民和农民生活的关心,经常深入军队体恤伤兵和维护老兵们的权益,因而获得了普通百姓的爱戴和崇拜。

亚历山大一世的为政之道和帝国治理思想反映了俄国政治中的一个特殊现象——官方自由主义。

在亚历山大一世少年和青年时代,极为关心他的祖母叶卡捷琳娜二世为他提供的即是一个自由主义氛围的教育环境,在客观上使其接受了浓厚的自由主义和宪政主义思想的影响。 他的家庭教师瑞士人拉阿尔普是不折不扣的共和主义者,被同时代人看成是"瑞士革命党",后来被叶卡捷琳娜二世看成是"雅各宾派"。 拉阿尔普向亚历山大一世"这位未来的绝对君主灌输的是对人民意志的尊重"。① 拉阿尔普对亚历山大一世的影响深厚,以至于不论是观察事物,还是倾听议论,甚至是直觉反应,亚历山大一世都以他为楷模。 亚历山大一世后来承认:"我的为人,可能我的全部的长处,都应归功于拉阿尔普先生。"②

亚历山大一世在1798年6月12日至1800年11月1日的日记中写道:"没有任何事情比贩卖人口更有损于尊严,更没有人性,因此一定要下一道命令,永远禁止这种做法""奴隶制度仍然存在,这是俄国的耻辱。 我想,毋庸赘言,废止这种制度该是多么合乎人心。 但是,话说回来,应该承认,这件事做起来十分困难和危险,尤其是假如操之过急的话。 ……"③

亚历山大一世与密友们公开谈论废除农奴制的必要性、专制制度的危害性以及共和政体的优越性。 他表达了非常激进的观点,说自己"憎恨专制主义""喜欢人人平等的自由""深表同情地注视着法国革命""希望到处看到共和国"。 他委托恰尔托雷斯基公爵起草了一份宣言,指出无限君主制已经不合时宜,他将建

---

① 特罗亚:《神秘沙皇——亚历山大一世》,迎晖等译,世界知识出版社,1984年,第8页。
② 同上书,第9页。
③ Сафонов М. М. Проблема реформ в правительственной политике России на рубеже XVIII и XIX веков. Ленинград, 1988. с. 56—58.

立自由制度和司法制度。① 这样，亚历山大一世在皇储时期已经明确地提出了自由、宪政、共和等概念，为他执政后推行自由主义改革措施奠定了思想基础。 亚历山大一世甚至给美国政治家和思想家本杰明·杰弗逊写信，向他请教美国宪法的精髓。 杰弗逊在回信中，提供了不少供他参考的美国修宪经验。 当然，此时的亚历山大一世还是一位不成熟的激情青年，他的政治理想中大多是空泛之论。 他所期待的并不是纯粹的美国式或法国式的宪法，他们要仿效的是既能维护君主权威，但同时也能保障人民权利的普鲁士或奥地利式的宪法。 他的政治理想仍然是 18 世纪的开明专制政体。

执政后的亚历山大一世动摇于"自由"和"专制"的双重诱惑之中。 他看到了国家危机的症结所在：缺乏法制和农民问题。 他雄心勃勃地建立了"秘密委员会"，宣布委员会的首要任务是"制订一部好的法律，使其成为国家幸福的源泉"。 亚历山大一世认为农奴制是一种"野蛮状态"，执政之初着手研究农民改革问题，并且开始在波罗的海地区进行解放农奴的短暂实验。 在 1802—1803 年间，"秘密委员会"频繁开会，通宵达旦地讨论改革计划。 从沙皇亚历山大一世到所有的秘密委员会成员都毫无异议地谴责农奴制是违反人性和人权的制度，应该加以改革。 他曾表示："三千农民就像是一包璀璨的钻石。 如果文明发展迅速，我愿意废除农奴制，甚至搭上我的头颅。"他本人就曾经说过："法国人使用的并且还在威胁所有国家的最强大的武器，是他们善于传播一种共同的信念，即他们的事业是人民自由和幸福的事业"，因此必须"从法国人手中夺下这个可怕的武器，掌握并利用它来反对法国人自己"。② 但是讨论的结果，却是农奴制改革只能采取政府主导的自上而下的方式，而不是听从农民意见，由下至上所策动。 1803 年颁布的《自由农民法令》，允许地主自由解放属下农民。 在亚历山大一世执政时期，共有 161 件农民凭此法获得人身自由的案例，其中获得人身自由的男性农民达到 47153 人。 其中一件解放农民的案件发生在立陶宛，共有 7000 名农民获得人身自由。

在亚历山大一世时期，俄罗斯的秘密社团逐渐发展起来，它们的活动也渐渐地开始半公开化。 亚历山大一世曾在 1820 年巡视了共济会在敖德萨的总部，并

---

① Вопросы истории. Москва，1990. No 1. c. 52.
② Окунь С. Б. *Очерк истории СССР*. Ленинград，1976. c. 119.

一度自称是共济会在俄罗斯的保护人。共济会在19世纪乃至20世纪的俄国政治和社会变迁中发挥了重要作用,共济会在专制体制和官僚社会中发挥了公民社会的机制。只是当亚历山大一世看到了共济会对其政权的威胁之后,他在1822年8月1日下令宣布共济会为非法组织,禁止共济会在俄罗斯的活动。他责成内务大臣科楚别依对秘密团体采取禁止行动。国家公务人员须签字具结,保证他们过去、现在和将来不加入这类团体。1824年11月16日,新任宗教事务和国民教育大臣希什科夫(А. С. Шишков)向亚历山大一世密报,沙皇非常信任并全力支持的俄国圣经协会本身就是"改头换面的共济会",他建议立即解放俄国圣经会,停止把《圣经》翻译成俄语,并且对俄国圣经会内部人员进行严格的政治审查。然而,着迷于《圣经》和神人旨意的亚历山大一世将此事压了下来。

1803年颁布的《国民教育初步章程》规定,此后学校可以招收各阶层子弟,在初等学校实行免费教育。1804年,政府又允许大学自治,教授会议成为大学的主管机关,这使得高校中不断地表现出自由主义的色彩。在18世纪,书刊检查完全由行政当局独断专行。1804年,首次颁布了书刊检查章程,该章程要求书报检查官"遵循明智的宽大方针",因此被认为是19世纪"最自由主义"的文件,使得这几年的书刊检查十分松动,出版发行量不断扩大,并涌现出一些新的杂志和刊物。他重用斯佩兰斯基达十年之久,以极大的耐心和平衡手段支持斯佩兰斯基不断抛出极为超前的政治、经济、外交、警政和教育改革方案。就连美国总统托马斯·杰斐逊也认为,俄国新沙皇正在认真地准备改革。

然而,他与祖母叶卡捷琳娜二世极为相似,当他亲身感受到法国大革命精神的巨大影响力和政治压力之后,就自然而然地在1812年开始了政治转向。亚历山大一世在1816年任命戈利岑为教育大臣,将国民教育部改名为"宗教事务与国民教育部"(министерство духовных дели народного просвещения),试图将宗教信仰与世俗教育各为一体,由东正教会干预国民教育和社会思想,在政治思想和主张方面大大地退了一步。亚历山大一世积极地加入反法联盟,并且在战后积极主张以"正统"和"神圣"原则恢复被拿破仑打碎的欧洲疆界,并且在相当长时间内充当了镇压欧洲各国革命运动的警察角色。1820年秋天,亚历山大一世对奥地利首相梅特涅说,自己以前的做法"错了"。① 这种转变的原因首先同西欧国家发生的政治动荡有关。 在这一年,新的革命风暴席卷了西班牙、葡萄牙、那不勒斯和皮埃蒙特等国家和地区。 亚历山大一世对此是不能等闲视之的。 他在 1820 年 9 月波兰第一届国会开幕时的讲话与两年半前所讲的截然不同,已经不再提赐予俄国立宪制度的许诺,而是说:"恶魔试图重建它的苦难王国,它已经在一部分欧洲地区的上空游荡。"②1820 年秋,亚历山大一世在特洛波召开的"神圣同盟"会议上说,必须"采取认真的和切实的措施扑灭燃烧在整个南欧并且正在燃向全世界的烈火"。③ 这次会议公开制订了"干涉原则"。 因此,英国诗人拜伦(George Gordon Byron)曾经猛烈谴责亚历山大一世,称他是反动与崇尚武力的独裁者。

亚历山大一世推行的改革措施大部分得到了失败的结果,一方面固然是由于俄罗斯社会普遍弥漫着保守怀旧情绪,保守主义在国家政治生活中占了上风,外加落后的农奴制和无处不在的腐败也成为阻碍改革的重要障碍,但在另一方面,亚历山大一世的性格、处事方法和执政风格也是最终失败的主要原因。 他的自由主义改革设想过于理想化,与俄罗斯的现实格格不入。 此外亚历山大一世意志软弱,每当与社会保守力量发生冲突时,紧接而来即是改革措施废止,几乎重新回到老路上去。

自 1796 年叶卡捷琳娜二世去世至 19 世纪第一个 25 年的俄国,在经历了几乎整整一百年的沙皇绝对专制和农奴制经济的极度辉煌之后,逐步走上了现代国家之路。 与 18 世纪不同的是,除沙皇独裁权力依然强势之外,19 世纪初出现了由贵族阶层绝对控制、有新兴工商业阶层参加的具有等级代表特点的官僚国家管理体制,沙皇在"神圣"和"正统"的光环下扮演着超阶级超阶层的角色。 伴随着农业(农奴制)经济稳定发展和工商业经济迅猛起步,俄国社会结构发生了较大的变革,首先是居社会支配地位的贵族阶层急剧分化,工商业资产阶级阶层迅速崛起,社会资源和权力分配也随之巨变,俄国进入公民社会的初级阶段。 这一时期的俄罗斯帝国无论是在政治、经济、外交,还是在社会、文化方面,都经

---

① 阿尔杰农·塞西尔:《梅特涅 1773—1859》,复旦大学《梅特涅》翻译小组翻译,上海人民出版社,1974 年,第 221 页。

② Шильдер Н. К. *Император Александр Первый. Его жизнь и царствование.* СПб.:《Новое время》А. С. Суворина,1897. т. 4. с. 119.

③ Там же. с. 186.

历了一个比较平稳发展的阶段。

亚历山大一世执政的 24 年，俄国已经形成"独裁"（绝对专制制度）、"官僚"（严密并且开放的等级代表制度）与"公民"（高等级阶层充分享有自由、平等和人权，低等级阶层部分享有自由、平等和人权，整个国家以追求自由、平等和人权为目标的社会取向）的奇异结合，俄国已经具备现代化国家的特质。

第六章　狂飙时代：俄国启蒙运动和反启蒙思潮

由于地理区域、文化背景、宗教理念等因素的影响，尤其是强势的沙皇专制制度与专制主义意识形态的作用，俄国未能发生过西欧国家普遍经历的文艺复兴、宗教改革和启蒙运动等三大思想解放运动。反而是俄国最高统治者沙皇（如彼得一世、叶卡捷琳娜二世和亚历山大一世）扮演了西方技术和先进思想文化的导入者的特殊角色，而这种导入在主观上极具选择性和目的性。原因在于，俄国严重缺乏先进知识资源和知识阶层的储备。至19世纪初，具有独立精神和批判意识的俄国知识阶层及其群体产生了，他们承担了自下而上的俄国思想启蒙的艰巨使命。1838—1848年被俄国著名评论家安年科夫（П.В. Анненков）称为"辉煌的十年"（блестящий десять лет），[①]亦被同时代的西方派代表人物卡维林（К.Д. Кавелин）赞赏为："那是我们科学和文化生活繁盛的年代，尽管它短暂如北方之夏"。[②]在思想解放和思想启蒙的同时，来自传统势力和保守势力的政治和思想力量则以拼死之势对抗思想解放的大浪潮，形成一股并非弱势的反启蒙浪潮。随后开始了1848—1855年沙皇尼古拉一世统治的"黑暗七年"。

[①] 当代英国著名思想家以塞亚·伯林于1954年在伦敦大学所做的俄国思想史演讲中使用了"辉煌的十年"的术语。参见：以塞亚·伯林：《俄国思想家》，彭淮栋译，译林出版社，2001年。

[②] Кошелев А.И. Записки Александра Ивановича Кошелева (1812—1883годы). Москва, 2002. с.5.

《哲学书简》与"恰达耶夫事件"

恰达耶夫（П. Я. Чаадаев）于 1794 年 7 月 7 日出生于莫斯科的贵族家庭，他的外祖父是俄国著名历史学家、俄国科学院荣誉院士谢尔巴托夫（М. М. Щербатов）。恰达耶夫从小就显露出过人的才华，1807—1811 年在莫斯科大学语文系学习，同学中有未来的著名作家格里鲍耶多夫（А. С. Грибоедов）、未来的十二月党人屠格涅夫（Н. И. Тургенев）和雅库什金（И. Д. Якушкин）。他于 1812 年加入近卫军谢苗诺夫团，参加了抗击拿破仑的卫国战争，并参加了著名的波罗季诺战役，因英勇作战获得圣安娜勋章（орден св. Анны）和普鲁士铁十字勋章（прусский Кульмский крест）。他的外甥和传记作家日哈列夫（М. Жихарев）评价他是："勇敢作战的人员，经历三次长征的严格考验，他是一个高贵、诚实和善良的人，他没有理由不受到同志和上级的无条件的尊重和爱戴。"①

1816 年，恰达耶夫以少尉军衔转入彼得堡皇村附近的近卫军古萨列夫团（гусарский лейб-гвардии полк），不仅与著名诗人普希金成为好朋友，并且认识了著名历史学家卡拉姆津。1817 年，恰达耶夫奉命调往彼得堡，被任命为近卫军副司令瓦西里奇科夫（И. В. Васильчиков）的助手，就在他仕途一片光明之时，他却由于和当局的分歧于 1821 后离开了军队。1823—1826 年，恰达耶夫漫游了英、法、普、瑞士诸国，拜会了洪堡、居维叶（Georges Cuvier）和拉马奈（Felicite de Lammenais）等著名学者，深入研究哲学、艺术史、宗教史和神秘学说。1825 年恰达耶夫在卡尔斯巴德（现捷克西部的城市卡罗维发利）与德国著名哲学家谢林（Friedrich Wilhelm Joseph von Schelling）会晤，谢林称赞恰达耶夫是"他所认识的人当中最聪明的人"。通过将西欧和俄国对比，恰达耶夫的思想受到震荡，归国后他幽居数年，一直处在沉思之中。1832 年，恰达耶夫在给

---

① Вестник Европы, июль, 1871, т. IV. с. 172—208.

谢林的信中表示:"哲学与宗教结合的伟大思想",是"他精神活动的灯塔和目的"。"我存在的全部兴趣,我理性的全部求知欲,都为这唯一的思想所包容了。随着思考的深入,我愈发坚信,人类的主要兴趣不包含在这一思想之中"①。此后,恰达耶夫开始频繁出现在莫斯科的各种沙龙中,慷慨激昂地陈述自己的哲学、宗教观点,对俄国的历史和现实做出批判,向人们描绘着理想的未来社会,引起了知识界和上层社会的广泛关注。恰达耶夫的一言一行,都会成为社会的话题,他的书信、手稿等等也为人们争相传阅。俄国诗人维亚泽姆斯基(П. А. Вяземский)曾称恰达耶夫为"流动讲坛上的教师"(преподаватель с подвижной кафедры)②。

1828—1831年,恰达耶夫完成了他的重要论著《哲学书简》(Философские письма),这是用法文写给一位潘诺娃(Е. Д. Панова)夫人的,全书由8封信组成。潘诺娃夫人是莫斯科沙龙中的著名女主人,恰达耶夫于1827年与她相识,她经常向恰达耶夫征询关于如何能使自己的精神生活有条不紊的意见。在恰达耶夫写作后几封信时,他与那位夫人的书信往来已经中止了,③所以,恰达耶夫心目中的收信人,自然不止潘诺娃一个人,而是所有的俄罗斯人。纵览这8封信,基本上都是从宗教立场出发,论述了俄国历史及在世界上所处的位置;论述了宗教的意义和力量,认为人类的进步包括俄国的进步,只能在宗教的统一中实现;谈到了欧洲的历史;谈到了世界有影响的宗教家、哲学家,评论了在世界历史上有影响的时代;书信最后的结论认为基督教的生活是人类真正的生活,因为只有它可以达到最高理性境界,达到人类的精神统一。恰达耶夫的文章笔锋严酷、犀利,说出了自己心里郁积已久的、包含着忧郁情绪的话,对俄国历史、现状和未来做出了激烈的批判与彻底的否定。

恰达耶夫在第一封信中将落后的俄国与先进的西欧进行了比较,他痛苦地回顾了俄国曲折发展的历史,毫不隐讳地批判了俄国的专制制度。在他的眼里,"这是一个感受强烈的时代、广泛设想的时代、民众充满激情的时代。民众的追求是骚动着的,没有显见的原因,但对后代而言却不是毫无益处的。所有的社会都经历过这样一个时期。所有的社会都要将其最明亮的回忆、其历史中英勇

---

① 恰达耶夫:《哲学书简》,刘文飞译,作家出版社,1998年,第11—12页。
② 同上书,第8页。
③ Штейнберг А. А. Пушкин и Е. Д. Панова//Временник Пушкинской комиссии. Ленинград, 1968. с. 57—59.

的成分、其诗歌、其所有最丰富的思想归功于这样的时期：这是所有的社会所不可或缺的一个基础……各民族历史中这一诱人的阶段，就是各民族的青春，……可我们却完全没有这样一个时期。 首先是野蛮的不开化，然后是愚蠢的蒙昧，接下来是残暴、凌辱的异族统治，这一统治方式后来又为我们本民族的当权者所继承了，——这便是我们的青春可悲的历史。 那样一个热情行动、民众的精神力量翻滚游戏的时期，我们完全不曾有过。 我们在这个年龄段上的社会生活，充满着浑浊、阴暗的现实，它失去了力量和能量，它除了残暴以外没有兴起任何东西，除了奴役以外没有温暖过任何东西。"①

恰达耶夫甚至认为："我们是世界上最孤独的人们，我们没有给世界以任何东西，没有教给它任何东西；我们没有给人类思想的整体带去任何一个思想，对人类理性的进步没有起到过任何作用，而我们由于这种进步所获得的所有东西，都被我们歪曲了。 自我们社会生活最初的时刻起，我们就没有为人们的普遍利益做过任何事情；在我们祖国不会结果的土壤上，没有诞生过一个有益的思想；我们的环境中，没有出现过一个伟大的真理，我们不愿花费力气去亲自想出什么东西，而在别人想出的东西中，我们又只接受那欺骗的外表和无益的奢华"，②"我们从未与其他的民族携手并进；不属于人类的任何一个大家庭；我们不属于西方，也不属于东方。 我们既无西方的传统，也无东方的传统。 我们似乎置身于时间之外，我们没有被人类的全球性教育所触及"，③"我们生活在欧洲的东方，这是事实，但是，我们从来不曾属于东方。 东方有东方的历史，其历史与我们的历史毫无共同之处。"④

恰达耶夫在刻薄的、强烈的自我否定之后，又痛苦地进行了自我分析和自我审视，试图解开俄国落后的原因。 他写道："请看一看我们所经历过的所有年代，看一看我们所占据的所有空间吧，——您找不到一段美好的回忆，找不到一座可敬的纪念碑，它可以庄严的向您叙述往事，它可以在您的面前生动的、如画的重现往昔。 我们仅仅生活在界限非常狭隘的现在，没有过去和未来，置身于僵死的停滞。"⑤因此，恰达耶夫在《哲学书简》的每封信的结尾都写上寄自"大

---

① Чаадаев П. Я. *Полное собрание сочинений и избранные письма*. Москва, 1991. т. 1. с. 105.
② Там же. с. 104—105.
③ Там же. с. 106.
④ Там же. с. 109.
⑤ Там же. с. 105.

墓地"（некрополис），即彼得一世改革之前的旧俄国的象征——莫斯科，意喻莫斯科为"死人之城"。

恰达耶夫认真了审视东西方发展道路和文化特点，也思考了俄国的地理与文化的定位。他认为彼得一世改革使俄国走了西方化的康庄大道，俄国从此与落后、黑暗、沉闷的东方告别。"三百年来，俄罗斯一直在追求与西欧的融合，它从西欧借鉴来了最严肃的思想、最有益的知识和最快乐的享受……我们沙皇中最伟大的一位，众所公认，他开创了我们的一个新时代，我们的伟大、我们的光荣和我们如今所具有的所有财富，都应该归功于他，150年前，是他在全世界面前弃绝了旧俄罗斯。他以强劲的气息荡涤了我们所有的机构，他在我们的过去和现在之间掘出一道鸿沟，并将我们的传说成堆成堆地抛进那道鸿沟。他亲自去了西方各国，他在那儿是个最不起眼的人，但在他回到我们这里的时候，却已经是一个伟大的人；他向西方躬身，待他挺直身体，却已成了我们的主人和立法者。""彼得大帝在自己的家中找到的，仅仅是一张白纸，他用他那只有力的手在那张白纸上写下了两个字：欧洲和西方。从那里起，我们便属于欧洲和西方了。……我们历史的每一个重要的事实都是外来的，每一个新的思想几乎永远都是借鉴来的。"恰达耶夫认为彼得一世的事业未能继续下去，因循守旧的思想统治了俄国社会，"曾经有一位伟大的人，想要启蒙我们，为了让我们爱上教育，他向我们投来了文明的斗篷；我们捡起了斗篷，却没有去触动教育。"①

恰达耶夫毫不掩饰地宣布俄国一切的不幸，首先缘于东正教的兴盛，而东正教没有给俄国带来任何积极和有益的影响。他认为俄罗斯人接受东正教完全是一个错误，"当现代文明的宫殿在北方诸民族充满激情的野蛮与基督崇高思想的斗争中逐渐形成的时候，我们都做了些什么？屈从于我们凶恶的命运，我们转向了可怜的、为上述民族深为蔑视的拜占庭，它们蔑视拜占庭的精神法则，那一法则却成为我们教育的基础。"②他认为东正教不可原谅的罪恶就是容忍和拥护"奴隶制"（即农奴制）。恰达耶夫由此得出的结论是："基督教社会最惊人的特征，却恰恰成了同在基督教怀抱中的俄国人所拒绝的东西，……这一点已可以使人对我们引以为荣的东正教产生怀疑了。"③

而反观西欧的天主教却走了与俄国完成不同的道路，发挥了完全不同的影

---

① Чаадаев П. Я. *Полное собрание сочинений и избранные письма*. Москва, 1991. т. 1. с. 107.
② Там же. с. 105—106.
③ Там же. с. 110.

响,天主教帮助了"地球上完善制度的建立","基督教在完成历史的一面,它是宗教信条最基本的成分之一,可以说,它包含着基督教所有的哲学,……从这一观点出发,基督教就不仅仅是一种包含在人的智慧这易逝形式的精神体系,而且是一种永恒的神的力量,它在精神的世界中广泛地起着作用,其醒目的显现应该成为我们常设的训诫。"①恰达耶夫认为宗教尤其是天主教不仅包含着历史、哲学和文学,而且包含着科学思想,宗教具有巨大的认识世界和改造世界的能力,人类的进步必须要有宗教的教化、哲学的思考和科学的进步,而所有这些都应该置于伟大的天主教之下。 俄罗斯人和俄罗斯文化应该重新回到西方文化、欧洲民族之中,特别是要回到基督教世界之中。 他说:"在数个世纪里,欧洲所有的民族携手并进,……所有的欧洲民族全都跪拜在耶路撒冷的墙角下。 ……如果说,我们信仰的软弱,或曰我们教义的不完善,至今仍使我们远离这一基督教的社会思想在其中发展、形成的共同运动,将我们降入那些注定只能间接地、迟到地接受基督教所有的民族之列,那么,显而易见的就是,我们首先要做的,就是用一切可能的手段来复兴我们的信仰,给自己以真正基督教的动机,因为,西方的一切都是由基督教造就的。"②

《哲学书简》刚刚一脱稿,便以手抄本的形式在朋友和同仁中流传。 1836年9月底,《哲学书简》发表在《望远镜》(Телескоnе)杂志第15期上。《哲学书简》发表后引起轩然大波。 日哈列夫评价:"自俄国有人开始了写作和阅读以来,自俄国有了书籍业和识字活动以来,无论此前还是此后,还没有过任何一件文学的或学术的事件(甚至包括普希金的去世在内)曾产生过如此巨大的影响和如此广泛的作用,传播得如此之迅速,如此之热闹。 将近一个月,在整个莫斯科,几乎每一个家庭都在谈论'恰达耶夫的书'和'恰达耶夫事件'。"③俄国著名思想家和革命家普列汉诺夫(Г. В. Плеханов)评价:"恰达耶夫以一封《哲学书简》为我们思想的发展所做出的贡献,远远地超出了一位勤勉的俄国研究家依据'地方统计数据'完成的数立方俄丈的著作,远远地超出了杂文'流派'一位敏捷的社会学家所做的一切。"④

然而,俄国社会的主流"反响"却持否定态度。 许多读者被激怒了,作者被

---

① Чаадаев П. Я. *Полное собрание сочинений и избранные письма*. Москва, 1991. т. 1. с. 103.
② Там же. с. 103—104.
③ Там же. с. 109.
④ Плеханов Г. В. *Полное собрание сочинений*. Москва, 1925. т. 10. с. 135—136.

斥为俄国的敌人和叛徒,莫斯科大学的学生致信书刊检查委员会,抨击恰达耶夫的"背叛"行为和书刊检查委员的失职,宣称准备拿起武器来对付民族叛逆者——恰达耶夫。 1836年10月19日,俄国书刊检查委员会召开会议,专门讨论这篇文章及其产生的影响。 恰达耶夫的书信以"恰达耶夫事件"为名列入沙皇政府的宪兵第三厅的档案之中。 沙皇尼古拉一世宣布《哲学书简》是"一个疯子大胆的胡言乱语",特派宫廷御医每天给恰达耶夫看病并观察他的一举一动。沙皇政府下令关闭《望远镜》杂志,并将该杂志的出版人纳杰什金(Н. И. Надеждин)流放。 对于恰达耶夫大胆的行为,他的朋友都难以理解,作家屠格涅夫曾在致维亚泽姆斯基的一封信中忧心忡忡的写道:"医生每天去看恰达耶夫,恰达耶夫每天都足不出户。 我真担心,他的神经真的会错乱的。"①

恰达耶夫的《哲学书简》是俄国思想文化史上的一件大事,恰达耶夫以极端的言词抨击了俄国的专制制度,抨击了俄罗斯社会的黑暗和落后,赫尔岑(А. И. Герцен)称它"如同在黑夜里的枪声。"②苏联历史学家马里宁(В. А. Малинин)认为:"《哲学书简》中没有任何一点社会主义的东西,但是它以自己的方式向现代人提出了一些最重要的社会问题","具有先进信仰的人在《哲学书简》中看到主要的一点,这就是对封建农奴制的俄国的一种无情的、有根有据的判决。 用赫尔岑的话说,恰达耶夫要求这个俄国'对它给敢于摆脱畜牲状况的人们带来的种种苦难做出回答'。 对于其他人来说,《哲学书简》是一切信仰和'一切神圣的东西'的体现,是对'民族感情'的凌辱,等等。"③恰达耶夫的言行为年轻的俄国知识阶层增添了批判主义和现实主义的精神,推动了俄国知识阶层的思想解放运动,扩大了俄国思想启蒙运动的社会影响。

西方派与斯拉夫派冲突

《哲学书简》尖锐地指出俄国历史和发展面临的严峻问题,对恰达耶夫观点

---

① Чаадаев П. Я. *Полное собрание сочинений и избранные письма*. Москва, 1991. т. 1. с. 110.
② Бердяев Н. А. *Русская идея*. СПб.:Азбука-классика, 2008. с. 25.
③ 马里宁:《俄国空想社会主义简史》,丁履桂等译,商务印书馆,1990年,第63—64页。

的评价展现了俄国知识阶层的自觉意识。俄国知识阶层在 19 世纪 30 至 40 年代展开了激烈的争论，随着争论的不断深入，在知识阶层内部依据不同的政治立场发生了第一次政治大分野，划分出两大营垒——西方派（западник）与斯拉夫派（славянофиль）。最初双方是在沙龙中进行个人辩论，随后发展成为群体论战和报刊上的公开论战，最激烈的时候，曾经的亲密朋友断绝交往，视为仇敌。争论的焦点即是俄国向何处去，即是走西方式的道路，还是走东方式的道路？这个长期存在于俄国知识界的问题被称为赫尔岑式的历史命题——"俄国生活中的斯芬克斯之谜"。

俄国社会中有"西方倾向"或醉心于"西方文化"的人士早已有之，普列汉诺夫称他们为"莫斯科前的西方派"，在他们的眼里，陈腐和沉闷的莫斯科使他们感到厌恶。"厌恶是一种折磨人的感觉。为了从这种感觉中解脱出来，有些人逃往外国，另外一些人削发为僧，这是一种真正的'孤独的灵魂'（Einsame Geister）。他们不得不将一切希望寄托在周围的人们的同情上。他们同样不能设想，政府会用严刑的威胁来迫使俄国人学习西方风俗和西方知识的时候到来了"。① 在 18 世纪下半期，"早期的"西方派的人数和影响远不如"早期的"斯拉夫派，恰达耶夫的《哲学书简》的发表聚集了大批的同道者，变成了西方派阵营中的"最强音"。

"西方主义"（заподничество）是它的对立面"斯拉夫派"送给西方派的带有鄙视意味的称呼。这个词几乎等同于"民族和国家公敌"和"数典忘祖之辈"之意。该派主张俄国历史发展道路与其他欧洲国家毫无二致，俄国无法孤立于欧洲，固步于自己的传统，俄国必将走上与西欧一样的发展道路，他们认为彼得一世和叶卡捷琳娜二世已经把俄国拉上这条道路。他们大多视农奴制和专制制度是限制俄国历史发展的阻碍，主张予以废除，改行英国或法国式的君主立宪制或议会制。他们大加歌颂彼得一世的改革，并且期待当政的沙皇及其政府能够仿效，自上而下废除君主专制和农奴制度，扩大与西欧国家的政治、经济、文化的交往。该派观点的代表人物除了恰达耶夫之外，还有安年科夫、卡维林、格拉诺夫斯基（Т. Н. Грановский）、别林斯基（В. Г. Белинский）、赫尔岑（初为西方派，19 世纪 40 年代后转为斯拉夫派）等。西方派以《祖国纪事》（Отечественные записки）和《现代人》（Современник）等杂志为核心展开论战。

---

① 普列汉诺夫：《俄国社会思想史》，孙静工译，商务印书馆，1990 年，第 3 卷，第 38 页。

"斯拉夫主义"（славянофильство）同样是西方派送给它的论辩对手斯拉夫派的带有鄙视意味的称呼。斯拉夫派最初自称是"斯拉夫—基督教派"（славяно-христианство）。① 斯拉夫派的代表人物是霍米亚科夫（А. С. Хомяков）、阿克萨科夫兄弟（К. С. Аксаков 和 И. С. Аксаков）、基列耶夫斯基兄弟（И. В. Киреевский 和 П. В. Киреевский）、萨马林（Ю. Ф. Самарин）以及著名作家陀思妥耶夫斯基（Ф. М. Достоевский）、哲学家达尼列夫斯基（Н. Я. Данилевский）等。基列耶夫斯基兄弟、阿克萨科夫兄弟与霍米亚科夫早在19世纪20年代就结社活动，他们被称是斯拉夫派的奠基人。伊凡·基列耶夫斯基的《19世纪》（XIX век）、霍米亚科夫的《世界史论丛》（Записки о всемирной истории）和《旧东西和新东西》（О старом и новом）、康斯坦丁·阿克萨科夫的《论俄罗斯的基本原则》等论著被视为斯拉夫派的纲领性文件。斯拉夫派以《欧洲人》（Европеец）杂志为中心展开论战。

霍米亚科夫是著名哲学家和文学家，他是一个热衷辩论的人。他具有演说天赋，知识渊博，记忆力极佳，因此在辩论时几乎没有相匹敌的对手。他可以从晚上9时一直与人辩论到第二天凌晨而不显疲倦。恰达耶夫的《哲学书简》发表后，霍米亚科夫在女主人叶拉基娜娅的沙龙中宣读了他一挥而就的《旧东西和新东西》，强调斯拉夫派的传统立场，赞颂了俄罗斯文化传统以及东正教的伟大功绩，严厉批评了恰达耶夫的虚无主义情绪。随后，斯拉夫派主张的思想家之一伊凡·基列耶夫斯基以《回应霍米亚科夫》（Ответ Хомякову）的文章在这个沙龙上宣读。这两篇批评文章在当时引起了极大的反响和讨论，当时就有与会者索要，并且以手抄本的形式在莫斯科文化界广泛流传。

斯拉夫派大加赞美彼得一世改革前的基辅罗斯和莫斯科罗斯时代，认为那时的俄国社会一片和谐，大公（沙皇）、大贵族、贵族、平民、农民、商人，包括外国人都能和睦共处，各司其职。之所以这样，是因为俄国自古即拥有优秀的文化和传统，具体地说即是俄国的村社。②

霍米亚科夫认为斯拉夫人是一个农耕民族，与好战的西欧民族的贵族制度是格格不入的。康斯坦丁·阿克萨科夫也认为村社和农民生活能促进"发展和教化"人类生活。他建议保护这种世外桃源般的生活，因为它存在这一事实本身

---

① 关于斯拉派名称由来另有一种说法是来自俄国早期语言学家苏斯科夫（А. Сусков，1754—1841），他主张保存斯拉夫语言的纯洁性，使用古斯拉夫语为词根的词汇，拒绝使用外来语。

② 村社俄文为 мир，又为 община。

就防止罪恶的资本主义发展和阻止"无家可归的居民"。①

斯拉夫派认为俄国完全可以根据俄国的历史特点,走迥异于西欧的发展道路。 在他们的眼里,走西方式的道路对于俄国来说无疑是一场灾难,彼得一世的改革则毁灭了俄国悠久的历史传统,他们一般反对对农奴制和专制制度采取彻底否定的态度,甚至主张回到彼得一世以前去。 康斯坦丁·阿克萨科夫认为:"西方发生的事件的含义很清楚,西方正在毁灭,西方的谎言正在露馅,很清楚看到他们所选择的道路把他们带到了什么样的病态之中。 难道到现在俄罗斯还想保持与西方的联系吗? 不,俄国大众与西方的所有联系都应当切断。 俄罗斯人应当和西欧脱离关系。 我们有另外一条道路,我们的俄罗斯是神圣的……与西方分开,这就我们应该做的一切。"②

随着论战加剧和分歧加深,亲密朋友、同学之间时常反目为仇。 斯拉夫派阵营的骨干人物康斯坦丁·阿克萨科夫与西方派阵营中的重要人物别林斯基[原来都是莫斯科大学中斯坦凯维奇小组(кружок Станкевича)的积极分子]素有旧交,但是由于政见不同,两人不得不相互吻别,洒泪断交。 别林斯基说:"从天性讲我是个犹太人,我无法同腓力斯丁人(阿克萨科夫)保持友好关系。"③

无论是斯拉夫派还是西方派,他们都是由俄国社会中思想先进的知识阶层组成,他们大都在欧洲居住很长时间或经常去欧洲访问,熟知数国欧洲语言,或在欧洲接受过系统的欧化教育。 甚至论战过程中的两派中的一些骨干人物仍然留居欧洲。 而且斯拉夫派中许多人物,原来都是西方派,如赫尔岑,只不过他们亲身经历了1830年法国二月革命和1848年欧洲革命,他们被资产阶级的丑恶政治所惊骇,转而向俄罗斯文化求救,变成了斯拉夫派。 著名思想家车尔尼雪夫斯基(Н. Г. Чернышевский)站在"西方派"角度这样评价斯拉夫派:"平心而论,即使必须承认他们的意见是错误的,那也不能不同情这些人,因为他们对启蒙工作满怀着同情","人们指责这一派敌视科学、搞蒙昧主义、企图把俄国拉回17世纪去,等等。 这些指责是不公正的,至少对阿克萨科夫兄弟、基列耶夫斯基兄弟和霍米亚科夫这些人是绝对不公正的。 ……他们属于俄国社会最有教养、最高贵和最富才华的人物之列。"④尽管他们观点有异,指出的道路不同,但他们都

---

① 马里宁:《俄国空想社会主义简史》,丁履桂等译,商务印书馆,1990年,第83页。
② Цимбаев Н. И. *Славянофильство*. Москва, 1986. с. 155—156.
③ 洛斯基:《俄国哲学史》,贾泽林等译,浙江人民出版社,1999年,第43页。
④ 蒋路:《俄国文史采微》,东方出版社,2003年,第325页。

是立足于俄国传统与现实,并且将俄国与西欧做多方面的比较,都是不满于俄国的现状,苦求于俄国未来发展道路的答案。

不论是西方派还是斯拉夫派,都是某种程度的理想主义者。他们或是把西方制度与文化过分美化,或是把俄罗斯文化传统过分理想化。随着西方派和斯拉夫派之间的争论的深入,双方的观点并不是根本对立的,双方之间互有所渗透。西方派的主张是激进的,但同时也具有强烈的民族虚无主义色彩;斯拉夫派的主张是保守的,但是它建立在对民族文化传统珍视的基础之上,因而不仅在俄国上层社会,而且在下层社会都获得了较多的支持者和继承者。

俄国知识阶层对西方文化的态度是有所取舍和选择的,对西方文化无论赞美还是批判,他们的立足点始终是自己的祖国和文化。就像恰达耶夫为自己所声辩的,"请你们相信,我比你们中的任何一个人都更爱自己的国家";① 又如曾经游移于两派之间的赫尔岑总结的那样:"是的,我们是对立的,但这种对立与众不同。我们有同样的爱,只是方式不一样……""我们像雅努斯双头鹰,朝着不同的方向,但跳动的心脏却是一个"(как двуликий Янус, смотрели в разные стороны, в то время как сердце билось одно)。②

西方派和斯拉夫派之争,在俄国思想文化史上具有巨大的开创性的意义,它标志着具有批判精神和独立意识的俄国知识阶层群体的形成,并且由此产生了俄国知识阶层思想史中"西方主义"和"斯拉夫主义"两大传统,而这两大思想传统酝酿和造就了未来的俄国知识阶层群体中的"自由主义"流派和"激进主义——社会主义"流派。

普希金与恰达耶夫的分歧

斯拉夫派与西方派之争的集中体现即是两位亲密朋友普希金与恰达耶夫之间的论战。苏联学者隆吉诺夫(М. Н. Лонгинов)认为:"谈到恰达耶夫,就不能

---

① Чаадаев П. Я. *Полное собрание сочинений и избранные письма*. Москва, 1991. т. 1. с. 25. 恰达耶夫:《哲学书简》,刘文飞译,作家出版社,1998年,第208页。

② 赫尔岑:《往事与随想》,项星耀译,中册,人民出版社,1993年,第143页。

不谈普希金,他俩相互补充,他们友好的名字将不可分割地留在后代的记忆之中。"①但是,在如何对待俄罗斯文化和西方文化以及如何看待爱国主义问题上,在两人中间发生了一场激烈的冲突。

普希金于 1799 年出生于莫斯科一个世袭贵族家庭,其祖先汉尼拔伯爵与彼得一世拥有特殊关系,使之该家族与皇室长期保持较为特殊的关系。他的家庭传统和他的身份决定了他的爱国观是维护皇权的,极其强调俄国的民族性与传统性。

普希金在 1831 年 5 月中旬离开莫斯科去彼得堡时,带走了恰达耶夫刚刚完成的《哲学书简》的一部分(第 6 和第 7 封信),拟在彼得堡发表。但普希金去了彼得堡以后,一直没有音信,恰达耶夫于 1831 年 6 月 17 日给普希金写了一封信,他询问:"我的朋友,我的手稿怎样了?自您走后,一直没有从您那儿得到任何消息。起初,我并不想因为这件事给您写信,而是像自己习惯的那样,让时间来解决问题;但是,想了一下以后,我觉得,这一次的情况是不一样的。我的朋友,我完成了我该做的一切:我难以忍受将这一切搁置在手头。因此我请求您,努一把力,让我别太长久的等待自己的作品,请您尽快来封信,谈谈您怎样处理我的手稿。您知道,这对我具有什么样的意义吗?问题不在于一种虚荣的效果。这并不是说,我不想稍稍步出无名境地,请注意,这是一种方式,它可以传播一种有益的思想,我认为我自己负有向世界传播这一思想的使命;但是,我一生最主要的心愿,就是在我灵魂的深处完成这一思想,并使它成为我的遗产。"②

1831 年 7 月 6 日普希金给恰达耶夫回信,他表示:"您的手稿还在我手;您是想把手稿归还给您?可您在大墓地能给手稿派上什么用场?请把手稿在我这里再放上一放。"在信的结尾,普希金写道:"您对历史的理解之于我完全是一种全新的东西,不过,我并非永远同意您的观点。"③

恰达耶夫曾经试图用自己的理论来劝说普希金,"我的朋友,我最强烈的愿望,就是看见您献身于时代的秘密。在精神世界里,没有任何一个场景,会比看到一个不理解自己时代、自己使命的天才更叫人伤心的了。当你看到,一个本该统领众多大脑的人,却俯首听命于民众的习惯和陈规,你就会感觉到,自己也

---

① 恰达耶夫:《哲学书简》,刘文飞译,作家出版社,1998 年,第 21 页。
② 同上书,第 217 页。
③ 同上书,第 219—220 页。

停在了半道上。你会问自己,这个本该领我向前的人,为什么要妨碍我的前进呢? 真的,每一次,在我想到您的时候,我都会这样地向自己发问,而我经常不断地想到您,以至于我都因此而疲惫不堪了。 请您别妨碍我的前进,我求求您。"①

普希金认为恰达耶夫是民族虚无主义者,普希金一直以祖国的历史为荣,尽管这历史比起其他一些民族悠久的历史要短得多,他不允许任何人玷污历史、歪曲真实。 普希金在1836年10月19日给恰达耶夫写了一封长信,他在信中明明白白地表示:"凭良心起誓,我不想用世上任何别的什么更换祖国,或有一部另外的历史,除了我的先祖的那部上苍赐予的历史。"在信中他以诗人高度凝练的语言表达了自己的历史文化观。 他强调:俄国有自己完整而丰富的历史;俄国文化拥有独特的渊源,俄国文化绝不是在异质文化基础上发展起来的;俄国以自己惨重的牺牲换来了人类精神的巨大进步,俄国人应当引此为荣。 普希金向恰达耶夫历数了俄国历史上辉煌事件与划时代的人物,"您说我们的历史渺小,我则断然不能赞同。 奥列格和斯维亚多斯拉夫的战争,甚至皇室领地的纷争——难道这不是充满沸腾的骚动、狂热而又漫无目的的活动——这种活动又是所有的民族在青春时期都有的。 鞑靼人入侵是可悲又壮观的场面。 俄罗斯的觉醒,其国力的发展,其统一的趋向(当然是俄罗斯内部的统一),始于乌格里奇、终于伊巴契耶夫修道院的蔚为大观的一幕——怎么,这些难道不是历史而只是苍白有朦胧的梦幻? 还有彼得大帝,一个人便是一部世界史! 还有把俄罗斯推进欧洲门槛的叶卡捷琳娜二世呢? 您难道没有在俄罗斯现今的情势中发现什么有意义的东西,您是否认为他会使我们游离于欧洲之外?"② "至于观点您是知道的,我远不是在所有的方面都能赞同您。 毫无疑义分裂教派把我们欧洲的其余部分割裂,我们没有参加任何一次震撼欧洲的大事件,不过,我们有自己特殊的使命。 这就是俄罗斯,这就是鲸吞蒙古人入侵的广袤的地域。 鞑靼人没敢迈过我们的西部边界,把我们留在了后方。 他们有退回到自己的荒漠,基督文明因此而获救。"③

对于普希金的不同意见,恰达耶夫表示"非常遗憾,我的朋友,我们没能将

---

① 恰达耶夫:《哲学书简》,刘文飞译,作家出版社,1998年,第215页。
② 同上书,第230页。
③ 同上书,第229页。

我们的生活道路结合在一起。"①

普希金和恰达耶夫"爱国主义"观分歧的原因何在？

普希金的历史观和爱国观是和祖先的荣耀和贵族的使命分不开的。从他的家族传统来看，普希金诞生于赫赫有名的古老贵族世家，他的贵族意识非常强烈，他尽力维护自己的贵族身份，保持贵族的独立性，不许任何人破坏他的贵族权威。1823年普希金因为大胆抨击沙皇专制制度暴政的诗作而被流放。在南方的敖德萨，普希金无法"享受"专横而无知的地方长官沃龙佐夫（М. С. Воронцов）将军的"保护"，他愤然写道："作家应该属于高贵的阶层，贵族的傲气同作家的敏感是一致的。我们不希望由本阶层的人来保护我们。这一点正是沃龙佐夫这个流氓未能理解的。他以为到他前厅去的俄国诗人是为了给他写诗体信或颂歌的，可这位诗人却要求得到他的尊敬。因为诗人也是绅士，是数百年前就获得了贵族称号的家庭成员。"②在普希金眼中，彼得一世是俄国历史上值得大书特书的人物，彼得一世时代是俄国历史上的华彩乐章，所以为了不失去他贵族身份，他又极力地维护皇权，在他的诗歌作品中有很多歌颂皇权，歌颂爱国主义的，但普希金的爱国主义中有夹杂着维护皇权，维护东正教的思想，这些贵族情结和维护东正教的意识，使他的爱国主义走向了偏激和极端。

但是普希金的爱国主义观是真诚和朴素的，这与他童年的特殊经历有关。普希金的奶妈，是一位善良的俄罗斯农妇，经常给普希金讲一些俄国民谣和童话故事，使普希金对俄国的大自然、俄国的灵魂、俄国的语言、俄国的性格有了感情。他热爱俄国，所以他不许任何人诽谤俄国。

恰达耶夫也是爱国的，只是他的方式不同，他曾与十二月党人接触，他在《哲学书简》中称十二月党人起义为"巨大的不幸"，"它又使我们后退了半个世纪"。他是以一种"否定的爱国主义"的方式来表达他的爱国之心的。他后来曾写下《疯人的辩护》一文，义正词严地为自己辩护，指出贯穿于刺痛了民族虚荣心的《哲学书简》中的感情，那是一种丝毫不是反对祖国的，而是怀着深深痛苦表达出来的真正热爱祖国的绝望的呼声。他认为，只有正视自己的祖国、清醒的认识自己的祖国，才能成为对祖国有益的人。他宣布："对祖国的爱，是一种美好的感情，但是，还有一种比这更美好的感情，这就是对真理的爱。对祖国

---

① 恰达耶夫：《哲学书简》，刘文飞译，作家出版社，1998年，第218页。
② 特罗亚：《普希金传》，张继双等译，世界知识出版社，1992年，第251—252页。

的爱会造就英雄，对真理的爱会造就智者和人类的恩人。 对祖国的爱会分裂各民族，引起民族仇恨，并会马上给大地披上丧服；对真理的爱会传播知识的光芒，创造出精神的享受，并使人们接近上帝。 通向天国的道路所经过的不是祖国，而是真理。 是的，我们俄罗斯人向来很少感兴趣，什么是真理，什么是谬误，因此，如果有恶毒的指责稍稍触到痛处，也不应该生社会的气。 所以，我没有丝毫的恶意要反对这些可爱的公众"①，"我没有学会蒙着眼、低着头、闭着嘴巴爱自己的祖国。 我发现，一个人只有清晰地认识了自己的祖国，才能成为一个对祖国有益的人；我认为，盲目钟情者的时代已经过去了，现在我们首先要献身于真理的祖国。 我爱自己的祖国，就像彼得大帝教导我做的那样。"②恰达耶夫在《疯子的辩护》中回应了斯拉夫派的责难，"我们狂热的斯拉夫人在他们各种各样的搜寻中，能不时地为我们的博物馆和图书馆创造出一些奇异的东西。 但是我认为，他们能否在什么时候从我们的历史土壤中抽取某种东西，那种东西可以填满我们灵魂的空洞，可以给我们含混的意识以缜密，这却是值得怀疑的。"③俄国著名文学史家格尔申宗（М. О. Гершензон）评价恰达耶夫是一个真正热爱自己祖国的俄罗斯知识阶层，而不是那种只知歌功颂德的爱国主义者，"在内心是一条流向大海的河水，但是它保留了自己颜色"。④

恰达耶夫这种"否定的爱国主义"是和他的经历分不开的，他虽然也是贵族出身，但他的家族并不像普希金家族那样显赫，再加上他从小就丧父丧母，性格有些孤僻，可能看到了更多的社会阴暗面。 他从小接受到欧化教育，西方自由主义的政治、经济学说盛行于俄国之时，也正是恰达耶夫世界观的形成时期，在他的个人经历里，参加了1812年伟大的卫国战争，耳闻目睹了爱国热情的空前高涨和公民意识的迅速觉醒，又看到了十二月党人起义的失败，也看到了尼古拉一世王朝的伪善、残暴与坠落，这使恰达耶夫的爱国主义中具有了民族意识，亦具有了革命的觉悟。 他运用这种方式表示他的爱国观也和他的身份有关，恰达耶夫是一个哲学家、思想家，他是运用"哲学"加"宗教"的形式来展示自己思想的，这就决定了他的文章内容的独特深刻和不随波逐流。 恰达耶夫曾经深受德国哲学家谢林的影响。 在《哲学书简》中他说道"在当代的各种思想潮流中，

---

① 恰达耶夫：《哲学书简》，刘文飞译，作家出版社，1998年，第194、195页。
② 同上书，第208页。
③ 同上书，第200、203页。
④ Гершензон М. О. Грибоедовская Москва. П. Я. Чаадвев. Очерки прошлого. Москва, 1989. с. 212.

有一个流派需要特别予以关注。这是一种纤细的柏拉图主义,是深刻的、幻想的德意志的一个新产物①。这是一种充满着崇高的沉思诗歌的先验唯心主义,它已经动摇了各种哲学偏见之陈旧大厦的基础。"②无论是谢林早期那种主张主体和客体、思维和存在融合为一的"同一哲学",还是他后期那种主张世界源于上帝、又归于上帝的"天启哲学",对恰达耶夫都有深刻的影响。恰达耶夫从对俄国现实的观察入手,追溯至俄国的历史,认为俄国落后的现实,是由其历史所造成的;对俄国历史的反思,使他步入了宗教范畴,认为欲解决俄国所面临的种种问题,只有借助宗教的影响和力量;对宗教及其作用的意识,则使他上升到了哲学的高度,他在宗教之中看到了"最初的动力"和"普遍规律",而追求与"绝对理性"和"至高思想"的接近,就是个人和整个人类的使命。③

普希金和恰达耶夫的争论是属于那个时代的,整个19世纪,对于俄国来说是一个伟大的时代,1812年卫国战争的胜利唤起了俄国沉睡的力量,激起了民族的自觉和自豪感,同时欧洲的进步也影响了农奴制的俄国,有力地推动了社会的进步。但是20年代代表社会觉醒的十二月党人的失败,却又给俄国蒙上了一层阴影,人们无所适从,看不到前途。当时的俄国人突然意识到自己周围的生活有一些古怪、不合所谓欧洲成分的现象,而又不知道这是为什么,是好还是坏、是丑还是美,一切问题开始从四面八方开始包围俄国社会并要求人们认识它们。这就是那个时代的特点。在当对的俄国,贵族阶级是俄国的支配阶级,这个阶级对俄国有支配权,同时,它也要为俄国社会负责。俄国知识阶层是从俄国贵族阶级中分化出来的。普希金和恰达耶夫都出身于贵族阶级。这使他们自然地具有对于自己的民族,对于俄国社会具有几乎是原发性的责任感的特点,19世纪是俄国知识阶层的形成时期,他们还是在沙皇的羽翼之下,但他们又都在积极寻求解决俄国应走什么样的道路的问题,是向西方?还是向东方?两种道路的选择,形成了西方派和斯拉夫派。西方派坚信俄国要走西欧的资本主义道路,斯拉夫派则相信俄国的独特命运,就是东正教和村社的永恒存在,把彼得一世以前的"神圣罗斯"理想化。恰达耶夫是一位坚定的西方派,他旗帜鲜明的认为俄国应该走西方的道路,他在《哲学书简》的第7封信中写道,"我们越是努力的与欧

---

① 指谢林哲学。
② 恰达耶夫:《哲学书简》,刘文飞译,作家出版社,1998年,第108页。
③ 同上书,第12页。

洲社会融为一体,这对于我们来说就会越好。"①

从恰达耶夫的身份和经历来看,他的爱国观是"否定的爱国主义"。 在围绕俄国的前途问题时,恰达耶夫是典型的西方派,主张全盘欧化;普希金则是斯拉夫派,强调保存彼得一世以前的国粹,相信俄国的独特命运。 普希金的家庭传统和他的身份决定了他的爱国观是维护皇权的,极其强调俄国的民族性与传统性。 从恰达耶夫的身份和经历来看,他的爱国观是"否定的爱国主义"。 在围绕俄国的前途问题时,恰达耶夫是典型的西方派,主张全盘欧化;普希金则是斯拉夫派,强调保存彼得一世以前的国粹,相信俄国的独特命运。

俄国文学的思想启蒙

从19世纪初开始,俄国文学流派呈现出了多样化的趋势,古典主义、感伤主义、浪漫主义、现实主义并存。 原为宫廷和上流社会欣赏的古典主义的影响已经大大削弱,感伤主义也已退居次要地位。 在普希金等人的推动下,俄罗斯的文学和艺术已经走向广泛的民间,直接反映人民大众的生活,浪漫主义和现实主义成为文学艺术的主流。 浪漫主义诗人和作家运用丰富的想象和夸张的手法塑造人物形象,通过作品暗喻和折射现实生活。 现实主义风格则是直接立足俄国社会的现实,立足于普通人的命运和感受,直接描绘、记录和反映现实生活。

俄罗斯语言和文字成为19世纪初思想论战和思想启蒙的最大主题。 俄语属于印欧语系,历史上由于地理、文化、宗教和战争的因素,融入了许多外来语的文法和单词。 希腊语、拉丁语、蒙古鞑靼语、土耳其语、日耳曼语、法语都深深地影响了俄语的词汇与其声调。 但其书写的文字则沿用教会斯拉夫文。 由于该文字的主要用途是记载或讲解基督教义或应遵守的教规,故词汇生涩,文法繁琐,并不适合作为世俗人员使用。 彼得一世大规模西方化改革,为便于此后西方文化和科技的传播,开始了文字改革,其目的是使俄文从教会斯拉夫文中解放

---

① 恰达耶夫:《哲学书简》,刘文飞译,作家出版社,1998年,第181页。

出来，使其文法结构与词汇都更接近西方。 然而，彼得一世在推行文字改革的同时，还大力提倡贵族阶层将法语、德语作为日常生活、工作和创作的语言，甚至将俄语视为下等人使用的语言，因而在客观上又起到了阻碍俄语改革和规范化的作用。 于是，出现了极其相悖的现象：首先，经过18世纪的罗蒙诺索夫、苏马罗科夫和卡拉姆津，以及19世纪普希金的研究与实践，俄文词汇与文法逐渐规律化，奠定了近代俄罗斯语言和文字的基础。 其次，在知识阶层中间对于使用民族语言尚存在较大抵触情绪，另一部分以诗人杰尔查文为首的知识界人士主张保护俄语的古风古韵，反对卡拉姆津倡导的俄语改革，坚持俄国文学的古典主义创作风格。

争论的一方的领袖是著名诗人杰尔查文和海军上将希什科夫（А. С. Шишков）。 他们于1811年3月14日在杰尔查文的家里建立了"俄语爱好者对话协会"（беседа любителей русского слова）。 其成员有修士司祭希林斯基—西赫马托夫（С. А. Ширинский-Шихматов）、诗人和俄国科学院院士赫沃斯托夫（Д. И. Хвостов）、剧作家沙霍夫斯基（А. А. Шаховской）和枢密官兼诗人扎哈罗夫（И. С. Захаров）等。 "俄语爱好者对话协会"的保护人是国务会议所属的法律委员会主席扎瓦多夫斯基（В. П. Завадовский）伯爵、国家经济委员会主席莫尔德维诺夫（Н. С. Мордвинов）伯爵、国民教育大臣拉祖莫夫斯基（А. К. Разумовский）伯爵和司法大臣德米特列耶夫（И. И. Дмитриев）。 座谈会的成员都是文学界古典主义流派的拥护者。 希什科夫认为"实现语言文学中的民主主义化等于用革命手段实现政治领域中的平等"。 他们反对卡拉姆津等人提出的对文学语言的改革，强调遵循古典主义风格，维护陈腐见解，成为俄国文学界的反动堡垒，被卡拉姆津和"阿尔扎马斯协会"（Арзамас）称为"老复古主义者"（старшие архаисты）。 随后著名诗人、《伊利亚特》（Илиады）的翻译者格涅基奇（Н. И. Гнедич）和著名寓言家兼诗人和翻译家克雷洛夫（И. А. Крылов）、著名作家、剧作家格里鲍耶多夫（А. С. Грибоедов）、作家和诗人卡杰尼（П. А. Катенин）和诗人兼十二月党人拉耶夫斯基加入这个协会。 1816年在杰尔查文去世后，"俄语爱好者对话协会"解散。

"阿尔扎马斯协会"是1815—1818年间的文学小组，它是卡拉姆津在文学和语言学方面的拥护者，他们反对当时盛行的保守的、硬板的语言文字，提倡作用灵活和有表现力的俄罗斯语言，该协会的对手是"俄语爱好者对话协会"。 协会成员有传家和诗人茹科夫斯基（В. А. Жуковский）、巴久什科夫（К. Н.

Батюшков)、维亚泽姆斯基（П. А. Вяземский）、普列什耶夫（А. А. Плещеев）、著名诗人普希金的叔叔瓦西里·普希金（В. Л. Пушкин）、彼罗夫斯基（А. А. Перовский）、日哈列夫（С. П. Жихарев）、沃依科夫（А. Ф. Воейков）、维杰尔（Ф. Ф. Вигель）、达维多夫（Д. В. Давыдов）、卡维林（Д. А. Кавелин）、卡拉姆津（Н. М. Карамзин）、十二月党起义参加者屠格涅夫（Н. И. Тургенев）和他的哥哥屠格涅夫（А. И. Тургенев）、1833—1839 年担任国民教育大臣和彼得堡科学院院长的乌瓦罗夫（С. С. Уваров）、布鲁多夫（Д. Н. Блудов）、达什科夫（Д. В. Дашков）、奥尔洛夫（М. Ф. Орлов）和谢维林（Д. П. Северин）、著名诗人普希金也参加其中。协会活动地点初设在涅瓦大道上的布鲁多夫家里，从 1817 年移到茹科夫斯基家里。

"阿尔扎马斯协会"（общество Арзамас）成员大多数是彼得堡贵族，同样接受了欧洲教育，在 1812 年反法战争之后持自由主义立场。他们共同的对手是在文学领域和政治观点上持保守主义立场的"俄语爱好者对话协会"。与"俄语爱好者对话协会"召开会议时的官僚主义风格不同的是，"阿尔扎马斯协会"聚会时是自由和快乐的。"阿尔扎马斯"来自于巴久什科夫的玩笑，所有的成员以茹科夫斯基的民谣作品中的人物命名，如茹科夫斯基名为斯维特兰娜（Светлана），维亚泽姆斯基名为阿斯莫杰依（Асмодей），普希金名为谢维切克（Сверчок）。"阿尔扎马斯协会"的会徽是一只鹅。因为，阿尔扎马斯市以盛产鹅闻名俄国，并且"阿尔扎马斯协会以自己是一群肥鹅为荣"。在"阿尔扎马斯协会"的聚会上，大家朗诵幽默诗歌和剧作，以此来嘲笑"俄语爱好者对话协会"。在 1816 年"俄语爱好者对话协会"解散后，"阿尔扎马斯协会"的活动风格发生变化，失去了灵活性和针对性。该组织试图通过出版杂志来加强成员之间的联系，然而出版杂志计划始终没有实现。1818 年，"阿尔扎马斯协会"解散，外因是它的成员多来自彼得堡，并且茹科夫斯基、卡拉姆津等被选入俄罗斯科学院，他们可以在科学院内直接批评原"俄语爱好者对话协会"成员希什科夫，随着时间的推移，越来越多"阿尔扎马斯社"被吸入进俄罗斯科学院，这一现象表明"阿尔扎马斯协会"改革俄语和文学的主张得到了俄国学术界的大多数人的支持，"阿尔扎马斯协会"持续 3 年的活动起到了文学艺术界的启蒙作用。维亚泽姆斯基认为："它巩固了文学和朋友间已经存在的友谊联系。它是一所文学相互教育的学校，是一个文学同道组织。'阿尔扎马斯协会'聚会的主要形式是围绕文学展开争论，传阅自己的作品和创作经验,大家和睦地玩笑相处。"①

19世纪上半期在彼得堡、莫斯科、梁赞、乌法、普斯科夫、奔萨、彼得罗扎沃茨克等城市都有私人印刷厂。1813年,彼得堡有印刷厂18家,莫斯科有8家。随着书刊的发展,出现了专门的出版商和书商。彼得堡商人普拉维尔希科夫(А. В. Плавильщиков)开了书店,还在书店里办起图书馆。许多文人,尤其作家,成为他的常客。这时期大量新杂志的出现标志着文化生活的重大发展。1800至1860年创办的新期刊有546种,其中尼古拉一世死后创办的147种。著名的刊物有历史学家卡拉姆津主办的《欧洲通报》(Вестник Европы, 1802～1832)、保守派主办的《俄罗斯通报》(Русский вестник, 1808～1824)、斯拉夫派主办的《俄罗斯人》(Россияне)、西方派主办的《莫斯科消息》(Московская новость, 1825～1834年, 1839年复刊, 改名《祖国纪事》(Отечественные записки)。1836年,普希金创办了进步的文学杂志《现代人》(Современик),在他1837年去世后该刊停止发行, 1847年,《现代人》复刊。

在19世纪俄国思想解放和启蒙运动中,普希金等文学家及其作品发挥了特殊的作用。普希金的叛逆精神为同样是出身于显贵家庭的作家莱蒙托夫(М. Ю. Лермонтов)和果戈理所继承,经过陀思妥耶夫斯基、冈察洛夫(И. А. Гончаров)、屠格涅夫(И. С. Тургенев)、涅克拉索夫(Н. А. Некрасов)和萨尔蒂科夫—谢德林(М. Е. Салтыков-Щедрин),到19世纪下半期的著作剧作家契诃夫(А. П. Чехов)和伟大作家列夫·托尔斯泰那里达到了高潮。在这些伟大作家的笔下,成功地创作了"多余的人"(лишний человек)、"忏悔贵族"(исповедническое дворянство)、"新人"(новый человек)、"美妇人"(прекрасная дама)等一系列的人物,他们既是19世纪最鲜活的俄国文学形象,同时也是同时代俄国贵族知识阶层品德、性格、困惑、理想和追求的注释。这些文学形象真实地反映了19世纪上半期几代俄国知识阶层在历史大变革过程中所经历的心理上的困惑,展现了这一长时段中俄国各个阶层,包括贵族阶层和知识阶层群体在思想意识上的急剧变动。

"多余的人"一词最早源于屠格涅夫的小说《多余的人的日记》(Дневник лишнего человека),后赫尔岑把普希金的《叶甫盖尼·奥涅金》(Евгений

---

① Сидоров Е. А. Литературное общество «Арзамас» // *Министерства народного просвещения*. VI, VII, 1901.

Онегин)中的主人公奥涅金称为俄国文学史上的第一个"多余的人",并给予定义:"他们充满高贵的愿望,但羽翼折断,眼睛看到哪里就奔到哪里,他们想隐遁起来,避开生活,这是个多余的,没有益处的人。"[①]这些典型形象虽然处在不同的历史阶段、不同的社会环境,却有其相同的特征,他们都大都出身贵族家庭,接受过欧式的良好教育,都心怀对民族和国家的伟大抱负,因此对俄国社会现状极端不满,但因自己的认识能力和活动能力所限,无法摆脱身份上、心理上和行动上的困境,怀有急于寻找出路又找不到出路的矛盾心理。尽管他们头脑清晰,精力充沛,有一定的理想和追求,但是他们没有明确的生活目标,在现实中找不到自己的位置,因而感到郁闷、孤独、压抑,因为既无法实现伟大理想,又无法融入当下社会,因而就不自觉地变成了俄国社会中的"多余的人"。

"多余的人"从普希金笔下的奥涅金开始,到冈察洛夫小说《奥勃洛摩夫》(Обломов)中的主人公代表的"奥勃洛摩夫性格"(обломовщина)结束。

杜勃罗留波夫曾指出,"多余的人"是"我们土生的民族的典型,所以我们那些严肃的艺术家,没有一个是能够避开这种典型的。""多余的人"这一典型形象是19世纪俄罗斯文学独有的成果,同时也是19世纪俄罗斯文学的最高成就之一,它鲜明地反映了俄罗斯文学的特点。"多余的人"是19世纪俄国批判现实主义文学史上一组独特的现象。通过对"多余的人"系列形象的分析,我们可以看到贵族知识阶层的心路历程,真实地感受到他们在探索新生活时的彷徨、痛苦和不知何去何从的心情。他们虽然同属"多余的人",但又有各自的时代特征和探讨历程。

非俄罗斯民族的作家(包括各民族的中下层神职人员)是被征服的非俄罗斯民族的民族主义和民族意识的代表者,在本民族的民族主义运动中,他们往往是起着运动的发动和启蒙作用,有时也担负一定的领导作用。各民族的知识阶层一般都拥有比同族人更高的文化水平,更加深层地了解本民族的文化传统,而且社会地位较高,社会影响力较强。非俄罗斯族知识阶层许多人为讲双语者,即在熟识本民族语言文字的同时,还掌握俄语或其他欧洲语言,使他们对世界政治经济发展形势和本民族与其他民族的关系有较为广泛的了解。

---

① 《赫尔岑论文学》,上海译文出版社,1989年,第80页。

伴随19世纪30、40年代俄国的思想启蒙运动，非俄罗斯族知识阶层也在本民族中进行了思想启蒙。阿塞拜疆作家阿洪多夫（Мирза Фадаля Ахондов）提出："我们的目的就在于，高举起自由和正义的旗帜，给予人民安定地建设自己生活的可能。"他主张把推翻沙皇专制制度和民族压迫的斗争结合起来，"对于消灭压迫来说，它需要，要么是压迫者本身停止压迫，要么是现在的被压迫者消灭压迫……数千年来希望消灭压迫的无数的先知、学者、诗人们认为这些训词和劝告对于压迫者是足够的了，……但是许多次的经验表明，上述尝试是无效的，通过这些途径是不能在地球上消灭压迫的。"①格鲁吉亚作家达达什维里（Соломон Иванович Додашвили）提倡发展民族语文和教育，以促使民族意识的觉醒和对抗沙皇政府的"俄罗斯化"政策。他说："教育是任何社会最为巩固的和最为可靠的基础。"他认为人们的力量和意义"不是依据其阶层出身和地位，而是依据知识和教育来确定"②。在异民族入侵和其他民族主义渗透的情况下，他们多从本民族的历史和文化及古代圣训或宗教教义中寻找抵御的武器，他们往往为本民族的民族主义思想赋予理性化的色彩和内容，他们往往规划了民族主义运动的方向和目标，因此民族知识阶层是民族主义运动中不可缺少的社会力量。

俄罗斯文化最明显的特点是文学中心主义，即文学是俄罗斯文化最为基本和最为核心的表现形式，文学不仅具有消遣性和欣赏性，更具有批判性和教化性。尤其是在文化和教育相对落后的俄国社会，先进的哲学、历史和政治理念往往通过文学形式传播社会。因此，俄罗斯文学和文学家身负思想启蒙和教化人民的历史使命，在19世纪的俄国历史环境中，前两者的作用尤其重要。英国作家约翰·卡勒（John karel）在19世纪40年代游历俄国，他发现俄国作家往往肩负着思想家和哲学家的重任，他羡慕地写道："在俄国，尤其是在俄国历史上，知识阶层、艺术家、思想家在社会生活中占有特殊地位，他们固有一种高度的社会责任感，要以人民的身份为人民讲话。"③

---

① Васецкий Г. С. *Очерки по истории философской и общественно-политической мысли народов СССР*. Москва, 1955. т. 1. с. 741.

② Там же. с. 691.

③ 弗兰科：《俄国知识人与精神偶像》，徐凤林译，学林出版社，1998年，中译本前言第2页。

保守主义的反启蒙

18世纪是俄国专制制度最终确立时期,也是俄国保守主义思潮在贵族阶层中酝酿时期。在专制制度的长期桎梏之下、官方专制主义的强力攻势之下和民间皇位主义政治心理的长期浸润之下,在知识阶层出现了颇具影响力和生命力的保守主义思潮。到19世纪下半期,俄国古典保守主义(классический консерватизм)的思想体系形成,它扮演了反启蒙的角色。

乌瓦罗夫于1786年8月25日出生于显赫贵族家庭,接受过极好的家庭教育,掌握了数种欧洲古代和近代语言,拥有文学天才。他曾经用法语和德语写过关于哲学和古典学的学术著作。他于1801年进入外交部工作,1806年在俄驻巴黎使馆工作,期间与德国著名学者歌德(Johann Wolfgang von Goethe)、洪堡建立友好关系。1811年,他被选为彼得堡科学院荣誉院士。根据他的建议在1815年建立了文学团体"阿尔扎马斯社",斯佩兰斯基称赞他是"俄国第一个有教养的人"。1818—1855年间,他担任俄罗斯科学院院长职务。1820年,他兼任工场和贸易部大臣职务。1826年,他当选国务会议成员和枢密官。1832起乌瓦罗夫担任教育副大臣,1833—1849年他出任教育大臣,1846年他被授予伯爵称号。

乌瓦罗夫在1833年3月21日被任命为国民教育大臣后,他在给督学们的指令中强调:"我们共同的责任在于使国民教育符合至尊圣上的意愿,促成东正教(православие)、专制制度(самодержавие)和国民性(народность)精神三者合一"。他在关于《莫斯科大学的检查报告》中再次提出:"要热诚地相信俄国的东正教、专制制度和民族性的宝贵原则,它构成了使我们得救的最后铁锚。"①他又表示:"俄罗斯精神处于东正教、专制制度和国民性三者之影响,它唤起了人们思想中对祖国历史、祖国语言和祖国机构的尊敬","俄罗斯巨人依靠专制制度,

---

① 这三个原则被称为"官方国民性"。原文为"с теплою верою в истинно русские хранительные начала Православия, Самодержавия и Народности, составляющие последний якорь нашего спасения."参见:Шикман А. П. *Деятели отечественной истории. Биографический справочник*. Москва, 1997. с. 181.

就像依靠天边巨石一样。触摸巨石之手能使国家构成发生震荡。这一真诚的情感在俄罗斯的大多数人中感觉是无可估量的,他们感觉是一个整体,尽管他们处于不同水平,在受教育、思维方式和与政府关系方面有所区别。"①乌瓦罗夫三位一体的"东正教""专制制度""民族性"理论被乌瓦罗夫的同时代人、俄国著名文学家、俄罗斯科学院院士兼副院长佩平(А. Н. Пыпин)解释为"官方国民性"理论(теория официальной народности),这一理论构成了帝俄国家意识形态的基础。在该理论影响下,著名作曲家格林卡(М. И. Глинка)创作了歌剧《生命献给沙皇》(Жизнь за царя),后更名为《伊凡·苏萨宁》(Иван Сусанин),转而强调在克里米亚战争中拯救俄国的是忠于沙皇和东正教的农民英雄伊凡·苏萨宁。

卡拉姆津是18世纪下半期至19世纪初著名的历史学家和俄国感伤主义的奠基者。他于1766年12月1日出生于辛尔比尔省的贵族家庭,后进入莫斯科大学学习,大学毕业后到著名的普列奥布拉任斯基军团服役。卡拉姆津曾游历奥地利、瑞典、法国和英国,曾与德国著名哲学家康德(Immanuel Kant)、文学家歌德会面。他在法国亲眼目睹了法国大革命,并把这段经历和感想写下了《俄国旅行者书简》(Письма русского путешественника)之中,于1791—1892年发表在他主编的《莫斯科杂志》(Московский журнал)上。在政治观上,卡拉姆津是保守主义和皇权主义者,他也因鲜明的政治观点与叶卡捷琳娜二世、保罗一世和亚历山大一世保持了密切的关系。

卡拉姆津对十二月党人起义持严厉批评态度,尽管在十二月党中有他曾经的朋友穆拉维约夫、别斯图热夫和丘赫尔别凯(В. К. Кюхельбекер),丘赫尔别凯曾将卡拉姆津的《俄罗斯国家历史》(Истории Российского государства)翻译成德文。起义发生时他正在巴黎,他表示立即似乎"看到了可怕的脸,听到了可怕的话语,5—6块石块落在我的脚上"。他认为"这些年轻人的错误和犯罪是我们这个时代的错误和犯罪"。②

卡拉姆津对彼得一世改革持批判态度,将主张三权分立和君主立宪的斯佩兰斯基视为俄国的敌人。他在1819年俄罗斯科学院的一次演讲中强调:"彼得大帝以自己有力的手腕改造了祖国,将我们变成与欧洲人相类似的人,抱怨是无益

---

① Исабаева Л. М. Общественно-политические взгляды С. С. Уварова в 1810-е годы//*Вестник Московского университета*. Серсия,История. Москва,1990. No. 6.

② Перехвальская Е. Карамзин Н. М. Первый русский историк//*Костер*. 1988. No. 9.

的。古代俄罗斯人和近代俄罗斯智慧之间的联系永远地断裂了。"① 1802 年卡拉姆津发表《对祖国和民族自豪感的爱》(О любви к Отечеству и народной гордости),批评了自彼得一世时期开始的欧化习俗,他表示:"无论是人,还是民族,开始时永远是模仿,但应当随着时间的流逝而转而为自我,以便说,我合乎理性地存在着。现在我们在生活中已经有足够的知识,知道怎样生活,不需要问在巴黎和伦敦是怎样生活的:那里穿什么?坐什么车?怎样布置房间?……我不敢说,在俄国有多少爱国者。但是我感到,我们在民族尊严方面过于谦逊,而谦逊在政治上是有害的。毫无疑问,谁不自我尊重,别人也不会尊重他。我不是说,对于祖国的爱应当是盲目的,相信我们一切都好,但俄罗斯人至少应该知道自己的价值。"②

尽管卡拉姆津对彼得一世改革持批评态度,但是他对专制制度却持强烈的拥护态度。1811 年 3 月,卡拉姆津在大公夫人叶卡捷林娜·帕甫洛夫娜(Екатерина Павловна)的授意下写成《论政治和公民关系中古代和近代的俄罗斯札记》(Записка о древней и новой России в ее политическом и гражданском отношениях),呈送给沙皇亚历山大一世。在文章中,卡拉姆津认为专制制度完全是神圣之物,是俄国繁荣昌盛的保障。他甚至断言:"野蛮的民族喜欢独立,聪明的民族喜欢秩序,而没有专制制度就没有秩序。"③他与谢尔巴托夫一样鼓吹恢复贵族政体,由贵族对沙皇形成限制。他反对非贵族出身的人靠军功或文才进入贵族等级,认为这是对贵族的侮辱。他的政治理想中包含了强烈的保守主义内容。

此外,俄国保守主义深受西欧浪漫主义和保守主义思想的影响,法国学者迈斯特(Joseph de Maistre)④和伯纳德(Louis-Gabriel-Ambroise de Bonald)⑤以及被称为欧洲保守主义之父的英国思想家伯克(Edmund Burke)等人的理论对

---

① 利哈乔夫:《解读俄罗斯》,吴晓都等译,北京大学出版社,2003 年,第 262 页。
② Славянофильство и современность. СПБ.,1994. с. 21.
③ 莫基切夫主编:《政治学说史》,中国社科院法学所编译室译,上卷,中国社会科学出版社,1979 年,第 360 页。
④ 迈斯特(1753—1821),法国天主教哲学家、文学家、外交家和政治家。其政治保守主义对 18 世纪末 19 世纪初的国际思潮影响重大。1803—1817 年居住彼得堡,与俄国思想文化界交游甚广,他在结合西欧和俄国情况的基础上形成了自己的保守主义理论,并且对俄国问题提出了自己的看法。
⑤ 伯纳德(1754—1840 年),法国哲学家和政治家,对法国大革命持激烈反对和批判立场。

俄国影响较大。① 1815 年俄普奥三国建立"神圣同盟",它宣布以基督教义和王朝正统原则处理欧洲事务和国内事务,这种反动的意识形态对俄国保守主义也产生了重要的影响。

斯拉夫派和斯拉夫主义深刻地影响了整个 19 世纪和 20 世纪初的俄国思想走向乃至社会发展方向,特别是对俄国民粹主义、民主主义以及社会主义产生了最为直接的影响。 在文化价值观上强烈的"本土主义"和"传统主义"是斯拉夫主义最为突出的特点,也正是在这一方面体现了它的文化保守主义倾向。

对彼得一世欧化改革及后果的评价、对西方文化和发展道路的评价是斯拉夫派和西方派的思想分水岭,斯拉夫派持批评主义的哲学观念对两者做出了基本否定的判断。

卡拉姆津最先对彼得一世欧化改革提出批判,认为改革导致俄国社会两极分化,这一观点为斯拉夫派所继承。 康斯坦丁·阿克萨科夫在《论卡拉姆津》(о Карамзине)中表示俄罗斯民族思想"是从转折时期开始的,因为正是从那里开始了对强烈的外国影响的批判,确切地说,是从罗蒙诺索夫和卡拉姆津开始的,这一思潮的开端始于俄罗斯灵魂,始于真理。"②斯拉夫派瞩望 16—17 世纪的俄罗斯,极力赞美莫斯科公国时代的俄罗斯民风习俗,康斯坦丁·阿克萨科夫将莫斯科视为心中永远的圣城,而把彼得堡仅仅看成"皇帝想居住的地方"。

斯拉夫派对西欧文化的态度是矛盾的。 前面提到的斯拉夫主义的几位奠基者都曾长期在欧洲游历和访学,并且与黑格尔、谢林等德国哲学家有过甚密的交往,或者曾经为德国古典和近代哲学思潮所吸引,因此他们承认西欧文化曾经灿烂精华并领人类之先导,如伊凡·基列耶夫斯基承认:"就是现在我仍然热爱西方……我的教养、我的生活习惯、我的趣味、我的爱好争论的禀性,甚至我心性的律动都是属于西方的。"③但伊凡·基列耶夫斯基最终还是对西欧文化采取了基本否定的态度,理由是西欧的历史经验根本相异于俄罗斯道路,西欧文化辉煌不再而且已呈衰败之势。 他认为:"英国和德国现在已经达到了欧洲文明的顶峰;……它们的内在生命已经结束了自己的发展,正在经受着成熟期带来的片面性的折磨,这种成熟使它们的教养变成仅为它们自己孤芳自赏的东西",而一个民族出现了,这"一个国家是其他国家的首都,是其心脏,有教养的民族的全部

---

① Галкин А. А., Рахшмир П. Ю. *Консерватизм в прошлом и настоящем*. Москва, 1987. с. 20.
② Цимбаев Н. И. *Славянофильство*. Москва, 1986. с. 60.
③ 洛斯基:《俄国哲学史》,贾泽林等译,浙江人民出版社,1999 年,第 22 页。

血液和全部生命力都从它那里流出和流回"①，这个国家就是俄国。在斯拉夫派眼中，俄国与西欧完全是殊途陌路。俄国是道德至上社会，西欧是法理调控社会；俄国是集体主义世界，西欧是个人主义社会；俄国视传统为圭臬，西欧则视礼俗为草芥；俄国视精神满足为第一要务，西欧视物质丰富为第一追求。斯拉夫派认为在俄罗斯文化中，特别是东正教教义中有拯救世界的普世主义和弥塞亚精神，当前西欧社会矛盾尖锐、革命风潮四伏的时候，俄国正在扮演这一历史性的角色。

在批评彼得一世欧化改革和西方文化之后，斯拉夫派将其理想寄托于东正教。斯拉夫派基本上都是东正教的笃信者，霍米亚科夫由于母亲的教导和影响从幼年时就笃信东正教并且后来成为俄国著名的神学家，伊凡·基列耶夫斯基从童年起就一直保持着某种宗教情绪。②在斯拉夫派中间，"我是东正教真诚的儿子"是通常流行的话。③针对恰达耶夫强烈批评东正教的言辞，斯拉夫派认为俄国自公元988年从拜占庭那里接受了"纯洁的""完整的"和"正统"的基督教，因为它没有沾染任何片面的理性主义和个人主义。它既未受到宗教改革的侵扰和篡改，也未受到近代物质发展和金钱经济的腐蚀，也未受到世俗权力的压制。东正教是仁爱与自由的汇合体，是信仰和现实的结合体，是上帝圣训与人民意志的统一体。东正教是俄罗斯民族精神生活的唯一原则，它是个人、家庭和社会组织之间联系的纽带。东正教不仅继承了基督教的精神，也体现了俄罗斯精神，俄罗斯精神和东正教精神是一脉相承的。霍米亚科夫认为罗马天主教已经过古罗马独裁制的洗礼，因此它只有统一而无自由。而经过宗教改革之后西欧各国诞生的新教，则有过分的自由而无必要的统一。如果这些宗教信仰存在统一的话，也仅仅是外在统一和外在自由。他认为："在信仰中，强迫的统一是一种虚妄，而被迫的服从则意味着死亡。"④而只有东正教具有内在的统一与和谐的自由的本质特征，是统一和自由的有机结合。

在斯拉夫派眼中，"村社"最能体现俄国文化的深邃内涵和持久生命力。村社产生于俄国由原始社会向封建社会过渡的过程之中。最初，它一般是由地域相连、拥有一定血缘关系并且拥有一定的经济联系的村落或居民点自然组合而

---

① 洛斯基：《俄国哲学史》，贾泽林等译，浙江人民出版社，1999年，第14页。
② 同上书，第13、28页。
③ Вопросы истории. Москва，1986．No．5．
④ 洛斯基：《俄国哲学史》，贾泽林等译，浙江人民出版社，1999年，第33页。

成。村社是农民自我管理的形式,每年一次的村民大会是它的最高权力和决策机构,决定土地的分配问题、税务问题以及公职人员的选举问题。村民大会休会期间,由村社成员选出的公职人员组成村公所,负责管理村社的日常事务。在土地关系上,村社实行的是土地公有制,定期在村社成员中分配使用。在生产方式上,它实行的是劳动组合与协作。在身份地位方面,它实行地位平等,权利共享。村社既是生产组织和社会组织,也是农民的精神共同体。村社的自我管理和村社成员的相互监督除了依靠国家法律和教会的有关规定外,主要依靠的是长期以来形成的、由村社成员共同创造并世代相传的村社原则和道德规范,农民则称之为"真理"。

强烈的身份归属感以及同样强烈的依附感是村社成员共同的心理特性。村社是一个靠宗法制的纽带结合而成的相对封闭的社会,村社成员依据共同的经济利益和政治利益,视村社为自己安身立命的最后家园,对村社怀有强烈的归属感和认同感,对村社的各类管理机构怀有强烈的信任感和顺从感。在大多数农民看来,村社是神圣的,不仅能够提供给他们赖以生存的土地,而且还能保护他们免遭官府和老爷们的欺压,免受一切外来的袭扰。集体主义和平均主义是村社最重要的原则和道德规范之一。俄罗斯的先民在抗拒大自然的恶劣生存压力、抗击外敌入侵的过程中,建立了集体主义和平均主义原则。它们既是维持村社内部秩序的公认原则,也是村社成员共同遵守的良好美德。尽管后来阶级压迫取代了平等互助,私有制取代了原始公有制,然而村社精神和原则却保存了下来。这种集体主义和平均主义精神后来被赫尔岑等思想家视为"原始共产主义思想"。

伊凡·基列耶夫斯基把俄国村社看成上帝之城的雏形,即"你在想象古代俄罗斯社会时,绝对看不到任何城堡、任何城堡四周的平民、任何贵族骑士、任何与他们相斗的国王。你所看到的只是稀稀落落分散在整个俄罗斯大地上的无数小村社,每个村社地位相当,各自有自己的村长,每个村社都过着自己单独的和谐的生活并构成自己的一个小天地。这些小天地或和谐生活汇合成另外的、大的和谐生活……最后,汇合成地区的、民族的和谐生活,并由此形成一个在整个俄罗斯大地的总的、巨大的和谐生活。"①

"村社"被"发现"是与德国贵族哈克斯特豪森的名字相关联的。1843

---

① 西利万斯基:《俄国封建主义》,吕和声等译,商务印书馆,1998年,第7页。

年,威斯特伐利亚男爵、经济学家哈克斯特豪森经俄国政府的允许来俄国研究土地制度。他走访了欧俄地区的许多城市和乡村,积累了大量的资料。其间他最感兴趣的是俄国自古即有的村社制度。回国后,他于 1847 年发表了一份《俄国人民生活的内部关系,特别是土地制度的调查报告》(Этюды о внутренних отношениях народной жизни и в особенности о земельных порядках России)将具有俄国特点的"村社"介绍到了欧洲,1870 年这部著作才被拉斯哥从德文译成俄文,在俄国出版。在书中,作者认为村社中没有任何私人地产,没有经济上的压迫和剥削,因而无法产生压迫者——资产阶级和被压迫者——无产阶级,"俄国村社中有一种组织上的联系,作为它的基础的是一种在任何其他国家中所没有的牢固的社会力量和秩序。村社使俄国得到了一种无法比拟的好处,这就是在这个国家中迄今没有无产阶级,而且当这种村社制度还存在的时候,无产阶级也不可能形成。"①哈克斯特豪森的政治立场是保守的,他已经为 1848 年前欧洲各国风起云涌的无产阶级运动而吓倒。他视俄国村社为自己的政治理想国,强调:"在西欧的所有国家中,都存在着社会革命反对财产和所有制的先兆。它的口号是消灭继承权并宣布人人都有同样一份土地的权利。这种革命在俄国不可能发生,因为欧洲革命家的梦想已经在人民的生活中实现了。"他盛赞了俄国村社,认为它是"一个向贵族老爷支付一定赎金而赎买到自己独立的有组织得很好的自由的共和国"。他甚至认为,"现代的农奴制,无非是颠倒过来的圣西门主义。"②该著作的出版,恰逢俄国国内"西方派"和"斯拉夫派"之争最激烈的时候。哈克斯特豪森的论点无疑增加了"斯拉夫派"阵营的火力,尽管"斯拉夫派"在许多观点上并不完全同意哈克斯特豪森的说法,而且还觉得哈克斯特豪森较大程度上剽窃了"斯拉夫派"的理论,但是"在主要一点上是同他完全一致的,这就是认为村社是整个专制的地主社会组织得以保持稳定的宗法基层组织。"③

那么,什么东西能把东正教的神秘精神世界和村社的丰厚物质世界联系在一起呢?霍米亚科夫认为这就是"俄罗斯思想"的核心——聚合性④。霍米亚科夫

---

① 马里宁:《俄国空想社会主义简史》,丁履桂等译,商务印书馆,1990 年,第 84 页。
② 同上书,第 84—85 页。
③ 马里宁:《俄国空想社会主义简史》,丁履桂等译,商务印书馆,1990 年,第 87 页。
④ соборность 是霍米亚科夫创造的一个词,词根 собор 有"大教堂"和"大集会"的含义,国内又译为"聚合性""共议性""团契精神"等。另外"共同性"(общинность)的词意与其相近,该词的词根是村社(община),因此也译为"村社性"。"共同性"与"聚合性"相较,前者多指日常生活,后者仅指精神生活。

解释其含意是"将许多人的自由和统一结合在一起,其基础是他们对某些绝对价值的共同的爱。"①伊凡·基列耶夫斯基赞同霍米亚科夫关于聚合性的观点,他也强调:"俄罗斯对所有秩序的观点,其特殊类型是把个人独立性与共同秩序整体协调在一起。"②

在政治观点上,斯拉夫派对农奴制持温和批判态度,因为它违背村社原则——自由,但是它对专制制度却持回避,甚至是赞赏态度。斯拉夫派认为 самодержавие 本身并不具有"专制"或"独裁"之意③,而是"自我管理"之意,它与罗马帝国政治体制下的"专制制度"(деспотизм)和"暴政体制"(тирания)有天壤之别,俄国现有的一切暴政和独裁均为 самодержавие 发展过程中被强加的东西。斯拉夫派认为 самодержавие 是超阶级的,不仅代表了贵族阶层利益,也代表其他所有阶层,包括普通农民的利益,因此 самодержавие 完全是人民精神力量的体现,是基于人民的道德感、东正教神秘主义和人民内心由衷地对沙皇和沙皇制度服从基础之上的理想体制,是一种保护自由的人道主义的政治制度。因此斯拉夫派强调限制暴政,但不主张限制 самодержавие。他们认为 16 世纪的等级代表君主制下的沙皇与缙绅会议和领主杜马共掌政权是最理想的政治模式,在斯拉夫派看来,领主杜马和缙绅会议具有比当前西欧议会制更高明的地方自治和阶层自治权利,贵族阶层可以通过领主杜马参政和表达政治愿望,市民、商人和农民可以通过缙绅会议参政和表达政治愿望。1855 年克里米亚战争末期,斯拉夫派人物科舍廖夫(А. И. Кошелев)给新沙皇亚历山大二世写信建议召开缙绅会议,借助贵族和人民的力量解决战争问题,拯救俄国。

由此可见,早期斯拉夫派思想——斯拉夫主义中包含着宗教神秘主义、文化保守主义、文化民族主义、反激进主义和反现代性的成分。早期斯拉夫主义者有几个明显的共性,他们基本上出身于贵族家庭并且自童年时代就笃信东正教;早期斯拉夫派代表人物中不少是兄弟或父子关系,如伊凡·基列耶夫斯基与彼得·基列耶夫斯基的兄弟关系,谢尔盖·阿克萨科夫分别与康斯坦丁·阿克萨科夫、伊凡·阿克萨科夫的父子和兄弟关系,这表明了古老贵族家族的影响;前面

---

① 洛斯基:《俄国哲学史》,贾泽林等译,浙江人民出版社,1999 年,第 42 页。
② 同上书,第 23 页。
③ 19 世纪俄国著名史学家克留切夫斯基也曾考证,其词根源于脱离 15 世纪中期兴起的罗斯人摆脱异族人——鞑靼(蒙古)人统治,争取民族独立的正义行动。他认为该词由"自我"(само)和"管理"(державство)组成,意为"自我管理国家"或"自我掌握命运"。

提到的几位早期斯拉夫派代表人物在日常生活中大多粗茶淡饭、衣着古朴、蓄须长髯,有的过着苦行僧般的生活。 康斯坦丁·阿克萨克夫经常身着俄国旧式服装,"斜领短衫和粗呢上衣,裤腿塞在靴筒里,手上托着旧式平顶皮帽",他还留着分裂教徒式的长胡须,沙皇政府曾强令他剃掉。 而霍米亚科夫留着长须并且身着古罗斯式大衣,俄国哲学家洛斯基认为:"他想以这样的形象来强调他对俄罗斯各个方面的爱。"①赫尔岑记载伊凡·基列耶夫斯基看上去都是"带着神秘忧伤的表情。"②这不是这些人物的标新立异,而是内在的保守主义意识的外在体现。

但是斯拉夫主义并非直接等同于传统主义,而传统主义并非就完全等于保守主义。 斯拉夫主义目标在于反欧洲主义和欧洲式启蒙,但同时在俄国文化传统中寻找整合民族意识和指导国家发展道路的资源,它实际上是另一种意义上的思想解放和启蒙思潮。 在社会发展取向上体现了强烈的"本土主义",甚至是"爱国主义",因此没有理由将斯拉夫主义和斯拉夫派完全否定。 正如初为西方派,后为斯拉夫派的赫尔岑所说:"斯拉夫主义,绝对不是一种理论和一种学说,它只是一种受到外国屈辱的民族感情,是一种对令人不快的回忆的本能反抗,是对纯粹来自外国的影响的对抗,它从彼得一世开始剃胡须时就开始了。"③

果戈理的保守思想

作为19世纪俄国批判现实主义文学的杰出代表和奠基人,果戈理最伟大并留于后世的顶峰作品即是《死魂灵》(Мертвые души),这是一部卷帙浩繁、人物众多的鸿篇巨制,通过对形形色色的官僚、地主群像的真切、生动地描绘,有力地揭露了俄国专制统治和农奴制度的吃人本质。

从1842年起,果戈理长期在国外侨居和养病。 在此期间,果戈理对自己人

---

① 洛斯基:《俄国哲学史》,贾泽林等译,浙江人民出版社,1999年,第31页。
② 同上书,第12页。
③ Герцен А. И. *Полное собрание сочинений*. Москва, 1956. т. 10. с. 135.

生目的、世界观、对宗教认识以及对俄国的现实进行了深入的思考。最后他选择了散文体和小品文的形式,通过与国内亲友的通信表达自己的思想。后来,果戈理将其整理和选择,定名为《与友人书信选》,并于1847年1月出版。所收书信和后补的《前言》共32篇,包括《遗嘱》《世间妇女》《疾病的意义》《关于那样一句话》《俄国诗人在读者前的阅读》《论帮助穷人》《论茹科夫斯基翻译的奥德修斯》《关于我国教堂和宗教界的几句话》《关于某些》《论我国诗人的伤感》《争论》《卡拉姆津》《基督徒向前进》《论剧院、对剧院的片面看法以及关于片面性》《现代伤感诗人的对象》《劝告》《启蒙》《关于死魂灵给不同人的四封信》《应该爱俄罗斯》《应该沿俄罗斯走一走》《俄国地主》《什么是省长夫人》《致目光短浅的友人》《俄罗斯的可怕和恐怖》《农村法庭和惩处》《在普通日常家庭中,在现在俄国秩序下,妻子对于丈夫来说是什么》《历史速描画家伊万诺夫》《致占据重要位置的人》《高地上谁的封地》《俄国诗歌的本质和特点在哪里》《明亮的礼拜日》。在书中与果戈理书信往来者均隐去名、姓、父称的完整写法,仅留简写。果戈理非常看中这本特殊的"作品",他在《与友人书信选》出版后向朋友斯米尔诺夫(А. О. Смирнов)表示:"这将是些篇幅不大的,并且在涉及现时的题目上不太吵闹的,但又对于许多人来说是必需的作品。"他在亚金科夫(Н. М. Языков)的信中说:"我把所有这些看成是在一段时间里我为不同的人,特别是渴望和需要我的精神帮助的人所写的东西,由此就编成这本书。"①

《与友人书信选》全书文字优美、隽永,可读性和文学价值并不逊于中国读者熟悉的《狄康卡近乡夜话》(Вчера на хуторе близ Диканьки)、《钦差大臣》和《死魂灵》。恰达耶夫在给著名诗人维亚泽姆斯基公爵的信中称赞:"在单薄的甚至有数页毛病的情况下,他在书中展现了天才的篇章和充分的无可限量的真理,读那些篇章,是令人高兴和自豪的。"②从篇名和内容上看,该书中绝大部分是果戈理与友人谈论创作、艺术、妇女、教育以及人生自我修养的,但是也有几篇谈及他对俄罗斯与西欧、东正教和农奴制的看法。

果戈理在《争论》(Споры)中谈到了自己对正在进行着的斯拉夫派和西方派之争的看法,他认为两者根本没有说清楚问题。"我国的西欧派和斯拉夫派的争论,就像你说的那样,已经在我们刚刚醒来,尚未完全清醒的时候,进到了我们

---

① Гоголь Н. В. *Выбранные места из переписки с друзьями*. СПб: Азбука-классика, 2005. с. 31.
② Чаадаев П. Я. *Статьи и письма*. Москва, 1989. с. 314.

的客厅。 而后不难理解，两者尽情而论。 所有这些斯拉主义者和欧洲主义者，要么是守旧派和创新派，要么是东方派和西方派，实际上他们不会表达，因为暂时在我看来似乎只是一幅讽刺画，他们在谈着一个对象的两个方面。 ……能否劝说两者，一方试着走近些，而另一方放弃本来就不远的距离。"①他在《致短视的朋友》（Близоркому приятелю）中告诫："俄国不是法国，法国的元素不是俄国的。 你甚至忘记每一个民族的特点，去设想这样或那样的一个事件会在不同民族中引起相同的结果。"②

果戈理告诉读者，东正教是俄国文化的根基，是俄国人民真诚爱之所在。他的口号是："俄罗斯就是你的修道院！"（монастырь ваш—Россия！）在1844年所写《应该爱俄罗斯》（Нужно любить Россию）中，果戈理强调："没有对上帝之爱，就不能得救，而你没有对上帝之爱。 在修道院里找不到上帝之爱，你只是一人独行。 缺少上帝的意志就不可能爱他人。 ……对于俄罗斯来说，现在已经开辟这条道路，即俄罗斯本身。 ……而不爱俄罗斯，不爱自己的兄弟，不燃起对上帝之爱，不加热对上帝之爱，您是不能得救的。"③

在果戈理的眼中，俄国已经全然没有了《死魂灵》中的农民苦难、贪官恶行和鬼魅横行，完全是一幅安详、幸福的田园诗般俄罗斯景色。 他在《应该沿俄罗斯走一走》（Нужно проездиться по России）建议朋友"你只了解10年前的俄罗斯，而现在这是不够的。 在10年间俄罗斯内部发生了在许多国家半个世纪都未曾发生的事件。 ……为了了解现在的俄罗斯，一定要亲身体验。"④

1846年所写的《俄国地主》（Русской помешек）反映了果戈理对待农奴制的态度，这篇文章也是引发别林斯基和后人猛烈抨击他的导火索。 在文中，果戈理首先为一个到农村居住并当上了地主的朋友解惑消疑，这个朋友在农村看到了地主和农民之间激烈的矛盾，他认为地主和农民原来的紧密联系都消失了，并且认为一切错误均由地主的恶行导致。 果戈理则认为："你作为地主统治他们不是因为你想这样做和想成为地主，而是因为你已经是地主，生来就是地主，一切为上帝所赐。 或许你想改变这个称号，因为所有的人应该在自己的位置上，而不是在别人的位置上为上帝的服务，然而他们是一样的，是权力之下所生，也应该

---

① Гоголь Н. В. *Выбранные места из переписки с друзьями*. СПб：Азбука-классика，2005. с. 35.
② Там же. с. 39—43.
③ Там же. с. 116.
④ Там же. с. 142.

服从这个权力，因为没有上帝无所不在的权力。……农民诚实地劳作不是为了你，而是为了他们自己，你或者知道，甚至他们也知道，庄稼汉都可以变成了盗贼和酒鬼，扼杀自己的心灵，甚至把杀死你作为对上帝的回答……庄稼汉有一张没有洗干净的猪脸，……一句话，为了让他们清楚地看到，你所做一切都是来源于上帝意志，而非某个欧洲的或其他国家的想法。庄稼人相信这个，并不需要说多少话。……尽管雇用善良的农民，如果他们是老人，就让他们坐在自己面前，和他们亲切谈话，你会看见一切会顺利进行。……你关于学校的意见是正确的，教庄稼汉们识字，然后给他们提供些专为欧洲的博爱者出版的空洞的书籍来读，是实际上的坏事。重要的是，庄稼汉完全没有这个时间，在繁重的劳动之后任何书也走进不了他的大脑，他们在回家后会倒头大睡进入梦乡。乡村神父能够讲出庄稼汉们真正需要的话，这比所有的书籍要有用得多。"①

果戈理在 1845 年完成的《致占据重要位置的人》(Занимающему важное место)中美化了俄国贵族阶层的品德和气质，认为他们是真正的俄罗斯精神的代表，是俄罗斯民族美德的体现者。"我国贵族没有像其他国家的贵族自傲于自己阶层的优越，它没有德国贵族的傲慢，没有人自夸于自己的血缘和家世的古老，尽管我国贵族历史久远，除非在路过英国的同时被传染上了盎格鲁人的自吹自擂的习性。……贵族在俄国是作为承载注定要向俄国土地上每一个人传播的高尚道德的容器，为的是把这个概念带给所有其他阶层人士，这就是为什么高等阶层被称为人民之精华 (цветы народа)。"②

这本书出版后，作为果戈理的好友的别林斯基此时正在普鲁士西里西亚的查里茨堡鲁诺养病，他立即在《现代人》杂志第二期（1847 年 2 月 7 日出版）上对果戈理提出了尖锐的批评。果戈理认为别林斯基的责难完全是出于个人动机，并且给别林斯基写了措词尖刻的回信。别林斯基非常愤怒和忧虑，他奋笔挥就了《别林斯基给果戈理的信》(Письмо Белинского к Гоголю)，并且于 1847 年 7 月 15 日在巴黎向朋友们公开了这封信。

别林斯基在信中不留情面地斥责果戈理："你，提倡皮鞭的教士、鞑靼生活方式的辩护士——你在干什么？瞧瞧你立足之地罢，你正站在深渊边上。你根据正教而发你的高论，这，我了解，因为正教向来偏爱皮鞭和牢狱、向来对专制独

---

① Гоголь Н. В. *Выбранные места из переписки с друзьями*. СПб: Азбука-классика, 2005. с. 147—156.
② Там же. с. 183—184.

裁五体投地。"

别林斯基宣布："……以宗教为掩护、皮鞭为倚恃，虚伪与悖德被当成真理与美德宣扬的此时，我们不能缄默。 俄国的得救，不在神秘主义，不在唯美主义，也不在虔诚信教，而在教育、文明与人性文化的成就里……"①

果戈理为什么出版这样一部充满保守主义和保皇主义思想的书信集？② 究其深层原因，它与19世纪30年代中期至40年代中期果戈理的个人经历和政治观念的剧变有密切的关系。 1836年6月，为躲避因《钦差大臣》可能遭到的政治迫害，果戈理离开俄国，逃亡德国、瑞士和意大利等地。 1842年6月，果戈理再度出国养病，长期侨居意大利、法国与德国，直至1845年。 1845年春夏之交，果戈理的病情加重，他的身体和精神状况几近崩溃，而此时的西欧正是国内社会矛盾最为激烈时期，果戈理亲身感受了统治者与无产者之间激烈的冲突。而1848年欧洲革命前后恰恰是俄国知识阶层思想的转折点。 赫尔岑、别林斯基、奥加廖夫（Н. П. Огарев）以及后来的车尔尼雪夫斯基都因对曾心仪已久的西欧政治模式的极度失望，而将目光和希望转向国内，转向俄罗斯文化和宗教。1844年起，果戈理开始抄录刊登在《基督教读物》（Христианское чтение）上的一些"圣言"和"训诫"。 这年冬天，他住在法国尼斯，从神父维里格尔斯基（Л. К. Виельгорский）那里接受了人生道德的启示。 1844年，在离开尼斯后，果戈理给维里格尔斯基的信中说："您在痛苦和苦难的时刻给我的训导已深入我的内心，……它来自经过圣训所证明的真诚的经验，因此接受它就像接受上帝本人的训命一样。"③1845年1月至2月，果戈理住在巴黎的托尔斯泰伯爵（А. П. Толстой）家里，他在给亚金科夫的信中重申自己对宗教的笃信和虔诚，"住在这里，内心感受像在修道院，我不放过任何一个在东正教教堂中的晚祷"。④ 这一年的4—5月份，果戈理的病情加重了，神父巴扎洛夫（Иоанн Базаров）收到果戈理寄自法兰克福的信，内称："快来我这儿吧，给我做圣餐仪式，我要死

---

① 柏林:《俄国思想家》,彭淮栋译,译林出版社,2001年,第208—210页。
② 苏联学术界对《与友人书信选集》评价甚低,称"1947年,果戈理不是作为一个先进的艺术家,而是作为反动的政论家将臭名昭著的'与友人书信简选'一书出版了。这本书维护了反动思想,捍卫了农奴制度及尼古拉的专制制度。"(参见：涅奇金娜主编:《苏联史》,刘柞昌等译,生活·读书·新知三联书店,1957年,第2卷,第1分册,第233页)。
③ Гоголь Н. В. *Выбранные места из переписки с друзьями*. СПб: Азбука-классика, 2005. с. 32.
④ Там же. с. 35.

了。"①在这种情况下，果戈理写下了这本书信集的第一篇文章《遗嘱》（Завещание）。 他悲观地写道："我病入膏肓，去日无多。 我把剩余的全部力量，利用我智力完全清醒的第一时刻，写下了这份精神遗嘱。 以此向我的朋友委托出版的事务，在我死后，从书信中选取部分成书出版。"②而果戈理出身贵族地主家庭，他的政治倾向是始终带有贵族色彩的，此外他对代表俄国文化传统的农民和农村有较深的了解，这也反映在他的主要作品之中。 因此，在对西欧政治极度失望之后，他不仅把希望转向国内，而且转向了沙皇制度、转向了保守主义。 从《与友人书集选》所有收录书信的基调来看，该书实际上是果戈理留示于后人的政治遗嘱。

果戈理是站在斯拉夫主义的立场上表达自己对俄国文化和传统以及当时政治制度的评价的，然而他的这种极端的观点并没有得到所有的斯拉夫派人士的赞同。 霍米亚科夫赞同果戈理的许多观点。 维亚泽姆斯基称赞："无论从什么角度来看，如果能看到结尾的话，这是一本高水平的优秀著作，它是一个文学和心理事件。"③而在阿克萨科夫家族内部发生了分歧，父亲谢尔盖·阿克萨科夫（Сергей Аксаков）批评果戈理："您粗暴地和可怜地错了，您完全跑调、乱成一团并总是自相矛盾。 想的是为了上帝和人类，却玷污了上帝和人类。"④他盛赞别林斯基的公开信，富有感情地写道："不仅每个有思想的青年，连生活在乡村臭泥潭中所有渴望新鲜空气的人都知道了别林斯基的名字。 如果您需要一个能够同情病人和被压迫的不幸的人，需要正直的医生、正直的进行斗争的信徒——您就这样写给各地的别林斯基信徒吧。"⑤他的儿子康斯坦丁·阿克萨科夫（Константин Аксаков）认为《与友人书信选》的谎言"不在于苦难方面，也不是在于错误方面，而首先在于不诚实。"但谢尔盖·阿克萨科夫的另一个儿子伊凡·阿克萨科夫（Иван Аксаков）却表达与父亲和弟弟不同的意见，他认为："果戈理是正确的，书中体现了基督徒——艺术家的理想"。⑥ 在亲朋好友的批评和督促下，果戈理于1848年发表了《作者的忏悔书》（Авторская исповедь），表示接

---

① Гоголь Н. В. *Выбранные места из переписки с друзьями*. СПб：Азбука-классика，2005. c. 37.
② Там же. c. 33.
③ Вяземский П. А. *Эстетика и литературная критика*. Москва，1984. c. 173.
④ Гоголь Н. В. *Выбранные места из переписки с друзьями*. СПб：Азбука-классика，2005. c. 155.
⑤ 涅奇金娜主编：《苏联史》，刘柞昌等译，生活·读书·新知三联书店，1957年，第2卷，第1分册，第235页。
⑥ Гоголь Н. В. *Выбранные места из переписки с друзьями*. СПб：Азбука-классика，2005. c. 155.

受别林斯基和其他朋友的严厉批评,承诺修改不成功的《与友人书信选》。 同年,果戈理为实现的自己的梦想,去耶路撒冷游览,返回莫斯科后,力图完成《死魂灵》第二部,然而他一直处于精神上的绝望之中,直至1852年3月4日去世。

巴枯宁的激进与保守

米哈伊尔·亚历山大罗维奇·巴枯宁于1814年5月18日出身特维尔省的贵族家庭,童年时接受过较好的欧式教育,接受了卢梭的思想。 青年时代他曾梦想求取功名,跻身特权等级行列。 15岁时因为家族出身显赫,他顺利地成为彼得堡炮兵学校的士官生。 3年后毕业被派往军队服役,但一方面由于健康问题,另一方面是他根本不喜欢军队生活,仅一年就退伍了。 巴枯宁的志向是从事学术研究,因此他于1836年来到莫斯科。 他努力学习德国古典哲学,阅读康德、费希特和黑格尔的著作。 英国学者柏林评述此时的巴枯宁:"他天赋异能,善于吸收别人义理,热心阐述,仿如己出,而在吸收阐述过程中稍加变化,便更简单、清晰、粗糙,偶尔更令人信服。……他玩弄观念,熟巧灵便而充满孩子气的乐趣。 其观念源出多方:圣西门、霍尔巴哈、黑格尔、蒲鲁东、费尔巴哈、青年黑格尔派、魏特林。 这些义理,他一边作短促但密集的搬演应用,一边吸收,随即着手阐释,阐释之间所发挥的热情与个人磁力,即使在那个伟大的民间论坛风起云涌的世纪里,也许蛮可谓独步。"① 后来巴枯宁与赫尔岑、格拉诺夫斯基、别林斯基、卡特科夫和奥加廖夫等人相识。 他参加斯坦凯维奇小组的活动,参加列瓦沙娃(Е. Г. Левашова)主持的文学沙龙,在这里认识了普希金和恰达耶夫。在与莫斯科进步的知识阶层接触和交流之后,他的思想发生了巨大变化。 1840年,巴枯宁从沉闷、窒息的俄国来到德国后,便立即被资产阶级的民主主义思想所吸引,很快地成为该思想的狂热信徒。 别尔嘉耶夫评价说:"无政府主义主要是俄罗斯人的创造。 有趣的是,无政府主义思想体系主要是俄罗斯贵族的最上

---

① 柏林:《俄国思想家》,彭淮栋译,译林出版社,2001年,第175—176页。

层创造的。这就是最重要的并且最极端的无政府主义者巴枯宁、克鲁泡特金公爵和宗教无政府主义者托尔斯泰伯爵。"①

巴枯宁是俄国无政府主义者的创始人，他的信念是"人人为我，我为人人"，"倘使尚有一人不自由，我亦不得自由。"②别林斯基认为巴枯宁有强烈的领袖欲，不易和别人相处。他们之间的友谊在1838年破裂。别林斯基在这一年评论巴枯宁："自尊心非常厉害，对待友人浅薄，幼稚轻率，诚恳温柔不足，自命不凡，骄傲自大，想博取别人欢心，好发号施令。"

1842年10月，巴枯宁在《德国的反动》一文中已表明了民主主义自由观和国家观。他声言："难道你们没有在革命建立起来的自由庙宇的山墙上看到自由、平等、博爱这些神秘和可怕的字眼吗？难道你们不知道和没有感觉到，这些字眼意味着现行政治和社会制度的彻底消灭吗？"③在这里，巴枯宁向自由的敌人——沙皇专制制度发起了挑战，表明其无政府主义思想的萌芽。巴枯宁的无政府主义理论最终形成于19世纪60年代中期，但我们可以看出，其理论的重要成分在19世纪40年代已初步形成，并带有浓厚的民主主义色彩，可以说民主主义的自由观和国家观构成巴枯宁主义理论的基本内核。不了解这一点，就难以全面地分析巴枯宁无政府主义思想的原则和特点。

巴枯宁基于19世纪40—60年代欧洲社会的政治局势，从人的绝对自由和反对任何权威的角度出发设想其理想社会的。巴枯宁是1848年欧洲革命的参加者，他的思想体现了该时期工人在资产阶级"背叛"之后极度失望和幻灭的情绪。正是在该时期，巴枯宁开始了由激进民主主义者向无政府主义者的转变。因此巴枯宁主义是时代的产物，它适应了当时工人的思想水平，并且是由于"无产阶级解放斗争的实际需要而产生的"。④

巴枯宁主义的核心是绝对自由观和否定任何国家，基于此，他首先是对封建制度及资产阶级政治制度进行深刻的批判和揭露，把专制制度和资产阶级国家看作是自由的死敌。他痛斥欧洲专制制度堡垒——俄国的国内"既没有自由，也没有对人的尊严的尊重"⑤，痛斥沙皇对外是"斯拉夫和波兰人民的刽子手"，是

---

① 别尔嘉耶夫：《俄罗斯思想》，雷永生等译，生活·读书·新知三联书店，1995年，第142页。
② 同上书，第148页。
③ Бакунин М. А. *Собрание сочинений и писем* (1828—1876). Москва, 1935. т. 3. с. 145.
④ 梅林：《马克思传》，樊集译，下册，人民出版社，1972年，第655页。
⑤ Бакунин М. А. *Собрание сочинений и писем* (1828—1876). Москва, 1935. т. 3. с. 275.

"鞭子沙皇、盗贼沙皇和害人者沙皇。"他呼吁:"要利用一切可能的办法和人民痛苦的事实向人民说明,使他们认识,并向他们指出,官吏、地主、教士和富农的暴虐、抢劫,这些使他们无法生活的暴行都直接来自于沙皇政权。"①这些言论对于启发俄国及其他国家人民的斗争意识,反对沙皇专制统治所起到的作用是不可低估的。巴枯宁同时对资产阶级统治的黑暗进行了无情的揭露,他认为:"不论它们的色彩和名称如何,实质上只能有一个目的,维持资产阶级的统治,而资产阶级的统治就是对无产阶级的奴役。"②他因此号召欧洲工人阶级摆脱在政治上对资产阶级的幻想和依靠,独立斗争,争取自身权利。

法国是无政府主义思想和运动的发源地,蒲鲁东(P. J. Proudhon)第一个使用"无政府主义"(Anarchisme)概念,并宣布自己是"一个名副其实的无政府主义者"③,并作了较系统的理论阐述。巴枯宁在巴黎期间(1844—1847年)即与蒲鲁东来往甚密,两个相互倾慕,经常聚在一起交流思想,"蒲鲁东经常到这里来听列依赫利演奏贝多芬的交响乐,听巴枯宁谈论黑格尔"。④ 巴枯宁称蒲鲁东"是巴黎和政治著作界唯一还有点见识的人。他表现了很大的勇气,他的演说在这个卑鄙的时代是真正崇高的事情。"⑤后来,巴枯宁与德国诗人海尔维格(Herwegh Herwegh)相识,海尔维格的诗中充满了阶级斗争的气息,"直接影响了巴枯宁的思想的转变,使他走上了政治斗争的道路。"⑥

尽管巴枯宁直接师承于蒲鲁东的无政府主义,但是两者在具体主张上仍有所区别。蒲鲁东认为经济斗争和政治斗争"同样都是不必要的",暴力革命则是对"自由原则的粗暴践踏"⑦,他把和平不流血的手段作为攻击资产阶级的主要方式。而巴枯宁则把发动"社会革命"和"自发的暴力清算"作为消灭专制制度和资产阶级国家的根本手段。他主张:"没有广泛和热情的破坏,不可能有革命,正是从破坏中和仅仅借助于它,从而诞生新的世界。"⑧巴枯宁还特别重视人民群

---

① 巴枯宁:《国家制度和无政府状态》,马骧聪等译,商务印书馆,1982年,第229、233页。
② 中央编译局资料室编:《巴枯宁言论》,生活·读书·新知三联书店,1978年,第157页。
③ 蒲鲁东著:《什么是所有权:对权利和政治的原理的研究》,孙署冰译,商务印书馆,1982年,第283页。
④ Герцен А. И. *Полное собрание сочинений*. Москва, 1957. т. 10. c. 190—191.
⑤ Бакунин М. А. *Собрание сочинений и писем*(1828—1876). Москва, 1935. т. 3. c. 317. c. 317.
⑥ 李显荣:《巴枯宁评传》,中国社会科学出版社,1982年,第11页。
⑦ 中国人民大学编写组编:《社会主义思想史资料汇编·无政府主义批判》,人民出版社,1972年,下册,第263页。
⑧ 巴枯宁:《国家制度和无政府状态》,马骧聪等译,商务印书馆,1982年,第29页。

众的革命力量和作用，他把人民这个概念理解为"极其广大的群众，是穷人和被压迫者，而人民始终是唯一有创造力的土壤，一切伟大的事业，一切解放革命都是从这个土壤中产生的"，① 这无疑是正确和实际的认识。

巴枯宁不仅是无政府主义的理论家，而且他更多的活动是努力把其理论转化为实践。他一生活动频繁，经历复杂，足迹遍及欧美。因此有的研究者认为"巴枯宁与其说他是理论家，不如说他是活动家。"②

19 世纪 40—50 年代是巴枯宁政治活动的前期，这是他一生中最具革命色彩的时期，同时他在个人气节上也留下了最大的败笔。作为激进民主主义者参加欧洲资产阶级民主革命是巴枯宁在该时期政治活动的主要线索。1848 年 2 月，法国爆发工人群众的起义，巴枯宁闻讯后立即从布鲁塞尔赶到巴黎参加起义，甚至还只身潜入政府军队的兵营宣传革命理论，号召士兵起义。巴枯宁还自觉地把欧洲革命和俄国的前途联系起来，认为这次革命"负有拯救所有民族的使命，同样也会拯救俄罗斯人民。"③在法国二月工人起义失败后，他的身影又出现在布拉格的起义队伍中。在 1849 年 5 月的德累斯顿起义中，他担负指挥工作。他身先士卒，周密指挥，在起义失败后，他又适时地组织起义队伍有计划地撤离。对此，恩格斯给予了很高的议价，称赞德国工人拥有"一个能干的、头脑冷静的指挥者——俄国流亡者米哈伊尔·巴枯宁。"④他被普鲁士当局逮捕，后被普鲁士和奥地利军事法庭两次判处死刑，在牢房里经受了非人的折磨。应该指出，巴枯宁在被引渡回俄国前的表现还是很坚强的。他在异国的法庭上慷慨陈词，为自己的革命活动辩护，并拒绝回答任何有关牵连他人的问题，声称是"根据个人动机来到德国参加起义的。"⑤因此他的同时代人，俄国民主革命家赫尔岑称赞巴枯宁"他神奇而又顽强地出现在各地，在莫斯科青年中间，在布拉格发表演说，在德累斯顿的起义中担任总指挥，在奥地利被判死刑，遭受酷刑……这使得他成为一个当之无愧的英雄人物。"⑥

然而，巴枯宁在被引渡回俄国不久，便应沙皇的要求，在 1851 年 7—8 月间

---

① Бакунин М. А. *Собрание сочинений и писем*（1828—1876）. Москва，1935. т. 3. с. 225.
② 波多野鼎：《近世社会思想史》，徐文亮译，上海开明书店，1950 年，第 192 页。
③ Бакунин М. А. *Собрание сочинений и писем*（1828—1876）. Москва，1935. т. 3. с. 296.
④《马克思恩格斯选集》，中央编译局译，第 1 卷，人民出版社，1995 年，第 571 页。
⑤ Бакунин М. А. *Собрание сочинений и писем*（1828—1876）. Москва，1935. т. 4. с. 83.
⑥ Герцен А. И. *Собрание сочинений*. Москва，1957. т. 10. с. 315.

书写了一份长达八万字的《忏悔书》，①对自己在 1842—1849 年的思想和活动做了痛心疾首的追悔。他详细回顾并交代了他被捕前在西欧的政治活动，并且出卖许多与他有过联系的俄国或其他国家的革命家的名字，同时还详细地介绍了他所参加的每次革命行动的组织、发动、起义的全过程。他写道："德国人马克思博士对我极其仇恨，原因在于我不愿意无原则地接受他的领导。他在科伦出版的《新莱茵报》上发表文章横加责难，而且无中生有地硬说我是出卖波兰人的罪人。"②巴枯宁在《忏悔书》中奴颜婢膝地表示了对沙皇的尊敬和崇拜："我给陛下的忏悔书可归结为如下不多的几句话：陛下！在皇帝陛下面前，在祖国法律面前，我全错了。……陛下，我将把您看作接受忏悔的神父，诚恳地向您倾吐心声，如同人们忏悔并不是仅仅是为了在人世间得到轻易宽恕，而是为了在上帝的世界得到宽恕一样。"他甚至说："不仅仅是我一个人，而是许多人，其中包括波兰和其他国家的人，都充分地意识到了，在欧洲所有的皇帝之中，只有您是最伟大的君主，是主持正义、信念真诚的国王。"③巴枯宁宣称他仅仅是社会主义和无政府主义思想的一时迷恋者，甚至从一开始就不相信这些虚无主义的东西。"我曾经研究过许多社会主义者的著作，曾经迷恋过法国、德国、比利时和英国的共产主义者的理论。但是我从来没有参加任何党派，而且同他们的措施、宣传和活动格格不入。因为我认为，社会主义理论是看不见的和无法实现的，比那些形成体系和组织起来的、秘密的和公开的共产主义要具危险性。"④在《忏悔书》的最后，巴枯宁表露出来了贪生怕死的贵族本性，他哀求沙皇尼古拉一世允许他在囚禁和苦役中度完残生，"现在，我再次恳求陛下，向陛下伏地求恩，哀求您：陛下！我是一个十恶不赦的大罪犯！这我知道，如果判处我死刑，我认为这是罪有应得，而且我几乎会高兴地接受这种惩罚：它会使我摆脱令人厌恶的和难以忍受的囹圄生活。但是奥尔洛夫伯爵以陛下的名义对我说，俄国没有死刑。我哀求您，陛下，如果法律许可的话，如果罪犯的请求能够感动皇帝陛下的心的话，请不要让我受终身要塞监禁的痛苦！不要用德国式的刑罚来惩处我的德国式的罪过。就上最沉重的苦役成为我的命运吧，我将以感激之情接受它，把它

---

① 法国学者雅克·杜克洛(JacquesDuclos)在《巴枯宁与马克思：光明与阴影》(Жак Дюкло, *Бакунин и Маркс. Свет и тень*. Москва, 1975.)中对《忏悔书》予以详细评介，中国学者李显荣在《巴枯宁评传》(中国社会科学出版社,1982年)中也予以简要评介。

② Жак Дюкло, *Бакунин и Маркс. Свет и тень*. Москва, 1975. c. 102.

③ Там же. c. 102—103.

④ Там же. c. 103.

看作您对我的恩典。 劳役越艰苦,我就越容易沉湎于劳动之中! ……我觉得,不管是在凯尼格斯坦要塞,还是奥地利,都比在彼得—保罗要塞这里好,但愿上帝让每一个自由的人都能找到这一样善良的、这样仁慈的首长,就像我在这里极其幸福地找到的那样!"①尼古拉一世在看了巴枯宁的《忏悔书》后,大为高兴,他立即加上一个批语:"毫无疑问,也就是说,我会以斯拉夫的马赞尼洛的身份来领导革命的,谢谢!"同时他要求皇太子亚历山大二世认真阅读这份革命者的"忏悔书",并批语:"值得你一读,非常有趣,颇有教益。"②

这份《忏悔书》在巴枯宁生前未曾公布,因此巴枯宁从流放地脱逃后,得以以"英雄"的姿态重返欧洲。 马克思在未知详情的情况下称:"这位新的穆罕默德就这样实现了一次神奇的逃亡。"③赫尔岑称赞巴枯宁"神奇而又顽强地出现在各地……这使得他成为一个当之无愧的英雄人物。"④到十月革命后的1921年,巴枯宁的《忏悔书》全文才予以在苏联公布。

《忏悔书》的真实性已为众多研究者所证实,这是他作为激进民主主义者满腔热情地投身欧洲革命,在遭受严峻的社会现实的沉重打击后,对革命的暂时失败和挫折由不理解转向悲观失望的表现,是其革命意志不坚定的表现。 但我们不能因此就做出总的评价,认为从此后巴枯宁就成为工人阶级的"叛徒"和"沙皇政府的奸细",因为他的这段政治表现具有历史的阶段性特点。 纵观巴枯宁一生的表现,他对自己的政治信念的追求是执着不懈的,而且多年以后巴枯宁为此举做了较为深刻的检讨,承认自己当时是做了"一件大错事"。⑤ 在险恶的环境下,巴枯宁做出了苟且偷生的决定,但当他逃出流放地,重新获得自由后,对革命事业的渴望和追求便占据了他的思想。 1862年2月,巴枯宁从流放地西伯利亚逃亡辗转来到伦敦后,他写了《告俄国、波兰和全体斯拉夫族友人书》,发表在1862年2月15日的《钟声》杂志上。 他表示:"我保持着战无不胜的思想的勇敢精神,我的身心、意志、激情都仍然忠实于朋友们,忠实于伟大的共同事业和我自己……久经考验的老朋友以及与我们同思想共意志的年轻朋友,现在我来到你们这里,请求你们:再次接受我加入你们的队伍,允许我在你们中间,和你

---

① 李显荣:《巴枯宁评传》,中国社会科学出版社,1982年,第45—46页。
② 同上书,第46—47页。
③ 《马克思恩格斯全集》,中央编译局译,第18卷,人民出版社,1964年,第489页。
④ Герцен А. И. *Собрание сочинений.* Москва, 1957. т. 10. с. 315.
⑤ 柯尔:《社会思想史》,何瑞丰译,第2卷,商务印书馆,1978年,第216页。

们一道,把我的全部余年贡献给争取俄国的自由、争取波兰自由、争取全体斯拉夫人的自由和独立的斗争。"①因此我们既要批判他在生死关头的投降表现,也要客观地和全面地看待这个问题。 别林斯基曾经说过:"米哈伊尔犯过很多过错和罪恶。 但是他身上有着一种胜过他的这一切缺点的东西,这就是他精神深处那种永远起作用的原则。"②马克思于 1864 年 11 月 3 日与巴枯宁最后一次会面,马克思后来在给恩格斯的信中说:"我应当说,我很喜欢他,而且比过去更喜欢",马克思认为巴枯宁是"16 年来我所见到的少数几个没有退步、反而有所进步的人当中的一个。"③

巴枯宁被称为俄国无政府主义的鼻祖,他也被称为世界无政府主义思想的集大成者,他的无政府主义思想被冠之以巴枯宁主义(бакунинизм)。 他的反权威论、绝对个人主义自由观及其无政府主义思想直至 20 世纪 70 年代末在一些国家或地区仍有一定的影响。 而且国际学术界对于巴枯宁的兴趣,直至今日仍未减弱,已形成了一门"巴枯宁学"(Bakuninlogie)。

俄国保守主义的特点

作为一种政治哲学和政治思潮的保守主义(conservatism/консерватизм)形成于 18 世纪末,英国思想家伯克在《法国革命感想录》一书中首次明确表达了保守主义思想,奠定了保守主义思想的基础。 保守主义的核心观念是反对一切激进的革命和革新,主张节制政治,以妥协手段调和各种社会势力的利益冲突。 保守主义视国家为一个有机体,局部不能离开整体而独立生存;地位和财产不平等是自然形成的,社会的领导权应属于素质优秀的贤人而非群众领袖。 保守主义强调代表连续性和稳定性的法律和秩序,维护传统社会纽带诸如家庭、伦理、宗教等。

在俄国最古老、最权威的,成书于 19 世纪 60 年代中期的达里所编的《现代

---

① 《马克思恩格斯全集》,中央编译局译,第 18 卷,人民出版社,1964 年,第 490 页。
② 梅林:《马克思传》,樊集译,下册,人民出版社,1972 年,第 522 页。
③ 《马克思恩格斯全集》,中央编译局译,第 31 卷,人民出版社,1972 年,第 17—18 页。

大俄罗斯语详解辞典》(Толковый словарь живого великорусского языка Владимира Даля) 网络版中未见"保守主义"条目及解释。 而在现代俄语辞典，如布洛欣主编的《俄国历史教学参考辞典》的解释为："来源于拉丁文，词根为保存含义，指建立在保存国家体制的传统形态、否定革命性变革、以怀疑态度对待社会改革化的成效的社会思想倾向和政治运动。 俄国保守主义在很大程度上表现为国家体制问题中，作为与激进主义相反的观点。"[①]

俄国保守主义起源于18世纪末19世纪初，直至20世纪初，这是其古典保守主义阶段，其理论核心是政治上的君主主义和贵族政治，文化上的宗教神秘主义、斯拉夫主义和泛斯拉夫主义。 到20世纪初，在1908年前后，以吉霍米洛夫的《君主制国家体制》(1904)、斯徒卢威的《伟大俄罗斯》(1908) 和大臣会议主席斯托雷平在1907年有关"你们需要巨大的震荡，而我们需要伟大的俄罗斯"的表述为标志，俄国现代保守主义思想体系最终形成。 与古典保守主义不同的是，俄国现代保守主义除了坚持君主主义、宗教神秘主义、斯拉夫主义之外，还形成了政治上的立宪主义（以英国为楷模）、现代国家主义和极端民族主义、文化上的民粹主义（或称"人民主义""社会主义"）。

纵观18世纪末至19世纪末俄国保守主义思想发展历史，可以发现俄国保守主义是沿着三条线索演变的：第一线索是温和保守主义，它激烈批评对西方的过分模仿，经常提醒社会防备西方文化的侵蚀，温和批评农奴制度和专制制度，寄希望于自上而下渐进改革。 斯拉夫派和斯拉夫主义当属此列。 第二条线索是反动保守主义，它主张以任何代价维护君主专制和农奴制度的岿然不动，极力强调宗教对社会政治生活的统制意义，否定任何（无论是自上而下，还是自下而上的）建立有理智的社会秩序的可能。 黑色百人团和俄罗斯人民联盟当属此列。 第三条线索是贵族保守主义，它主张通过自治运动发展、司法体系的完善、在不改变专制制度的前提下渐进地实现国家变革。 19世纪80年代后兴起的地方自治运动和以斯徒卢威、米留科夫为代表的立宪民主运动当属此列。

与西欧保守主义思想比较，俄国保守主义的突出特点在于：

第一、俄国保守主义根源和根基深厚，对俄国历史发展影响巨大。

尽管俄国保守主义思潮形成较晚，但保守主义意识古已有之，贵族自初就培养的是忠君爱国的品德。 俄国革命家、"无政府主义之父"克鲁泡特金于1842年

[①] Блохин В. Ф. История России: учебный словарь-справочник. Брянск, 1996. с. 123.

12月9日出生于莫斯科一个世袭的贵族家庭。他的父亲是俄罗斯国家开国君主留里克大公的后裔。他的父亲每当说起家世,"他会做出庄严的样子把那幅挂在他的书斋内墙上的有镜框的羊皮纸给我们看。这羊皮纸表示我家世袭的纹章(即绘着身披貂皮外套头戴莫诺马赫的冠冕的斯摩棱斯克亲王爵位之纹章)。"①因皇族和贵族出身,克鲁泡特金年仅8岁就被沙皇尼古拉一世钦定为候补宫廷侍从武官而领取优厚的薪俸。在一次宫廷庆典的表演过程中,他因为天真可爱被沙皇尼古拉一世叫到身边,赏赐给他精美的食物,并且许诺一旦侍从武官学校(пажеский корпусе)名额有空缺,就可以入校学习。沙皇尼古拉一世的许诺让他的父亲欣喜若狂。因为这意味着在侍从武官学校学习4—5年毕业后,克鲁泡特金就可以到自己选择的联队或禁卫军出任中下级军官。而且,毕业生中的16名名列前茅者将成为真正的"宫廷侍从",得以与皇帝、皇后、大公爵夫人(或公主)、大公爵等等皇族亲身接近,"自然这是一种绝大的荣誉,而且得到这种荣誉的青年便会闻名于宫廷,有很多的机会做皇帝的或一个大公爵的侍从武官,这样一来他们在宦途上也很容易做到荣达的地步了"。因此一俟有了空缺,未到入学年龄的克鲁泡特金就进入这所学校,他的"父亲多年的梦想终于成了事实",如此这般,"我的父亲该可以自由地放任他的野心勃勃的梦想了罢。"②克鲁泡特金发现每当皇宫举行盛大典仪,"我便能够看见每个最高的文武官僚在点首行礼之前总要设法引起皇帝对他注意,如果沙皇带着笑容接受他的敬礼,或者沙皇差不多使人看不见地把头略略点了一下,时进还说一两句话,那么他就会充满着骄傲地回顾他的邻人,预备接受他们的庆贺了。"③

因此,相较西欧国家,俄国保守主义势力相当强大和持久,而且具有较强的本土色彩,并受沙皇政权的保护和提倡。除去俄国专制制度确立较早并且维持时间较长的原因之外,这还与俄国未曾经历对神秘主义和蒙昧主义予以沉重打击、弘扬人性主义和人道主义的文艺复兴和宗教改革有着重大的关系,而且俄国资产阶级革命发生甚晚,未能在政治上对专制主义文化和民族政治心理形成重击。

第二、在俄国保守主义中宗教神秘主义色彩深厚并且影响巨大。

西欧保守主义中宗教色彩同样浓厚,但一般是主张"正统""神圣"的原教旨主义的宗教意识,在俄国保守主义中极为明显的是宗教神秘主义。这一特点与

---

① 克鲁泡特金:《我的自传》,巴金译,生活·读书·新知三联书店,1985年,第7—8页。
② 同上书,第74—75页。
③ 同上书,第145页。

俄国独特的地缘文化、地缘政治和多种宗教交汇影响密切相关,也与俄国早期的保守主义思想家多出自神职人员或俄国早期哲学家笃信东方教父哲学有关。斯拉夫派代表人物霍米亚科夫提出了只可意会不可言传的"聚合性"的概念,从文化性、宗教性方面作了解释。

第三,在俄国保守主义中民粹主义色彩明显并且影响较大。

在早期保守主义思想家的理论中,民粹主义的痕迹已现。谢尔巴托夫公爵对专制君主提出了有限的批评,强调"人民"的愿望和作用,只不过他眼中的"人民"是贵族和身份自由的农民。波索什科夫也对政府和官吏的暴政持批评态度,呼吁君主应关注"人民"的情绪,只不过他眼中的"人民"仍然是身份自由的农民和新兴的商人阶层。基列耶夫斯基、霍米亚科夫、阿克萨克科夫等斯拉夫派思想家关注的"人民"是较为广泛的村社农民。

俄国知识界看东方

俄国知识阶层是在以下三个前提下认识东方(包括中国)的:

第一,自公元 13 世纪 40 年代,鞑靼(蒙古)人的铁蹄踏破东欧土地,所到之处,战无不胜、攻无不克。他们最后在伏尔河下游驻留下来,在基辅罗斯的领土上建立了金帐汗国(又称钦察汗国)。从此俄罗斯人经历了长达 200 余年的鞑靼(蒙古)人的统治,直至 15 世纪 80 年代获得民族解放。来自东方的异族的长期统治给俄罗斯民族,特别是俄国知识阶层留下了极其痛苦的记忆。

第二,中俄两国虽为邻国,但两国相距地域遥远,到 1730 年才正式建立政府间的外交联系。①长期以来,两国对对方的地理位置、政治制度、国土面积、

---

① 关于中俄关系起始时间中国学界观点较多。一般观点认为始于 16 世纪中期,以 1689 年中俄签订《尼布楚条约》为标志。有学者追溯到金帐汗国统治俄国以前,证据是在圣彼得堡的艾尔米塔什博物馆里有一件发现于萨拉托夫附近的中国花缎长衫以及大量精美的中国青铜镜,证明在 13 世纪 40 年代以前中国的手工业品早已进入俄国。有学者认为始于 14 世纪的元朝,理由在于《元史》中已出现"斡罗思"的字样。笔者所持观点依据的是 1730 年两国政府间第一次规范化的公文往来,即由清政府的外事机构——理藩院直接发文至沙皇政府的外事机构——萨纳特(сенат)。

民族习俗都不甚了解。在清代早期官方文书档案中，曾经长期把俄国视为原金帐汗国的一个小藩国，因此称俄国沙皇为察罕汗，或者将"察罕汗"与"俄罗斯国君""俄罗斯大皇帝"等名称混用，1727年的《恰克图条约》签订后，才统称为"俄罗斯国君"。在清代早期文书和档案中，对俄罗斯的国名也无统一的译法，有"罗刹""罗禅""俄罗斯""斡罗斯""鄂罗斯""察罕汗国"等称呼，17世纪30年代后的外交档案中才较多地称"俄罗斯"。俄国也长期把中国视为西伯利亚以西的一个蒙古汗国，称中国皇帝称为大博格德汗（蒙语：中国皇帝）。此外，清政府中长期缺少懂俄语的人，而俄国人视掌握中文是非常困难的事。① 在早期的交往过程中，一般是由西方中国的传教士通过拉丁语转译中文和俄语。直到1715年俄国派驻东正教驻北京传教士团和留学生之后，俄国政府和社会才对中国渐有直接的了解。

　　第三，17世纪中期以来，东方国家发展为强势的西方殖民势力所阻，1623年英国垄断了印度次大陆的殖民权，1840年中国败于西方坚船利炮。西方派代表恰达耶夫在《哲学书简》的第六封信中提出了这个论断，"以这两个国家（即中国和印度）的命运为基础，我们可以认识到，若是没有万能之手在其他地方所给予的新的推力，人类将会怎样。您知道：中国从远古起就拥有三件伟大的工具：指南针、印刷术和火药，这三件工具极大地促进我们人类智慧的进步。然而，这三件工具帮了中国什么忙呢？中国完成环球航行了吗？他们发现过一片新大陆了吗？他们是否拥有更为广博的文献，超过我们在印刷术发明前所有的文献？他们的弗里德里希们和波拿巴们也是在致命的艺术中消耗了自己，就像在我们这里一样。至于印度斯坦，它那起先遭到鞑靼人占领、随后又被英国人占领的可怜命运，正像我所认为的那样，清楚地表明了每一个不立足于直接源自至高理性真理的社会所具有的软弱和僵死。我个人认为，这一作为最古老的自然文明和所有人类知识萌芽之承载者的民族，其不同寻常的毁灭还包含着某种特别的教训。"②在俄国知识阶层眼中，灿烂的东方文化不再辉煌，东方已成落后、颓废、失败和无能的代名词。而且，俄国也品尝了克里木战争中同样败于西欧的坚船利炮的苦果，因此西方派认为俄国断然不能学习东方，更不能成为效尤之蠢辈。

---

① 至今在俄语尚保留的俗语中将无法理解或是难懂的东西称为"中国文书"（китайская грамата）。
② 恰达耶夫：《哲学书简》，刘文飞译，作家出版社，1998年，第140页。

帝国风暴：大变革前夜的俄罗斯

18 世纪盛行于西欧的"中国热"对俄国同样产生了较大的影响，[①]在上层社会生活中也出现了"中国情调"。如彼得堡的叶卡捷琳娜二世夏宫里出现了以"中国宫"命名的建筑，使得许多贵族世家纷纷效仿。著名出版家诺维科夫在自己所办的讽刺杂志《公蜂》第 8 期（1770 年 2 月）上发表了《中国哲人程子给皇帝的劝告》，以赞扬中国文化背景下统治者治国的最高理念"立志""立责"和"求贤"为借口，隐晦地讽刺了当政的叶卡捷琳娜二世"叶公好龙"式的"开明君主专制"，最终引起女皇的愤怒，下令《公蜂》杂志停刊。普希金对东方文化，特别是中国文化也是情有独钟的。他在诗歌中想象着自己已经来到"遥远中国的长城脚下……"普希金甚至在构思长诗《叶甫根尼·奥涅金》时，最初的设想是提到中国的智者孔子。后来他在彼得堡的沙龙里与俄国第一代汉学家、东正教驻北京传教士团成员雅金福（俗名比丘林）(Иакинф，Бичурин) 神父相遇，知识渊博的神父给普希金讲述了许多有关中国的神奇故事，并送给有自己签名的书籍。1829 年底，普希金给沙皇尼古拉一世和第三厅长官本肯多夫伯爵写信，请求随传教士团赴东西伯利亚和中国考察，但遭到拒绝，未能成行，遂成为普希金毕生憾事。需要说明，俄国此时所接受的"中国意象"完全是从法国、德国、意大利和荷兰文献中"转译"过来的形象。如闻名 18 世纪的中国戏剧《赵氏孤儿》，则是作家苏马罗科夫从德文本《中国悲剧赵氏孤儿》转译而来，名为《中国孤儿》(Китайская сирота)。

在以上前提下和当时所能接触到的关于东方和中国的信息的条件下，俄国知识阶层群体对东方和中国的"最初印象"是否定的和消极的。在 19 世纪乃至 20 世纪初的俄国思想文化界中，"东方罪恶意识"和"反东方情绪"较为流行。它不仅表现在持极端立场的斯拉夫派和西方派的思想之中，也表现在持民主主义和社会主义立场的一些学者的思想之中。

俄国思想家们经过深层次反思之后认为，俄国今日政治的不民主和专制独裁，经济上的不发达和工业落后，社会生活上的不活跃和死水一潭，思想文化上的不繁荣和多元划一，甚至包括军事上的不强大和积贫积弱，其责任均应归于蒙

[①] 如启蒙运动和百科全书派的领军人物狄德罗在《百科全书》中认为："假如世界上有一个政体，或者曾经有过这么样的一个政体，是值得哲学家们注意，同时又值得大臣们去了解的话，那么，毫无疑问，这就是那个遥远的中国。"另一位重量级启蒙思想家伏尔泰也宣称："由于中国是世界上最古老的民族，它在伦理道德和治国理政方面堪称首屈一指。"（参见：伏尔泰：《路易十四时代》，吴模信译，商务印书馆，1982 年，第 341 页）。

古鞑靼的长期统治和东方文化影响,归结为"从畏惧的、无力的、使人屈辱的亚洲的思想(这种思想是东方创立的,并在它的存在的可悲的环境中奴役它,而且现在正在俘虏欧洲的资本政权)中获取的毒素"的影响。① 因为在长达2个多世纪里,中国专制政权长期干预俄国和金帐汗国的内部事务,蒙古的连环保甲制和"巴思哈制"(баскачество)②长期影响俄罗斯文化,因此俄国不仅在政治体制和军事体制上受到东方文化——中国文化的消极影响,而且连思想观念也被强加上了极其浓重的"东方色彩"。

俄国知识阶层将东方与西方看成是截然对立的两种文化和两条道路,并且最终将是两种完全不同的命运和归宿。 俄国知识阶层不仅在谈到俄国落后的原因时,而且在谈到俄国未来命运时,也要么是将落后原因归结于东方文化和中国文化的恶劣影响,要么是把东方和中国列为"野蛮的""落后的""保守的""污秽的""黑暗的""没有前途的"代名词。

恰达耶夫在《哲学书简》中明显地把西方与东方列为互相对立的两条道路。他断言:"东方拥有有益的思想,这一思想曾为理性巨大的发展创造了条件,曾以惊人的力量完成了其使命,但是,这一思想已注定不可能再次登上世界舞台了","如今出现了一个新流派③,主张不再需要西方了,应当毁灭彼得大帝的创造,应当重新回到荒原上去。 他们忘记了西方为我们所做的一切,他们不懂得去感激那位给我们以文明的伟人,不懂得去感激那给我们以教益的西方,他们拒绝了西方,这一新烤制出的爱国主义满怀激情,已在忙着将我们称为东方可爱儿孙了。"④

被誉为"19世纪下半叶俄国革命派的理想化祖先"⑤的别林斯基在《致果戈理的信》中把"东方的""鞑靼生活方式"看成是落后的、黑暗的和愚昧的象征。他在1840年写给康斯坦丁·阿克萨科夫的信中谈到俄国落后原因,他写道:"中国是可厌的国家,但更可厌的是一个拥有丰富生活资料、却像有软骨病的幼童般撑在铁架子上才站得起来的国家(指俄国)。"⑥他在《彼得大帝之前的俄罗斯》中高调称赞彼得一世改革给俄罗斯民族带来的有益作用,但他也谈道:"彼得大

---

① 高尔基:《高尔基集》,余一中编选,上海远东出版社,1997年,第295页。
② "巴思哈"(баскак)是突厥语"镇守官"之音译,是蒙古金帐汗国派驻罗斯各地的最高统治者。
③ 指与其论战的斯拉夫派。
④ 恰达耶夫:《哲学书简》,刘文飞译,作家出版社,1998年,第199、204—205页。
⑤ 伯林:《俄国思想家》,彭淮栋译,译文出版社,2001年,第183页。
⑥ 同上书,第202页。

帝要剔除的那些与欧洲主义对立的东西,并不是我们原有的,而是鞑靼人强加给我们的。 俄国人对外国的排斥姿态本身,乃鞑靼桎梏所造成的后果……我们民族性的最重要缺点,无一是我们与生俱来的,而是从外面传过来的。"①

著名的"彼得拉舍夫斯基小组"(кружок Петрашевского)的领导人彼得拉舍夫斯基(М. В. Петрашевский)也断言:"如果是置身于欧洲,我们俄国人在见识上是毫无疑问是小弟弟;如果是在亚洲人的圈子里,我们就被证明是有权称老资格的。"②斯拉夫主义的创始人之一的伊凡·基列耶夫斯基在批评俄国社会的落后现象时,仍然不忘记将其与中国文化联系起来,认为"迄今为止,我们的民族性还是缺乏教养的,是一种粗鲁的、中国式静止的民族性","在俄罗斯和欧洲之间矗立着一条中国长城,只有穿过几处洞眼,西方的启蒙空气才能透向我们。彼得大帝以强有力的手,在这座城墙上打开了几扇大门。"③

俄国知识阶层的形成

1825 年的十二月党人起义,表明俄国知识阶层对国家和政府完全失去信心了,表明贵族阶层与沙皇之间出现了裂痕。 俄国知识阶层作为一个独立的社会群体最终形成于 19 世纪 30、40 年代④,它的重要标志是在此时期,在俄国思想文化界,由于恰达耶夫的《哲学书简》的出版,围绕着俄国向何处去,展开了第一次大规模的思想论战,这场思想论战最后演变成政治论战。 争论的焦点即是俄罗斯向何处去? 最终在俄国知识阶层内部形成了政治分野,分化成斯拉夫派与西欧派两大阵营。 这场持续 20 余年的大论战充分反映了俄国知识阶层的独立思考能力和独立思考的意识。

---

① Броцкий Н. *Ранние славянофилы*. Москва,1910. c. 1—61.

② Nicholas Rzhevsky, *The Cambridge Companion to Modern Russian Culture*. Cambridge University Press, 1998. p. 50.

③ Киреевский И. В. *Полное собрание сочинений*. Москва,1917. т. 2. c. 60—61.

④ 对此利哈乔夫认为俄国知识阶层群体形成于 18 世纪末 19 世纪初(参见:Лихачёв Д. С. О русской интеллигенции//*Новый мир*. Москва,1999. No. 2.);而别尔嘉耶夫认为形成于 19 世纪 60 年代的"农奴制改革时代"(参见:别尔嘉耶夫:《俄罗斯思想》,雷永生等译,生活·读书·新知三联书店,1995 年,第 203 页)。

第六章 狂飙时代：俄国启蒙运动和反启蒙思潮 | 297

俄国知识阶层的来源主要有二：第一批知识分子基本上来自于俄国社会的贵族阶层，如拉吉舍夫、十二月党人和赫尔岑等；第二批则是19世纪30、40年代以后普通阶层出身的平民知识分子（разночинец）①，如别林斯基、车尔尼雪夫斯基、杜波罗留波夫（Н. А. Добролюбов）等。

"知识阶层"（интеллигенция）来源于拉丁语"intellegens"，其含义为"理解的"（понимающий）、"思考的"（мыслящий）和"理智的"（разумный），其动词"intellego"的含义相应为"理解""思考"和"感知"。古罗马时代著名思想家西塞罗在翻译亚里士多德的著作时，将"intellegen"的含义扩展为"intellegentia"，意思为"理解能力"。随后"intellegentia"的含义在后人使用时再度加以扩展，其含义包括：其一作为名词使用，即"解释力""理解力""认识力"和"认知力"等；其二包含动词意义，即"理解""思想"和"辨别"等；其三外延为指特殊技能，即"能力""技术"和"方法"等。在1725—1750年间，俄国著名学者特列基亚科夫斯基将拉丁语"intelligentia"以音译的形式翻译为俄语的"интеллигенция"，将该词的含义解释为"理性"（разумность）。后来到1819年，彼得堡大学教授加利奇在编辑《哲学辞典汇编》时将"интеллигенция"收入，将德国哲学家谢林的学说将其解释为"理性精神"和"高级意识"。②俄国文学家舍尔古诺夫（Н. В. Шелгунов）也主张将俄国知识阶层理解为"一种独特的社会力量"和"理智力"。③后来俄语中"知识阶层"本身所附加的含义连同其他语言的音译（英文intelligentsia；法语intelligence；德语die intelligenz）也为其他民族和国家所接受，其概念沿用到现当代。④在当代西方思想大师以塞亚·伯林看来，"'知识阶层'为杜撰于19世纪的俄国字，如今已有通行世界的意义。我想，这现象本身，连同其历史后果，以及其名副其实的革命后果，是俄国对世界上的社会变化的最大一项贡献。"⑤

到19世纪中期以后，随着俄国知识阶层群体的形成及其文化、政治和社会活动影响的扩大，"интеллигенция"便在俄国思想文化界广泛使用了。俄语中的"知识阶层"一词大大地强化了源于古代希腊罗马文化的思维层面、心理层面和

---

① разночинец 由"不同的"（разно）和"等级"（чин）组成，也可译为"平民阶层"。
② Кондаков И. В. *Культурология. история культуры России*. Москва, 2003. с. 247—248.
③ 泽齐娜等：《俄罗斯文化史》，刘文飞等译，上海译文出版社，1999年，第204页。
④ 据笔者所见，在现当代规范化的俄文和英文学术著作中，在谈及普遍意义上的"知识阶层"概念时，大多使用"интеллектуал"（英语intellectual），而使用"интеллигенция"（intelligensia）时较为谨慎。
⑤ 伯林：《俄国思想家》，彭淮栋译，译林出版社，2001年，第144页。

意识层面的原生意义,也强化了哲学层面、道德层面和社会层面的扩展意义。

就哲学层面而言,德国古典哲学的影响与俄国知识阶层的主观认识为"知识阶层"概念增添了丰富内容。

18世纪后期到19世纪中期的德国哲学被称为古典哲学,康德、费希特、谢林等为其代表人物,此时的德国哲学从"理性主义"的视角出发,把理性、概念奉为最高原则,关注对现象和本质、有限和无限、知性和理性、同一和差别、主体和客体、理论和实践、个体和群体、必然和自由等"纯哲学范畴"问题的认识。黑格尔作为德国古典哲学巅峰之代表和沟通古典与现代德国哲学的关键人物,在他的思想中既有"绝对理念"等纯理性主义的核心内容,也有了对世界历史、英雄史观和社会问题的思考。而19世纪中后期的德国哲学家因"书斋"外剧烈的社会变革的冲击,在坚持"理性主义"学术原则的同时,也不得不关注德国乃至欧洲的社会变革,使得欧洲文化传统和德国哲学中的"人本主义"原则再度被高扬,而叔本华(Arthur Schopenhauer)、尼采(Friedrich Wilhelm Nietzsche)等哲学家则完成了"非理性主义"("唯意志论")的哲学使命,他们呼唤解释生命,关注人生,贬抑科学理性。

德国古典哲学和现代哲学对俄国思想文化界和知识阶层的影响是巨大的和持续性的。俄国知识阶层大多数人熟知德语,他们可以直接地、完整地接受德国哲学的影响。这里不仅有谢林、黑格尔、叔本华、尼采哲学思想对以霍米亚科夫、阿克萨科夫、赫尔岑为代表的"斯拉夫派"人士和以安年科夫、卡维林、恰达耶夫、别林斯基为代表的"西欧派"人士的影响,对以陀思妥耶夫斯基、索洛维约夫(В. С. Соловьев)、梅列日科夫斯基(Д. С. Мережковский)、舍斯托夫(Лев Шестов)、别尔嘉耶夫为代表的宗教哲学家的影响,也有马克思(Karl Marx)、恩格斯(Friedrich Engels)哲学思想对以普列汉诺夫、查苏利奇(В. И. Засулич)、列宁为代表的社会民主主义者的巨大影响。19世纪俄国著名哲学家斯坦凯维奇(Н. В. Станкевич)感叹:"如果在黑格尔那里找不到幸福,就别想生活在光明之中。"①因此别尔嘉耶夫评价:"俄罗斯的知识阶层对于思想的兴趣特殊地浓厚,俄罗斯是那样地倾慕黑格尔、谢林、圣西门(Saint-Simon)、傅立叶(Charles Fourier)、费尔巴哈(Ludwig Andreas Feuerbach)、马克思,这些思想家即使在自己的祖国任何时候也没有得到这种殊荣","黑格尔在俄国完成了空

---

① 别尔嘉耶夫:《俄罗斯思想》,雷永生等译,生活·读书·新知三联书店,1995年,第72页。

前的业绩，其哲学的巨大影响一直保持到俄国的共产主义。……对于俄罗斯来说，黑格尔是人类思想的顶峰，在他那里可以找到对世界的所有问题的解决。他影响了俄罗斯哲学的、宗教的和社会的思想。"①随着德国古典哲学思想大规模地介绍到俄国，基于对"知识阶层"（德语 die intelligenz）进行"理性思维"和"高级意识"理解的德国哲学传统也同时传入俄国，俄语中"知识阶层"深厚的哲学基础从此建立。 即"西欧哲学从独立思考精神的哲学天国'下凡'，在俄国土地上获得了形象比喻的和社会实践的等价物，哲学圣者变成了哲学爱好者——智慧爱好者——理性的爱好者。 独立思考的实体成为思想家的同道者，更确切地说是真正的思想工作者。 理性本身在俄语解释中也已经降到民间成语、俗语的语义上，目的在于培养智慧、理性、教益和教化功能等等。 在这里，理性的地位已经降到正常生活的不受重视的位置上，就像被误解的智慧一样。"②

就道德层面而言，俄国历史文化、特别是东正教文化的土壤为"知识阶层"概念增加了浓厚的"弥塞亚意识"（мессианство）和"普世主义"（универсализм）元素。

俄罗斯文化中的"弥塞亚意识"就是救世主思想，其本质是强调俄罗斯的独特性，它是俄罗斯民族特有的文化心态，"弥塞亚意识是俄罗斯人精神气质中起着决定作用的特征"。③ 普世主义是基督教教义内容，也是东正教的世界观，更是俄罗斯文化中一个非常明显的内容。 它强调俄罗斯是天神所赋的、具有拯救斯拉夫世界、乃至整个人类的伟大使命的民族。 公元 988 年基辅罗斯大公弗拉基米尔率众皈依东正教，此后的罗斯便为自己命名"神圣罗斯"（Святой Русь），而不是"伟大罗斯"或是"美丽罗斯"。 因为"这一名称并不是指俄罗斯人事实上的圣洁，而是表达了他们的历史原则本身；用陀思妥耶夫斯基的话说，它是指对绝对的理想的追求是使俄罗斯人民万死不辞的唯一力量。"④俄国东正教会在理论上、甚至在教义中为弥塞亚意识做深厚的铺垫。 1492 年，莫斯科的都主教佐西玛（Зосима）在《复活陈述》中提出三个耶路撒冷的理念，即除圣地耶路撒冷外，君士坦丁堡是第二个耶路撒冷，而莫斯科是第三个耶路撒冷，是真正的上帝国度。 1530 年，莫斯科教区普斯科夫修道院长老菲洛费上书莫斯科大公瓦西

---

① 别尔嘉耶夫：《俄罗斯思想》，雷永生等译，生活·读书·新知三联书店，1995 年，第 25、71—72 页。
② Кондаков И. В. Культурология. история культуры России. Москва，2003. с. 248—249.
③ Забиянк В. С. Источники Русской культуры. Москва，2002. с. 261.
④ 叶夫多基莫夫：《俄罗斯思想中的基督》，杨德友译，学林出版社，1999 年，第 32 页。

里三世，称人类历史的发展即是三个罗马的历史，第三罗马（俄罗斯帝国）将是未来正教世界的中心。"尊敬的沙皇啊！因为一切信仰基督教正教的王国将合并到您的统一的王国之中，您就是整个世界的唯一的基督教沙皇。两个罗马已经灭亡，只有第三个罗马永存不朽，而第四个罗马则是不会存在的"①。

自此开始，俄国思想家们就强调俄罗斯是天神所赋予的、具有拯救斯拉夫世界、乃至整个人类的伟大使命的民族，俄国知识阶层就是在这样一种情结和使命感下，在普世主义的精神的驱使之下，一方面审视着俄国历史的发展，另一方面关注着西欧和世界的历史发展，再一方面规划着俄国现代化的发展道路。霍米亚科夫、陀思妥耶夫斯基强调"聚合性"（соборность）和"村社"（мир）代表了俄罗斯文化的普世意义。达尼列夫斯基强调西方文明已经走向没落，只有斯拉夫类型的文化是最高级别的文化形式，强调斯拉夫文化和斯拉夫主义的救世意义。②索洛维约夫则从人本主义出发创立了神智哲学，即世界的再生是由神和人共同完成的，即"人神类"和"神人类"，这个完善的人就是俄罗斯的"弥塞亚"——"索菲亚"，她是神的智慧的最高体现。因此别尔嘉耶夫断言："俄罗斯民族——就其类型和就其精神结构而言是一个信仰宗教的民族。宗教的困扰是不信教的人所固有的。俄罗斯的无神论、虚无主义、唯物主义都带有宗教色彩。出身于平民和劳动阶层的俄罗斯甚至在他们脱离了东正教的时候也在继续寻找上帝和上帝的真理，探索生命的意义。"③

就社会层面而言，俄国知识阶层自觉承担起社会现实的审视者、批判者、规范者和建设者乃至领导者和"社会良心"的角色。

"知识阶层"一词在俄国有着特殊的含义，它不同于西方的 intellectual（интеллектул）。作为 intelligentsia（интеллегенция）的成员，他们不只关心其个人福祉，而且更加关怀社会的福祉，愿意尽力谋求社会的利益。

十二月党人作为有知识的贵族阶层的先进人士不仅专注于理论建设和舆论宣传，而且致力于革命实践，即"行动起来，尽可能地行动起来！只有这样才能取得发言权……不要，也不应该相信空话，应该相信行动。"④他们确立革命的首要

---

① Васецкий Г. С. *Очерки истории философской и общественной политической мысли народов СССР*. Москва, 1955. т. 1. с. 381.；Исторические записки. Москва, 1952. т. 17. с. 12.

② Днилевский Н. Я. *Россия и Европа*. М., 1991. с. 169, 397.

③ 别尔嘉耶夫：《俄罗斯思想》，雷永生等译，生活·读书·新知三联书店,1995 年,第 245—246 页。

④ 涅奇金娜：《十二月党人》，黄其才等译，商务印书馆,1989 年,第 38 页。

任务，认为"消灭奴隶制度和农奴状态是临时最高政权机关最神圣和义不容辞的义务"，谁阻挠废除农奴制，谁就是"祖国的敌人"和"叛徒"①。他们以自己的可歌可泣的实际行动开创了俄国的革命运动时代。老一代知识阶层的代表、"斯拉夫派"理论家阿克萨科夫强调知识阶层"离开了人民的土壤就没有基础，离开了人民就没有任何现实的、有生命力的东西，而任何善良的思想，任何在根源上没有同人民的历史土壤相联系，或者没有在本质上从这种土壤中生长出来的机构，是不能结出果实的，而且还会变成一堆废物。"②直至 19 世纪末，"知识阶层"在概念上与"革命者"（революционер）和"反对派"（оппозиционер）没有太大的区别。③

因此可以说，19 世纪俄国知识阶层以自己巨大的牺牲精神、强烈的社会责任感和对自身严格的道德要求为初为"舶来品"的"知识阶层"概念增加了独特的、丰富的、标志性的内容。别尔嘉耶夫曾经自豪地宣布："俄罗斯的知识阶层是完全特殊的、只存在于俄罗斯的精神和社会之中的构成物……知识阶层是俄罗斯的现象，它具有俄罗斯的特点。"④当代俄罗斯思想大师利哈乔夫同样认为知识阶层"这是纯粹的俄罗斯的概念，就其内容是使人联想和激动的概念"，"按照惯例，在外语辞典中，'知识阶层'词汇不仅仅是其本身，而是与附加的'俄罗斯的'一起来翻译的"，"这就是为什么知识阶层作为精神自由的社会阶层只存在于俄罗斯，而在西方却不为人注意。"⑤

---

① 同上书，第 74 页。
② 马里宁：《俄国空想社会主义简史》，丁履桂等译，商务印书馆，1990 年，第 89 页。
③ Блохин В. Ф. *История России: учебный словарь-справочник*. Брянск, 1996. с. 106.
④ 别尔嘉耶夫：《俄罗斯思想》，雷永生译，生活·读书·新知三联书店，1995 年，第 25 页。
⑤ Лихачёв Д. С. О русской интеллигенции// *Новый мир*. Москва, 1999. No. 2.

第七章　宪兵帝国：沙皇尼古拉一世及其统治

尼古拉一世于1825年12月14日在武力镇压十二月党人起义后登上俄国权力巅峰，又因克里米亚战争的败绩于1855年2月18日暴亡而隐没俄国政治舞台。在其30年的执政期间，除外交与军事上的频繁攻守和患得患失之外，在国内政治、经济、社会和文化等方面也有较大的政策调整，体现其个人色彩浓厚的帝国治理和帝国意识。然而，时人称他"军棍沙皇"（Царь-Палкин）和"欧洲宪兵"（The Gendarme of Europe/жандарма Европы），革命领袖恩格斯称他是"自我陶醉的庸人"。因此，苏联著名历史学家扎依翁奇科夫斯基称尼古拉一世时代"对于现代人来说形成这样的观点，俄国改革时代到来了。"[1]

---

[1] Зайончковский П. А. *Правительственный аппарат самодержавной России в XIX в.* Москва, 1978.с.109.

第七章　宪兵帝国：沙皇尼古拉一世及其统治 | **303**

不寻常的登基

尼古拉一世（Николай I Павлович）于 1796 年 6 月 25 日出生于彼得堡皇村，他是时为皇位继承人身份的保罗一世大公和玛丽娅女大公所生的第三子。12 月 6 日，在保罗一世登基一整月纪念日里，新生儿被命名为尼古拉，因为按照儒略历，这一天是"神创者—尼古拉日"（Николай Чудотворца）。

叶卡捷琳娜二世照例垄断了尼古拉一世的教育和培养，但 4 个月后女皇突然去世，尼古拉一世得以回到父母身边。简·莱昂（Jane Lyon）是他的第一个家庭教师，她是一个颇具男人性格的苏格兰女人，她"英雄主义、仗义执言、孔武有力和性格开放"，①她尽忠尽职能要把尼古拉一世培养成男子汉，她以军人式的强制教育方式对待这位皇太子，因此尼古拉一世非常惧怕她。1800 年 11 月 23 日，保罗一世为 4 岁的尼古拉一世挑选了新的家庭教师拉姆兹多夫少将（М. И. Ламздорф），保罗一世用德语告诫他："不要把我的儿子教成像德国王子那样的流氓（Solche Schlingel wie die deutschen Prinzen）。"拉姆兹多夫任此职 17 年，他被皇后玛丽娅称为尼古拉一世的"第二父亲"（второй отец）。1814 年，拉姆兹多夫曾陪同 18 岁的尼古拉一世去欧洲游历。

尼古拉一世自童年就对军事极感兴趣，母亲发现他在参加宫廷阅兵时，总是津津有味地观看每一个阅兵的细节。他对人文科学及知识不感兴趣，但对军事学和工程技术极为着迷。②尼古拉一世举止粗俗，经常使自己陷入无知的境地，因此当他的另一个家庭教师穆哈诺夫（В. А. Муханов）结束自己的工作时，他感觉自己因学生尼古拉一世的无知和粗劣性格而绝望。1844 年，英国女王维多利亚（AlexandrinaVictoria）在谈到俄国沙皇尼古拉一世时说："他的理智不会运转，他受的教育糟糕透顶。"

尼古拉一世在日记中记录了 1801 年 3 月 11 日保罗一世被害和亚历山大一世

---

① Lyon 与 Lion（狮子）谐音.
② Анри Труайя, *Николай I (Русские биографии)*. Москва，2005. с. 34.

继位的惊恐之夜,"这一悲哀的一天所发生的事件,像一个模糊的梦境一样永远保存在我记忆中。 我被吵醒了,看见我面前站着女伯爵列文(Ливен)。 当我穿好衣服,我们从窗口看出去,教堂下的吊桥上,警卫人员与从前完全不一样了。所有的谢苗诺夫军团紧张万分。 我们中间的任何人都没有意识到我们失去了父亲,有人带我们来到我们母亲那里,很快我们与妹妹、弟弟米哈伊尔和女伯爵列文去冬宫。 警卫走进米哈伊尔宫,我母亲让他不要出声。 当皇上亚历山大一世在康斯坦丁和尼古拉·伊万诺维奇·萨尔蒂科夫公爵(Николай Иванович Салтыков)陪同下走进来时,我母亲躺在房间的深处,他屈膝扑倒在我的母亲面前,当时我听到了他的呜咽声。 人们给他送来了水,我们被领走了。 对于我们来说,幸福又回到了我们的房间。 我必须跟你说实话,从此我们就已经忘记了我们的小木马。"①

1812 年反法战争时期,尼古拉一世要求参加战争,被他的母亲坚决拒绝。1814 年,亚历山大一世批准尼古拉一世游历欧洲,伴随者是家庭教师拉姆兹多夫将军、骑兵军官萨夫拉索夫(И. Ф. Саврасов)、阿列金斯基(А. П. Алединский)、阿谢尼耶夫(П. И. Арсеньев)、詹纳基上校(Джанотти/Crosti)和医生柳里(Рюль)。 1814 年 2 月 22 日到达柏林后,尼古拉一世与普鲁士国王威廉三世(Friedrich Wilhelm III)的女儿夏洛特(Шарлотт/Charlotte)相识。 1815 年 11 月 4 日,尼古拉一世与夏洛特在柏林订婚。 从 1815 年开始,普鲁士著名军事工程将军卡尔·奥普曼(Карл Опперман/Karl Opperman)成为他的军事教师。1816 年,他被任命为龙骑兵团的司令。 史料记载,尼古拉一世在军中服役时与其他人关系不好,战友们都认为尼古拉是一个冷酷自私而且傲慢自负的人。

1816 年春,尼古拉一世奉命巡视俄国全境以熟悉国内行政、工业和商业环境。 他与当地官员谈话,较深入了解了俄国真实的情况。 1817 年,他到英国、苏格兰和普鲁士等国家考察,对英国和法国的社会与文化极为赞赏,但是他认为最值得学习的不是英法体制,而是普鲁士的君主专制和军事独裁式的政府组织。

尼古拉一世是虔诚的东正教徒,严格遵守东正教教规,很能约束自己,从不错过任何一个宗教活动。 这一思想特性使他在登基之后,迷恋并维护亚历山大一世时代建立的"神圣同盟",以东正教的"正统"和"神圣"原则参与欧洲国际事务和镇压各国各地革命运动。 尼古拉不吸烟,也讨厌周围吸烟的人,他也从

---

① Анри Труайя,*Николай I (Русские биографии)*. Москва, 2005. с. 20—21.

不饮用烈性酒，每天都坚持锻炼身体。每天尼古拉的生活就像一架有规律的时钟。尼古拉一世工作勤奋，每天的工作时间都达到 16 至 18 小时。他崇尚严明的纪律，反复强调法律和秩序，经常亲自巡视所属军队，每次巡视都要对属下的工作作出评论，指出缺点，并给出建议。

1817 年 7 月 12 日，尼古拉一世与普鲁士公主夏洛特的婚礼在冬宫举行，夏洛特皈依东正教后改名为亚历山德拉（Александра Фёдоровна）。他们生有 5 个儿子：亚历山大二世（Александр II Николаевич，1818—1881）、亚历山大（Александра Николаевич，1825—1844）、康斯坦丁（Константин Николаевич，1827—1892）、尼古拉（Николай Николаевич，1831—1891）、米哈伊尔（Михаил Николаевич，1832—1909）；2 个女儿：玛丽娅（Мария Николаевна，1819—1876）、奥尔嘉（Ольга Николаевна，1822—1892）。他的非婚生子女 4 至 7 个，赫尔岑曾讽刺："我不知道他在哪个时期真正爱过任何一个女人，无论是保罗·洛普欣娜，还是亚历山德拉，还是所有的女人，除了妻子外，他扑向任何女人，贪得无厌。"①

根据保罗一世 1797 年 4 月 5 日签署的皇位继承法令，罗曼诺夫皇朝的长子拥有当然的皇位继承权，如果现任沙皇没有子女，将由其弟弟继承皇位。1801 年 3 月亚历山大一世继位。叶卡捷琳娜二世在位时，很早将亚历山大一世和康斯坦丁揽于皇宫生活，单独抚养和教育。因此，亚历山大一世与康斯坦丁两人从小就感情深厚，异于其他兄弟——尼古拉一世和米哈伊尔。按照 1797 年皇位继承法，因亚历山大一世仅有两个女儿幼年即已夭折，并无其他子女，其大弟康斯坦丁即是法律顺位上的皇位继承人。

然而在亚历山大一世的登基宣誓词中却没有提及皇位继承人之事，本身即违反了保罗一世签署的皇位继承法令。宣誓词文本出现了漏掉康斯坦丁的名字："我们将向皇帝亚历山大·巴帕罗维奇和他的继承人宣誓效忠（Императору Александру Павловичу и Его <...> Наследнику, который назначен будет）。"②原因在于，康斯坦丁于 1796 年 2 月 26 日奉叶卡捷琳娜二世之命与普鲁士萨克森—科堡—谢尔菲德公国（Sachsen-Coburg-Saalfeld）的公主朱莉娅·

---

① Герцен А. И. *Собрание сочинений*. Москва, 1956. т. 4. с. 61.
② Староверова Е. В. Отречение цесаревича Константина Павловича от права наследование престола. // *История государства и права*. Москва, 2009. No. 5.

冯·萨克森—科堡—谢尔菲德（JulianevonSachsen-Coburg-Saalfeld）[①]结婚，但康斯坦丁整天忙于军务很少回家，对待年轻妻子常常行为粗鲁无礼。甚至有一次，康斯坦丁让妻子长时间坐在马拉莫尔宫的大花瓶前做他练习射击的目标。另外康斯坦丁极不忠诚，与许多女人私下交往。因此，从1799年起，朱莉娅（安娜）就借故回到普鲁士，直至去世也从未回过俄罗斯。康斯坦丁与朱莉娅（安娜）未能生育。对于哥哥亚历山大一世在登基之日的"疏漏"，康斯坦丁很不满意，他私下抱怨："他们想掐死我，就像掐死我父亲一样。"

康斯坦丁与朱莉娅（安娜）的婚姻名存实亡，终于1820年3月8日正式结束婚姻关系，并得到亚历山大一世的批准。同年5月24日，康斯坦丁与非王室出身的波兰女公爵乔安娜·戈鲁津斯卡结婚，这种贵贱身份婚姻（морганатический брак）再度使康斯坦丁的皇位继承人身份变得尴尬。按照保罗一世当年签署的皇位继承法，限制贵贱身份婚姻所生子女继承皇位，但并不限制康斯坦丁本人继承皇位的权利。亚历山大一世从1820年起就劝说康斯坦丁放弃皇位继承权，同时也以口头方式告诉第二弟弟尼古拉一世，他将成为皇位继承人。1822年1月14日，亚历山大一世收到康斯坦丁正式放弃皇位继承权的信件。1823年8月16日，亚历山大一世签署皇位继承密旨，正式任命尼古拉一世为皇位继承人。这份法令保存在莫斯科克里姆林宫的乌斯宾斯基大教堂，复制文本收藏于国务会议、枢密院和圣主教公会。尽管尼古拉一世已从亚历山大一世那里得到了继承皇位的口头承诺，但从未亲眼见过这一密旨。

亚历山大一世于1825年11月19日在南方塔甘罗格突然病逝。身在距离塔甘罗格较近的华沙的康斯坦丁于11月25日知道死讯，立即按照3年前的约定向在彼得堡的尼古拉一世宣誓效忠。远在彼得堡的尼古拉一世是在11月27日晨才收到亚历山大一世的死讯。他立即当着在场的大臣们面向华沙的哥哥康斯坦丁宣誓并开始带领军队宣誓。同日国务会议宣读了亚历山大一世1823年签署的皇位继承文件，决定推举尼古拉一世为新沙皇并举行全国范围的再宣誓。尼古拉一世拒绝皇位，他要求国务会议推举康斯坦丁继位，理由是"为了国家的安稳"。国务会议、参政院和圣主教公会经过长时间讨论后决定向康斯坦丁一世沙皇宣誓效忠。11月28日，国务会议颁布全国各地向新任沙皇康斯坦丁一世效忠

[①] 婚后皈依东正教后改名为安娜·费多罗夫娜（Анна Фёдоровна），沙皇亚历山大一世授予她女大公身份。

的法令，鉴于康斯坦丁此时不在彼得堡，将宣誓效忠日期推迟到 12 月 14 日。而在莫斯科，莫斯科总督戈利岑（Д. Голицын）公爵已经邀请莫斯科贵族于 11 月 30 日在克里姆林宫的乌斯宾斯基大教堂向康斯坦丁宣誓效忠。

康斯坦丁大公此时人在华沙，他是波兰军队总司令，是波兰政权的实际控制权者。他依据 1822 年的承诺拒绝赴彼得堡继承俄国皇位，随后分别在 1825 年 12 月 3 日和 12 月 8 日给国务会议主席和司法大臣写信表达这个愿望。他还派弟弟米哈伊尔携带金质元帅权杖、波兰与东欧总督勋章、佩剑、誓言书和给尼古拉一世的私人信件于 12 月 8 日抵达彼得堡，向国务会议、参政院和圣主教公会表达向新沙皇尼古拉一世宣誓效忠的愿望。于是就出现了康斯坦丁表示不接受皇位并且公开将此想法昭示天下的现象。

此时康斯坦丁大公时年 46 岁，领有华沙军团、乌拉尔军团、乌克兰军团、哥萨克军团、布里亚特军团、诺夫哥罗德军团、克里米亚军团、萨拉托夫军团和格鲁吉亚军团，军队人数共 48 万人。康斯坦丁曾率军征战中亚和北欧，并且在反法战争中立下赫赫战功。而尼古拉一世时年 29 岁，领有彼得堡军团、莫斯科军团、高加索军团和芬兰军团，军队人数仅为康斯坦丁指挥军队的三分之一。尼古拉一世大多数时间住在彼得堡，只领兵参加过与奥斯曼土耳其帝国的小规模战争。军队中的高级将军倾向于拥戴年龄成熟并有战功的康斯坦丁为沙皇，波罗的海舰队、北方舰队同时也表示愿意拥戴康斯坦丁即位。因为皇太后玛丽娅和亚历山大一世的皇后伊丽莎白出面为尼古拉一世说情，军队中反对尼古拉一世的情绪才没有继续恶化下去。另外，俄军总参谋长的迪比奇—扎巴尔干斯基元帅曾跟随亚历山大一世视察南方并将沙皇的死讯带回彼得堡，他是尼古拉一世的好友，他劝尼古拉一世鉴于国内外的复杂情况不要表露出急于登基的情绪。

因此，在 1825 年 11 月 17 日至 12 月 14 日这 25 天时间里，俄国实际上处于"皇位空置"（междуцарствие）状态。尼古拉一世在没有看到康斯坦丁拒绝皇位的正式文件的情况之下，决定按照亚历山大一世 1823 年 8 月 16 日的密旨继承皇位。1825 年 12 月 12 日，斯佩兰斯基起草尼古拉一世的登基宣言，尼古拉一世于第二天早晨签字，并将康斯坦丁大公在 1822 年 1 月 14 写给亚历山大一世的放弃皇位继承权的信作为登基宣言的附录。

1825 年 12 月 13 日晚 22 点 30 分，尼古拉一世在国务会议宣誓就职——尽管在一些布告点的法令中宣称尼古拉一世是在 11 月 19 日，即亚历山大一世逝世当日即位，其目的是表示俄国皇位继承在法律上的连续性。1825 年 12 月 14 日，康斯坦丁大公护送亚历山大一世遗体回到彼得堡。

1825年12月14日晨，十二月党人按照计划准备实施起义。雷列耶夫要求卡霍夫斯基率领所部攻入冬宫杀死尼古拉一世，最初卡霍夫斯基同意但后来又予拒绝。雅库波维奇（О. И. Якубович）也拒绝率领伊兹马伊洛夫团（измайловский полк）和近卫军水兵（гвардейский экипаж）进攻冬宫，直接进攻并暗杀沙皇尼古拉一世的计划流产。

当日由十二月党人军官带领的各近卫军团体按照计划开进彼得堡的枢密院广场①，在彼得一世的纪念像下排列好战斗方阵。

然而尼古拉一世在几天前就已经通过总参谋长迪比奇—扎巴尔干斯基元帅和十二月党人中的奸细罗斯托夫采夫（Я. И. Ростовцев）知道了秘密组织的起义计划。他在12月14日早晨7点紧急召开国务会议宣布继位，又命令国务会议、参政院和圣主教公会成员向他效忠宣誓。然后又派出大量的军队将枢密院广场层层包围，这时原定担任起义军总指挥的特鲁别茨科伊迟迟不见踪影，起义者未能选举出新的领导人，起义军和周围的老百姓处于群龙无首的状态，因而延误了战机，而便于新沙皇尼古拉一世调兵来镇压。

十二月党人起义被镇压下后，沙皇政府开始了对起义官兵的大审判。根据1825年12月17日尼古拉一世签署的命令，成立了由陆军大臣塔吉舍夫（Александр Татищев）为主席的"有害社会思想审查委员会"（комиссия для изысканий о злоумышленных обществах），沙皇尼古拉一世作为审查人亲自出席会议。1826年5月30日，委员会向沙皇提交了由作家兼俄罗斯科学院院长布鲁多夫公爵（Д. Н. Блудов）起草的调查报告。1826年6月1日，尼古拉一世签署法令成立由国务会议、参政院和圣主教公会代表组成的"最高法庭"对参加起义的人进行审判，被起诉人员达到579人。② 莫斯科近卫军团有371名士兵、格列纳季近卫军团277名士兵和近卫军水兵62名士兵被关押在彼得—保罗要塞的监狱里。③

尼古拉一世认为莫尔德维诺夫和斯佩兰斯基是十二月党人起义的背后主谋，他试图通过第三厅厅长本肯道夫（А. Х. Бенкендорф）绕过最高法庭找到他们与

---

① 1917年十月革命后，改名为十二月党人广场（площадь Декабристов）。
② *Мемуары декабристов. Северное общество.* М.：МГУ，1981. с. 15.
③ Там же. с. 329.

十二月党人联系的证据。① 最高法庭秘书巴罗夫科夫（А. Д. Боровков）在笔记中记录了对莫尔德维诺夫、斯佩兰斯基与十二月党人关系的询问，但这份文字记录随后被销毁。 斯佩兰斯基被任命为最高法庭的法官。

法庭审讯人犯来自北方协会的 61 人，南方协会的 37 人，斯拉夫人联盟的 23 人。 法庭首先判决十二月党人 5 位领袖彼斯特尔、雷列耶夫、卡霍夫斯基、谢尔盖·穆拉维约夫—阿波斯托尔、别斯图热夫—柳明死刑。 5 人将被砍去头和四肢，后由尼古拉一世于 1826 年 7 月 10 日下令改为绞刑。 其他罪犯归属 11 类，31 人被判斩首，17 人被判死刑同时剥夺公民和政治权利（политическая и гражданская смерть），16 人被判流放和苦役处罚，5 人被判 10 年流放和苦役处罚，15 人被判 6 年流放和苦役处罚，15 人被判流放处罚，3 人被判剥夺官职和贵族称号、流放西伯利亚处罚，1 人被判剥夺官职和贵族称号、降为士兵的处罚，8 人被判剥夺官职、降为士兵处罚。 1826 年 2 月 7 日，在华沙也建立了十二月党人叛乱行为的调查委员会，1826 年 12 月 22 日向波兰大公康斯坦丁提交了调查报告。

约 120 名十二月党秘密组织的成员未经审判就接受了各类处罚：关押、流放、降职、由警察监督、派往高加索与山民作战等。 对参加起义的士兵的审判是通过特别委员会进行的，对 178 名士兵提出申诉，23 名被判有罪并接受各种体罚，其余 4000 名士兵判罚去高加索从军。② 此外，在 1826—1827 年间，军事法庭还在不同时期将与十二月党人秘密团体没有直接联系但是倾向于他们思想的人流放阿斯特拉罕和奥伦堡。③

值得一提的是许多十二月党人的妻子和爱人们在紧要关头的大义选择。 有 121 名起义主要领导人被"最高法庭"判决流放。 沙皇尼古拉一世命令他们的妻子与"罪犯丈夫"断绝关系，为此沙皇政府有关部门还专门修改了不准贵族离婚的法律，只要哪一位贵妇提出离婚，法院立即给予批准。 出人意料的是，绝大多数十二月党人的妻子坚决要求随同丈夫一起流放西伯利亚。 迫于情势，尼古拉一世不得不答应了她们的要求。 但政府紧接着又颁布了一项紧急法令，对她们做出了限制：凡愿意跟随丈夫流放西伯利亚的妻子，将不得携带子女，不得再返回家乡城市，并永久取消贵族特权。 这意味着，这些素来生于官宦之家、生活优

---

① *Мемуары декабристов. Северное общество.* М.：МГУ, 1981. с. 52—61.
② Там же. с. 368.
③ Там же. с. 372.

渥、雍容高贵的贵族女性将永远离开金碧辉煌的宫殿，离开襁褓中的孩子和亲人，告别昔日的富足与优裕！ 但是，十二月党人的妻子们义无反顾，毫不迟疑地跟随着她们的丈夫走向了寒冷严酷的西伯利亚流放地，有的甚至长眠在那里。特鲁别茨卡娅（Екатерина Ивановна Трубецкая）是十二月党人特鲁别茨科伊的妻子。 当她终于来到贝加尔湖畔的伊尔库茨克时，省长规劝她回到彼得堡去，她却坚定地说："纵然我会死去，但并没有什么遗憾！ 我要去！ 我要去！ 我要死在丈夫的身边。"她被称为"第一个女十二月党人"（первая Декабристка）。尼基塔·穆拉维约夫的妻子穆拉维约娃（А. Г. Муравьева）经过数次申请才获得到流放地与丈夫相会的机会，当尼基塔·穆拉维约夫看到从莫斯科赶来的妻子时，对她讲："我对不起你。 你还是回莫斯科吧，我不愿你与我一同身受饥寒之苦。"穆拉维约娃回答说："为了我们的爱情，我要永远跟随你。 让我失去一切吧：名誉、地位、富贵甚至生命！"法国贵族女子皮埃尔·让·唐狄（Pierre le Dantu）在巴黎听说男友伊瓦谢夫（В. П. Ивашев）被流放到西伯利亚的消息，立刻以最快的速度赶到俄国，并向当局要求批准她到西伯利亚去男友人结婚，最终她得到了许可，她来西伯利亚流放地与伊瓦谢夫结婚，她的俄文名字是卡米拉·彼得罗夫娜·伊瓦谢娃（Камилла Петровна Ивашева），最后与丈夫双双病死并长眠在西伯利亚。① 达维多娃（А. И. Давыдова）是十二月党人达维多夫（В. Л. Давыдов）的妻子，是随夫流放西伯利亚的十二月党人妻子中最后一位辞世的（1895 年去世），她曾经表示："诗人们把我们赞颂成女英雄。 我们哪是什么女英雄，我们只是去找我们的丈夫罢了……" 十二月党人妻子们的故事，惊天地泣鬼神，是人类历史上一个最崇高的情感故事。

在仓促登上皇位和镇压了十二月党人起义之后，尼古拉一世即已获得"军棍沙皇"之称。 他没有感到轻松，他苦恼于各级官员对他的阳奉阴违，惊恐于国内

---

① 关于十二月党人妻子的研究，参见：Блохинцев А. Н. "Я люблю его почти с детства..."：［В. П. Ивашев и Камилла Ле-Дантю］//Блохинцев А. Н. *И жизни след оставили своей...* Саратов, 1985.； Богуславский И. Б. Перед мысленным взором：О жизни декабриста Ивашева и его жены Камиллы Ле-Дантю, о долге и любви//Богуславский И. Б. *Перед мысленным взором：Повести и рассказы.* Москва, 1989.； Веневитинов М. А. Роман декабриста//*Русская мысль.* Москва, № 10, отд. 1. 1885.；Камилла Петровна Ивашева//*Сподвижники и сподвижницы декабристов：*［Биогр. очерки］. Красноярск, 1990.；Камилла Петровна Ивашева, урожденная Ле-Дантю//*Жены декабристов：Сб. историко-бытовых статей.* Москва, 1906. Поездка в Туринск к декабристу Василию Петровичу Ивашеву в 1838 году：Воспоминание Г. М. Толстого, сообщ. А. П. Топорнин//*Русская старина.* СПб., 1890. т. 68. № 11.；Сергеев М. Камилла Петровна Ивашева//Сергеев М. *Несчастью верная сестра：О женах декабристов：Повесть.* Иркутск, 1982.

四起的各种谣言。1825年12月14日，尼古拉一世给哥哥康斯坦丁大公写信，一方面表示自己勉强继承皇位，一方面表达他的政治恐惧，"我亲爱的康斯坦丁，你的愿望得到了满足了。我成了皇帝，但这是什么代价啊，我的上帝。我的臣民血的代价！任何人都不能懂得我所经历的热辣辣的疼痛，我将在终生记住这一天。"①

1826年1月4日，尼古拉一世给康斯坦丁大公写信请他回彼得堡，以平息国内外对他们兄弟关系的传言。信中表示："我在各方面都非常欢迎您的到来，不管我们的会面是如何的不容易，尽管没有看到您，但是有不少传言，似乎您率领着军团向彼得堡进军。只有你的到来才能终止这些谣言和使之安定……"②

尼古拉一世执政后第一个举动颇具自由主义色彩，他允许诗人普希金返回彼得堡，任命著名自由派诗人茹科夫斯基为皇位继承人亚历山大二世的家庭教师。茹科夫斯基在他的日记中这样看待枢密院广场的政治事件："神灵保佑俄国，……按照神灵的意愿，这一天是清洁日子，……神灵庇护我们的祖国和帝祚。"③

亚历山大一世时代的皇位继承权问题及负面影响使尼古拉一世将皇位继承权视为亟待解决的重大问题。1826年1月28日，尼古拉一世签署法令，宣布根据1797年4月4日的《帝国皇统继承法》确定："首先，朕之命权在神庇护下，直至朕不在人世，直到继承人的法律年龄，亚历山大·尼古拉耶维奇大公④被确定为国家的统治者和不可分割的波兰王国的统治者，确定朕挚爱的弟弟米哈伊尔·巴甫洛维奇（Михаил Павлович）大公为芬兰大公。"⑤

1826年8月2日，尼古拉一世和皇后亚历山德拉在莫斯科克里姆林宫的乌斯宾斯基大教堂举行正式登基仪式。⑥ 主持登基大典的是诺夫哥罗德主教谢拉菲蒙

---

① Шильдер Н. К. *Царствование Императора Николая Первого*. В Приложении к журналу 《Нива》：《XIX》век, С. Петербург Изд-во А. Ф. Маркса 1901.

② Там же.

③ Жуковский В. А. Дневники, 1825//*ПСС и писем*. Москва, 2004. Т. 13. с. 239—240.

④ 即其长子亚历山大二世（Александр II Николаевич），1855年2月18日继承皇位，1856年8月26日正式登基。

⑤ Московские ведомости, 28 августа 1826, № 69, с. 27.

⑥ 原计划是在6月举行，后由于亚历山大一世的遗孀、皇太后伊丽莎白（Елизавет Алексеевна）于5月4日在图拉省的巴廖夫（Белёв）去世而推迟。

（格拉戈列夫斯科姆）和莫斯科都主教菲拉列特（德拉兹多夫），他们宣布："根据收藏于乌斯宾斯基大教堂的法令，……它由皇帝亚历山大·巴甫洛维奇签署……"①1827 年在巴黎出版了沙皇尼古拉一世和皇后亚历山德拉登基大典画册。

强化独裁体制

担任审查十二月党人的"最高法庭"秘书的巴罗夫科夫亲身经历了对十二月党人的全程审判，他与雷列耶夫、穆拉维约夫和彼斯特尔等人有过深度的交谈，他亲手整理并阅读了十二月党人的审讯报告。他深感俄国社会弥漫着上层与下层、皇室与贵族、俄罗斯民族与其他民族的敌对状态，未来俄国面临灾难。他给尼古拉一世写信，表达了自己的担心并提出建议："采取有效率的司法程序颁布法令，以树立法律的公正性。提高神职人员的道德修养；强化贵族们的地位；颁布肯定性文件，以促进工商业的复兴。对年轻人提供一个进步、而且适合所有阶层的教育。改革农奴制度，禁止赎买人口的非人道行为。重整海军舰队。总而言之，改革许多已经显现出来的混乱现象与独裁专断。"②

像亚历山大一世当年继位之初一样，尼古拉一世执政之初就在 1826 年 12 月 8 日建立了"秘密委员会"（негласный комитет），任务是审查亚历山大一世办公室留下的文件和研究国家机构改革问题。该委员会主席是科楚别依公爵，他曾是亚历山大一世的秘密委员会成员。委员会的成员还有斯佩兰斯基公爵、大臣会议和国务会议主席瓦西里奇科夫公爵、圣主教会公会总监戈利岑和彼得一世的亲信托尔斯泰公爵（П. А. Толстой）的重孙子、步兵少将托尔斯泰公爵（П. А. Толстой）。这个委员会前后存在五年，主要讨论三项议题：中央政府机构与地方机构之间的关系；地方政府机构功能及其改革；农民问题与社会阶层问题。

---

① *Сочинения Филарета Митрополита Московского и Коломенского.* Москва, 1873, т. I. с. IX—X.
② Крутов В. В., Швецова-Крутова Л. В. *Белые пятна красного цвета. Декабристы. В двух книгах. Новости прошлого.* Москва, 2001. с. 23.

尼古拉一世参加每一次的秘密会议，听取各方的汇报和建议。

三年后，秘密委员会提出了一项全面方案，它对行政与社会结构提出适度的改革规划，但不触及专制制度和农奴制度。方案对全国与地方的立法、司法和行政机构的职能做出明确划分。

其基本设想是：

1. 为保证沙皇权威和政令的通畅，建议将国务会议降格为咨议性的立法机构，削减其立法与司法权力。它的具体功能是阅读来自各部的公文，将失职的官员与案件上报沙皇。

2. 建议取消大臣会议，建立直属于沙皇的参政院，该部门成员除各部大臣外，沙皇还可以指派亲信作为他的耳目监督其功能。

3. 建议枢密院放弃行政职能，改名为司法参议院，成为全国最高法院。

秘密委员会提出的中央行政机构改革方案一方面立足于保障沙皇权力的绝对权威，另一方面也结合了三权分立的西方政治原则。它实际上是斯佩兰斯基1809年制定的《国家法典导言》基本精神的再次体现，但是仍然与尼古拉一世的政治理念相违背。因此，秘密委员会的改革方案基本上被束之高阁。1830年波兰起义中断了委员会的工作，秘密委员会随之解散。

尼古拉一世所有政务活动的主要目的就是巩固中央集权，尽可能地把所有权力抓在自己手中。为此尼古拉一世决定绕过普通的行政、军事和外交机构，由沙皇亲自掌握国家最高权力。1826年，他下令成立"皇帝办公厅"（собственная Его Императорского Величества канцелярия，缩写 собственная Е. И. В. канцелярия），该机构初由彼得一世建立，名为办公室（Кабинет）。在叶卡捷琳娜二世时期其职能有所变化。亚历山大一世正式确定该机构的名称"皇帝办公厅"，1812—1825年，阿拉克切耶夫统领该机构。

在尼古拉一世时期皇帝办公厅的职能具体化和分工精细化，下设6个部门。1826年起设立第一厅、第二厅、第三厅、第四厅、第五厅和第六厅等机构。第一厅负责皇帝的命令（приказ）、法令（указ）、诏书（рескрипт）的起草，监督上述沙皇文件和命令的执行情况，负责向沙皇提交报告和建议，具有总秘书厅的职能。1846年在第一厅下设立特别检查局，监督文职官员，1858年该局被撤。第一厅首任厅长是穆拉维约夫（Н. Н. Муравьёв）。

第二厅首设于1826年4月4日，原是国务会议"法律编纂委员会"

（комиссия составления законов），负责俄罗斯帝国司法工作。收集自 1649 年《法典汇编》(Соборное Уложение 1649г) 问世以来所有的政令与法案，按编年加以整理。1833 年，《俄罗斯帝国法律汇编》(Полное собрание законов Российской империи) 出版，此项工作对于完善俄国司法和促进俄国法律专业的发展起到重要作用。沙皇政府拨款 100 万金卢布用于建立专门的印刷所和支付招聘的 20—30 办公人员的工资。第二厅首任厅长是彼得堡大学校长兼法律系系主任巴鲁将斯基（М. А. Балугьянский），斯佩兰斯基实际主持工作。第二厅另一项重要任务是推动法律学在俄国的发展。1828 年根据斯佩兰斯基的建议，第二厅抽调彼得堡神学院和莫斯科神学院的 3 名大学生，1829 年抽调 6 名大学生。这些大学生在大学已经学过罗马法和拉丁文法，他们在第二厅实践一年半后，须通过第二厅的考试，然后派往柏林留学 3 年法律课程，回国后通过考试后获得法学博士学位。上述 6 人（有 3 人在留学过程中去世）在各大学法学教研室工作，从事法学著作翻译和教学，他们是俄国著名法学家涅沃林（К. А. Неволин）、克雷洛夫（Н. Крылов）、巴尔舍夫兄弟（Я. И. Баршев 和 С. И. Баршев）、卡拉梅科夫（П. Д. Калмыков）和列特金（П. Редкин）。

第三厅于 1826 年 6 月 3 日成立，该部门的职能是协调正规警察、秘密警察和思想暗探，以各种方式收集知识界的反政府信息，监督宗教异端团体，监视外国人和嫌疑人士。本肯道夫（А. Х. Бенкендорф）是首任厅长。

第四厅设立于 1828 年，负责皇太后玛丽亚设立的慈善机构、女子学校、庇护所和健康卫生工作。

第五厅设立于 1835 年，职能是处理彼得堡省的国家农民事务，首任厅长是基谢廖夫（П. Д. Киселев），第五厅在 1837 年被改组为帝国国有资产部（министерство государственных имуществ Российской империи）。

第六厅设立于 1842 年，专门负责高加索事务。

第五厅和第六厅是临时性的办事机构，而前四个办公厅一直存在到 1880 年，第一厅得以保留，第二、三、四厅被合并到其他部门。

在皇帝办公厅中第三厅最为神秘，在俄国政治中影响最大。

在俄国历史上长期有沙皇设立直属的秘密警察的先例。伊凡四世（Иван Ⅳ）执政时期设立的"特辖军"在全国实行恐怖统治，负责惩处反对沙皇的世袭贵族分子。特辖军身着黑袍，胯下骑黑马，马头上挂着狗头，马尾挂着扫帚，象征将沙皇的仇人咬死，将其扫地出门。 特辖军因有沙皇的特许令而横行于俄国各地。 阿列克谢（Алексей Михайлович）沙皇时代设立了"秘密事务局"，彼得一世时期设立近卫军普列奥布拉任斯基团，不过这些机构的任务主是局限在揭露各种对沙皇不利或不良的阴谋，不涉及对知识阶层和思想界的管理。

本肯道夫是普鲁士人，早在尼古拉一世继位前，他已经在俄国宫廷中任职，1798 年参加近卫军谢苗诺夫军团，并得到保罗一世赏识，1807—1808 年在俄国驻法国使馆工作。 本肯道夫参加过 1812 年反法战争，得以追随亚历山大一世身边。 十二月党起义后，他率领近卫军首先向尼古拉一世宣誓效忠。 1826 年 5 月，本肯道夫用法文撰写《建立高级警察机构计划书》。 他在计划书中指出普通警察部门因为组织腐败、警员素质低下，已经无法承担维护国家安全的职能。因此，必须建立一个具有对沙皇无限忠诚同时具有高超素质的警察人员队伍。他认为："每个值得受尊敬的人都愿意，也都感觉到政府有必要设立一只具有警戒心的警察机构，来维持公共治安与预防犯罪的侵扰。 旧体制的警察部门只会欺压普通百姓，疏远沙皇与人民的亲密关系。 新体制的警察部门将给诚实的国民提供安全感。 因此，只有重视道德修养的高素质警察，才会使得国内所有的文职与军事机构，把它当成是不可缺少的伙伴。"①他认为为避免贵族干预国家政治，防止反政府思想的宣传，必须要将这一特殊的警察机构纳于沙皇直属之下。

尼古拉一世对本肯道夫的计划书极为赞赏。 经过十二月党起义后，尼古拉一世认为最不可靠的部门是军队，最不可靠的阶层是贵族和知识分子，因此第三厅受命监视对象包括了政府高官、军队高级将领、各省贵族会议领袖、著名商人、旧礼仪派和东仪天主教派领袖、著名知识分子和外国访客。

1826 年 7 月 26 日，本肯道夫被任命为第三厅厅长。 尼古拉一世对他说："这就是给你的命令。 眼泪流的越多，就越能达到我的目的！"②尼古拉一世交付本肯道夫的一项任务就是监视诗人普希金。

第三厅的具体职能包括：

1.收集所有被监视者的反政府言论。

---

① Squire P. S. *The Department：The Establishment and Practices of Political Police in the Russia of Nicholas Ⅰ*. Cambridge University Press，1968，pp. 50—51.

② Шильдер Н. К. *Император Николай Ⅰ. Его жизнь и царствование*. СПб.，1903. т. Ⅰ. с. 467.

2. 收集国内各宗教异端组织和持不同政见者的活动情况。监视革命者、艺术家和科学家的活动。组织政治审查和调查，实施镇压措施（关押进彼得—保罗要塞、进行警察监督和驱逐等）。

3. 监视中央和地方机构官员，监视贵族团体。

4. 有权秘密逮捕或流放反政府分子。

5. 监督国内监狱的财政与管理。

6. 处理所有外国人在俄国居住、旅行、出入境事务。监视可疑的外国人。

7. 处理制造伪造钞票和邮票的行为。

8. 调查和判决隶属财政部和内务部管辖内的羁留案件。

9. 整理与警察事务有关的统计资料。

10. 处理所有事件的情报以及所有必须关注的事务。

新闻书报检查是第三厅的重要职能，也是上述职能的具体体现。1826年负责此项工作的人员为16人，1828年增加为20人，1842年增加为28人。在1828年，第三厅内负责书报检查事务的有4个科，1842年则增加为5个科。1828年颁布了第一个书报检查法，被同时代人称为"铸铁书报审查法"（чугунный цензурный устав）。

1826年6月25日，尼古拉一世下令建立宪兵团（жандармский полк），任命为本肯道夫为宪兵司令。宪兵团的职能与第三厅有较大重合，但主要任务是以武力和刑侦方式镇压各地和各阶层的反政府活动。本肯道夫将全国分为5个"宪兵区"，各省省长必须定期向本肯道夫汇报当地的政治和思想情况，遇紧急情况可直接向沙皇汇报，凡是直接上诉沙皇的案件，尼古拉一世都将亲自处理。1839年，宪兵团与第三厅合并，杜别里特（Л. В. Дубельт）与本肯道夫同为第三厅厅长。

本肯道夫还印制一份特殊的刊物，初名《公共民意调查》，后改名为《俄国境内的道德与政治情况》，每期刊登从各地区和各种渠道收集来的政治情况和民间呼声，专供沙皇尼古拉一世和有关人士阅读。本肯道夫认为公众舆论对于政府，就像地图对于战时的军队总司令一样重要。他邀请来自普鲁士的冯·沃克（M. I. von. Vock）担任这份刊物的编辑工作。本肯道夫在给沙皇的报告中说：在大学和寄宿中学的学生中，很多贵族"接受了幻想革命、相信在俄国能够实现立宪统治的充满自由主义的众多思想"。

本肯道夫在第三厅厅长任上一直干到1844年9月16日病逝，继任者是奥尔洛夫（А. Ф. Орлов）将军，他们的名字都是那个时代秘密警察和恐怖政治的象征。

沙皇亚历山大二世继位后，对第三厅的工作不甚满意。第三厅的控制能力只限于首都和几个大城市，在广阔的农村地区，第三处的势力无法有效涉及。1880年8月，亚历山大二世下令解散第三厅，另建立了国家警察局。

官方意识形态

声势浩大的十二月党人起义让尼古拉一世始终处在对革命的恐惧之中。即位之初，他在给法国大使拉菲翁（le Ferron）信中诉说："任何人都没有比我更需要成为尊严的法官。我将以不寻常的方式将不久我任命的近卫军团的军官们置于那个位置上。并且我不得不承认，如果没有神圣天意的庇护，对于我来说不仅不可能以正确的方式出现，甚至也难应付日常圈子要求我履行我现在的职责。"①尼古拉一世反对在俄国采用律师制，他质问："谁谋杀了法国，怎么没有律师呢……米拉波、马拉、罗伯斯庇尔和其他人是干什么的？没有！……只要我统治俄国，就不需要律师，没有他们照样活。"②

尼古拉一世亲自阅读十二月党人审讯记录，从中了解俄国反对派的主张和对政府与沙皇的指责。十二月党人几乎全部出身于贵族阶层，并且几乎全部都是现职近卫军军官。为向世人以示宽宏，尼古拉一世曾下令解除对普希金的流放，并于1826年9月亲自接见普希金。普希金直言不讳地表示他希望在12月14日那天和十二月党人站在一起。贵族的政治反叛让尼古拉一世开始怀疑身边的任何官员和大臣，使他对军队官兵产生极大的不信任。尼古拉一世在阅读"有害社会思想审查委员会"和"最高法庭"提交的调查和侦讯报告后顿感不寒而栗。

---

① Шильдер Н. К. *Царствование Императора Николая Первого*. В Приложении к журналу《Нива》：《XIX》век, С. Петербург Изд-во А. Ф. Маркса 1901.

② Из воспоминаний Н. М. Колмакова//*Русская старина*，1886，декабрь.

在第三厅的材料上记载：1826—1834 年间，全俄共发生 145 起农民暴动，1845—1854 年农民暴动超过 348 起。农民攻击地主的案件也呈日益上升趋势。1834—1854 年间共有 250 件，其中农民杀死地主 173 人。第三厅曾派出宪兵团前往 228 个地主庄园帮助平乱，其中的 38 次庄园暴动演变成了持续时间较长的农民战争。

民族意识在非俄罗斯民族中逐渐兴起。乌克兰是俄罗斯文化和国家的发源地，乌克兰族也是俄国第二大民族。乌克兰知识阶层在 19 世纪初形成。他们研究哥萨克的传统，强调乌克兰族是基辅罗斯的世系后裔而非俄罗斯族，因此乌克兰族是一个完全独立的民族，它有权拥有一个民族应该有的一切：国家主权或民族自治权。乌克兰知识阶层通过收集和整理乌克兰民间故事和民谣，以及用乌克兰语创作来整合民族意识。1805 年建成的哈尔科夫大学即是乌克兰知识阶层和乌克兰文化的第一个中心。1835 年弗拉基米尔大学成立之后，基辅变成了乌克兰文化的中心，乌克兰知识阶层的队伍随之壮大。这些知识分子努力改良乌克兰语，强调乌克兰具有悠久的历史和文化，歌颂哥萨克光荣的历史，强调哥萨克群体的自治权力和地位，以历史资源呼唤乌克兰人起来反对沙皇政府的压迫。乌克兰著名诗人谢甫琴科（Т. Г. Шевченко）在 1840 年出版了乌克兰文诗集《科布扎歌手》（Кобзарь），后创作长诗《海达马克》（Гайдамак），均以 18 世纪乌克兰农民斗争为题材。作品激烈反对沙皇政府对乌克兰的专制统治，歌颂反对俄国统治的哥萨克领袖，并且主张乌克兰自治。1847 年成立的"基里尔——梅福季兄弟会"（Кирилло-Мефодиевское общество）是乌克兰历史上第一个近代政治组织，它主张成立由乌克兰领导的以基辅为中心的斯拉夫联邦。第三厅破获了"基里尔——梅福季兄弟会"，将谢甫琴科流放西伯利亚服 10 年苦役。

尼古拉一世曾亲自审问十二月党人的秘友、并未参加起义活动的诗人拉耶夫斯基（А. И. Раевский），指责他们违背了贵族对沙皇的效忠和对国家的责任。尼古拉一世责问："你们的誓言何在？"拉耶夫斯基答复："陛下，荣誉高于誓言。没有了前者人无法生存，没有了后者人却照样可以过。"因此，尼古拉一世决计不遗余力地扼杀一切革命和进步思想。他告诉弟弟米哈伊尔大公："革命已经跨上了门槛，但是我发誓，只要我还有一口气，就绝不会让它在国内渗透。"

为了更好地控制思想，防止变革思潮的蔓延，尼古拉一世在 1833 年任命以保守闻名的圣彼得堡科学院院长乌瓦罗夫为教育大臣。

乌瓦罗夫在 1832 年初被任命为国民教育副大臣，负责调查国内教育状况，提出一套社会各阶层都适用的精神思想。乌瓦罗夫根据他在莫斯科地区的大学和中学调查的结果，在1833年11月写出一份详细的教育改革计划书。11月19日，这份报告书以《关于一些强化国民教育部管理的普遍原则》（О некоторых общих началах, могущих служить руководством при управлении Министерством Народного Просвещения）呈送尼古拉一世。乌瓦罗夫认为俄国学生的本质是好的，但正在接受各种不良思想的影响。他建议增加俄国历史的教学时数，让学生通过学习俄国历史和俄罗斯文化而增强民族自豪感，就可以自觉抵制来自西方的不良思潮的侵扰和激发人们盲目激动的神秘哲学与抽象的政治概念。此外，政府应该重视学生的道德教育，"在我们这个时代中，一个正确的基本教育，是要能对俄罗斯救星的东正教信仰（Православная Вера）、专制制度（Самодержавие）和国民性（Народность）的信条保持一个紧密的信仰。这些信条是保障俄国安全的最后铁锚，也是使我们伟大国家充满活力与最坚强实力的保证。"① 后来三个原则简称为"东正教"（Православие）、"专制制度"（Самодержавие）和"国民性"（Народность）。乌瓦罗夫的三个原则理论在保守主义思想家那里得到了赞扬，莫斯科大学历史学教授波戈金（М. П. Погодин）将三个原则称为"辟邪柱"（столпостены），由布尔加林（Ф. В. Булгарин）主编的《北方蜜蜂》（Северная пчела）全文发表了乌瓦罗夫这份报告书。②

尼古拉一世对乌瓦罗夫的建议极为欣赏，尤其是"专制制度""东正教"与"国民性"的提法极其符合尼古拉一世的政治愿望，符合帝国基本法中的主旨，"全体俄罗斯人的沙皇是个专制的、不受限制的君主。上帝亲自命令我们服从沙皇的最高权威，不只出自恐惧，也出自良知。"尼古拉一世立即在1833年3月任命乌瓦罗夫为国民教育大臣。乌瓦罗夫颁布了多项法令，禁止贵族子弟去西欧留学，禁止从西欧进口书籍，停止在大学给学生们讲授哲学，颁布了严厉的报刊审查法令，被世人称为"铸铁书报审查法"。后来根据这项法令，干脆禁止发表任何带有政治观点的文章。

19世纪俄国一些大学里通用的数学教程中荒唐地规定："直角三角形的弦是

---

① Уваров С. С. Десятилетие Министерства Народного Просвещения (1833—1843). СПб., 1864. с. 2.

② Вортман Р. «Официальная народность» и национальный миф российской монархии XIX века// РОССИЯ/RUSSIA. Вып. 3（11）: Культурные практики в идеологической перспективе. Москва, 1999. с. 233—244.

真理与和睦、法制与仁爱相遇的象征,通过神与人之间的中介人,把天堂同尘世、天上与地下相联结。"①1850 年,俄国国民教育大臣希林斯基—希赫玛托夫(П. А. Шилинский-Шихматов)公爵宣布:"哲学的益处尚未得到证明,而它的危害倒是实际可能的。"②大学的哲学教研室被撤销,只允许有条件地讲授逻辑学和经验心理学,并由神学教授来讲授。哲学到 1860 年才重新被列入教学大纲。

泛斯拉夫主义(панславизм)是 18 世纪末 19 世纪初产生于西部斯拉夫各民族中的一种民族思潮和文化运动,同时"也是有意识地引向寻求种族血亲关系的共同根源,也是心理和政治需要的产物。"③西部的斯拉夫民族(捷克人、斯洛伐克人等)长期处于奥地利的殖民压迫之下,一些知识分子呼吁斯拉夫各民族以斯拉夫人共同的民族起源、民族历史、民族语言和民族文化为纽带,建立斯拉夫各民族的联邦国家,联合对付外敌的侵略和殖民压迫。由于斯拉夫各民族居住的分散和力量的弱小,相当多的斯拉夫民族自然地把联合斯拉夫人、摆脱异族统治和建立斯拉夫国家的希望寄托在政治经济独立并且国际地位处于上升阶段的俄国身上,从而为沙皇政府宣扬和利用泛斯拉夫主义创造了条件。泛斯拉夫主义的兴起正好切合了俄国国内甚嚣尘上的俄罗斯民族主义浪潮,沙皇政府和俄罗斯民族主义者从民族沙文主义的立场出发,把俄国看作是斯拉夫世界的领导者和主宰者。哲学家达尼列夫斯基宣扬"每一种斯拉夫人:俄罗斯人、捷克人、塞尔维亚人、克罗地亚人、斯洛文尼亚人、保加利亚人(我也想把波兰人包括在内)——以上帝和他的神圣的教会的名义——斯拉夫世界的思想将组成一个崇高的理想,高于学术,高于世界的财富……"④

俄国保守的知识界人士从大俄罗斯主义和泛斯拉夫主义出发,强调俄国与俄罗斯民族的特殊作用,在客观上为沙皇政府开拓疆界创作了适宜的理论环境。著名评论家兼哲学家波特金(В. П. Боткин)直接引用德国思想家谢林和黑格尔的唯心主义思想,强调世界上存在着一种不可抗拒的"绝对精神",它往往在"上帝的选民"身上得到体现,这些民族注定要实现"某种'神'所赋予的历史

---

① 涅奇金娜:《十二月党人》,黄其才等译,商务印书馆,1989 年,第 12 页。
② 洛斯基:《俄国哲学史》,贾泽林等译,浙江人民出版社,1999 年,第 218 页。
③ 赫坦巴哈:《俄罗斯帝国主义》,吉林师范大学历史系翻译组译,生活·读书·新知三联书店,1978 年,第 94 页。
④ Данилевский Р. Я. *Россия и Европа*. Санкт-Петербург, 1996. с. 345.

使命",而俄罗斯民族即是这类被上帝选定的优秀民族。① 教育大臣乌瓦罗夫说:"自从我们的国家建立以来,我们俄国人这个盛名,已经而且正在被千百万人在他们的社会生活中所反复传诵,难道我们对俄国人这个荣誉不感到更光荣吗?……俄国人民……保持了我们先辈的信仰、语言、风俗、习惯和全部的民族性。"② 史学家卡拉姆津声称:"俄国,我们的祖国,26 个不同的部族——他们血液汇合组成一个单一的民族——祖国,统一在单一的皇权之下,正在大踏步地走向文明,走向人类的共同目标。"③ 著名无政府主义者巴枯宁在给沙皇尼古拉一世的忏悔书中也曾劝说沙皇政府应该高举泛斯拉夫主义的旗帜,那样所有的斯拉夫人就会"遵从陛下的意志,他们同奥地利、普鲁士领域内一切操斯拉夫语言的人们,都将欢欣鼓舞、高高兴兴地置于俄国鹰的宽大双翼下面,不仅全体一致地去反对誓不两立的德意志人,而且向整个西欧方面前进。"④

为此,曾经是泛斯拉夫主义拥护者的捷克学者哈夫里切克(Carrel Havlicek)在俄国旅行后为甚嚣尘上的俄罗斯民族主义而惊叹,他写道:"俄国的酷寒气候和俄国生活的其他方面都使我心里仅有的一颗泛斯拉夫人之爱的火花熄灭了",因为"他们相信,有朝一日他们要控制一切斯拉夫的国家!!……以便之后能够重新说俄国人以代替斯拉夫人……"⑤

沙皇政府加强新闻与书报审查制度,以此来扼制进步思想的传播。

尼古拉一世虚伪地宣布现行的书报审查制度不适用于普希金本人,普希金有完全的创作出版自由,普希金的作品由他本人亲自负责审查。 尼古拉一世当着周围的人盛赞普希金,把普希金称为 "俄国最聪明的人"(умнейший человек России)。 1828 年,尼古拉一世下令停止对普希金作品《加夫利拉达》(Гавриилиады)的审查。 普希金在《立场》(Стансы)和《致朋友》(Друзьям)中对沙皇尼古拉一世的虚伪做法进行了抨击。 1834 年 4 月,第三厅审查普希金写给妻子的信并交给沙皇审阅,普希金得知后非常生气,他日记中写道:"我们政

---

① Васецкий Г. С. *Очерки по истории философской и общественно-политической мысли народов СССР*. Москва, 1955. т. 1. с. 380.

② 赫坦巴哈:《俄罗斯帝国主义》,吉林师范大学历史系翻译组译,生活·读书·新知三联书店,1978 年,第 108 页。

③ Русская старина. СПб., 1871. т. 3. с. 307.

④ 《巴枯宁言论集》,人民出版社,1977 年,第 332 页。

⑤ 赫坦巴哈:《俄罗斯帝国主义》,吉林师范大学历史系翻译组译,生活·读书·新知三联书店,1978 年,第 103 页。

府的工作习惯是多么不道德,警察偷看丈夫写给妻子的信并送给沙皇,而沙皇也居然不羞于承认。"在5月21日的日记里,普希金讽刺说:"在我们这里,少尉太多,而彼得大帝太少"。1837年1月普希金在与决斗中重伤而死后,沙皇政府又恢复了对他的作品的审查。①

依据1826年书报检查法,书报检察官在中学数学教科书中发现了问题,即在作业文本中发现数字中有3个符号,就认为是值得怀疑的现象。 审查委员会主席布图林(Д. П. Бутурлин)甚至认为应该从圣母故事中删除一些句子,因为有"反抗残酷和无情的统治者的驯服"的字眼。 恰达耶夫于1837年在《望远镜》上发表《哲学书简》,该杂志随即被查封,该杂志的出版人纳杰什金流放,恰达耶夫被宣布精神失常。 尼古拉一世还下令禁止在俄国舞台上演德国剧作家席勒(Friedrich von Schiller)的作品《阴谋与爱情》。 1852年,作家屠格涅夫被捕,罪名是为果戈理写的悼词中有反政府的内容,此外书报检查官还将他的《猎人笔记》视为有害的作品。 莫斯科省长扎科列夫斯基伯爵(А. А. Закревский)认为《猎人笔记》"反映了对消灭地主的决定性的倾向"。 1850年尼古拉一世下令禁止上演奥斯特洛夫斯基(А. Н. Островский)的剧作《自己人——联合起来!》(Свои люди-сочтёмся),尽管最高审查委员会认为这部作品本身没有问题。

即使思想保守的历史学家波戈金主编的《莫斯科人》(Москвитянин)同样是审查的对象,并且他终因发表库科里尼克(Н. В. Кукольник)的剧作《蝙蝠》(Денщик)而被审查。 1834年《莫斯科电讯》(Московский телеграф)杂志被查封,原因是发表了库科里尼克的作品《上帝之手拯救祖国》(Рука Всевышнего Отечество спасла),该刊主办人波列沃依(Н. А. Полевой)被处罚。 教育大臣乌瓦罗夫表示:"这份杂志是革命的导体,它在连续几年内传播破坏性的规则。 它不热爱俄罗斯。" 1837年《圣彼得堡公报》(Санкт-Петербургская ведомость)上发表了一篇文章谈到法国皇帝路易十八谋杀案,本肯道夫立即通知教育大臣乌瓦罗夫,认为"公报上发表这样的信息是非常不合适的,尤其还是政府出版的报纸"。 在克里米亚战争期间,政治观点较为保守的诗人丘特切夫(Ф. И. Тютчев)歌颂沙皇和俄国军队的两篇诗作成为官方注意的对象。 他的作品《预言》(Пророчество)中"君士坦丁堡索菲娅大教堂上的十字架"和"全斯拉夫人

---

① 当代普希金传记作家拉耶夫斯基(Н. А. Раевский)证实,尼古拉一世在1837年2月3日至4日写给妹妹玛丽娅(Мария)和安娜(АннаПавловна)的信中表示要以激烈的法国方式对付普希金。参见:Раевский Н. А. *Избранное*. М.:Художественная литература, 1978, с. 486.

的沙皇""现在你不安静"等句子被删除，原因竟是审查官认为上述句子"语气尖锐"。①

工商业发展

直至 19 世纪中期，俄国仍然是以农民为基本居民的农业国家。俄国出口产品以原料和食品为主，从英国、法国、普鲁士等国进口则以奢侈品和少量工业品为主。俄国的钢铁与铜业生产因价格和质量因素，完全无法与英国同类产品进行竞争。

在拿破仑战争后，俄国在国际事务上已经扮演极其重要的角色，但在经济上却大大落后于欧洲他国。早在 1822 年，俄国就采取了高关税政策，在 1823 年康克林（Е. Ф. Канкрин）就任财政大臣之后，重商主义意识之下的高关税政策更加强化，其目的是增加税收减少出口，并非为了保护本国工商业。尽管经济严重落后，在尼古拉一世统治的 30 年内，俄国仍有贸易顺差，主要是依赖谷物出口而致。

在俄国历史上政府对工业的关注和政策推动起始于尼古拉一世时代。英国和法国等欧洲国家已经完成工业革命，俄国工业根本无法与其竞争。② 俄国工业产品基本还是原料生产，几乎所有的工业产品都要从欧洲进口。到尼古拉一世

---

① Тютчев Ф. И. *Стихотворения. Письма*. Москва，1987. с. 470，472.

② 关于俄国工业革命起止时间，苏联权威历史学家斯特卢米林（С. Г. Струмилин）院士认为正是从尼古拉一世执政时代开始了俄国工业的大转折以及工业革命。(参见：Струмилин С. Г. *Очерки экономической истории России*. Москва，1960. с. 443，445；美国著名史学家沃伦斯坦（Immanuel Maurice Wallerstein）认为尼古拉一世统治时期实行贸易保护主义政策，促进了俄国民族工业迅速发展。他认为俄国经济的进一步发展，走不是同时期在亚洲、非洲和拉丁美洲走的道路，而走上了与欧美国家安全一样的道路——工业化道路。(参见：Wallerstein I. *The Modern World-System III. The Second Era of Great Expansion of the Capitalist World-Economy*，1730—1840s. San Diego，1989. p. 152.）；中国学者大多主张俄国工业革命始于 19 世纪 30、40 年代，止于 19 世纪 80 年代末。詹方瑶主张俄国工业革命始于 19 世纪 30 年代，理由是当时已具备成熟的条件：(1) 工场手工业发展、社会分工扩大、雇佣劳动关系出现；(2) 资本原始积累发展；(3) 西方先进技术的引进。他指出，到 19 世纪 80 年代末，俄国资本主义国内市场的形成标志着工业革命的最终完成（参见：《试论俄国产业革命的道路》载《郑州大学学报》1984 年第 1 期），陶惠芬也持这一观点（《俄国工业革命中的对外经济关系》载《世界历史》1994 年第 3 期）。张恩博则认为虽然俄国于 19 世纪 30 年代在棉纺织业中已引进英国机器，但并未引起其他部门技术提高和使社会阶级关系发生明显变革。他主张把 1861 年作为工业革命的开端，他还认为直至十月革命前俄国生产工业母机的机械制造业仍属空白，因此在沙皇俄国时代并未完成工业革命（参见：《俄国工业革命刍议》，载《沈阳师院学报》1984 年第 2 期）。

统治末期，这种情况已经发生了巨大的变化。在俄国历史上首次引入先进技术和竞争性的行业，尤其是在纺织业和制糖业，金属制品、服装业、木材业、玻璃业、陶瓷业、皮革和其他传统产业的产品迅速增加，已经开始独立制造机器和工具，包括制造机车。由于政府大量引入先进机器（机械织布机、蒸汽机等），俄国生产率大幅度提升。从1825年到1863年，俄国工人人均生产率增长了3倍，从1819年至1859年，俄国棉花产量增加了近30倍，1830年至1860年，机械工业产品量增加了33倍。①

俄国地域广大，矿藏丰富，南俄的顿巴斯、巴库、沃罗涅什都蕴藏着丰富的煤、石油和铁等资源。早在18世纪末俄国科学院的普鲁士籍院士帕拉斯（Peter Simon Pallas）等人就在巴库进行了矿产资源的调查，确定这里蕴藏着丰富的石油。19世纪上半期石油与煤炭业已经开始发展，但在规模和产量方面极为落后。巴库地区的石油被大规模开采还是在19世纪70年代以后。

在工业领域农奴劳动力迅速被自由劳动力取代，沙皇政府为此做了较大的努力和政策推动。1840年，俄国推行了由国务会议起草和尼古拉一世签字批准的改革措施，宣布关闭所有使用农奴为劳动力的工厂。仅在1840至1850年期间，100多家上述类型的工厂被关闭了。在18世纪后半期到19世纪初，农奴工人数量超过30万，到1851年，这个数字下降到12000—13000人。② 一些地主鼓励农民从事工商业以获得额外收入，最富有企业和致富精神的农民积累资金，建立工厂和商店，并且向地主交纳巨额赎金而获得人身自由。有些农民成为未来大企业的领导人物，如彼得堡的纺织业资本家谢列梅基耶夫家族（Шереметьевы）和莫斯科的纺织业资本家莫洛佐夫家族（Морозовы）。

在工商业企业经营过程中，旧礼仪派教徒和犹太人发挥了特殊作用。他们因社会歧视和政治迫害而被迫从事上流社会所鄙视的经济活动，于是形成了旧礼仪派控制俄国纺织业，犹太人控制银行业、零售业和酒类销售业的局面。

根据官方统计数字，工业企业数目在1804年大约为2400家，到1860年增加到15400家。但上述企业雇用工人超过百人的不到10%。工厂工人数量从1804年的95200人增加到1825年的210600人，到1860年达到56500人，这些工人包括了自由身份者和农奴农民。苏联学者认为此数字是不准确的，因为许多工人

---

① Струмилин С. Г. *Очерки экономической истории России*. Москва, 1960. с. 401, 426—427.
② Там же, 428—429.

只是季节性工人,春秋两季农忙时返回乡村,农闲时才会来工厂做工。 苏联学者给出的数字是1804年工人总数为225000人(自由身份工人占27%),1860年工人总数为862000人(自由身份工人占56%)。①

19世纪初期,俄国主要工业部门仍是羊毛、亚麻、棉化、纺织、皮革加工、甜菜为主的制糖业。 羊毛纺织主要为军需所设立,工厂大多就近设在农村,经营者多为旧礼仪派教徒。 1804年此行业工人人数为29000人,1860年已达到120000人。 棉花纺织业发展较为迅速,1804年该行为工人人数仅为8000人左右,到1860年上升为153000人。② 俄国长期依赖英国棉布进口,1807年俄法对英国进行贸易封锁后,迫使俄国发展自己的棉布制造业以补民用和军用所需。 19世纪40年代后,英国新型纺纱机大量进入俄国,导致棉纺织业欣欣向荣,不仅满足了国内所需,而且开始供应中东和中国市场。

19世纪上半期,俄国公路和铁路建设迅速展开,莫斯科至彼得堡公路、莫斯科至伊尔库茨克公路、莫斯科至华沙公路均建成。 1837年建成了从彼得堡到皇村的第一条铁路,沙皇尼古拉一世亲自主持了铁路开通典礼,他本人亲自登上火车头,向炉子里添了几锹煤,鸣响了汽笛,他担任俄国第一位司机的角色,并将火车缓缓驶出站台。 1842年俄国开始建设连接彼得堡和莫斯科的铁路,并于1852年建成通车。 美国工程师惠斯特(G. W. Whistler)建议俄国采用比欧洲更宽的轨距以有利于运输,当时世界各国的铁路轨距并未标准化,俄国采用5英尺轨距,大多欧洲国家采用的是4英尺8.5英寸的轨距。 到1855年,俄国已建成铁路里程约1000公里。③ 但是,财政大臣康克林对铁路建设极不热心,他认为铁路不仅无利可图,甚至完全是奢侈品,而且铁路会使人隔绝于大自然,更会增加青年人云游四方的浪荡之风气。

工业的迅速发展导致新兴城市数量和城市居民人口迅速增加,尼古拉一世时期的城市居民人口增加了2倍以上,从1825年占全国居民人口比例的4.5%增长到1858年的9.2%。④

---

① Хромов П. А. *Экономическое развитие России*. Москва,1967. с. 31. 34—35. 40. 42.

② Там же. с. 31.

③ Blum J. *Lord and Peasant in Russia. From the Ninth to the Nineteenth Century*. New York,1964. p. 283.

④ Рожков Н. *Русская история в сравнительно-историческом освещении (основы социальной динамики)*. Москва-Ленинград,1926—1928,т. 10,с. 7,274—275.

五

康克林币制改革

康克林(Georg Ludwig Cancrin)原是日耳曼人,他在普鲁士接受了古典教育,后来毕业于普鲁士马堡大学法律系,1797年移居俄国,初时在外交部和军需部工作,由于阿拉克切耶夫的推荐,于1823年4月担任俄国财政大臣,并且在这个职务上工作到1844年。康克林主张重商主义,反对自由贸易,他代表了尼古拉一世时期的保守经济政策。他的金融政策是反工业化的,他拒绝国家直接给工业企业贷款。他反对赤字预算或私人银行,莫尔德维诺夫曾主张开放省级私人银行,遭到康克林的坚决反对。康克林实施高关税政策以保护本国工商业,但主要着眼点是税收而非俄国工商业本身。

在斯佩兰斯基1908年拟定的《国家法典导言》中强调"确认银卢布为真正的货币单位",随后在1810年6月20日亚历山大一世签署法令下令将银卢布确定为法定货币,开始了向银本位制的过渡。然而,随着1812年斯佩兰斯基的失势,新任财政大臣古列耶夫(Д. А. Гурьев)即停止了币制改革,重新大量发行纸币,国家财政再度恶化。

1823年4月,康克林就任财政大臣后,俄国财政政策急剧改变。政府停止纸币赎回工作。康克林认为,采取提升卢布汇率的措施只能给国家和社会民众带来极度的不方便,国家会为此付出昂贵的代价。

从1823年起,纸卢布对银卢布的汇率曾先后几次上扬,比价一度涨到1∶28.5银戈比。1818—1823年采取的过剩纸币回收政策以及国内市场对货币资金需求的增长,导致金、银币进入流通领域。此外,这时期国家黄金和白银开采量的增加直接导致贵金属铸币数量的增加,1811—1840年共铸造4.399亿银币和1.34亿金币[①]。良好有利的国际收支平衡确保了纸币汇价的攀升。1810年,沙皇政府实行禁止关税,采取高额税率的办法阻止外国商品大量进入俄国市场。1822年俄国再次实行关税保护政策以维护大贵族企业家和地主的利益,也有力地

---

① Сборник Статей Денежная Реформа в России. История и Современность. Москва, 2004. с. 114.

保证了对外贸易的出超。随着商品货币关系的发展,国家税收也增加了。19世纪30—40年代的俄国开始了工业化的进程,国内市场日益扩大。到30年代末,国内财政状况改善为实施银本位制改革创造了前提条件。

1839年7月1日法令宣布施行币制改革,同时还命令成立特别存款银行。该银行可以办理硬币储蓄业务并发行信用券,持信用券者可按面值兑换成硬币。由于施行币制改革,银卢布成为主要货币结算单位,而纸币,在维系固定汇率1银卢布:纸卢布=1:3.5的情况下,只起到辅币作用。

截至1840年初存款银行开始经营时,俄国政府成功地完成了硬币储备。国库白银储备量的日渐增加无疑在许多方面促进了19世纪20—40年代出口贸易的顺利发展。可是就在同一年,俄国经历了粮食歉收以及信用体系危机,主要粮食价格上涨,存款开始大量从信贷机构流出,银行濒临破产。况且,为了弥补预算赤字,除了向外借款外,沙皇政府还决定向国家银行大肆举债,这成为国家内债迅速增长的主因。面对严重的信用危机,1841年7月1日颁布新诏书,准许发行储蓄金库和国家贷款银行的信用券3000万卢布,新纸币价值等同银卢布,可以在市面上流通,也可以与硬币兑换。稍晚些时候,政府允许用部分由贵金属担保的信用券发放不动产抵押贷款,但是,因害怕信用券贬值,所以政府对此类贷款的发放多加限制。1843年6月1日,政府又例行颁布题为《关于用国家信用券替换纸币和其他货币单位》的诏书。为此,财政部专门成立了国家信用券发行处,而先前储蓄金库和国家贷款银行的信用券停止发行并退出流通领域。1848年1月1日,国家纸币发行银行及存款银行予以取缔,其资金和业务被移交给国家信用券发行处。

至此,自叶卡捷琳娜二世开始发行的纸币已基本退出流通领域,结束了纸币币值经常波动的局面。1839—1843年币制改革成为尼古拉一世在国家财政、信贷领域进行的唯一一次根本性变革。

康克林的币制改革以及创建的货币制度,更多地具有复本位制特征[①]。首先,金、银两种货币都可以自由熔化和自由铸币,国内可铸金币,也可以流通使用金币,传统上仍然使用金币作为国际贸易的清算手段。其次,政府依法规定金币和银币之间的固定比价,即按照法定比价流通和交换,一个帝俄金币相当于10.3银币,半个帝俄金币为5.15银币。第三,两种货币都可与信用券按照一定

---

① 即同时认金银作为本位货币的货币制度,在欧美资本主义发展早期较为流行。

官方牌价自由兑换,信用券含金版和银版。

康克林币制改革暂时巩固了沙皇俄国的货币流通,对工商业发展起到一定促进作用。这种货币制度只存在到克里米亚战争(1853—1856 年)。战争几乎摧毁了俄国的货币制度,引发了新一轮通货膨胀。1853—1856 年,财政赤字高达 7.96 亿卢布,超过每年国库收入的 2 倍。为弥补赤字,沙皇政府被迫再次采用增量发行信用券的办法:从 1853 年的 3.114 亿卢布增至 1858 年的 7.353 亿卢布,共发行 4.239 亿卢布的信用券,流通中的纸币数量增长了 2 倍多,大部分流通中的纸币没有辅币基金保证①。1854 年 2 月 27 日,沙皇政府禁止金币自由输出,紧接着停止了信用券与金币的兑换。1854 年,信用券与银币的兑换出现长时间的间断,对银币的贴水也增加了,信用券与银币的兑换很快就完全停止了。这种状况连同大规模地发行信用券等因素导致商品价格的上涨。

基谢廖夫改革

基谢廖夫(П. Д. Киселёв)于 1788 年出生于莫斯科一个古老的贵族家庭,童年时代接受了非常好的家庭教育。1805 年进入俄国军队服役,1807 年起参加骑兵与拿破仑军队作战,在 1812 年战争中参加了最重要的 26 场战役。1814 年,他被沙皇亚历山大一世任命为随身副官,陪同沙皇参加了维也纳会议,深得亚历山大一世的信任。基谢廖夫喜爱文学,普希金、维亚泽姆斯基、卡拉姆津和罗斯托普钦(Ф. В. Ростопчин)是其好友。青年时代,基谢廖夫深受法国启蒙思想影响,主张"开明专制"废除农奴制,同情南方协会的十二月党人,与十二党人领袖彼斯特尔有较深交往。在 1828—1829 年俄土战争后,他曾担任俄国驻摩尔达维亚和瓦拉几亚两公国总督,在当地尝试进行了农民改革,外交大臣涅谢里罗德评价基谢廖夫"为各阶层居民的有效和正确管理进行了有益的尝试"。1834 年,基谢廖夫被授予陆军少将军衔。1834 年,基谢廖夫以改革家的形象返回俄罗斯,普希金在日记里称赞他:"他有可能是我国国务活动家中最著名的人"。

---

① Власенко В. Е. *Денежная Реформа в России*. 1895—1898 гг. Киев, 1949. с. 15.

基谢廖夫曾是农奴制的反对者,但是他坚持农奴制废除必须走渐进的道路,他认为"让农奴制自我渐进消亡而不至于国家震荡"是最好的选择。 1836 年,他被任命为第五厅厅长。

1816 年 8 月 27 日,基谢廖夫就提供给亚历山大一世一份详细的农民解放方案,它已经概述解放农民问题的主要努力方向:依据法律调整农民和地主的关系;农民连带土地获得人身自由;小土地所有者应该提供国有土地;农民解放应该采取渐进的方式。① 他的方案并未引起亚历山大一世的重视。

1826 年,基谢廖夫驻军乌克兰。 他详细地调查了基辅省发生的农民起义,并写成了报告书。 他开玩笑说使用了妻子管理庄园的经验。 他认为农民暴动的根本原因是忽视了农民自己的要求和权利。 他认为应该根据"人的力量和可能"规定一个最高限度,包括农民必须向地方承担的义务、农民劳动的天数、土地税应该取代人头税等。②

尼古拉一世在其执政之初就建立了"秘密委员会",以研究农民问题和农民改革方案。 1835 年,尼古拉一世成立新的"秘密委员会",任命基谢廖夫专门研究农民问题。 基谢廖夫认为农民解放必须连带土地,并且需要国家政策和有关部门的积极配合。 基谢廖夫在斯佩兰斯基的帮助下,提出了逐步废除农奴制的方案:首先对国有土地和地方庄园同时进行改革,提高国有农民的经济地位和法律地位,确定地主农民的份地和义务,使其地位与国有农民的地位趋于一致。

1837 年,他被任命为国有财产部(министерство государственных имуществ)首任大臣,国有财产部接受了原属财政部管理的众多事务,其中最重要的是国有农民的管理。 从 1796 年到 1855 年,俄国人口数量迅速增长,从 3720 万增加到 5920 万,如果加上波兰、芬兰与高加索地区人口数量达到 7270 万。③ 1795 年,全俄农民人口数量为 3260 万人,占全国人口比例的 90% 以上,1857 年,全俄农业人口数量为 4840 万人,占全国比例的 84%。 1838 年至 1841 年,基谢廖夫进行了国有农民管理改革,设立了 4 级管理系统:省(губерния)、县(округ)、乡(волость)和农村公社(сельское общество)。 在农村地区,设立兽医、医生和

---

① Готье Ю. *Граф Павел Дмитриевич Киселёв*//*Освобождение крестьян. Деятели реформы*. Москва, Научное слово,1911. с. 53—88.

② Ружицкая И. П. Киселёв Д. — «начальник штаба по крестьянской части »//Ружицкая И. *Просвещённая бюрократия*(1800—1860-*е гг.*). Москва, Институт российской истории РАН, 2009.

③ Водарский Я. Е. *Население России за* 400 *лет*. Москва, 1973. с. 54.

解决饥荒的粮仓，目的在于增加税收的数额和加强政府对农民的监管。此项改革在农村受到较激烈的抵制，主要原因是农民习惯于传统的村社制度和自我管理，不习惯于自上而下层级展开的行政管理方式。

为解决农民和牲畜口粮问题，基谢廖夫政府在全俄范围内广泛推行土豆种植。他下令建立专门学校，教授农民土豆种植技术，这类学校被称为"基谢廖夫学校"（киселёвские школы）。然而，大多数的农民尚不熟悉土豆的价值，导致了在乌拉尔、伏尔加河地区和其他地区的大规模骚乱。这场骚乱史称"土豆暴动"（картофельные бунты）。1843年，强制种植土豆的法令被废除。这项改革遭到各方的反对，地主担心国有土地扩大侵害私有土地者利益；农民反对行政方式的管理；自由主义者批评基谢廖夫是以行政权力管理农民，而不是给农民自治权力。①

1839年，基谢廖夫领导的"秘密委员会"提出了"财产登记"方案，即在西部地区对地主农民实行"财产登记"，以确定农民份地和义务的限额，目的在于保障地主土地所有制的前提下，根据地主和农民的协议，使农民获人身自由。获得自由后的农民，可以按法定标准，以服劳役或缴纳代役租的形式长期使用份地。因这项调查是由时任西部省长的比比科夫（Д. Г. Бибиков）进行的，因此被称为"比比科夫登记"（бибиковский инвентарь）。这一政策也被历史学家们视为反波兰和限制这一地区的波兰贵族利益的。②

1842年4月2日，尼古拉一世签署《关于义务农民法令》（Указ об обязанных крестьянах）③，成为未来废除农奴制的基础。法令宣布禁止流放农民服苦役，禁止单纯而不是连带土地出卖农民，农民获得购买地产权利。法令授权地主和农民在协商之后订立协议：农民在得到地主同意后，可以获得人身自由；农民支付一定的租税就可以耕种地主的土地。然而，1000万农民中只有24000人根据这项法令获得人身自由。由于俄罗斯地主的激烈反对，基谢廖夫的改革方案在俄国本土被中止。但是"财产登记"却在乌克兰的三个省——基辅、沃伦和波多利亚省进行，那里的土地主要归波兰地方所有。乌克兰农民从改革

---

① Готье Ю. Граф Павел Дмитриевич Киселёв//Освобождение крестьян. Деятели реформы. Москва, Научное слово，1911. с. 77—79.

② Улащик Н. Н. Введение обязательных инвентарей в Белоруссии и Литве//Ежегодник по аграрной истории Восточной Европы. Таллин：АН СССР，1959. с. 256—277.

③ Готье Ю. Граф Павел Дмитриевич Киселёв//Освобождение крестьян. Деятелиреформы. Москва, Научное слово，1911. с. 76.

中获得了好处。基谢廖夫曾设想在1840—1844年间，将有100万宫廷农民获得人身自由，并设想这将引发其他阶层农民的解放。但这一设想并未实施。1844年法令农民首次被允许拥有土地和不动产。

1836年，基谢廖夫领导下的国有财产部对全俄50个省中的47个省的国有农民进行了一次普查。调查结果显示，农村地区尤其是西部及边境省份存在着严重的酗酒问题，农民酗酒引发了严重的社会和经济问题。基于此，基谢廖夫1837年向国务会议提出，要解决农民的酗酒问题必须限制包税商的权力，减少酒馆数量。但财政大臣康克林并不赞同基谢廖夫的观点，认为减少酒馆数量会导致政府收入锐减[①]。双方各执一词，基谢廖夫提出用酿酒生产税和酒馆营业税取代包税制，而康克林力主将大俄罗斯行省的包税制扩展到西部及边境省份，原因是俄国找不到可以诚信征税的官吏，两种观点的争论一直持续到包税制废除前夕。

按照枢密院划分的权限，国有农民是国家财产部的一个重点管理对象。该机构成立后，国有农民在迁移活动方面开始有了一定的规范。基谢廖夫出任国家财产部大臣后，在他的领导下，国家财产部以提高国有农民物质、文化生活水平为目标实行了国有农民改革。改革的主要内容之一是消灭缺地村，合理迁移人口。首先采取的一项措施就是利用"某些地方的剩余劳动力开垦荒地"，将农民迁往俄国内地一些空闲地多的省份，如坦波夫省、沃罗涅日省、萨拉托夫省、萨马拉省、乌法省、奥伦堡省和哈尔科夫省等。国家财产部专门制定了《关于合理安排国有农民的章程》。

1842年，按照基谢廖夫的主张，《关于合理安排国有农民的章程》被推广到西伯利亚。根据此章程，欧俄各省人均土地不足5俄亩的村社农民都可迁往西伯利亚，其中应服兵役和受法院审讯的农民除外。移民途经的各省要为他们提供食宿。途中患病者要送到就近的城市治疗，费用由国家负担。到达落户地点后，每户移民可获得35卢布安家费及农具、牲畜、种子，8年内免缴赋税，6年内不服兵役，甚至在原居住地所欠的债务也一笔勾销。国有农民向西伯利亚迁移的步伐从此加快。

1846—1846年，俄国颁布法令改善农民的法律地位，严格禁止地主不连带土

---

① David Christian, Living Water: *Vodka and Russian Society on the Eve of Emancipation*. Oxford, 1990. p. 212.

地出卖农民和流放农民服苦役，农民获得领有土地、从事企业活动和相应的自由移居的权力。 在彼得一世时期，农民没有获得来自地主批准的路条则不得离开农村方圆 30 俄里，否则视为逃跑将受惩罚。① 原有规定严格限制：从农村移居任何地方必需路条证明、禁止农民从事工商业、禁止将女儿嫁到另一村子，否则要支付给地主"赎金"等等，这些在 19 世纪头 20 年里全部被废除。② 另一方面，政府第一次系统确保农民不受地主袭扰的权力，这成为刚刚建立的宪兵第三厅的一个职能。 从此对违反规定的地主开始予以处罚，在尼古拉一世时期一共处罚了因此项犯罪的地主 200 人左右，③由此导致地主与农民相对心理关系的微妙变化。 1847 年政府颁布法令，允许农民在地主拍卖自己的土地时，有权购买自己的人身自由。

尼古拉一世称基谢廖夫是自己的"农民问题的总参谋部的首长"（начальник штаба по крестьянской части）。④ 1839 年，尼古拉一世亲自授予基谢廖夫伯爵称号。 1841 年他又获得安德烈一级勋章（орден Андрея Первозванного）。 当代俄罗斯历史学家沃罗诺夫（И. И. Воронов）认为，直到尼古拉一世去世前基谢廖夫都一直拥有他的信任。 在 1850 年 11 月 20 日，尼古拉一世执政 25 周年前夕，他给基谢廖夫写信："真诚地感谢您的非常有益和有效的报告。 所有的荣誉都属于您，祝愿您永远成功。"⑤

1848 年欧洲革命后，尼古拉一世对逐步解放农民的思想开始淡漠，而对新沙皇亚历山大二世来说，基谢廖夫是一位过于温和的改革家。 1855 年，基谢廖夫被彼得堡科学院授予荣誉院士（Почётный член Императорской Санкт-Петербургской Академии наук）称号。 1856 年 7 月 1 日，基谢廖夫被派往巴黎任俄国驻法国大使，1862 年退休后基谢廖夫曾长期居住法国和瑞士。 亚历山大二世继位后，继续进行农奴制改革的准备工作。 1861 年，身在巴黎任职的基谢廖夫特别关心改革进程，他与亚历山大二世倚重的改革家米留金（Н. А. Милютин）和萨马林（Ю. Ф. Самарин）保持密切联系，经常提出有益的建议。

---

① Павленко Н. И. *Петр Великий*. Москва, 2010, с. 686.
② Blum J. *Lord and Peasant in Russia. From the Ninth to the Nineteenth Century*. New York, 1964. pp. 488—489.
③ Ibid. p. 440.
④ Корнилов А. А. *Курс истории России XX века*. Москва, 1993. с. 165.
⑤ Воронов И. *Министерство земледелия Российской империи：XIX—начало XX вв*. Красноярск, 2013. с. 104.

1872 年 11 月 14 日，基谢廖夫在莫斯科去世，安葬于莫斯科顿斯科伊修道院（донской монастырь）。

强化军事力量

尼古拉一世非常重视军队，著名军事家、亚历山大二世时代的陆军大臣米留金（Д. А. Милютин）回忆："尤其是军事事务，皇帝给予了极大的关注，他关心军队的秩序、纪律。他追求的不是军队的实际建设，也不是如何有利于军事战争使命，而仅仅是追求外部的和谐，追求阅兵时的漂亮队形，追求一丝不苟的遵守命令，实际上扼杀了人的理性和真正的勇士精神。"尼古拉一世极为推崇苏沃洛夫元帅的名言："子弟是笨蛋，刺刀是好汉"，而忽略战略、战术与先进军事技术。

拿破仑战争结束后亚历山大一世统治的最后十年，俄国军队纪律极端松弛，军官往往不穿制服，平常身着晚礼服，甚至在演习时，戴着时髦的帽子。近卫军谢苗诺夫团的士兵从事贸易和商业，将钱交给长官代为经营。在俄国还出现私人的军事武装，即叶卡捷琳娜二世的宠臣德米特列耶夫—马蒙诺夫（М. А. Дмитриев-Мамонов）建立了自己的骑兵团，他自任总司令，经常发表对君主极为不恭的意见，甚至称亚历山大一世是"笨牛"（скотиной）。① 因此，尼古拉一世要结束这种无政府状态，重新在军队中建立严格的纪律。

俄国著名军事教育家穆拉维约夫（Н. Н. Муравьёв）少将在 1834 年完成了报告《关于逃兵原因和纠正军队问题的方法》（О причинах побегов и средствах к исправлению недостатков армии）。他写道："我完成了这份报告，其中提出了令人悲伤的状况，主要问题是军队的道德方面。这份札记分析了军队精神低落、逃兵和军人软弱的原因，这些应该引起军官们的充分注意，他们应该恪尽职守，努力对年轻士兵施以教导。"②

---

① Покровский М. Н. *Русская история с древнейших времен*. Москва, 1912, т. 4. с. 286, 312, 321.
② Словарь русских генералов, участников боевых действий против армии Наполеона Бонапарта в 1812—1815 гг. // *Российский архив*: Сб. М., студия «ТРИТЭ» Н. Михалкова, 1996. т. VII. с. 482—483.

深受尼古拉一世信任的巴斯凯维奇元帅（И. Ф. Паскевич）是俄国著名军事指挥家，于 1827—1829 年担任高加索战地总司令，1832—1856 年担任波兰王国军队总司令，参与镇压 1830 年波兰民族大起义。他治军严格，尤其重视阅兵形式和精确的行军，他多次打败土耳其和波斯，因而名声大噪。但对于实际战术和实用军事训练却不感兴趣。时人评价他的军事风格："举止一致与组织纪律达到极端，整个步兵师（分为 4 个军团、12 个营、约 9 千人）组为数队，执行各种调动，步行行军，并且保持着理想的队伍行列。所有军团的军事手册以其'纯粹'而令人惊奇。……据当时的观点，这就是在战争中获胜的保证。"①

1850 年俄国拥有欧洲最庞大的陆军，军队人数为 859000 人，其中有 17%（145000 人）的军人负责国家内务安全。农奴制的限制使俄国无法拥有持续性的后备军制度，庞大的常备军与过度集中的军事官僚体制，也使纳税人苦不堪言。农民被征招入伍后，在 5 年的服役期内，常遭受贵族军官的残暴惩罚。尽管阿拉克切耶夫被解职，但军屯制却在尼古拉一世时期达到顶峰，到 1855 年，军屯人数达到 80 万。阿拉克切耶夫发明的"夹鞭刑"仍然是笼罩在普通士兵头上的梦魇。1827 年发生了两个犹太人避开检查通过普鲁特河的秘密通道外逃的事件，尼古拉一世亲自命令两个犹太逃兵裸身穿过 1 千人组成的"夹鞭刑"，往返 12 次，致使两人当场毙命。然而，尼古拉一世事后却表示："感谢上帝，我们不曾有过死刑，我也不想引入它。"②

1826—1828 年俄军大败波兰，1828—1828 年俄军大败土耳其，这些胜利除交战国不堪一击之外，也是依靠俄国军队的优势人数、苛严纪律和坚忍勇气获得的。无论沙皇尼古拉一世，还是俄国政府和军事高层都极度自负和自信，不再从事军事技术创新。步兵的装备是陈旧的毛瑟枪，除哥萨克骑兵外，其余军团装备沉重，马匹缺乏耐力，只有炮兵与工兵拥有较先进装备。从陆军部高层人士到基层军官，均致力于日常阅兵式、操练的步伐一致、军官制服的漂亮和士兵制服的整齐。尼古拉一世引以为傲的俄国军队反映了俄国经济、政治和文化的落后，它不可能不在克里米亚战争遭到沉重的打击。

---

① Cutriss J. S. *The Russia Army under Nicholas* Ⅰ, 1825—1855. Durham, N. C., 1965. p. 119.
② Русская Старина. СПБ., 1883, декабрь.

占领中亚和高加索

在尼古拉一世统治时期,沙皇政府加快了对外扩张的步伐。俄国在1829年把整个黑海东岸地区都夺到了自己手里,并且占领了多瑙河河口诸岛屿,而摩尔达维亚和瓦拉几亚实际上也脱离了土耳其,归俄国统辖。

格鲁吉亚地处高加索山区,与外界交通非常不便。尼古拉一世为随时征讨格鲁吉亚,下令修筑了一条长达300公里的军用公路,从梯弗里斯到弗拉迪高加索,这一工程花费了数年才完成。

俄国打败了伊朗和土耳其,通过签订和约划定了边界,把高加索地区为俄国的属地。但是俄国并未控制和征服这个地区的人心,高加索山民仍在不时袭击俄军。因此,俄国把征服高加索人民作为新的战略目标。沙皇尼古拉一世在给俄军司令巴斯凯维奇的训令中指示他"永远平定山区各民族或消灭不肯降服者"。沙皇政府军官在给下属的命令中明确宣布:"弹压土著人的最快的办法是剥夺他们的土地,让这些土地住上哥萨克移民……连续5年内摧毁他们的田产,使他们无力反对我们。"①俄国在中亚地位的增强,引起英、法、奥等西方列强的强烈不满,他们公开反对《亚德里亚堡和约》,煽动山民反对俄国,还提供各种援助。因此进入19世纪30年代,高加索战争的规模进一步扩大,不但有国际背景,而且夹杂着宗教的因素。高加索各族人民在上层伊斯兰教僧领导下,把捍卫民族独立同宗教"圣战"结合起来,掀起了轰轰烈烈的"穆里德运动"(Мюридизм)。

"穆里德运动"是以宗教为旗帜、以"圣战"形式进行的反抗俄国殖民侵略的民族运动。哈吉·穆罕默德(Хаджи Мухаммед)于1828年12月自命为伊斯兰教首领伊玛目(Имам),他以伊斯兰教中的泛神论为中心,宣扬人人通过苦修即可得救,达到与真主相结合的境界。他把宗教幻想和现实斗争结合起来,只要参加了反对异教徒俄国人的"圣战"就会进入"苦修""得救"的现实道路。

---

① Смирнов Н. А. *Политика России на Кавказе в XVI-XIX вв*. Москва,1958. с. 194.

哈吉·穆罕默德提出："一个穆斯林必须是一个自由的人，所有的穆斯林必须人人平等。他称穆斯林的人首要的事是进行圣战，这才是得救之道。遵守伊斯兰法典的人，必须不惜一切代价武装起来，抛弃家庭、房产、田地，要不惜献出生命。"①这一号召得到高加索山民中的车臣人、列兹金人、瓦尔人和达吉斯坦各部落人民的响应，他们在哈吉·穆罕默德的宗教旗帜下团结起来投入了"圣战"。

1830年5月，哈吉·穆罕默德和门徒沙米尔（Шамиль）率8000人进攻阿瓦里亚首府洪扎赫山村，未获成功，但是他们接着挫败了俄军对伊玛目首府吉姆雷山村发起的进攻。1831年，哈吉·穆罕默德指挥1万多人的起义军在安德列耶夫斯科耶打败俄军，攻占了重镇塔尔基和基兹利亚尔，并围攻布尔纳亚和弗涅扎普纳亚两个要塞，不久又攻克了杰尔宾特。哈吉·穆罕默德在军事上的成功达到了鼎盛，攻占了车臣全境和达吉斯坦的一部分。1832年1月9日，俄国由罗津（Г. В. Розен）将军接替巴斯凯维奇任俄军总司令。俄军采取封锁和围困的战术，切断高加索山区与外界的经济联系，给山民的斗争带来很大困难。哈吉·穆罕默德被迫率军撤至达吉斯坦内地的山区，凭险据守，在吉姆雷构筑了多层筑垒防线。俄军经多次强攻后，于1832年10月17日攻占吉姆雷，焚毁了60个村庄，哈吉·穆罕默德阵亡。

1834年沙米尔担任了伊玛目。沙米尔不仅是虔诚的伊斯兰教徒，拥有广博的伊斯兰教学问，并且精通剑术和马术，极具军事指挥才能。他力图建立一个军政教合一的伊玛目国，团结各民族各阶层人民联合抗俄。在他当政期间，他采取一系列改革措施，如废除贵族专政，实行全民选举，严惩奸细，加强内部团结。他还对军队进行改革，加强军队的正规化建设，健全了组织体制，军队无条件服从沙米尔的指挥，各地反俄起义军也归他领导。他规定15至50岁的男子必须服兵役。军队编为千人团、百人队、十人队，以轻骑兵为全军的主力。要求每10户派出并供养1个骑兵。沙米尔还号召自力更生，生产火炮和弹药。在战术上，他主张避免进行正规战，采取运动战和游击战，利用山区密林，灵活机动地与俄军作战。沙米尔上台初期，战局十分不利于山民。1834年起，俄军为切断切尔克斯与土耳其的联系，进军库班河左岸，构筑了阿宾斯耶和尼科拉耶夫斯科耶两个堡垒。1834年10月，俄军攻占了旧戈察特利和穆里德运动的大本营新戈察特利，迫使沙米尔军队撤出了阿瓦里亚。随后俄军节节推进，1837年又

---

① Бушуев С. *Борьба горцев за независимость под руководством Шамиля*. Москва，1939. с. 75.

攻占了洪扎赫、温楚库利和特利的部分山村。 沙米尔军队予以反击，切断了俄军供应线。 俄军被迫于 1837 年 7 月 3 日与沙米尔签订停战协定，以赢得喘息时间。 1838 年，俄军人数在高加索已增至 155000 万，由戈洛文（Е. А. Головин）将军任总司令。 俄军重振旗鼓后，于 1839 年撕毁停战协定，重新发起大规模进攻，经 8 天围攻后，于 8 月 22 日攻占了沙米尔的大本营阿胡利戈。 沙米尔负伤，率部突围，逃到车臣。 1840 年 7 月，俄军增至 20 万，向车臣大举进攻，经过在格希地区和瓦列里克河畔的数次激战后，攻占了车臣，并占领了达吉斯坦部分地区。

沙米尔一方面积极休整，一方面在 1840—1843 年间完成了军政改革，军队战斗力大大增强，并得到了人民的支持。 在 1842—1846 年间沙米尔军屡败俄军。 1843 年年底，沙米尔军队攻克了北达吉斯坦俄军的主要据点格尔格比尔，车臣平原全部回到了山民手中。 伊玛目王国面积扩大了 1 倍，沙米尔军队也由 1 万增至 2.5 万，沙米尔在欧洲人的心目中成了一个传奇式人物。

沙皇政府对沙米尔的胜利大为恐慌。 为了镇压山民的反抗，俄国 1844 年成立了"高加索委员会"，由陆军大臣担任主席。 沙皇政府采用"分割围困"战略，即把各民族聚居的地区分割开来，如把沙米尔统辖的东北高加索与起义的西高加索的切尔克斯人分开，形成了对车臣和达吉斯坦的大面积封锁包围。 此时俄军仍保持 20 万人，沃龙佐夫（М. С. Воронцов）任高加索军总司令，亲自指挥围剿沙米尔军。 俄军设置了封锁线，建有一连串的碉堡，在封锁线上设立关卡，限制商品流入山区。 山民仅能得到食盐，后来商品虽然增多，但是火器和制造军火的硝石、硫磺、炸药和铅等物资仍为禁品。 1846 年俄军攻占了沙米尔军队的根据地达尔哥山区，但沙米尔军队抄了俄军后路，夺取了俄军全部粮食及补给品，迫使沃龙佐夫率军后撤。 在撤军途中俄军又遭山民伏击，几乎被全歼，沃龙佐夫也几乎当了俘虏。 但此后俄军加紧围困，1848 年攻占了沙米尔的重要据点格尔格比利。 进入 19 世纪 50 年代，沙米尔认识到，单靠山民的力量已难以与俄国对抗，于是在 1853 至 1856 年的克里米亚战争期间，与英国和土耳其结为同盟。 1853 年 8 月沙米尔突破了新扎卡塔雷附近的列兹金防线，向格鲁吉亚进军，企图与黑海沿岸的土耳其军会合。 但因土耳其军队兵力太少，为俄军所阻，无法接应。 同年 11 月，土耳其军在巴什卡德克拉尔附近被俄军击溃，切尔克斯人对黑海和拉宾斯卡亚防线的进攻也被击退。 1854 年夏，土耳其军进攻第比利斯，同时沙米尔军也突破了列兹金防线，占领了齐南达利。 但沙米尔军遭到了格鲁吉亚民团的阻击，随后又被增援的俄军击溃。 1854 年，高加索军改编为军团,拥有 20 万人马,由穆拉维约夫(Н. Н. Муравьев)将军任总司令。他指挥俄军于 1854 到 1855 年击溃了高加索的土耳其军队,使沙米尔依赖外援的企图彻底破灭。1856 年,高加索的俄军增至 30 万人,由巴里亚京斯基将军任总司令。他采取集中兵力,步步为营,缓慢推进,一步一道防线。1859 年 4 月,俄军攻陷了沙米尔的府邸韦诺山村。沙米尔率领 400 余人坚守吉尼布山村。1859 年 8 月 25 日攻陷吉尼布村,沙米尔被俘。到 1863 年,俄军占领了别拉亚河和普希什河之间的地带。1864 年 4 月中旬,俄军又攻占了西起纳瓦金斯科耶,东至拉巴河沿岸的地区。1864 年 5 月 21 日,俄军终于攻克了切尔克斯人的最后一个基地克巴达。俄军的军事行动一直持续到 1864 年底,漫长的、持续半个多世纪的高加索战争才最终宣告结束。

尼古拉一世统治时期在俄国史上被称为"对犹太人的无情的 30 年"。沙皇政府及各级统治者对俄国境内的犹太人的方针政策虽经历过一些变化和波动,但总体上采取的是歧视态度和限制、压制和迫害政策。16 世纪沙皇伊凡四世统治时期(1533—1584 年在位)曾发布诏书驱赶犹太人出俄国,禁止犹太人在俄国居住。在 17 世纪中期,莫斯科公国的军队就多次攻入波兰和立陶宛,大量屠杀当地的犹太人,或者劫持数万的犹太人到莫斯科公国境内,强迫犹太人改宗东正教,使犹太人在身份上沦为奴隶。17 世纪沙皇彼得一世统治时期(1689—1725),大量的犹太人被驱赶出俄国国境,彼得一世曾公开表示他宁愿接受穆斯林等异教徒来俄国居住,也不愿接受他称之为"流氓和骗子"的犹太人来俄国居住。

波兰在 17 世纪末就已经成为世界最大的犹太人聚居国,俄普奥三国政府联合瓜分波兰后,原波兰领土上的犹太人也随之处于俄国的统治之中。1815 年,俄国(包括俄属波兰)犹太人约有 120 万,到 19 世纪中期,俄国境内的犹太人大约为 240 万。叶卡捷琳娜二世于 1772 年下令在俄国的西部和西南部建立帕累犹太人居住区,犹太人被人为地与其他民族隔离开来,后来这个犹太人居住区的范围扩大到了立陶宛、白俄罗斯、乌克兰、高加索和黑海地区新占领的"新俄罗斯"等地区。保罗一世时期(1796—1801),沙皇政府颁布了建立"犹太人居住区"的法令,规定犹太人只能居住在白俄罗斯和乌克兰,且禁止犹太人在上述地区的各省首府和城市居住。19 世纪初,俄国犹太人被限制在从波罗的海到黑海的"栅栏区"(округрешетки)。"在管辖区(即隔离区)内的大多数犹太人没有固定职业,现挣现吃,仅能糊口,成为'空气人',漂泊不定,前途渺茫。每天早上,他们集合在市场上或者犹太教会堂前等待工作,不管工作多么低下,报酬多么微薄他们都愿意去作。 许多职业的大门对他们是关闭的：他们不准进入政府所属的公共事业。 大学招收犹太学生有限额规定——管辖区为 10％，管辖区以外为 5％，而在莫斯科和圣彼得堡则为 3％。"①除了生活上的窘迫，俄国境内的犹太人还要承担沙皇政府强行摊派的不合理的征兵义务。"犹太人占总人口的 4％，但他们必须提供军队征募新兵数的 6％。 犹太男孩通常不超过 12—14 岁就收到军队的征召令。"②沙皇亚历山大一世统治初期曾宣布所有的学校向犹太人开放，并鼓励犹太人移居到帕累以外的地方务农和经商。 尼古拉一世认为犹太人是"吸血鬼和寄生虫"，是"无法被同化的分子"。 沙皇政府宣布收回犹太人的行政自治权，并且有 15 万犹太人被驱赶出境。

1839 年沙皇政府强行与白俄罗斯和乌克兰的东仪天主教一起强行合并东正教。 1832 年沙皇政府以调整巴什基尔的土地关系为名，大量没收巴什基尔的土地，分给外来移民，而分给当地居民的一般都是不适合巴什基尔人游牧式的牧畜业经济条件的土地。 1850 年，俄国军队攻入哈萨克草原，并且镇压了当地游牧民族的反抗。 他们镇压了卡西莫夫（Кенесары Касымов）和泰马诺夫（Исатай Тайманов）的起义，占领了锡尔河的佩洛夫斯基要塞与更东侧的维诺要塞，使俄国边界逼近中亚古老的希瓦汗国、浩罕汗国和布哈拉汗国。

19 世纪 30 年代，由赫尔岑、别林斯基、车尔尼雪夫斯基等民主主义者在俄国发起了启蒙运动，向俄国社会各阶层传播民主思想，一些非俄罗斯族的进步知识分子又把俄国民主主义者的思想介绍到本民族之中。 而乌克兰、波兰和波罗的海等民族在地理位置上靠近欧洲资产阶级民主革命的发源地——西欧，加上这些地区的资本主义经济发展和民族文化教育水平较高，便利于资产阶级民主思想的传播。 乌克兰伟大的民族诗人谢甫琴科指出沙皇无非是一个高踞王位的司务长和俄罗斯贵族的总头目，是压迫乌克兰民族的"刽子手"，因此要获得民族解放就必须推翻沙皇专制制度和农奴制度。 他主张各斯拉夫人的独立国家在平等的基础上组成自由共和国联邦，"一切人都相互平等，因为人们天生就是彼此平等的。"③他主张发展乌克兰的民族文化，他认为："没有自己独特的、仅仅属于其本身的特点的民族简直就像是毫无味道的果子酪。"④他的诗歌和思想是鼓舞

---

① 沃尔特·拉克：《犹太复国主义史》，徐方、阎瑞松译，生活·读书·新知三联书店，1992 年，第 69 页。
② 同上书，第 69—70 页。
③ 莫基切夫：《政治学说史》，吴大英等译，中国社会科学出版社，1979 年，上册，第 416 页。
④ Васецкий Г. С. *Очерки истории философской и общественнойполитическоймысли народов СССР*. Москва, 1955. т. 1. с. 582.

乌克兰民族主义运动的武器,在《海达马克》《日记》等诗篇中他歌颂了乌克兰民族反抗民族压迫的民族主义精神,谢甫琴科成为乌克兰民族运动和民族主义的精神领袖。 乌克兰民主主义者巴纳斯·米尔内(阿法纳西·亚科夫维奇·鲁德琴科)在 1905 年俄国革命中向乌克兰人民提出:"沉重压迫俄国各民族的旧的国家制度将进一步瓦解,千百万人已经为争取自由已经起来了……快奋起吧,真理和自由的太阳已经升起来了。"①

镇压波兰起义

1809 年拿破仑一世在波兰中部建立华沙公国。 拿破仑失败后,华沙公国被肢解,其西部土地成为波兹南公国,受普鲁士管辖;在克拉科夫成立了中立的克拉科夫共和国;在其主要地区成立了波兰王国。 拿破仑战争结束,在 1812 年的维也纳会议上各国一致同意建立波兰王国(Царство Польское /Krlestwo Polskie)。 波兰是君主立宪国家,但是与俄国保持了特殊关系。 波兰拥有本国的军队,军人大都是拿破仑战争后的退伍军人,波兰军队的总司令是尼古拉一世的哥哥康斯坦丁大公。 亚历山大一世为向欧洲体现俄国沙皇的开放风格,给予波兰一部宪法,并对波兰贵族和老百姓给予了较为自主的地位。 波兰人在拥有了宪法之后,开始向大的自治权方向努力。

1818 年 3 月 15 日,沙皇亚历山大一世在华沙第一届波兰议会上用法语发表了演讲,演讲稿委托著名诗人维亚泽姆斯基翻译成俄文。 亚历山大一世在演讲中大谈"正统""神圣"和"自由""责任",强调波兰的生存与俄国命运密不可分。 所谓:"波兰人! 你们的生存同俄国的命运密不可分地联系在一起……"

1819 年,少校卢卡西里斯基(Валериан Лукасиньский)、雅勃罗诺夫斯基公爵(князь Яблоновский)、上校克日热诺夫斯基(Г. М. Кржижановский)和普罗季斯基(Игнатий Прондзинский)建立了"民族共济会"(национальное

---

① Васецкий Г. С. *Очерки истории философской и общественной политическоймысли народов СССР*. Москва,1955. т. 1. с. 595.

масонское общество）组织，其会员达到 200 人左右，基本上是波兰军官。 1820 年，沙皇政府禁止共济会活动后，这个共济会组织转为秘密的爱国组织。 天主教会和神职人员也大力支持波兰的爱国组织。 波兰爱国运动没有统一的政治目的，而是分为相互敌对的政党。 以恰尔托雷斯基公爵为代表的贵族派和以列列维尔教授（Иоахим Лелевель）为主的民主派，此还有一些自发的大学生组织，支持他们的是近卫军掷弹兵团少尉维索茨基（Пётр Высоцкий）和军事学校教师。 上述团体对于未来波兰国家的构成和起义事宜没有统一的主张。 一些爱国组织试图与俄国的十二月党人联系，但是会谈并没有成功。 当十二月党人在彼得堡、莫斯科、基辅起义失败后，波兰爱国组织与其联系的事情暴露，沙皇政府加紧了对波兰爱国人士的追捕。 1828 年俄土战争爆发后，波兰人感到取得民族解放的希望到来。 维索茨基立即建立有其他党派参加的政治组织并且制定了在 1829 年 3 月起义的计划。 届时将举行尼古拉一世就任波兰国王的加冕典礼，起义者准备杀死沙皇，宣布波兰独立。 这仅仅是维索茨基个人的计划，没有获得其他党派的支持，直至 1829 年 5 月未能实施。

1829 年 5 月 12 日，在枢密院华沙宫中举行了尼古拉一世就任波兰国王的加冕仪式。 因此，一旦尼古拉一世在波兰遇到民族大起义，就拥有派兵赴波兰镇压的法律保障。

1830 年法国爆发的七月革命鼓励了波兰革命者，他们于 8 月 12 日召开秘密会议讨论起义问题，最后决定推迟起义并联系军事高层人员，最终说服赫罗皮茨基（Иосиф Хлопицкий）将军、波托茨基将军（Станислава Потоцкий）、库罗克维茨基（Ян Круковецкий）将军和谢姆别克（Ян Шембек）将军加入爱国组织。 爱国运动已经蔓延到几乎所有的军队和社会之中，士绅、妇女、手工业者和大学生积极参加秘密组织。 最后通过了维索茨基的计划，以杀死康斯坦丁大公和逮捕俄国军官高层为信号发动起义。 起义时间原定于 1831 年 2 月，但由于传闻俄国将调波兰军队前往镇压法国七月革命和比利时革命，起义者决定将时间定为同年 11 月 29 日。 起义者的口号是"恢复 1872 年的波兰国土"。

1830 年 11 月 29 日深夜，武装的大学生藏匿在华沙的拉泽科夫森林里，维索茨基指挥的波兰军队在军营里做好准备。 当晚 6 点，维索茨基面对波兰士兵高呼："兄弟们，自由来了。"士兵回应："波兰万岁！"起义者向俄国派驻波兰王国的总司令康斯坦丁大公居住的别里维杰尔宫进军，起义正式爆发。 波兰起义军人数为 1 万人，驻华沙的俄国军队人数为 7000 人，这些俄国军人中有许多人出生在被瓜分前的波兰，因此对起义态度较为复杂。 起义者向别里维杰尔宫的进攻受到了忠实于康斯坦丁大公的警察总监留勃维茨基（М. К. Любовицкий）指挥的内务部队的守卫顽强抵抗。 维索茨基组织骑兵向别里维杰尔宫的进攻失败，此时有 2000 名大学生和工人加入起义队伍之中。

起义军在华沙爱国市民的配合下，杀死 6 名忠于康斯坦丁大公的波兰将军，迅速占领了华沙的弹药库和军营。 俄国军队困守军营，没有得到任何命令。 俄军中的波兰籍士兵动摇，并且控制住了俄国军官。 康斯坦丁大公与波兰籍的妻子从宫廷中仓皇出逃后试图招集俄国军队重新战斗，但未能抵抗住起义军。 康斯坦丁大公与妻子逃往彼得堡，5 月 15 日康斯坦丁大公因霍乱死于白俄罗斯的维杰布斯克，乔安娜·戈鲁津斯卡死于 11 月 17 日。

当晚华沙被起义军占领。 第二天召开了行政会议，原波兰的官员们谴责刚刚发生的大起义，称"是意想不到的"，并且试图以尼古拉一世国王的名义发布宣言。 时任波兰财政大臣的留别茨基（Францишек Любецкий）嘲弄地说："波兰国王尼古拉一世向全俄皇帝尼古拉一世宣战"。 同一天建立了爱国俱乐部，提出清洁行政会议的主张，罢免了一些旧大臣，组成了奥斯特罗夫斯基（Владислав Островский）、马拉霍夫斯基将军（Камизир Малаховский）、列列维尔教授和赫罗皮茨基将军为首的总司令部。 华沙起义胜利后，起义者中间出现了政治分歧。 左派发动并领导了起义，但起义胜利后，政权被以赫罗皮茨基将军的右派所控制，他被任命为总司令。

至同年 12 月 4 日，波兰建立了 7 人组成的临时政府，恰尔托雷斯基公爵担任临时政府首脑。 起义者中的左派维索茨基在立陶宛组织了第二次起义，赫罗皮茨基将军强烈批评临时政府纵容左派爱国俱乐部，他宣布以"宪法—国王名义"管理波兰，自任为波兰最高执政者，后在国内压力下放弃权力。 临时政府派出代表留别茨基等赴俄国谈判，他们根据 1815 年的"维也纳公约"提出下列要求：返还波兰 8 个省；遵守宪法；自行表决税法；保证自由和开放；开放波兰议会；波兰保有本国军队。 但是所有要求均被尼古拉一世拒绝。 1831 年 1 月 25 日，在革命的群众运动的压力下，波兰议会决定，废黜兼任波兰国王的沙皇尼古拉一世，宣布独立，成立民族政府，恰尔托雷斯基任政府首脑，毫无作战经验的拉德津维尔（Михаил Гедеон Радзивилл）将军被任命波兰军队的总司令。

1831 年 2 月，尼古拉一世派陆军元帅迪比奇—扎巴尔干斯基率 12 万大军镇压波兰起义。 在 2 月 14 日的斯托切克（Сточек）会战中，波兰军队取得胜利。

2月25日，在华沙近郊格劳霍夫（Грохов）战役中，波兰军队寡不敌众，俄国军队取得胜利。3月，起义军转入反攻，把俄军赶到布格河一线。在3月31日的顿伯—维里克河（Демб-Вельк）战役和4月10日的伊加河（Иган）战役中，波兰军队均取得胜利。在4月10日由于民族政府没有采取改善农民状况的措施，致使农民离开军队。5月26日，在奥斯特罗文卡（Остроленк）战役中，俄国军队取得胜利，随后俄军大举向维斯瓦河推进。6月底，尼古拉一世派巴斯凯维奇元帅接任俄军总司令。9月初，俄军进攻华沙。在9月6日的华沙保卫战中，波兰爱国军将领索文斯基坚守沃拉，以身殉职。9月8日，华沙被攻陷。但是波兰起义军在10月5日的克谢特（Ксент）会战中仍然取得了胜利，但由于华沙和波兰全境被占领，1830年爆发的波兰民族大起义最终失败。

尼古拉一世于1832年2月26日签署《组织法》（Органический статут），宣布取消波兰王国的自治地位，解散了波兰议会和军队，重新对波兰进行了行政划分，将旧的波兰行省（воеводство）分割为新的俄国行省（губерния），这意味着将波兰完全纳入俄国版图。此外，尼古拉一世在波兰境内推行俄制计量单位并用卢布取代原来的波兰货币，大规模强迫波兰天主教徒皈依东正教。

在1831年的波兰民族大起义中，有数以千计的波兰人为了躲避俄国政府的迫害，越过俄国和波兰边境，逃到了欧洲各地，这些波兰人的遭遇引起欧洲社会的同情。当代俄罗斯历史学家切尔卡索夫（П. П. Черкасов）认为："正是这些波兰侨民在俄国之外树立了俄国政府残暴独裁、镇压自由和'威胁欧洲文明'的恶劣形象。从19世纪30年代开始'亲波兰'（полонофильство）和'新俄国'（русофобия）就成为欧洲社会思想中的重要组成部分。"①

1846年在波兰的克拉科夫再次爆发起义，最终失败，克拉科夫被并入奥地利。

围绕着1830年波兰民族大起义，各国艺术家和作家创作了大量的作品，但是政治立场不尽相同。波兰作曲家肖邦（Fryderyk Franciszek Chopin）和诗人密茨凯维奇（Adam Mickiewicz）创作了大量的爱国作品，鼓励波兰人民继承与俄国殖民者斗争。法国诗人卡西尔·达列文（Jean-Franois Casimir Delavigne）在听到华沙起义的消息后立即创作了《华沙人》（La Varsovienne）。这首诗很快传入波兰，被谱成歌曲鼓励波兰起义者并成为波兰爱国运动的一个标志文艺作

---

① Черкасов П. П. Третий человек в Третьем отделении//*Родина*. Москва，2007. No. 9.

品。 而俄国大多数艺术家和诗人却是站在沙皇政府立场上，将波兰大起义视为暴乱和无政府主义，支持沙皇政府的镇压决定。 著名诗人普希金写下了《致诽谤俄罗斯的人》《他生活在我们的中间》，他称波兰诗人密茨凯维奇"为了迎合狂暴而嚣张的世人，竟以恶毒注入他的诗句"，并且宣扬"斯拉夫的溪流应该泻入俄国的大海"。 当1831年9月8日沙皇军队攻陷华沙后，普希金立即完成了《波罗季诺周年纪念》，将俄军在华沙的胜利比作1812年战争中打败拿破仑大军的波罗季诺战役。 他在诗中写道："我们的旗帜，在纪念波罗金诺的日子，又在华沙城的垛口上飘扬，而波兰有如那溃败的大军，血腥的旗帜委弃于尘土。"他将镇压波兰民族大起义的罪魁祸首巴斯凯维奇将军视为打破拿破仑的库图佐夫元帅，"……苏沃洛夫从墓中站起身来，看见华沙已经成了俘虏；在他开创的荣誉的辉映下，他的身影也不住地颤抖！ 啊，英雄！ 他在为你祝福祈祷，抚慰你的痛苦，祈求你的安宁，祝愿你的战友们个个英勇，祝愿你凯歌高奏，捷报频频；还有他那些年轻的子孙，在凯歌声中向布拉格挺进。"[①]著名作家和诗人维亚泽姆斯基在1831年9月16日的日记中也写道："在我们公开的新闻报道中，任何时候茹科夫斯基都不考虑，普希金不敢歌颂巴斯凯维奇的胜利之举……暴怒的狮子挥起它巨掌，却落在小小的老鼠身上……这就是与华沙进行的神圣的波罗季诺战役。俄罗斯必须镇压这些无法无天。"[②]

1847年11月29日在伦敦举行了隆重的纪念1830年波兰起义十七周年的国际大会，马克思和恩格斯出席大会并且发表了演说。 马克思说："毫无疑问，旧波兰已经死亡了，我们绝对不希望它复活。 不过死亡的不仅是旧波兰。 旧德国、旧法国、旧英国，——整个旧社会都已经过时了。 旧社会的死亡对于在那个社会里没有什么东西可以丧失的人们来说并不是一种损失，而一切现代国家里的绝大多数的人所处的状况正是这样。 而且，他们必须通过旧社会的灭亡才能获得一切；旧社会的灭亡将使一个不再以阶级对立为基础的新社会建立起来。"恩格斯表示："我们德国民主主义者，对波兰的解放是特别关心的。 正是德国的君主们曾经从瓜分波兰中取得利益，正是德国的士兵直到现在还在蹂躏加里西亚和波兹南。 我们德国人，我们德国的民主主义者，首先应当洗刷我们民族的这个污点。 任何民族当它还在压迫别的民族时，都不能成为自由的民族。 因此，不

[①] 《普希金抒情诗一集》《普希金抒情诗二集》，查良铮译，新文艺出版社，1958年，第78页。

[②] Лемке М. Николаевские жандармы и литература. 1826—1855 гг.: По подлинным делам третьего отделения Собственной Его Императорского Величества Канцелярии. Санкт-Петербург, 1908. с. 507.

把波兰从德国人的压迫下解放出来,德国就不可能获得解放。波兰和德国之所以有着共同的利益,波兰的和德国的民主主义者之所以能够为解放两个民族而共同努力,原因就在于此。"①

中俄关系

中俄关系始于何时? 国内学者一般认为始于16世纪中期②,因为真正比较翔实的文字记载证实中俄关系始于这个时期。 据史料记载,俄国沙皇伊凡四世于1567年派哥萨克首领盖特曼伊凡·彼得罗夫(Иван Петров)和布拉纳什·亚雷切夫(Буранаш Ялычёв)③,带着沙皇国书,前往东方的中国,要求见中国皇帝,但是他们只到了托博尔斯克。 1618年,托博尔斯克督军库拉金(И.С.Куракин)奉俄国政府命令派托木斯克的哥萨克伊凡·彼特林(Иван Петлин)来中国,经过近一年的跋涉,彼特林于1619年到达北京。 但是,明朝政府视俄国为远方属国,明神宗未能接见他,但彼特林带回了明神宗致俄国沙皇的"敕书"。 自此,中俄两国之间开始了官方的外交联系。 1655年,俄国沙皇派遣的使臣巴伊科夫(Ф.И.Байков)来到北京,因为他拒绝按中国礼仪叩头,因此没有见到中国皇帝,但是他带回了顺治皇帝的文书,顺治在致俄沙皇敕书中写道:

---

① 《马克思恩格斯全集》,中央编译局译,人民出版社,1972年,第4卷,第156—157页。
② 但也有学者认为中俄交往始于金帐汗国统治俄国以前,证据是在圣彼得堡的艾尔米塔什博物馆里有一件发现于萨拉托夫附近的中国花缎长衫以及大量经装饰加工的中国青铜镜,证明在13世纪40年代以前中国的手工业品早已进入俄国。也有的学者认为始于14世纪的元朝,因为在《元史》中已出现"斡罗思"的字样。据《元史》记载,至顺元年(1330年),就有大批俄罗斯人为元朝保卫边疆。元朝政府给他们耕牛、种子和农具。元朝政府在北京设有"宣忠扈卫亲军都万户府",为正三品官,负责管理俄罗斯军人。还有学者将中俄交往的起始时间推至公元1世纪的前后,认为经古都长安,到安息(波斯、伊朗),最后到大秦(罗马)的丝绸之路,除了天山南北2路的干道外,还有其他的支路。其中有一条支路贯穿整个蒙古草原,经西伯利亚沿着叶尼塞河、鄂毕河和额尔齐斯河到欧洲。从西伯利亚和蒙古人民共和国的喀喇和林出土的大量青铜器和汉代漆器以及叶尼塞河上游和贝加尔湖地区发现的中国丝绸、高加索出土的中国汉代的剑和玉器、里海西岸发现的汉代铜镜和克里木半岛出土的汉代丝织物就是佐证。还有学者将中俄的交往推致公元前119年,西汉武帝任命张骞为中郎将,率领300多名军士,携带金币丝绸、牛羊牲畜,出使西域,张骞一行行程万余里,曾经到达大宛(原苏联的费尔干纳盆地锡尔河上游一带)、大月氏(原苏联阿姆河地区及今阿富汗境内)等地。
③ 汉籍译名为"耶里希夫"。

"大清国皇帝敕谕俄罗斯国察罕汗：尔国远处西北，从未一达中华。今尔诚心向化，谴使进贡方物，朕甚嘉之。特颁恩赉，即俾尔使臣赍回，为昭朕柔远之至意。尔其欠承，永效忠顺，以副恩宠。"①

但由于当时中国方面无人通晓俄文，俄国方面也无人通晓中文，因此这些文书长时间在两国的外交文献档案中被搁置，直至1676年斯帕法里率领的俄国使团前来中国时，请耶稣会士把中国政府以前给俄国政府的4封中文信译成拉丁文，后又转译为俄文，才知晓中国政府和中国皇帝的意愿。

1675年2月，俄国沙皇阿列克谢派遣外交委员会翻译斯帕法里（Н. Г. Спафарий）出访远方的中国。斯帕法里于1636年出生于摩尔达维亚大公国的瓦斯鲁依镇（Васлуй）米列什奇村（Милешть）的大贵族家庭，他的血缘有一部分来自希腊。②除其母语罗马尼亚语外，他精通拉丁语、希腊语、土耳其语、意大利语、俄语、法语和瑞典语等14种语言。1653—1671年，他曾经为摩尔达维亚和瓦拉几亚公国服役，以其丰富的外交经验和外语所长完成了在君士坦丁堡、斯德哥尔摩和巴黎的外交事务。1671年，耶路撒冷大牧首达西菲（Досифей）派他到莫斯科，并根据俄国射击军首领马特维耶夫（Артамон Матвеев）的邀请留在俄国，马特维耶夫深受彼得一世的父亲、沙皇阿列克谢的信任，因此斯帕法里被推荐担任俄国外交衙门的拉丁语、希腊语和罗马尼亚语的翻译，不久成为首席翻译。此间，他出版了一系列的历史和神学内容的著作，并且为沙皇、贵族以及马特维耶夫的子女编写了教科书，堪称17世纪末18世纪初俄国著名的学者。在清朝典籍中称斯帕法里为"尼古赖""米果赖"或"尼郭莱"，称他的官职是"祭酒"。

斯帕法里一行150人，使团访华目的是重新勘察阿穆尔河（黑龙江）和与中国建立贸易关系。斯帕法里使团行程从叶尼塞河到外贝加尔，然后至中国嫩江，开辟了从西伯利亚、外贝加尔到中国的道路。1676年5月中旬，斯帕法里使团到达北京。他向清政府递交了俄国国书，这份国书较为详细地介绍了俄国的地理位置、政权制度的沿革，表示了愿与中国皇帝和中国政府结好的愿意。俄国国书内称："天佑神护，领有大小俄罗斯、白俄罗斯、莫斯科、基辅、弗拉基米尔、诺夫哥罗德、喀山、阿斯特拉罕、西伯利亚、普斯科夫、斯摩棱斯克、特

---

① 《清代中俄关系档案史料选编》，中华书局1981年，第1编，下册，第18页。

② 他的罗马尼亚文名字为尼古拉·米列斯库·斯帕塔鲁(Neculai Milescu Spătarul)，俄文音译 Николай Милеску-Спэтару。

维尔、尤格拉、彼尔姆、维亚特卡、保尔加利及下诺瓦哥罗德、切尔尼戈夫、梁赞、罗斯托夫、亚罗斯拉夫、白湖、乌多尔斯克、奥勃多尔斯克、康金斯克等北方地区,领有伊维里亚、卡尔塔林、格鲁吉亚、卡巴尔达、切尔卡斯、莫尔达维亚等东、西、北地方之阿列克谢·米哈伊洛维奇致各国之共主、中国头等大皇帝奏书:我始祖乃系1600余年前,总管各国之奥古斯都恺撒、大帝之后裔。 相继传位于我祖先鲁里格、弗拉基米尔·斯维托斯拉维奇、伊凡·瓦西里耶维奇以及其子费多尔·伊万诺维奇,直至传位于我父皇米哈伊尔·费多洛维奇。 祖先于各国均享有盛誉。 弗拉基米尔·斯维托维拉维奇,在国内亦以英勇著称。 我俄罗斯国,即系如此世代相传而来。 我国周围之基督教、伊斯兰教等邻国之君主,曾与我祖先和睦相处。 其中有些国君,亦曾得到我祖先之援助。 惟因我国与中国相隔遥远,故尔我之祖先未能彼此派使往来。 尔中国之来文,因我国不通晓其文,不知中国大皇帝以何物为贵。 今特派我近侍世臣尼古拉·加夫里洛维奇为使,前来呈递文书,并向中国大皇帝问安。 愿闻中国大皇帝欣赏何物。 我愿按与罗马皇帝周围各国君主以有波斯国王等交往之例,与中国大皇帝彼此友好往来。 若需用我国何物,请来文或派使指点,我必尽力迎合中国大皇帝之意。 因我祖先从未与中国交往,不知中国奏疏程式,故未逐一陈述中国大皇帝所辖之国,若有不合之处,幸勿见罪,请以礼款待我所派使臣,并祈尽速遣回。 若大皇帝以仁爱之意寄送文书,我必以仁爱之意接受。 至于文书内如何尊称中国大皇帝,请予指教,以便嗣后按例缮写中国大皇帝之尊称。 我祈祷万能天主,祝愿中国大皇帝万万岁。 创世纪718年2月,于京城莫斯科城谨送。"①俄国使团长期逗留北京,但清皇康熙很长一段时间没有接见斯帕法里,俄国使团没有取得任何的外交成绩。 1677年春天,斯帕法里返回东西伯利亚。 斯帕法里回俄国后相继发表了《中华帝国志》(Описание первых части вселенной именуемой Азии, вней же состоит китайское государство спрочими его городы и провинции)、《穿越西伯利亚到中国边境的旅行》(Путешествие через Сибирь до границ Китая)、《行程札记》(Путевые заметки) 和《中国纪行》(Описание Китая),向俄国和欧洲透露了鲜为人知的中国地理、历史、风俗、政治以及中国社会状况,一时轰动了欧洲。

---

① 《清代中俄关系档案史料选编》,中华书局1981年,第2编,上册,第40页。

瑞典人朗喀［Иван Лоренц(Лаврентий) Ланг /Lorenc (lavrentij) Lang］①是彼得一世的养子,彼得一世曾出钱资助朗喀到国外学习,学成回国后一直在彼得一世身边任职。 1715—1737 年,他曾 6 次出使中国。 1719 年作为俄国伊兹麦伊洛夫使团成员访问北京。 1721 年 8 月至 1722 年 8 月,他留华一年从事俄国与中国贸易事务。 1725 年他作为拉古津斯基—弗拉季斯拉维奇使团成员访华,参与《恰克图条约》的签订。 1739 年他被任命为伊尔库茨克省副省长。 1726 年他出版《使华的笔记》(Journal du sieur Lange, contenant les négociations à la cour de la Chine en 1721 et 1722),俄文缩译本名为《穿越俄国的短暂旅行》(В беглых путешествиях через Россию),1776 年首次在圣彼得堡出版。 1822 年《北方档案》(Северный Архив) 第 17、19、20、21、22、23 期连载了上述文本的俄文全译本《俄国皇帝使节罗伦茨·朗喀 1721 年出使中国宫廷笔记》(Поденные записки о пребывании Лоренца Ланга, агента императора российского, при китайском дворе в 1721 г.),再次在俄国和欧洲引起轰动。

1725 年前后中俄两国的最高统治者相继病逝,两国的皇位都发生了变化。俄国沙皇彼得一世去世后,由他的妻子叶卡捷琳娜一世继位。 中国清朝康熙皇帝去世后,由其子雍正帝继位。 中俄两国政府互通了信息,并派专人前往对方国都祝贺。 俄国政府派遣萨瓦(Савва Лукич Владиславич-Рагузинский)率领一个使团来北京。 萨瓦为一位有经验的外交家兼大商人,他率领随员 120 人,于 1726 年抵达北京,受到清政府隆重的接待,萨瓦递交了叶卡捷琳娜一世的国书,内称"全俄罗斯国仁爱女皇叶卡捷琳娜·阿列克谢耶芙娜,获悉大亚细亚国大博格德汗即位之信息后,即派本议政大臣为使前来办理诸事,并向普育天下之大博格德汗圣主请安! 我俄罗斯国察罕汗彼得驾崩归天后,由女皇即汗位"②。清政府也由理藩院于 1730 年致函俄国政府的枢密院,内称:"大清国理藩院咨行俄罗斯国家萨纳特衙门:我两国定界以来益坚和好。 兹据互换十一款文本之第六款称:两国行文印信最为紧要,嗣后,中国与俄罗斯国行文,均照前例盖理藩院印,递送俄罗斯国萨纳特衙门。 俄罗斯国与中国行文,盖俄罗斯国萨纳特衙门及托博尔城长官之印,递送另理藩院等情。 今尔使臣萨瓦公遵照所定条款,

---

① 清代档案称他为"朗喀",俄文文献中关于他生卒年月记载不详。也有学者称他是彼得一世的御医阿列斯金(Роберт Арескин)的养子。
② 《清代中俄关系档案史料选编》,中华书局 1981 年,第 2 编,上册,第 483 页。

送来萨纳特衙门及托波尔城之印样各 20 份，甚是。将此由本院收藏"。① 这是两国政府级外交关系中非常有意义的一次交往，是两国政府间第一次规范化的公文往来，即由清政府的外事机构——理藩院直接发文沙皇政府的涉外机构枢密院。到了 17 世纪的下半叶，中俄两国才开始相互派遣使臣，清政府派出的使臣为内阁大臣索额图，俄国方面为参政官戈洛文。

19 世纪中期，在俄国社会中出现了一个"东方人派"，他们极力鼓吹向东方各国实施扩张和殖民，其理论是："亚洲——我们一直是属于它的。我们同它生活相通，利害与共。通过我们，东方才逐渐了解自己，才逐渐达到一种高尚的生活……我们没有什么需要征服的东西。亚洲各个种族的人民，从血统上、从传统上、从思想上，都觉得和我们很亲切，觉得是属于我们的。我们只需要更加靠近他们就行了。这个伟大而神秘的东方很容易就会成为我们的"，"俄国文化与东方文化的关系要比它和欧洲文化和关系更为密切，并且觉得把东方合并到俄罗斯帝国里，使两者融合起来，是俄国的历史使命。"②

1843 年，海军中将普梯雅廷（Е. В. Путятин）制定了在中国和日本的东部海岸线考察的计划。时任外交大臣的涅谢里罗德伯爵（К. В. Нессельрод）支持这一计划。俄国海军少将、军事历史学家旺达姆（А. Е. Вандам）在 1912 年 8 月 6 日出版的《我们的立场》（Наше положение），较详细地描述了这次行动。"我们的陛下，尼古拉一世皇帝尽管对外交大臣涅谢里罗德伯爵所说的可能导致与中国冲突、导致欧洲尤其是英国的不满的说法极为害怕，但是还是购买了轻型巡洋舰'美纳拉'（Менелай）号，委任普梯雅廷指挥从黑海出发去中国和日本，目的是与这些国家贸易和考察阿穆尔河口和通海的港口。由于考察设备及行程需要 25 万卢布，财政大臣支持涅谢里罗德的意见，于是普梯雅廷的考察计划被停止。取而代之的是，在 1845 年，在中尉加夫里洛夫（И. Гаврилов）的指挥下小型的双桅船'康斯坦丁'（Константин）号在阿穆尔河口进行了考察，外交大臣给他的指令是这是沙皇命令，必须准确完成。加夫里洛夫中尉在报告中再次证实萨哈林是一个半岛，无法从阿穆尔河直接到海，这条河对俄罗斯没有意义。随后，以外交大臣涅谢里罗德伯爵为主席，有陆军大臣切涅舍夫（А. И. Чернышев）、军需少将本格（Ф. Ф. Берг）参加的特别委员会承认阿穆尔河流地域属于中国，并且

---

① 《清代中俄关系档案史料选编》，中华书局 1981 年，第 2 编，下册，第 526 页。
② 马洛泽莫夫：《俄国的远东政策》，商务印书馆，翻译组译，商务印书馆，1977 年，第 49 页。

永远不需要它。"①

但是，1850 年一级上尉涅维里斯科依（Г. И. Невельской）自作主张在阿穆尔河（中文名"黑龙江"）河口建立了尼古拉耶夫城（Николаевский пост，中文名"庙街"），并以沙皇尼古拉一世的名字命名。他还在阿穆尔河河口立起俄国国旗，尼古拉一世闻讯后大喜过望，立即指示："俄国国旗一旦飘扬之处，就不得降下。"1854 年 1 月，俄国沙皇尼古拉一世批准了其东西伯利亚总督穆拉维约夫（Н. Н. Муравьёв-Амурский）提出的"武装航行阿穆尔河"计划。 5 月开始，穆拉维约夫率领舰船七十余艘，运载俄兵近千人，不顾清政府地方官员的抗议，强行越过石勒喀河中俄边界，闯过雅克萨、瑷珲等地，并在瑷珲城对岸屯兵筑垒。而早在几年之前，出海口附近的庙街，就已经被他们宣布，用沙皇的名字把庙街重新命名为尼古拉耶夫斯克，他们在这里建立哨所，升起了俄国国旗，实行军事占领。 1854 年，穆拉维约夫在阿穆尔河畔建立哈巴罗夫斯基（Хабаровск，中文名"伯力"），并且进入萨哈林岛（Сахарин，中文名"库页岛"）。 因在阿穆尔河流域拓展领土有功，穆拉维约夫获得了圣安娜一级勋章（Св. Анны 1-йстепени）、圣格奥尔基四级勋章（Св. Георгия 4-йстепени）和圣弗拉基米尔一级圣剑勋章（Св. Владимира 1-йстепенисмечами）。 1858 年 8 月 26 日参政院授予穆拉维约夫"穆拉维约夫—阿穆尔斯基"伯爵（граф Муравьёв-Амурский）称号，意即"穆拉维约夫—阿穆尔河的主人"，并许可他将称号转给他的弟弟的儿子穆拉维约夫（В. В. Муравьёв）继承。②

1852 年，俄国政府派出海军中将普提雅廷伯爵为外交使节和考察团团长，率领以"巴拉达"号（Паллада）三桅巡洋舰为主的舰队，进行了两年多的环球考察活动，沙皇政府和军方此行目的在于对印度洋、太平洋地区，尤其是东南亚和东亚进行军事战略和自然地理的考察，并试图与亚洲国家通商。 舰队于 1852 年 10 月 7 日自彼得堡喀琅施塔德军港出发，于 1854 年 7 月抵达俄国远东港口符拉迪沃斯托克（中文名"海参崴"），"巴拉达"号停航检修，后被拖回黑海的君士坦丁堡基地。 此行航行是俄国历史上第一次环球考察活动，途经欧、非、亚三大洲十几个国家与地区，横跨大西洋、印度洋和太平洋，不仅对

---

① Вандам А. Е. *Наше положение*. СПб：тип. А. С. Суворина, 1912. с. 204.

② 1891 年在黑龙江对岸的俄国哈罗夫斯克市建立了雕塑家奥别库辛（А. М. Опекушин）设计的穆拉维约夫纪念雕塑像，1992 年，俄罗斯联邦政府重新修建这座雕像。从 2006 年起，穆拉维约夫肖像成为俄罗斯面值 5000 元货币上的形象。2012 年 7 月 2 日，在符拉迪沃斯托克举行了穆拉维约夫纪念碑开幕仪式。

于俄国认识海外世界和拓展国际贸易意义重大，而且为 19 世纪中期后俄国侵略东方国家和介入远东国际关系奠定了基础。"巴拉达"号计划在 1854 年 3 月底抵达日本长崎，然而由于海流的影响，使战舰大大偏离了预定航线。 4 月 2 日，"巴拉达"号停泊在朝鲜南部济洲海峡附近的巨文岛①，负有军事和政治使命的俄国旅行者试图深入巨文岛内地，丈量海岸线并提出通商要求，结果与朝鲜人发生了流血冲突，后以双方克制和相互致歉而结束事端。 4 月 7 日，"巴拉达"号离开巨文岛，前往日本长崎。 1854 年 7 月 11 日，普提雅廷转乘"戴安娜"号（Диана）赴日本，1855 年 2 月 7 日，海军中将普梯雅廷与日本代表筒井政宪和川路圣谟在日本下田长乐寺签署了日俄之间第一个条约《俄日下田条约》（симодский трактат между Россией и Японией），又称《日俄和亲通好条约》（Японско-российский договор о дружбе）②，条约规定俄日建立外交通商关系，共同管理萨哈林岛。

著名作家冈察洛夫（И. А. Гончаров）为实行环球航行的梦想，辞去财政部外贸司的职务，以普提雅廷秘书、八等文官的身份跟随"巴拉达"号三桅战舰开始环球航行。 在长达 2 年 4 个月的航行中，冈察洛夫以作家的细腻笔触和旅行家的敏锐目光，通过信函和日记的形式真实地记录了所到之处的山川风物、市井生活、种族民俗，并且还记录了亲眼所见的各国政治和社会事件，包括广州市井民俗和南京太平天国运动。 1858 年，游记以《"巴拉达"号三桅战舰》（фрегате Паллада）之名在圣彼得堡正式出版。

登上欧洲霸权顶峰

亚历山大一世在 1815 年 9 月推出"神圣"和"正统"口号，继而推出"神圣同盟"的欧洲外交和政治构想，除与俄国拥有同样政治野心的普鲁士和奥地利积极参与之外，响应者甚寡。 因此，在 2 个月后的 1815 年 11 月，"神圣同盟"扩大为"四国同盟"，继而在 3 年后的 1818 年 11 月转变成为"五国同盟"。 这一

---

① 英文称汉密尔顿港（Port Hamilton）。
② 关于此条约，俄日学者认识不同。在日本有"日本受压说"，在俄国有"俄国受压说"。

历程一方面反映了亚历山大一世称霸欧洲野心的日益膨胀,另一方面反映了他所倚重的"神圣"和"正统"口号和原则的日渐式微。这是亚历山大一世留给尼古拉一世的外交遗产。

赫尔岑称尼古拉一世是"带着5座绞刑架"开始了他的独裁统治的。在俄国国内,以警察专政为特征的专制国家机器和以皇权主义为特征的专制主义文化横行肆意,同时代和后世的大多数历史学家均认为尼古拉一世统治使沙皇专制制度达到了顶点。① 尼古拉一世的两位同时代人,马克思、恩格斯也批判他是"直言不讳、肆无忌惮地力图实行专制统治。"②

尼古拉一世时期涅谢里罗德长期担任外交大臣职务,然而实际上决定一切的是尼古拉一世本人。在外交上,尼古拉一世的梦想是继续保持亚历山大一世开创的欧洲霸权局面,进一步干涉中欧和东欧国家内政,镇压上述国家的革命运动;力图彻底打败土耳其,建立俄国在近东的优势地位,夺取君士坦丁堡和控制黑海海峡。

自从18世纪末,自叶卡捷琳娜二世向黑海巴尔干地区大规模扩张,引起与西欧列强之间的对抗,产生了所谓的"东方问题"以来,俄国一步步扩大在巴尔干和近东的势力,与英国、法国、奥地利矛盾都很尖锐。奥地利的目标是要控制多瑙河下游,在巴尔干半岛北部与它邻近的达尔马提亚、塞尔维亚以及特兰西瓦尼亚等地得到经济立足点。法国早就在近东有商业利益,并在1740年条约中取得了一系列经济政治特权。从拿破仑远征埃及以来,法国一直想从土耳其手中把埃及和叙利亚夺过来,建立在地中海沿岸的优势。英国则想把土耳其变为它的半殖民地以保证它直到印度和东方的道路畅通,同时也使这里成为它的商品市场和原料产地。到了19世纪,特别是1829年阿德里亚堡条约以后,英国又极想拦阻俄国向君士坦丁堡和地中海的推进。由于列强在这一地区的利害关系盘根错节,所以争夺黑海海峡和巴尔干的斗争,成为欧洲列强之间一个最为尖锐、最

---

① 如19世纪历史学家希里杰尔(Н. К. Шильдер)的2卷4册著作《尼古拉一世:他的生活与帝位》(Император Николай Первый. Его жизнь и царствование. СПб., издание А. С. Суворина, 1903.)、克留切夫斯基(В. О. Ключевский)的《俄国史教程》(Курс русской истории. Лекция LXXXV、苏联第一位马克思主义史学家波克罗夫斯基(М. Н. Покровский, 1868—1932)的著作《俄国史概要》(Русская история с древнейших времен до смутного времени. Москва, 1896—1899)、当代俄罗斯史学家柯列斯尼科娃(В. С. Колесникова)的著作《尼古拉一世:君主的面具·心理学研究》(Николай Первый. Ликимасок государя: Психологические этюды. Москва, 2008)中以及美国历史学家布留姆(J. Blum)的著作《9至19世纪的俄国地主和农民》(Lord and Peasant in Russia. From the Ninth to the Nineteenth Century. New York, 1964)中均持这种观点.

② 《马克思恩格斯全集》,中央编译局译,第1卷,人民出版社,1995年,第536页。

为敏感的问题。

　　1821 年 3 月 25 日，侨居俄国的希腊人"友谊协会"（обще ствводрузей）的领袖依普希兰狄（Александр Константинович Ипсиланти）①从俄国出发，率领起义军在奥斯曼土耳其帝国境内的摩尔达维亚的雅西号召希腊人民起义。起义迅速发展到整个伯罗奔尼撒半岛、克里特、爱琴海诸岛屿、卢麦里以及马其顿等地。9 月 23 日起义军解放了特里波里查，控制伯罗奔尼撒半岛。1822 年 1 月 1 日（公历）第一届国民大会宣布希腊独立，成立希腊临时政府。

　　1821 年爆发的希腊民族战争和土耳其的镇压行动在神圣同盟内部引起了不同的反应。奥地利政府害怕希腊革命会引起奥地利境内的民族运动，因而极力主张镇压希腊革命。沙皇政府却提出反对的意见。因为希腊革命正好削弱土耳其的势力，是俄国势力渗入近东和巴尔干地区的大好机会。因此，沙皇政府便以希腊东正教的当然的保护者自居，谴责土耳其对希腊人的屠杀。英、法两国为了扩大自己在巴尔干的势力，也同情希腊革命。这使"神圣同盟"和"五国同盟"内部的矛盾扩大了。1821 年 4 月 10 日（复活节），君士坦丁堡东正教大牧首格里高利（Патриарх Григорий）被奥斯曼土耳其政府处死。6 月 17 日，格里高利大牧首的遗体在彼得堡下葬，亚历山大一世同一天下令召回俄国驻君士坦丁堡的使团并向土耳其提出抗议。沙皇政府照会欧洲其他列强，提出希腊自治的主张，随后又提出肢解希腊，建立三个自治公国的方案。当希腊人民获得节节胜利并宣布独立后。英国政府于 1823 年 2 月指示其驻君士坦丁堡大使向土耳其政府声明：如果土政府拒绝履行不迫害奥斯曼帝国境内基督徒的诺言，英国将难以与土耳其保持友好关系。接着，英国政府宣布承认希腊为"战斗的一方"，于 1824 年开始向希腊临时政府提供贷款。1826 年，俄国向土耳其提出以战争相要挟的最后通牒。1826 年 4 月 4 日（公历），英俄两国签订了彼得堡议定书。两国决定"调解"希腊问题，让其成为一个自治国，仍隶属于奥斯曼帝国，每年向它缴纳赋税。议定书还规定，两国都不在希腊谋求特权。法国不甘心在解决希腊问题上做旁观者，也要插手其间。1827 年 7 月 18 日，法国同英、俄在伦敦签订了《希腊绥靖公约》。此协定基本上重复了彼得堡英、俄议定书的条款。但有一项补充规定：要求希、土双方立即停火，否则三国将采取行动。随后三国分

---

① 他在 1812—1813 年参加俄国反法战争，担任沙皇亚历山大一世的副官（адъютант），1817 年被任命为俄国陆军少将和第一轻骑兵旅司令。1817 年，依普希兰狄担任"友谊协会"的领导人，将该组织的成员由 1814—1816 年的 20 余人发展到 1000 余人。

别向希腊海域派出舰队。 1827年10月20日（公历），三国舰队驶入纳瓦里诺海湾，受到土耳其—埃及舰队的袭击，于是爆发了著名的纳瓦里诺海战。 经4小时激战，土耳其—埃及联合舰队遭到惨败，共有59艘各种战舰被击毁，6千多名水兵被击毙。 这一场海战沉重地打击了土耳其，使其失去镇压希腊革命的能力。 然而，俄国出于侵略的目的，把对土耳其的战争继续下去，并且于1828年4月26日正式对土宣战。 土耳其军队连遭失败，到1829年被迫求和，与俄国签订《亚得里亚诺堡条约》，承认希腊独立。 在俄土战争期间，法国军队占领了伯罗奔尼撒，埃及军队被迫于1828年10月撤出希腊。 俄国势力也随之渗入独立后的希腊。 1830年2月3日（公历），英法俄三国代表在伦敦签订了新的议定书，第一次规定："希腊将成为一个独立的国家，在政治、行政管理、贸易等方面享有完全独立的权利。"1830年4月，土耳其政府宣布接受三国的此项议定书。 这样，希腊的独立正式获得国际上的承认。

在1827年4月召开的国民会议上，希腊各党派取得妥协，决定邀请卡波狄斯特里亚（Ioannis Kapodistrias/Иоаннис Каподистрия）前来希腊主持政府。 卡波狄斯特里亚于1776年2月11日（公历）出生于希腊的科孚岛（Corfu/Корфу），1803—1806年曾在俄国控制的爱奥尼亚"七岛共和国"（Республики Семи Соединённых островов）任职。 他的亲俄态度和能力深得俄国沙皇亚历山大一世的赏识，1809年他曾应邀去俄国在沙皇政府外交部工作，在1815—1822年担任外交部国务秘书（статс-секретарь）。 1822年他退休侨居瑞典。 1828年初，卡波狄斯特里亚来希腊主持政府，采取一些整顿和改革措施，希腊的混乱局面有所改变。 在外交上卡波狄斯特里亚完全听从俄国沙皇的控制，尼古拉一世和俄国在巴尔干半岛的影响达到了顶峰。 随着俄国势力越来越渗入希腊内政，俄国与英国、法国、普鲁士和奥地利的矛盾越来越大。 1831年10月9日，卡波狄斯特里亚被暗杀。 俄国失去了它在希腊的优势。

在外理由于希腊民族战争而引起的东方危机的同时，俄国接连在19世纪20年代发动了对伊朗和土耳其的战争。

1813年，伊朗被迫与俄国签订了《古立斯坦条约》，将德本特、库尔瓦和卡拉巴赫割让给俄国，宣布放弃对格鲁吉亚的管辖权。 1825年，俄国向伊朗提出新的要求，希望能扩充其在格鲁吉亚占领的地区。 伊朗国王为了收复原属格鲁吉亚境内的阿塞拜疆，在1826年6月23日（公历）出兵占领这里。 俄国立即对伊朗宣战。初期，俄军失利，节节败退。伊朗将军阿巴斯·米尔扎（Abbas Mirza）指挥的 6 万伊朗军队攻占宁科朗、萨里阿内、希尔凡、甘贾等城市，几乎夺回 1812—1813 年俄波战争中丧失的全部土地。同年 9 月，俄军增援部队赶到后转入反攻，在沙姆霍尔和甘贾等地连败伊朗军队。1827 年 10 月，俄军在巴斯凯维奇将军指挥下攻占埃里温，进军南阿塞拜疆，占领大不里士、霍伊、马兰德等城市。伊朗军队失败的主要原因是训练不善、装备落后，而俄军善于在山区丛林地使用炮兵和得到炮兵加强的独立步、骑兵部队。伊朗政府被迫求和，于 1828 年 2 月 10 日（公历）签署《土库曼恰依条约》（Туркманчайский договор），基本上确定两国以阿拉斯河为界，埃里温和纳希切万两个汗国归属俄国，俄国获得 2000 万银卢布的战争赔款。俄国完全控制了黑海，大大增强了在里海沿岸的势力，把俄国边界推向阿拉斯河。根据条约，亚美尼亚与阿塞拜疆内部均出现了分属为两个宗教信仰区域的现象。亚美尼亚人信仰基督教，亚美尼亚东部居民被割让俄国后，受到东正教会的保护，其他地区居民则仍然处于信仰伊斯兰教的伊朗统治之下。阿塞拜疆的伊斯兰教徒，一部分继续受伊朗统治，另一部分则转归信仰东正教的俄国统治。两地人民在此分割的情况下，都遭受了不同宗教与民族的歧视，因此希望能摆脱异教与异族的统治，而与种族和信仰相同的同胞生活在一起。这股狂热的民族主义运动导致这一地区长期战乱，并且为俄国以及其他欧洲列强插手该地区事务提供了可资利用的机会。

  1826 年 10 月 7 日（公历）俄国迫使土耳其签订《阿克曼条约》（Аккерманская конвенция），该协议是建立在 1812 年 5 月的《布加勒斯特和约》的基础之上的。1827 年的纳瓦里诺海战之后，俄、英、法之间出现矛盾，焦点是希腊临时政府选择俄国代理人卡波狄斯特里亚为希腊第一任总统。土耳其苏丹穆罕默德二世（Махмуд II）在获悉同盟国之间的矛盾加剧后，便撕毁了俄土两国以前缔结的所有协定，关闭博斯普鲁斯海峡，禁止俄国军舰出入该海峡，并于 1827 年 12 月宣布对俄"圣战"。土耳其苏丹穆罕默德二世为了给战争增加"圣战"的色彩，特将奥斯曼帝国首都由君士坦丁堡迁到亚德里亚堡，并且加固多瑙河堡垒。1828 年 4 月 26 日（公历），沙皇尼古拉一世下令对土耳其宣战，并将俄国军队派往土耳其控制的比萨拉比亚，第八次俄土战争爆发。

1828—1829年俄土战争交战两国兵员对比表①						
参战国	1828年居民人数（万）	动员兵员（万）	战死兵员（万）	因伤而亡兵员（万）	受伤兵员（万）	因病而亡兵员（万）
俄国	5588.38	20	1	0.5	11	1
土耳其	2600	28	1.5	0.5	1.5	6
总计	8188.38	48	2.5	1	2.5	17

沙皇政府将维特根施泰因元帅（П. Х. Витгенштейн）指挥的95000人调到多瑙河战区，迎战侯赛因巴夏的15万军队；将巴斯凯维奇将军指挥的25000人调到高加索战区厂迎战50000土耳其军。维特根施泰因军队于1828年5月7日越过国境，经过一个月的战斗，占领了多瑙河各公国，强渡了多瑙河。南高加索已经基本为俄军所占领，仅剩下西部沿黑海地区仍为土耳其占领。10月11日，俄军从陆上和海上发起联合攻击，攻下瓦尔纳。巴斯凯维奇指挥俄军25000人国境之后，与土耳其军队为50000人决战，于7月5日攻占卡尔斯要塞。7—8月间，高加索军各部队在地方民军的支援下占领了阿尔达甘、阿哈尔齐赫、波季和巴亚泽特诸要塞。在1829年战局中，双方战斗激烈，力争主动。6月11日，迪比奇——扎巴尔干斯基将军指挥的1.8万俄军在库列夫恰附近的战役中击溃了兵力比自己多一倍的土耳其军，并于6月30日占领锡利斯特拉。7月，尼古拉一世亲自指挥17000俄军越过巴尔干地区，向亚德里亚堡（土耳其称"埃迪尔内"）挺进。8月20日，俄国占领亚德里亚堡。俄军继续向南发展进攻，君士坦丁堡（土耳其称"伊斯坦布尔"）岌岌可危。在高加索，俄军于7月9日攻占埃尔祖鲁姆，并且突击到特拉布宗。俄军在取得上述胜利之后继续攻战了卡尔斯，后在库尔德人的顽强抗击下才停止进军。俄军在两战区获胜，俄军主力逼近君士坦丁堡，俄国舰队封锁博斯普鲁斯海峡和达达尼尔海峡，并在黑海土耳其沿岸一带行动。1829年9月14日（公历），俄国与土耳其签订《亚德里安堡和约》（Адрианопольский мир），俄国获得多瑙河三角洲口及其附近岛屿，俄国获得黑海东岸的大部分［包括阿纳帕市、苏呼米市和苏吉克—卡勒市（Суджук-кале）］。土耳其承认格鲁吉亚、伊梅列季亚、明格列尔、古里亚（Гурия）以及耶里温汗国和纳西切万汗国并入俄国。土耳其重申遵守《阿克曼条约》的规定，保证塞尔维亚的自治权。摩尔达维亚和瓦拉几亚获得自治权并接受俄国保

---

① Урланис Б. Ц. Войны и народонаселение Европы. Москва，1960. с. 178.

护，俄国军队有权驻兵多瑙河大公国。俄国臣民可以在奥斯曼帝国境内自由通商并享有领事裁判权。土耳其承认 1827 年的《伦敦和约》，承认希腊的自治权。土耳其在 18 个月支付给俄国 150 万荷兰金币作为战争赔偿。经过此次俄土战争，俄国不仅扩张了在乌克兰南部、克里木、比萨拉比亚及高加索的领土，并在黑海沿岸巩固了俄国的地位。①

俄国军队之所以在土耳其首都的大门口把战争停下来，而没有立即推进到君士坦丁堡，是因为尼古拉一世看到当时占领君士坦丁堡和海峡是不合时宜的，那样势必引起奥地利、英国、法国对土耳其领土的瓜分，而这对俄国将是不利的。战争接近胜利时，尼古拉一世曾专门任命一个委员会研究土耳其的形势，他们认为保存一个软弱的奥斯曼帝国暂时存在，对俄国的南部安全是必要的。后来在1830 年 5 月俄国的一份秘密通报里说得非常清楚："如果说土耳其政府还能存在的话，它只不过是皇帝乐于给予的那种存在。"②

1831 年埃及总督穆罕默德·阿里（Muharomad 'Ali）起兵反对土耳其苏丹的统治，这又给沙皇政府提供了一个插手近东事务的机会。阿里之子易卜拉欣（Mohammed Ibrahim）率军攻入叙利亚，威胁土耳其首都。土耳其苏丹穆罕默德二世向英法求援未果。尼古拉一世抓住这个机会，派出高加索省总督省长穆拉维约夫（Н. Н. Муравьев）赶到君士坦丁堡去，表示俄国愿给土耳其军事援助。尼古拉一世告诉穆拉维约夫说："我想向苏丹表示我的友谊，应该保卫君士坦丁堡不受穆罕默德·阿里的侵扰。这场战争不是别的，正是由于今天笼罩欧洲特别是法国的可恶精神的后果……应该拔去这个新的有害的幼芽，应该施加我们在东方事务中的影响。"土耳其苏丹穆罕默德二世接受了俄国沙皇的建议，他无奈地表示："一个快要淹死的人，在绝望中连一条咬人的蛇也要抓住啊。"③ 1833 年 2 月 20 日，俄国军舰开进了博斯普鲁斯海峡，俄国陆军开到君士坦丁堡城郊并且布防在土耳其苏丹的夏宫温开尔·斯凯列西附近。尼古拉一世的侍从副官奥尔洛夫（А. Ф. Орлов）公爵，以全权大使及俄军总司令身份从彼得堡来到土耳其首都，亲自视察和加强达达尼尔海峡的防御工事。1833 年 7 月 8 日，俄

---

① Мерников А. Г., Спектор А. А. *Всемирная история войн*. Минск，2005. с. 124—128.；Фадеев А. В. *Россия и Восточный кризис 20-х годов XIX века*. Москва，1958. с. 354—355.

② 巴巴拉·杰拉维奇：《俄国外交政策的一世纪 1814—1914》，福建师范大学外语系编译室译，商务印书馆，1978 年，第 64 页。

③ *Истории России в XIX веке*. Москва，1908. т. 1. с. 600.

土双方签订了为期 8 年的《温开尔·斯凯列西条约》，该条约规定两国在战时有互相援助的义务；博斯普鲁斯海峡对俄国军舰开放。在条约的秘密条款里，土耳其答应在战时封锁达达尼尔海峡，不许其他国家军舰通过。

此次外交和军事交涉，是尼古拉一世执政 30 年内最成功和辉煌的成就。在特殊的条件下，沙皇政府成功地迫使土耳其苏丹和政府听命俄国的要求，对俄国做出了叶卡捷琳娜二世时代的 1768—1774 年和 1787—1792 年两次俄土战争之后最大的屈服和让步。如此一来，不仅俄国军舰可以自由出入黑海两海峡，把俄国海上力量扩大到地中海、红海以大西洋沿岸，而且黑海两海峡变成了俄国专属品，土耳其成为俄国在黑海两海峡的看门人。俄国在奥斯曼土耳其帝国力量和影响的加强，引起西欧尤其是英国的不安，英国外交大臣帕麦斯顿（Henry John Palmerston）诅咒说："我认为把它（指 1833 年俄土条约）沉没在任何同样性质的一般条约中是唯一的办法。"

1830 年法国爆发六月革命打破了欧洲列强的暂时平衡，俄国国内也出现了民族矛盾和阶级矛盾尖锐的情况，尼古拉一世不得不放弃 1833 年俄土条约独得的黑海海峡特权，接受 1840 年的伦敦公约和 1841 年海峡中立化的公约，承认由欧洲列强一致行动保证土耳其不受进犯，在和平时期禁止一切外国军舰通过博斯普鲁斯和达达尼尔海峡。

尼古拉一再强调"土耳其是一个快要死去的病人，我们应该尽快帮助他活下去。但是他即将、也一定会死亡。对这件事，除了法国以外，我不担心其他任何国家。我们应如何避免让靠近火焰旁边的军队着火呢？我们必须很理性地考虑，尝试去获得公正与诚实的谅解。"①他试图以此游说欧洲列强，共同瓜分奥斯曼土耳其帝国的遗产。1833 年，尼古拉一世亲自去维也纳，向奥地利首相梅特涅游说。1844 年，尼古拉一世亲自西渡伦敦，向英国女王维多利亚和英国首相比尔与外交大臣阿伯丁进行游说。他的努力均遭到拒绝。英国认为尼古拉一世不仅追求在多瑙河流域的利益，真实是占领君士坦丁堡和独占黑海两海峡。

1830 年法国爆发七月革命，复辟王朝被推翻，建立了代表金融势力的"七月王朝"。法国七月革命胜利使得神圣同盟丧失了其跨欧洲的特征和影响。1833 年秋俄罗斯纠集奥地利和普鲁士重新复苏神圣同盟。1841 年 7 月 13 日（公历），俄国、英国、法国、奥地利和普鲁士召开"海峡会议"，讨论欧洲列强与土

---

① Bernard Pare, *A History of Russia*. New York: Alfred A. Knopf, 1964. p. 352.

耳其之间的关系。 会议中最重要的决定是与会各国重申维护奥斯曼土耳其帝国领土完整性，任何外国舰队在和平时期都不得进入黑海两海峡。 该项决议使土耳其摆脱了《温开尔·斯凯列西条约》中俄国垄断黑海两海峡的特权，土耳其保证了领土的完整和两海峡的安全。 原本要在1841年到期再续签的《温开尔·斯凯列西条约》也就失去了继续存在的价值。

1848年当法国二月革命的消息传到俄国时，尼古拉一世立即颁布紧急动员令，声称维护欧洲秩序是自己的"神圣义务"，他决心"用可靠的支柱来对抗有害的无政府主义的猖獗"。 他调集40万大军驻扎在西部边界，准备随时开进西欧，仅波兰一地就屯兵20万人。 1848年6月28日，尼古拉一世命令俄军在南线越过普鲁特河，开进多瑙河两公国——摩尔达维亚和瓦拉几亚，镇压了罗马尼亚革命，5000名俄军一直在两公国驻守到1851年。 1848年，匈牙利爆发反对奥地利统治的革命，建立了独立的国家，并选举了科苏特（Kossuth Lajos）为国家元首。 1849年5月，尼古拉一世和奥地利皇弗兰茨·约瑟夫（Franz Joseph I）在华沙策划镇压匈牙利革命，他立即派出20万俄军配合奥地利17万军队，从东西两方夹击，使15万匈牙利革命军处于腹背受敌的境地，匈牙利的民族独立革命遭到残酷镇压。

尼古拉一世和历代沙皇一样认为在俄国西部出现一个统一的大国将是对俄国的最大威胁。 在1848年欧洲革命中，尼古拉一世极力破坏德国的统一，他要使德意志的封建分裂永久化和极端化，从而可以利用普鲁士与奥地利的矛盾，巩固沙皇政府在欧洲的霸权地位。 因此，尼古拉一世不仅镇压一切想自下而上以革命方法统一德国的运动，也极力反对普鲁士和奥地利王室自上而下的统一德国的企图。 1848年7月，尼古拉一世指示外交大臣涅谢尔罗德发出一个威胁性照会，竟声称俄国政府不允许德国统一，德意志只能遵守1815年签订的德意志邦联条例状态。 1849年5月，普鲁士政府在镇压了西南各邦的起义以后，试图取得在德国的领导地位，建立一个德意志国家联盟，先后有29个邦国加入，形成了统一的趋势。 这引起了尼古拉一世的强烈不满，因为尼古拉一世所需要的是一个分裂而软弱的德国，好供他任意摆布。 沙皇政府的一贯政策，是使德意志各邦国处于分裂状态，并使其中两个最大邦国普鲁士和奥地利互相牵制，互相倾轧，从而由俄国政府充当仲裁人的角色。 奥地利也坚决反对普鲁士统一德国的计划，在匈牙利革命被镇压下去以后，普奥矛盾发展到战争一触即发的地步。尼古拉一世又被请出来扮演仲裁者角色。 1850年10月，尼古拉一世邀请普鲁士国王和奥地利皇帝到华沙面谈,强迫普鲁士放弃其建立联盟的企图,普奥双方签订《奥洛姆茨协定》,恢复了 1815 年德意志邦联条例,普鲁士新拟的联盟宪法宣布作废。 尽管普鲁士国王威廉二世是尼古拉一世的内弟,也没有使普鲁士免受这一场前所未有的"奥洛姆茨之辱"。 奥地利也没有得到好处,它所提出的企图由奥地利统一德意志的方案也遭到同样的命运。

1848 年欧洲革命被镇压后,神圣同盟在 19 世纪 50 年代再度复苏,并成为沙皇政府支配普鲁士的工具。 在 1849 年大革命中奥地利依靠俄罗斯的帮助逃避了匈牙利分裂的命运。 尼古拉一世在镇压了欧洲革命,裁决了普奥纠纷以后,俄国在欧洲大陆的霸权达到最高峰。 尼古拉一世曾轻蔑地谈到俄国与奥地利的关系是"至于说到奥地利,我坚信,我们的协定就决定了我们的关系"。①

同时代俄国诗人丘特切夫赋诗称赞:"俄罗斯沙皇面向圣索菲娅神殿祈祷,他将成为整个斯拉夫人的沙皇。"②数次与尼古拉一世进行外交交锋的英国外交大臣克拉林顿勋爵(George William Clarendon)也谈及对俄国沙皇尼古拉一世的评价:"当我年青的时候,支配欧洲大陆的是拿破仑,现在的情形是这样,显然拿破仑的地位被俄国沙皇占有了,最低限度在这几年中,他已用各种计划和各种方法,使自己成为欧洲大陆的立法者了。"③

在镇压 1848 年欧洲革命的活动中,尼古拉一世和沙皇政府扮演了欧洲宪兵的角色,并且保证了奥地利(奥匈帝国)没有解体,他还以调停人的身份解决了普鲁士与奥地利之间的矛盾冲突,表明俄国沙皇在欧洲国际事务中的影响达到了顶峰。 但是沙皇政府与欧洲列强之间永远是相互利用和相互借重的关系,彼此之间矛盾是永恒变化的。 1854 年 6 月 3 日,奥地利要求俄罗斯撤出多瑙河流域,并且在俄罗斯撤兵后自己占领了这个地区,从而导致奥地利与俄罗斯之间的关系破裂。 奥地利与普鲁士之间的关系也开始紧张。 除此之外英国和拿破仑三世统治的法国在外交上向俄罗斯接近,由此奥地利有被孤立的危险。 由此从维也纳会议以来所建立的欧洲各国之间的相对稳定的势力关系开始改变。 1853 年克里米亚战争爆发,普鲁士与奥地利虽然没有直接参加土耳其、英国、法国、意大利和撒丁王国一方,但是暗中与英法等国多有勾结,俄、普、奥三国间脆弱的同盟关系最终破裂,神圣同盟彻底瓦解。

---

① Троицкий Н. Россия во главе Священного союза//*Россия в XIX веке. Курс лекций*. Москва,1997.
② Тарле Е. В. *Крымская война*. Москва,1950. т. 1. с. 6.
③ 鲍爵姆金主编:《世界外交史》,大可等译,五十年代出版社,1950 年,第 2 分册,第 142 页。

尼古拉一世的帝国治理

尼古拉一世的政治生命和命运始于镇压十二月党人起义的军事行动,他的政治生命和肉体生命也终结于穷兵黩武的克里米亚战争。尼古拉一世一生获得 8 枚勋章,远远逊于他的哥哥亚历山大一世(41 枚勋章)。尼古拉一世身材高大,仪表堂堂。法国驻俄大使拉菲翁称尼古拉一世是"受过教育的彼得大帝"。尼古拉一世也以彼得一世为榜样,平日将彼得一世半身像置于办公桌,立志仿效彼得一世治国理政。在同时代人眼中,尼古拉一世是一个严以律己和勤奋工作的人。他拥有健康的生活方式,他从来不放过任何一个宗教节日和礼拜仪式。他从来不吸烟也不喜欢吸烟的人;他从来不喝烈性酒;他喜欢安步当车,经常身佩武器;他喜爱穿普通大衣,喜欢睡硬板床。他有严格的工作时间表:每日工作从早晨 7 点整开始,9 点接受下属的报告,每日工作 16—18 小时。同时代的都主教因诺肯乙(俗名波里索夫)[Иннокентий(И. А. Борисов)]回忆:"这是……那个被加冕的人,对于他来说,沙皇宝座不是享乐窝,而是激励他努力工作。"①宫廷女官丘特切娃(А. Ф. Тютчева)在回忆录中写道:"他一天要工作 18 小时,……常常工作直至深夜,当他站起身来时已是黎明时分,……他为了工作牺牲了所有乐趣,为了责任他承担更多的工作,远比他的臣民多得多。他老老实实地认为能够用自己的眼睛看到一切,听到他想听到的一切,理解他想理解的一切。"②

俄国著名历史学家克留切夫斯基对尼古拉一世评价不高,他认为:"尼古拉为自己提出的任务没有任何改革,基本上没有引进任何新的东西,仅仅是维持现有秩序,借助现行法律,运用政府职能修补出现的裂痕。但是他没有解决在其任期内的紧迫的问题,似乎他比他的前辈更不懂得问题的紧迫性。"③

当代俄罗斯文史学家、阿马维国立师范大学(АГПУ)校长兼文学教研室主

---

① Шильдер Н. К. *Император Николай I. Его жизнь и царствование*. СПб.,1903. т. 2. с. 465.
② Тютчева А. Ф. *При дворе двух императоров*,*Воспоминания*. *Дневник*. 1853—1882. Тула. 1990. с. 47—48.
③ Ключевский В. О. *Курс русской истории*. Лекция LXXXV.

任卡日诺夫（В. В. Кожинов）将尼古拉一世严苛政治与他的前辈统治者以及同时期的欧洲统治者做了比较，认为他基本上还是一个温和执政和严于律己的君主主义者。 判处十二月党5位领袖死刑是其执政30年唯一一次极端刑罚，而在彼得一世和叶卡捷琳娜二世时代被处以极刑者达数千人，亚历山大一世时代被处以极刑者达数百人。 与同时期的欧洲国家相比，1848年法国六月起义中被枪杀者达到11000人之多。①

也有一些历史学家指出尼古拉一世并没有改变对于政治犯的酷刑，他的政府对579名十二月党人和232名彼得拉舍夫斯基分子（Петрашевцы）起诉。② 历史学家雷日科夫（Н. А. Рожков）则认为沙皇尼古拉一世欺骗十二月党人，尽管在彼得堡和基辅的十二月党两次起义中已经有近1500人被打死，他仍然假惺惺地免除31名十二月党人和21名彼得拉舍夫斯基分子死刑。③

尼古拉一世是君主专制的坚定维护者，尽全力铲除一切有可能危害其统治的苗头。 在镇压了十二月党人起义之后，尼古拉一世在俄罗斯境内开展了大规模的搜捕。 他无法信任贵族阶层，总是怀疑贵族和高层军官们要酝酿政变，所以他把目光转向官僚阶层，商人和自由农，希望争取到他们的支持，巩固自己的统治基石。 尼古拉一世下令允许贵族出国学习和旅游，但增加了很多附加条件，比如1831年禁止18岁以下贵族到国外接受教育，1834年禁止贵族在国外的期限超过5年，1851年又缩短到3年。 为了限制贵族出国，办理出境的费用相当于中等官员一年的薪水。

尼古拉一世政府在俄国历史上第一次大规模推行农民教育计划。 农民学校（крестьянские школы）的数量迅速增加，从1838年的60所增长到1856年的2551所，就学学生数量也由1500人剧增到11万1千人。④ 这一时期俄国大规模设立技术学校（технические училища）和大学（вузы），实际上已经建立起了国立的职业、初等和中等教育体系。

农民问题是尼古拉一世一上台遇到的重大问题，也是他执政长达30年特别考察和着力解决的问题。 为此，他前后建立了8个"秘密委员会"。 尽管尼古

---

① Кожинов В. В. *Россия. Век XX-й.* Москва，2008，с. 95—96.

② Колесникова В. С. *Николай Первый. Лики масок государя：Психологические этюды.* Москва，2008. с. 62，81.

③ Рожков Н. А. *Русская история в сравнительно-историческом освещении（основы социальной динамики）*Москва-Ленинград，1926—1928，т. 10. с. 220，361.

④ Рожков Н. *Русская история в сравнительно-историческом освещении（основы социальной динамики）.* Москва-Ленинград，1926—1928，т. 10. с. 297.

拉一世在农民问题上，小心翼翼，如履薄冰，但进展有限（包括基谢廖夫改革）。如果历史地做以评价，应该看到尼古拉一世调整农民政策的积极作用。尼古拉一世在18世纪40年代后在农民问题上进行的一系列保守改革措施，虽然没有根本动摇农奴制度，但表明他本人已经充分认识到了改革的必要性和紧迫性，并且使贵族和地主阶层也深深感觉到，废除农奴制度已经是不可抗拒的历史潮流，从而为亚历山大二世废除农奴制做了法律和行政意义上的准备，为贵族和地主阶层接受农奴制改革的法律事实创造了心理准备。这使得1861年2月19日农奴制废除法令颁布之时，俄国上层社会和贵族阶层没有采取极端方式对抗沙皇政府的改革决定，全国也没有发生大规模的政治和社会动荡。

尼古拉一世在1842年开始考虑农奴制的存废问题，他在对贵族会议的讲话中也曾毫不掩饰地表示："毫无疑问，俄国现行的农奴制度是邪恶的。这样的情况不可能持续太久。要求改革的思想与所带来的混乱，最近已经经常地发生着。"他在给皇后亚历山德拉的信中谈道："我现在正处于我在位时要采取最重要一项措施的关头。我即将在国务会议上提出朝向解放农奴迈出第一步的改革。……任何一个思想正常的人，都会清楚地看到当前的形势，就是必须进行改革，绝对不能让现在的状况持续下去了。"①1846年3月，尼古拉一世委任皇位继承人亚历山大二世组织一个秘密委员会，讨论有关废除农奴制的问题。

专门研究俄国土地和农民问题的历史学家雷日科夫、美国历史学家布留姆和帝俄时期著名历史学家克留切夫斯基研究了尼古拉一世时代三个领域的重要变化。首先是农奴农民在俄国居民所占比例大大缩减，从1811—1817的57—58％下降到1857—1858年的35—45％，这些农民转变成了普通居民。②显然，政府禁止将国家农民连带土地转卖给地主的政策发挥了极为重要的作用，而此前政府则是极力推崇这一政策的，因此静悄悄的农民解放已经开始。另一方面，国家农民地位大幅度提高，国家农民数量在19世纪50年代中后期达到居民人口比例的50％。③这种状况的大改善主要是由于基谢廖夫对国有资产管理采取的改革措施。改革给所有国家的农民分配了所属的土地和森林，到处都建立了办事处

---

① Hugh Seton-Watson，*The Russian Empire* 1801—1917. Oxford：The Clarendon Press，1967. pp. 227—228.

② Blum J. *Lord and Peasant in Russia*. *From the Ninth to the Nineteenth Century*. New York，1964 p. 420；Ключевский В. *Курс русской истории*. Лекция LXXXVI.

③ Blum J. *Lord and Peasant in Russia*. *From the Ninth to the Nineteenth Century*. New York，1964 p. 476.

以及粮食商店，给予农民提供金融贷款，在发生粮食歉收时向农民提供求救济粮食。这些措施不仅使国有农民的状况极大改善，而且国家财政收入因此增加了15％至20％，拖欠的税收减少了一半，无地农民也减少了一半。到19世纪50年代中期，无地农民完全消失。①

1843年，尼古拉一世时期著名国务活动家、外交大臣，同时也是大地主和大贵族的涅谢里罗德伯爵评价认为基谢廖夫的农民改革计划导致贵族的死亡，农民将变得越来越无耻和反叛成性。② 由于地主和贵族的激烈反对，一些出发点很好的改革措施半途而废。时为西部省长后为内政大臣的比比科夫在1848年在右岸乌克兰进行了较为成功的财产改革，改革内容为地主要为农民划出一定规模的土地并且给予一定的权利。这项改革的经验随后在一些省份推广，然而其结果是失败的。苏联著名农奴制问题历史学家扎依翁奇科夫斯基分析："地主冷漠对待措施的推行，而依赖于他们的地方机关也不采取任何措施。"③

正如19世纪俄国历史学家克留切夫斯基所言，尼古拉一世采取的农民改革措施导致两个完全意想不到的结果：第一，农民不再是地主私人财产，并且最重要的是，农民是国家公民，国家应该保护他们的权利。其次，农民个人不是地主私有土地的组成部分，地主不可以随意驱逐农民。④ 克留切夫斯基得出结论：尼古拉一世时代的农奴制的性质发生了重大改变，实际上从奴隶制（институт рабства）变成了自然的租金制（институт натуральной ренты）。

在尼古拉一世时期，俄罗斯获得了"欧洲宪兵"的称号。尼古拉一世曾应奥地利帝国的请求，向匈牙利派出10万人的军队，镇压了匈牙利争取独立的起义，从而防止了奥地利帝国的分裂。但奥地利并未因此对俄国感恩戴德，在此后不久爆发的克里木战争中，奥地利担心俄国在巴尔干半岛的扩张，因此站在了俄国的对立面。奥地利帝国在同拿破仑的战争中曾是俄国可靠的盟友，现在却成为敌人，关系全面破裂。直至两个帝国都在第一次世界大战后解体，俄国和

---

① Рожков Н. *Русская история в сравнительно-историческом освещении（основы социальной динамики）*. Москва-Ленинград，1926—1928，т. 10，с. 296—297．； Blum J. *Lord and Peasant in Russia．From the Ninth to the Nineteenth Century*. New York，1964，p. 533.

② Рожков Н. *Русская история в сравнительно-историческом освещении（основы социальной динамики）*. Москва-Ленинград，1926—1928，т. 10，с. 299—300； Blum J. *Lord and Peasant in Russia．From the Ninth to the Nineteenth Century*. New York，1964，p. 570.

③ Зайончковский П. А. *Правительственный аппарат самодержавной России в XIX в*. Москва，1978．с. 112.

④ Ключевский В. *Курс русской истории*. Лекция LXXXV.

奥地利的关系也没能缓和。

俄国在1806年至1812年、1828年至1829年两次对土耳其的战争中,沉重地打击了奥斯曼土耳其帝国,土耳其日渐衰落。按照俄国的要求,俄罗斯皇帝成为土耳其境内所有基督教徒的保护人,奥斯曼土耳其帝国还被迫在1830年承认希腊独立,同时给予塞尔维亚、摩尔达维亚等地广泛自治。俄国咄咄逼人的扩张势头引发了欧洲列强的不满和猜忌,他们担心强大的俄国会对欧洲构成威胁,于是联合起来,开始在政治上孤立俄国。

1853年,俄土战争继而是克里米亚战争爆发,俄国海军在海军元帅纳希莫夫(П. С. Нахимов)的出色指挥下,重创土耳其军队,取得了辉煌的胜利。1853年俄土海战也是战争史上最后一次帆船战舰的大型海战。1854年,英法联军开始干涉俄土战争,派出军队支援土耳其。俄罗斯因为被落后的封建农奴制拖后腿,在技术装备方面明显落后于英法两国,因而尽管俄军官兵英勇奋战,但仍节节败退。1854年,英法联军在克里米亚半岛强攻登陆,开始围困塞瓦斯托波尔要塞。1855年8月,塞瓦斯托波尔要塞在苦苦支撑了11个月之后投降。此后俄罗斯签订了巴黎和约,承认黑海是公海,并同意在黑海水域不得设防,不得部署海军力量、军火库和建筑要塞等军事设施。这样俄罗斯就丧失了在黑海水域的主动权,无力在这一地区发挥继续影响。

1855年年初,尼古拉一世穿着单薄的军服检阅部队,患上了感冒,结果变成了急性肺炎。1855年2月18日,尼古拉一世突然病逝,根据1855年2月24日出版的《圣彼得堡公报》说是"在下午的第一个小时"[1]离世。当场见证人回忆,在弥留之际,尼古拉一世意识清醒,他叫来儿子和孙子们,与每一个人告别和祝福,并祝愿他们和睦相处。[2] 尼古拉一世的遗言是,"我是全心全意地感激上帝,怀着许多善的心愿而死的,上帝给了我这短暂的生命,将最真诚的爱给了我光荣的俄罗斯,这个我一生信任和真诚地、尽全力服务的祖国。"[3]

关于尼古拉一世的死因一直有谣传流传于世。时任总参本部上校的萨约茨基(И. Ф. Савицкий)记载尼古拉一世是服毒自杀,[4]即当尼古拉一世听到俄国将

---

① Последние минуты в Бозе почивающаго императора Николая Павловича. //Санкт-Петербургские ведомости, 24 февраля 1855, No 42, с. 198.

② Тютчева А. Ф. При дворе двух императоров. Дневник 1853—1882. Тула, 1990. с. 177.

③ Шильдер Н. К. Император Николай I. Его жизнь и царствование. Санкт-Петербург, 1903. т. 2. с. 367.

④ Гребельский П. Х., Мирвис А. Б. Дом Романовых. Санкт-Петербург, 1992. с. 92.

军赫鲁廖夫（С. А. Хрулёв）在耶夫帕托里亚（Евпатория）战败的消息后，他万念俱灰精神沮丧，他请求医生曼达（М. М. Мандт）给他毒药，让他没有痛苦地结束生命。 并且令人疑惑不解的是，尼古拉一世死前曾严令训示禁止对他的遗体解剖和防腐处理。① 然而，许多人认为这种说法极不可信，因为尼古拉一世是虔诚的东正教徒，他不会破坏自己一生恪守的宗教信念的。 苏联历史学家扎伊翁奇科夫斯基（П. А. Зайончковский）认为："关于沙皇自杀的传言是没有任何基础的。"他详细地翻阅了尼古拉一世的皇太子、未来的新沙皇亚历山大二世关于他父亲的日记记录，上面写明尼古拉一世患有严重的感冒。 他得出结论："2 月 17 日，尼古拉一世由于水肿和窒息而亡。"②

1855 年 3 月 5 日，尼古拉一世安葬在彼得堡的彼得—保罗大教堂。 时任驻守北高加索的车臣和达吉斯保罗的陆军少将齐梅尔曼（А. Э. Циммерман）回忆："我很奇怪，尼古拉·保罗洛维奇之死，显然没有引起塞瓦斯托波尔保护者的特别注意。 我发现所有人都是心平气和地对待我的问题，当我问君主去世的原因时，回答是：不知道……"③

1859 年 6 月 26 日，在尼古拉一世去世 4 周年时，由雕塑家克劳特（П. К. Клодт）设计的尼古拉一世骑马雕像在彼得堡伊萨基辅大教堂前的广场上举行了建成仪式。 1896 年 6 月 25 日，尼古拉一世诞辰一百年，由他的重孙子、末代沙皇尼古拉二世（Николай Ⅱ Александрович）签署命令设立两个国家奖章。 一枚名为"纪念尼古拉一世皇帝执政"（В память царствования Императора Николая I），颁发给尼古拉一世时代服役人员。 另一枚也名为"纪念尼古拉一世皇帝执政"（В память царствования Императора Николая I），颁发给尼古拉一世时代接受军事学校教育的人员。

著名作家列夫·托尔斯泰（Лев Толстой）于 1886 年创作了短篇小说《尼古拉——军棍》（Николай Палкин），以辛辣的笔调讽刺了这位沙皇。

---

① Завьялова Л., Орлов К. *Великий князь Константин Константинович и великие князья Константиновичи*. СПб. 2009.； Академик Всеволод Николаев. *Александр Второй—человек на престоле*. Мюнхен，1986，с. 223. Смирнов А. Ф. *Разгадка смерти императора*//Пресняков А. Е. *Российские самодержцы*. Москва，1990.

② Зайончковский П. А. *Правительственный аппарат самодержавной России в XIX в*. Москва，1978，с. 181.

③ М. М. Шевченко. *Конец одного величия*. Москва, Три квадрата, 2003. с. 196.

第八章　公共空间：俄国知识阶层及其政治表达

伴随着19世纪30—40年代俄国知识阶层自我意识和群体意识的觉醒，他们以自己的知识权力和舆论影响力重建社会重心，形成了一个特殊的"知识人社会"。沙龙、大学、庄园和出版物是俄国知识阶层的公共空间①，而"小组"在其中最具特色和活力，它成为俄国未来政治党团的雏形。俄国知识阶层批判俄国社会现实、引进欧洲先进思想、规划俄国未来道路，他们扮演着思想启蒙者和实践先行者的双重角色。

---

① "公共空间"（英语publicsphere/德语Offentlichkeit）是德国著名社会学家和哲学家哈贝马斯（Jurgen Habermas）在20世纪60年代初提出的概念。他强调"公共空间"是公民社会的一种特殊的历史形态，17、18世纪初现于英国和法国，19世纪盛行于欧美。初时是市民间以阅读为中介、以交流为中心的公共交往场所，后转型为中产阶级和知识阶层议政和参政的民主渠道（参见：哈贝马斯：《公共空间的结构转型》，曹卫东等译，学林出版社，1999年。）；当代美国学者刘易斯·科塞关于"知识分子生活的场所"概念写道："正如各种动物只在适合它们生长的环境中生长一样，各种类型的人，也只有遇到适宜的制度化环境才能发展。没有理由认为，在较早的世纪中出现的能胜任知识分子作用的人，要少于近三个世纪，然而只有在这三个世纪里，知识分子才在文化中获得了引人注目的重要地位。演员或潜在的演员早已有之，但没有舞台。只有当演员和舞台一起出现，戏剧才能上演。""知识分子的职业在社会中成为可能并得到承认，有两个必要条件。首先，知识分子需要听众，需要有一批人听他们宣讲自己的思想，并对他们表示认可。""第二，知识分子需要经常与自己的同行接触，因为只有通过这种交流，他们才能建立起有关方法和优劣的共同标准，以及指导他们行为的共同规范。"他认为知识分子活动有八种制度化的环境：沙龙、咖啡馆、科学协会、刊物、文学市场、出版界、政治派别、波希米亚式的场所。"这八种制度有一种共同特点，虽然不同类型的知识分子利用程度不同，但它们都对西方世界的知识分子职业的形成起到了孵化器的作用。"（参见科塞：《理念人——一项社会学的考察》，郭方等译，中央编译出版社，2001年，第3—4页。）

一

知识阶层的公共空间

十二月党人起义被镇压后，尼古拉一世和沙皇政府加紧了对俄国社会的思想控制和监督。1826年7月13日，在十二月党人领袖彼斯特尔等5人被处死刑的同一天，尼古拉一世发表了审判国家罪人的宣言，特别强调防止有害思想的侵袭，告诫父母要注意对子女的"道德培养"，而国家的"道德"基础是基于人民发自内心的对于教会的爱和对于皇帝的忠诚。

沙皇政府于1826年颁布了新的出版检查条例，严禁一切有违沙皇、政府和东正教义的言论。新闻书报检查制度成为19世纪俄国历史发展中的独特现象，成为扼制思想自由的工具。尼古拉一世还建立了一个思想审查和控制机构——宪兵第三厅，专事监视和防范与政权对立的任何自由及革命倾向的活动和异端思想。

19世纪30年代的俄国思想文化界一片萧瑟景象，亲身经历了那个时代的文化评论家巴纳耶夫（И. И. Панаев）写道："12月14日事件后的反动势力是最可怕的，一切都平息了、呆滞了，大多数人吓破了胆，一心沉湎于个人利益——贪污受贿，巧取豪夺，披着忠君的外衣怡然自得地过足官瘾；少数有头脑的人则从德国哲学中得到安宁和慰藉，并从中寻求颂扬专制独裁的根据。"① 革命思想家赫尔岑则愤然回忆："1825年转折之后的停滞时期，我已经谈过多次。社会的道德水平降低了，发展中断了，省会中一切进步的、强大的因素被铲除了。剩下的是一些惊慌失措、软弱无力、灰心丧气的人，他们头脑空虚，胆小怕事；现在，亚历山大时期的废物窃据了要津，他们逐渐变成了趋炎附势的生意人，失去了对酒高歌的豪迈诗意和任何独立自主的尊严感。这些人做官，爬上了高位，但并无雄才大略。他们的时代过去了。"②

由于政治上的高压和法律上的钳制，以及缺乏合法的国家层面的交流和宣泄

---

① 巴纳耶夫：《群星灿烂的年代》，刘敦健译，上海译文出版社，1995，第205页。
② 赫尔岑：《往事与随想》，巴金译，上海译文出版社，1979年，第1卷，第35页。

渠道，自然就出现了知识阶层内部的和地下的非国家层面的公共空间，知识阶层的公共空间亦成为莫斯科和彼得堡智力生活和精神活动的中心。

大学成为俄国知识阶层公共空间的主要场所。自彼得一世欧化大改革之后，文化教育事业在俄国获得了长足发展。不仅出现了像罗蒙诺索夫这样集自然科学家、人文科学家和社会科学家于一身的俄罗斯科学院第一个本民族的院士，而且根据他的建议在 1755 年建立了俄国第一所大学——莫斯科大学。到 19 世纪上半期，俄国境内已经有近十所大学：莫斯科大学、维尔诺大学（1832 年关闭）、捷尔普特大学、彼得堡大学、彼得堡中心师范学院、哈尔科夫大学、喀山大学、基辅大学等。尽管这个时期的俄国无论是大学的数量，还是教师、学生的人数都仍然落后于西欧，但是遍及全俄的高等教育体系已经初具规模。

大学是培养人才和知识的发源地，也是俄国社会进步思想的策源地。而经过近百年发展的莫斯科大学，到 19 世纪中期已经成为俄国文化教育的中心，并且由于其较特殊的地理位置和师生构成，变成了俄国先进人士和进步思想汇集的大本营。

莫斯科大学从一开始就带有很强的世俗色彩和平民特征，它不像西欧许多大学那样具有很浓的宗教色彩，它一直没有设立神学系。它也不像稍后在彼得堡创办的皇村学校那样专门招收贵族子弟，学校最初的宪章上就明确指出：除农奴之外的所有阶层均有入学的权利。18 世纪后半期，在学校中任教的 26 位俄国本土教授中，只有 3 位出身贵族阶层。赫尔岑、奥加廖夫、别林斯基、斯坦凯维奇、莱蒙托夫（М. Ю. Лермонтов）、冈察洛夫、屠格涅夫等优秀人物几乎同时就读这所大学，十二月党人中也有不少人是毕业于这所大学。赫尔岑曾回忆："30 年前，未来的俄罗斯仅仅存在于几个孩子之间，他们刚离开童年，还那么微不足道，不易察觉，因此可以在专制制度的铁蹄和土地之间的隙缝中盘桓发展，可是他们身上蕴藏着 12 月 14 日的传统，全人类的科学和真正人民罗斯的传统。这些新的生命必然要成长，正如青草会在尚未冷却的火山口上顽强地繁衍一样。"① 俄国革命家、社会革命党人萨宗诺夫（Е. С. Сазонов）写道："崇尚文明和怀念真正的人民传统以及热爱自由的思想的人，在这个学府里找到了最后的容身之地。"

莫斯科大学的教授主要分成两部分。大部分教授是庸碌无能、胆小如鼠的

---

① 赫尔岑：《往事与随想》，巴金译，上海译文出版社，1979 年，第 1 卷，第 132 页。

人，他们年复一年地捧着腐朽不堪的教科书照本宣科。这种教育方针和沉闷、枯燥、毫无内容的必修课，使学生们感到十分厌倦。另一部分是那些学有所成、术业专攻并且思想进步的教授，如格拉诺夫斯基、卡维林（К. Д. Кавелин）、列奇金（В. В. лечкин）则在学生中有着极高的威信和吸引力。在固定的日子里，他们家里经常聚集着许多大学生。他们不仅就科学题目，而且也围绕现实问题和文学现象进行深入的交谈。

沙皇尼古拉一世恨透了莫斯科大学，视其为"邪恶的温床"，把它叫做"混沌世界"，认定大学生是不可信的谋叛分子。尽管克里姆林宫与莫斯科大学比邻，但每次尼古拉一世特意绕行，远离这所大学的门口，更不愿走进学校大门。他下令赶走大学里的优秀教授，停开哲学讲座，把所有"反对宗教、政府和道德"的进步作家的著作从学校图书馆里清除出去，在教学大纲里不列普希金的作品，把所有有革命倾向的学生开除。

然而，莫斯科大学在独立生存中的发展却大大出乎沙皇的一厢情愿。赫尔岑在《往事与随想》（Былое и думы）里回忆："失了宠的大学的影响却还是一天天地增大"，"俄国年轻的力量从各个方面，各个阶层汇集到这里来，好像流进一个总贮水池一样；在大学的课堂里，他们肃清了在家庭里沾染上的种种偏见，达到了同一个水平，结下了兄弟般的情谊，然后再散布到俄国的各个方面，各个阶层中去。"①虽然大学教授们在学问和人品上并非每个人都让学生们敬佩，而且时常还有政府的密探渗透到学生中间，但是"科学并没有使我们脱离对周围苦难生活的干预。对周围痛苦的这种同情以寻常的方式提高了学生们的公民道德。我们和我们的同学在课堂上公开地议论我们想到的任何事情。"②赫尔岑回忆："我们和我们的同学在教室里公开谈论我们所想到的一切事情，禁诗的手抄本从一个人传给另一个人，我们阅读禁书并加以评论。而且，我也不记得教室里发生过任何告密和变节叛变的事情。"③

文学、艺术和政治出版物也构成了知识阶层公共空间的重要场所。自1728年俄国出版第一份杂志《每月新闻报中有关历史、物种起源和地理方面的注释》之后，在叶卡捷琳娜二世实施"开明专制"期间出版了不少杂志，如《俄罗斯语言爱好者对话人》杂志、冯维辛主编的讽刺杂志《公蜂》《画家》《钱袋》等。19

---

① 赫尔岑：《往事与随想》，巴金译，上海译文出版社，1979年，第1卷，第144—145页。
② 同上书，第147页。
③ 同上书，第135页。

世纪上半期,《望远镜》《俄罗斯思想》(Русский мысль)、《莫斯科观察家》《欧洲通报》(Вестнике Европы)、《莫斯科杂志》(Московский журнал)、《俄罗斯财富》《国民教育部杂志》(Журнал Министерства народного просвещения)、《现代人》《欧洲人》等杂志盛行一时。

1818 年,历史学家兼作家斯维涅伊(П. П. Свиньин)创办《祖国纪事》(Отечественные записки)杂志,发表历史、地理和道德评论文章。1839 年 1 月,《祖国纪事》的经营权转手克拉耶夫斯基(А. А. Краевский),克拉耶夫斯基将其改造成社会政治杂志,增加了下列栏目:"俄国现代纪事"(современная хроника России)、"科学"(наука)、"文学"(словесность)、"艺术"(художество)、"家政、农业和工业"(домоводство, сельское хозяйство и промышленность вообще)、"批评"(критика)、"现代图书信息"(современная библиографическая хроника)、"杂谈"(смесь)等。各种流派的作家和诗人,如茹科夫斯基、奥多耶夫斯基(В. Ф. Одоевский)和达维多夫(Д. В. Давыдов);历史学家波戈金、舍维列夫(С. П. Шевырев)和德米特列夫(М. А. Дмитриев);拉丁文学和哲学教授达维多夫(И. И. Давыдов);著名的斯拉夫派人士霍米亚科夫、阿克萨科夫;诗人莱蒙托夫、索洛古勃(В. А. Соллогуб)、巴纳耶夫和科尔菲(Ф. Ф. Корф)经常在《祖国纪事》发表著述。尤其是 1839 年至 1846 年期间,别林斯基主持了杂志的"文学批评"专栏的工作,他吸收了自己的朋友和政治同道者波特金(В. П. Боткин)、巴枯宁、格拉诺夫斯基、库德良采夫(П. Н. Кудрявцев)参加编辑部活动。后来又有奥加廖夫、赫尔岑、涅克拉索夫(Н. А. Некрасов)和屠格涅夫参与该杂志的编辑活动。

《祖国纪事》杂志汇集了志同道合之士,发表评论,抨击时政积弊,扶植青年人,杂志成为当时知识阶层思想活动乃至政治活动的中心,他们被称为"四十年人"(сорокники)。著名诗人莱蒙托夫、涅克拉索夫和卡里佐夫(А. В. Кольцов)在 40 年代创作的诗歌一般都首发于《祖国纪事》,赫尔岑的《谁之罪?》(Кто виноват)、屠格涅夫的第一部中篇小说《安德烈·柯洛索夫》(Андрей Колосов)和陀思妥耶夫斯基的小说《双重人格》(Двойник)、《白夜》(Белые ночи)、《涅朵奇卡·涅茨瓦诺娃》(Неточка Незванова),以及萨尔蒂科夫—谢德林的作品《矛盾》(Противоречие)和《乱事》(Запутанное дело)都发表在《祖国纪事》之上。

"沙龙"完全是彼得一世欧化改革的产物,18 世纪初就已经进入俄国上流社会,到19世纪就变成了贵族知识阶层和平民知识分子的公共空间了。参加沙龙者大都是上层人士和文化名流,探讨共同关心的文学、戏剧、哲学或社会主题的问题。沙龙召集人或主人一般为女性,她不仅容貌出众,善于交际,而且素养极高,品位超群,还必须家庭富有能出钱资助,将自己的庄园或宅邸供客人使用。受过良好教育的贵族妇女成为莫斯科和彼得堡文学沙龙的女主人,叶拉根娜(Автогия Еракина)的沙龙聚集了整个莫斯科的文化精华,文学和思想巨匠普希金、恰达耶夫、维亚泽姆斯基、屠格涅夫、赫尔岑、格兰诺夫斯基、康·阿克萨科夫、萨马林、奥加廖夫、卡维林都是沙龙的常客。与恰达耶夫写信探讨人生和幸福问题的潘诺娃夫人也是沙龙的女主人。还有一些沙龙是安排在贵族知识分子自己的庄园里,如库斯科沃庄园、阿布拉姆采夫庄园的沙龙。如赫尔岑于1842年从他第二次被流放的诺夫哥罗德回到莫斯科后,他家的客厅马上成了西方派最活跃的沙龙之一。这里的常客有格拉诺夫斯基、科尔什、列奇金等人。正是在这些沙龙里,在沙龙通宵达旦、激烈忘我的争吵中,在精妙深刻的思想交锋中,形成了西方派和斯拉夫派两大派别,开始了"俄国与西方"问题的历史性大争论。

但沙龙是自西东渐的"舶来品",一方面流行于上流社会,另一方面无论是沙龙主人还是宾客大都是家产殷实和学有所成人士。"小组"(кружок)则完全是俄国知识阶层的本土产物,是俄国历史文化背景下的知识阶层的特殊的公共空间。除了在开放性上与沙龙相同之外,它具有自己的特点:参加者一般为在校大学生或刚刚走上社会的知识阶层,他们年轻,并不富有而且尚未成名;召集人一般为同辈人中较有威信的青年学者,他们思想激进,愤世嫉俗,颇有人格魅力,并且善于提出关键问题和组织讨论;小组讨论问题较为专门,偏重于文学、哲学、政治等单一学科;与沙龙相比,小组的人数较少而且相对固定。

庄园:俄国知识阶层的精神堡垒

庄园作为特殊的社会空间和文化空间,对于培养具有独立意识的俄国知识阶层发挥了极其关键的作用。这个空间充满了关于人生基本价值的哲学联想,产生了不仅面向基督教、面向多神教，也面向俄罗斯真实的、普遍的意识形态和对日常诗意般幻想的庄园神话。① 这在文化、科学、艺术等不同方面相互交织在一起，一方面是日常生活、习俗、信仰、品味和信念，另一方面固有的矛盾都形成并加固了本民族传统，这个传统决定了贵族阶层的社会文化价值。②

19 世纪初的俄国庄园文化首先是亲近自然的文化基地。 庄园大都位于景色幽美之地，赫尔岑曾在《往事与随想》中深情回忆他父亲的瓦西里耶夫庄园："比瓦西里耶夫村更优美的所在，我还很少见到"，"它紧挨着莫斯科河"，"对岸是山"，"从屋中远眺，周围 15 俄里的景物尽收眼底：一片片庄稼临风漂浮，一望无际；一个个不同的庄园和村落，一幢灰白的教堂，点缀在各处。 五色缤纷的树林构成了半圆形的边框，而莫斯科河像一条蓝荧荧的缎带从这一切中穿过"③。 著名贵族达什科娃（Е. Р. Дашкова）女公爵的特罗伊茨科庄园也被称赞为"春日山谷里的百合"④。 自 1803 年起，英国小姐玛莎·威尔莫特（Martha Wilmot）一直同达什科娃女公爵生活在一起，她的姐姐凯瑟琳（Catherine）在 1805 年也来到特罗伊茨科，但两年后独自回去。 英国客人的详细日记和写往爱尔兰的家信是对当时俄国庄园生活的真实而有价值的纪录。

不仅庄园所处的乡村自然景象是美的，庄园及庄园生活本身也体现了一种对自然之美的营造和追求。 这一方面体现在庄园内的景观设计上，一方面体现在庄园生活与农业的息息相关上。 庄园主通过他们别具匠心的设计，将豪放的大自然和精致的生活在庄园中融为一体。 雅斯纳亚·波良纳庄园中有座别具特色的楔形园，由一头宽一头窄的林荫道构成，是主人散步的佳处，这正是按照设计图样栽种而成的。 庄园里一般栽种"椴树、橡树和许多用于庄园花园的巨大的常年生长的树木"，均"年代久远"⑤，散发着自然质朴的气息。 庄园主住宅一般都建筑于石基之上，追求宽敞明亮，高大宏伟，体现了自然环境对庄园营造者价值观念的影响；内部的地板、家具大多采用木制，颜色各异，并且闪闪发

---

① Водарский Я. Е.，Иванова Л. В. *Дворянская и купеческая сельская усадьба в России XVI-XX вв: исторические очерки*. Москва，2001. с. 383.

② Там же. с. 383.

③ 赫尔岑：《往事与随想》，项星耀译，人民文学出版社，1993 年，中册，第 68 页。

④ Wilmot, Martha and Catherine, *The Russian Journals of Martha and Catherine Wilmo*. London: Macmillan，1934. p. 204.

⑤ 利哈乔夫：《解读俄罗斯》，吴晓都等译，北京大学出版社，2003 年，第 309 页。

亮①；食物也大多为庄园自产，是"上乘而清洁的美味"②；庄园主日常生活的重要组成部分就是经营庄园，从检查账目到决定房屋修缮和收割、买卖干草无所不包，并且时常需要亲自巡视和下田。 玛莎初次来到特罗伊茨科庄园，面见达什科娃时，女公爵就正在亲手打理她的花园③。《战争与和平》中的童山庄园，主宅宏大，房前种植着玫瑰花丛，不仅拥有安谧的池塘、英式花园、暖房和花圃，而且马厩、谷仓、牛奶场、养蜂场和果园等等农用设施一应俱全，体现了庄园经济和庄园文化同农业生产的密不可分。 同贵族们的城市生活相比，这正是一种对自然的回归。

列夫·托尔斯泰的女儿托尔斯泰娅（А. Л. Толстая）曾经说过，雅斯纳亚·波良纳的美景"在我后来的生活中都一直吸引着我"，"至今我还极为欣赏"④。这种与大自然和谐相生的庄园文化的影响十分深远。 从某种程度而言，它同在广袤与辽阔的土地影响下形成的俄罗斯精神是相一致的。 列夫·托尔斯泰曾在一则日记中如实记录下自己面对庄园自然美景的思绪："7 月 5 日傍晚，一切是那么美，幸福和湿润。 然而在人世间呢？ 贪婪、凶狠、妒忌、残忍、色欲、放荡。 何时能让人世间也像大自然那样美好呢？ 那边也有竞争，但却是诚挚、单纯和美好的竞争。 而这边有的只是无耻。"⑤亲近自然的庄园文化不仅促使贵族知识阶层们思考，并且以自然的纯洁和现实的污秽形成的鲜明对比，既敦促他们积蓄力量，又容易使他们走向极端，这也恰恰同别尔嘉耶夫所谈的抽象的俄罗斯民族性格相一致。 庄园文化中对于自然的亲和更成为俄罗斯贵族知识阶层对于祖国深沉感情萌发的土壤。 赫尔岑曾说，"还有一种乐趣是我始终不变的，这就是对乡村晚景的爱好。 即使现在，它们对我来说仍然像当初一样，是虔诚、安谧和诗意的时刻"，"太阳庄严地、灿烂地落进火红的海洋，终于溶化在它中间"⑥。 而他记忆中的这种景象，是十足的俄国式的黄昏。

庄园成为一种特别的日常生活方式和行为方式。 庄园的发展，建筑综合体的形成，贵族知识阶层功不可没。 沃尔孔斯基（П. М. Волконский）公爵是苏

---

① Wilmot, Martha and Catherine, *The Russian Journals of Martha and Catherine Wilmo*. London: Macmillan, 1934. p. 208.

② Ibid. p. 48.

③ Ibid. p. 44.

④ 托尔斯泰娅：《托尔斯泰夫人日记》，张会森等译，中国社会科学出版社，1983 年，第 514 页。

⑤ 李明滨：《托尔斯泰与雅斯纳亚·波良纳庄园》，山东友谊出版社，2007 年，第 15 页。

⑥ 赫尔岑：《往事与随想》，项星耀译，人民文学出版社，1993 年，中册，第 69 页。

汉诺夫庄园的拥有者，是 1812 年卫国战争的参加者。他非常珍惜在自己庄园中的平静日子，1824 年 6 月他给扎克列夫斯基（А. А. Закревский）伯爵的信中写道："我完全像是住在天堂里，哪都不想去，没有什么责任，做自己想做的事，在房子周围、花园里一整天都做不一样的工作，修整通向公园的小路。"

许多显贵的庄园都被称作"贵族之家"，特别是莫斯科近郊、远郊的 20 几个庄园，如阿尔汉格尔斯克庄园、奥斯坦基诺庄园、沃洛诺沃庄园、伊林斯科耶庄园、库茨明基庄园等，庄园主们只有夏天才住在庄园里。他们的世界观形成于贵族庄园之中，文化艺术、包括好的教育是以人道主义原则为主导的。这里有很多热闹谈论，谈各类事件，谈社会动荡，谈文学创作，谈最新的历史和文艺出版物，谈论普希金的新作、他的诗歌。

图拉省的姆拉托瓦·别列夫斯基（Муратово Белевский）庄园很出名。茹可夫斯基（В. А. Жуковский）同母异父的妹妹和她的女儿玛丽亚·安德列耶夫娜（Мария Андреевна）、阿列克桑德拉·安德列耶夫娜（Александра Андреевна）在这里住了很久。

卡卢加省的基里耶夫庄园、多尔宾诺庄园、利赫温庄园是 19 世纪贵族知识阶层熟悉的场所，不同流派的文学家、科学家和哲学家都曾经在留下足迹。基里耶夫庄园主基里耶夫斯基（Степан Киреевский）懂 5 种欧洲语言，对自然科学感兴趣，在庄园里创建了一个大图书馆，他本人对文学也很感兴趣，著名诗人茹科夫斯基是庄园的常客。基里耶夫斯基在 1795 年退休后一直居住在庄园里。切尔尼庄园的主人是普列谢耶夫（А. А. Плещеев），他对国内外文学了解很深，写过诗，创作过音乐，还是个优秀的演员，诗人茹可夫斯基、布鲁多夫（Д. Н. Блудов）、彼得堡大学校长卡维林（Д. А. Кавелин）经常访问这里。特维尔省的勃列姆辛娜庄园属于巴枯宁家族（Бакунины），著名的革命家和俄国无政府主义之父巴枯宁（М. А. Бакунин）出生于这里，他的父亲巴枯宁（А. М. Бакунин）文化程度很高，很有天分，多年担任特维尔省省长，是省和县的首席贵族，《冰房子》（Ледяной дом）的作者伊·伊·拉日齐尼科夫（И. И. Лажечников）曾说过勃列姆辛娜庄园汇集了俄国各路豪杰名士。①

彼得堡省的普里尤金诺庄园是文学家和艺术家的大本营，只要把那些文学

---

① Водарский Я. Е., Иванова Л. В. *Дворянская и купеческая сельская усадьба в России XVI-XX вв: исторические очерки*. Москва, 2001. с. 382.

家、建筑师、艺术家的名字列举一下就知道这个庄园的社会文化发展历程，他们是：杰尔查文、沃拉尼辛（А. Н. Воронихин）、法国著名建筑师——伊萨基辅教堂的设计者门费朗（Henri Louis Auguste Ricard de Montferrand）、格林卡（М. И. Глинка）、茹科夫斯基、普希金、格涅基奇（Н. И. Гнедич）、维亚泽姆斯基、屠格涅夫兄弟（А. И. Тургенев 和 Н. И. Тургенев）、克雷洛夫（И. А. Крылов）等等。

贵族庄园积攒了很多文化珍宝：图书馆、画展、不同的收集，时代文献、个人收藏，所有这些都是俄罗斯文化的基础。很多大型和中型庄园家庭文献都积累了数十年，有经济的、法律的、公用的和私人特征的文件、庄园建造、艺术活动资料。

19世纪上半期，大中型庄园的庄园主有很多机会彰显自己的个性。庄园文化不仅体现贵族阶层的主导世界观，并且在具体的生活经验基础上对社会准则形成了自己的看法。很多庄园主在庄园里与世无争地生活着，图拉省别列夫斯克县的捷姆良庄园的主人列夫申（В. А. Левшин）是著名农艺师、园丁，精通很多农活，创立了数百种经济、园艺、花卉栽培、畜牧业和狩猎等方面的理论。①

社会生活中庄园的角色和地位取决于庄园主的地位、官职、财力、家族等。上流社会的活动、贵族的特权、19世纪上半期历史进程的独特性，这些因素决定着庄园文化的发展。很多大中型庄园主广泛地收集图书、肖像画、瓷器、武器等。庄园里建了各种各样的设施促进文化的产生和发展。因此文化史学家和艺术学家，把18世纪末到19世纪20—30年代称作贵族庄园的黄金时代。然而每个贵族家庭生活方式和社会地位是由他们的经济基础决定。

19世纪30—40年代，庄园主阶层开始广泛转向工业生产活动。大中型庄园农业和工业领域开始了一些带有资本主义特征的活动，农业技术和自然基础科学得到广泛运用。在这些活动中，受过高等教育的知识阶层群体是最先觉悟者，他们是西欧先进生产方式的最先引入者，先进设备的最先引入者，也是西方人才的最先引入者。穆拉诺沃是典型城郊中等庄园，同斯帕斯科耶—卢托维诺沃庄园类似，该庄园在普佳塔（Н. В. Путята）掌管期间，也是许多文化活动家梦想

---

① Там же. с. 392.

的"文学之家",这里环境舒适,直接接近大自然,这里有很多利于他们创作的条件。 作家果戈理、斯拉夫派代表人物阿克萨科夫兄弟、诗人奥多耶夫斯基、诗人丘特切夫、鲍伦斯基(Я. П. Полонский)、迈科夫(А. Н. Майков)、女诗人罗斯托普钦娜(Е. П. Ростопчина)、《俄罗斯档案》(Русский архив)杂志的创办人巴尔捷涅夫(П. И. Бартенев)是这个庄园的常客。①

在农奴制改革前期,著名作家屠格涅夫在其生活的斯帕斯科耶庄园中率先进行了改革,在庄园里建了一个收容所,专给农民们治病,还建立了农民学校。1850年,他宣布解放庄园里的全部农民。

著名历史学家卡拉姆津是贵族的领袖,他把自己的马克杰利庄园建成了一个"爱与精神愉快的王国。"他为极端贫困的孩子、老太婆、残疾人增建了房屋。而他自身和一直支持他的妻子都很平民化。 卡拉姆津很少离开首都去欧洲:只是为了会见他所处的社会阶层才穿时尚的西服。②

受过高等教育的贵族庄园主的庄园和原来一样是思想的栖息地,这里讨论着国家政治生活。 贵族间的谈话交流不会局限于经济话题,越是接近波涛汹涌的20世纪,越是经常交流政治话题。 莫斯科附近的乌法罗夫庄园在19世纪30年代,是西方派和斯拉夫派激烈争论的"战场",在1861年农奴制改革后的时代仍然成为知识阶层生活和社会意识中心。

18世纪末,贵族庄园已经成为俄罗斯文化一个重要组成部分,这些清新的乡间别墅像神经细胞一样形成了网状结构,俄国知识阶层的充沛精力和才华通过庄园这一平台得以充分释放出来。 它可以与作家、知识阶层、艺术家聚集的城市沙龙相媲美。 庄园生活环境为工作和休息提供了良好条件,它是艺术创作的安宁之地,它也是一个安全的地方。 在这里,反对俄国官方的思想意识可以在亲朋好友之间毫不顾忌的谈论,知识阶层思潮促进了这一进程的发展,尤其是对自然的浪漫主义的迷恋,19世纪前30年发展到顶峰。

---

① Марасинова Е. Н., Каждан. Т. П. Культура русской усадьбы//*Очерки русской культуры XIXв*. ч. 1. Москва, 1998. с. 348.

② Ребиедер Б. А. Макателем-имение Карамзиных//*Памятники Отечества*. Москва, 1989. No. 2. с. 96—97.

三

斯坦凯维奇小组

斯坦凯维奇于 1813 年出生于沃罗涅什省一个富有的贵族家庭,于 1830 年考入莫斯科大学文学系读书。斯坦凯维奇是一个文学家,他于 1830 年曾发表了一部不成功的历史剧《瓦西里·舒伊斯基》(Василий Шуйский),也曾写过 20—30 首诗歌,但是他在文学上没有展现太多天赋和成就。

30 年代初,谢林哲学是俄国思想界的主宰。德国哲学成为 19 世纪 30 年代俄国青年知识阶层所热心研究的对象。政治上的无出路促使有志青年潜心研究哲学。这时期,他们研究最多的是德国哲学,首先是谢林唯心主义哲学。与 18 世纪俄国贵族崇尚法国文化不同,法国大革命、拿破仑战争后,19 世纪 20、30 年代,俄国贵族青年纷纷到德国去学习。在德国完成学位的年轻教授们走上大学讲台,进一步传播了德国哲学理论。

斯坦凯维奇喜欢德国哲学家谢林,钻研谢林哲学中先验主义和谢林美学的浪漫主义和先验主义。他天赋极高,富于理想主义,曾广泛阅读了德国浪漫主义的文学作品和哲学作品,主张以一种世俗的、思辨性的宗教来取代他和他的朋友们早已不相信的东正教。

1831 年,"斯坦凯维奇小组" 成立,受小组领袖斯坦凯维奇个人兴趣的影响,该小组主要关注哲学、美学和文学问题。他们出版了《望远镜》《莫斯科观察家》等刊物,宣传黑格尔的辩证法思想,提倡启蒙的人道主义理想。

"斯坦凯维奇小组" 主要成员中有许多人成为 19 世纪俄国最著名的学者、作家、革命家和政治家,如文学评论家和民粹主义思想家别林斯基,历史学家格拉诺夫斯基、斯特罗耶夫(С. М. Строев)和卡维林,诗人克拉索夫(В. И. Красов)、克留什尼科夫(И. П. Клюшников)和皮埃尔(А. А. Беер),作家和教育家涅维罗夫(А. М. Неверов)等,民粹派领袖和无政府主义者巴枯宁,《俄罗斯通报》主编卡特科夫(М. Н. Катков),政论家波特金(Василий Боткин)①,

---

① 格拉诺夫斯基和波特金同时也是赫尔岑—奥加廖夫小组成员。

东方学家彼特罗夫（П. Я. Петров），斯拉夫派代表人物康斯坦丁·阿克萨科夫等。小组成员尽管气质、兴趣、爱好和出身不同，但长时间地团结在斯坦凯维奇周围。在小组起领导作用的，除斯坦凯维奇外，还有康斯坦丁·阿克萨科夫和别林斯基。在小组中，文学问题的讨论由别林斯基来主持，斯坦凯维奇负责主持哲学问题的讨论，德国古典哲学家谢林的"泛神论"（пантеизм）对斯坦凯维奇产生了较大的影响，他最先把谢林的宗教世界观引入小组，后来又引入了康德和费希特的哲学观点。

哲学问题，特别德国唯心主义问题是小组讨论的热点。斯坦凯维奇认为，正确地理解康德、谢林以及黑格尔的哲学，可以引导人们去认识正义和邪恶，追求永恒的美、和平与和谐。他指出，不仅要进行能够改变社会表层结构的改革，而且更应追求人的自身的塑造和自我超越。对人类来说，唯一的救助来源于自我更新，也唯有通过这种途径才能获得真理和幸福。为此，必须从哲学家和诗人那里汲取知识，向康德、黑格尔、歌德等智者学习，以实现精神的自由。斯坦凯维奇是一个道德高尚的人，教育他的追随者去争取一个和谐的、充满永恒的爱的纯洁世界。在这个问题上，巴枯宁、别林斯基、波特金和康斯坦丁·阿克萨科夫的意见是不同的。

从1936年起，斯坦凯维奇和他的好友巴枯宁的精神寻求转向了黑格尔。斯坦凯维奇患有肺结核，他于1837年出国养病，在国外他开始系统地研究黑格尔哲学。斯坦凯维奇与格拉诺夫斯基一起在柏林大学旁听黑格尔派的哲学教授维杰尔（Karl Werder）的辩证逻辑讲座。斯坦凯维奇没有留下完整的哲学著作，他的哲学和文学思想主要体现在他与朋友的书信中。在给巴枯宁的信中斯坦凯维奇认为整个自然界是向理性演进的一个统一的整体，"生命是爱。理性和意志是其永恒的规律和其永恒的实现。生命在空间和时间中是无界限的，因为它是爱。爱一开始，生命就应跟着开始；只要有爱，生命就不可能被消灭，只要有爱，生命就不会受到局限。"①但斯坦凯维奇最终没有成为"黑格尔主义者"，他在致巴枯宁的信中说：黑格尔哲学"使我感到不寒而栗"，他批判了黑格尔对个人不死原则的否定。②

屠格涅夫也曾经与斯坦凯维奇等人在莫斯科大学同时就读，一年后因搬家转

---

① 洛斯基：《俄国哲学史》，贾泽林等译，浙江人民出版社，1999年，第61页。
② 同上书，第62页。

学彼得堡大学。在莫斯科大学期间，屠格涅夫因年龄比斯坦凯维奇等人小5—7岁，因此未被吸收入小组。后来在侨居柏林期间，屠格涅夫才与久已倾慕的斯坦凯维奇见面并成为好朋友。

斯坦凯维奇于1840年6月24日在意大利北部城市诺维病逝，终年仅27岁。屠格涅夫得知斯坦凯维奇病逝的噩耗后大为震惊，他在7月4日写给格拉诺夫斯基的信中感叹："我们蒙受了巨大的不幸，格拉诺夫斯基，我们失去了我们所爱戴、信赖、并且曾经是我们的骄傲和希望的人。"① 后来，屠格涅夫于1856年完成的第一部小说《罗亭》中罗亭和波科尔斯基小组，即是以斯坦凯维奇和斯坦凯维奇小组为原型的。

斯坦凯维奇小组对于俄国知识阶层思想发展影响巨大。赫尔岑在《往事与随想》，屠格涅夫在《第一书信集》，康斯坦丁·阿克萨科夫在《大学生运动回忆》中都对斯坦凯维奇及"小组"的重要意义做了充分的肯定。作家安年科夫在《斯坦凯维奇和他的书信》中强调："这是一个有着鲜活的正确理想和荣誉的人"。② 哲学家洛斯基（Н. О. Лосский）称赞斯坦凯维奇"他有过人的智慧，他的友善、谦逊和随和作风受到人们的称道。"③ 在斯坦凯维奇小组成员身上体现了青年知识阶层的爱国主义精神和年轻人的激情，它的历史功绩在于把宣传启蒙思想和人道主义看成是俄国知识阶层的首要任务，影响了整整一代俄国有志青年和知识阶层。正是从这个小组中，培养了像别林斯基、巴枯宁等激进主义知识阶层。洛斯基还认为："斯坦凯维奇本人如果不是因肺病致死从而过早地中断了自己的精神发展，他很可能不会是一个始终不渝的西方派。"④

"斯坦凯维奇小组"和"赫尔岑—奥加廖夫小组"（кружок Герцена-Огарева）影响最大，两个小组代表了两种不同的倾向，而且彼此间还有些矛盾。"斯坦凯维奇小组"主要关注哲学、美学和文学问题。"赫尔岑—奥加廖夫小组"主要关注政治和社会问题，而且在政治倾向比较激进。赫尔岑回忆："由于官方的因素，由于他们周围的环境，（彼此间）有着深深的疏远的感觉。"⑤ 但总的来说，无论是在当时，还是后人的评述中，"斯坦凯维奇小组"的影响都远远地大于"赫尔岑—奥加廖夫小组"。

---

① 马里宁：《俄国空想社会主义简史》，丁履桂等译，商务印书馆，1990年，第170页。
② Шикман А. П. *Деятели отечественной истории. биографический справочник.* Москва, 1997. с. 381.
③ 洛斯基：《俄国哲学史》，贾泽林等译，浙江人民出版社，1999年，第60页。
④ 同上书，第60页。
⑤ Герцен А. И. *Полное собирание сочинений.* Москва, 1956. т. 9. с. 36.

赫尔岑—奥加廖夫小组

赫尔岑[①]于1812年3月25日出生于俄国贵族世家。他的父系雅科夫列夫家族是莫斯科最显赫的家族之一，来自于古老的大贵族阶层。他的母亲路易莎·海格（Louise Haag/Луиза Гааг）出身于德国斯图加特小公务员之家。赫尔岑的父亲雅科夫列夫在德国游历时，与路易莎·海格相遇相爱，后将她带回莫斯科，但因她身世寒微，从未与她正式成婚。因此路易莎·海格虽为家庭主妇，但不能与丈夫共居一室，身份实际上接近奴仆。因此，赫尔岑的出生即为不合法的婚姻的结果，特殊的身世使赫尔岑从一出生就倍感人间的世态炎凉。他无权继承家族的姓氏，只能继承父称（伊凡诺维奇），不懂俄文的母亲为赫尔岑选择一个姓——赫尔岑（Герцен），此为德文"心脏"（Herz）的俄文音译。既然无法继承父系姓氏，赫尔岑也就无权完全继承贵族称号。随着年龄的增长，赫尔岑感觉到了父母间、家族中以及自己身份上的种种不平等。他在回忆录中写道："10岁以前我一直没有感觉到我的身份有什么古怪、特别的地方"，但他注意到父亲住在"他那一半宅子里"，母亲住在"另一半宅子里"，"我母亲确实忍受了许多不愉快的事情。她是一个非常善良的女人，却缺乏坚强的意志，她完全被踩在我父亲的足下，就像一般性格软弱的人那样，她只能在一些无关重要的细小事情上拼命地反对一阵。然而不幸的是在这些细小的事情上偏偏差不多是我的父亲对，结果总是他胜利"，"我对自己的不明不白的身份进行了反复的思考以后，心里的结论跟我听见两个保姆的闲谈后所推断出来的结果差不多。我觉得自己更不依赖这个我对它毫无所知的社会了，我觉得实际上我是被抛弃，只能依靠自己的力量了。"[②]于是，父亲的豪门大宅不令赫尔岑高兴，而门房和女仆的房间却是使赫尔岑"唯一快乐的地方。"[③]这种自人生之始就不得不面对的不平等和尴尬地

---

① 他常用的笔名是伊斯卡杰尔（Искандер）。
② 赫尔岑：《往事与回想》，巴金译，上海译文出版社，1979年，第1卷，第34、37—38页。
③ 同上书，第38页。

位，使赫尔岑从童年起就"培植了对一切奴役和一切暴政的不可克制的憎恨"，①也培植了他的极端主义和激进主义的信念。

1825 年爆发了十二月党人起义，赫尔岑称这一事件是他生活的一个转折点。"关于暴动和审讯的传说以及在莫斯科的恐怖给我留下了很深的印象；一个新的世界出现了，它越来越成为我整个精神生活的中心；我不知道这件事是怎样发生的，不过我虽然并不理解它的全部意义，或者只有一点很模糊的概念，但是我觉得我并不站在霰弹和胜利、监牢和镣铐的一边。彼斯特尔和他的同志们的死彻底地唤醒了我心灵里的孩子的梦。"②1827 年赫尔岑与好朋友奥加廖夫在莫斯科的麻雀山立誓为十二月党人复仇。

奥加廖夫 1813 年 9 月 24 日出生于彼得堡富裕贵族家庭，从 1820 年起全家移居莫斯科。1823 年左右与赫尔岑相识，从此就成了相知相励的真诚朋友。1829 年成为莫斯科大学数学系的旁听生，1832 年考入莫斯科大学法律系，他同时担任外交部莫斯科档案馆的会计师。1833 年与赫尔岑一起组织了莫斯科大学的"赫尔岑—奥加廖夫小组"。1834 年，他因反政府活动被捕并被判处 6 个月的单人牢房监禁，罪名是"以诗歌诽谤政府"。1835 年 4 月他在宪兵的押解下送到奔萨，由地方政权监督，具体由他的父亲负责。他在流放中从事哲学、历史和自然科学的研究。1838 年，政府批准他去皮基戈尔科（Пятигорск），在那里他与从西伯利亚去高加索的几个十二月党人相识，其中还有十二月党人诗人奥多耶夫斯基。1838 年，他的父亲去世，他继承了庄园遗产，他解放了庄园上的农奴，收取了极少的赎金。1840 年，他在《祖国纪事》上发表诗歌，得到了别林斯基的肯定。③1840—1846 年他游历国外，在柏林大学旁听课程。1846 年，奥加廖夫回到自己在奔萨的领地，与图契卡娃（Н. А. Тучкова）结婚。他在彼得堡参加别林斯基小组活动，受到该小组成员的欢迎。1850 年 2 月，奥加廖夫被逮捕，虽然很快被释放，但要处于政府的监视之下。1855 年沙皇尼古拉一世死后，奥加廖夫获得出国的许可。1856 年，他的诗集第一次出版。同年他与妻子移居英国伦敦，在日内瓦见到了赫尔岑。他与赫尔岑在伦敦一起主持俄国自由印刷

---

① 赫尔岑：《往事与随想》，项星耀译，人民文学出版社，1993 年，上册，第 38 页。
② 赫尔岑：《往事与回想》，巴金译，上海译文出版社，1979 年，第 1 卷，第 71 页。
③ Панаев И. И. Воспоминания о Белинском：(Отрывки)//И. И. Панаев. Из «литературных воспоминаний». Серия литературных мемуаров. Л.：Художественная литература, Ленинградское отделение, 1969.

所，担任《钟声》(Колокол)报纸的编辑工作。① 此外，他还给《北极星》(Полярная звезда)、《俄罗斯之声》(Голос из России)杂志提供作品。 1877年5月31日，奥加廖夫在英国格林威治(Greenwich)去世，1966年他的遗骨才迁回苏联，安葬在莫斯科新圣母公墓。

赫尔岑于1829年考入莫斯科大学数学系，同年奥加廖夫也成为莫斯科大学数学系的旁听生。 他们积极参加莫斯科大学的进步学生活动。 他们曾经参加斯坦凯维奇小组活动，但是他们更喜欢研究和讨论康德和谢林的形而上学，以及法国空想社会主义思想。

1831年秋天，"赫尔岑—奥加廖夫小组"正式建立。 小组成员有科特切尔(Н. Х. Кетчер)、拉赫金(А. К. Лахтин)、纳斯科夫(М. П. Носков)、奥勃连斯基(И. А. Оболенский)、帕谢克(В. В. Пассек)、萨维奇(А. Н. Савич)、萨宗诺夫(Н. И. Сазонов)、萨金(Н. М. Сатин)和格拉诺夫斯基，一共是11人。 小组活动地点设在大尼基塔街的奥加廖夫家里。

同斯坦凯维奇小组不一样，赫尔岑—奥加廖夫小组具有鲜明的政治色彩，他们一开始就确定了一个主要的目标，即一定要建立社会主义。 赫尔岑后来回忆说："我们的思想是混杂的，我们宣传十二月党人运动和法国革命，后来又宣传圣西门主义和法国革命；我们宣传立宪与共和，宣传阅读政治书籍并把力量集中在一个团体里；我们最努力宣传政府的一切专横。"在小组中，他们研讨傅立叶、圣西门的小资产阶级空想社会主义学说，探索人类生活的新的伦理道德准则。 每一次集会上，他们都要朗诵十二月党人雷列耶夫和普希金的禁诗。 他们甚至在冬天戴的也是法国式的黑丝绒无檐帽和三色旗围脖。 奥加廖夫在《一个多余人的自白》这首诗中表达了小组成员的心声："我们是傅立叶、圣西门的学生，决心为人民和人民解放事业，贡献出自己的一生，我们要奠定社会主义的基石……"尽管小组很快就被破坏，但空想社会主义的思想成为后来以赫尔岑和车尔尼雪夫斯基为代表的俄国农民社会主义的主要来源之一。

1834年夏，小组被破获，赫尔岑、奥加廖夫、拉赫金、奥勃连斯基被捕，赫尔岑被驱逐出莫斯科，流放到彼尔姆，然后是维亚特卡。 1840年5月，他被许可返回彼得堡和莫斯科。 但在第二年7月，赫尔岑因在书信中抨击沙皇政府秘密警察制度而再度被捕，被流放到诺夫哥罗德。

① Конкин С. С. *Николай Огарев. Жизнь, идейно-творческие искания, борьба*. Саранск, 1982. с. 123.

五

赫尔岑的社会主义思想

赫尔岑对于 19 世纪上半期的思想启蒙和俄国哲学具有巨大意义。赫尔岑曾属西方派，他在 40 年代的沙龙里与斯拉夫派争论过。尽管他也经历过黑格尔阶段，但他很快就转向了费尔巴哈。对他最根本的影响不是德国哲学，而是法国社会主义思想。赫尔岑的社会主义世界观形成于法国社会主义者的影响之下。这个时候出现的德国社会主义，如马克思主义，对于他来说是陌生的。赫尔岑属于那些热情地幻想西方并把它理想化的俄国西方派。

赫尔岑在 1843 年前后与斯拉夫派的接触中，吸收了霍米亚科夫和阿克萨科夫等人的村社思想。但是，赫尔岑反对斯拉夫派对专制制度的支持和对东正教的忠诚。他认为："如果不消灭奴隶制，即全俄罗斯帝国的这种奴隶制，俄国就不能前进任何一步。"①1844 年赫尔岑与斯拉夫派决裂，转向与西方派接近。赫尔岑与西方派一致的观点是：信仰理性主义，信仰共和主义，反对专制制度和农奴制度，主张彻底解放农民。但值得注意的是，早在 1843 年，赫尔岑就接触了法国空想社会主义者路易·勃朗（Louis Blanc）和无政府主义者蒲鲁东的思想，如路易·勃朗批判法国七月王朝的著作《十年历史》，对西方资本主义能否实现个人自由和权力已经产生了怀疑。

赫尔岑感到在俄国的生活越来越无法忍受：与朋友之间尖锐的思想冲突、严酷的书刊检查制度和被逮捕流放的威胁。赫尔岑感觉到："我们斯拉夫人面临的要么是缄默，要么是到外国去说话。"②赫尔岑希望离开这不能让自己正常表达思想的社会，同时能够更好地了解西方政治和社会。

1847 年，赫尔岑携家眷来到西欧，成为政治流亡者。他先后在巴黎、伦敦、日内瓦、戛纳、尼斯、佛罗伦萨、洛桑、布鲁塞尔等城市居住，从此再也没有回到俄国，马克思称为他为浪迹天涯的"哥萨克"。在流亡期间，他写了长篇

---

① Герцен А. И. *Собрание сочинений*. М., 1957. Т. 12. с. 35.
② 《普列汉诺夫哲学著作选集》，汝信等译，生活·读书·新知三联书店，1974 年，第 4 卷，第 693 页。

回忆录《往事与随想》①,记述了从 1812 年的卫国战争、十二月党人的起义、40 年代俄国先进知识阶层的生活和思想、1848 年欧洲的革命风云、反动的资产积极政权对人民的血腥镇压,直到 50 年代伦敦各国流亡者的活动和宗教斗争,60 年代俄国的社会政治面貌和新一代革命者……赫尔岑所说的"未来风暴的年轻舵手"的成长,几乎包括了 19 世纪初叶至巴黎公社前夕的整个历史时期。

　　赫尔岑深入观察和分析法国资产阶级的生活和文化状况,他以批判的眼光发现:"资产阶级没有伟大的过去,也不会有伟大的未来……欧洲由过去的文明,但他的未来是成问题的。"②法国二月革命的结果,只是使资产阶级的统治成为更加全面的统治,而 1848 年的六月起义又被淹没在血泊中。赫尔岑在巴黎街头亲眼看到了卡芬雅克的军队对工人群众的血腥屠杀,亲眼看到了法国上层社会生活腐化、道德堕落、精神空虚的景象,这种市侩习气深深地伤害了他,给他以沉重的打击。1848 年革命的失败使赫尔岑精神上遭受到巨大的打击,他对资产阶级民主的幻想破灭了,对多年来崇奉的空想社会主义理论动摇了。在他写的《法国和意大利的来信》《来自彼岸》中谈到了当时他的思想状况。他说,当他意识到法国革命已经失败时,立刻头昏目眩,眼前出现万丈深渊,失去了立足之点。"我怀着深深的悲痛之情注视和发现共和制、法国和欧洲正在渐渐瓦解和崩溃。从俄罗斯也看不到遥远的曙光,听不到一点好消息,也听不到一声友好的问候;大家与我的通信中断了;个人的、亲朋好友的联系也中断了。俄罗斯哑默无声,死气沉沉,遍体鳞伤,就像一个不幸的老妈子被自己的主人重拳打伤,躺在他身旁一样。"③

　　赫尔岑在《马里尼大街来信》中表达了这样的观点:法国政治已经走进了死胡同,掌权的政党只能提供更多的泛滥的腐败和虚伪,而反对派只能提供一些治标不治本的缓解物,社会主义者反对派与劳动群众的真实感受脱离联系而不能成为切实可行的革命力量。④赫尔岑亲身经历 1848 年欧洲革命,亲耳听到法国六月起义被镇压的枪声,赫尔岑看到了"两个欧洲"——革命的欧洲与反动的欧

---

　　① 《往事与随想》目前有 3 个中译本。最早是巴金由法文版翻译,但法文版并非赫尔岑原著的全本,1979 年由上海译文出版社出版。第二个版本是项星耀译本,1993 年由人民文学出版社出版。第三个版本是臧仲伦在巴金译本上以俄文版补充翻译的全译本,2009 年由译林出版社出版。
　　② Andrzej Walicki, *A History of Russian Thought*: *From the Enlightenment to Marxism*. Oxford, 1988. p. 152.
　　③ 赫尔岑:《往事与随想》,巴金、臧仲伦译,译林出版社,2009 年,第 679 页。
　　④ Герцен А. И. *Полное собрание соченений*. Москва, 1955. т. 5. с. 234.

洲。西欧资产阶级的表现使他看到了资本主义社会的严重问题,于是赫尔岑"悄然打消了以往的期待和希望,形式上的共和主义不过是骗人的鬼话。"①1848年欧洲革命的失败打破了赫尔岑对"资产阶级共和制"的幻想,他希望俄国不要走西欧老路,因为"西欧人民的过去提供给我们的,只是一个研究的课题,我们没有把自己当作西欧遗嘱的继承者。西欧正在走向坟墓,他过去的负担排除了未来发展的可能。"②

赫尔岑身处西欧,但仍然与原"赫尔岑—奥加廖夫小组"和"斯坦凯维奇小组"成员别林斯基、格拉诺夫斯基、波特金等人进行书信往来。赫尔岑认为资产阶级是社会的祸害,必须消灭。别林斯基在1847年12月致波特金的信中认为赫尔岑的《马里尼大街来信》中"观点是毫无疑问的错。"③别林斯基认为法国社会的情况并不是适用于俄国,法国社会主义者的著作并不适合俄国,他们理论是抽象的和无意义的。别林斯基在1848年致安年科夫的信中提出,法国的全部未来掌握在资产阶级手中,任何进步都依赖于资产阶级,那里的人民,在各个历史时期只能起到消极的辅助作用。④波特金和格拉诺夫斯基也认为赫尔岑对资产阶级的批判是过分的夸大,根本不适合对俄国情况的评价,因为俄国专制制度依然是最强大和可怕的敌人,资产阶级在俄国完全是进步现象。

身处西方1848年的革命氛围之中,赫尔岑为革命所吸引,并对革命寄予很大希望。1847年秋,赫尔岑来到了意大利的罗马,支持意大利的民族独立运动,参加了罗马的示威游行。罗马给赫尔岑留下了非常美好的印象,他说生活在罗马的最后日子,是他们回忆的光辉部分的结束——这些回忆是从童年的思想觉醒以及在麻雀山上的少年誓约开始的。当1848年法国二月革命爆发时,他又赶回巴黎,加入了巴黎民众游行行列。初到巴黎,赫尔岑是兴奋的。他写道:"巴黎——巴黎这个词对于我不见得比'莫斯科'这个词的含义更少。这一刻是我从小的梦想。让我好好看看 Hotel de ville ⑤和罗亚尔宫的 café Foy⑥,正是在这里,卡米尔·德穆兰摘下一片绿叶,把它插在礼帽上,当作帽徽,高呼:'a la

---

① 普罗科菲耶夫:《赫尔岑传》,张根成等译,商务印书馆,1997年,第280页。
② Герцен А. И. *Полное собрание сочинений*. Москва, 1986. вып. 2. т. 2. с. 163.
③ 北京大学哲学系外国哲学史教研室编:《18—19世纪俄国哲学》,商务印书馆,1987年,第293页。
④ 同上书,第314页。
⑤ 法语:市政厅。
⑥ 法语:富瓦咖啡厅。

Bastille!'① "明天我们就要到巴黎去,我离开罗马的时候心情振奋,十分激动。这一切会发生什么结果呢? 这一切会是牢固的嘛?"②尽管赫尔岑离开意大利的时候爱上了意大利并且舍不得离开,但最终还是离开了。 因为,彼时的巴黎是赫尔岑心中的信仰。"如果巴黎出现了共和国,而我不待在巴黎,那是对我全部信念的背叛。"③

1848 年欧洲革命的失败打破了赫尔岑对"资产阶级共和制"的幻想,他希望俄国不要走西欧老路,因为"西欧人民的过去提供给我们的,只是一个研究的课题,我们没有把自己当作西欧遗嘱的继承者。 西欧正在走向坟墓,它过去的负担排除了未来发展的可能。"④

赫尔岑的思想为 19 世纪 70—80 年代的俄国民粹主义运动奠定了思想基础,他也被视为俄国空想社会主义者的代表人物。 赫尔岑是一个坚定的人道主义者,他始终反对暴力革命给社会带来的动荡和混乱,他自始至终没有放弃和平的、自上而下的解放农民以及推进俄社会发展的愿望。 他认为:"无疑,起义、公开的斗争是革命的最有威力的手段之一,但绝不是唯一的手段。"赫尔岑很清楚,"职业革命家不会赞同这种方式,但我们仍坚持我们的原则。 ……我们诚挚地选择人类和平发展的道路,而不是流血发展的道路。"⑤因为在赫尔岑的农民社会主义思想中"人民"是其核心,他的社会主义思想是基于对专制制度和资本主义罪恶的批判,人道主义是赫尔岑社会主义思想的出发点和归宿。 他宣布:"我爱人民,我爱它,尽管它愚昧无知,尽管它有卑下的性格,但通过这种表面可以看到童心、纯朴甚至是某种善良的东西。"⑥赫尔岑的社会主义理想是立足于农民和村社的,而且更多地专注于理论创建,较少地考虑其实际效果,更没有机会实践之。 而且,村社只是赫尔岑用来论证俄国社会主义未来的工具,赫尔岑将农民在村社中的身份和地位过于理想化了,他并不重视对村社内部经济活动的研究。 并且到 19 世纪 70 年代后,民粹派秉承赫尔岑的农民社会主义思想予以实

---

① 法语:"向巴士底狱前进!"
② 《法意书简》中的第八封信,日期是 1848 年 3 月 4 日。参见赫尔岑:《往事与随想》,巴金、臧仲伦译,译林出版社,2009 年,第 654 页。
③ 赫尔岑:《往事与随想》,巴金、臧仲伦译,译林出版社,2009 年,第 654 页。
④ Герцен А. И. Полное собрание сочинений. Москва, 1986. вып. 2. т. 2. с. 163.
⑤ Колокол Газета Герцена И Н. П. Огарева . Москва, 1962. вып. 1. с. 11.
⑥ 马里宁:《俄国空想社会主义简史》,丁履桂等译,商务印书馆,1990 年,第 173 页。

践,无果而终。

著名文学评论家安年科夫在《辉煌的十年》里有一段话很精彩地概括了赫尔岑学识的广博和写作水平的高超:"我必须承认,初识赫尔岑,我莫名惊骇慑服——他迥出寻常的心智,连连从一个话题射向另一个话题,其飞跃捷疾,令人难信,其机趣精彩,不可穷竭,而且能在某人言谈的委曲转折、在某一单纯意外事件、在某一抽象观念里,看出生动鲜明的情态与活力征象。他有极为惊人的本事,能以当下即悟、绝出意表之道,使南北胡越之事联翩并驾而相映增色。既有此天赋,加以观察精微入细,复由富藏积学而博识多知,遂更为高超。高超之余,言谈灿发如彩焰,捺之不熄,奇思异想与新见创意,了无穷尽,那种好似挥霍无度的丰厚智力,有时令听者为之心疲力竭。"①

1849年7月,尼古拉一世下令没收赫尔岑和他母亲的全部财产。在欧洲,赫尔岑参加许多侨居欧洲的革命者的沙龙和团体,他认识了意大利民族革命领袖加里波第(Giuseppe Garibaldi)。在《来自彼岸》中,他清算了自己过去的自由主义立场和观点。1852年,赫尔岑的妻子纳塔丽娅(Наталья Александровна Захарьина-Герцен)去世,他的子女后来由奥加廖夫的妻子纳塔丽娅(Наталья Алексеевна Тучкова-Огарёва)抚养。赫尔岑由法国尼斯移居英国伦敦后建立了"自由俄国印刷所"(вольная русская типография),印刷革命书刊,1857年7月1日起正式出版《钟声》(Колокол)周报,直至1867年7月1日,共刊出245期。

1870年1月9日,赫尔岑因肺炎在巴黎去世,安葬在著名的拉雪兹公墓(遗骨后迁到尼斯)。在他的墓石上刻着这样的文字:"他的母亲路易莎·海格和他的幼子柯立亚(Коля)乘船遇难淹死在海里;他的夫人纳塔丽娅(Наталья)患结核症逝世;他17岁的女儿丽莎(Лиза)死于自杀;他的一对3岁的双胞胎儿女患白喉死亡。他只活了58岁!但是苦难并不能把一个人白白毁掉。"

---

① 伯林:《俄国思想家》,彭淮栋译,译林出版社,2001年,第227页。

彼得拉舍夫斯基小组

彼得拉舍夫斯基①于 1821 年 11 月 1 日出生于彼得堡一个著名外科医生家庭。他的父亲是著名社会活动家，曾经是沙皇亚历山大一世的教父。1932—1839 年，彼得拉舍夫斯基在著名的皇村学校学习。后进入仕途，尽管成绩优秀，但因他的出身及与上司不和而仅被授第 14 级官衔。1840 年他在外交部担任翻译，同时在圣彼得堡大学法律系学习，1841 年获得法学副博士称号。19 世纪 40 年代初，他的人生道路上出现了精神危机。他表示："无论从女人那里，还是从男人那里，我都找不到任何实现自己信念的东西，我自己注定要为人类服务。"②

从 1844 年开始，一般是在重大节日的时候，彼得拉舍夫斯基的朋友开始在他的家里聚会，最初为 6 或 7 个人，主要讨论法国空想社会主义者傅立叶等人的著作。1845 年起，彼得拉舍夫斯基在彼得堡波克罗夫斯基广场（现名为屠格涅夫广场）的家中正式组织每周一次的"星期五聚会"（пятницы），在此基础上形成了小团体形式——小组，这个小组直到 1849 年才被沙皇政府破坏。

彼得拉舍夫斯基小组，就其社会成分来说，基本是一个平民知识分子的组织。这个小组成员的一个重要特点是"就其社会成分来说，主要是一个非贵族出身的知识阶层的组织，虽然在它的参加者中也有贵族，但大部分是没有封号的人。"③成员有德布兄弟（И. М. Дебу 和 К. М. Дебу）④、卡什金（Н. С. Кашкин）、杜罗夫（С. Ф. Дуров）⑤和蒙贝里（Н. А. Момбелли）⑥。后来，小组成员的范围不断扩大，包括有大学生、大学教师、文学家、艺术家、企业主、

---

① 彼得拉舍夫斯基（Михаил Васильевич Петрашевский）原来姓氏为布塔舍维奇—彼得拉舍夫斯基（Буташевич Петрашевский）。

② Шикман А. П. *Деятели отечественной истории. биографический справочник.* Москва，1997. с. 297.

③ 马里宁：《俄国空想社会主义简史》，丁履桂等译，商务印书馆，1990 年，第 125 页。

④ 伊波利特·德布（1824—1890），法学家；康斯坦丁·德布（1810——1868），翻译家。

⑤ 杜罗夫（1816—1869），俄国诗人，1849 年被捕判刑后，和陀思妥耶夫斯基一起在西伯利亚服苦役。

⑥ 蒙贝里（1823—1902），彼得拉舍夫斯基小组中比较激进的成员，军官身份。

商人、近卫军团、参谋本部的军官和中央政府机关的官员等。后来加入者有阿赫沙鲁莫夫（Д. Д. Ахшарумов）①、巴拉索格洛（А. П. Баласогло）、戈洛温斯基（В. А. Головинский）②、格里戈里耶夫（И. П. Григорьев）③、著名作家陀思妥耶夫斯基（Ф. М. Достоевский）、叶夫罗佩乌斯（И. Европеус）④、李沃夫（Ф. Н. Львов）⑤、迈科夫（В. Н. Майков）⑥、米留科夫（А. П. Милюков）⑦、米留金（В. А. Милютин）⑧、帕利姆（А. И. Пальм）⑨、普列谢耶夫（А. Н. Плещеев）⑩、著名评论家萨尔蒂科夫—谢德林（М. Е. Салтыков-Щедрин）⑪、斯别什涅夫（Н. А. Спешнев）⑫、托里⑬（Ф. Г. Толь）、费利波夫⑭（П. Н. Филипов）、哈尼科夫（А. В. Ханьков）、亚斯特仁姆斯基（И. Л. Ястржембский）⑮和达尼列夫斯基⑯等。

彼得拉舍夫斯基小组成员在政治观点和态度上大致可分为四类派别：

第一类是在政治问题上持激进主张的左翼革命派。出生贵族家庭的职业革命家斯别什涅夫是该派的核心人物。他是俄国最早的共产主义者之一，曾在国外侨居多年，素以博闻多识、才智非凡著称。此外还包括彼得堡大学数学系学生费利波夫、彼得堡大学法学院学生戈洛温斯基等。他们深感俄国专制政治的

---

① 阿赫沙鲁莫夫(1823—1910)，俄国社会活动家，空想社会主义者。
② 戈洛温斯基(1829—?)，彼得拉舍夫斯基派成员。
③ 格里戈里耶夫(1822—1886)，彼得拉舍夫斯基派成员，中尉军官，被判处15年苦役，在狱中精神失常。
④ 叶夫罗佩乌斯(1827—1885)，彼得拉舍夫斯基派成员，经济学家。
⑤ 李沃夫(1823—1885)，彼得舍夫斯基派成员，军官。
⑥ 瓦·迈科夫(1823—1847)，俄国文学批评家，政论家，诗人阿·迈科夫的弟弟。
⑦ 米留科夫(1817—1897)，俄国温和的自由派大师，文史学家。
⑧ 米留金(1826—1855)，俄国政论家、经济学家，空想社会主义者。
⑨ 帕利姆(1823—1885)，俄国小说家和剧作家，曾参加彼得拉舍夫斯基派，杜罗夫的密友。
⑩ 普列谢耶夫(1826—1897)，俄国诗人，彼得拉舍夫派最早成员之一。在19世纪40年代末以及50到60年代初与陀思妥耶夫斯基交往甚密。
⑪ 原名米·萨尔蒂科夫(1826—1889)，俄国著名作家和评论家，笔名尼·谢德林，后署名萨尔蒂科夫—谢德林。
⑫ 斯别什涅夫(1821—1882)，彼得拉舍夫斯基派最主要、最激进的成员之一，被判处10年苦役。
⑬ 托里(1823—1867)，彼得拉舍夫斯基派中比较激进的成员之一。原为语文、历史教员。1855年出狱后写过一些作品，其中最著名的是《常备词典》。
⑭ 费利波夫(1825—1855)，彼得拉舍夫斯基派中比较激进的成员之一。
⑮ 亚斯特热姆斯基(生于1814年，卒于1883年)，彼得拉舍夫斯基小组成员，后和陀思妥耶夫斯基一起发配西伯利亚服苦役。
⑯ 达尼列夫斯基(1822—1885)，俄国政论家，自然科学家，彼得拉舍夫斯基小组中的右翼代表人物，后来成了斯拉夫派的代表人物。1863年出版代表作《俄国与欧洲》(Россия и Европа)。

落后与腐朽、社会矛盾的尖锐,主张通过暴力革命的途径推翻沙皇专制统治,彻底铲除封建专制制度。

第二类是以彼得拉舍夫斯基本人为代表的傅立叶主义者(Фурьерист),即温和改革派,也是彼得拉舍夫斯基小组的多数派。该派主要有后来成为俄国杰出地理学家的谢苗诺夫①(П. П. Семенов)、政治经济学教授亚斯特仁姆斯基、退职军官巴拉索格洛等。作为傅立叶主义(Фурьеризм)的忠实信徒,彼得拉舍夫斯基主张推翻君主专制和农奴制度,建立民主、平等、自由的代议制共和政府。他在小组发言中总是声称:"我们已经宣判了当代社会生活方式的死刑,应当将这一判决付诸实施。"②但如何付诸实施,他的答案最初是社会改革、经济改革加宣传启蒙,后来随着社会形势的发展,他主张实行社会政治变革,但在是否通过武装起义的方式实现社会政治变革这一问题上,他总是摇摆不定。

第三类是艺术家派别。该派主要有:小说家和剧作家帕利姆、文史学家米留科夫、诗人杜罗夫和普列谢耶夫,他们由热衷文学艺术而关注社会文化,但对敏感的政治问题不是很感兴趣,再加上出于对自身安全的考虑,于是他们在1848年秋离开了彼得拉舍夫斯基的"星期五聚会",另建立一个文学沙龙,专门讨论与社会文化相关的问题。

第四类是彼得拉舍夫斯基小组中的少数右翼人士,即温和保守派。该派代表人物,首推后来成为斯拉夫派代表人物的达尼列夫斯基。他们将俄罗斯的未来寄希望于沙皇当局,认为俄罗斯社会问题的解决,只能靠自上而下的政治经济改革才能解决。

但总的来说,大部分参加者的情绪比较坚决,他们认为只有为社会主义的理想而斗争的革命方法才是有效的方法。③由此可见,彼得拉舍夫斯基小组是一个包含了多种政治倾向的政治和社会组织,基本反映了19世纪上半期俄国知识阶层群体多元的政治态度和政治理想。在彼得拉舍夫斯基派中,彼得拉舍夫斯基将民主制和社会主义作为自己的政治理想;阿赫沙鲁莫夫、叶夫罗佩乌斯、普列谢耶夫是基督教社会主义者;巴拉索格洛想按照民粹主义路线实行改革,近似于斯拉夫主义观念;蒙贝里只想创建一个维护本阶层利益的互助机构。

---

① 因曾组织对中国天山的考察,因此姓氏也称"谢苗诺夫—天山斯基"(Семенов-Тян-Шанский,1827—1914)。他是俄国著名地理学家,植物学家,曾参加彼得拉舍夫斯基小组的活动。
② 格罗斯曼:《陀思妥耶夫斯基传》,王健夫译,外国文学出版社,1987年,第134页。
③ 马里宁:《俄国空想社会主义简史》,丁履桂等译,商务印书馆,1990年,第126页。

值得注意的是,彼得拉舍夫斯基派的成员绝大多数都受过高等教育,在被判为服苦役流放的63人当中,约有30人曾就读于彼得堡大学,约有15人毕业于军事学院,还有几个人曾在皇村学校学习过。他们成为这些院校先进思想的传播者,也是人们暗地里讨论的热点人物。由于在彼得拉舍夫斯基派的成员中还有几位是地主和商人,所以他们的影响不仅仅局限于高等院校,而是要更广泛一些,甚至在莫斯科、唐波夫、雅罗斯拉夫—罗斯托夫(Ярослав-Ростов)和其他城市也出现了彼得拉舍夫斯基小组。此时"彼得拉舍夫斯基小组"这个词,不单单指以彼得拉舍夫斯基为首的社会主义小组,更多的是对具有"反对君主专制和农奴制、建立社会主义"思想特点之群体的称谓。

在谈到俄国如何实现社会主义道路问题时,彼得拉舍夫斯基强调:"社会主义和俄国——这是两个极端,这两个概念像是连水陆路,使这两个极端协调一致是我们的任务。"①彼得拉舍夫斯基将在俄国实现社会主义同反对君主专制与农奴制联系起来,认为最现实的运动方式就是将社会不同阶层的抗议汇成统一的反抗专制与农奴制的斗争,目的在于用民主共和制代替君主专制。

为了实现这一目标,首先,彼得拉舍夫斯基提出,在社会的所有阶层中,包括在军队、分裂教派、高校中,以及在受沙皇压迫的民族中开展多方面的反专制制度的宣传。其次,彼得拉舍夫斯基和彼得拉舍夫斯基派十分关注波兰和乌克兰事件,他们认为在目前的社会状况下,被沙皇压迫人民的民族解放斗争对俄国农民运动的发生与发展是很好的帮助。最后,彼得拉舍夫斯基和彼得拉舍夫斯基派强调要对当前俄国农民反抗地主的现实状况有一个明确的认识,那就是如果农民对地主的仇恨和对沙皇的幼稚信仰结合在一起,与从沙皇手中拯救农奴的希望结合在一起,这对农民运动的发生是十分不利的。他们认真地研究了西欧农民起义的经验,尤其是德国农民起义的经验,在此基础上彼得拉舍夫斯基深信,通过革命道路解决农民问题是可能的。在农民以怎样的形式获得自由上,彼得拉舍夫斯基说:"如果农民没有土地而获得完全的自由,这对他们将不是一件好事。"②他在《农民解放方案》(проект об освобождении крестьян)中指出:"最简单的方法是直接地、无条件地让他们以带有份地的形式获得自由,而不必付给

---

① Егоров Б. Ф. *Петрашевцы*. Лениград, 1988. с. 79.
② Там же. с. 89.

地主任何赎金。"①斯别什涅夫也对彼得拉舍夫斯基的这一主张表示赞同。

　　西方空想社会主义学说，尤其是傅立叶学说对彼得拉舍夫斯基派的影响最大。彼得拉舍夫斯基赞扬傅立叶关于劳动将在社会主义条件下，在形成社会的新人和发展个人能力方面起作用的思想。彼得拉舍夫斯基认为："在傅立叶的体系中，劳动变成了诱人的事，变成了一种享受。"②在1849年4月7日傅立叶生日这一天，彼得拉舍夫斯基组织了同志聚餐会以示庆祝，他发表了演说，强烈抨击沙皇制度并且颂扬了社会主义。他甚至在诺夫哥罗德郊外建立了一个"法朗吉"，试图使自己的家人和朋友过上共产主义的生活。他们被称为"俄国傅立叶主义者"(Русский Фурьерист)的说法在俄国社会思想史上很流行。③彼得拉舍夫斯基派中的很多人是以辩证的态度对待傅立叶学说的。彼得拉舍夫斯基在给季姆科夫斯基的一封信中问道："同情某一体系（这里指傅立叶学说——笔者注），是不是就应该无条件地接受这种体系的一切呢？甚至接受这种体系中被认为不能得到合理证明的东西呢？"④可见，彼得拉舍夫斯基派并不是毫无保留地接受西方空想社会主义的思想，他们已经开始注意到了这些思想并不完全适合俄国。陀思妥耶夫斯基对此表示，傅立叶主义是"西欧环境的产物"，要把它运用到没有无产阶级的俄国来，是徒劳无益的。⑤同时他们主张建立一套适用于俄国的社会主义思想，为空想社会主义的发展做出俄国人自己的贡献。彼得拉舍夫斯基小组成员哈内科夫说："应当填补傅立叶体系中的空白，他由于醉心于体系而忽略了史实，即使涉及史实，也是肤浅地一掠而过。我们应当详细研究俄国历史，要从中找到民族自尊。"⑥

　　彼得拉舍夫斯基派清楚地认识到将社会主义创造性地运用于俄国是十分必要的。彼得拉舍夫斯基和他的大多数拥护者对于西欧资产阶级激进派倡导的"政治革命"予以否定。他们认为，单纯的"政治革命"非但不会给人民带来益处，反而会促使人民无权地位的加剧，所以以达到"代议共和"政体为目的的"政治

---

① Евграфова В. Философские и общественно-политические произведения Петрашевцев. Москва, 1953. с. 363.
② 马里宁：《俄国空想社会主义简史》，丁履桂等译，商务印书馆，1990年，第127页。
③ 同上书，第127—128页。
④ Евграфова В. Философские и общественно-политические произведения Петрашевцев. Москва, 1953. с. 375—376.
⑤ Возный А. Ф. Петрашевский и царская тайная полиция. Киев. 1985. с. 32.
⑥ 鲍戈斯洛夫斯基：《车尔尼雪夫斯基》，关益等译，黑龙江出版社，1986年，第73页。

革命"只能作为社会革命的开端，消灭私有制和奴隶制进而改变社会经济关系才是它真正的任务。 傅立叶和欧文（Robert Owen）也认为，所谓"政治革命"是无益的，但是他们把进行社会根本改造寄希望于富人的慈善心和统治者的明智，幻想通过统治者的改革达到改造社会的目的。 对此彼得拉舍夫斯基认为："这一体系不仅直接反革命的，即反对凭借暴力的任何变革的体系，而且也是根本反对政治改革，即反对重新改变任何一类政权，而且几乎不具有任何意义的一种体系，因为光是改变政权本身不能够增加一点点社会福利。"①可见，彼得拉舍夫斯基派对傅立叶和傅立叶主义者用和平手段取得社会主义胜利的思想表示质疑，但是以彼得拉舍夫斯基本人为代表的彼得拉舍夫斯基派，虽然不反对运用人民起义方式实现社会变革，但是他们总是力求向人民群众作直接的革命宣传，那就是在社会中广泛地揭露君主专制的丑恶嘴脸，使人民燃起对君主专制的仇恨怒火，最后再付诸于武装起义。 激进的彼得拉舍夫斯基派则既反对傅立叶学说，也反对彼得拉舍夫斯基的主张，他们把推翻专制制度和建立共和国看作是改造社会的最重要条件，主张建立一个秘密的革命团体，号召准备举行全民武装起义。

彼得拉舍夫斯基派认为，为司法改革而斗争，是人民革命推翻专制制度、在俄国确立民主共和国的思想和政治准备的重要组成部分。

彼得拉舍夫斯基不止一次地指出俄国社会立法的不足，在研读司法著作《刑事法令汇编》（уголовное уложение，1845）的基础上，他热情地宣传司法改革，提议废除秘密审判和宗教裁判所、公开诉讼程序。 在"星期五聚会"上，彼得拉舍夫斯基宣称，司法改革是必要的，它能吸引俄国除统治阶级以外的全部居民共同团结起来反抗沙皇专制，所以改革俄国的司法体制是俄国社会变革的前提条件。 他认识到，现实生活中的俄国陪审法庭是封建农奴制和沙皇专制制度的统治基础，它仅仅维护的是沙皇本人和农奴主贵族的利益。 这与彼得拉舍夫斯基的理想完全背道而驰，于是他公开指责俄国陪审法庭处处存在舞弊行为，"司法和行政机构的舞弊行为人尽皆知"。② 彼得拉舍夫斯基司法改革的目标就是能够在俄国建立公开公正的陪审法庭，他认为公正并遵循社会利益的资产阶级陪审法庭是最理想的，并且这一法庭还在不断地完善。 笔者认为，彼得拉舍夫斯基没有认识到，在阶级社会中，陪审法庭是统治阶级维护自身利益的工具。 阿赫沙

---

① Евграфова В. Философские и общественно-политические произведения Петрашевцев. Москва，1953. с. 409.

② Там же. с. 32，58.

鲁莫夫也主张公开审判,他在关于公开审判的札记中写道:1.当前,我们当中谁能保证裁决的公正? 2.目前是秘密地、无耻地、罪恶地、卑鄙地对人进行审判。审判是涉及普遍幸福的正义之举,然而它被遮掩了。 3.公开处罚和公开审判。4.公开审判和听审将提高出席者对公正理念的认识,让他们明白什么是社会福利,使他们理解自己在社会中的地位和意义,教会他们既能考虑到自己,也能考虑到别人,还能考虑到崇高目标中的普遍平等,为达成此目标,全人类将做出多种多样和长期不懈地努力。①

彼得拉舍夫斯基派主张从共产主义和社会主义的角度看待宗教,思考宗教和发动人民革命的关系。 彼得拉舍夫斯基派对宗教的态度是他们政治世界观的重要部分。 彼得拉舍夫斯基的"星期五聚会"从最开始就热衷讨论与宗教相联系的问题。 1848—1849年,无神论宣传在小组中加强。

彼得拉舍夫斯基认为,一方面"宗教不是偶然的现象,而是人们生活中的必然现象,不是某些想象的臆造,而是一定因果现象的事实反映,它不是别的,而是与各民族不同智力发展程度相适应的世界观"。② 另外一方面宗教只是暂时的现象,这种现象的消失依赖于科学的发展。 彼得拉舍夫斯基派相信,人类在一定程度上掌握必要的世界规律,可以反作用于对它有害的自然力,甚至可以预知他们,如果现在的科学不能解决的所有问题,将来新一辈人一定可以解决它们。③ 彼得拉舍夫斯基派也坚信,科学迟早会揭开大自然的客观规律、人类社会的客观规律。 此外彼得拉舍夫斯基还强调:宗教这种现象是欺骗人民的,具有阶级根源,是巩固政权的工具,由此必须对其进行批判。 彼得拉舍夫斯基派也认为,基督教的伦理学束缚了人们道德的发展,所以必须对宗教的道德进行批判。

彼得拉舍夫斯基认为,同宗教作斗争最重要的手段是在人民中进行广泛地无神论宣传,即必须要向人民阐述他们不理解的自然现象产生的原因,从而从人们的思想意识中消除对所谓上帝和圣徒"奇迹"的信赖。 由于在尼古拉一世森严的书报检查制度下,文学作品不能广泛地宣传唯物主义,于是《俄语中的外来语袖珍辞典》是当时宣传唯物主义、无神论和革命民主主义思想的最佳形式。 在

---

① Евграфова В. *Философские и общественно-политические произведения Петрашевцев*. Москва,1953. с. 685.

② Возный А. Ф. *Петрашевский и царская тайная полиция*. Киев, 1985. с. 54.

③ Там же. с. 56.

《俄语中的外来语袖珍辞典》中，"唯物主义者"（материалист）被解释为"把物质和精神等量齐观，并相信世界上除了物质之外就没有别的任何东西"的人①。"唯心主义"（идеализм）被解释为 "它是外部世界和自然界服从于内心的精神，它不是依靠对生活现象的观察，而是依靠人类脑子里产生的思想。这种学说同唯物主义是完全背道而驰的。"②辞典对 "唯心主义"的解释，让人们很容易对它产生否定倾向，达到了宣扬"唯物主义"思想的目的。

彼得拉舍夫斯基小组的发展大致经过两个阶段，1844—1847 年为小组的创立和逐步发展阶段，1848—1849 年为小组充分发展和遭到破坏阶段。在 1845—1847 年，彼得拉舍夫斯基小组主要以理论探讨为主，而在 1848—1949 年，他们的活动带有明显政治性，集中讨论这一时期俄国的社会问题，成为反对俄国官方的地主阶级思想体系的斗争中心之一。

1848 年爆发的欧洲革命及其人民群众在政治斗争中的精神表现，使彼得拉舍夫斯基派更加仇恨俄国的农奴制度，他们开始深入思考同专制主义的斗争和人民革命的前景。1848 年 5 月，彼得拉舍夫斯基开始寻找更为有效的宣传方法。首先，他将聚会时间延长 2 个小时，前半段时间讨论俄国的社会问题，晚饭后继续讨论社会理论。为了禁止无关主题的讨论，彼得拉舍夫斯基强调，任何人的发言都应围绕自己较为熟悉的内容展开。其次，在"星期五聚会"上，彼得拉舍夫斯基派展开了一系列的讨论，曾经 3—4 个星期都在热烈讨论傅立叶的著作。从 1848 年 11 月开始，小组聚会的形式发生了变化，即首先进行演说，然后展开争论，整个过程像西方的政治俱乐部。在会场上还有一名会议主席轻轻摇晃着一只铜铃（用青铜铸成的半个地球仪，赤道上铸有一尊自由女神像），目的是要求与会人员保持平静，心平气和地进行争论。应彼得拉舍夫斯基的请求，斯别什涅夫做了题为"从共产主义者的观点看宗教"的报告；丹尼列夫斯基多次作了关于傅立叶学说的演讲；退职的黑海舰队准尉巴拉索格洛作了关于"法郎吉"中家庭幸福的报告；亚斯特热姆斯基讲授政治经济学简明教程。

彼得拉舍夫斯基派在研究、宣传革命思想的同时，还试图以有组织的形式从理论转向实践，进行革命实践活动。1846 年《俄语中的外来语袖珍辞典》重新编辑和出版，借此机会彼得拉舍夫斯基积极宣传革命民主主义理想和空想社会主

---

① Евграфова В. Философские и общественно-политические произведения Петрашевцев. Москва, 1953. с. 125.

② Там же. с. 125.

义思想。 例如：在解释"欧文主义"（оуэнизм）这个词时，彼得拉舍夫斯基写道："欧文的学说把私有制看成引起人们之间互相仇视的原因，他提出用互助来代替这一原则，并且要求让社会全体成员都普遍地、平等地参与享用人类脑力和工业活动的成果。"① 这本辞典出版后，引起沙皇政府当局的恐慌，在俄国知识阶层中也引起强烈反响。 革命民主主义思想的奠基者别林斯基撰写评论，高度地评价《俄语中的外来语袖珍辞典》是一本难得的好书。 他指出："俄国生活中吸收了许多外国的概念和思想"，他建议"每一个人都要储存这些概念和思想。"② 另一位革命民主主义思想的奠基者赫尔岑赞扬地说："彼得拉舍夫斯基派热烈而勇敢地扑向社会活动并用外来语辞典使全国震惊。"③ 1847 年，因受沙皇政府的迫害赫尔岑前往国外，此时他随身携带的书籍中就有这部辞典。 在印出的 2000 册中，只有 400 册被买走，其余的都被沙皇政府没收。④

  为了在知识阶层中进行有效地革命宣传，根据彼得拉舍夫斯基的倡议，彼得拉舍夫斯基派建立了一个放置"爆炸性"读物的图书馆。 这里专门收集被沙皇政府查禁的图书，包括十二月党人、革命民主主义者以及俄国进步作家、诗人的作品，还有美国、法国、英国等西欧国家的宪法，政党和秘密政治团体的章程，以及社会主义运动的理论和实践方面的文献等。 这个图书馆吸引了许多彼得拉舍夫斯基派以外的、富有革命精神的青年来这里借阅进步书籍，包括后来成为著名革命民主主义者的车尔尼雪夫斯基——当时他还是彼得堡大学的一名大学生，通过阅读以及同彼得拉舍夫斯基派成员哈内科夫的交往，他开始系统地研究空想社会主义者、黑格尔、费尔巴哈等人的著作，这对他以后的人生道路和政治选择都意义非凡。

  1848 年欧洲革命在俄国社会各阶层中引起强烈反响。 彼得拉舍夫斯基小组经常聚会，热烈讨论革命的形势和前途并积极地支持这场革命，有些人甚至还提出具体的革命方案。 此时，关于建立革命秘密组织的思想在小组中得到广泛响应，斯别什涅夫是这一思想的坚定拥护者，早年他还在国外时就研究了西欧秘密团体的历史。 按照斯别什涅夫的想法，这个团体采取三种行动方式：密谋、宣传

---

① Евграфова В. *Философские и общественно-политические произведения Петрашевцев*. Москва, 1953. с. 265—266.

② 马里宁：《俄国空想社会主义简史》，丁履桂等译，商务印书馆，1990 年，第 135 页。

③ Возный А. Ф. *Петрашевский и царская тайная полиция*. Киев, 1985. с. 23.

④ Евграфова В. *Философские и общественно-политические произведения Петрашевцев*. Москва, 1953. с. 36.

和起义。 首先为了密谋，必须得建立一个中央委员会，它由宣传团体中最有头脑和最有影响的成员组成。 其次为了宣传，必须得建立秘密印刷所，这样可以大规模印刷进步传单，为以后举行武装起义做革命启蒙。 费利波夫也曾提出此方案，他还亲自绘制一张印刷机安装草图，并从各个工厂订购了一些部件。 最后为了立即废除地主土地所有制和农奴制，必须得号召举行武装起义。 拥护起义的有戈洛温斯基、年轻的陀思妥耶夫斯基等。 斯别什涅夫本人特别重视起义，他曾试图说服彼得拉舍夫斯派的其他成员立即建立负责起义准备事项的中央委员会。 在斯别什涅夫起草的《新的秘密团体草案》中，其中有一条明确载明："我保证，不惜自己的一切，全心全意地、公开参加起义……我尽一切力量来促进起义的成功。"①

彼得拉舍夫斯基等人准备首先在西伯利亚起事，然后在有农民运动传统的地区乌拉尔、伏尔加和顿河区域发动起义。 1848年12月至1849年1月，小组讨论建立秘密组织及其大纲和行动方针问题。 米留科夫负责改编拉马奈（Fèlicitè Robert de Lamennais）的《神谕》（Слов верующего），揭露宗教界的黑暗；菲立波夫负责起草《十诫》（Десять заповедей），揭露农奴的困苦地位；格里高里耶夫负责起草《士兵谈话》（Солдатская беседа），揭露士兵的无权地位；杜罗夫、托里、李沃夫负责在欧俄及西伯利亚的出版物上进行革命宣布，发表被政府禁止的《别林斯基致果戈理信》。 彼得拉舍夫斯基本人亲自参加手工业者的集会，在他们中间宣传自己的思想。

彼得拉舍夫斯基派认为，他们斗争的最终目的是为了人民更好地生活，实现的主要手段是暴力消灭专制制度，确立民主共和国，指路明灯是社会主义。 基于俄国的现实状况——即人民对起义没有充分准备，彼得拉舍夫斯基派一直把思想启蒙和革命宣传作为自己的任务。 他们关注的问题——革命宣传的方法、秘密组织原则、革命知识阶层对待人民起义的任务，成为非贵族出身的平民知识分子关注的中心。 阿赫沙鲁莫夫写道："我们40年代末团结在彼得拉舍夫斯基周围的这个派别，是60年代一切改革的核心。"②此外，彼得拉舍夫斯基派还在流放西伯利亚期间，积极进行先进思想宣传和反抗当地沙皇政府统治的革命活动，不但促进了西伯利亚知识阶层政治思想意识的提高，而且壮大了西伯利亚居民反抗

---

① Евграфова В. Философские и общественно-политические произведения Петрашевцев. Москва, 1953. с. 503.

② 马里宁：《俄国空想社会主义简史》，丁履桂等译，商务印书馆，1990年，第138页。

斗争的声势,这对于整个俄国革命运动的发展都是十分有利的。

彼得拉舍夫斯基派的活动引起了沙皇政府的怀疑。1848年3月,警察、密探对他们进行了严密地监视,沙皇政府视其为"谋反"活动。沙皇在给第三厅头子奥尔洛夫伯爵的密信中写道:"案情至关重要,即使他们说的全系废话,也是罪大恶极和不能容许的。如你所言,可以开始逮捕,但务必谨慎行事,因为此事涉及人数极广,切勿走漏风声,放过要犯。"①1849年4月23日,由于奸细告密,彼得拉舍夫斯基及其同志34人被捕,囚禁于彼得—保罗要塞的阿列克谢三角堡,后来又牵涉至250人(一说123人),这一事件被称为"彼得拉舍夫斯基案件"(петрашевское дело)。22人因"图谋破坏社会日常生活"的罪名被送上军事法庭,沙皇政府对彼得拉舍夫斯基派的第一阶段审讯持续了4个月,当时他们几乎完全失去了与外界的联系,直到1849年7月,他们才获准与亲属通信,接收外面寄来的书刊和从事写作。1849年11月16日,军事法庭结束了对彼得拉舍夫斯基派的审讯,并将此案移交最高法院审理。1849年12月19日,最高法院根据陆军刑法典宣判,21人被判处枪决。1849年12月22日在彼得堡的谢苗诺夫练马场上演了一场假枪毙——"赦免彼得拉舍夫斯基派死刑"的闹剧。沙皇先下令将处以死刑的彼得拉舍夫斯基派成员押送到谢苗诺夫练马场,让他们穿上刑衣并绑到刑柱上,然后在发出最后一道命令"开枪"之前,宣布将死刑分别改为服不同期限的苦役、由管教所监禁等。彼得拉舍夫斯基是所有人中唯一由最高当局批准的永久在外贝加尔地区服苦役的人,并且立即押送到西伯利亚。

对于"彼得拉舍夫斯基案件"社会上给予了极大同情。沙皇尼古拉一世命令审讯委员会加快事件进度,以免到最后社会上产生怜悯情绪②。当时军事学校和普通学校的老师都关心"彼得拉舍夫斯基案件",在军事学校还流传着这样一个故事:彼得拉舍夫斯基小组成员带着"白手套"英勇走上死刑场,以表达自己大义凛然的革命精神和气节③。赫尔岑高度评价了"彼得拉舍夫斯基案件",称其"有如鸽子叼回诺亚方舟的橄榄——洪水以后闪现的第一道光明。"④

1849年12月22日在经历了"假枪毙"之后,彼得拉舍夫斯基小组成员被流

---

① 格罗斯曼:《陀思妥耶夫斯基传》,王健夫译,外国文学出版社,1987年,第177—178页。
② Егоров Б. Ф. Петрашевцы. Ленинград, 1988. с. 157.
③ Там же. с. 157.
④ Герцен А. И. Полное собрание сочинений. Москва, 1957. т. 37. с. 335.

放到西伯利亚。彼得拉舍夫斯基被处以终生不得返回彼得堡。然而，这并不能动摇彼得拉舍夫斯基的信念。他宣布："为了不放弃，而是相反，更加坚信自己的信念，在我流放之后，应该成为一个真正的流浪者。"①

1856年，彼得拉舍夫斯基及其同志被流放到伊尔库茨克，他们没有放弃自己的追求，因为他们的民主信念是同现实、政治专制制度和被剥削的人民相联系的，而在新的条件下，这种现实更加紧密地萦绕在他们身旁，所以在流放地他们不止一次与当地官员发生冲突。② 在流放之初，彼得拉舍夫斯基派努力融入到当地社会生活中，积极准备反抗沙皇政府在当地的统治。1857年在西伯利亚出现了第一份公开发行的省级报纸——《伊尔库茨克消息》(Иркутские губернские ведомости)，彼得拉舍夫斯基和李沃夫开始投稿，而斯别什涅夫甚至成为这份报纸的编辑。从1860年开始，沙皇政府对该报纸进行施压。根据彼得拉舍夫斯基的提议，彼得拉舍夫斯基派建立了地方进步报纸《阿穆尔》(Амур)，继续进行革命思想宣传。

到19世纪60年代初，除彼得拉舍夫斯基外，其余人均恢复了公民权利回到社会。彼得拉舍夫斯基坚信自己的正义事业，他在给读者的信中说："既然我准备再一次投入与任何暴力和任何非正义斗争之中去，那么对于我来说绝不能为了获得小利和生活的舒适而离开这条道路"，"我们所有的俄罗斯人，其任何的垂头丧气的实质在于，我们感觉独立性的缺乏，用公民思想来看，我们简直是胆小鬼。尽管在拳头镇压下和任何的刑罚中都有勇士：在与政治的对抗中，我们就是胆小鬼。我们甚至在好友圈子里也由于害怕而不敢将自己的思想充分表达。我们大家不得不跟着季风走。我们把任何当局的行头，特别是将军军服都看成是雷神(Громовержц)。"③

1859年4月，彼得拉舍夫斯基在伊尔库茨克组织了反对"伊尔库茨克决斗"(иркутской дуэл)的社会抗议活动，斗争的目的直指东西伯利亚总督穆拉维约夫(Н. Н. Муравьев)的专横统治的斗争。早在1852年的狱中，彼得拉舍夫斯基就曾见过这位专制者，他认为穆拉维约夫如同果戈理的短篇小说《赌徒》(Игрок)中的那个上尉(Штабс-капитан)一样，具有专制主义作风。按照李沃夫的解释，穆拉维约夫和其他人一样是一个政治骗子。

---

① Егоров Б. Ф. *Петрашевцы*. Ленинград, 1988. с. 49.
② Возный А. Ф. *Петрашевский и царская тайная полиция*. Киев, 1985. с. 12—40.
③ Лейкина-Свирская В. Р. *Петерашевцы*. Москва, 1965. с. 263—264.

该事件起因是穆拉维约夫政府的官员别克列米舍夫（Ф. Беклемишев）与平民涅克柳多夫（М. Неклюдов）之间发生了决斗，前者借机杀死后者却逍遥法外，这一事件吸引了 2000 多名民众的参与，人们公开指责别克列米舍夫。 中学生在大街上咒骂别克列米舍夫是杀人犯，在街道上"杀人帮——穆拉维约夫的追随者"的标语也保留了 2—3 个星期。 彼得拉舍夫斯基在涅克柳多夫墓前愤怒地说："在这里决斗是变相的杀人。"①李沃夫在《伊尔库茨克消息》上刊登了讨论决斗并要求严惩事件的文章。 在彼得拉舍夫斯基等人的斗争下，最高法庭判处别克列米舍夫和秘书因故意杀人而服 20 年苦役。 通过十二月党人扎瓦利申（Д. Завалишин）、彼得拉舍夫斯基、李沃夫的揭露，西伯利亚知识阶层的政治意识提高了。 彼得拉舍夫斯基也事实上实现了使一切西伯利亚民主力量高度团结的目标。 正是因为此事，彼得拉舍夫斯基被流放到更艰苦的叶尼塞省的舒申斯基村。 经过彼得拉舍夫斯基姐姐的多方奔走，1861 年沙皇政府才允许他移居克拉斯诺亚尔斯克。 1864 年他又因政治活动被驱逐出克拉斯诺亚尔斯克。 1866 年 5 月，彼得拉舍夫斯基被转移到距离叶尼塞斯克 100 俄里的别林斯基村，当年 12 月 6 日因脑溢血在这里病逝。 赫尔岑闻讯后立即在《钟声》上发表了讣告："米哈伊尔·瓦西里耶维奇·布塔舍维奇—彼得拉舍夫斯基在叶尼塞省的别林斯基村意外去世，终年 45 岁。 他为后代留下了为俄国自由而牺牲于政府的受迫害者的纪念碑。"②

彼得拉舍夫斯基是社会主义思想的忠实信徒。 到 19 世纪 60 年代初，除彼得拉舍夫斯基外，彼得拉舍夫斯基派的其他成员都先后放弃了社会主义信仰，恢复了公民权利回到社会中。 1849 年 12 月 22 日在刑场上，小组成员帕利姆被当场免除一切刑事处分时就胆怯地喊道："沙皇万岁！"，他事实上就已经放弃了社会主义信仰。 小组重要成员、著名作家陀思妥耶夫斯基因无法忍受非人待遇，终于宣布放弃社会主义思想，投身于宗教观念之中。 陀思妥耶夫斯基本人却不这样认为，他于 1856 年 3 月 24 日的一封信中解释："我在法庭上是光明正大的，没有诿罪于人，甚至不惜牺牲自己的利益，如果看到有可能通过自己承担责任而使别人免遭不幸的话。"③后来他又回忆道："我们这些彼得拉舍夫斯基分子，站在断头台上，听着对我们的判决，毫无悔改之意。""摧毁我们的不是流放的岁

---

① Егоров Б. Ф. *Петрашевцы*. Ленинград，1988. с.150.
② *Колокол Газета. Герцена И Н. П. Огарева*. Москва，1962. выпск. 1. с. 113.
③ 陀思妥耶夫斯基：《书信选》，赵振亚等译，人民文学出版社，1986 年，第 81 页。

月,也不是痛苦。恰恰相反,任何东西都不能摧毁我们,而且我们的信念,由于意识到业已完成的天职,从精神上支持了我们。""不,是一种别的东西改变了我们的观点、我们的信念和我们的心……这另一种东西,就是与人民的直接接触,在共同的不幸中与他们的兄弟般的结合……我再重复一遍:这不是立即发生的,而是逐渐地,在过了很长时间以后。"①可是在 1873 年 2 月 26 日,陀思妥耶夫斯基在给友人的信中,对社会主义多是批评之词:"社会主义既是有意识地又是迷糊透顶地、既是冠冕堂皇地而又卑鄙下流地腐蚀了几乎整整一代人。事实是严峻的,也是有目共睹的。你会在报刊上发现,就连最最没有修养的头脑简单的人也会突然冒出一句愚蠢、透顶,然而肯定来自社会主义营垒的话。一切都受到传染,因而非斗争不可。"②由此可见,陀思妥耶夫斯基已经不再热衷于社会主义了。

彼得拉舍夫斯基派的空想社会主义思想在俄国社会主义思想史上、革命民主思想发展史上占有重要地位。彼得拉舍夫斯基派是俄国最早的社会主义者之一。他们将"在俄国建立社会主义制度"作为自己奋斗的目标,彼得拉舍夫斯基自信地说:"我们的道路是漫长的,但是我们的路线是好的。"③彼得拉舍夫斯小组是一个真正意义上的知识阶层激进主义组织,"彼得拉舍夫斯基案件"是 1825 年十二月党起义失败后第一次大规模的反政府的政治事件。但与十二月党人主张有所区别之处在于,彼得拉舍夫斯基及其同志把人民视为革命成功的主要力量,把彻底推翻沙皇专制制度和废除农奴制制度作为革命的奋斗目标,因此致力于农民的宣传和人民的发动。该组织的密谋形式、宣传和发动方式、政治和经济主张、策划起义的手段和地区的设定对后来的民粹派运动乃至布尔什维克革命都产生了极其重要的影响。

---

① Достоевский Ф. М. Полное собрание сочений. Москва, 1980. с. 138.;陀思妥耶夫斯基:《被侮辱与被损害的》,臧仲伦译,译林出版社,1995 年,第 2 页。
② 陀思妥耶夫斯基:《书信选》,徐振亚等译,人民文学出版社,1986 年,第 291 页。
③ Егоров Б. Ф. Петрашевцы. Ленинград, 1988. с. 119.

第九章　黄金时代：俄罗斯文化与人文之初澜

18世纪百年的欧化因素和自我启蒙的双重作用，导致了俄罗斯民族意识的觉醒、俄罗斯国家概念的重新塑造、俄国知识阶层群体的诞生、俄语和其他非俄语言的自立、俄国贵族阶层精神需求的激增、俄国平民阶层社会地位的上升以及俄国公民社会结构的雏形。而上述各种因素的集合作用的重大成果是促成了俄罗斯文化、尤其是它的核心内容——俄国文学的逐渐成熟并发出灿烂的光辉，俄罗斯文化不再是西欧文化的模仿者，而开始了反哺西欧的文化历程。这就是19世纪上半期俄国文学与文化的黄金时代。

普希金：俄罗斯诗歌和文学的太阳

19 世纪 30—70 年代的黄金时代最为引人注目的人物即是有"俄罗斯诗歌太阳"之称的著名诗人普希金。

普希金于 1799 年 5 月 26 日出生于莫斯科巴乌曼大街 16 号一个贵族家庭。父亲曾经是禁卫军军官，母亲出身名门，是彼得一世的养子兼近侍汉尼拔〔Абрам（Ибрагим）Петрович Ганнибал〕的孙女。普希金自童年时代就接受了极好的教育，8 岁时开始用法文写诗。他极其热爱俄罗斯文学，特别是民间艺术。1811 年，他成为彼得堡著名的皇村学校的第一届学生，在校长恩格尔哈特（Е. А. Энгельгардт）提交枢密院的报告中谈到了对普希金的评价："普希金永远也不可能使自己的诗立于坚实的基础，因为他害怕任何严肃认真的工作，他的才智既没有洞察力，也缺乏深度，完全是肤浅的、法国式的才智。这还是对普希金可能做出的最好的评价。他的心灵冷漠而又空虚，既没有爱，也没有宗教信仰；也许年轻人从来都不曾有过像他这样空虚的心灵。"① 然而，1812 年的卫国战争激起了普希金的爱国热情，他从拉吉舍夫和法国启蒙思想家的著作中接受了进步的自由思想。

1815 年 1 月 8 日，普希金在圣彼得堡皇村学校举行诗歌朗诵比赛时，面对台下众多的社会名流、老师和学生，沉着自信地朗诵起自己新创作的抒情诗《皇村回忆》（Воспоминания в царском селе），那优美的诗句犹如一首动听的小夜曲，令在场的所有人都听得如醉如痴。诗歌朗诵完了，场上沉静了好久好久，人们才如同大梦初醒一样，给予普希金暴风雨般的热烈掌声。著名诗人杰尔查文走上讲台，拥抱着普希金激动地说："你是一个很了不起的少年，将来一定能接我的班。"1820 年 3 月 26 日，普希金将自己刚刚完成的叙事长诗《鲁斯兰和柳德米拉》（Руслан и людмила）的第六歌朗诵给著名诗人茹科夫斯基，茹科夫斯基非常

---

① 阿尔汉格尔斯基：《亚历山大一世》，刘敦健译，人民出版社，2010 年，第 207 页。

兴奋，赠给普希金一副自己的画像，并在上面题字："胜利的学生惠存，失败的老师敬赠，于学生完成长诗《鲁斯兰与柳德米拉》的大喜日子，1820 年 3 月 26 日，于复活节前的星期五。"到 19 世纪 30 年代初，普希金的诗歌才华达到了巅峰状态，整个俄国文学界都视他为自己的导师，著名文学家维亚泽姆斯基也称普希金为"诗人圈中的领袖和巨人"。

普希金本身就是思想上的贵族叛逆者，他的作品则是文学艺术形式的叛逆之作，"他第一次把真正的历史主义引进了俄国文学"。① 1812 年卫国战争激起了普希金的爱国热情，他从拉吉舍夫和法国启蒙思想家的著作中接受了进步的自由思想。 在这一时期里，普希金完成了《自由颂》（Вольность. Ода，1817）、《致恰达耶夫》（К Чадаеву，1818）等著名诗篇，在诗中热情歌颂自由和民主，批判俄国的专制和黑暗。 普希金与十二月党人保持非常密切的关系，他在 1818 年参加了幸福协会的外围文学组织"绿灯社"，并且自称是十二月党人的诗人。 普希金的许多抨击沙皇专制制度和农奴制度、呼唤自由和民主的诗篇在十二月党人中秘密传抄，成为鼓舞他们的精神武器。 尽管普希金没有直接参与十二月党人的政治和军事行动，但是沙皇政府从十二月党人的秘密文件中搜查出普希金的许多诗歌。

1820 年普希金因进步思想而被流放南俄。 1825 年，十二月党人起义失败后，普希金在自己的诗稿上画上绞架，上面挂着 5 人的尸体，并且在旁边写着："我也会……"沙皇政府在审判十二月党人时，又从两个军官身上搜出了普希金写的禁诗，题为《纪念 12 月 14 日》，普希金因此受到审讯。 这个案子拖了将近两年，由于普希金证明这首诗写在 12 月 14 日之前，与十二月党人起义无关，才作罢。

新沙皇尼古拉一世宣布赦免普希金，他才得以返回莫斯科，但仍要受到军警的监视，他的作品要由尼古拉一世亲自审查。 普希金在致被流放的十二月党人诗人奥多耶夫斯基的诗作《在西伯利亚矿山的深处》（Во глубине сибирских руд）中深情地写下："在西伯利亚矿山的深处，保持住你们高傲的耐心，你们的思想的崇高意图和痛苦的劳役不会消泯。 ……沉重的枷锁定会被打断，监牢会崩塌——在监狱入口，自由会欢快地和你们握手，弟兄们将交给你们刀剑。"② 十

---

① 布拉果依:《普希金传》,陈燊译,上海新文艺出版社,1957 年,第 89 页。
② 普希金:《普希金诗选》,多人译,人民文学出版社,1996 年,第 315—316 页。

二月党人诗人奥多耶夫斯基以诗答谢,他写道:"我们悲惨的工作不会就那样消亡,从星星之火会发出熊熊的火光。"列宁对这句答辞非常欣赏,把它作为自己创办的俄国社会民主工党的机关报《火星报》(Искра)的题名,并在题名下写下"十二月党人答谢普希金之辞"的字样。 普希金在创作著名的长诗《叶甫盖尼·奥涅金》(Евгений Онегин)时也曾设想把主人公叶甫根尼·奥涅金写成十二月党人,而且设想其参加过枢密院广场的武装起义。

19世纪20年代下半期,普希金完成了由浪漫主义向现实主义的过渡。 1825年创作的历史剧《鲍里斯·戈东诺夫》(Борис Годунов)中反映了人民群众在国家危机来临时的巨大作用。 1823至1831年间普希金完成诗体长篇小说《叶甫盖尼·奥涅金》,它是普希金最著名的作品,是俄国现实主义的奠基之作。 全诗现存8章,采用的是普希金特有的"奥涅金体"十四行诗的形式。 小说是以两个主人公青年贵族奥涅金与达吉娅娜的爱情为主线,其间又穿插奥涅金与连斯基的矛盾和决斗。 达吉娅娜是一个完全不同于奥涅金的"新人"的形象,一个从面貌到内心都是完美的形象,她热爱生活、热爱人民、坚忍克制、言行必果。

奥涅金是俄国文学中的第一个"多余的人"形象。

奥涅金出身名门贵族,在贵族阶级的典型环境中长大,受过典型的贵族教育,学过许多知识。 精通法语和拉丁语,以及从古至今的历史知识,阅读过拜伦充满自由、热情的诗篇。 为此,在不学无术的上流社会中,他成为少有的博学少年。 但他所在的环境使他整天周旋于酒宴、舞会和剧场,恋爱占去了他的大部分时间。 在革命风暴和进步思想的影响下,他对纸醉金迷的浮华生活开始厌倦,对腐化堕落的上流社会有了怀疑和不满,对花花绿绿的社交世界也失去了兴趣,于是他萌发了要过新生活的愿望。 他想读书和工作,甚至离开繁华的城市来到偏僻的乡村,并在大自然的怀抱中求得解脱,重新振作起来。 他读过亚当·斯密的政治经济学,受到过法国启蒙主义者卢梭的影响;在农村他还试图进行农事改革,用较轻的地租来代替古来的徭役重负;他与年轻的友人连斯基讨论过社会、哲学、道德、政治等重大问题,这在客观上把先进的思想带进了俄国,并起到了传播先进思想文化的作用。 但他的主观愿望、行为目的并没有也不可能实现。 出身的阶级、所受的教育带给他的弱点就是使他没有工作的习惯,拿起书本就想睡觉,提起笔来什么也写不出,没有任何干实际工作的能力,也没有明确的生活目标和理想。 于是,忧郁、烦闷、怀疑、惆怅等精神上的危机使他染上了时代的社会病——忧郁症。 由于无所事事,在生活中找不到自己的位置,他甚至走上了自我否定的道路，被贵族的偏见和世俗所左右。

奥涅金和达吉雅娜（Татьяна）的爱情也可以看出他作为"多余的人"那种既追求全新又不能脱离所在社会的特点。他被美貌而又具有超凡脱俗思想的达吉雅娜所吸引，却又拒绝了她的爱情，继而又狂热地追求后来成为"涅瓦女神"的达吉雅娜，充分地暴露了他作为贵族阶级自私的本性。达吉雅娜作为一个具有进步思想的少女，她生活于平静的大自然中却又不满足于它的平静。奥涅金的出现、他的聪明才智、愤世嫉俗与达吉雅娜对生活的追求有着某种程度的吻合，她把奥涅金看作自己心目中的英雄，勇敢地献上自己的爱情。而奥涅金由于对生活的厌倦，炙热的爱情已溶化不了他那颗冷却的心，他"已经不钟情于美女，追求女人也不过是逢场作戏"而已。他更不愿意承担起做丈夫的责任，用家庭来束缚自己，这就预示了达吉雅娜爱情的悲剧命运。由此可以看出奥涅金自私的本性。他用长篇的道理，冠冕堂皇的词句拒绝了达吉雅娜的纯真而热烈的爱情。几年后当他们在彼得堡的上流社会重逢时，达吉雅娜已经成了令人羡慕的贵夫人，这时奥涅金又爱上了她并追求她。由此可见，奥涅金在爱情上的拒绝与追求反映了贵族阶级利己的本性。

奥涅金对掌握国家政权、控制经济命脉的统治者怀有敬畏和仇恨的复杂情绪。地位和利益分配的不平等，使他们很容易对上层乃至对上层统治者为代表的整个统治阶层产生不满与反抗。而对下层的特权又使他不可能彻底摆脱本阶级的观念和风尚去适应下层人民，实现与人民的结合，也妨碍了他们对下层人民力量的认识。因此，革命运动脱离人民大众，这也正是列宁所指出的十二月党人起义失败的原因所在。在思想方面，奥涅金背叛了他所属的阶级，而在行为、生活习惯上他又依赖他所属的阶级，正如赫尔岑所说，他"永远不会站在政府方面"，同时也永远不能站在人民方面。像奥涅金这样的人，在1825年前后的俄国是很多的，正如赫尔岑所说"在俄国每走一步都会碰见他"。

此外，《叶甫盖尼·奥涅金》描绘了极其广阔的社会生活画面，俄国城乡的四季景色，各社会阶层的日常生活，国家的经济、文化都在小说中得到真实而又生动的反映。从彼得堡轻歌曼舞的剧场到乡村地主家只听见一片咀嚼声的生日家宴，从莫斯科贵族沙龙里熙熙攘攘的"待嫁少女的集市"到乡村教堂中12岁农奴姑娘含泪的婚礼；靠借债举办舞会的破产贵族和满心欢喜在初雪后赶雪橇上路的农民；在冰上戏耍的农村顽童和严寒中剧场外一面拍手取暖，一面骂老爷的马车夫；傍晚时分在河边边燃起炊烟的渔夫和民间的童话；进口的巴黎化妆品、英国服装和出口的木材、腌猪油；从关于哲学、文学的争论到关于刈草、酿酒、狗舍的家常话，从卢梭、亚当·斯密、拜伦、巴丘什科夫到《鲁斯兰和柳德米拉》；舞会上闺秀们充满相互妒忌的窃窃私语和地主庄园里农奴姑娘采集果子时被迫唱出的歌声……所有这一切综合在一起，提供了那个时代风貌的一面镜子。

通过透视不同的生活画面，诗人嘲讽与谴责贵族地主阶级，揭露与鞭挞了专制制度与农奴制。在诗人讽刺贵族地主的寄生生活的背后，也可以看到农奴的悲惨遭遇。农奴冒犯了地主，就会被送去流放、服兵役；达吉亚娜的母亲让采杨梅的女仆一边歌唱，一边采果子，为的是"不能偷吃主人的果子"。达吉亚娜的乳母一生都没有自由，不能主宰自己的命运。别林斯基说："我们在《叶甫盖尼·奥涅金》里看到的是俄国社会在其发展中最富有兴味的一段时间的诗情再现。"他把这部作品誉为"俄罗斯生活的百科全书和最富有人民性的作品"。①但社会风习的描写本身并不是目的，而是为男女主人公提供活动的场景，为塑造典型性格服务。作者围绕这一主线，巧妙地穿插了上流社会的场景和风格的乡村画面，在再现社会生活的广度和深度上别具一格又力透纸背。

在《叶甫盖尼·奥涅金》第二章中普希金写道："现在你们沉醉于它，这轻浮的生活吧，朋友们！我了解它的空虚，所以对它很少眷恋；对于种种的幻影我已经闭上眼帘……"②小说对贵族生活的虚伪和平庸揭露入木三分，酣畅淋漓。但不可忽视，作家血液中渗透着东正教的精髓：忧患意识和救赎思想。他一方面猛烈鞭笞旧贵族的腐朽，一方面又对拥有启蒙思想的一部分贵族青年知识分子"怒其不争"，他以充满忧患的笔调，哀伤地预示着贵族阶级即将消亡。

在普希金去世43年后的1880年6月8日，陀思妥耶夫斯基在俄国文学爱好者协会的庆祝大会上发表演说，对伟大诗人做出评价："正当在我国社会刚刚开始产生一种正确的自觉的最初阶级，这时候离开彼得大帝实行的改革已经过去了整整一个世纪，他的出现以其新的指示性的光亮强烈地照耀着我们黑暗的道路。这个人恰恰生在伟大的彼得大帝改革后的第2个世纪的初期，生在我们这个脱离人民、脱离人民力量的知识界。"③

1831年2月，普希金与冈察洛娃结婚，随后迁居彼得堡。他奉命编辑有关彼得一世的史料，发现了农民起义领袖普加乔夫的资料。他写了以彼得一世为

---

① Белинский В. Г. *Полное собрание сочинений*. Москва, 1949. т. 4. с. 663.
② 普希金：《叶甫盖尼·奥涅金》，智量译，人民教育出版社，2004年。
③ 《普希金论评集》，冯春编选，上海译文出版社，1993年，第30页。

题材的长篇叙事诗《青铜骑士》和以普加乔夫起义为题材的诗体小说《上尉的女儿》（Капитанская дочка）和历史著作《普加乔夫暴乱史》（История Пугачевского бунта）。这两部著作体现了普希金的历史主义的文学创作和学术研究的风格。普希金不仅是伟大的文学家和诗人，他也是19世纪的历史学家。

《上尉的女儿》是19世纪浪漫主义文学的产物，"其中的历史面貌明显区别于历史著作《普加乔夫史》的记载"。① 美国学者安德鲁评价俄国文化具有历史与文学"同质异体"的特点，"《普加乔夫暴乱史》仅仅是《上尉的女儿》一本附加的文献资料，对人们关于《上尉的女儿》的理解毫无帮助……二者之间可以被看作'从历史到小说'的单向关系""小说扮演了展示历史偶然性和巧合性的角色，其中包含的要素完全不同于语言组织良好且叙述清晰的《普加乔夫暴乱史》"。②

在普加乔夫主题的创作上，普希金充分扮演了"审慎的历史学家"和"天才的文学家"的双重角色。对于《普加乔夫暴乱史》，普希金关注的是如何"努力在书中研究当时的战事，只想给这些战争行动以透辟的解释"；而这种愿望的产生是由于在阅读相关档案资料时，普希金发现："战斗的指挥官指挥战斗很混乱，他们上呈的报告写得就更乱，吹牛邀功或对上辩解一样紊乱。这些全都需要考据和证实之类。"③在该书的前言部分，普希金就曾开宗明义指出："这里记载的一段史料是我撰写的著作的一部分，其中收入了政府公布的一切有关普加乔夫的材料以及外国作家讲述普加乔夫事迹的作品中我认为可信的东西……它肯定并非完美无缺，然而却是一丝不苟的。"④普希金在写作过程中广泛进行了档案收集和田野采风。在1833年7月至11月间，普希金几乎跑遍了俄国境内所有在普加乔夫起义中影响重大的地区。他在致妻子普希金娜的信件中说："请原谅，我是为了普加乔夫才撇下了你。"⑤在这个过程中，普希金始终坚持，他所做的工作是纯粹"历史"而非"文学"的，普希金在1833年7月30日致友人托里（К. Ф. Толь）的信中，将《普加乔夫暴乱史》的创作称为自己"第一次写历史的经

---

① Dan Ungurianu, Fact and Fiction in the Romantic Historical Novel//*Russian Review*, Vol. 57, No. 3(Jul., 1998). p. 389.

② Andrew Baruch Wachtel, *An Obsession with History: Russian Writers Confront the Past*, . Stanford, 1994. p. 77. 73.

③ 普希金：《普希金全集》，李政文译，河北教育出版社，1999年，第10卷，第476页。

④ 普希金：《普加乔夫暴动始末》，李玉君译，兰州大学出版社，2004年，第1页。

⑤ 普希金：《普希金全集》，李政文译，河北教育出版社，1999年，第10卷，第383—384页。

验"；他在同一天给莫尔德维诺夫（А. Н. Мордвынов）信函中再次强调："在近两年里，我一直只从事历史研究，纯属文学的东西则一字未写。"①面对那些指摘《普加乔夫暴乱史》的批评者时，普希金曾经辛辣地回击："我只是想努力把被人搞得很乱的一段历史做一透彻的解释。虽然明知读者爱看喜庆的事、地方风习等等；可我把这些都扔进了注释"②

  对于小说《上尉的女儿》，普希金的创作则更加侧重于满足"家庭叙事"的需要。与对《普加乔夫暴乱史》"考订史实"的要求不同，普希金既不苛求小说情节对历史细节完整再现，也不苛求小说人物与历史人物的一一对应。面对读者有关小说主人公现实原型的若干猜测，普希金曾主动澄清："少女米罗诺娃的名字是杜撰的，我的长篇小说是建立在我当初听说的——好像是一位军官传出来的一传说的基础之上的……小说与历史的真实相去甚远。"③这更凸显了普希金对历史叙事与文学叙事之间差别的清醒认识。总之，在普希金看来：历史叙事必须基于对历史资料的考据与甄别；文学叙事则可以大胆利用那些被"扔进注释"的风习传说，并对其进行更为开放的想象。

  两部作品都真实反映了历史上普加乔夫僭称沙皇争取人心的策反战术，以及民众对普加乔夫起义军的拥护。在《普加乔夫暴乱史》中，就出现过大量有关普加乔夫起义军受到民众拥戴的描写。不仅在起义军的老家雅依克镇——"镇民欣喜若狂地欢迎这支人马"④，即便是在作为统治中心的莫斯科，也有"为数众多的市井小民狂喝畅饮，大街小巷游串，公开流露出等待普加乔夫打过来的急切心情"⑤。而相关内容在小说中则得到了更为生动的体现。关于居民拿着"面包和盐"欢迎起义军的描写频繁出现；普通民众对自称"沙皇彼得三世"的普加乔夫的盲目崇拜更给人留下了深刻印象。如小说中一位哥萨克在形容普加乔夫时就曾提到："老爷，从各方面看来，都是个贵人。他一顿饭吃了两只烤小猪；洗蒸汽澡的时候，烧得那么热……没什么好说的，他的一举一动都那么威严……听说他在澡堂里让人家看了胸膛上的皇帝印记：一边是双头鹰，有一枚五戈比的硬币那么大，另一边是他自己的像。"⑥这样一位仅从"饭量"和"洗澡水的温度"

---

① 普希金：《普希金全集》，李政文译，河北教育出版社，1999年，第10卷，第383页。
② 同上书，第476页。
③ 同上书，第551页。
④ 普希金：《普加乔夫暴动始末》，李玉君译，兰州大学出版社，2004年，第39页。
⑤ 同上书，第34页。
⑥ 普希金：《普希金中短篇小说选》，冯春译，上海译文出版社，2006年，第294页。

来辨认"沙皇"的哥萨克实在让人忍俊不禁。 通过对这一形象的塑造,普希金成功以文学的手段反映了自称"皇帝"的普加乔夫在民众中得到了怎样"单纯"近乎"愚昧"的支持。 普希金对于这一历史现象的准确把握,正是在其历史叙事中得到体现,在其文学叙事中得到升华。

《普加乔夫暴乱史》和《上尉的女儿》都敏锐洞悉了起义军内部的矛盾和隐患。 在《普加乔夫暴乱史》中,普希金就曾对普加乔夫与其他哥萨克领导人之间的矛盾做出过深入分析。 其中不只一次出现类似的记载:"普加乔夫并不能大权独揽……没有外人的时候,(雅依克哥萨克)就把他当作一般的伙伴,坐在一起狂喝痛饮,当着他的面也不脱帽子,只穿着衬衣,放声大唱纤夫曲。"①书中所引用的俄军将领比比科夫(Бибиков)的书信也很好地说明了这一点。 在论及镇压暴乱的形势时他曾提到:"普加乔夫不过是听任这帮骗子,雅依克哥萨克们摆布的一个傀儡。"②在小说《上尉的女儿》中,同样描述过普加乔夫与同伙不分彼此、随意说笑的场面;同时,一段普加乔夫与男主人公之间的对话则对这一问题做出了更加直白甚至"露骨"的阐述:"僭皇沉吟了一会儿,低声说:'天知道。 我的路很窄。 我的话不一定算数。 弟兄们都自作聪明,他们都是强盗。 我得时刻留心,一打败仗,他们就会拿我的头去换他们的脖子的'。"③

虽然在具体的情节叙述中存在诸多共性,但历史叙事与文学叙事所关注的问题在更深的层次上依然各有侧重。 在普希金叙述普加乔夫起义的两个维度中,其思想内涵上的差异主要表现在:《普加乔夫暴乱史》倾向于对战争历史的宏大叙事,多叙述而少议论;《上尉的女儿》倾向于对个人命运的深入思考,反映了普希金的人道主义思想。

在《普加乔夫暴乱史》中,无论对于普加乔夫还是普加乔夫起义,普希金都没有给出一个明确的态度。 在其笔下,只有对事件发展进程的排比铺陈,极少对历史发展规律的剖析点评。 如果单纯从文本角度看,这一观点未免过于绝对。 实际上,普希金的历史叙事往往存在着正反两种声音,其对于多数人物与事件的描述都是"毁誉参半"的,没有形成一个鲜明的立场。 以对普加乔夫的描述为例:一方面,《普加乔夫暴乱史》将普加乔夫形容为"除了一些军事知识和胆

---

① 普希金:《普加乔夫暴动始末》,李玉君译,兰州大学出版社,2004年,第27页。
② 同上书,第48页。
③ 普希金:《普希金中短篇小说选》,冯春译,上海译文出版社,2006年,第324—325页。

大妄为之外一无所长的流氓痞子"①，大量记录了其血腥杀戮的野蛮行径；另一方面，《普加乔夫暴乱史》也毫不避讳地展现了普加乔夫人性中的美好一面。作品不只一次强调，犹如"盗匪"般的起义军"虽然抢劫官府的钱物和贵族的财产，但是他们却不动农民的财物"②。亲历起义的别尔达民众也曾回忆："在别尔达，普加乔夫是受人喜爱的，他手下的哥萨克不欺负任何人。"③这些记载都在很大程度上颠覆了贵族史学家布罗涅夫斯基（В. Б. Броневский）在 1834 出版的《顿河军史》(История Донского войска, СПб: Типография Экспедиции заготовления государственных бумаг, 1834.）中对普加乔夫形象的丑化描述。布罗涅夫斯基在《祖国之子》(Сын отечества) 杂志（1835年1月号）上发表了批评普希金所著《普加乔夫暴乱史》的文章，普希金也在该杂志上对布罗涅夫斯基的批评予以了辛辣的回击。普希金摘录了布罗涅夫斯基在其著作中对普加乔夫的描写，认为有关普加乔夫幼年时曾在家乡杀人抢劫的记载以及认为"他不具备最美好、最不可或缺的东西——美德"的评价完全是"充满诗意的杜撰"，没有任何的历史根据。④这也从一个侧面反映出，普希金不赞成之前史家对普加乔夫缺乏史实根据的不公正评价。从总体上看，正如一些学者已经注意到的："普希金的《普加乔夫暴乱史》从未试图对其描述的事件加以解释，也没有阐明这些事件间的内在联系，更没能揭示出其中更深层次的历史发展规律"⑤。他只是通过对交战双方历史信息的翔实记录，引导读者对起义的真实面貌做出自己的判断。

在小说《上尉的女儿》中，通过展现战争背景下主人公跌宕起伏的命运，普希金明确表达了其人道主义思想和倡导温和变革的历史认识。他以贵族青年格里尼奥夫与起义军首领普加乔夫之间"不合时宜"的友情为核心，设计了一系列激烈的矛盾冲突。一方面，当多数激进的哥萨克都将"贵族"视为邪恶的化身，坚持"用不着可怜贵族，也用不着赏识贵族！"⑥的态度，小说中的普加乔夫却因

---

① 普希金：《普加乔夫暴动始末》，李玉君译，兰州大学出版社，2004年，第27页。
② 同上书，第173页。
③ 同上书，第164页。
④ Пушкин А. С. Об истории пугачёвского бунта//*Сыне отечества*. январеь, 1835.
⑤ Alexander Dolinin, Historicism or Providentialism? Pushkin's History of Pugachev in the Context of French Romantic Historiography//*Slavic Review*, (Special Issue: Aleksandr Pushkin 1799—1999), 1999. p. 293.
⑥ 普希金：《普希金中短篇小说选》，冯春译，上海译文出版社，2006年，第319页。

第九章 黄金时代：俄罗斯文化与人文之初澜

赠送兔皮袄的恩情而对主人公特别优待。另一方面，在贵族格里尼奥夫看来，普加乔夫究竟是敌是友却始终是个矛盾的问题。小说末尾处，主人公的一段心理独白尤其使人印象深刻："为什么不说实话？这时我对他充满了强烈的同情。我热烈地希望把他从他所率领的这群强盗中拉出来，趁现在还来得及，挽救他，免得他掉脑袋。施瓦勃林和我身旁的人群使我无法对他说出我的心里话。"①

在小说中，普希金以主人公"不能说实话"的无奈引出了认识普加乔夫起义的新角度，即战争迫使人类将纯洁美好的感情埋没于严酷的政治斗争。人道主义的反战情节和文明博爱的人文主义信仰可谓跃然纸上。以此为基础，普希金又进一步提出了对普加乔夫起义的历史评价，即"那些妄想在我们的国家里实现改朝换代的人不是太幼稚而且不了解我国人民，就是生性残酷，不把别人的脑袋和自己的脖子当一回事"，只有"那种从移风易俗出发、不通过暴力行动产生的变革才是最好最牢固的变革"②。

总之，在《普加乔夫暴乱史》中，普希金叙述了普加乔夫起义的来龙去脉，为这场声势浩大的农民起义留下了珍贵的历史资料；而在《上尉的女儿》中，普希金则从人的立场出发，以对人类美好品质的追求为价值取向，质问了战争的血腥与暴力，同时对国家民族的命运进行了深入思考。在这个过程中，文学叙事借用了历史叙事中的现实素材，以其感性而充满想象力的演绎，阐发了普希金对普加乔夫起义局限性的评价。这是对《普加乔夫暴乱史》中单纯历史叙述的发展和升华，也使普希金关于普加乔夫起义的历史认识最终归于圆满。

《普加乔夫暴乱史》在其生活的时代读者甚寡，如普希金所感叹的："公众中许多人狠狠地骂我的普加乔夫，更糟糕的是不买我的书。"③而在普希金逝世后，从事相关历史研究的学者却逐渐认识到了《普加乔夫暴乱史》的价值，认为"直到今天，当苏联历史学家一页一页地仔细翻阅所有档案材料研究时，发现普希金所描写的情形，不需要做任何修改"④。

普希金是他那个时代仅次于卡拉姆津的对俄国历史作过全面、深入研究的人。因此，他为俄国历史的辩护具有权威性。普希金历数俄国历史上的辉煌事件与划时代的人物，如俄国的内讧、发展和统一，如伊凡四世、叶卡捷琳娜

---

① 普希金：《普希金中短篇小说选》，冯春译，上海译文出版社，2006年，第332页。
② 同上书，第367、280页。
③ 普希金：《普希金全集》，李政文译，河北教育出版社，1999年，第7卷，第539—540页。
④ 普希金：《普加乔夫暴动始末》，李玉君译，兰州大学出版社，2004年，第1—2页。

二世和彼得大帝。应当特别指出的是，普希金评说过伊凡四世的血腥暴政，而总体上却是从正面意义上肯定他为俄罗斯统一做出的重大贡献。普希金认为，俄国历史向来与任何一个欧洲国家都不相同，评价俄国历史需要一种特殊的尺度。

在扩充新疆域、征服非斯拉夫民族的过程中，俄罗斯文化在接触到不同民族的语言与文化之后，逐渐多元化，这促使普希金的文学创作获得了新的题材。普希金因此创作了《高加索之囚》(Кавказский пленник)。随后才有了莱蒙托夫创作的《当代英雄》(Герой нашего времени)，列夫·托尔斯泰创作的《哈吉·穆拉特》(Хаджи-мурат)。

普希金写于逝世前三个月的《致恰达耶夫的信》文采飞扬，观点明朗，思想深刻，激情满怀。它是普希金留给后代的遗言，是普希金在行将告别人世之际的思想宣泄。它是诗人以高度凝练的语言在对自己的历史文化观做的一番总的巡礼。该信的主要观点为：俄国有自己完整而丰富的历史；俄国文化拥有独特的渊源，俄国文化绝不是在异质文化模式上发展起来的；俄国曾以自己惨重的牺牲换来了人类精神的巨大进步，俄国人应当引此为荣。

普希金在信中强调，俄国文化发展到今天，走的完全是自己的道路，他纠正恰达耶夫，说道："您认为，我们从中汲取基督教知识的源泉并不纯净，拜占庭本应受到轻视等等……我的朋友……我们从希腊人那里拿来福音书和传说，却不是幼稚的琐细和口角的习气。拜占庭的风俗从未成为基辅的风俗。"① 普希金关于基辅罗斯文明是独树一帜的文明，这一论断非常正确。基辅罗斯时期，尤其自公元988年"罗斯受洗"以来，罗斯与拜占庭的贸易和战争趋于频繁，拜占庭神父和希腊书籍源源不断地涌入罗斯，拜占庭的神学、宗教、艺术等方面的精神财富对于形成俄罗斯文化起过相当重要的作用，但俄罗斯人民才是自身文化的创造者，他们亲手建造了俄罗斯文明生长的摇篮——基辅和诺夫哥罗德，谱写出代代相传的壮士歌。普希金不是在这封信里才倡导人们重视祖国精神文化的价值。早在20年代创作《叶甫盖尼·奥涅金》时，普希金就通过达吉雅娜的形象，提醒一心向往走西欧道路的俄国人，不要忘记和轻视俄罗斯民族的优秀传统。"灵魂上的俄罗斯人"达吉雅娜是普希金为俄国生活树立的理想，她与俄罗斯大地，与俄罗斯底层的、民间的东西密不可分。诗人借达吉雅娜想要换回宁静的俄罗斯

---

① Пушкин А. С. *Полное собрание сочинений*. Москва，АНСССР，1951. т. 10. с. 867.

乡村，暗示那些迷失方向的俄罗斯人：我们真正的精神家园在哪里，俄罗斯的民族特色蕴藏在何处。所以，达吉雅娜不单纯是向往爱情、渴望家庭幸福的女性的化身，她是普希金美学思想的高度概括与明确表述——诗人将达吉雅娜视作整个俄罗斯民族的精神需求，它比追求个人幸福的意义要深远得多。从这个意义上说，达吉雅娜是俄罗斯民族精神气质与内心力量的象征。

  普希金告诉持极端西方派观点的恰达耶夫："无疑，分裂教派把我们与欧洲整体割裂开来，因而我们未能介入任何一桩震惊欧洲的重大事件，但是我们有自己的特殊使命。正是俄罗斯，正是她那辽阔无边的疆土吞没了蒙古人的入侵。鞑靼人未敢越过我们的西方边界、将我们置于后方。他们回到自己的草原上去了，基督教文明得以拯救。仅仅为了这一功绩，我们就完全可以傲立于世？我们的磨难让天主教的欧洲不受任何干扰地蓬勃发展。"[①]针对恰达耶夫严词批评东正教会与东正教士"今不如昔"，俄国应该抛弃东正教转向以人性和启蒙为特点的天主教的说法，普希金提醒恰达耶夫注意："费奥凡之前，我们的僧侣阶层是值得尊敬的。它从不用教皇主义的卑鄙行为玷污自己的名声，当然，它从未在那个人们最需要统一的时候发动变革。"[②]早在1822年，普希金在《关于18世纪俄国史的笔记》（Заметки по русской истории XVIII века）中就阐述过自己对僧侣阶层的看法：它曾一直是处于民众和国君之间的中介人，如同介于人类和上帝之间。我们的历史，进而我们的教育归功于僧侣们。可见，普希金的文化观中很重要的一点就是肯定进步的僧侣阶层在俄国历史、文化发展关键时刻发挥的作用：二百多年蒙古鞑靼人的统治使罗斯的物质、精神文化的发展遭到严重摧残，众多的城市乡村被夷为平地，大量的文化历史古迹被毁坏，建筑、雕塑、绘画、文学倒退得十分厉害，可是，这一时期罗斯文化并未中断，仍以基辅罗斯文化作为蓝本发展，原因就在于具有启蒙意识的僧侣阶层。

  普希金一生写下了800多首抒情诗和叙事诗，诗剧和诗体小说都是他的创造的独特的文学体裁，他还写下了大量的政论文和书信。1833年，普希金奉沙皇尼古拉一世的命令回到彼得堡，成为宫廷近侍，实则是为了限制普希金的行动自由和创作自由。1837年1月27日（公历2月8日），普希金来到离家不远的涅夫大街18号的"沃尔夫与贝兰热甜食店"（С. Вольфа и Т. Беранже）[③]二楼的老

[①] Пушкин А. С. *Полное собрание сочинений*. Москва，АНСССР，1951. т. 10. с. 866.
[②] Там же. с. 867.
[③] 现名"文学咖啡馆"（литературное кафе），已成为圣彼得堡重要景观。

座位上喝完黑咖啡，拒绝朋友劝告，与决斗证人、皇村学校同学丹扎斯（К. К. Данзас）在咖啡馆约见后，便离开这里，乘马车驶向小黑河，他要在那里与他的名誉败坏者法国籍的近卫军骑兵军官丹特士（Жорж Шарль Дантес/Georges Charles de Heeckeren d'Anthès）决斗。在同来的朋友兼公证人丹扎斯的公证下，丹特士获得了首先开枪的权利，结果普希金腹部中弹，两天后的1837年1月29日下午2点45分普希金死去，时年仅38岁。①

普希金在《叶普根尼·奥涅金》中曾有诗句："这个无情的光荣的俘虏，看见他的末日近在眼前，在决斗中，刚强而镇静地，准备着迎接致命的铅弹。"诗中诗人连斯基枪口下倒下的是奥涅金，而现实中倒下的却是俄国伟大诗人普希金。

在1815年，16岁的普希金就写下了《我的墓志铭》（Моя эпитафия），为自己未来的一生做了这样的预测和定位："这儿埋葬着普希金，他和年轻的缪斯，在爱情和懒惰中，共同度过了愉快的一生，他没有做过什么好事，可是他心地善良，却实实在在是个好人。"

1836年，去世前一年，37岁的普希金曾写了抒情诗《纪念碑》（памятник），诗中充满了自豪和坚定的信念。

> 我为自己建起一座非手造的纪念碑，
> 人民走向那里的小径永远不会荒芜，
> 它将自己坚定不屈的头颅高高扬起，
> 高过亚历山大的石柱。
>
> 不，我绝对不会死去，心活在神圣的我的竖琴中
> 它将比我的骨灰活得更长久，不会消亡，
> 只要在这个月照的世界上还有一个诗人，
> 我的声名就会传扬。
>
> 整个伟大的俄罗斯都会听到我的传闻，

---

① 自普希金去世之日起，"阴谋论"就一直是众人所谈的话题。1937年5月5日，历史学家埃德蒙多维奇（А. Эдмонтович）在苏联《真理报》（Правда）创刊25周年上发表题为《普希金决斗与幕后凶手沙皇尼古拉一世》，文章写道：在决斗前3天，普希金同沙皇尼古拉一世进行过一次谈话，他希望沙皇不要干扰他的家庭生活，但沙皇笑而不答。历史学家埃德蒙多维奇的研究，证实普希金与丹特士的决斗是由沙皇尼古拉一世背后策划的阴谋。

各种各样的语言都会呼唤我的姓名,
无论骄傲的斯拉夫人的子孙,还是芬兰人、
山野的通古斯人、卡尔梅克人。

我将长时期地受到人民的尊敬的爱戴,
因为我曾用竖琴唤醒人们善良的感情,
因为我歌颂过自由,在我的残酷的时代,
我还为倒下者呼吁同情。

啊,我的缪斯,你要听从上天的吩咐,
既不怕受人欺辱,也不希求什么桂冠,
什么诽谤,什么赞扬,一概视若粪土,
也不必理睬那些笨蛋。①

  1862 年,彼得堡大学设立"普希金奖学金",喀山大学建立"纪念普希金俄国文学爱好者协会",莫斯科大学成立"普希金戏剧协会"。在普希金诞辰一百年的 1899 年 6 月 6 日,俄国首次举行群众性的纪念活动。1921 年,苏联科学院建立"普希金之家"以及众多以普希金命名的文学团体,每年 6 月 6 日都在全国范围内举行纪念活动。1937 年,遍布世界各地的俄国侨民中出现了 166 个普希金纪念委员会。1937 年 2 月 11 日(俄历 1 月 29 日),巴黎所有东正教教堂为普希金祝福。同日由旅居中国上海的俄侨艺术家和建筑师设计的普希金半身像揭幕仪式在上海举行,安放在上海徐汇区汾阳路、岳阳路和桃江路交汇的街心,这是中国最早的外国作家塑像。

  普希金对东方文明古国——中国始终存有浓厚的兴趣。1829 年底,普希金得知俄国将派考察团赴东西伯利亚和中国时。普希金给第三厅厅长本肯道夫写信:"将军,请恩准我随团一起去中国。"而本肯道夫回信说:"沙皇陛下没有批准您出国的请求……"1834 年 8 月,普希金夫妇做客冈察洛夫庄园,仔细翻看了庄园图书馆收藏的 18 世纪 70 年代出版的两卷本《中华帝国》和《中国城市》。他曾告诉朋友:"我从读《中国孤儿》一书起就有了去中国的念头,尽管这个故事与中国没有丝毫关系。我想写有关中国的剧本……"为此普希金需要亲身感受

---

① 《普希金诗选》,多人译,人民文学出版社,1996 年,第 433—434 页。

中国，他甚至在构思长诗《叶甫根尼·奥涅金》时，按照他最初的设想，应当提到中国的智者孔子。普希金关于中国的知识和见闻主要来自俄国第一位汉学家——在北京生活十余年的传教士雅金福（比丘林），他们在彼得堡的一个沙龙里相遇相知，这位知识渊博的神父讲述了有关中国的许多神奇故事，在普希金藏书中还有他签名的赠书。

作家果戈理评价："普希金是一个特殊现象，也许是俄国精神的唯一现象。"苏联文学评论家金兹堡（В. Гейзенберг）认为："任何别的俄国作家可以喜爱，也可能不喜爱，这是兴趣问题，但是普希金作为一个现象对我们必须的，普希金是俄罗斯文化的枢纽，他把握着先前的一切和后来的一切，取消这个枢纽，前后的联系就将被割断。"①

果戈理：俄国批判现实主义奠基人

果戈理②于1809年4月1日出生于乌克兰波尔塔瓦省的贵族家庭，祖先是来自波兰的小贵族。他的父亲瓦西里·阿法纳西耶维奇·果戈理—亚诺夫斯基（Василий Афанасьевич Гоголь-Яновский）是当地有名望的乡绅，曾在邮电部门供职，做过八品文官，后辞去公职，回乡寓居，同时开始尝试写作，并成为诗人和民间喜剧作家。他的父亲经常在朋友家的家庭舞台上上演自己写的喜剧，还在其中扮演主要角色。这一切给少年时代的果戈理留下了深刻的印象，激发了他对戏剧乃至文学的爱好。

果戈理于1821—1828年就读于波尔塔瓦省涅仁高级实科中学。学校里出现了守旧与革新的斗争，讲授自然法的教师别洛乌索夫（Н. Г. Белоусов）在课堂上介绍法国启蒙思想家伏尔泰等人的著作，主张自由平等，反对专制独裁，提倡科学民主。被反动当局拘留审查后，果戈理受到牵连，笔记本被查封，但他不顾个人利害为别洛乌索夫辩护。1828年，果戈理以优异成绩完成全部学业，本应得

---

① 金兹堡：《伏案工作的人》//《当代外国文学》1997年第1期。
② 果戈理全名为尼古拉·瓦西里耶维奇·果戈理（Николай Васильевич Гоголь），他原姓"果戈理—亚诺夫斯基"（Гоголь-Яновский）。

到 12 品官职的证明，但学校却把他的官职降了两级。 受到十二月党人和普希金的诗篇以及法国启蒙著作的影响，他逐渐对创作发生了兴趣，曾模仿德国著名剧作家席勒（Johann Christoph Friedrich von Schiller）的名剧《强盗》写出了他的第一个同名剧本《强盗》（Грабитель），在学校的剧团里扮演过冯维辛的喜剧《纨绔少年》（Недоросль）中的女主角普罗斯塔科娃太太，显示出非凡的艺术天才。 他不仅善于从文学大师的优秀作品那里汲取养分，而且十分注意观察生活，积累知识。 他收集了大量的民间故事、神话、传说、谚语、格言，把平时的所见所闻记录下来，这为他以后的创作积累了丰富的素材。 1828 年底，果戈理抱着去司法界供职的愿望赴圣彼得堡。 1829 年 7 月，他自费出版了学生时代写成的分章田园诗《汉斯·古谢加顿》（Ганц Кюхельгартен），却招来批评界的嘲笑和讽刺，他将库存的书付之一炬。

1830 年，果戈理以他的姓氏一半"果戈理"（Гоголь）为笔名发表了小说《圣约翰节前夜》（Вечер накануне Ивана Купала），这部小说得到了著名诗人茹科夫斯基的赞赏，并与他结成了忘年之交。

1829—1831 年，果戈理先后在圣彼得堡国有财产及公共房产局和封地局供职，亲身体验到小职员的贫苦生活，在此期间还到彼得堡美术学院学习绘画。 1831 年夏，果戈理结识普希金，从此过往甚密，在创作思想上受到后者的重大影响。 1834 年起，他在彼得堡大学任世界史副教授，讲授乌克兰历史和世界中世纪史。 后来他辞去教职，专门进行小说和戏剧创作。 1831 年 9 月，果戈理发表《狄康卡近乡夜话》（Вечера на хуторе близ Диканьки）第 1 卷，次年 3 月又发表了该书的第二卷。《狄康卡近乡夜话》是一部反映乌克兰民间生活的故事集，收入 8 篇故事，其中包含许多民间传说、故事和歌谣，带有鲜明的浪漫主义色彩。 小说的出版给作家带来很大的荣誉，奠定了他在俄国文学史上的地位。

果戈理主要的作品还有：《旧式地主》（Старосветские помещики，1835）、《伊凡·伊凡诺维奇和伊凡·尼基福罗维奇吵架的故事》（Повесть о том, как поссорился Иван Иванович с Иваном Никифоровичем，1834）、《塔拉斯·布尔巴》（Тарас Бульба，1835）、《钦差大臣》（Ревизора，1836）、《婚礼或者完全出乎意料事件》（Женить ба или совершенно невероятное событие，1842）。《彼得堡小说》（Петербургские повести）系列：《狂人日记》（Записки сумасшедшего，1834）《涅瓦大街》（Невский проспект，1835）、《鼻子》（Нос，1836）、《肖像》

（Портрет，1842）、《外套》(Шинель，1842）等。在这些作品里，果戈理对地主、官僚的腐朽生活做了无情的揭露，对小人物的悲惨命运表示了深切的同情。别林斯基称赞他是"文坛的盟主、诗人的魁首，他站在普希金所留下的位置上面"。

1836 年 4 月，《钦差大臣》首次在彼得堡公演，剧中将俄国上流社会的全部丑恶和不公正揭露得淋漓尽致。果戈理的创作灵感来自于 1835 年与好友普希金的谈话。普希金讲了一件他亲身经历的好笑之事，普希金到喀山一带搜集普加乔夫农民战争的材料，在路过奥伦堡附近的一个小县城时，被当地官员当成沙皇派去的"钦差大臣"，拼命奉承巴结，还试图行贿。但当普希金说明情况后，当地官员的态度发生巨变。果戈理曾经说明过他创作这个喜剧的意图："我决定在《钦差大臣》中，将我所知道的……俄罗斯的一切丑恶集成一堆，来同时嘲笑这一切。"

《钦差大臣》表现的是官僚内部的冲突。透过官僚们内部的非本质的冲突，暴露了整个官僚集团跟人民的本质冲突。喜剧中的主要角色都是反面人物，官僚、贵族、地主、富商充斥舞台，丑态毕露，作家通过他们展开一系列喜剧场面，勾画出一幅沙皇俄国官场腐败、黑暗、丑恶和反动的群丑图画。在这场令人捧腹大笑的误会中，俄罗斯帝国官员们的丑恶的本质完全暴露了出来。赫尔岑称赞《钦差大臣》是"最完备的俄国官吏病理解剖学教材"。沙皇尼古拉一世看完后说："所有的人都受到了惩罚，但我受到的惩罚比所有的人都多。"这个剧本激怒了统治阶级，包括沙皇本人在内的官僚们和他们控制的反动批评界，对剧本进行了猛烈攻击，终于迫使《钦差大臣》的作者不得不在诽谤和攻击声中离开俄国。从 1836 年 6 月到 1848 年 5 月这 12 年间，除了几次短期的回国之外，果戈理一直住在国外，最初是在德国、瑞士、法国，1837 年 3 月以后定居在罗马。

从 1835 年起，果戈理开始《死魂灵》(Мёртвые души）的创作，这部没有完成的作品是果戈理他作达到顶峰的标志，也是 19 世纪俄国最优秀的批判现实主义的著作。果戈理巧妙地运用了俄语中"灵魂"(душа）、"人口"(душа）和"役农"(душа）这三个同音同形异义字的双关语，造成意想不到的艺术效果。

《死魂灵》创作时间达 7 年之久，第一部在 1842 年问世。这是一部卷帙浩繁、人物众多的鸿篇巨制，通过对形形色色的官僚、地主群像的真切、生动的描绘,有力地揭露了俄国专制统治和农奴制度的吃人本质,极大地震撼了整个的俄罗斯。

《死灵魂》第二部在果戈理生前未完成。果戈理在写作第二部时,其精神和体力已有不足,手稿曾两度付之一炬。在1852年果戈理逝世后,由其作品的出版人舍维廖夫(И. Шевелев)在清理作家的遗物时发现的草稿整理发表的,有不少残缺的段落。

在《死灵魂》第二部中,果戈理试图展现了芸芸众生,包括乞乞科夫之流怎么样通过"净界"以期步入"天堂",主人公乞乞科夫灵魂中善的一面终于开始复苏,他意识到自己过去走错了路,陷在恶中无法自拔,缺乏善良的爱,入狱后,他发出了"上帝,救救我吧"的呼声,他意识到"是我自己害了自己"。在听过穆拉索夫的劝导后,他感到"仿佛他心中有某种东西渐渐苏醒过来""这是一种从未有过的感情,是一种连他自己也说不清楚的陌生的东西"。在他心中,又萌生了对劳动的热爱和为周围世界造福的愿望,这是善的显现和回归。当他出狱时,在他看来,"生活的意义又显得非同寻常了",他已感到"该改邪归正了"。① 甚至当他与从前的仆人说话时,语气中也充满了怜爱,于是爱战胜了恶,撒旦人物乞乞科夫经过道德上的完善和复活走向了新生。

按照果戈理的写作计划《死魂灵》为三部:第一部主题是"地狱",主要展现出黑暗、腐朽、愚昧、落后的俄罗斯现实。第二部主题是"炼狱",主要展现作品的主人公在恶事做尽之后,突然感到神的惩罚而内心发生巨大震动。第三部主题是"天堂",体现人在上帝的帮助下和启示下进行道德完善的精神,体现着人世芸芸众生如何在"爱"的指引下从"地狱"走向"天堂",从恶走向善,从黑暗走向光明,但此部未完成。

《死魂灵》既描绘出了沙皇暴政贪官污吏的群丑图,也出色地绘出了一幅地主豪绅的群丑图,并在这幅群丑图上以俄罗斯文学史前所未有的大无畏的勇气畅快淋漓地吐出了对沙皇暴政和农奴制的满腔仇恨,把一个个贪官污吏和地主豪绅的恶性暴露在读者面前,有力地批判了封建沙皇的落后的社会政治制度。《死魂灵》被认为是果戈理一生创作生涯的巅峰之作,它的出现使现实主义在俄罗斯文学中获得彻底胜利,并开辟了批判现实主义时期。因此,19世纪30—40年代被车尔尼雪夫斯基称为俄罗斯文学的"果戈理时期",而果戈理也获得了"俄国散

---

① 果戈理:《死魂灵》,郑海凌译,浙江文艺出版社,1996年,第407—421页。

文之父"的桂冠。 别林斯基当时专门著文论述《死魂灵》，他指出这部作品"既是真实的，又是爱国主义的，它无情地撕下现实身上的外衣，洋溢着对俄国生活热情的、神经质的爱，带血缘的爱"。

1846 年后，果戈理开始沉迷于东正教狂热，同时深患着忧郁症。 他表示："我生到世上来，绝不是为了要在文学领域占一席之地，而是为了拯救自己的灵魂。" 1848 年果戈理在朝拜圣地耶路撒冷之后，贫病交加地从国外返回莫斯科的住所，继续写作《死魂灵》第二部，在以后近 4 年的时间里，除了一个冬天回到乌克兰的故乡小住外，其余时光都是在这所老房子里度过的。 果戈理在精神上已经完全为向他施加不良影响的马蒂厄神父所控制，他说服果戈理放弃文学，献身上帝。 1852 年一个严冬的夜晚，果戈理听从马蒂厄神父的旨意焚烧了《死灵魂》第二卷的手稿，在他生命最后的时刻，伴随他的是生活凄凉和精神痛苦。

1852 年 3 月 4 日，果戈理这位俄罗斯历史上最杰出的讽刺作家，在极度的痛苦和绝望中与世长辞年仅 43 岁。 果戈理葬在莫斯科河右岸著名的顿斯科伊修道院，墓碑铭文取自《耶利米书》——"我将嗤笑我的苦笑"（горьким словом моим посмеюся）。

当果戈理以《钦差大臣》和《死魂灵》而享誉文坛之时，一批青年作家纷纷仿效之，一时间形成了以《祖国纪事》和《现代人》杂志为阵地的 "果戈理学派"（школа Гоголя）。 陀思妥耶夫斯基曾表示："我们所有的人都是从果戈理的《外套》中孕育出来的。"而敌对派则把他们污蔑为歪曲现实的"自然派"，别林斯基系统阐述了"自然派"的创作特征和它与解放运动的密切关系。 在果戈理和别林斯基的共同推动下，掀起了 19 世纪俄国批判现实主义文学的创作高潮。

茹科夫斯基和莱蒙托夫的诗歌创作

在 19 世纪初的文学启蒙和文艺思潮中，茹科夫斯基始终扮演着文学领袖和青年导师的角色。

茹科夫斯基①于 1783 年 1 月 29 日出生于图拉省的别列夫斯基县的米申斯基村，他是父亲阿法纳西（Афанасий Иванович Бунин）与土耳其女俘萨莱赫（Сальх）②的私生子，因此他从小就寄养在没落贵族茹科夫斯基（Андрей Жуковский）家，并继承了"茹科夫斯基"的姓氏。与赫尔岑童年和少年的遭遇相似，他自小就从母亲和自己的身份问题上倍感人间的艰辛。1797 年起，茹科夫斯基在莫斯科大学附设的寄宿学校读书，与屠格涅夫等一起组织"友谊文学协会"，在文学集会中认识了著名作家兼历史学家卡拉姆津。进步的文艺思想给了他不少影响，后来促使他大胆创新，从事浪漫主义的文艺创作。1797 年他发表第一篇诗歌《五月的早晨》（Майское утро），并且立即为俄国文学界所关注。

他在青年时代深受卡拉姆津作品和感伤主义风格影响。他早期写的诗歌，如 1802 年翻译英国感伤主义诗人葛雷的《乡村公墓》（Сельское кладбище），在保持原作精神的翻译基础上进行再创造。1804 年，他接受卡拉姆津的邀请，担任《欧洲导报》编辑。后来他离开报社，专门从事创作，1806 年发表哀歌《黄昏》（Вечер），体现出保守浪漫主义色彩。他对中世纪很感兴趣，写了不少宗教诗，如 1808 年《柳德米拉》（Людмила）是在德国古典浪漫主义诗人毕格尔（Gottfried August Bürger）的《莱诺尔》（Ленора）的题材上翻译并改写成的，带有宗教迷信的性质，同时这也是具有俄罗斯民族色彩的谣曲，是他发表的第一篇谣曲。这种相信命运服从命运的宗教思想，于中世纪文学很相似。他写过许多描写中世纪社会题材的诗，如故事诗《斯维特兰娜》（Светлана）、《格罗莫鲍依》（Громобой）、《瓦季姆》（Вадим）等等，都是有关人们受魔鬼的诱惑，迷恋权势、色情和财富，陷入魔杖，经受种种苦难，后来向上帝祈祷，忏悔自己的罪过，才获得拯救。他用这种宗教的善恶观点来叙述神话故事，反映中世纪的社会生活。别林斯基说："茹科夫斯基在他的诗篇里把中世纪给了我们，他的诗已经教育了几代人，并且还将永远以美丽的言词向人们的精神和心灵讲述那个时代的人们生活……"

在 1812 年卫国战争期间，茹科夫斯基写了充满爱国主义激情的颂诗《俄国

---

① 全名为瓦西里·安德列耶维奇·茹科夫斯基（Василий Андреевич Жуковский），茹科夫斯基是他养父的姓氏。安德列耶维奇是他的养父名字的父称，他的生父阿法纳西的姓氏是布宁。

② 俄文名伊丽莎白·杰米基耶夫娜·图恰尼诺娃（Елизавет Дементьевна Турчанинова）。

军营中的歌手》(Певец во стане русских воинов),使他在俄罗斯一举成名。 此外《献给胜利者的统帅》(Торжество победителей)、《斯拉夫胜利者墓上流浪诗人之歌》(Песнь барда над гробом славян-победителей)等充满爱国之意的诗,歌颂卫国战争和沙皇的功绩,得到沙皇的赏识。 沙皇赠给他 4000 卢布的年金,从 1815 年起进宫廷任职,先做亚历山大一世的母亲、皇太后玛丽娅的家庭教师,1825 年起做亚历山大二世的家庭老师长达 14 年。 茹科夫斯基在俄国宫廷中生活 25 年,这段时间的作品有《风神的竖琴》(Эолова арфа)、《捷昂与艾斯欣》(Теон и эсхин)、《海》(море)、《夜》(ночь)、《睡梦中的十二个女郎》(Двенадцать спящих дев),作品等都带神秘的色彩。 他在朦胧的幻想中向往高尚纯洁的精神世界,是消极浪漫主义的代表。 他的诗虽受感伤主义影响,但诗歌语言纯正、优美,在抒发内心感情、创造新的表现技巧和韵律方面,可以说是普希金的先驱,是皇村学校时代的普希金的精神和艺术导师。 别林斯基说他"使俄国诗歌获得了心灵","没有茹科夫斯基,我们也就没有普希金。"

1815 年,茹科夫斯基加入著名的文学社团"阿尔扎马斯社"。 1818 年茹科夫斯基被选为俄罗斯科学院院士,1827—1841 年被选为俄罗斯科学院荣誉院士,1841 年当选科学院历史和文学学部功勋院士。

茹科夫斯基的政治立场具有贵族自由主义的特点。 一方面他反对农奴制,并且于 1822 年率先解放自己庄园上的农奴,但另一方面对于十二月党人的激烈革命方式却持严厉批评态度。 虽如此,他同时又多次劝说亚历山大一世减轻对十二月党诗人的刑罚,改善谢甫琴科、普希金、莱蒙托夫的政治境遇,他自己也经常接济贫穷潦倒文人。

1832 年以后,他的兴趣从创作转向翻译,翻译了英国的司各特(Walter Scott)和拜伦(George Gordon Byron)、德国的歌德(Johann Wolfgang von Goethe)和席勒、法国的拉·封丹(Jean de la Fontaine)等许多作家的作品,对俄国文学发生了有益的影响。 他认为翻译者"不应该是作者的奴隶,而应该是一个竞争者",因此在翻译时常常按自己的意思增加或删削原文的词句,这是他翻译的特点。 他在翻译的同时,又写了许多童话故事时,如《小孩》《伊凡王子与灰狼》等,引起人们对民间文学的重视。 去世前,他仍然致力于翻译希腊古典诗人荷马(Homer)的《伊利亚特》。

1839 年,茹科夫斯基放弃宫廷教师职务,去国外旅行和养病。 1841 年,58 岁的茹科夫斯基与时年 20 岁的普鲁士女子列依特伦(von Reutern/Елизавета

Евграфовна Рейтерн）在普鲁士杜塞尔多夫结婚。列依特伦是茹科夫斯基的画家朋友列依特伦（Gerhardt Wilhelm von Reutern/Герхардт-Вильгельм фон Рейтерн）的女儿。为养病和照顾妻子，他一直住在普鲁士的杜塞尔多夫和美茵河畔法兰克福，每年他都准备返回俄国但终未成行。1842年，茹科夫斯基开始翻译著名希腊史诗《奥德塞》，1848年出版第一卷，1949年出版第二卷。1852年4月12日，茹科夫斯基病逝于普鲁士的巴登巴登，后人将其遗体运回俄国，安葬在彼得堡的亚历山大·涅夫斯基修道院，他的墓穴与卡拉姆津等师友相邻。

莱蒙托夫笔下的毕巧林是俄国文学史上的第二代"多余的人"的成功形象，他被视为普希金精神的继承者。莱蒙托夫于1814年10月15日出生于莫斯科的一个退役军官的家庭。1830年考入莫斯科大学，1832年转入彼得堡禁卫军骑兵士官学校，毕业后进入军队服役。1835年他第一次发表长诗《哈吉—阿勃列克》（Хаджи-Абрек），开始引起俄国文学界的注意。1837年2月8日普希金因决斗病逝后，莱蒙托夫写下了《诗人之死》（Смерть поэта），指出杀死普希金不仅仅是丹特士，而且是沙皇尼古拉一世和整个俄国上流社会，这首诗震动了整个俄国文坛，引起了沙皇政府的恐慌，莱蒙托夫因此被流放到高加索。

莱蒙托夫继承了普希金的爱国主义热情和批判现实主义的诗歌风格，在流放过程中创作了《波罗金诺》（Бородино，1837）、《诗人》（Поэт，1838）、《一月一日》（Первый январь，1840）等诗篇，深刻地揭露了上流社会的虚伪和尔虞我诈，歌颂广大的俄罗斯人民。

莱蒙托夫于1840年4月出版的《当代英雄》（Герой нашего времени）中的主人公，青年军官毕巧林出身上流社会，但是他极其厌恶贵族阶级的生活。在他的身上体现了19世纪20年代俄国知识阶层的困惑和追求。他精力充沛、才智过人，但是由于无奈于专制制度的黑暗和俄国社会的落后，由于自身不切实际的空想，空有抱负和大志，却得不到施展，只能把精力甚至是生命浪费于一些琐碎无聊的小事之上。毕巧林是作为第二代"多余的人"形象出现的，比较起奥涅金来毕巧林反叛意识更强烈。他一生始终没有与周围的现实妥协。正如他自己所言，"……不，我不会乖乖地顺从这种命运"。但是一方面，毕巧林攻击上流社会那套欺诈、伪善的社会学问，厌弃、痛恨贵族阶级追名逐利的庸俗生活，另一方面又摆脱不了上流社会的影响，习惯上流社会的周旋，常常卷入那被他鄙视的贵族社交活动中。他自以为非凡的天才，比别人高明，肩负着崇高的使命，幻想做一番事业，像亚历山大或拜伦勋爵那样度过一生，但他又不知道这种使命是什么，不知道活着为什么。他根本就缺乏明确的生活目标，只醉心于空幻而卑劣的情感诱惑。《当代英雄》是批判现实主义和浪漫主义文学风格紧密结合的佳作，它结构优美，语言鲜明，对人物的心理分析准确细致，是俄国文学史上的最出色的长篇小说。同时它也是一部形象化的历史著作，它真实地反映了19世纪上半期几代俄国知识阶层在历史大变革过程中所经历的心理上的困惑，展现了这一长时段中俄国各个阶层在思想意识上的急剧变动。

别林斯基在1840年所著的《莱蒙托夫的诗》（Стихотворения М. Лермонтова）一文中令人信服地指出，普希金和莱蒙托夫在自己的作品里反映了俄国社会发展史上两个不同的时期：“普希金在自己最初的抒情作品里是人道主义的昭示者，是崇高社会思想的先知；这些抒情诗既充满光明的希望和胜利的预感，也充满力量和毅力。而在莱蒙托夫最初的抒情作品里，尤其是在那些特别能显示出它作为一位俄国当代诗人个性的作品里，不可摧毁的精神力量和用词遣句的豪放气概虽绰绰有余，但已经失去希望；他们冲击读者心灵的是愁思，是对生活和人类感情的不信任……是的，莱蒙托夫显然是一位完全属于另一个时代的诗人，而他的诗歌是我们社会历史发展链条中的一个全新的环节。”①

屠格涅夫和冈察洛夫的文学创作

屠格涅夫（1818—1883年）于1856年创作小说《罗亭》（Рудин）。小说中的主人公罗亭也是一个鲜活的"多余的人"形象。他出生于没落的贵族家庭，他曾是莫斯科大学的学生，参加过秘密小组，后来到德国留学，攻读哲学，喜好歌德、霍夫曼的作品。他头脑清晰，才华横溢，善于辞令，富有辩才。他"掌握了一种几乎最高的秘密——辩才音乐。他知道怎样挑起一根心弦而使其余的一切弦全部都颤动起来。"他博览群书，对事物有着非常深入的理解，当他第一次出现在达里雅·米哈伊洛夫娜家中时，众人就表现出"不大懂但十分惊奇的喜悦"

---

① Белинский В. Г. *Полное собрание сочинений*. Москва, 1949. т. 4. с. 502—523.

的神情。也是在同时,这第一次出场,罗亭就抛出了涉及"自尊""自私"这样价值观的大题。他回国后,雄心勃勃地开始了对现实的改造,改革农庄、疏浚河道、投身教育,但总是屡试不爽,甚至在爱情生活上也屡屡碰壁。他感叹道:"做个有用的人谈何容易!……即使我有坚强的信念,深信我能有用——即使我信任我自己的能力——我又能到哪里去找那些真诚的、富于同情的灵魂呢?"①罗亭的形象代表了这一时期的情况,他似乎更热情、主动些,他宣传、捍卫真理,有独特的思维语言能力,以火热的谈吐和不俗的气质赢得了庄园主女儿娜塔丽娅的爱情。如果说奥涅金、毕巧林对农奴制俄国的抗议还很不自觉,很少或几乎没想到什么社会问题,那么罗亭对这个黑暗社会的憎恨更自觉,并积极宣扬崇高的理想,愿意献身于公众利益。但另一方面罗亭也有致命的弱点,他会深刻思考,激烈争论,却不会做任何具体事情。他渴望行动,也做过行动的试探,但是远离人民和民主主义,由于他接受的深广而抽象的教育,也由于他出身的贵族阶级本身不可克服的弱点,使他常常处于被动和无能的境地。作品中最让人痛心和失望的一笔是:当主人反对他和娜塔丽娅恋爱时,意志薄弱的罗亭便什么反抗也没有,连反抗意识也没产生过。

罗亭毕竟还是一个与旧时代切割不断的人物。在《罗亭》一书后来的情节发展中,罗亭做任何事情,改革农庄也好,疏浚河道也好,改革教育也好,甚至爱情生活,都没有圆满的结果。生活之于罗亭就如同一个"怪圈",不管他怎么走,最后总是于不自觉中返回到原地,他自己也说:"有多少次我像一只鹰那样飞出去——却像一只被人砸碎外壳的蜗牛那样爬回来。"

像罗亭这样的"多余的人",在很多事情上都表现出一种难以调和的自我分裂和自我矛盾。这可以说也是有他们的双重人格导致的。这一点集中地通过"多余人"们的爱情经历充分地体现了出来。

当刚刚互相表白了心意的罗亭和娜达丽亚隔天再相见时,当娜达丽亚带来了她的母亲竭力反对他们在一起的坏消息时,罗亭的表现并不是像他慷慨激昂的言辞一样令人振奋,而只是以"屈服"来回应满心期待的娜达丽亚。

罗亭形象的成功之处在于,这类的贵族知识阶层的的确确实反抗过现实,反抗过自己身份,但是他们却总也跳不出贵族阶层狭小的世界,奢靡、虚伪、庸俗的上流社会使他们崇尚虚荣,好逸恶劳,脱离人民。贵族生活寄生性、腐朽性使

---

① 屠格涅夫:《罗亭》,陆蠡译,人民文学出版社,1957年,第105—106页。

他们养成怠惰的习性。 培养精英和统治者以及"美好一切"的贵族教育,使他们脱离实际,没有掌握社会所需要的知识和本领。 于是,他们挣脱不了残酷时代的羁绊,只能在生活和事业的外围周旋徘徊。 他们缺乏具体事业目标的生活,脱离俄国现实和群众的处境。 他们常常是思想与行动分裂,言与行脱节。"罗亭们" 不满于现实、愤世嫉俗、不满自我,曾经一时激发起报国报民的宏伟愿望,但几经自我搏斗也没有超越自我,最终变成了语言上的巨人和行动中的侏儒,这恰恰是那个时代脱离群众不了解俄国现实的贵族知识分子——"多余的人"的通病和致命的弱点。 赫尔岑在1846年创作的《谁之罪》(Кто виноват)中借主人公别里托夫之口,形象地描绘了这一代"多余的人"的共同悲剧:"我在十字路口徘徊,同时喊到:'战场上有人吗?'没有人回答,……而孤单单一个人在战场上是当不了战士的。 ……我离开了战场。"①

冈察洛夫于1812年出生在俄国一个半地主半商人的家庭,他是俄国文学史上不可忽视的批判现实主义作家,他的作品大都反映当时俄国的社会现实。 冈察洛夫在1847年发表了第一部小说《平凡的故事》(Обыкновенная история),1848年动笔到1859年完成了《奥勃洛莫夫》。 这两部作品都有很深刻的记录现实的色彩,都描写了19世纪初期至中期资本主义在俄国兴起时,农村地主阶层进入城市后的生活以及在城市背景下发生的一系列变化。《平凡的故事》描写了一个名叫亚历山大的沉迷于浪漫主义的地主少爷到彼得堡后如何改变自己,放弃幻想,成为一个冷冰冰的实业家的故事;而《奥勃莫洛夫》则描写了一个生活在彼得堡的受过教育的地主奥勃莫洛夫,他终日昏昏沉沉地躺在床上过着无忧无虑的生活,恋爱的到来虽然能使他的精神为之一振,但终究没有勇气坚持下去,最终只能与奴仆式的房东太太结婚,在浑浑噩噩中中风死去。 两部作品中的主人公出身相同,但前进的道路完全不同,形成了鲜明的对比。

冈察洛夫认为性格的形成与人物所处的时代和社会环境紧密相连,对形成性格的环境揭示越深,性格特点越鲜明,典型的意义就越大。 所以,作家通过小说第一部中插入"奥勃洛莫夫的梦"介绍了奥勃洛莫夫的故乡、奥勃洛莫夫的童年和身世,以揭示出"奥勃洛莫夫性格"形成的过程。

冈察洛夫的同时代人、著名文学评论家和政论家杜勃罗留波夫(Н. А.

---

① 赫尔岑:《谁之罪》,郭家申译,译林出版社,2001年,第147—148页。

Добролюбов)在《什么是奥勃洛莫夫性格》（Что такое обломовщина）中概括这个形象的特征，"假如现在我看见一个地主正在谈论人类的权力和发展的必要，我从他开头几句话就知道，这是奥勃洛莫夫。假如我遇到一个官员在为公文处理的杂乱和繁琐发牢骚，他就是奥勃洛莫夫。假如我听见一个军官在抱怨阅兵使人精疲力竭，大胆批评慢步走毫无用处等，我就毫不怀疑地认为他是奥勃洛莫夫。假如我在杂志上读到反对舞弊行为的自由思想的言论，以及因为我们希望和期待已久的东西终于实现而喜形于色，我就认为这全是奥勃洛莫夫卡写来的。当我置身有教养的人们的群体中，他们深切同情人类的疾苦，多年来一直愤愤不平地谈论关于贪污受贿、欺压百姓、五花八门的违法乱纪的老问题（有时也有新事例），我就不由自主地感觉到自己已经来到了老奥洛莫夫卡那儿了。……您再不能从他们那里得到别的什么了，因为他们身上都打着奥勃洛莫夫性格的烙印。"他称赞："冈察洛夫才能的最强有力的一面，就在于他善于把握对象的完整形象，善于把这形象加以提炼，加以雕塑。"①

同时代的文学评论家和政论家皮萨列夫（Д. И. Писарев）认为："在小说中体现出来的冈察洛夫的思想，属于所有的时代和人民，但是在我们时代，对于俄国社会，有特别的意义。作者着力研究这种死气沉沉的有害的影响，这种影响让人的思想消沉、松懈，逐渐腐蚀心灵，束缚人的理智活动和感觉。……这就是冈察洛夫所说的奥勃洛莫夫性格；这是一种病，斯拉夫的自然条件，以及我们的社会生活促进了它的发展。"②而"奥勃洛摩夫们"的出现表明，社会政治领域中的社会精英和先进分子的角色已经由贵族知识分子让位给了平民知识分子，而文学领域中的"多余的人"形象也被预示新时代的"新人"（новый человек）形象所代替。

绘画艺术

俄国绘画的发展，主要经历四个阶段：第一个阶段是古罗斯时期（彼得一世

---

① 普罗托波波夫：《别林斯基·杜勃罗留波夫·皮萨列夫·冈察洛夫》，翁本泽译，海燕出版社，2005年，第339—340页。

② 同上书，第341页。

以前的 12—17 世纪），也就是从辅基公国形成至彼得大帝改革以前这段时间。这是俄国封建社会初期对拜占庭文化的移植时期。 第二个阶段是彼得大帝到叶卡捷琳娜女皇统治的整个 18 世纪，这是俄国的改革和"欧化"时期。 俄国文化在意大利和法国古典艺术的影响下迅速发展，俄国艺术开始纳入欧洲文艺发展的进程，欧洲流行的古典主义这时在俄国也被效法和模仿。 此派的画风是典型的御用派。 当时，随着彼得大帝社会改革的全面推行，许多有才华的俄国青年画家相继被公派到国外学习绘画，他们学成归国后，成为 18 世纪俄罗斯绘画的骨干力量。 叶卡捷琳娜女皇二世时期，从欧洲引进的古典式的学院绘画在俄国的土地上生根、成长。 他们在发展过程中不断从俄罗斯传统文化及现实生活中吸取营养，逐渐形成有本土特色的俄罗斯油画。 其中世俗人物肖像画是 18 世纪俄罗斯油画艺术的一种主要的体裁形式，并取得较高成就。 入画者多为沙皇、宫廷显贵和其他贵族。 第三个阶段是 19 世纪上半期，这是俄国民族艺术的奠定时期。 18 世纪中期成立的彼得堡美术学院，在半个多世纪中逐步培养了一批本民族的艺术家，他们呼吸本民族的空气，吸收民族文化的养料，具有俄国特色的文艺开始在世界舞台上崭露头角。 第四个阶段是 19 世纪中期以后至 20 世纪初，即从批判现实主义到含有形式主义和唯美主义因素的新流派的出现，其中批判现实主义最为辉煌。

伊凡诺夫（А. А. Иванов）于 1806 年 7 月 16 日出生于彼得堡的一个世家，他的父亲安德烈·伊万诺夫（А. И. Иванов）是著名画家和美术教授。 他自幼从父学画，1817 年进入彼得堡美术学院学习绘画，毕业后曾访问过德国、意大利。 他经历了 1812 年的卫国战争，19 岁时又目睹了彼得堡美术学院对岸的枢密院广场上发生的十二月党人的起义。 他本人亦与十二月党人有往来。

在大学期间，他 2 次因学习成绩优异而获得金质和银质奖章。 他毕业时创作了《约瑟夫在狱中为犯人解梦》（Иосиф, толкующий сны заключенным с ним в темнице виночерпию и хлебодару），这幅画以娴熟的技巧和完美的形式使他再度获得金质奖章和出国留学的资助费。 但有的教授提出画中描绘约瑟夫用手指着狱中墙上一块描绘死刑场面的浮雕，目的是以此来影射十二月党人被处决。 后来学院委托他创作《柏勒洛丰出发去杀死喷火女怪客迈拉》（Беллерофонт отправляется в поход против Химеры）这幅作品，想以此来缓和前画所造成的后果。 画面暗含柏勒洛丰去杀死企图革命的喷火怪物客迈拉，来寓意沙皇尼古拉一世征服革命党人。伊凡诺夫对学院的妥协做法非常憎恨,结果在画作完成后,他表现出的这位青年英雄柏勒洛丰的神情与姿态,与尼古拉一世毫无相似之处,完全违背了学院命题的旨意,因此招致学院保守人士的批评,这致使他背井离乡,远离祖国去意大利。

1830 年,伊凡诺夫赴罗马,官方害怕他在国外接近革命团体,要他父亲警告儿子远离政治,同时解除老伊凡诺夫教授之职。从此伊凡诺夫久居意大利从事新的创作活动长达 30 年。远离祖国流浪它乡的伊凡诺夫,始终思索着在俄国深刻体验过的社会悲剧。怎样才能把人类从苦海和邪恶中拯救出来呢?把人类永远梦想得救的愿望烙印在画布上的想法越发强烈,于是他从 1836 年开始倾注毕生精力创作《基督显圣》(Явление Христа народу),先后用了近 20 年时间于 1855 年才得以完成,同年在彼得堡展出。

伊凡诺夫在创作这幅画时,画中的艺术形象一方面到生活中寻找,另一方面从文艺复兴大师的作品中汲取。拉斐尔的《基督变容图》成为画家研究学习的典范,构图就受这幅画启迪,人物画得与真人一般大小,有着各自的个性特征,自然环境是从对意大利自然风景的大量写生感受中获得的。为了创造画中的光感,他曾多次到野外画习作。《基督显圣》是 19 世纪俄国最有影响力的画作。他的作品受到了车尔尼雪夫斯基、托尔斯泰、涅克拉索夫、屠格涅夫等人的高度评价。[①]

1858 年,伊凡诺夫回到彼得堡,同年 6 月 3 日死于霍乱,遗体安葬在彼得堡亚历山大·涅夫斯基修道院。

费多托夫(П. А. Федотов)是 19 世纪上半期俄国绘画领域批判现实主义的奠基人,被称为造型艺术界的"果戈理"。费多托夫于 1815 年出生于莫斯科九品文官的家庭,11 岁时考入第一陆军学校,后在彼得堡芬兰团队的禁卫军中服役,由于酷爱绘画,他在 29 岁时入彼得堡美术学院夜校学习。38 岁退伍后进入彼得堡美术学院接受正规训练,师从于 19 世纪著名画家、《庞贝城的末日》(Последний день Помпеи)的作者布留洛夫(К. П. Брюллов),起初他想成为画战争和历史的画家,后来却成讽刺风俗画家。

[①] Неклюдова М. Г. Александр Андреевич Иванов//Оформление Э. И. Копеляна;Ред. Я. В. Брук;Науч. ред. Т. М. Коваленская;Государственная Третьяковская галерея. Лениград,Художник РСФСР,1966.

费多托夫是在革命民主主义思潮影响中成长起来的画家,他所画的讽刺性风俗画十分生动,令观者忍俊不禁而后陷入深思。他以微妙的幽默,针砭时弊,真实描绘和深刻讽刺的内容,揭露了当时社会中的畸形人物和丑陋现象。俄国残酷的反动政治使费多托夫不得不陷入沉默、孤独和绝望,最后竟导致画家精神失常。他的作品和艺术生涯与大作家果戈理有很多相似之处。费多托夫的思想和艺术创作实践奠定了俄国批判现实主义艺术基础。

费多托夫流传后世最著名的画作是《少校求婚》(Сватовство майора)。由于他的画都具有极强的讽刺性,并且讽刺的对象是上流社会人士,因此他的画作在当时问津购买者甚少。1852年11月14日,37岁的费多托夫因病去世,留下的风俗画作仅10幅,肖像画20余幅。著名的有《初获勋章者》(Свежий кавалер)、《少校求婚》《老新娘》(Разборчивая невеста)、《贵族的早餐》(Утро чиновника, получившего первый крест)和《小寡妇》(Вдовушка)等。

格林卡的音乐创作

俄国民族音乐的发展和成熟均晚于俄国文学,原因在于欧洲音乐的强势影响以及贵族阶层视操弄乐器和从事表演为下贱工作。无论是在沙皇宫廷里,还是在贵族庄园上,演奏音乐和表演歌舞都由农民组成的农奴剧团担任。①

18世纪末在俄国启蒙思潮的影响下,俄国本民族作曲家群体出现,如别列佐夫斯基(М. С. Березовский)、帕什克维奇(В. А. Пашкевич)、汉多什金(И. Е. Хандошкин)等。他们的创作共性是对俄国民间生活题材的关注,采用俄罗斯民歌素材,音乐带有一定的民族特色,如帕什克维奇1792年创作的歌剧《圣彼得堡商场》(Санкт-Петербургский гостиный двор)和汉多什金的创作的小提琴独奏奏鸣曲和俄罗斯主题变奏曲等。

19世纪初的俄国音乐显示出浪漫主义的倾向。歌剧题材偏好童话和民间传

---

① 俄国戏剧艺术大师斯坦尼斯拉夫斯基(К. С. Станиславский)曾说:"俄国的戏剧在其发展上,是很得力于这些家庭剧团的存在的。"参见斯坦尼斯拉夫斯基:《我的艺术生活》,瞿白音译,上海译文出版社,2005年,第7页。

说，追求豪华的舞台效果，音乐充满多愁善感的情调。作品有达维多夫（С. И. Давыдов）在 1805 年创作的《列斯塔，第聂伯河的水仙女》（Леста, днепровская русалка）、卡沃斯（К. А. Кавос/Catarino Camillo Cavos，1775—1840 年）1808 年创作的《堂吉诃德》（Дон Кихот）等。这些作品的主题多是简单模仿意大利音乐风格，作者主要创作宗教音乐，世俗音乐只是他们创作的极小部分，并且像卡沃斯本身还是意大利人。因此，19 世纪初期与 18 世纪末期相比，俄国民族音乐进展不大，只是在格林卡及其作品的出现后才改变了长期以来的落后现象，格林卡的出现标志着俄国音乐古典主义传统的确立。

著名作曲家格林卡（М. И. Глинка）于 1804 年 5 月 20 日出生于斯摩棱斯克省诺沃斯巴斯基村，出身于富裕地主家庭。格林卡从小在这个迷人、静谧的环境中，受到了俄国大自然的熏陶，熟悉了俄国民间的生活习俗，经常从农村歌手和乳娘那儿听到娓娓动听的民歌。尤其是舅父家的农奴乐队，对格林卡的音乐才能以至未来音乐道路的发展，都有着深刻的影响。农奴乐队经常演奏西欧的音乐作品，格林卡从中接触到海顿、莫扎特、贝多芬、梅雨尔、凯鲁比尼的序曲和交响乐，受到了音乐的启蒙教育，并对音乐产生了强烈的兴趣。1817 年全家移居彼得堡后，他被父亲安排到彼得堡中央师范学院附属贵族寄宿学校读书。格林卡在课余时间去涅瓦河对岸的冬宫大剧院观看歌剧，听音乐会，参加各种贵族的家庭演奏活动，从中接触到广泛的音乐作品，这些作品主要是意大利、法国歌剧和德奥交响曲等。他师从爱尔兰作曲家菲尔德（John Field）和普鲁士钢琴家金内尔（Karl Traugott Zeuner）学习钢琴、提琴和音乐理论。格林卡因此从小接受了较为正规的音乐教育，并且熟悉了作为俄国音乐一个重要组成部分——城市音乐的音乐风格。他最初的音乐创作大多为变奏曲，比如以莫扎特作品主题所写的变奏曲等，这种以流行的名作主题进行变奏的创作方式，当时在俄国的城市音乐生活中很盛行。

1822 年格林卡从学校毕业，次年去高加索养病。南国大自然的美丽景色，山区居民的生活风俗和富于特色的音乐舞蹈，给格林卡留下了深刻的印象。这为他以后创作富有东方特点的音乐作品积累了丰富的素材。1824 年所写的管弦乐《行板与回旋曲》和《降 B 大调交响曲》是他的处女作。这些作品虽然都不成熟，但可贵的是采用了俄罗斯民歌做主题，并以俄国民间音乐常用的变奏手法对它们进行发展。

1824 年，20 岁的格林卡在彼得堡交通部就职。格林卡虽然出任公职，但是他的绝大部分精力和全部热情却投入了业余的音乐活动。格林卡逐渐成为彼得堡出名的钢琴家和歌唱家,他在彼得堡的音乐沙龙中博得很高的声誉,被人称为"天才的业余音乐活动家"。格林卡在彼得堡的艺术沙龙中,还结识了许多其他优秀的俄国艺术家,如诗人茹科夫斯基、杰尔维格、文艺批评家奥多耶夫斯基、著名的音乐活动家和鉴赏家继耶尔戈尔斯基伯爵等。他与诗人普希金的友谊最好,他经常用普希金的诗歌创作乐曲。1833年,格林卡的兴趣逐渐从演奏转向作曲,音乐对于他已不仅是沙龙的娱乐,他开始认真地学习作曲理论,投入创作实践。在交响曲、奏鸣曲以及重奏曲等大型习作中,作为学习,格林卡有意识地模仿西欧古典音乐大师的风格进行创作。以海顿——莫扎特的风格写成的《F大调弦乐四重奏》就是其中的代表作。同时,格林卡还写了一些具有较高演奏技巧水平和独创性的钢琴作品,如《F大调钢琴变奏曲》等,这些作品已显示出格林卡钢琴音乐的技巧特征。

1830年,格林卡辞去公职,赴当时的世界音乐之都维也纳和柏林学习作曲。在德国,他系统地学习了作曲理论,深入地研究了亨德尔(George Friedrich Handel)等人的古典音乐作品。在维也纳,他倾听了当时风行一时的约翰·施特劳斯(Johann Baptist Strauss)的舞蹈音乐。在意大利,他完全沉醉在当时正处于繁荣时期的意大利"美声"艺术之中,贝利尼(Vincenzo Bellini)、唐尼采蒂(Gaetano Donizetti)的歌剧和创作就是他的教科书。他不仅潜心地研究意大利古典声乐艺术,而且还广泛地接触了欧洲正在兴起的浪漫主义音乐风格,结识了法国著名浪漫派作曲家柏辽兹(Hector Louis Berlioz)等人。

1834年,格林卡学成归国,在途中完成了两部重要的作品:管弦乐《俄罗斯主题随想曲》(Симфония на две русские темы)和《交响序曲》(Симфония)。这两部作品不仅表现了俄国人民的生活,而且还尝试了他从俄国民间音乐中学来的所有作曲手法。这两部作品的创作手法和音乐主题后来在他的著名歌剧《伊万·苏萨宁》(Иван Сусанин)和交响幻想曲《卡玛林斯卡娅》(Камаринская)中得到了极好的体现。

《伊万·苏萨宁》写的是17世纪初波兰封建主入侵俄国,农民伊万·苏萨宁为保卫祖国而捐躯的故事。在格林卡之前,十二月党人雷列耶夫在诗作《沉思》中,曾以苏萨宁的献身精神来唤醒民众。而沙皇尼古拉一世对这个题材也很感兴趣,沙皇试图以俄国历史上的民族英雄来强调以"东正教、专制制度和民族性"的官方国民性为基础的"爱国主义"。当时身为宫廷诗人和皇太子家庭教师的茹科夫斯基，了解到格林卡的创作欲望之后，便向他提供了伊万·苏萨宁的题材，并建议他改作品名称为《为沙皇献身》(Жизнь за царя)。格林卡的主要创作意图是，为祖国写一部真正的民族歌剧。他之所以欣然采纳"伊万·苏萨宁"这个题材，并且在创作中不断爆发出灵感的火花，主要是因为这个题材符合他要创作"民族英雄悲壮歌剧"的强烈欲望。格林卡在作品中倾注了自己炽热的爱国热情，凝聚了他多年探索民族音乐创作的心血，因而，这部歌剧不仅标志着格林卡民族音乐思想的成熟，而且在开创俄国古典音乐方面，也取得了巨大的成就。格林卡在这部作品中总结了前人的成就。他在吸取民族音乐的养料和西欧音乐先进技巧的基础上，创作了俄国第一部具有世界水平的真正的民族歌剧。

1836年，《为沙皇献身》在彼得堡公演，这部歌剧受到了皇室的欢迎，并被定为节日上演的官方剧目。1837年，格林卡被任命为俄罗斯帝国圣堂乐长。1842年，格林卡创作的第二部歌剧《鲁斯兰与柳德米拉》(Руслан и Людмила)在彼得堡首演。1857年2月3日，格林卡在柏林去世，享年53岁。

格林卡的著名作品还包括管弦乐幻想曲《卡玛林斯卡娅》，浪漫曲《云雀》(Жаворонок)、《阿杰尔》(Адель)、《玛加丽塔之歌》(Песнь Маргариты)和《芬兰湾》(Финский залив)、《告别彼得堡》(Прощание с Петербургом)和《威尼斯之夜》(Венецианская ночь)等，悲剧配乐《霍尔姆斯基公爵》(Князь Холмский)以及用А.С.普希金诗谱写的声乐浪漫曲《我记得那美妙的瞬间》(Я помню чудное мгновенье)、《夜晚的和风》(Ночной зефир)等成为俄国音乐典范之作。

教育事业

在亚历山大一世执政时期，由于他在前期实行了具有自由主义色彩的开明君主统治方式，俄国教育也获得较迅速发展。

1803年颁布的关于学校设置的新法令，宣布在教育体系中实施新原则：建立无社会等级的学校；初级学校实施免费教育；建立持续性的教育计划。各级教育机构分为：大学（университет）、省城中学（гимназия в губернском городе）、镇立学校（уездные училища）、一年制教区学校（одноклассное приходское училище）。学校总局（главное управление училищ）管理所有的教育系统，全国分为6个学区（учебный округ），学区设督学官（попечитель），在督学官之上设有附属大学的教育会议（учёные советы）。

在亚历山大一世执政时期，大学教育发展较为迅速，1802年新建杰尔普特大学（Дерптский университет），1803年建立维林大学（Виленский университет），1804年建立哈尔科夫大学（Харьковский университет）和喀山大学（Казанский университет），1804年建立了彼得堡师范学院（Петербургский педагогический институт），它在1816年改称中央师范学院（Главный педагогический институт）。1819年中心师范学院改建为彼得堡大学（Петербургский университет），设哲学—法律、物理—数学和历史—语文三系。莫斯科大学和彼得堡大学在帝俄时期，是高等教育和科学研究的核心，在俄国教育史和科学发展史上起到巨大的作用，同时也是俄国人文社会科学的摇篮，俄国许多著名的人文社会科学家都毕业于这两所大学或在此从事自己的研究工作。

1804年颁布的《大学章程》（Университетский устав），给予大学较大程度的自治权：有权自主选举校长和教授；设立专属法庭；最高行政机构不干涉大学事务；大学有权任命本学区的中学和其他学校的教师。1804年颁布了第一个《书报检查章程》（Цензурный устав），由教授和硕士组成国民教育部领导下的"审查委员会"（цензурные комитеты）。

根据亚历山大一世的命令，依据贵族特权建立了中等教育机构——贵族学校（лицей）。1811年在彼得堡郊外建立了皇村学校（императорский Царскосельский лицей），外交家马利诺夫斯基（В. Ф. Малиновский）被沙皇任命为首任校长。当年10月19日学校开幕之日，沙皇亚历山大一世率领家人、国务会议成员和各部大臣出席并发表讲话，彼得堡中央师范学院著名法学教授库尼岑（А. П. Куницын）代表授课教师讲话，亚历山大一世还打算把两个弟弟尼古拉一世和米哈伊尔大公安排到皇村学校学习，"按照开始时的构想，皇村学校并不是诗人的摇篮，而是一所特权学校。它的使命是把少年学子塑造成为新一代国家栋梁"①。诗人普希金是皇村学校的第一届学生。1817年7月9日，皇村学校首

---

① 阿尔汉格尔斯基：《亚历山大一世》，刘敦健译，人民出版社，2010年，第200页。

第九章 黄金时代：俄罗斯文化与人文之初澜

届学生毕业。

1817年敖德萨建立了里谢利耶夫斯基贵族中学（ришельевский лицей）①。1820年在乌克兰的切尔尼戈夫地区的中心城市涅任（Нежин）建立了涅任别兹波罗德科贵族学校（нежинский лицей князя А. А. Безбородко），纪念帝俄时代著名人物超级公爵别兹波罗德科（А. А. Безбородко）②，果戈理是该校毕业生。1805年，在雅罗斯拉夫尔建立了季米多夫斯基高等科学学校。1817年，在敖德萨建立了里塞尔耶夫斯基高等法政学校。1810年彼得堡交通道路工程师学院创办。1828年彼得堡工学院创办。1829年彼得堡民用工程师学院创办。1830年，俄国创办莫斯科高等技术学校，它是著名的莫斯科鲍曼高等技术学校的前身。

乌瓦罗夫在政治上是极端保守主义者，但他也是19世纪俄国著名的历史学家、语言学家和文学家，在他担任国民教育大臣期间，俄国的公共教育发展迅速。他在1832年12月给沙皇尼古拉一世的报告书中提出俄国的各级学校应该加强历史教育，应该提高教师的品质和技能。他在1833年被沙皇任命为国民教育大臣后，一直任职到1849年，在长达16年的任期内，他在提高教师能力、兴建各类学校方面做出了巨大的贡献，奠定了俄国世俗教育和公共教育的基础。他在1843年向沙皇尼古拉一世提出的报告中总结了俄国教育状况：全国大学生（不包括波兰在内）人数从1832年的2153人增加到1843年的3488人；获得大学毕业证书的人数在1832年为477人，到1842年已增加到742人；1832年全国就学儿童为69246人，到1842年半加到99755人。③ 以上数字不包括教学学校与军事学校，也不包括皇太后玛丽娅·费奥多罗夫娜基金会所资助的女子学校学生在内。除此之外，乌瓦罗夫设立政府的公费奖学金，鼓励地方贵族设立奖学金，帮助当地的贫寒学生完成学业。凡是获得政府和私人奖学金资助完成学业者，毕业后必须返回原籍服务6年以上。这个政策使得非贵族出身或家境贫困的学生获得了接受中等和高等教育的平等权利。1845年，俄国莫斯科识字协会成立。1854年，沙皇政府设立皇太后玛丽亚·费奥多罗夫娜基金委员会，此基

---

① 1865年在里谢利耶夫斯基贵族中学基础上建立了新俄罗斯帝国大学（Новороссийский императорский университет）。

② 1875年该校改名为涅任别兹波罗德科历史—哲学学院（Нежинский историко-филологический институт князя А. А. Безбородко），现校名为乌克兰涅任国立果戈理大学（Нежинский государственный университет имени Н. В. Гоголя）。

③ Hugh Seton-Watson, *The Russian Empire* 1801—1917. Oxford, Clarendon Press. 1988. pp. 222—223.

金用于贵族女子学校的教育活动。

1849 年,列夫·托尔斯泰在自己名下的"亚斯纳亚·波良纳"庄园创办农民子弟识字学校。

尽管这个时期俄罗斯无论是大学的数量,还是教师、学生的人数都仍然落后于西欧和美国,但是遍及全俄的高等教育体系已经初具规模,并且与欧美国家一样,俄罗斯的大学既是教学单位,也是科学研究机构。

尼古拉一世执政后,开始了极为保守的政治统治,其政治倾向也自然反映到教育领域。他特别颁布特别法令,禁止农奴的孩子进入中学和大学。1828 年的学校章程取消了小学、中学、大学连续性的规定。中学只为贵族子弟开门。教学大纲删去自然科学的内容。教学方法一味追求形式。教学管理推行兵营制度,动辄施体罚,扼杀任何进步思想。学校、研究机构、出版社还要受东正教会的监督。教师、学者、作家都必须遵守一定的宗教教条,宣扬现存制度永久不变。

1817 年,国民教育部更名为宗教事务和国民教育部,教会对学校的干涉变本加厉。大学必须按照教会的精神进行教学,如数学教师必须指出:"神圣的教会从来就用三角形作为主人的象征。"大学各系都要开神学课。1819 年,莫斯科大学建立了神学和基督教义教研室。19 世纪初,广大人民群众反对农奴制压迫的斗争在大学里有了反映。沙皇政府千方百计地加强对大学的控制。1835 年的大学章程取消了 1804 年规定的大学自治,废除了选举校长和系主任的制度,教授要服从政府任命的督学。著名的历史学家格兰诺夫斯基被指责不承认在历史过程中"神的支配地位",被禁止讲授世界史课程。第三厅厅长本肯道夫表示:"不应急于教育,使平民在他们了解的范围内不致提高到国君的水平,从而不图谋削弱国君的权力。"1850—1853 年,在施林斯基—沙赫马托夫任教育大臣期间,教育被压制更加严重:哲学和国家法权的课被停止了,逻辑学和心理学归神学教授讲授,进步的教授和大学生被赶出校门。

科学技术

俄国的自然科学在 19 世纪上半期取得了令人瞩目的发展,在许多方面取得了巨大的成就，对世界科学技术的发展产生重大的影响。

罗巴切夫斯基（Н. И. Лобачевский）于 1792 年 12 月 1 日出生于下诺夫哥罗德一个平民家庭，父亲很早去世。 1807 年，他进入喀山大学物理数学系学习。 1811 年罗巴切夫斯基获得喀山大学的物理与数学硕士学位，并留校任教。 1822 年他年仅 30 岁时被推选为副教授。 1827 年年仅 35 岁的罗巴切夫斯基就担任了喀山大学校长职务。

罗巴切夫斯基的主要学术成就是创立了非欧几里得几何学。 1826 年，他向喀山大学物理数学系学术委员会提交了论文《几何学基础简述及平行线定理的严格证明》，突破了 2000 多年来在数学居统治地位的欧几里得几何公理。 罗巴切夫斯基创立的非欧几里得几何学的思路是，假定在平面上通过一条已知的直线之外的某一点可以画出无穷多条平行线。 在这个假设的基础上，他建立了与欧几里得几何有许多区别的一套完整的公理体系。 他的论文于 1830 年发表在喀山大学的学报上，但并没有引起欧洲数学界甚至是俄国数学家关注。 1837 年至 1840 年他的论文得以陆续在西欧的学术刊物上发表。 他的论文引起了德国著名数学家高斯（Carolus Fridericus Gauss）的注意。 高斯罗巴切夫斯基建立了私人间的联系，并提名他成为哥廷根自然科学会的会员。 一直到高斯和罗巴切夫斯基都去世后，在高斯与罗巴切夫斯基通讯的信件公开发表后，罗巴切夫斯基的非欧几里得几何才得到学术界的承认。

喀山大学培养的毕业生奥斯特罗格拉茨基（М. В. Остроградский，1801—1861）在彼得堡科学院从事数学物理、数学分析、理论力学的研究，在数论、代数、概率论方面做出了重大的贡献。 喀山大学化学教授季宁（Н. Н. Зинин，1812—1880）在 1842 年成功地从煤焦油提取颜料，完成阿尼林（纺织业用的有机性颜料）合成，从而为各种合成产品的制作开拓了途径，打破了只能依靠进口靛蓝取得颜料的局面。

这一时期俄国在电学、冶金学和应用化学方面也有很大成就。 1803 年，彼得堡医学科学院教授彼得罗夫（В. Ф. Петров，1761—1834）发现了电弧和电气分解，在《电流—电压实验通报》一书中证明电弧可以应用于照明、熔化金属、金属氧化还原。 物理学家楞次（Э. Х. Ленц，1804—1865）曾在科学院、彼得堡大学和其他高等学校做了大量研究工作和教学，发现了确定感应电流方向的定律，被取名为楞次定律。 楞次还与雅科比（Б. С. Якоби，1801—1874 年）发现了电磁循环的可逆性，提出了在电机上计算电磁体的方法。 1834 年，雅科比设计了一架电动机。 1839 年，这架电动机被安装在一只轮船上，在涅瓦河上行驶。

1834 年，切尔巴诺夫父子（Ефим Алексеевич Черепанови 和 Мирон Ефимович Черепанов）在下塔吉尔斯基工厂建造了第一条行驶蒸汽机车的铁路。 1837 年，彼得堡至皇村铁路修通。 1851 年，彼得堡至莫斯科铁路建成。

在冶金技术方面，俄国取得了突出的成就。 著名的矿山工程师、金属专家和托姆斯克省长阿诺索夫（П. П. Аносов）于 1810 年进入彼得堡矿山贵校学校（Петербургский горный кадетский корпус）学习。 毕业后的 1817 至 1847 年他一直在兹拉托乌斯托夫矿区（златоустовском горном округе）工作，最后任阿尔泰工厂总厂长。 他对炼钢的方法进行了深入的探索，冶炼出俄国的优质钢"布拉特钢"（булатный узор）。① 阿诺索夫是俄国第一个冶金学家，他开始系统地研究了钢中的各种元素的影响。 他调查了添加剂、金、铂、锰、铬、铝、钛等元素，首先证明钢铁的物理、化学和机械性能，并且着手修改和完善一些合金元素的成分。 阿诺索夫奠定了俄国金属技术和金属学的基础，因此喀山大学选举他为通讯院士。 他获得了亚历山大一世 1824 年亲自颁发的"圣安娜 3 级勋章"（орден святой Анны 3-й степени），"圣斯坦尼斯拉夫 2 级勋章"（орден Станислава 2-й степени），"圣安娜 3 级勋章"（орден святой Анны 2-й степени），"圣弗拉基米尔 3 级勋章"（орден Владимира 3-й степени）。 他还获得了"莫斯科农业经济协会金质奖章"（золотая медаль Московского общества сельского хозяйства）。 阿诺索夫在 1851 年被任命为托姆斯克省省长，但很快去世。

奥布霍夫（П. М. Обухов, 1820—1869）出身世袭贵族家庭，但同时也是俄国最著名的矿山专家、金属专家和武器制造专家。 他在 12 岁时（1832）就进入彼得堡矿山工程师贵族学校（петербургский институт корпуса горных инженеров）学习，1843 年毕业并获得金质奖章，最初在乌拉尔的一些矿山工厂工作，1844 年—1846 年参加彼尔姆省的银业工厂建设。 1851 年，奥布霍夫被任命为南部金属工厂（юговский металлургический завод）厂长。 在克里米亚战争期间，奥布霍夫的工厂得到了大量的军事订货。 他创作了新的冶炼方法能炼出性能优异的大型钢锭，既适用于军工生产也符合民用工业的需要。 在 1862 年伦敦世界博览会上，奥布霍夫铸造的大炮，在连续发射 4000 次之后，没有发生爆

---

① Главацкий М., Дашкевич Л. Павел Аносов - известный и неизвестный//Наука и жизнь. Москва, 2005. № 9.

裂现象，获得了博览会金奖。 在海军上将克拉伯（Н. К. Краббе）支持下，奥布霍夫在彼得堡以他的名字命名了大型工厂——奥布霍夫工厂（обуховский завод），①除生产钢铁制品外，主要生产重型火炮和炮弹壳。 他因为在冶金和军事工业方面的突出贡献获得了"圣斯坦尼斯拉夫3级勋章"（орден св. Станислава 3-й степени）、"圣弗拉基米尔4级勋章"（орден Святого Владимира 4 степени）和"圣安娜3级勋章"（орден св. Анны 3-йстепени）。 1861年，他被选为俄国炮兵总局学术委员会通讯院士（учёный артиллерийский комитет главного артиллерийского управления）。②

斯特鲁维（В. Я. Струве，1793—1864）③是欧洲著名的农学家和天文学家，1839年他在彼得堡附近的普尔科沃建造了俄国第一座天文台。 他研究双星和聚星，测定了3000多个星座，论证了光线在星际空间的吸收。 普尔科沃天文台编的星表在世界天文界享有盛名。 斯特鲁维于1832年被选为彼得堡科学院院士。

19世纪上半期，随着生物学、解剖学的发展，达尔文的进化论传入俄国。 著名生物学家、莫斯科大学教授卢里耶（К. А. Рулье，1814—1858）研究了自然界的变化，指出自然界没有静止不动的形式，一切都是通过缓慢不断的变化形成的；有机物形式的更替不是上帝的意志，而是自然历史发展的结果。 他于1845年在《教育图书馆》上发表《论周围环境对生物生命的影响》④，于1851年完成讲稿并于1852年出版《生物生命与外部条件的关系》⑤。 由于这种理论与当时占统治地位的神学直接对立，卢里耶遭到教会和沙皇当局的迫害，教育大臣便下令查封出版书籍禁止其扩散。 帕杰尔（Х. И. Пандер，1794—1865）研究古生物学、解剖学和胚胎学。 他是首先指出在形成的动物的各种器官中三种胚层的作用。 他比较现代和化石脊椎动物的骨骼，发展了达尔文的物种进化来理论，指

---

① 1917年十月革命后，苏维埃政权将其改名为"布尔什维克"工厂（Большевик）。

② *Конкуренция и рынок*. Сентябрь 2006 No 31；Сорокин Ю. Н. Роль П. М. Обухова в основании сталелитейного производства в России//*Тр. института истории естествознания и техники*，Москва，1955. т. 3.

③ 瓦西里·亚科夫列维奇·斯特鲁维（1793—1864年）出生于阿里东（Альтон），斯特鲁维家族来自于普鲁士的施勒斯维格——荷尔施泰因，他的德文名为弗里德里希·格奥尔格·维里格里莫（Фридрих Георг Вильгельм）。他是20世纪俄国著名历史学家和经济学家斯图卢威（П. Б. Струве，1870—1944）的祖父。

④ О влиянии наружных условий на жизнь животных//*Библиотека для воспитания*. 1845. ч. 2. с. 190—220； О влиянии наружных условий на жизнь животных//*Библиотека для воспитания*. 1845. ч. 3. с. 51—86.

⑤ Рулье К. Ф. *Жизнь животных по отношению к внешним условиям：три публ. лекции，читанные ординарным профессором К. Рулье в 1851 г.* М.：Московский университет，1852.

出动物界的进化是自然的过程。达尔文在《比较骨科学 1821—1831》中认为帕杰尔是他的继承者。

贝尔（К. М. Бер，1792—1876）是乌克兰最著名的胚胎学家、比较解剖学家和外科学家。他毕业于乌克兰捷尔普特大学。后到奥地利、德国留学。在德国许多大学任教。1834 年回国。他说："我所以决定从普鲁士移居俄国，是怀着造福我的祖国的一片心意。"贝尔承认动物界的进化过程，但用唯心主义加以解释，反对自然选择学说。他的研究著作促进了进化论在俄国的传播。1841—1852 年他担任彼得堡医学和外科学院教授，曾经出版《生物进化史》（История развития животных）①

1812 年反法战争胜利后，沙皇亚历山大一世的声誉达到顶峰，"神圣"和"正统"的理念使得他想把彼得堡变成一座富丽堂皇的城市、世界上最强大的帝国的首都和未来的世界帝国的中心。1814 年至 1815 年，亚历山大一世连续在巴黎居住了近两年，在此前后他还经常赴欧洲众多古老的城市主持或参加神圣同盟等国际会议，如神圣罗马帝国（奥地利）的首都维也纳、华沙、罗马和威尼斯古城等，这使他对文艺复兴以来西欧和中欧的新古典主义建筑风格极为欣赏。他决心改造彼得堡的城市建设，提升它在欧洲都市中的地位，借以提高俄罗斯帝国的尊严。1816 年，亚历山大一世下令成立"建筑和液压工程委员会"（комитет строений и гидравлических работ），负责彼得堡的城市设计和建设。亚历山大一世指示："一方面，要关注每一个建筑物的美观与整个城市的协调，另一方面要重视任何一个建筑物自身的坚固和安全，要与周围邻近建筑有机结合，提高城市的尊严，顾及到公共和私人的利益。"②亚历山大一世亲自聘请了深受希腊古典主义影响的建筑师：俄国工程师斯达索夫（В. П. Стасов，1769—1848）、意大利工程师罗西（Carlo Rossi/Карл Иванович Росси，1775—1849）、法国工程师蒙费南（Auguste de Montferrand，1786—1858）。他们的风格类似当时欧洲各国首都或美国东部诸城。这些建筑师的作品完全改变了彼得堡的城市面貌。在冬宫广场上，罗西建立了半圆形的总参谋部大厦（здание Главного штаба），他还设计了

---

① Павловский Е. Н. *Академик К. М. Бер и Медико-хирургическая академия*. Москва-Ленинград, 1948.

② Хомутецкий Н. Ф. Материалы к биографии архитекторов С. Л. Шустова и Р. И. Кузьмина. // *Архитектурное наследство*. 1955. № 7. с. 197—214.

米海伊洛夫斯基宫（Михайловский дворец）①、亚历山大剧院（Александровский театр）②和剧院广场（Театральный площадь）。斯达索夫虽然是在欧洲接受的教育，但仍然把俄国传统建筑风格与欧洲新古典主义巧妙结合。他在1838—1839年主持修建了因1837年大火焚烧而毁的冬宫（艾尔米塔什宫）（Зимний дворец，Эрмитаж），当时有一项特别的法律规定，彼得堡所有的建筑物的高度，除教堂外，都要低于冬宫。他还主持修建了彼得夏宫（Петергоф）和皇村的大宫殿（Большой дворец），并且设计了著名的皇村学校。若干东正教大教堂也结合了古典的拜占庭的风格，证明了斯达索夫的高超技巧。蒙费南则主持设计了冬宫广场上的花岗岩独石柱，于俄国反法战争胜利17周年的1829年建成，纪念俄国打败拿破仑大军的入侵。蒙费南最大的贡献是设计了伊萨基辅大教堂（Исаакиевский собор），当时是俄罗斯最大的主教座堂，高101.5米。该教堂以彼得大帝的主保圣人——达尔马提亚的圣以撒命名。该教堂建造工程历时40年，从1818年至1858年，教堂建成不久，蒙费南即去世。

1837年，冬宫遭遇大火，艾尔米塔什博物馆几乎被烧毁。尼古拉一世访问慕尼黑，这个城市的古典建筑风格给他留下极深的印象。他邀请德国著名建筑师、"巴伐利亚雅典"的设计者列奥·冯·克伦茨（Leo von Klenze）主持彼得堡的城市设计。克伦茨在彼得堡居住4个月，在此期间进行了认真的考察。他发现涅瓦大街比慕尼黑的路德维希大街长5倍，他提出了更加宏伟的设想。他设计出了大艾尔米塔什博物馆的方案。新的艾尔米塔什博物馆将是两层四角的建筑，它有2个庭院和4个风格不重复的门面。博物馆的北面可俯瞰涅瓦河畔，设有2个入口和装饰门廊支持的女像柱。博物馆的东部浮雕设计重现了拉斐尔的建筑结构理念，博物馆西部有独立的门面，让人一下子联想到慕尼黑雕塑博物馆（Glyptothek），它的上一层则让人联想到慕尼黑美术馆。由于尼古拉一世禁止破坏旧冬宫（这座建筑现在称大冬宫）的外立面，修建从1842年才开始开始，3年后克伦茨离开俄国，斯达索夫主持修建工程，1848年斯达索夫去世后由叶菲莫夫（Н. Е. Ефимов）继续主持。1852年2月5日，新艾尔米塔什博物馆隆重举行了建成开馆仪式，并向社会公众开放。

19世纪20到30年代，在莫斯科市中心一带出现一些新的建筑群。1815

---

① 现为俄罗斯博物馆（Русский музей）。
② 现为普希金剧院（Театр им. А. С. Пушкина）。

年，在红场由鲍维（О. И. Бове，1784—1834）设计建造了商场新的门面。它由若干宽大的拱门组成。门上的圆顶同克里姆林宫枢密院大厦的圆顶相望。由鲍维和哈伊洛夫（А. А. Михаилов，1773—1849）设计的古典式莫斯科大剧院（建于 1821—1824 年）和剧院广场是另一建筑群。大剧院正面有 8 根圆柱的柱廊和稍微倾斜的拱。屋顶装饰着美丽的组雕——黑铜色的、五匹战马拉着奔跑的阿波罗大型马车，气势端庄、典雅。瑞典建筑设计师日梁基（Domenico Gilardi，1785—1845）改建了莫斯科大学旧楼，加高中央部分，加固柱廊，使之成为坚实而又和谐、优美的整体。

"巴拉达"号环球考察

1845 年俄国地理协会成立。1847 年，该会组织了第一次对北乌拉尔的考察，编制出北乌拉尔的地图。19 世纪上半期，俄国考察团进行了 40 次远洋考察活动，抵达北冰洋水域和南极洲、美洲西北沿海一带。其中包括"巴拉达"号（Паллада）三桅战舰为主的舰队，在 1852 年 10 月至 1854 年 7 月间，途经欧、非、亚三大洲十几个国家与地区，横跨大西洋、印度洋和太平洋，完成了俄国历史上第一次环球考察活动。

冈察洛夫是 19 世纪俄国著名作家，同时也是名扬世界的旅行家。1852 年 10 月 7 日，他辞去财政部外贸局翻译官的职务，获准以海军中将普提雅廷秘书的身份跟随"巴拉达"号三桅战舰自彼得堡喀琅施塔德军港出发开始环球航行。沙皇政府和军方此行目的在于对印度洋、太平洋地区，尤其是东南亚和东亚进行军事战略和自然地理的考察，并试图与亚洲国家通商。

在长达 2 年零 4 个月的航行中，冈察洛夫以作家的细腻笔触和旅行家的敏锐目光，通过信函和日记的形式真实地记录所到之处的山川风物、市井生活、种族民俗以及亲眼所见的各国政治和社会事件。1858 年，游记以《"巴拉达"号三桅战舰》(Фрегат "Паллада") 之名在圣彼得堡正式出版。

"巴拉达"号计划在 1854 年 3 月底抵达日本长崎，然而由于海流的影响，使战舰大大偏离了预定航线。4 月 2 日，"巴拉达"号停泊在朝鲜南部济洲海峡附近的巨文岛（英文称汉密尔顿港），负有军事和政治使命的俄国旅行者试图深入巨文岛内地，丈量海岸线并提出通商要求，结果与朝鲜人发生了流血冲突，后以双方克制和相互致歉而结束事端。4月7日，"巴拉达"号离开巨人岛，前往日本长崎。

这次"偶遇"是俄国人第一次登陆朝鲜，并较近地深入朝鲜社会，也使冈察洛夫终于"有幸见到这远东的最后一个民族"。① 由于西方语言文字中越来越多地出现关于朝鲜的信息，以及斯帕法里、比丘林等俄国先行者已经介绍朝鲜概况，因此冈察洛夫等人见到身着白衣的朝鲜人已经没有了斯帕法里等人的惊异，在他的笔下除了对朝鲜和朝鲜人的表象化白描之外，更多的是颇有深度的思考。

冈察洛夫写道："高丽王国建立不久，命运之神便开始戏弄于它，亦即是说，中国人、日本人、蒙古人轮番地对它进行征剿、讨伐、颠覆，使新旧王朝频频更迭。朝鲜国王软弱无力，只得听凭命运的主宰，归顺于中华帝国""从政治上说，朝鲜堪称独立国，因为这个国家是由自己的君主治理，既有自己的法律，又有自己的语言。但说朝鲜臣属于中国，除了表现为接受这种恩准外，还表现为每年还要派遣二百人的朝贡使团前往中国，向中国皇帝贺年。这种状况颇似在远方成家立业的儿子依附祖籍的父亲一样""每当新王即位，必须遣使北京，……一般说来，中国总是照例恩准，而且收下贡品后，往往赐以更为丰厚的回礼。中国皇帝从不干涉朝鲜人的事务。"②

以上关于朝鲜国家体制和与中国关系的论述，显然不是此行能够提供给冈察洛夫的信息。这说明到19世纪上半期，俄国政府和社会对于朝鲜已经有了相当的了解。冈察洛夫在书中多次提到了比丘林和他的《中华帝国详志》《古代中亚居住各民族资料集》，他写道："据雅金甫神父记述，朝鲜划分为八个行政区，或称八道。……如有兴趣，请自行翻阅一下上述知名汉学家的著作吧。"③

但是，冈察洛夫仍然感叹："很遗憾的是，时至今日，有关朝鲜的国内消息，诸如政策、富源、生产乃至风俗习惯等等，还是十分闭塞""谁个对朝鲜有多少了解？唯有中国人稍许关切它，每年收取它的贡品。此外，还有日本人同它进行

---

① 冈察洛夫：《环球航海游记》，黄倬汉译，海洋出版社，1990年，第648页。
② 同上书，第678、649页。
③ 同上书，第678页。

小规模的贸易。 然而,这可是一块占八个经度的辽阔土地啊!"①

"巴拉达"号上无人懂朝鲜语,幸好舰上还有一位阿瓦库姆(Аввакум)神父,是第十一届(1830—1840)东正教驻北京传教士团成员,略通汉语。 通过阿瓦库姆神父,冈察洛夫等人得以以汉语与朝鲜人直接交流。

冈察洛夫记载:朝鲜人"村民也好,乡绅也好,一律穿着白色棉布或夏布的肥大长袍,里层还有代替衬衫的贴身衣他。 此外,人人都穿着肥腰紧口的裉裆裤。 ……朝鲜人的靸履与日本人的相似,……有草履,也有布鞋。"他认为:"纵观起来,中国人、日本人、朝鲜人和琉球人都是一个家族的儿女。 中国人是长房,人数最多,居于首位。 他们之间有着不容混淆的共同特点""朝鲜人的仪容举止远不如日本人和琉球人文雅,尽管三者都来源于一种文明——中国文明""如今,我们终于见到了几乎构成远东的四大民族,但了解的程度不尽相同。 一种是天天晤面,有过举足轻重的交往;另一个是表面相识;第三个是小住做客;最后是走马观花,如果不是按照血统(即如某些人推断的那样,日本同千岛群岛的虾夷人一脉相承),而是按照仅次于血统的教育、文化、习俗、习惯乃于语言、信仰、服饰等诸方面来看,那么上述四大民族无疑是属于一个大家庭。"②

冈察洛夫亲眼见过朝鲜文书籍,认为"朝鲜文字不像汉字那样繁难",他知晓"为了嘉勉朝鲜贡使对中国的恭顺和崇敬,中国人总是向他们传播自己的知识和文字,久而久之,在朝鲜便形成一种风气:凡重要公文和学术著述皆使用中国文字,而本国文字则多用于一般场合。"③

俄国史学

19世纪上半期,俄国科学活动的中心,主要是科学院和为数不多的大学以及一些学术协会。 俄罗斯科学院发挥了组织和协调作用,是重要的科学研究中心。 莫斯科大学已经成为全俄社会科学研究的中心之一,形成了以索洛维约

---

① 同上书,第649页。
② 冈察洛夫:《环球航海游记》,黄倬汉译,海洋出版社,1990年,第650,652,655页。
③ 同上书,第678页。

夫、格拉诺夫斯基等著名学者为代表的一支在全俄和世界上都享有极高声誉的学者队伍，拥有较大影响，包括众多著名学者的"历史和俄国古代协会""俄国民间创作爱好者协会""古文献委员会""俄国考古学协会"等都设在莫斯科大学。喀山大学也成为俄国的东方学研究中心，哈尔科夫大学和基辅大学的社会科学研究也已成规模。

19世纪可以称得上俄国历史学研究的黄金时代，出现了各种史学流派，在通史、专门史、政治史、思想史和外交史研究等方面都出现了重要的著作。

20卷本《俄罗斯国家史》(История российского государства)由著名历史学家卡拉姆津在19世纪初完成，这是俄国历史著作中第一部史料全面、内容综合同时又是通俗易懂的著作。这部著作上起远古，下迄17世纪，主旨仍在维护君权，但文笔清丽，资料丰富，为普希金的《鲍里斯·戈都诺夫》和19世纪30年代俄国许多历史剧提供了基本素材。作者认为主宰历史的是伟大人物，而作者的任务则是用心理分析方法去揭示这些人物的行为动机，阐明历史事件。这部著作一经出版，便在社会上引起极大反响，发行了3000套。他在第三卷序言中写道："历史对于人民就像《圣经》对于基督徒一样重要"，借以强调自己的鸿篇巨制的重要意义。

卡拉姆津的这部多卷本历史著作以通俗易懂的形式，对俄国历史全貌作了概括介绍。从此，俄国历史知识通过卡拉姆津的卓越才能灌注到了俄国社会，尽管暂时主要限于贵族阶层，但较之以往的史书只是少数学者的专利已是进步。普希金称赞：1818年前8卷一出版便"引起人们的强烈反响并给人留下深刻的印象。……卡拉姆津发现古代俄国，看来就像哥伦布发现美洲一样。一时间任何地方都不谈论其他的内容。"①普希金感叹"俄国人对俄国了解得太少"，他主张，要让历史知识"占据将以信念和真理服务于祖国的贵族青年的头脑"。② 在他《H. 波列沃依著〈俄国民族史〉》中指出："卡拉姆津既是我们的第一位历史学家，又是最后一位编年史家。他那带有僧侣般敦厚的精神思索给他的阐述带来古老编年史的难以言传的美妙。"③

但是在这部鸿篇史书里，君主是历史的主角，是沙皇及他的大臣们推动了俄国历史的发展，普通百姓则是无能为力的盲从者。因此，卡拉姆津的历史观是

---

① Пушкин А. С. *Полное собрание сочинений*. М．，АНСССР, 1951. т. 7. с. 61.
② Там же. с. 48.
③ Там же. с. 136.

没落的贵族阶级的历史观。 他留恋专制制度昔日的辉煌,也不愿看到专制制度的没落,更不愿看到新的社会政治力量的出现。 他宣扬:"一切都取决于专制君主的意志,他像一个熟练的机械师,只要手指一动,就可以使巨大的机器运转起来。"当代俄罗斯学者阿尔汉格尔斯基评价:"这位'编写最新历史的编年史家'不是代表自己,不是以个人名义向沙皇进言。 他放弃了一个成功出版家衣食无忧的命运,不单是成了一名历史学家,而且真的觉得自己是一位俄国的修道院长,一位'世俗的长老',是迅速流逝的当今现实中俄国历史永久利益的代表。"①

《俄罗斯国家史》受到了进步学者和思想家们的批判,普希金一方面肯定《俄罗斯国家史》的重要成就,另一方面也毫不留情地对他的反动的历史观进行了批判,称"他的'历史'中的动听的言辞和单纯,毫无偏私地向我们证明专制的必要和挨鞭打的美妙之处。"②正是这部《俄罗斯国家史》的问世成了沙皇制度反对派的催化剂,围绕这部史书展开的争论最终形成了十二月党人和普希金等先进知识阶层的历史观。 "十二月党人则给卡拉姆津起了一个侮辱性的外号:'灭火器'——这是战后巴黎的人们对那些老朽的保皇党分子'团伙'的称呼"。③

但是, 在1821 年,《俄罗斯国家史》第9 卷出版。 卡拉姆津在这一卷对沙皇专制的残暴进行了有力揭露,在第6 章里大胆而详尽地谈到伊凡四世的种种暴政。 这在当时是难能可贵的,连十二月党人雷列耶夫都赞扬道:他对伊凡雷帝专制的大胆描写震惊了同时代人。

"西方派"代表人物、莫斯科大学历史系教授格兰诺夫斯基从事西欧中世纪史的研究,他在1843—1851 年间,在莫斯科大学发表了三次重要的公开演讲。他以法国和英国的中世纪史作为演讲的题材,演讲的主题是俄国和西欧按照历史发展的共同规律而沿同样的道路往前发展着。 他指明俄国和西欧的历史都是沿着同一规律发展的,农奴制早已在西欧消灭了,俄国的农奴制经济也必将彻底瓦解。 他的演讲在当时引起轰动,沙皇尼古拉一世大为恐慌,下令永远禁止他公开演讲。 格兰诺夫斯基的公开讲座是19 世纪40 年代的一个重大的社会事件,

---

① 阿尔汉格尔斯基:《亚历山大一世》,刘敦健译,人民出版社,2010 年,第134 页。
② 涅奇金娜主编:《苏联史》,刘柞昌等译,生活·读书·新知三联书店,1957 年,第2 卷,第1 分册,第316 页。
③ 阿尔汉格尔斯基:《亚历山大一世》,刘敦健译,人民出版社,2010 年,第217 页。

因为它发生于"军棍沙皇"尼古拉一世统治时代，赫尔岑称格兰诺夫斯基的讲座是"社会抗议的讲坛"。

19世纪40年代，莫斯科大学法学教授卡维林和齐切林（Б. Н. Чичерин）从法律学角度研究俄罗斯国家制度史、国家机构史和政治史，对当时的学术界产生重大影响，被称为历史法律学派或国家历史学派。他们主张历史是从氏族关系到国家关系的逐渐发展过程，反对卡拉姆金等贵族史学家的唯心主义观点，代表了正在形成的资产阶级自由派。

索洛维约夫（С. М. Соловьев）是19世纪最著名的历史学家，他是俄国"国家历史学派"的奠基人和代表者。从1851年开始，他的29卷的《自远古以来的俄国史》以每年一卷的方式开始出版，直至他去世为止。索洛维约夫把超阶级的"国家生存"思想作为自己的历史观的重要内容，他认为俄国的历史是从宗族关系向国家关系逐渐的和合乎规律的过渡。他在研究中除了指出历史过程的规律性、俄国历史是氏族关系向国家法制发展的统一的有机过程外，还重视气候、土壤、外部条件在社会生活和历史过程中的作用。索洛维约夫在把君主制国家理想化和证实这种国家制度是好的以后，他断言说当奴役各阶级必要性已不存在时，国家自己就会解放这些阶级。索洛维约夫所处的时代正是俄国思想文化界各种思想流派激烈交锋的时代，索洛维约夫的政治思想是资产阶级自由主义的，他在自己的著作中赋予了自己的政治理想，即国家本身是一个独立的主体，它独立于君主体制，也独立于社会各种政治力量，国家有能力进行"自上而下"的改革和调整。索洛维约夫实际上是从统治阶级的立场证明了专制制度自上而下废除农奴制度的合理性。

俄国哲学

19世纪上半期，欧洲各种思想和学说被介绍到俄国，唯物主义与唯心主义、封建主义与民主主义、古典保守主义与激进自由主义等思潮激烈交锋。德国唯心主义哲学家康德、费希特、谢林、黑格尔的著作在俄国都有很大的影响。19世纪上半期是俄国哲学兴起的重要时期，其重要标志是俄国哲学脱离东正教神学，演变成宗教哲学和俄国哲学。 但是俄国的哲学界占统治地位的仍然是唯心主义哲学，莫斯科、彼得堡、基辅和喀山的神学院是唯心主义思想的大本营。

霍米亚科夫是俄国宗教哲学家、作家、诗人、政论家、斯拉夫派创始人之一、彼得堡科学院通讯院士。 他于1804年出生在莫斯科的贵族家庭，从小受到良好的教育，青年时当过骑兵军官。 霍米亚科夫是东正教的笃信者，霍米亚科夫由于母亲的教导和影响从幼年时就笃信东正教并且后来成为俄国著名的神学家。

霍米亚科夫是百科全书式的学者。 他在神学方面的主要著作是《东正教基督徒关于西方信仰的思想》（1853）、《巴黎大主教的信》（1855）、《教会是一：论教会学说的教义表述》（1858）。 在哲学方面他的大部头作品《关于世界历史的札记》是他在生命中最后20年完成的。 他的作品都是在他死后出版的。

针对恰达耶夫强烈批评东正教的言辞，霍米亚科夫认为俄国自公元988年从拜占庭那里接受了"纯洁的""完整的"和"正统"的基督教，因为它没有沾染任何片面的理性主义和个人主义。 它既未受到宗教改革的侵扰和篡改，也未受到近代物质发展和金钱经济的腐蚀，也未受到世俗权力的压制。 东正教是仁爱与自由的汇合体，是信仰和现实的结合体，是上帝圣训与人民意志的统一体。 东正教是俄罗斯民族精神生活的唯一原则，它是个人、家庭和社会组织之间联系的纽带。 东正教不仅继承了基督教的精神，也体现了俄罗斯精神，俄罗斯精神和东正教精神是一脉相承的。 霍米亚科夫认为罗马天主教已经历过古罗马独裁制的洗礼，因此它只有统一而无自由。 而经过宗教改革之后西欧各国诞生的新教，则有过分的自由而无必要的统一。 如果这些宗教信仰存在统一的话，也仅仅是外在统一和外在自由。 他认为："在信仰中，强迫的统一是一种虚妄，而被迫的服从则意味着死亡。"而只有东正教具有内在的统一与和谐的自由的本质特征，是统一和自由的有机结合。 而彼得一世改革则打破这个和谐，导致社会和文化分裂，因而他对彼得一世改革持批评态度。

霍米亚科夫被视为俄国哲学之父，东正教哲学之父。 他的思想不仅影响了后世的哲学家，而且影响了陀思妥耶夫斯基、列夫·托尔斯泰、索洛古勃（Ф. К. Сологуб）、勃洛克（А. А. Блок）、吉皮乌斯（З. Н. Гиппиус）等文学家和诗人以及其他画家和音乐家。

19世纪30年代,黑格尔的学说被广泛介绍到俄国。斯坦凯维奇、格兰诺夫斯基、巴枯宁都是有名的黑格尔信徒。同时,许多哲学家开始摆脱唯心主义,转向唯物主义的世界观。

以赫尔岑、杜波罗留波夫、别林斯基、车尔尼雪斯基为代表的唯物主义者已经登上俄国的学术讲坛和政治舞台。他们蔑视沙皇专制制度,冲破思想文化界重重压力,勇敢地批判唯心主义,宣传唯物主义。他们如饥似渴地学习欧美的先进思想,研究黑格尔、费尔巴哈,研究圣西门、傅立叶,研究法国大革命和美国《独立宣言》,他们提出的政治主张更切合俄国社会实际,他们的理论更立足于俄国解放运动。

车尔尼雪夫斯基深刻地批判了康德、黑格尔、休谟的唯心主义,宣传的马克思主义的人文思想。他在1855年发表著名的学术论文《艺术和现实在美学上的关系》中,批判了唯心主义的美学观,论述了革命的现实主义艺术的基本原则,提出"美即生活"(красота-жизнь)唯物主义美学原则,强调艺术的社会作用和文艺的现实主义思想。车尔尼雪夫斯基坚持物质是第一性、意识是第二性的原理,从根本上否定康德的不可知论,承认辩证法和形而上学相对立。

从1853年起至1861年,车尔尼雪夫斯基以他撰写的硕士学位论文《艺术与现实的美学关系》为主要代表作,以随后化名发表的《艺术与现实的美学关系》自评和第三版序言、《现代美学概念批判》等著作和文章为补充,在沙皇文化专制的镣铐下"确定了美学的实际功用性和明确的思想政治方向",[①]并在文中猛烈批判了当时流行的主流美学思想——黑格尔美学中的唯心主义部分。车尔尼雪夫斯基对黑格尔美学的批判,反映了正在兴起的革命民主主义者对旧观念的批判。

车尔尼雪夫斯基对黑格尔美学的批判,也许正反映了革命民主主义者的社会主义唯物思想对资本主义唯心主义思想的批判。黑格尔的美学思想是随着启蒙思想一同传入俄国的,早期对于启蒙思想的接受包含着对西方资本主义政治制度的效仿。这种效仿的思潮不仅出现在政治制度方面,同样也出现在思想文化方面。加上当时俄国本身内部众多政治、社会问题的出现,人们对解决这些问题的探索热情被鼓舞起来,"在俄罗斯出现了对德国古典哲学的极大兴趣。20—40年代,费希特、谢林、黑格尔的著作在贵族知识阶层中广泛流传,在大学的小组

---

① 奥夫相尼科夫:《俄罗斯美学思想史》,张凡琪、陆齐华译,中国人民大学出版社,1990年,第257页。

中被研读。"①

但当这种热潮来到车尔尼雪夫斯基面前时,他发现了这种虚幻的美学概念所造成的浇灭革命热情的危险可能。黑格尔美学认为美是观念的显现,那传统的沙皇专制和农奴制也是一种专制压迫观念的显现,这难道就是美吗?这种美学观念中大有"存在即是合理"的消极价值观念,黑格尔有句名言:"一切现实都是合理的,一切合理的都是现实的。"这对于亟待推翻旧制度以增强国力的俄国来说是个可怕的消极思想,人们对美的追求将化为消极的接受。就像大多数知识阶层在黑格尔哲学影响下出现的"与现实和解"的思潮,连最具有思想斗争力的若干先进知识分子都在这种观念或多或少的影响下体现出软弱不坚定的一面。

车尔尼雪夫斯基的美学思想则基本反映了当时以革命民主主义者为代表的众多知识分子观念的转变,最终对黑格尔唯心美学的肃清也达到了预期的效果。但是我们也要注意的是,车尔尼雪夫斯基并非将整个黑格尔哲学全盘否定,而是在肯定其"合理内核"的基础上,对唯心美学的部分进行了批判。

车尔尼雪夫斯基是出身贫寒的平民知识分子,因而他的哲学理论中总带有对农民、农奴的关切,这在他的政治思想中体现得更加明显。这种重视现实的美学思想也反映了身为平民知识分子的车尔尼雪夫斯基为平民说话,为广大俄国人民谋未来的纯粹革命性,而不像一些带有阶级利益镣铐的贵族知识阶层那样显得有些蹑手蹑脚。

另外,由于车尔尼雪夫斯基最早接触所谓当时权威哲学——黑格尔哲学思想的方式是间接性地从先辈知识阶层那而来,加之车尔尼雪夫斯基日记中所表现出的敢于怀疑和不畏权威的个性,他从一开始就没有盲目地视这种唯心主义美学为不可怀疑的权威,因此在革命的年代他的大胆挑战和怀疑的精神得以施展。

车尔尼雪夫斯基在彼得堡大学读书期间与彼得拉舍夫斯基分子的接触,让年轻的车尔尼雪夫斯基感受到了革命的热情与希望,而后来沙皇对彼得拉舍夫斯基分子的处决又让他对沙皇专制的痛恨进一步加深。在车尔尼雪夫斯基等革命民主主义者的努力宣传之下,黑格尔的唯心主义美学渐渐推出主流意识的舞台。1865 年,车尔尼雪夫斯基在西伯利亚的流放所中所写的文章中说道:"黑格尔追随者在德国本国已所剩不多了,在我国就更是寥寥无几。"②

---

① 泽齐娜等著:《俄罗斯文化史》,刘文飞等译,上海译文出版社,2005 年,第 149 页。
② 车尔尼雪夫斯基:《艺术与现实的美学关系(第三版序言)》//北京大学哲学系外国哲学史教研室编译《十八—十九世纪俄国哲学》,商务印书馆,1987 年,第 440 页。

俄国汉学兴起

俄国是传统的欧洲国家,尽管来自东方的蒙古鞑靼人曾征服并统治俄国达两个多世纪之久,但是俄国人对遥远的东方国家的了解仍然停留在道听途说的阶段。 在俄罗斯民族推翻了蒙古鞑靼人的统治并获得了民族独立之后,特别是随着俄国政府加速对东部地区和东方国家的殖民扩张步伐之后,东方国家和东方民族才越来越多地为俄罗斯人所知晓。 从 16 世纪中期开始,沙皇政府陆续以武力征服了喀山(1552 年)、阿斯特拉罕(1556 年)二汗国,又越过乌拉尔山,将扩张的目标指向广袤无垠的西伯利亚。 1563 年,沙皇伊凡四世自封为"全西伯利亚君主",表明了他对西伯利亚的野心。 1637 年,沙皇政府专门设立西伯利亚事务衙门,主管西伯利亚的毛皮税务征收以及军事、行政、司法等事务。 到 17 世纪 40 年代,沙皇政府将西西伯利亚、中西伯利亚和东西伯利亚纳入自己的版图之中,将俄国的东部国界推至太平洋西岸,使俄国的国土面积扩大了 2 倍多。 1689 年 9 月 7 日,中俄两国政府代表签订《中俄尼布楚条约》,以法律的形式确定了中俄东段国界的走向,使得两国边界在一个多世纪内基本上相安无事。《中俄尼布楚条约》的签订,也使得两国间的政府间的联系较之以前更加频繁和正常化了。

在早期的交往过程中,一般是由西方中国的传教士通过拉丁语转译中文和俄语。 自 1600 年,耶稣会士意大利人利玛窦(Matteo Ricci)来到北京,到 1722 年(康熙末年)已有 120 年。 许多耶稣会士通晓拉丁语、汉语、满语、蒙语、藏语等。 当时在中国的传教士、比利时人南怀仁(Ferdinand Verbiest)懂得拉丁文和欧洲多国语言,又懂得汉语和满语,受清政府的委托,为中俄两国的交往做了大量的翻译工作。 1689 年,中俄在尼布楚谈判时,清政府任命法国人张诚(Franciscus Gerbillon Joah)和葡萄牙人徐日升(Thomas Pereyra)为翻译。 总体而言由于语言和文字的不通而无法直接沟通是限制两国官方和民间交往的重要因素。

清政府曾委托在华的耶稣会士、法国人巴多明(Dominique Parrenin)教名中国人学拉丁语,负责用拉丁语起草致俄国枢密院的公函,然后再将俄国政府寄交清政府的拉丁语公函翻译成满语或汉语。因此清政府咸丰朝的政府文书档案中所辑俄文来文,同一文件中往往写有俄文、蒙文、满文、拉丁文多种文本。但是因为转译文本过多过繁,因此经常发生错译和漏译,特别是涉及较多的俄国人名、地名、官名以及民族名称等等翻译极不统一。如沙皇政府的枢密院(Сенат),在清朝的外交文书中依其发音有译为"萨那忒衙门",有时也译为"萨那特衙门",领事(Консул)意译为"匡苏勒",少校(Майор)常译为"玛玉儿""马玉尔",总督(Генерал-Губернатор)常译为"吉那拉勒固毕尔那托尔"等。

17世纪中叶,俄国军队侵入黑龙江流域。清政府在1685—1687年的雅克萨战争中俘虏了大批俄国哥萨克士兵。这些士兵一部分被释放回国,一部分被作为战利品送到北京。清政府称他们这些俄国战俘为阿尔巴津人。据《清圣祖实录》记载,1683年,清政府命令:"罗刹(指俄罗斯人)归顺人颇多,应令编为一佐领,令其彼此相依,庶有资籍。"这些战俘被编入清八旗的镶黄旗满洲第4参领第17佐领①,最初他们大都聚居在北京的北皇城根、宽街、四部府等地,最后集中驻于北京城东北角的胡家圈胡同。②清政府对他们比较优待,分别赐给他们4品至7品的官衔,供给他们衣食、薪俸,允许他们与中国人通婚,并且准许他们将当地的一所关帝庙改建成东正教堂,这座教堂最初被称为圣尼古拉教堂(Николай Чудотворц),因为教堂里有一尊阿尔巴津人带来的显圣者尼古拉的圣像。北京人一般把这座教堂称为"俄罗斯馆""罗刹庙""北馆",即今天的俄罗斯联邦驻华大使馆所在地。在俘虏中有一位东正教神父马克西姆·列昂杰夫(Максим Леонтьев)③,清政府封他为7品官,并准许他在战俘中开展宗教活动。马克西姆在华的宗教活动受到俄国东正教会的赞赏,托博尔斯克和西伯利亚都主教伊格纳蒂(Игнатий)于1695年委托来华的商队将东正教会的证书正式交给马克西姆,并指示:"你被俘虏,这对神圣的事业是有利的,因为基督的正教信仰要依靠你们来加以传播""你不单要为沙皇祈祷,也要为中国皇帝祈祷。以

---

① 佐领是清代八旗的基本户口和军事编制单位,每佐领约300人。
② 现称东直门中街,这条街西起针线胡同,南至东直门内大街,全长520米,宽28米。明朝时称羊管胡同,为明朝老四部府的旧址,清时名为胡家圈,民国初年称羊尾巴胡同。1947年称东扬威胡同,1979年改为东直门中街。街北有清履亲王府和允祁贝勒府,1949年改为苏联大使馆,1992年初改为俄罗斯联邦驻华使馆。
③ 清朝档案中称他为"马克西木"。

便在中国找到一个传播正教的立足点"。① 他还指示马克西姆将尼古拉教堂改名为"圣索菲亚教堂"。

俄罗斯馆既是宗教机构、文化机构，又负有俄国政府的外交和商务使命。俄国政府非常重视俄罗斯馆在两国关系中的重要地位，多次指示俄罗斯馆加强对中国国情、地理、风俗等情报的搜集，并指示俄罗斯馆暗中在中国居民中发展东正教信徒。这在当时清政府地方官员给清朝皇帝的奏折中可以略见一斑。1859年，江南道监察御史富稼在给咸丰皇帝的奏折中报告："窃查向来俄罗斯来京学艺，分居南、北两馆，除喇嘛学生外，仆从仅留20名。此次来京人数较多，且形状异常，时有招聚贫民，每以一千文钱票及尺布等物散赠，声言伊国大臣睹尔贫寒，好善乐施，得贿者皆系游优无迹之乞丐。"②

1710年，沙皇彼得一世收到北京俄罗斯馆的德米特里·涅斯托罗夫（Дмитрий Нестров）的奏折，请求托博尔斯克都主教菲洛费（列辛斯基）[Филофей(Лещинский)]给俄罗斯馆委派一位司祭担任神职，彼得一世予以极大的重视。1712年，神父马克西姆去世。1715年，彼得一世决定在北京建立传教士团，即北京东正教传士团（русская духовная миссия в Пекине），这个建议得到了清政府的同意。经协商，传教士团共有教士和其他教会人员10人，每年派6人工作，主要从事传教、文化交往和科学研究工作，其生活费用由清政府供给。此后，传教士团每10年（后改为每6年）轮换一次。1719年，彼得一世批准将北京教区设为主教区，由彼得堡亚历山大·尼维斯基修道院修士司祭英诺森·库利奇茨基为北京主教，但他未到北京上任。从1715年至1956年，俄国共派出20届传教士团。

根据中俄政府于1727年签订的《中俄恰克图条约》的有关规定，除了派传教士外，俄国政府定期派学生来北京学习满汉文和中国文化，这些俄国留学生在北京的居住地是俄罗斯馆。俄国第一批传教士和留学生来自宗教学校、莫斯科神学院、彼得堡神学院和其他新办的高等学校。清政府下令国子监派满汉助教各1人教他们学习满文、汉文以及经史典籍。在华的传教士和留学生受驻北京传教士团团长修士大司祭管理、监督。这些人学成回国后，带回大量中国文化典籍，在俄国文化、外交、商务机构中从事与中国有关的工作。

---

① 张绥：《东正教和东正教在中国》，学林出版社，1986年，第181页。
② 《清代中俄关系档案史料选编》，中华书局1981年，第三编，下册，第845页。

1715 年 4 月 30 日，传教士团留学生到达北京后，清政府给予他们以厚待，理藩院发给团长修士大司祭伊拉里昂·列扎伊斯基（Илларион Лежайский）1500 两银子，其他修士司祭和辅祭每人 750 两银子，教堂执事人员每人 200 两银子，供他们购房和雇佣奴仆。此外，理藩院按月发给修士大司祭和其他神职人员一定数量的津贴，这种情况一直维持公元 1860 年。

俄国政府非常重视传教士团的工作。1818 年 7 月 27 日，沙皇亚历山大一世签署了一项给北京传教士团的命令，详细规定了它在中国的任务，其中也特别指示搜集有中国情况的资料，如各种书籍、地图册和城镇平面图。一旦发现珍贵书籍和物品，则应同时买两份，一份保存在北京东正教会图书馆，另一份运回俄罗斯。

第九届东正教驻北京传教士团领班比丘林是俄国的第一位汉学家。比丘林全名为尼基塔·雅科夫列维奇·比丘林（Никита Яковлевич Бичурин），东正教的法号为雅金甫（Иакинф）。他于 1777 年 9 月 9 日（俄历 8 月 27 日）出生于俄国喀山省的切波克萨镇的阿库列沃村的神职人员家庭。1785—1799 年，比丘林进入喀山神学院（казанская семинария）学习，在那里得到了比丘林的姓氏。毕业后他留在喀山神学院从事教学，第二年成为修道士，获得东正教法号雅金甫。1802 年，他晋升修士大司祭（архимандрит），出任伊尔库茨克主升天修道院院长和神学院院长职务，1807 年被任命为第九届东正教驻北京传教士团领班。1808 年 1 月 10 日，比丘林率传教士团抵京上任，1821 年 5 月 15 日比丘林任职届满。比丘林在 1810 年 2 月写给圣主教公会总监萨尔蒂科夫（А. Н. Салтыков）的信中建议东正教驻北京传教团的留学生除学习汉语和满语之外，还应该学习蒙语、藏语和朝鲜语。为继续从事汉学研究，他一直在北京滞留到 1822 年，经过十余年不懈努力，比丘林不仅掌握了汉语、满语和藏语，而且掌握了朝鲜语。

比丘林是俄国东方学和汉学的开创者，也是俄国朝鲜学的奠基人。他的著述涉及东方国家和民族的语言、文字、文学、医学、宗教、哲学、民族、经济、农业、天文、地理和历史。1831 年他被选为设在巴黎的亚洲协会（азиатское общество в Париже）会员，多次获得杰米多夫奖（демидовская премия）。

比丘林在北京生活的 14 年里，特别注意结交清政府各级官员，结交基督教的传教士，并且注意与中国境内的其他民族人士以及中国周边国家人士结交，目的在于学习他们的语言和了解对方的国情。比丘林在 1810 年 2 月写给俄国圣主教公会总监萨尔蒂科夫（А. Н. Салтыков）的信中建议东正教驻北京传教团的留学生除学习汉语和满语之外，还应该学习蒙语、藏语和朝鲜语。① 经过十余年不懈努力，比丘林不仅掌握了汉语、满语、藏语，而且掌握了朝鲜语。

比丘林在北京与多位朝鲜学者和官员交往。 第十届驻北京传教士团的季姆科夫斯基（И. Ф. Зимковский）在《从蒙古到中国游记 1820—1821》（Путешествие в Китай через Монголию в 1820—1821г.）中记载："快要到中午的时候，朝鲜的一位老将军前来拜访雅金甫神父，64 岁的老将军名叫柳洪，他人非常善良，并且彬彬有礼。 他说他们父子在北京已经住了 5 年多了。 神父用朝鲜语流利地与老将军进行交谈。"②

比丘林在 1829 年出版的《北京志》（Описание Пекина）中详细介绍了"高丽馆"的情况，"每年向中国朝廷进贡的朝鲜人住在高丽馆（或者叫朝鲜馆）。 使馆建筑简陋，住宿条件恶劣。 来京的朝鲜人都在室内搭草席过冬，甚至首席使臣所住地方也不过是隔开的半个房间"。③

比丘林与朝鲜政府派驻北京的官员兼学者赵寅永④的交往是俄朝早期关系史上的一段佳话。 他们经常聚在一起唱赋吟诗，交流学问，比丘林向赵寅永学习朝鲜文字和语言，经常通宵达旦，不觉天色既白。 两人因此结下深厚的友谊。 客居它乡的孤独之感、对中国文化的热爱是比丘林与赵寅永的共同感受，也给了他们谈不尽的共同话题。 1817 年，赵寅永奉召回国，行前曾以汉文赋诗送别，序为："余晤俄罗斯何先生于玉河馆，临别赋诗，以志异邦之谊。"⑤中国学者蔡鸿生考证"何"先生可能出自比丘林的法号雅金甫的希腊文写法"Hyakinhos"的第一个音节 Hy 的译音。⑥

1842 年，比丘林出版了《中华帝国详志》（Статистическое описание китайской империи），这是比丘林众多著述中关于中国历史和现状的最为详尽的

---

① Тихвинский С. Л. ，Пескова Г. Н. Выдаюшийся русский китаевед о. Иакинф(Бичурин)(к 220-летию со дня рождения)//История российской духовной миссии в Китае. Москва, 1997. с. 171.
② Пак Б. Д. Россия и Корея. Москва, 2004. с. 51.
③ 伊兹勃兰特·伊台斯等：《俄国使团使华笔记》，北京师范学院俄语翻译组译，商务印书馆，1980 年，第 198 页。
④ 赵寅永(1782—1850)，字羲卿，号云石，朝鲜科举状元。1841—1850 年曾四次担任朝鲜领议政。19 世纪初以朝鲜侍郎身份派驻北京。他曾采录朝鲜古碑拓本九十七通，编撰《海东金石存考》，后人编《云石遗稿》。
⑤ 蔡鸿生：《俄罗斯馆纪事》，中华书局 2006 年，第 230 页。
⑥ 同上书。

著作。 该书的第二部分介绍了中国边疆地区的历史与现状，如满洲、西藏、蒙古等，也简要地介绍了朝鲜。 该部分的第四章即为《朝鲜国家》，详细介绍了朝鲜半岛的地理位置、高丽国家的起源、朝鲜的政治制度、朝鲜与清政府的臣属关系，以及朝鲜语言、文字、风俗和习惯。

比丘林在《古代中亚居住各民族资料集》（Собрание сведений о народах, обитавших в Средней Азии в древние времена）中叙述了来自中文文献之中的公元前后到9世纪朝鲜半岛的人种历史。 该书是比丘林生前完成的最后一部著作，正式出版于1851年，1950年由苏联科学院民族研究所再版，关于朝鲜的内容被列入该书的第二卷。 但比丘林将位于东亚的朝鲜划入中亚，明显犯了地理上的错误。

比丘林在北京期间搜集大量文献资料，回国时所带走的图籍、手稿重达1.4万磅，其中仅汉、满文的中国书籍就有12箱，由15头骆驼驮运，比前八届传教士团所带回之总数还要多。 这批书成为俄国大学和科学机构的第一批中文图书，充实了俄国各大图书馆的藏书。 然而回国后，他因未能完成宗教使命等罪名受东正教事务管理总局法庭审判并入狱数年，后入外交部从事汉籍翻译和研究，1828年他当选俄国科学院通讯院士。

第十届传教士团团长修士大司祭彼得·卡缅斯基（Петр Каменский）于1830年往俄国运送了一大批满、汉文书籍，分别送给了伊尔库茨克宗教职业学校、圣彼得堡图书馆、圣彼得堡宗教学院、莫斯科大学和俄国政府外交委员会亚洲司。 1863年，留学生康斯坦丁·斯卡奇科夫回国时，带走的中文书（包括木刻本和手抄本）共1435种。 其内容涉及天文、地理、数学、医学、交通运输、水文资料、地图和文件资料等。①

从第一届到第十四届（1956）的100多年间，僧俗人员总共有155人次在北京进行中国学的学习与研究，共计60余名学员、医生、画家、科学家和近百名神职人员，其中不乏一流的汉学学者，如比丘休、瓦西里耶夫、卡法罗夫、列昂季耶夫斯基、切斯特诺伊、扎哈罗夫、斯卡奇科夫、佩休罗夫、罗索欣、巴克台耶夫、弗拉德金等。 1858—1859年的中俄北京、天津条约谈判，全部由俄国留学

---

① 现在俄罗斯科学院社会科学情报所中国学部、俄罗斯科学院东方学研究所彼得堡分所和俄罗斯国家图书馆收藏有一部分盖有"俄国传教士团图书馆"印记的书刊。

生明长、晃明两人作翻译，两人甚至与谈判代表串通以条约内文字的理解分歧嘲弄中国。1862年，京师同文馆的俄文馆成立后，首任的俄文教习阿·波波夫（柏林）即是俄国留学生。

以北京传教士团的神职人员为主形成了俄国第一批的汉学家。19世纪中期，彼得堡大学和喀山大学就设有东方语言和文学系，研究中国的语言和文学。到19世纪末叶，随着中东铁路的建立，1899年在俄国远东的符拉迪沃斯托克（海参崴）成立了东方学研究所，培养学习和研究中国文化的人才。

传教士团成员中不少人在翻译和介绍中国文化方面做了许多有益的工作。如第十一届随团留学生库尔良德采夫，1832年回国时带走的《石头记》35卷的手抄本是罕见的《红楼梦》手抄本，现藏于俄罗斯科学院东方学研究所彼得堡分所，是中国最早流传到国外的文学作品。1827年和1833年，《玉娇梨》和《好逑传》分别被译成俄文在俄国出版。

1793年，大司祭格利勃夫斯基到北京东正教传教士团上任前，向俄罗斯东正教最高会议要求增加北京传教士团的图书资料，以便于学生学习和教会开展研究，得到俄罗斯东正教最高会议的批准，并每年拨款250银卢布用于购书。1795年，格利勃夫斯基利用从国内带来的图书，加上他本人和教会其他成员的赠书，以及从在北京的天主教徒手中得到的书，为北京传教士团建起了一个小型图书部。1818年，俄国政府拨专款500银卢布用于北京传教士团购买满、汉文书籍。

根据俄罗斯外交部俄国对外政策档案馆收藏的北京东正教传教士团图书馆的图书目录统计，所藏图书共有1445种，分为16类。传教士团设专人管理图书馆的工作，为每一本书都登记入卡片，并为中文图书编写较为详细的俄文简介。北京传教士团图书馆还经常聘请有学问的中国人帮助整理中文图书。到1900年前夕，该馆已形成东方文字（包括满、汉、藏文）、西文和俄文图书均非常丰富完整的馆藏，成为一座完全不同于中国旧式藏书楼的现代图书馆。

以上为俄国汉学的传教士汉学阶段，即研究者的主体为东正教驻北京传教士，其研究成果多是中国内地或边疆游记，以编译中国古代典籍和编写俄语—汉语、俄语—满语、俄语—蒙语和俄语—藏语辞典为主。19世纪以后，俄国汉学进入以大学和科学院人员为研究主体的学院汉学阶段。

俄罗斯汉学发蒙于17世纪，由彼得大帝亲手创办的圣彼得堡皇家科学院发挥了重要作用,来自德国的汉学家拜耶尔(Theophilus Sigfried Bayer,1694—1738)为俄国汉学的启蒙开辟了道路,他是圣彼得堡皇家科学院第一个院士级的汉学家。 在由传教士汉学向学院汉学的转变过程中,将俄国汉学推向民族化道路的当属比丘林,他翻译撰写的汉学著作为俄国社会认识中国形象奠定了坚实的基础,为俄国汉学向学院阶段过渡指明了方向。 皇家科学院于1828年推选他为东方文献和古文物通讯院士,多次授予其杰米多夫奖金,1831年比丘林成为巴黎亚洲学会成员。 另一个对加速这一进程的转化做出重要贡献的是瓦西里耶夫(В. П. Васильев)[1],他推动了俄国汉学学科的科学化,并且致力于俄国汉学人才的培养,形成了特色鲜明的"瓦西里耶夫学派"(школа В. П. Васильева)。[2]

瓦西里耶夫于1818年2月20日出生于下诺夫戈罗德。 1834年,他考取喀山大学语文系东方分系,学习蒙古语和鞑靼语,1837年毕业时以《佛教文献之精髓》通过论文答辩,获得了学士称号并留校任教。 1839年,他以《论佛教的哲学原理》(Основа буддийской философии)通过了论文答辩并获得蒙古语文学硕士学位。 同年他作为第十二届传教团的成员以学员的身份来到中国,他的任务是在中国学习藏语、汉语和梵文。 他在中国生活学习了十年,其间广泛涉猎了中国、印度以及藏传佛教的典籍,就许多汉学问题进行了研究并收集了大批材料。 瓦西里耶夫在中国度过的岁月对他的成长具有极为重要的意义,在这里,他从原来喀山大学的蒙古学家和佛学家成长为一个兴趣广泛的汉学家。 1850年9月,瓦西里耶夫返回了俄国。 1851年出任喀山大学汉语满语教研室教授[3],1852年10月他被选为俄国地理学会成员。

1855年,沙皇政府下令整合全国的东方学专业,将圣彼得堡大学东方语言部改建为东方学系,原喀山大学汉语师资力量全部迁至圣彼得堡,由瓦西里耶夫担任系主任。 在重组后的圣彼得堡大学东方学系中,瓦西里耶夫是一位举足轻重的人物,东方系汉满语专业的所有活动几乎都与瓦西里耶夫有关。 他在近50年

---

[1] 他自取的中文名字为王西里。

[2] 因瓦西里耶夫是圣彼得堡大学东方学和汉学的开创者,并且长期在该校东方学系从事教学和研究,因此该学派也称"圣彼得堡大学学派"(Школа СПУ)。最早提出此说的是苏联著名汉学家阿列克谢耶夫院士(В. М. Алексеев,1881—1951),阿列克谢耶夫院士认为瓦西里耶夫开创了俄国学院汉学(非比丘林代表的传教士汉学)阶段的第一个学派,并由他的学生施密特(И. Я. Шмидт,1779—1847)、屈那(Н. В. Кюнер,1877—1955)、波兹涅耶夫(А. М. Позднеев,1851—1920)等继承了该学派的传统。参见: Алексеев В. М. Наука о востоке. Статьи и документы. Москва, 1982. с. 64, 160—167.)

[3] 1837年喀山大学东方学系设立俄国第一个汉语教研室。

的工作中开创了俄国汉学的全新局面，提升了俄罗斯在世界汉学界的地位。1864 年 12 月，瓦西里耶夫以《元明两朝关于满族人的资料》的论文顺利地通过了答辩，获得了东方语言博士学位。他是俄国第一个进行博士论文答辩的汉学家。由于瓦西里耶夫的杰出成就以及在世界东方学界享有的崇高声誉，1866 年他被选为俄罗斯科学院通讯院士，1886 年成为俄罗斯科学院院士。

在史地方面，瓦西里耶夫的代表性著作有《十至十三世纪中亚东部的历史和古迹》(История и древности Восточной части Средней Азии от X до XIII в.)，他认为比丘林在其著作中没有研究契丹人以及后来取而代之的女真人、满族人的历史，因而有必要弥补这一缺憾，对这三百多年的历史进行概括性的介绍。他为此翻译了《辽史》和《金史》作为该书附录。满清王朝的历史是瓦西里耶夫历史研究的重点之一。《元明两朝关于满族人的资料》主要考察满族人的起源，其中列举了古代城镇，描写了山川河流。他的另外一部地理力作是出版于 1857 年的《满洲志》，他将包含大量满洲东南部地理资料的《宁古塔纪略》译文作为该书的附录一道出版。这部著作介绍了中国的地理及行政划分，描述了当地的城池和居民，特别详尽地论述了水陆交通。在《中国文学史纲要》(Очерк истории китайской литературы, СПб., 1880)中有一章为《地理与历史著作》，瓦西里耶夫在这里论述了中国地理科学的发展历史，对中国的主要地理著作作了分析，介绍了古代徒步旅行者的游记作品。

在汉语语言学研究方面，瓦西里耶夫最重要的两部著作为《中国象形文字分析》(Анализ китайских иероглифов, 1866)、《汉字字形系统》(Графическая система китайских иероглифов, 1867)。在《中国象形文字分析》一书中，瓦西里耶夫详细地分析了当时中国和欧洲流行的以部首原则编排的各类词典。瓦西里耶夫提出了自己的汉语词典编写原则，并完成了世界上第一部按字形检索的汉俄词典。瓦西里耶夫提出的汉字编排系统的特点在于词典中的汉字依照语音进行分类。他认为汉字的实质是其语音部分，而非部首。语音相同的汉字被归为一组，另一种发音的汉字归到另一组。根据语音分组的汉字再按字形原则排列，也就是说，按照 19 个构成汉字的主要笔画，由少笔画字到多笔画字依次排列，同时可以根据汉字的右下笔查找需要的汉字。瓦西里耶夫的系统无论在查词方面，还是在记忆汉字方面都更为简便。瓦西里耶夫的《汉字字形系统》被圣彼得堡大学东方系接受并成为学生学习汉字的主要教材。同时该系统也被建议在其他东方学教学机构中用来教授汉语。

在文学方面，瓦西里耶夫于 1880 出版了划时代的著作《中国文学史纲要》。他是第一个对中国文学，特别是对中国古代典籍注疏进行批评性研究的欧洲学者。他在这本书的序言中写道："本概论并未引用欧洲学者著作，而是本人从前以及现在写就的一些文章和笔记的集成。这些讲义的依据大多是中国典籍。这里收录的所有文章都是我亲自写成的。"①瓦西里耶夫认为中国具有悠久的历史，没有任何一个国家可以在如此博大的时空范围内与之媲美。他认为中国的文学发展历史同样悠久。他写道："中国文学不属于古代世界已经消亡了的文学……而且它在规模上和内容的多样性方面也超过了已经消亡的文学，与阿拉伯世界的文学和西欧各民族中世纪的文学相比，同样具有不言而喻的优势。"②中国古代文献一般分为经、史、子、集四种，其中只有"集"才算是现代意义上的文学作品。由于时代的局限，瓦西里耶夫在《中国文学史纲要》中论述了中国古代方方面面的书籍，有儒家经典、道教及佛教典籍、农书、兵书、诗歌、戏曲、章回小说等，所以有的学者认为这更像是一本文化典籍史。他在《中国文学史纲要》中还写道："毋庸置疑，在不久的未来，中国文学在欧洲文化的冲击下，通过吸收欧洲的思想和知识，将更加丰富多彩，焕然一新。但即便如此，中国文学也不会与过去决裂。"③

瓦西里耶夫在汉学方面的一个突出贡献是对中国佛教的研究。他的副博士学位论文、硕士学位论文和副博士学位论文都分别以《论佛教的哲学原理》和《佛教文献之精髓》为研究内容。在中国期间，瓦西里耶夫系统而深入地研究了汉语以及藏语的佛教文献，编著了多卷本的《佛教及其教义、历史和文献》。瓦西里耶夫在佛教研究方面的计划庞大，但当他 1850 年回到俄罗斯后才发现，俄国人对他的研究几乎没有兴趣，没有任何一家机构愿意出版卷帙浩繁而又如此专业的著作。最后瓦西里耶夫只出版了在佛教研究史上占有重要地位的《总论》和《印度佛教史》两卷。他从中国带回的内容包括佛教文献译文、摘录、述评的数千页手稿最终也未能发表，有的已经散失。在瓦西里耶夫的佛教研究手稿中，规模最大的为《佛教术语词典》。按照瓦西里耶夫的设想，这本词典应收录 9565 个佛教词条。在瓦西里耶夫的档案中保留有该词典的两卷手稿，第一卷 1205 页，第二卷 922 页，但不是每一页都完成了，有些页的释义部分还空着，只

---

① Васильев В. П. *Очерк истории китайской литературы*. Санкт-Петербург, 1880. с. 4.
② Там же. с. 1.
③ Там же. с. 1.

有梵文术语及其藏、蒙、汉语译文。尽管还存在一些问题,但瓦西里耶夫完成的词条数目依然非常庞大,大部分释义准确,内容丰富。

瓦西里耶夫遗留下来的另一部手稿的名称叫《佛教文献述评》,共由两部分组成。第一部分是《佛教各流派文献述评》,主要参考了章嘉呼图克图的著作。这部分同样没有完成,只写了四章:小乘、有宗、空宗和律宗,收录了大量译成藏语和汉语的梵文佛经。如此深刻的研究和详细的论述在 19 世纪的欧洲汉学家中恐怕只有瓦西里耶夫能够做到。第二部分《西藏佛教史》的手稿同样具有重要价值。该书主要记述了 1746 年以前西藏发生的政治与宗教事件,根据藏传佛教格鲁派学者松巴·益西班觉的《印、汉、蒙藏佛教史》第二部分写成。书后附录了由瓦西里耶夫按照欧洲纪年方法翻译的松巴·益西班觉编写的历史年表。还有一部手稿叫《玄奘游记》,是瓦西里耶夫对玄奘《西域记》的全文翻译。

尽管瓦西里耶夫的许多重要著述手稿已经散失,但仅凭上述保留下来的作品我们同样可以认定瓦西里耶夫是 19 世纪俄国的佛教研究泰斗。

在培养后继人才方面,瓦西里耶夫也取得了很大的成功。他提出了更高的人才培养目标,要求学生既能胜任翻译工作,也能在外交和行政部门任职。他的学生中不乏优秀的汉学人才,如格奥尔基耶夫斯基(С. М. Георгиевский,1851—1893)、伊万诺夫斯基(А. О. Ивановский,1863—1913)、在中国国家制度和孟子研究方面的专家波波夫(П. С. Попов,1842—1913)。

第十章　帝国预警：旧制度危机与思想交锋

　　时至19世纪50年代中期，自18世纪以来强势运行整整一个世纪的沙皇专制制度和俄国等级体制已渐式微，农奴制度也已显现愈来愈严重的危机状态。而新式工商业和商品经济观念越来越深入人心，以进步贵族和新兴阶层为主体的公民社会日益壮大。俄国人经历了从思想观念到行为方式的巨大变化，俄国社会与欧洲乃至世界的地理距离和地缘政治距离从来没有过如此之近，俄国已经走到了大变革的关键时刻。而1853年爆发的克里米亚战争，则大大地加速了这一危机和巨大变革的到来。正如同时代诗人丘特切夫所说的，"现在脚底下已经没有先前那样牢固而不可动摇的土壤了……有朝一日，醒来一看，自己已处在远离海岸的冰块上。"①

---

① Тютчев Ф.И.Стихотворения.Письма. Москва,1987.с. 470.

农奴制经济严重危机

19世纪上半期，俄国由于战争和新的民族地区合并，致使其国土面积大幅度增加。从19世纪初到1860年，由于芬兰、波兰、比萨拉比亚、高加索和外高加索、哈萨克斯坦、黑龙江流域和滨海区纳入俄国版图，其国土面积从1740万平方公里增加到1800万平方公里。在此期间，俄国居民人数也从3740万人增加到6900万人，如果将俄属波兰、芬兰与高加索统计在内的话，俄国人口总数为7270万人。

据1796年统计，国家当年总收入7310万卢布。国家财税和地租收入为2470万卢布，间接税收（酒税及盐税）为2720万卢布，采矿工业及外贸收入为12％。国家总支出为7820万卢布，其中11.2％用于皇室，37.4％用于陆军和海军，47.9％用于内部管理。因此，国家长期处于预算赤字状态，国家债务等于三倍年度预算。①

19世纪上半期，全国居民的90％的人口是农民，农业经济是国民经济的基础。农业体系仍然具有传统的特点，即农业发展不是靠土壤改良和先进技术，而主要是靠增加播种面积。从1802年到1860年，在南俄和伏尔加流域，土地播种面积增长了53％，而粮食的收成增长了42％，粮食增收远低于土地播种面积的扩大，这表明俄国仍然是一个传统经营方式的农业国。

"黑色"粮食（黑麦、燕麦和大麦）在农作物中占据绝对比例。黑麦占了粮食作物种植面积的一半以上，是主要的粮食作物。自基谢廖夫在19世纪30年代中后期强制推广土豆种植政策之后，尽管到1843年强制种植土豆法令被废除，但农民对土豆种植的态度逐渐从反对转向欢迎，19世纪40年代初以后，土豆种植面积大幅度增长，土豆变成为俄国农民的"第二面包"②。俄国从乌克兰

---

① Сафонов М. М. *Проблема реформ в правительственной политике России на рубеже XVIII и XIX веков*. Ленинград，Наука，1988. предисловие.

② 俄文为 вторые хлебы，因 хлеб 亦有粮食之意，也可译为"第二粮食"。

引进了不少经济作物,如甜菜、糖和葡萄酒生产。 由于人口的增长,人均粮食产量保持在大约相同的水平。 在半个多世纪内,农业歉收频繁发生,导致饥荒人口和牲畜损失大大增加,农业歉收特别是发生在1820—1821年、1833年、1835年、1839年、1845年、1848年和1855年间。

农奴制最主要的特点是将广大农民以人身依附形式束缚于土地之上,采取超经济强制的方式无偿地占有农民的一切劳动成果,农民没有人身自由和任何政治权利,地主不仅是农民的主人,而且还是他们的法律裁定者,可以随意决定农民的生死去留。 在这种制度的控制之下,农民的劳动积极性受到极大的压抑,他们不关心土地的收成好坏,更不愿意在农业生产中学习和采取新的技术,甚至故意毁坏农具、践踏庄稼。 18世纪中后期,俄国农业经常歉收,单位面积产量几十年徘徊不前,1860年俄国每公顷的粮食产量与比利时、荷兰和英国相比还不到它们的一半。①

到1858年,全俄计有拥有土地和农民的世袭贵族家庭10.69万个。 其中,约74%贵族为小地主,名下有男性农民不足100名。 占全俄总数32%的贵族生活在欧俄地区。 19世纪上半期,欧俄部分的10万多个地主占有1亿多俄亩土地,其中只有3570万俄亩作为份地归1070万个农奴使用。 国家控制的7900万俄亩土地中,只有3700万俄亩归900万个国家农民使用,每个农民平均只有3.5—4俄亩土地,而每个地主却平均占有700俄亩土地。

到1858年,全俄男性农民为2140万,其中1120万人(占52.4%)为地主农民,930万人(占43.6%)为国家农民, 9千人(占4%)为皇室农民。 地主农民占全俄农民的比例在18世纪末到19世纪中期,从56%增加到71%。 村社是土地利用的主要形式,俄国到19世纪中期80%以上的土地由村社管理和使用。

1835—1858年人口普查中贵族与农民数量②

贵族类别	贵族总数	农民总数	每一贵族占有农民比例
1835年资料			
无庄园者	17763	62183	3

---

① 布莱克等:《日本和俄国的现代化》,胡国成等译,商务印书馆,1984年,第93页。
② Basil Dmytryshyn, *Imperial Russia: A Source Book*, 1700—1917. New York: The Academic International Press. 1969. p. 303.

续表

贵族类别	贵族总数	农民总数	每一贵族占有农民比例
占有 20 名以上农民者	58457	450037	8
占有 21—100 名农民者	30417	1500357	49
占有 101—500 名农民者	16740	3634194	217
占有 501—1000 名农民者	2273	1562831	688
占有 1000 名以上农民者	1453	3556959	2448
总计	127103	10766561	
1858 年资料			
无庄园者	3633	12045	3
占有 20 名以上农民者	41016	327534	8
占有 21—100 名农民者	35498	1666073	47
占有 101—500 名农民者	19930	3925102	197
占有 501—1000 名农民者	2421	1569888	648
占有 1000 名以上农民者	1382	3050540	2207
总计	103880	10551182	

农民在地主土地上劳作，以劳役地租形式生存和维持与地主贵族的不平等关系，它是农奴制经济主要的形式，庄园经济的危机即反映在农民劳役地租比例下降，代役地租比例上升的现象之上。非黑土地区的土地贫瘠，耕种土地实在是无大利可图，因此地主宁愿向农民索取代役地租，把大量的劳役租农民转为代役租农民。18 世纪末，每个农民每年的代役租金平均为 5—6 卢布，19 世纪以后代役租金的数额增长较为迅速，到 19 世纪 50 年代末，在一些省份农民的代役租金达到了 16—17 卢布，在一些工业中心城市农民的代役租金高达 400—500 卢布。交纳代役租金的农民同时获得了一定时期内的出外打工或经商的权利，使农民与农奴主的人身依附关系开始淡薄，封闭的、自给自足的封建自然经济的生产关系逐渐被破坏。一位明智的农奴主认为"甘心情愿比奴役状态好"，他写道："瞧一瞧劳役制的劳动吧。农民尽可能来得迟些，尽可能常常地、更久地四面观望，而工作尽可能少些，他们觉得没有事干，而在消磨日子"，而自由雇佣方式却较大调动了农民的劳动积极性，"在这里一切都在燃烧，你准备的材料从来都不够用。他们工作的时间比劳役制的农民更少，但是他们制造出来的东西是农奴生

产的二倍、三倍。为什么？甘心情愿比奴役状态好。"[①]19世纪中期，代役地租（оброк）方式在中部各省份盛行，交纳代役地租的农民占全俄农民比例的65%，在一些省份，如雅罗斯拉夫尔省和科斯特罗马省达到了90%。代役地租数额在19世纪50年代为15—20卢布。由于农民可以暂时离开庄园外出做工，因此在19世纪中期约有30%至40%的男性农民经常从事季节性工作，手工业也获得了较快发展。

农奴制是一种典型的自给自足的封建经济形态，在地主贵族的庄园内，绝大部分的生产和生活必需品都是由本庄园内部供给，与外界绝少经济交流。19世纪以来这种情形发生了巨大的变化。随着俄国资本主义的萌芽，商业经济得以缓慢的发展。由于俄国与欧洲的经济和政治联系越来越密切，许多俄国地主贵族倾慕法国贵族的奢侈生活，他们越来越需要更多的金钱用于享乐。一些地主开始在自己的庄园上设厂开矿，投资手工业和工业企业，大量生产手工艺品和初级工业品，向庄园外出售。黑土地区的地主逐渐把经营的主要目标转向对外粮食出口上，沙皇政府也先后于1762年和1766年颁布法令，宣布对外出口粮食将在六年内得到免税等优惠待遇，以鼓励粮食出口。特别是1846年，英国政府废除了《谷物法》后，更加刺激了俄国的粮食出口。到19世纪40年代，俄国几乎与欧洲所有国家都签订了出口粮食的条约。19世纪50年代末，俄国的谷物出口量占对外贸易总量的30%，有些年份高达50%。[②]在商业货币关系的影响之下，俄国新兴农业经济部门获得了一些发展，形成一些农业商业中心：南俄和伏尔加流域成为粮食种植中心；克里米亚和外高加索成为葡萄栽培和养蚕业中心；欧俄地区的非黑土省份成为亚麻业中心等。其结果是粮食的商业化扩大了，在19世纪50年代，粮食贸易额达到390万普特，其中粮食出口约为70万普特，其余的320万普特的贸易是在国内市场进行的。

以上种种现象表明，农奴制经济与雇佣劳动和商品经济发生了严重的冲突，反映了俄国经济，特别是农业经济中，俄国农奴制在走过它的鼎盛时期之后，其固有的不合理成分、种种弊端则越来越多地显现出来了。同时，基于更广泛的商品经济和市场作用基础之上，新型的地主与农民的关系、新式的生产技术和农业作物、新型的经济因素乃至经济结构已经在俄国产生，并且对传统的农奴制经

[①] 涅奇金娜：《苏联史》，刘柞昌等译，生活・读书・新知三联书店，1957年，第2卷，第1分册，第27页。

[②] 梁士琴科：《苏联国民经济史》，中国人民大学编译室译，人民出版社，1959年，第1卷，第561页。

济发挥了毁灭性的作用。

从 19 世纪上半期起，俄国专制制度也开始显现出危机的迹象。1825 年 12 月在统治阶级——贵族阶层内部爆发了十二月党人革命，给沙皇政府以极大震动。随后以赫尔岑、别林斯基、车尔尼雪夫斯基等为代表的革命民主主义者在俄国展开了政治宣传，将斗争的目标直指沙皇专制制度和农奴制度。在尼古拉一世执政的晚期，俄国农村的农民暴动案件呈现此起彼伏之势。据俄国官方统计，在 1861 年农奴制废除前，俄国爆发的农民暴动总数在 550 次以上。另据 19 世纪俄国权威的著作《布罗加乌兹和叶菲龙百科词典》（Энциклопедический словарь Брокгауза и Ефрона）统计：1826—1834 年间，共发生 145 起农民暴动事件。1845—1854 年，农民暴动事件上升到 348 件。尼古拉一世曾先后派出正规军，前往 228 处的地主庄园镇压农民暴动，其中 38 次的军事行动已经演变成暴动农民与政府军之间规模不等的军事对抗。① 农民攻击地主并且登记在案的事件在 1834—1854 年间达到 250 件，其中被农民杀害的地主人数达到了 173 人。1809 年尼科利斯基—沃洛戈茨基省庄园主梅扎科夫公爵（А. М. Межаков）被杀案在全俄引起轰动。在他死前的三年里仆人列别杰夫（Г. Лебедев）到内务部大臣科楚别依（В. П. Кочубей）那里状告梅扎科夫残忍、无人性，导致 2 个农民自杀，20 个农民逃跑，但梅扎科夫仍然我行我素、毫不收敛，最终农民们忍受不了他的横行和侮辱杀死他。法庭受理此案，最终判罚行凶农民中 3 人每人鞭打 200 下，流放到涅尔琴斯克（尼布楚）服永久性苦役，另外 6 人被判每人棍打 40 下，其中 5 人被永久发配到西伯利亚。

城市发展与功能转变

在 18 世纪初彼得一世改革的影响下，俄国社会开始了欧化进程，它触及了社会生活的各个方面，改革的一个重要后果是导致农村分化和城市出现。然而，在半世纪以后，1775 年至 1785 年的中央和地方行政改革才标志着城市和农

---

① Брокгауз Ф. А., Ефрон И. А. *Энциклопедический словарь*. Санкт-Петербург, 1901. т. 32. с. 545—547.

村区划的最终划定，俄国的城市化进程到 19 世纪中期达到一个新的水平。

18 世纪末至 19 世纪初，俄国城市数量随着政治和经济改革而或有升降。在 1775—1796 年的地方行政改革中，有 271 个农村居民点变成了城市，这一时期俄国城市总数达到 673 个。到保罗一世执政时期，城市数量减为 171 座。在亚历山在一世执政时期，城市数量有所回升，1811 年欧俄地区和西伯利亚的城市数量为 567 座。这一时期，俄国城市数量急剧增减的原因，除了个别行政改革导致城市数量增减之外，还包括沙皇政府因军事需求而增减城市，以及沙皇政府有时抱怨发展贸易和工业乡村的速度，另一方面又通过自然方式将城市变成农村居民点。

到 19 世纪中期，城市数量基本稳定。1857 年，俄国计有 519 座县级和省级城市，122 座没有附属县的城市（безуездный город），50 个市镇（посад）。两个城市和市镇的相邻距离是衡量城市密度的重要指标。1857 年欧俄地区相邻城镇的平均距离为 87 公里左右，在西伯利亚地区为 516 公里，在波罗的海地区为 50 公里左右，在雅库特省为 887 公里，在阿尔汉格尔斯克省为 300 公里。① 比较而言，欧俄地区和波罗的海地区的城市化进程和经济发展要远高于其他地区。而与同时期的欧洲其他国家相比，俄国的城市化进程显得极其落后和缓慢。欧洲大陆的其他国家，15 世纪时城市居民点的距离平均为 20—30 公里。到 18 世纪末，奥匈、英国、普鲁士、意大利、西班牙和法国的城市间平均距离为 12—30 公里。到 19 世纪中期，这个数字下降到 10—28 公里。在欧洲，另一个数字也非常说明问题，即任何农村居民点与城市的距离平均为 10—15 公里，这意味着此国农民能够在一天内步行进城并来得及返回。② 在俄国，由于缺少通达的铁路网络，不仅从农村到城市，即使是从农村居民点到农村居民点，从一个市镇到另一个市镇，都需要数天时间。

全俄居民绝大多数仍然居住在农村区域，但是已经出现农村人口移居城市的大趋势。国内市场不断成长，对外贸易与制造业逐渐扩充，导致农村人口大量

---

① Гольц Г. А. Динамические закономерности развития системы городских и сельских поселений//Урбанизация мира. Лаппо Г. М. и др.（ред.）. Москва, 1974. С. 58—61.；Кольб Г. Ф. *Руководство ксравнительной статистике*. СПб., 1862. т. 1. с. 1, 4, 51, 70, 104, 110, 134, 139；*Народное хозяйство СССР за 70 лет. Юбилейный статистический ежегодник*. Москва, 1987. с. 376.

② Муравьев А. В., Самаркин В. В. *Историческая география эпохи феодализма*：（Западная Европа и Россия в V—XVII вв.）. Москва, 1973. с. 26—27.

移居城市。农村人口是城镇人口增长的主要来源。在 19 世纪中期,彼得堡 54％的居民是农民阶层,在莫斯科这个数字为 58％。1795 年,全国农村居民人数为 3260 万人,占全国总人口的 95％,城市居民人数为 140 万,约占全国居民总人数的 4％。1857 年,全国农村居民人数为 4840 万人,占全国总人口的比例仍接近 84％,1858 年城市居民人数为 540 万,占全国居民总人数的比例超过 9％。① 其中贵族阶层为 72.6 万人(占全国居民总数的 1.94％);神职人员约 22 万人;城市居民为 150 万人;农民为 3260 万人(其中属于地主农民 1960 万人,属于国家农民 1300 万人);军队人员为 41.35 万人,其中军官为 1.5—1.6 万人。1811 年,居民人数超过 2.5 万的城市非常少,彼得堡和莫斯科是两个最大城市,居民人数分别为 54 万人和 46.2 万人,其次是敖德萨和华沙,居民人数分别为 10 万人,大多数的城市人数少于 5 千人。城市数量在 1811—1863 年间从 630 座增加到 1032 座。到 19 世纪 50—60 年代,居民人数超过 5 万的城市已有 12 座,敖德萨、基什廖夫、萨拉托夫、里加、维尔纳、基辅、尼古拉耶夫、喀山、第比利斯、图拉、克拉克夫和别尔基切夫。

1742—1897 年俄国城市和农村居民数量(不包括波兰和芬兰)及占全国居民比例②

年代	城市	农村	总计	占全国居民比例％
1742	2.3	15.4	17.4	13.0
1783	3.2	24.5	27.6	11.6
1825	4.2	42.0	46.2	9.1
1856	5.2	52.4	57.6	9.0
1869	6.2	59.5	65.7	9.5
1897	12.1	81.4	93.4	12.9

---

① David Mackenzie, Michael W. Curran, *A History of Russia, the Soviet Union, and Beyond*. Fourth Edition. Wadsworth Publishing Company, 1993. p. 351.

② Кабузан В. М. *Народонаселение России в XVIII — первой половине XIX в.* Москва, 1963. с. 164—165; Миронов Б. Н. *Русский город в 1740—1860-е годы*. Ленинград, 1990. с. 241—249; *Статистические таблицы Российской империи за 1856 год*. СПб., Типография 2 отделения Собственной Е. И. В. Канцелярии, с. 204—207; Статистический временник Российской империи. Сер. 2. Вып. 10. Санкт-Петербург, 1875. Отд. 1. с. 18, 87—104; *Общий свод данных переписи 1897 г.* Санкт-Перербург, 1897. т. 1. с. 1, 12—13; *Первая Всеобщая перепись населения Российской империи 1897 г*. Вып. 5. Окончательно установленное при разработке переписи наличное население городов. СПб., 1905. с. 5—24.

俄国城市居民的财富与社会地位差异很大。最富裕的贵族住在两大首都——彼得堡和莫斯科，拥有豪华的府邸和乡村的庄园。城里有少数富商（купечничество），依其财富与社会地位分为3个行会。位居商人之下有手工业者和技术工人，他们有自己的行会和规章。小资产阶级成分复杂，是一个颇为模糊而无法统计的社会阶层。然后是政府官僚与少部分的知识分子。与这些非贵族城市居民相处的，还有俄国的中产阶级，但他们与西欧的城市中产阶级差异很大。西方的中产阶级代表着个人主义、自由企业和政治民主，俄国的城市中产阶级却不是这样的。专制政治紧紧地控制着俄国的城镇居民与农村人口，因此，俄国的城市团体，如商人、官僚、手工业者和知识阶层，并不等于西欧的中产阶级。他们在社会上并不具有同质性，无法发挥像欧洲中产阶级那样的政治影响力。

但是19世纪初，俄国城市经济结构和城市功能未发生根本性的变化。农业城市和工业城市分别减少了4%和3%，混合型城市和商业城市分别增长了3%和1.5%，行政—军事城市的比重未变。这些资料证明，尽管18世纪下半期俄国城市数量有较大增长，但是到19世纪初，从经济观点来说城市尚未完全脱离农村。

根据19世纪50年代的统计资料，不同职能的城市不仅经济取向不同，而且居民数量、人口的社会职业成分、生产结构、土地数量、收入、生产消费平衡，以及其他特点均有差别。根据多项指标，其中根据绝对和相对变化，就会发现工业城市超过了商业城市，商业城市超过混合型城市，混合型城市超过了农业城市，而农业城市超过了行政—军事城市。

到19世纪50年代，城市经济结构发生了根本性的变化，在城市体系中工业城市居于主导地位，商业城市作用加强，混合型城市特别是农业城市急剧收缩。具体表现在所有类型城市中农业失去其原来的意义。欧俄19%城市中的农业通常失去其独立存在的意义，44%的城市农业起到次要作用，15%的城市农业起到重要作用，只有22%的城市中农业起到主导作用。[①]

从以上这个表格可以看出，19世纪上半期城市发展异常迅速，到19世纪60年代初，城市由农业、商业、军事、行政、工业中心变成工业、商业、军事、行

---

① Рабинович М. Г. Очерки материальной культуры русского феодального города. Москва, 1978. с. 59—62，23，53—66.

政和文化中心,带有完全城市功能特点的典型城市居民点愈益鲜明。19世纪上半期城市变迁的基本趋势是城市失去农业职能并完善工商业职能。整个19世纪上半期城市人口就业部门发生了质变,这种变化与城市职能结构的质变交织在一起,因为在物质生产领域就业结构变化靠务农者的转行,使从事工业、商业和运输业者的比重有所增加。

城市中心不断成长,生动地呈现了俄国生活的极端百态。上层阶级拥有华丽府邸与住宅,与下层阶级的贫穷和困苦形成鲜明对比。与官方建筑,与辉煌的帝王居所相邻的是下层百姓居住的贫民窟。作家陀思妥耶夫斯基的著名小说《罪与罚》(наказание и преступление)、《白痴》(Идиот)、《穷人》(Бедные люди)对上述情景做了生动刻画。

贵族庄园的巨变

贵族庄园是俄国社会的细胞,是俄罗斯帝国中的小王国。庄园的基本特点是权力与土地占有相结合。① 庄园具有财产的、社会的、政治的三个方面内容,即它是由领有地围绕着的一块地产,是统治者与被统治者的一个结合体,同时也是一个地方政府。像家庭一样,庄园也深受周围环境的深刻影响。在附庸制发展过程,庄园首先是一个依附者群体,依附者们依次接受庄园主的保护、听从庄园主的指挥、遭受庄园主的压迫;其中许多人是由一种世袭的链环而被束缚于庄园主。②

18世纪末至19世纪20—30年代,是贵族庄园的黄金时代,也是农奴制废除前,俄国社会巨大变迁的一个缩影。

从18世纪末到19世纪中期,俄国贵族的绝对人数增加,人口相对比例则降低。根据1795年举行的第五次人口普查,男性贵族人数为36.3万人,占全国居民总人口的2.2%。1858年人口普查,男性贵族人数为46.4万人,占全国居民

---

① 巴甫洛夫—西利万斯基:《俄国封建主义》,吕万和等译,商务印书馆,1998年,第337页。
② 布洛赫:《封建社会》,侯建新等译,商务印书馆,2004年,上卷,第438页。

总人口的比例为 1.5%。① 大约只有 700 个家庭能够追溯其贵族起源到 1600 年前。贵族能够拥有地产和农奴，不论其身份是世袭的或因为国服务而获得的。贵族不但享有崇高的社会地位，也具有实际的经济、公民与司法特权。

地主债务的增长是导致庄园经济危机的主要指标亦是重要原因。18 世纪末，有 6% 的农民被地主质押在国有银行以获得贷款或其他资金来源，到 1859 年，被质押在国有银行的农民人数已占全俄农民的 66%（710 万男性农民）。1859 年，地主所欠债务总数为 4.25 亿卢布，超过国家预算的 2 倍。很多的地主和贵族由于所欠债务巨大并且无法按期偿还，不得不出售房屋和地产。19 世纪初期，贫穷与经济的一般气氛迫使农奴主广泛举债，以维持其生活标准与社会地位，并且不至于捉襟见肘。农奴主常把农奴抵押给银行或私人。1859 年，已有三分之二的男性农民遭到抵押。负债并不限于边缘的小地主，即使大权贵也越来越难以其收入为生，被迫大量举债。

1859 年，俄国最大的地主谢列梅基耶夫（П. Шереметьево）伯爵已经举债 600 万卢布，其原因是生活奢靡、通货膨胀与地产经营不善。尽管经济困难，贵族仍是特权的社会阶层，享有许多独特的权利与特权。许多平民希望成为地主，因为贵族头衔能以才华与勤奋工作获得，而且获得贵族身份就有权拥有农奴。因此贵族阶层人数不断增加，从 1795 年到 1858 年，男性贵族增加 10 万余人。传统贵族要求限制平民晋身贵族的要求，沙皇尼古拉一世也表示支持，在 1845 年下令修改彼得一世制定的职官秩序表。此后军中的少校阶级（第八等）授予世袭贵族称号，而公职的有头衔的参议（第九等）则只授予不能传给后人的等身贵族称号。晋升第五等（实际的国务大臣）即授予世袭贵族的地位。这些条款使得透过服务国家而取得贵族身份更为困难。

1727—1858 年，小贵族庄园主及其占有农奴数量平均每年下降 0.3%，中等贵族庄园主及其占有的农奴数量每年增长 0.15%，而大贵族庄园主及其占有农奴数量平均每年增长 0.83%。大贵族庄园主保证了自己和自己农民人口扩大再生产，中等贵族庄园主保证了自身和自己农民的人口简单再生产，而小贵族庄园主却不能保证自己和自己农民的人口简单再生产，因为小贵族庄园主没有扩大生产的土地，不得不将其多余的农民卖去充军，卖给大贵族庄园主，或让其自由，而自身也脱离了土地所有者行列。尽管中等贵族庄园主土地多些，但不足以用于

---

① *История СССР*. Москва, 1971. т. 4. с. 164.

扩大生产，被迫用同样办法处置多余农民。只有大贵族庄园主有足够的土地或当需要时可购置的土地，有能力扩大再生产，可以容纳农民的自然增长，同样保证自身人口增长。由于贵族人口的自然增长，继承法又便于分散财产（贵族死后，其财产包括领地，除依法给女儿留份嫁妆外，其余的应在所有儿子间均分），致使中小领地贵族被迫转入其他职业集团和等级。

1832 年，沙皇政府为了减轻那些获得财富或者表现优异但未取得贵族身份的人士的挫折感，设立了"荣誉公民"的头衔，奖励在商业、科学与艺术上的特殊成就。这个头衔是个人的或世袭的，给予持有者许多特权，包括免除人头税、征兵与体罚。它的授予仍是节制的，也未能满足想要取得贵族身份的人士。

地主本是生活在乡村中的贵族，他们拥有大量的田产和农奴，每年收取地租并以此为生，坐享其成。但在 19 世纪初的俄国，大量地主进入到城市当中，他们一方面仍然可以享受农村地租、怀念农村生活，另一方面又向往城市生活、追求新事物。在两种矛盾的思想和生存背景下，他们中有些人逐渐在现实中改变自己，有的逐渐在守旧中沉沦下去，形成了两种迥然的人生结局，也代表了走向资本主义过程中地主阶层的分化与结局。

19 世纪上半期，农奴制的最主要和最稳固的基地——贵族庄园发生了翻天覆地的变化。大量的贵族庄园的经济结构发生重大变化，由农业经济转向工业经营，其主要原因是农业经济的收入比不上工业产品的收入。此外这一时期沙皇政府鼓励庄园扩大工业企业以提供俄国军队的供应，并且随着俄国城市化的发展，俄国国内对工业产品的需求也随之大大增加。于是越来越多的庄园主从事工业生产，越来越多的人从自然经济中解放出来，沙皇政府政策也加速了这一进程。18—19 世纪交界之际，由于军队和海军力量的加强，沙皇政府大力鼓励地主开办纺织工场。1810—1830 年国内 75.7％的呢绒产品都是在庄园的工场生产出来的。19 世纪前 20 年贵族庄园中不仅生产大量的呢绒，还有很多麻布作坊。除此之外，还有文具纸张、棉花加工、钢绳、皮革、铸铁等工厂。庄园成为了加工农产品（葡萄酒、啤酒酿造，磨面粉，甜菜制糖）的工场。这些工场大部分出现在俄国南部。那些尝试在庄园中实施合理化措施的地主们还很关注其他类似的工场。加工甜菜的地主企业也开始流行起来，并于 30 年代得到了飞速的发展。

19 世纪上半期，庄园经济影响了社会经济的发展。全俄统一市场形成并在国际贸易关系方面取得了显著成绩，许多贵族庄园主在自己的庄园上强化了商品生产，扩大耕种范围，将积压的谷物运到市场上销售。 同时畜牧业也越来越商品化。 这一情况在中央黑土地区尤其明显。 此时庄园已成为商业经济综合体中心。

从19世纪40年代开始，单纯由农民劳动维持庄园企业获利的机会越来越少，其原因是受到商人和农民工厂的排挤——这些工厂建立在雇佣制度基础之上，并且更广泛地推广现代技术。 如果说1804年91%的呢绒厂是依靠农民劳动，那么到1850年这个数字缩小到4%。 麻布工厂数量急剧减少是由于棉布工业的迅速发展，此外蒸汽船的发展使得国外市场上麻帆布的需求急剧下降。① 工业企业的建立改变了庄园的面貌，但主要改变的是其周围情况。 一般情况下，工厂是建立在庄园附近的农村，它要求把附属经营场所同生产、修路（运输原料和产品）、修建工人宿舍等专门的建筑物安置在一起。 与企业主的竞争迫使一些庄园主变革生产方式，提升技术，邀请外国工程师来工作。② 比如，萨马林的瓦西里耶夫斯基庄园就邀请了比利时的技师。

19世纪俄国著名历史学家索洛维约夫认为："俄国人正是从接受西欧的钟表、图画、舒适的四轮马车、乐器和舞台演出等物质文化开始逐渐走向改革的。"③庄园的主人——贵族的生活方式也随着时代的变化，变得更加时尚和多元。

1830年至1850年，俄罗斯庄园模拟欧洲中世纪建筑学风格成为一种时尚。 这种建筑形式体现了一个人的精神理想和对完美的追求。 那些年在庄园建筑报刊中常指出的"英国品味"，有城堡或豪宅式外表的建筑广泛普及。 这样的建筑符合浪漫主义美学的宗旨。 英国人的生活习惯成了模仿的范例，尤其是在庄园建筑文化中有所表现。 建筑空间结构和内部设计合理的英式别墅类型，很显然符合俄罗斯上层社交界精神生活复杂的需求。 阿夫丘里诺庄园直到1840年由波尔托拉茨基（Полторацикий）家族统治了将近50年（从1792年开始），庄园建筑具有浪漫主义特点，带有尖拱形的窗户，还有高高的八棱塔，这些都呈现出英国古老城堡的外观，符合庄园欧化的风格。

19世纪30—40年代，庄园主阶层开始广泛转向工业生产活动。 大中型庄园

---

① *Советская историческая энциклопедия*. Москва, 1963. т. 3. с. 760.
② Водарский Я. Е., Иванова Л. В. *Дворянсткая и купеческая сельская усадьба в России XVI-XX вв：исторические очерки*. М.：Эдиториал УРСС. 2001. с. 340.
③ Соловьев С. М. *История России с древнейших времен*. Москва, 1965. т. 7. с. 135.

农业和工业领域开始了一些带有资本主义特征的活动,受过高等教育的知识分子走在这一活动的最前列,农业技术和自然基础科学得到广泛运用。 在这些活动中,受过高等教育的知识分子群体是最先觉悟者,最先参加试用者,也是西欧先进生产方式的最先引入者、先进设备的最先引入者、西方人才的最先引入者。 毋庸置疑,19世纪上半期,庄园对俄罗斯文化的形成有着很重大影响,其中包括民族文化。

普希金形容19世纪30年代的俄国庄园像"乌鸦喜欢吃死尸"一样没有生气。 庄园的发展能体现出政府对贵族的政策及国内的政治事件。 1812年对很多庄园来说是煎熬的一年,特别是斯摩棱斯克和莫斯科省的庄园主,因为拿破仑的入侵使很多贵族庄园被毁。① 1825年的事件也影响到很多庄园的生活,特别是两个首都周边的庄园。 正如赫尔岑所写的:"十二月党人起义后整个俄国社会发生了翻天覆地的变化,变得很萧条,社会的道德水平下降,社会停止进步,所有先进的有活力的东西都从生活中消失了。"②五年后西方也发生了类似十二月党人起义的事件,法国的六月革命、德国和意大利的农民起义、波兰的社会解放运动和1848年革命。 在紧闭的庄园大门后各种争论如火如荼进行着,探讨着政府方针并幻想着其转变。

19世纪上半期,贵族阶层的价值取向的改变引起了庄园生活的革新。 19世纪40年代,西欧派和斯拉夫派的争论结果表明对生活设施和"优雅"的追求增多了。 彼得堡的杂志开始刊登巴舒茨基(А. В. Башуцкий)写的关于皇村、巴甫洛夫斯克和巴尔克洛夫庄园生活的随笔。 在文学界出现了这样一些涉及生活方式的概念,像"舒适""适合上流社会"等,这在30—40年代末成为西方派和斯拉夫派观点中不可缺少的部分。③ 正是由于这些社会动向和逐渐增强的革命浪潮的影响,许多庄园主的意识中慢慢产生了对传统、腐朽生活方式的质疑。 大多数庄园主,特别是远离首都的,还是守候着自己腐朽落后的庄园。 他们没有跟上欧洲文艺复兴时的个人和社会的个性化、理性化和现实化进程,而西欧社会已

---

① Малышкин Н. И. Источники по истории подмосковной усадьбы в 1812г.// Источники по истории русской усадебной культуры. Ясная Поляна-Москва, 1997. с. 164—165.

② Водарский Я. Е., Иванова Л. В. Дворянсткая и купеческая сельская усадьба в России XVI-XX вв: исторические очерки. М.: Эдиториал УРСС. 2001. с. 361.

③ Там же. с. 362.

经崭露出都市生活的思维方式和个性化特征。①

19世纪上半叶，很多大中型庄园开始流行英国古典文学。19世纪前25年俄国社会进入了英国化时代，英国化影响到城市和乡村生活的各个角落：经济、日常生活、娱乐和阅读。如果庄园主是个英国迷，那么庄园生活就能得到像屠格涅夫在《贵族之家》(Дворянское гнездо)里所描写的变革。从英国归来的拉夫列茨基（Лаврецкий）的庄园里出现了这样的现象："食客和寄生者在庄园里遭到疏远，庄园里不再招待以前的客人，开始接待远方的朋友，庄园里出现了从莫斯科来的新家具、痰盂、摇铃、梳妆台等。仆人们穿上了新制服，家族徽章上添上了这样的题词：高尚品德要符合常理。"②

许多有钱的庄园主开始雇佣外国人或英国人做家庭教师，这体现了庄园明显的现代化进程。在很多庄园，特别是中小型庄园，却仍然墨守成规，周而复始的生活方式没什么大的变化，像奥勃洛莫夫一样生活和思考人生。"奥勃洛莫夫习气成为一种安于现状、不思进取的典范，这是由各式各样的不幸造成的，生病、吃亏、争吵、劳动，在他们看来劳动是一种致命惩罚。"③大部分中型庄园和几乎所有的小型庄园像是一个封闭的世界，这是一个很大的弊端。在这里空暇时最经常做的事情就是闲聊、玩纸牌或者干脆什么也不做。那里最关心的就是起码的生活资料——食品的采购、午饭、晚饭，此外就围着主人的事情和想法转。果戈理的《死魂灵》里的庄园主彼得罗·彼得罗维奇·佩图赫（Пётр Петрович Петух）面对客人无聊的抱怨是这样回答的："一大清早醒来先喝点茶，和管家聊聊天，去鱼塘钓会儿鱼，然后吃午饭，午饭过后别急着睡觉，因为还有晚饭呢，晚饭过后厨师会过来问明天午饭吃什么。怎么会无聊呢？"④

到19世纪40年代在大中型庄园里出现了两种时代碰撞的局面，一种是叶卡捷琳娜二世时期的"彬彬有礼的时代"，一种是随着新社会文化出现和发展而产生的"俏皮活泼的时代"。庄园里在节日、会见和宴会时，退休的叶卡捷琳娜时代的大臣依旧穿着无袖短上衣、长袜子、皮鞋，有时甚至带上假发套。同时庄园主穿西服（燕尾服、西装背心、常礼服）也没什么大惊小怪，他们代表了受英国

---

① Водарский Я. Е., Иванова Л. В. *Дворянсткая и купеческая сельская усадьба в России XVI-XX вв : исторические очерки*. М. : Эдиториал УРСС. 2001. с. 362.

② Тургеев И. И. *Дворянское гнездо*. Москва, 1963. с. 50.

③ Водарский Я. Е., Иванова Л. В. *Дворянсткая и купеческая сельская усадьба в России XVI-XX вв : исторические очерки*. М. : Эдиториал УРСС. 2001. с. 363.

④ Гоголь Н. В. *Мертвые души*. Москва, 1968. с. 336.

思潮影响的新一代。很多庄园里出现的"伦敦式纨绔子弟"成为受过教育的年轻贵族的模仿对象。屠格涅夫的《贵族之家》里的伊万·彼得罗维奇·拉夫列茨基（Иван Пертрович Лаврецкий）从英国回来后在家人面前把自己打扮成一个真正的英国人："留着短发、穿着有大白圆点和很多层领子的长襟礼服。"①

共济会的快速发展及政治影响

共济会作为一种特殊的组织形式，代表着先进的政治理念，在俄国发挥着与西欧完全不同的作用。在西欧，共济会基本上未摆脱同行行会——石匠协会（freemacon）的影子，以类似中世纪的宗教组织的形式，扮演着社会性而非政治性的角色。在俄国，共济会自其迈入俄国门槛，就成为社会精英——有政治抱负的贵族的秘密组织，它迅速发展并传播的不是西欧共济会常见的克己奉公的自我修行原则和扶弱抑强扶助济贫的社会救济原则，而是以"平等""人权""民主""自由"为核心的政治原则和以"自然法""自由神论"为核心的哲学原则，因此它在俄国发挥了思想启蒙的重要作用。而且，俄国共济会不是消极退世和韬晦自保，而是积极进取并大有作为，它对俄国政治变迁产生重要影响，构成了俄国近代以来一种新的非官方政治因素及政治变迁的驱动力。实际上，俄国共济会在19世纪扮演了公民社会的先行者角色，共济会在当时即是最为新型的公共空间，它的组织形式不仅为十二月党人提供了现成的可资借鉴的组织模式，并且对沙皇专制制度和农奴制度的权威发起了极大的挑战。俄国共济会以一种非官方政治新因素的面貌出现，推动了俄国政治现代化过程中其他因素的发展，以自己的思想和行动对俄国近代政治变迁产生了重要影响。

俄国共济会为19世纪30年代俄国哲学思想的产生作了准备，尽管共济会本身并未产生真正的哲学思维。这一时期精神的醒悟产生于共济会氛围中，

---

① Тургеев И. И. *Дворянское гнездо*. Москва，1968. с. 49.

共济会员诺维科夫、施瓦尔茨、洛普辛、加马列依的活动都为这种醒悟做了准备。

1801年,保罗一世被谋杀后,随后登基的亚历山大一世重申了禁止共济会的命令。 不过从1803年开始,共济会分会的数量又开始增长,诺维科夫传统的共济会开始复兴。 俄国共济会得以发展的另一个原因是,这一年亚历山大一世接见了共济会员别别尔(И. В. Бебер),他们之间进行了长时间的交谈,别别尔向亚历山大一世讲述了俄国共济会的本质并请求其撤销禁止共济会的命令。 亚历山大一世后来被别别尔说服,表示:"您刚才对我所讲的这个社团,使我不仅想对其提供庇护,且也使我有了加入它的愿望,您认为可以吗?"别别尔立即回答:"我自己不能给予您答复,但我会召集首都所有的共济会员并向他们传达您的愿望,我相信,您的愿望一定能得到满足。"①

俄国共济会将亚历山大一世看作自己的支柱,看作组织本身能够存在,甚至达到繁荣的保障。 在编写向亚历山大一世致敬的歌曲时,俄国共济会对他的德行极为称赞。 他们甚至指出,亚历山大一世是一个"幸福的守门人与和平的缔造者"②。 他们称赞亚历山大一世,因为他在成为沙皇的同时,还成为了一个普通的人,"他关心属下的幸福,他是沙皇,同时也是一个人"③。 为了表示对沙皇的崇敬,在俄国共济会的各个分会中,共济会员们还经常悬挂起沙皇的肖像。 1819年8月24日,华沙的一个共济会分会就曾通知共济会"斯拉夫之鹰(славянский орёл)"分会有关在分会中悬挂亚历山大一世肖像的事④。

俄国共济会对专制制度持批判态度。 著名共济会员洛普欣在1807年1月4日写给亚历山大一世的信证明了俄国共济会的这种认识。 他在信中谈到,"在俄国,削弱农民对地主的依附关系甚至危险于敌人的进攻,不符合事情的真正状态"⑤。 当然,在表达这一思想的同时,洛普欣也谈到,他希望所有俄国人都拥有自由,但这样做的前提应是不对俄国造成伤害。 他将俄国比喻成一个正在康复的病人,只有穿着病人服才能外出散步并且只能吃医生给他订制

---

① Соколовская Т. *Русское масонство и его значение в истории общественного движения*. Москва,1999. с. 17.
② Там же. с. 17—18.
③ Там же. с. 18.
④ Там же. с. 18.
⑤ Там же. с. 37.

的食品①。

阿拉克切耶夫在得到亚历山大一世信任和重用后,对各级军官进行了审查和撤换,并且安插自己亲信窃据了最显要的指挥官职位。1820年,阿拉克切耶夫任命施瓦尔茨(Ф. Е. Шварц)为谢苗诺夫近卫军团长,他改变了1814年俄国军队西欧之行后在团内形成的人道主义制度,夹鞭刑再度猖獗,士兵人格尊严受到伤害。此外,在施瓦尔茨任职期间,士兵的生活状况也大大恶化。士兵们无法容忍团长的这种迫害。1820年10月16日晚,谢苗诺夫团的"陛下连"擅自集合并控诉团长,有组织地对团长表示抗议。后来连队被命令放下武器,被骗到兵营加以逮捕,然后关进彼得—保罗要塞。在1820年谢苗诺夫团暴动后,由于怀疑其中一些军官同共济会有紧密的联系,亚历山大一世转而对俄国共济会产生怀疑,特别是军队中的共济会组织。1821年,沙皇政府颁布命令,禁止印刷、出版共济会歌曲。同年6月29日,戈里岑(А. Н. Голыцин)公爵通知内务部大臣,要求他禁止共济会歌曲及其他共济会刊物的印刷。书报检查委员会也接到通知,要求他们禁止类似歌曲及作品的出版。至此,亚历山大一世前期对俄国共济会的友好态度彻底改变。

亚历山大一世政府限制俄国共济会行为没有到此结束。1822年8月1日,沙皇政府签署了在全俄禁止共济会活动的命令。不久,俄国共济会领袖穆辛—普希金(Е. С. Мусин-Пушкин)收到了政府禁止共济会的公函。对俄国共济会做出禁止决定的理由是"其他国家各种各样的秘密社团引起了混乱和不安"②。"在其他一些地方,由于一些现存的空想所造成的各种悲剧事件的发生,应当采取一些果断措施,以阻止此类事件可能对国家造成的危害"③。这一理由从某种程度上反映了沙皇政府对俄国共济会组织的担心。因为一方面共济会组织在军队中广泛传播;另一方面,法国大革命后"自由、平等、博爱""世界主义"等思想逐渐为一些人接受。

在关闭共济会分会的同时,沙皇政府还要求所有的共济会员都签署一项责任书,要求他们"将来不参加任何形式的共济会或其他一些秘密组织,无论是在俄

---

① Соколовская Т. *Русское масонство и его значение в истории общественного движения*. Москва, 1999. с. 37.

② Там же. с. 22.

③ Там же. с. 22.

国国内，还是在国外"①。 一些机关也要求其职员签署自己拒绝加入共济会的协定，陆军部就在 1822 年 8 月 17 日发布命令，要求所属近卫军兵团的军官签署类似协定，"陛下希望所有的近卫军军官都在类似情况下忠诚并认真能干，这是那些知道军人的荣誉，全心全意效忠于自己为之宣誓的君主的军人们应有的品质，他们知道，在向君主宣誓后已经没有再次宣誓的自由了"②。

俄国共济会为十二月党人革命提供了组织条件和理论支持。

从共济会的思想谱系和十二月党人的实践来看，在 4 个前十二月党人组织：谢苗诺夫联盟（Семёновская артель，1815）、神圣联盟（Священная артель，1814）、拉耶夫斯基（В. Раевский）的卡梅涅茨—波多利斯克小组（Каменец-Подольск，1816）和奥尔洛夫（М. Ф. Орлов）及季米特里耶夫—马莫诺夫（М. А. Дмитриев-Мамонов）的"俄国勇士勋章"（орден русских рыцарей，1814—1817）小组中，"俄国勇士勋章"小组的发展历程是共济会思想对其产生影响的最为明显的例子。

1815 年，沃尔康斯基（С. Г. Волконский）公爵、洛普欣和维耶利戈尔斯基（М. Ю. Виельгорский）在借鉴了具有共济会秘密组织形式的普鲁士社团"美德之友"（Tugendbund）的组织经验的基础上，发起建立了共济会"三种美德"分会（ложа трех добродетелей и декабристы），这个组织后来成为了十二月党人组织建立的基础。 1817 年，至少有 10 位共济会"三种美德"分会成员同时成为了"救国协会"的成员，包括特鲁别茨科伊公爵、穆拉维约夫—阿波斯托尔兄弟（М. И. Муравьев-Апостоль 和 С. И. Муравьев-Апостоль）、穆拉维约夫、彼斯特尔、穆拉维约夫（А. Н. Муравьев）、沙霍夫斯基和诺罗夫（А. С. Норов）。

从新组建的共济会"三种美德"分会的社会组成来看，军人在分会中占据了多数席位，军衔包括从少尉到少将都占有一定比例，其中主要是出生于显贵家庭的近卫军军官，他们中间的很多人早在俄法战争，俄国军队远征国外的时候，就加入了共济会组织。 从他们的年龄分布来看，多数人都在 19 到 58 岁之间。"三种美德"共济会分会的大多数成员拥有很高的共济会员级别。

十二月党人的一些领袖，如彼斯特尔，后来承认了加入共济会这一事实：

---

① Соколовская Т. Русское масонство и его значение в истории общественного движения. Москва, 1999. с. 22.

② Там же. с. 23.

"1812年初,我加入了共济会,属于一个位于彼得堡名为'埃米斯联盟(Amis reunis)'的共济会分会。1816年我转入了'三种美德'共济会分会,因为在这个分会中使用的是俄语,而在'埃米斯联盟'分会中使用的却是法语"①。穆拉维约夫也在1817年4月17日成为了"三种美德"共济会分会的成员,1818年,他更是成为了共济会"三种美德"分会的一个师傅级别的共济会员。一些涉及十二月党人的日记也证明了穆拉维约夫加入共济会这一事实,"共济会在当时是一种很时髦的现象,穆拉维约夫,作为当时的一个热情洋溢的、富有想象力的年轻人,在共济会中看到的是某种人类的智慧的完善,建议所有的人都加入共济会。他尽力并成功地成为了共济会'三种美德'分会的领袖"②。十二月党人的另外一名领袖 С. И. 穆拉维约夫—阿波斯托尔也1819年1月2日加入了"三种美德"共济会分会,而在此之前的1815年,М. И. 穆拉维约夫—阿波斯托尔也加入了这个分会,成为了一名学徒级别的共济会员③。由此看来,"三种美德"共济会分会的会员构成了十二月党人的第一个正式组织"救国协会"的重要组成部分。共济会员彼斯特尔在吸收了数十个军官加入"救国协会"后,更参与制定了"救国协会"的章程。

穆拉维约夫加入共济会"三种美德"分会后,"救国协会"的一些成员逐渐控制了它的几乎所有的领导职位,由此,共济会"三种美德"分会开始了十二月党人的充实时期。而在这之前的1816年12月19日,近卫军被迁往莫斯科,许多共济会分会中开始停止使用法语而代之以俄语,这表明俄国共济会中的民族意识开始增强,共济会"三种美德"分会的十二月党人影响由此得到加强。

十二月党人吸取了俄国共济会中保守派的严格管理制度。不过,十二月党人在利用俄国共济会为其服务的同时,对共济会内部存在的自由主义及保守主义派别的态度方面有所不同。以彼斯特尔为代表的激进主义者,对俄国共济会中持自由主义观的分会缺乏好感,如共济会"义神星"分会等,他们更喜欢地方分会中的保守派。因为"义神星"分会中的无政府主义和无原则性决定了它不适合革命工作。相反,那些持保守主义的地方分会却建立在严格纪律和无条件的下级服从上级基础之上,这对组织革命工作来说更加适合。更主要的是,在这

---

① Соколовская Т. *Русское масонство и его значение в истории общественного движения.* Москва, 1999. с. 159.

② Там же. с. 161—162.

③ Там же. с. 161—162.

样的共济会等级体制下,高一级会员影响低一级会员成为可能。

俄国共济会对十二月党人的影响是深远的。从十二月党人的组织发展来看,不但在"救国协会"时期,在"幸福协会"时期,十二月党人都从共济会员那里借用了阶梯式的组织结构和管理手段①。俄国共济会的"兰开斯特"式互教思想也对幸福协会产生了很大的影响。十二月党人在"俄国文学爱好者自由协会"(Вольное общество любителей российской словесности)和"互教学校自由协会"(Вольное общество учреждения училищ взаимного обучения)中推广互教法,即教员免费给一批能力较强的学生上课,然后由这些学生立即把在课堂上学到的知识教给没有学过的学生。如此,教会10至15人,便会很快传授给100多个别的学生。互教法在军队中发挥过很大的作用,根据苏联学者涅奇金娜的数据,幸福协会通过互教法在彼得堡教育了上千人,在南方教育了1500多人。沙皇政府侦讯委员会搜查到的互教法学校的"地理"笔记,证实了俄国共济会互教法对十二月党人宣传立宪思想的影响力,其中记载:"立宪政权是这样一种政权,那里人民在君权之下,自己给自己制定法规进行管理,人民推举的代表保护自己的法律神圣不可侵犯。这种政权是最好的、最新的政权"。对"幸福协会"来说,将俄国共济会的标志物之一——蜂房印到自己的出版物上具有重要的语意内涵,因为在俄国共济会看来,"在我们的组织内部没有嫉妒的心态,我们仿效蜜蜂的优秀榜样,它们齐心协力地建设自己的公共财富而相互之间没有嫉妒,它们都均匀地从盛开的鲜花丛中采集蜂蜜"②。

十二月党人起义被镇压后,在随后的司法侦讯和审判中,沙皇政府查明革命者中有相当多的人士是共济会员。沙皇尼古拉一世于1826年发布命令,重申了禁止俄国共济会的决定,禁止所有军职人员、贵族等加入共济会。

俄国共济会在遭禁后的秘密状态下仍然产生了很大的影响,一些政府官员甚至希望通过劝说来使尼古拉一世承认俄国共济会的合法地位。1828年1月12日,一个参议员就曾通过皇太子亚历山大二世转交给尼古拉一世一封信,信中建议他以秘密的方式允许俄国共济会继续自己的联系,因为他们"比公开的共济会组织更为有害,对于公开的共济会组织,政府至少能够进行监督……如果什么时候共济会以公开的形式存在,那么,它还可以处在地方领导的监督之下,而如果

---

① Богданов С. И. *Российский гуманитарный энциклопедический словарь*. Москва, 2002, т. 2. с. 431.
② Соколовская Т. *Русское масонство и его значение в истории общественного движени*. Москва, 1999. с. 163.

让它继续藏匿于人们心灵深处的话，也就等于让它逃避了所有可能的监督，而这一点将使它成为密谋的工具"。①

被禁后的共济会对俄国知识阶层的思想也产生了重要影响。1845年，巴枯宁先后加入了巴黎和意大利的共济会组织，1865年4月3日，他被授予意大利共济会分会的第32级职位。受共济会思想的影响，巴枯宁的思想带有明确的反宗教色彩。在他加入共济会后，甚至还写了一篇与共济会相关的文章，在其末尾附了一份《共济会教义问答》(Масонский катехизис)的草稿，上面宣称信仰人格化的上帝同理性与人类自由不相容。不过，对巴枯宁而言，共济会对他发生的作用，更多表现为一种形式。在给自己朋友的信中，巴枯宁认为，"不要认为我曾经很认真地加入了共济会，或许，作为一种伪装或身份，加入这种组织是有益的，然而对于寻找自己的事业来说，加入共济会比在自己的错误中寻找安慰还要糟糕"②。19世纪50年代后，很多俄国共济会员将其活动转移到了国外。法国是俄国共济会员比较集中的地区之一。虽然他们此时的力量还没有达到在俄国恢复共济会组织的程度，但正是他们孕育了20世纪初俄国共济会重新恢复的萌芽。

思想交锋：乌瓦罗夫等人的保守思想

19世纪40—60年代，俄国思想界的围绕着专制制度农奴制度的兴亡存续展开了思想大交锋，乌瓦罗夫和他的"官方国民性"代表了保守阵营的意识形态和政治主张，而别林斯基和赫尔岑则代表了激进知识阶层阵营的革命主张。

乌瓦罗夫于1786年8月25日出生于彼得堡古老的贵族家庭。15世纪这个家庭开始发迹，他的父亲曾担任叶卡捷琳娜二世的宠臣波将金的副官。2岁时，父亲去世，他随母亲改嫁库拉金公爵(Куракин)。乌瓦罗夫自幼年即接受了极好的家庭教育，掌握拉丁语和现代欧洲语言共7种，在希腊历史和文学方面极具

---

① Соколовская Т. Русское масонство и его значение в истории общественного движения. Москва, 1999. с. 24.

② 卡尔：《巴枯宁传》，宋献春等译，中国人民大学出版社，1985年，第323—324页。

帝国风暴：
大变革前夜的俄罗斯

天赋，为此持续学习希腊语 15 年。 与那个时期的大多数贵族家庭子弟一样，乌瓦罗夫没有接受正规高等教育的经历，只是 1801—1803 年在普鲁士的哥廷根大学旁听课程。 1853 年他在退休后通过自学获得了硕士学位，论文内容是关于保加尔人的起源问题，随即又开始了博士论文的撰写，直至病逝。 他以德语和法语著有关于古典学、希腊历史与哲学、罗马历史和东方学的著作 20 余部（篇），如《论伊琉欣努宗教仪式之迷》(Об Элевзинских мистериях) 和《亚历山大皇帝与拿破仑皇帝》(Император Александр и Бонапарт)。

1801 年，乌瓦罗夫进入沙皇政府外交部工作，1806 年任职驻维也纳宫廷的外交官，随后又长期担任俄国驻法国大使馆秘书。 他长期在欧洲生活和工作，他曾与诗人歌德、普鲁士著名学者和教育家洪堡、普鲁士著名政治家和君主主义者斯坦因(Heinrich Friedrich Karl Reichsfreiherr vom und zum Stein)、拿破仑家族成员但为俄国服务的将军波错·德·波尔哥伯爵(Поццо ди Борго)、法国著名作家夏多布里昂(Franois-René de Chateaubriand)、鲁普士哲学家——浪漫主义代表人物拜登(Franz Xaver von Baader)、普鲁士旅行家——在俄国发现"村社"的哈克斯特豪森等著名人物交往。 "按其文化和知识类型，他是一个不折不扣的欧洲人。 他完全理解，并更愿意俄国的下一代继续接受欧洲的教育"。① 斯佩兰斯基称他是"俄国第一个有教养的人"。 他是"阿尔扎马斯协会"的主要倡议者，他主张改革俄罗斯语言，使其适应俄国社会巨大变迁的需求。 乌瓦罗夫是著名的古典学家和语言学家，他在希腊和罗马历史学和语言学方面成就显著，获得许多欧洲国家科学院的荣誉会员的称号。 1810 年，乌瓦罗夫与国民教育大臣拉祖莫夫斯基(А. К. Разумовский)的女儿结婚，由此进入俄国学术界。 他在 1811 年被选为彼得堡科学院荣誉院士，在 1831 年被选为俄罗斯科学院院士。 他是"历史和俄国古迹协会"(общество истории и древностей российских)会员、"敖德萨历史和古迹协会"(одесское общество истории и древностей)会员、"圣弗拉基米尔帝国大学协会"(общество Императорского университета св. Владимира)会员、"俄国皇家地理协会"(императорское Русское географическое общество)会员。 他还是"法兰西学院"(национальный институт Франции)院士、"哥廷根和哥本哈根皇家科学协会"(королевское общество наук

---

① Уваров С. С. Доклады министра народного просвещение С. С. Уварова императору Николаю I // *Река времен*. Вып. 1. Москва，Эллис Лак, 1995. с. 68.

в Геттингене и Копенгагене）会员、"马德里皇家历史协会"（королевское историческое общество в Мадриде）会员、"法国手稿和语言科学院"（французской Академии надписей и словесности）成员和"巴西历史和地理协会"（историко-географическое общество Бразилии）成员。他从1818年起担任彼得堡科学院院长，他在任职仪式上发表了颇具自由主义的言论，文学家格列克（Н. И. Греч）评论：后来"他让自己变成了堡垒。"他担任彼得堡科学院院长职务直到1855年9月4日在莫斯科去世。

乌瓦罗夫是尼古拉一世时代的著名的政治家。1824年，他被任命为文职将军（статский генерал），同一年成为彼得堡学术界的领袖。他主持了彼得堡中央师范学院的教学改革以及贵族中学和县级技术学校的教学计划改革，在大学设立了特别的系科为初级和中级学校提供师资。他的教育改革设想与新任国民教育大臣戈利岑（А. Н. Голицын）发生冲突，后者得到亚历山大一世的宠臣阿拉克切耶夫的支持，乌瓦罗夫不得不辞去职务，转到财政部，进入工场和国内贸易司（департамент мануфактур и внутренней торговли）和土地商业银行（заемный и коммерческий банк）任职。1826年，他被任命为枢密官和国务会议成员，正是在这一年，他检讨了自己以前的自由主义思想，在政治上转向保守和维护旧制度。随着尼古拉一世登基，乌瓦罗夫的政治命运发生转机，他回到了国民教育部，与国务秘书（статс-секретарь）和内务副大臣达什科夫（Д. В. Дашков）一起起草了被称为"铸铁书报审查法"的俄国第一部书报新闻检查法。1832年，乌瓦罗夫担任国民教育副大臣。1833年，他被沙皇尼古拉一世任命为国民教育大臣和书报检查总局（главный управление цензуры）主席职务，终于实现了他青年时代的梦想，他担任国民教育大臣15年之久（到1839年止）。1846年，乌瓦罗夫获得公爵称号。他以极其鲜明的政治保守主义立场著称于世。他实际扮演了19世纪30年代初至50年代中期俄国官方意识形态代言人的角色，他的政治主张影响了这一时期俄国的政治走向，也影响了沙皇尼古拉一世的政治选择。他的同时代人、著名历史学家索洛维约夫（С. М. Соловьев）评论："在这个人那里，内心的特点与他的聪明完全不符，他与人谈话时表现得出的聪明让人赞叹不已，然而，他同时表现出的是极端的骄傲和虚荣。"①

---

① Шикман А. П. *Деятели отечественной истории. Биографический справочник.* Москва, 1997. с. 132.

帝国风暴：
大变革前夜的俄罗斯

整个 18 世纪，自彼得一世始，俄国最高统治者强调俄国和自身的"欧洲面貌"，并且以此来塑造自己的形象和身边的贵族形象。 俄国官方思想家也从欧洲的文学、哲学和美学等思想宝库寻找思想武器来证明俄罗斯帝国和俄罗斯国家性的合法性依据。 叶卡捷琳娜二世、亚历山大一世和尼古拉一世不得不接受这个"权力方案"（властная сценария）。 但是，经过了一个世纪的欧化历程，俄国保守君主派（以乌瓦罗夫和卡拉姆津为代表）和激进革命派（以赫尔岑、别林斯基为代表）共同发现了彼得一世与叶卡捷琳娜二世倡导和实践欧化（西化）的弊端：导致俄国社会上层和下层从思维观点和生活方式的两极严重分化，导致俄罗斯民族和文化的无根基性特点，导致了俄国发展道路无方向性特点。 保守主义者更是看到了"自由""人权""民主"和"宪政"思想随着欧洲文化传入，并认为它是导致俄国社会和国家动荡的根源所在。①

乌瓦罗夫的"官方国民性"理论最早出现在 1832 年关于莫斯科大学的教育计划中，其完整表述主要来自两份他亲自撰写的文件：一份是 1833 年 11 月 19 日，乌瓦罗夫提交给尼古拉一世一份长达 10 页（俄文）的报告书《关于一些强化国民教育部管理的普遍原则》，这份文件保存在"国立历史博物馆书写资料分部"（отдел письменных источников Государственного исторического музея-ОПИГИМ）。② 另一份是 1843 年完成并发表在《国民教育部杂志》上长达 20 余页的《国民教育部的十年》（Десятилетие министерства народного просвещения. 1833—1843）③。《国民教育部的十年》分为四个部分。 第一部分是"自 1833 年以来帝国教育体系的主要原则和发展"。 第二部分是"教育机构的部分部门的改革"。 第三部分是"关于学术机构的成绩、科学和文学成果的看法"。 第四部分是"物质方式、资金、建筑和学者数量的发展"。

在 1833 年提交沙皇尼古拉一世的报告书的开头，乌瓦罗夫就明确地表示："由于您至高无上的皇帝陛下的旨意我出任国民教育大臣职务，我应该用一句口号反映我的职责，即：国民教育应该在东正教、专制制度和民族性的结合思想中

---

① Richard Wortman, *Scenarios of Power: Myth and Ceremony in Russian Monarchy*. Vol. I. From Peter the Great to the Death of Nicholas I. New York, Princeton University Press. 1995. p. 233.
② 编目号为 Ф. 17, оп. 1, д. 38. лл. 12—18.
③ Уваров С. С. *Избранные труды*. Москва, 2010.

得到完善"。①

乌瓦罗夫写道:"欧洲普遍发生了宗教和世俗机构的堕落,这仅仅是毁灭性的开始。俄国迄今仍幸运地保留了对其本身固有的宗教、道德和政治观念的热忱信念。这些观念和它的民族性的神圣遗迹给了它的未来一个保障。将其集合成为一个完整的、拯救我们的铁锚,是当代政府,包括我所领导的部门的任务。但是那些零散和表面教育的、不切实际的原则和不成功经验,那些没有共识和没有关注的原则,在最近30年内面临不间断的、长时间持续性的挑战,在目前情况下,它们仍然是适用的吗?我们来得及把那些好东西纳入普通教育体系,即把我们时代的优势和过去的传说和未来的希望联系在一起吗?怎样建立我们的适应我国秩序和有别于欧洲精神的国民教育?以什么样的原则对待欧洲教育,对待欧洲思想,没有上述东西我们不能运转,但是没有人为的遏制我们怎么对待迫在眉睫的死亡威胁?谁的手有力量和有经验,能够在失序的边缘持有智慧的力量,以及平息将破坏整体结构的力量?这是整个国家的使命,是我们不能拖延的使命,因为它决定了祖国的命运,这个使命是那样的困难。一个简单的句子就会导致令人惊讶的结果。在深入思考俄国自身固有的问题和寻找可行原则之后,每一块土地和每一国人民都有自己的帕拉斯(Палладиум,雅典娜智慧女神),我豁然开朗了,俄国如果没有下列的原则就不能被认为是幸福的、有力量的和活生生的,即我们拥有三个主要的东西:东正教、专制制度和国民性。"②

乌瓦罗夫强调正是由于这三个基本原则的作用,俄国人民才笃信东正教和忠诚沙皇,而东正教和专制制度成为俄国生存的不可分割的基本条件。民族性是加强民族传统和抵御外来文化影响,尤其是与西方自由思想、个性自由、个人主义、激进主义对抗的常胜工具。东正教是抵制"自由思想"(вольнодумство)和"恶意煽动"(смутьянство)的最好武器。这三个原则实际上是模仿俄国古老的格言"为了信仰!为了沙皇!为了祖国!"(За Веру,Царя и Отечество!)。他经常说的另一句话是:"用俄国方式能更好理解俄国人!"(лучше знали Русское и по-русски)

乌瓦罗夫认为俄罗斯是完全不同于欧洲国家和民族的独特的民族和国家,它

---

① Уваров С. С. Доклады министера народного просвещение С. С. Уварова императору Николаю I. // Река времен. Вып. 1. Москва,Эллис Лак,1995. с. 70.

② Там же. с. 70.

拥有所有国家和国家生活的基本特征。俄罗斯民族有自己的特殊政权机构和保留了父权的美德并且有鲜为人知的古老的信念。首先，俄罗斯民族是虔诚信仰的民族，俄国人日常生活中充满了对皇权和政府的信任和服从。农奴制本身即是俄罗斯优秀传统，它保留了许多古代宗法，"好的地主会比农民自己更好地保护农民的利益"。

乌瓦罗夫在《国民教育部的十年》中强调："我们共同的责任在于使国民教育符合至尊圣上的意愿，促成东正教、专制制度和民族性精神三者合一""当宗教与各种政府制度都在欧洲急速地崩溃，当腐蚀性的邪恶思想在泛滥着，在面对环绕我们四周的罪恶现象时，我们一定要将祖国建立在一个基于人民幸福、力量与生命的坚固基础上。我们一定要找出形成俄罗斯民族特性、也只属于俄罗斯人民特殊性格的原则是什么。我们一定要将俄罗斯民族特性中的神圣传统，凝聚成为一个整体，把它解救我们的铁锚紧紧地捆绑在一起。非常幸运，俄国一直维持着忠诚的信仰。俄罗斯人民虔诚地、紧密地在一起依附着他们祖先的教堂。他们从古以来，就信奉教堂是保障家庭与社会幸福的依靠。对自己祖先的信仰不尊敬的话，个人与整体民族都会灭亡。挚爱社会的俄国人都会同意，沙皇皇冠上的一串珍珠被偷窃的结果，远赶不上我们正统信仰中任何一个单一信条被破坏的严重性。君主专制造成了俄国在政治上生存的主要条件。巨大的俄罗斯，屹立在这个伟大象征的基石之上。沙皇陛下的无数臣民都感受到它的真理：他们可能因生活环境而处于不同的地位，或因教育的高低与政府关系有疏密之感，但他们对于只有一个强壮、仁慈与开明精神的君主专制才能保障俄国人民生命的坚固信念，却是完全一样的。这些坚守的信念，一定要充实在所有的教育之中，与教育同时成长。与这两个原则连接在一起的，但重要性绝不低于前者的，力量上也绝不逊于它们的，是俄罗斯的民族特性。"①

在谈到农奴制问题时，乌瓦罗夫认为它本身即是俄罗斯文化的最好体现，它是延续俄国伟大传统的支柱。他认为政治信仰就像是宗教信仰一样，有它不可侵犯的信条，"在我们国家里，它们就是君主专制政体与农奴制度"。如果农奴制度被废除，必然会引起灾难性的结果，不仅导致国家和民族灭亡，而且导致俄罗斯文化传统沦陷。因此，"农奴制度的问题与专制政体，甚至与君主制度体

---

① Уваров С. С. Десятилетие Министерства Народного Просвещения（1833—1843）. Санкт-Петербург, 1864. с. 2—3.

系，紧密地连接在一起，它们是同时发展而成的两种平行力量，两者具有同样的历史起源，两者也都具有同样的法律地位。不论人们如何去想，农奴制度确实是存在着的。如果一旦将其废除，必将导致贵族阶层的不满，促使他们从别的地方来取得补偿。他们能找到补偿的地方，除了专制制度范围之内的，不可能会有别的地方。彼得一世的基业必因此被毁灭。农奴制度像是一棵树，它的根基悠久地蔓延着，同时庇护着教堂与沙皇的职位。"①这一句话是最让尼古拉一世赞赏和信服的，因为他始终担心贵族阶层像贵族出身的十二月党人一样再次掀起全俄性的反叛浪潮，导致全国性的混乱，因此他坚决反对废除农奴制度。乌瓦罗夫的三原则论被后人称之为"官方国民性"。

美国学者沃兹曼（Richard Wortman）认为："'官方国民性'是俄罗斯思想与西方形式结合的尝试，它利用了在西方盛行的'欧洲君主权力神授'的神话为己所用。'官方国民性'使俄国君主制免于启蒙思想的侵扰，启蒙思想从前在意识形态和权力圣象话语体系中有着决定性作用，因此保存了君主作为世俗之神的彼得神话。'官方国民性'的历史叙事的框架仍然是线性的，追随卡拉姆津的叙事模式。因此，尽管19世纪初进行了改革，但独裁政治和专制主义原则仍然是在俄国历史中发挥拯救作用。正是由于这个原则才使俄罗斯帝国取得现在的强大，才能打败拿破仑，才能使俄国君主制转化成为万能神的武器。……官方作家就把民族思想归结为帝国思想。他们制造了瓦良格人在俄国历史上促成中央集权政治体制国家的一系列神话，它的典型例证就是尼古拉斯一世的君主制。"②法国贵族和君主主义者久斯金男爵（Астольф Луи Леонор де Кюстин/Astolphe-Louis-Léonor de Custine）应沙皇尼古拉一世的个人邀请于1839年来俄国旅游，后来出版了旅行笔记《1839年的俄国》（Россия в 1839 году/La Russie en 1839）。在书中他向欧洲展现了一个与欧洲国家完全不同的国度，称俄国是一个"野蛮"和"奴隶"的国度，整个国家被笼罩在可怕的"官僚暴政"之下。他评价尼古拉一世："君主甚至在血缘上都比一般的俄国人多一些德意志血脉。"③

---

① Уваров С. С. *Десятилетие Министерства Народного Просвещения*（1833—1843）. Санкт-Петербург，1864. с. 2—3.

② Вортман Р. Официальная народность и национальный миф российской монархии XIX века// *РОССИЯ/RUSSIA*. Вып. 3(11)：Культурные практики в идеологической перспективе. Москва，ОГИ，1999. с. 233—244.

③ Л. де Кюстин. *Россия в 1839 году*. Москва，1996. т. 1. с. 180.

在乌瓦罗夫的理论中，俄国君主制终于找到了合适的民族思想起源。在唯心主义时代，民族概念必须确定为一系列的原则和思想，并有助于理解概念本身。因此，当代俄罗斯历史学家佐林（А. В. Зорин）评价，尽管乌瓦罗夫的"官方国民性"理论是反启蒙运动的，但是他使用的方式却脱胎于西方启蒙哲学和唯心主义哲学。乌瓦罗夫充分认识到了确立俄罗斯帝国的意识形态和理论范畴的复杂性。作为1830年法国革命的见证人，乌瓦罗夫承认东正教和专制制度是历史原则，另一方面是东正教、专制制度和国民性三者存在矛盾关系。因此，他在给尼古拉一世报告书中写道："尽管彼此冲突，但是他们忍受了，因为他们有着共同的生活，并且能够形成联盟和共同胜利。"①

乌瓦罗夫继续了18世纪的传统，确定专制制制度是一种建立和保存俄罗斯国家的体制。乌瓦罗夫从来没有说过君主制的神圣性，专制制度对于他来说是"帝国的存在的必要条件"，东正教对于乌瓦罗夫来说，不是神的启示，而是作为一个"保证幸福的社会和家庭"的源泉。俄罗斯人忠于自己的国家，"既来自于我们的东正教的启示，也来自于莫诺马赫王冠上的珍珠的'吸引'（похищение）"。乌瓦罗夫断定"俄罗斯民族不是种族（этнос），而是以对自己政权的无限忠诚联合在一起的文化共同体（сообщество），在这一点上俄罗斯民族完全区别于受启蒙主义堕落哲学影响的西方民族。"②

乌瓦罗夫的"官方国民性"的主要拥护者、历史学家波戈金（М. П. Погодин）解释："瓦良格人来到我们这里，但是自愿选择，至少不是作为西方的侵略者，从此播下俄罗斯国家的第一粒种子和粮食。"③波戈金强调俄国人邀请瓦良格人做他们的领导人，服从并且爱戴他们，因此俄国专制制度具有民族起源。而在西方国家，民族国家出现之前，野蛮的征服和冲突已成为他们的历史的一个组成部分。因此，俄国人的历史从最初就与西方人和欧洲国家完全不同。

谢维廖夫（С. П. Шевырёв）是著名文学评论家和历史学家，他还是19世纪上半期著名刊物《莫斯科观察家》的主编，与波戈金联合主编《莫斯科人》杂志。1838—1840年，他在欧洲考察，在柏林、慕尼黑、巴黎和伦敦旁听大学课

---

① Зорин А. Идеология «православия-самодержавия—народности»: опыт реконструкции//*Новое литературное обозрение*. Москва，1997. № 26. с. 98.

② Там же. сс. 86—87，92—101.

③ Погодин М. П. *Историко-критические отрывки*. Москва，1846. с. 6—8.

程，与欧洲许多著名学者交流，并且还于 1840 年获得了巴黎大学的哲学博士学位。他被选为雅典艺术协会会员和阿格拉姆①（Агрaм）语言学会会员，回国后进入莫斯科大学执教，曾经担任莫斯科大学哲学系主任和历史学教授，是当时极有影响的知识阶层代表人物。谢维廖夫赞同乌瓦罗夫的"东正教、专制制度和国民性"的"三原则论"，他将其称为"三项基本的纯正的感情"。他以自己在欧洲交游时的感受赞颂俄罗斯民族的感情和民族自豪感，强调欧洲没有任何一个国家，能像俄国一样民风纯朴、政风清和。他认为东正教是维护俄罗斯的真诚感情，它是俄罗斯人的道德生活准则，也是保佑与解救俄国国家危机的屏障。东正教是保证普通百姓与沙皇紧密联系的武器，东正教信仰与专制制度政权结合即成为俄罗斯民族的民族特性。谢维廖夫表示："不论是身在祖国或是在欧洲各地，凡是一听到俄罗斯民族这个名词时，我就会有一种宁静的感觉。这主要的原因是人民对上帝、教堂的彻底信服，与他们对沙皇同样的奉献与遵从的两个不同观念，已经在俄罗斯民族这个名字中紧密地融合在一起了。"②因为，俄国是基督教国家，俄罗斯民族是基督教徒和上帝的选民，俄罗斯民族是最虔诚的、最敬畏上帝的民族，同时也是最坚强的民族。

丘特切夫是 19 世纪俄国最著名的诗人，其荣誉与普希金齐名。他出生于奥尔洛夫省一个古老的贵族家庭。丘特切夫从 14 岁开始写诗，并成为俄国文学爱好者协会的成员，1818—1822 年就读于莫斯科大学语文系。他兴趣广泛，爱好文学、历史、哲学，也喜欢数学和其他自然科学。丘特切夫大学毕业后到外交部任职，1822 年起先后在俄国驻慕尼黑、都灵等地的外交机关任职 22 年，曾与著名哲学家谢林和诗人海涅（Christian Johann Heinrich Heine）相识，海涅称他为自己的挚友。正是因为长期在欧洲居住并且对欧洲文化有深刻的了解，才使得他对俄罗斯文化极为珍视，并成为斯拉夫派和俄罗斯民族主义的代表人物。他留传与世最有名的诗作是："用理智是无法了解俄罗斯的，用一般的尺度也无法衡量它，她具有独特的气质，对俄罗斯只能信任。"③他认为俄国君主具有双重不

---

① 现为克罗地亚的首都萨格勒布（Загреб）。
② Nicholas Riasanovsky, *Nicholas Ⅰ and Official Nationality in Russia*, 1825—1855. Berkeley-Los angelos-London, University of California Press. 1959. p. 125.
③ 俄文原诗：Умом Россию не понять, Аршином общим не измерить: У ней особенная стать—В Россию можно только верить.

可分割的性格,一方面沙皇代表了神的旨意,有权完全并绝对地统治他的臣民;另一方面他自身毫不保留地臣服于上帝的威慑之下,与他的臣民一样怀着虔诚之心,勤勉为正,为民请命。 即"俄罗斯人民肃穆与安详的虔诚、对沙皇毫无保留的奉献、对权威的服从、坚韧的忍耐性、透彻并且充实的智慧、一个善良却又好客的灵魂、乐天的脾气、在最危险的时刻都能保持着的勇气以及对国家的骄傲感等特性,使他们产生了一个坚定的信念,这就是没有另外一个比俄罗斯更好的国家,也没有任何一个君主会比东正教沙皇更具有权威。"①

思想交锋:别林斯基的革命主张

别林斯基(1810—1848年)出身于神职人员阶层,他的祖父是下洛莫夫县别雷尼村的神父,因此姓氏即为别雷斯基(Белынский),后由别林斯基改为别林斯基(Белинский)。 别林斯基的父亲是海军军医,退役后回老家奔萨省行医。1829年夏,别林斯基考上莫斯科大学语文系的公费生的名额。 别林斯基组织了"五人小组",经常"谈论文学、科学和其他有价值的事件,每次分手时,思想上都有收获"(别林斯基语)。② 然而,1832年别林斯基因创作了一部"思想偏激"的悲剧被大学开除。 别林斯基暗下决心,"尽管遭到命运的残酷戏弄,但我不论何时何地都永远不会消沉……我不但不埋怨自己的不幸而且还为此感到高兴:我凭自己的亲身经验得知,不幸的磨炼是良好的磨炼。"③

著名传记作家安年科夫回忆:"别林斯基往往炽烈如火,而不近人情……"④

1839年,别林斯基接受《祖国纪事》的邀请,从莫斯科来到彼得堡,正式进入俄国思想文化界。 1840年,别林斯基满怀信心地瞩望俄国的未来:"我们羡慕我们的孙子和曾孙们,他们命定要瞧见1940年的俄国,将站在文明世界的首要

---

① Тютчев Ф. И. Полное собрание стихотворений в двух томах. М.:Издательский центр «Терра»,1994. т. 1. с. 3—4.

② 普罗托波波夫:《别林斯基·杜波罗留波夫·皮萨列夫·冈察洛夫》,翁本泽译,海燕出版社,2005年,第24页。

③ 同上书,第28页。

④ 柏林:《俄国思想家》,彭淮栋译,译林出版社,2001年,第228—229页。

地位，做出法律、科学和艺术方面会接受全体文明人类致敬的礼物。"①

与斯拉夫派不同的是，别林斯基首先指出了俄罗斯民族性固有的落后特质。他认为"（俄国）神圣地保留着祖先的简单而粗野的风尚，真心真意地认为外国习俗是魔鬼的妖术"，在整个人类向前突飞猛进地发展的过程中，俄罗斯"民族的齿轮一点也追随不上生活的进程"②，他严厉地批判了俄罗斯的愚昧、落后和不知进取；但是，别林斯基更强调民族独特性、优越性的至上意义，即一方面强调俄罗斯民族的独特性是不可取代的，一方面又指出，俄罗斯人"不应该忘记自己的长处，我们要善于因自己的民族性、因本国人民个性的基本要素而骄傲"③。

而与完全意义上的西化论者不同的是，别林斯基在承认彼得一世欧化改革的合理性的同时，也曾指出彼得一世过于强硬地引入西欧文明是对民族文化的"玷污"。虽然别林斯基十分尊崇彼得一世的英明神武，赞叹彼得对推动俄罗斯欧化进程的功绩；但他也曾尖锐地指出，俄国单纯借用"欧化形式"所做出的一切事物，最终都只能变成"近似欧洲人的貌合神离的效颦之作"④。他认为在这一点上，彼得也未见是正确的。

别林斯基对过于激进的"西化"主张其实是持否定态度的，他早期所主张的"西方化"，其实质是在专制皇权主导下的、改革性质的西方化；同时，虽然别林斯基主张用西欧的文明来"教化"国人，认为"俄罗斯的一切希望寄托在教育上"⑤，但是这种"教化"又必须要"以审慎的节度、由衷的信念去接受"，并且"不得凌辱神圣的、祖先传下的风尚"。⑥ 可见，别林斯基的西方化主张与其对俄国传统的信仰之间，是存在折中倾向的。 他认为，俄国人在学习西方的同时，

---

① 涅奇金娜主编：《苏联史》，刘祚昌等译，第 2 卷第 1 分册，生活·读书·新知三联书店，1957 年，第 222 页。
② 别林斯基：《文学的幻想》//北京大学哲学系外国哲学史教研室编译：《十八—十九世纪俄国哲学》，商务印书馆，1987 年，第 232—235 页。
③ 别林斯基：《评瓦·茹科夫斯基的〈鲍罗廷诺纪念日〉》//北京大学哲学系外国哲学史教研室编译：《十八—十九世纪俄国哲学》，商务印书馆，1987 年，第 257 页。
④ 别林斯基：《文学的幻想》//北京大学哲学系外国哲学史教研室编译：《十八—十九世纪俄国哲学》，商务印书馆，1987 年，第 237 页。
⑤ 普罗托波波夫：《别林斯基、杜勃罗留波夫、皮萨列夫、冈察洛夫》，翁本泽译，海燕出版社，2005 年，第 43 页。
⑥ 别林斯基：《文学的幻想》//北京大学哲学系外国哲学史教研室编译：《十八—十九世纪俄国哲学》，商务印书馆，1987 年，第 237 页。

必须保留俄罗斯传统的习俗,并且一定要以完善俄罗斯民族的特性为目的,借对西方文明的吸收,来补本民族的不足。别林斯基声称,"俄国所负的使命,是不但要把欧洲的生活的因素,并且还要把全世界生活的一切因素兼收并蓄",并且,这种对全世界生活因素的吸取的最终目的,是构建俄罗斯民族的独特性,让俄国人更好地"做俄国人"。①

对别林斯基"以强调民族性为前提的西化"思想主张的原因进行简单分析后可以发现,从外部来说,它根源于西欧启蒙思想的传入和拿破仑战争后民族主义思潮的影响;而从内部来说,这是俄国知识阶层对愚昧的社会现实的强烈反感,和对沙皇专制的情感认同二者之间矛盾统一的思想体现,后者最终导致了别林斯基对现实的妥协。

别林斯基认真地审视了俄国历史发展的特点,彻底地批判了俄国文化传统中的皇权主义和专制主义成分,揭露了沙皇专制制度统治的反人民性。他在1840年给康斯坦丁·阿克萨科夫的信中写道:"我们要什么样的生活? 我们的生活在哪里? 为什么而生活? 我们是滞留在社会外面的许多个体,因为俄国不成社会。 我们既无政治生活,也没有宗教生活、科学生活和文学生活。 无聊、冷漠、挫折、徒劳无果的努力——这就是我们的生活。"②别林斯基坚信人民是历史发展的决定力量,只不过他眼里的人民是占俄国人口绝大多数,而且遭受压迫和剥削最深的农民。

别林斯基在游历欧洲后,宣布自己懂得了"赤贫"和"无产阶级"的真正含义,他认为西欧的无产阶级与资产阶级的"平等"仅仅是停留在法律纸面上的平等,而"更加不幸的是:这种平等丝毫也没有使无产阶级轻松一些。 无产阶级是私有者和资本家永久的劳动者,他所有的只是两只手,他充其量不过是奴隶。"③别林斯基认为俄国完全不必走西欧资本主义的道路,社会主义的理想对于俄国来说更为现实,"没有任何事情"比促使社会主义到来"更加崇高、更加高贵了",而实现社会主义必须采取暴力革命的手段,"如果认为不实现暴力,不经过流血,时间就会自然使之实现的,那就太可笑了。 人们是如此的愚钝,以至于必须用

---

① 别林斯基:《别林斯基选集》,辛未艾译,上海译文出版社,第2卷,第5—6页。
② 柏林:《俄国思想家》,彭淮栋译,译林出版社,2001年,第202页。
③ 涅奇金娜主编:《苏联史》,刘祚昌等译,第二卷:第一分册,生活·读书·新知三联书店,1957年,第221页。

暴力把他们引向幸福。同大多数人所受的痛苦相比，流血又算得什么"①，"千年王国在地球上建立起来，不是靠着完美的、温情脉脉的吉伦特人的甜蜜的、热情洋溢的语言，而是依靠恐怖分子，依靠罗伯斯庇尔们和圣茹斯特们的语言和行动的双刃利剑。"②他还认为人民是历史发展的决定力量，人民不必经过充分准备就可发挥直接的历史实际力量的作用。

别林斯基在其活动的早期（1837—1839年）也共同出现了思想和政治倾向上"与现实妥协"（компромисс с реальностей）的迷茫阶段，也曾犯过几乎与果戈理同样的"失误"，③一度成为他们的人生污点。

面对尼古拉一世统治下的黑暗的俄国现实，别林斯基曾一度宣扬"一切存在的东西，都是必要的，合理的，有效的"④，并因此不仅承认了专制制度、农奴制的合理性，而且还为之大唱赞歌。别林斯基声称"在我们俄罗斯，政治是没有意义的，只有那些无所作为的人才会去搞政治。要热爱善良，不必顾虑并千方百计去做一个对祖国有益的人，也就自然对祖国有益了。"⑤可以说，这句话表达的是一种带有遁世主义倾向的消极言论，它意味着别林斯基已经转向"与现实妥协"，并开始宣扬"逆来顺受"的行为观念。

当然，别林斯基始终承认现实的不足，他的"与现实的妥协"很大程度上是建立在这种认识上的。他指出，"现实是一只巨怪（他给巴枯宁写道），长着铁爪、巨嘴与巨颚。它迟早会吞掉每一个反抗它、无法同它和平相处的人"，所以"它（现实）一切都不可拒斥，它一切都不可谴责或蔑视"。⑥据别林斯基生平及思想的介绍性记载，别林斯基之所以会在1939—1940年间产生"与现实妥协"的思想，很大程度上是受了德国思想家黑格尔哲学中"存在即合理"的思想影响的结果。但是，别林斯基素来被认为是最真挚的真理的追求者，他是否会仅仅因为接受了"黑格尔"就置祖国于不顾？他的思想变化的触发机制究竟是怎样的？我们认为，别林斯基的思想体系本身就存在着承认现实合理性的因素，这

---

① 马里宁：《俄国空想社会主义简史》，丁履桂等译，商务印书馆，1990年，第118页。
② 同上书，第125页。
③ 蒋路先生在《俄国文史采微》（东方出版社，2003年）中在国内学界较早和最为详细地谈到别林斯基这一思想插曲。
④ 别林斯基：《别林斯基选集》，辛未艾译，上海译文出版社，第2卷，第71页。
⑤ 普罗托波波夫：《别林斯基、杜勃罗留波夫、皮萨列夫、冈察洛夫》，翁本泽译，海燕出版社，2005年，第43页。
⑥ 伯林：《俄国思想家》，彭淮栋译，译林出版社，2001年，第201页。

就是根深蒂固的对沙皇专制权力的信仰。

1837年，别林斯基应克拉耶夫斯基（А. А. Краевский）之邀参加《祖国纪事》编辑部的工作，并且与斯坦凯维奇小组建立了密切的联系。同小组其他成员以及同时代其他年轻的知识阶层一样，别林斯基被黑格尔哲学所吸引。但是由于别林斯基不懂德语，因此他不得不时常以书信的形式求教于巴枯宁和斯坦凯维奇。别林斯基对黑格尔的"存在即是合理的"哲学命题极为信服。1838年，别林斯基在主编的《莫斯科观察家》上发表了巴枯宁翻译的黑格尔的《中学讲演录》，巴枯宁在译序中写道："现实永远是胜利者"，"反抗现实等于摧毁各种勃然涌动的生活源泉。在生活的各方面和一切领域顺应现实，是当代的一项伟大任务。"①别林斯基在给巴枯宁的回信中也表示："我注视着我原先根本不屑一顾的现实，由于意识到它的合理性而感受着一种神秘的喜悦。"②

1839年6月，别林斯基的《波罗金诺周年纪念》在《祖国纪事》上发表，这里他借用了普希金的颂诗《波罗金诺周年纪念》的题目。③ 在文章中，别林斯基提出了三个重要的观点。第一，俄国之所以能够打败不可一世的拿破仑大军，不是因为人民的力量，而是由于沙皇及沙皇政府的英明指挥。第二，俄国之所以能够取得胜利，是源自于俄国有远高于法国乃至西欧的文明，而这种文明的体现者就是沙皇制度。第三，俄国之所以能够取得胜利，是因为俄国上下君臣和和睦、臣民一心，这即是俄国民族性。

别林斯基在政治上的"转向"和麻木不仁使他的朋友痛心，赫尔岑对此予以严厉地批评，并且因此宣布与他断交。别林斯基很快醒悟过来，在1840年宣布与自己罪恶的思想决裂。他在给哲学家波特金（В. П. Боткин）的信中表示："我诅咒着自己想和卑鄙的现实妥协的那种卑鄙的愿望……我的天啊，想到了我那里的狂热病或精神错乱，真是可怕，我现在好似一场大病初愈的人"。④ 从此以后，别林斯基就义无反顾地转向了革命民主主义者的世界观。但是曾经充满献媚、奴颜的文章成了他一生洗不掉的最大污点。以至于每当他的朋友或敌人提及此事时，他立即无言以对，羞愧万分，无地自容。作家屠格涅夫曾无意谈起此

---

① 蒋路：《俄国文史采微》，东方出版社，2003年，第451页。
② 同上书，第451—452页。
③ 普希金作于1831年8月26日，这一天是波罗金诺战役30周年纪念日，也是俄国军队攻占华沙之日。此诗为普希金为数不多的宣扬大俄罗斯沙文主义的作品。
④ 涅奇金娜主编：《苏联史》，刘柞昌等译，第2卷，第1分册，生活·读书·新知三联书店，1957年，第220—221页。

文,别林斯基立即"羞得用双手捂着住耳朵,紧弯着腰,左右摇晃着,在房间里踱来踱去"①。因为这篇文章与别林斯基愤世嫉俗、不屈不挠的性格,与他和独裁政权和专制制度势不两立、永世为敌的政治立场冰炭两极,根本无法相容。

作为一个有良知的知识分子,别林斯基从1841年后就开始批判自己、批判黑格尔,认为"黑格尔关于道德的所有议论,都是地道的胡说八道","容忍它们,还不如死了的好。"②同时,他也开始重新批判现实,认为俄罗斯的现实中"既无政治生活,也没有宗教生活、科学生活和文学生活",充满了"无聊、冷漠、挫折、徒劳无果的努力",简直是屠戮众生的"刽子手"。别林斯基因此愤然疾呼:"我不会善罢甘休,再不会向邪恶的现实委屈求和了",并由此与现实"决裂"。③

与前期相比,别林斯基在这一时期的现实批判的思想中,开始产生了对"个体""人性"的关注。别林斯基曾经极度不信任民众,认为"解放了的俄国人不是去国会,而是去小酒店喝酒,闹事,绞死贵族"④,认为俄罗斯人民难以运用真正的政治自由,只适合于服从专制制度;但一年后,别林斯基就彻底转变了立场,认为"主体、个体、个人的命运比整个宇宙的命运和中国皇帝的健康更为重要","人性的人格高于历史、高于社会、高于人类"⑤,这时的别林斯基开始把作为个体的"人"视为超脱于普遍人类的对象加以崇敬、膜拜。1847年,别林斯基在给果戈理的信中说道:"俄罗斯需要的不是说教(这种说教它已经听够了!),不是祈祷(它已经把它们背诵得够多了!),而是在人民中间唤醒多少世纪以来一直埋没在污泥和垃圾中的人类的尊严的感情,唤醒那不是和教会的学说,而是和同常识与正义相符合的权利和准则。"⑥不难看出,对人的个体的尊重开始成为这一时期别林斯基思想中的主导因素。

尽管众多学者都指出,别林斯基所以会产生这一思想转变,很大程度上是受了费尔巴哈"人本主义"观点的影响,但笔者认为,俄罗斯知识分子素有的对

---

① 蒋路:《俄国文史采微》,东方出版社,2003年,第455页。
② 别林斯基:《给瓦·彼·波特金的信(1841)》//北京大学哲学系外国哲学史教研室编译:《十八—十九世纪俄国哲学》,商务印书馆,1987年,第280页。
③ 伯林:《俄国思想家》,彭淮栋译,译林出版社,2001年,第203页。
④ 普罗托波波夫:《别林斯基、杜勃罗留波夫、皮萨列夫、冈察洛夫》,翁本泽译,海燕出版社,2005年,第43页。
⑤ 别林斯基:《给瓦·彼·波特金的信(1947年12月)》//北京大学哲学系外国哲学史教研室编译:《十八—十九世纪俄国哲学》,商务印书馆,1987年,281页。
⑥ 别林斯基:《别林斯基选集》,辛未艾译,上海译文出版社,2006年,第6卷,第465页。

"人民"的爱恋是促成别林斯基思想转变的内在原因,这种爱恋一方面是"对出自'人民'的人的怜悯与同情",另一方面则体现的是"对人的崇拜和对人民的崇拜"①。

俄国知识阶层虽然"真挚地"爱人民,却并不能"真的"爱人民,他们在理念上强调着自己崇尚"人民"的立场,但在感情、思想和某些行动上却远远脱离了"人民",这无疑可以看作是俄罗斯社会上下断层,即贵族与人民隔阂甚深的另一种原因解释。别林斯基并不免俗,他虽然声称"如果我不能为我的每一个骨肉兄弟、每一个与我血肉相连的人感到宽慰,我就不愿得到幸福,得到也是枉然"②,但他骨子里的对专制的崇尚并没有真正扭转为对民众个体命运的关注,他甚至声称自己"不会同一个鞋匠同坐在一张桌子旁",就因为"就其粗野的见解、习性和举止而言他是猪猡、野兽……"可以说,别林斯基终其一生都对民众持否定态度,认为俄罗斯的大众是蒙昧、无知、不可救药的。这一点无可避免地与别林斯基的哲学理念产生了深刻冲突,因为从理念的角度来说,别林斯基哲学的最根本的目标仍然在于为人类谋求幸福,甚至主张为了达成这个目标可以将真理作为"社会转折、民族利益和人类幸福的工具",放弃真理也在所不惜。③这种对"人"的理性热爱与感性憎恶之间的分裂,既是俄国知识阶层的共相所在,也是别林斯基所以会煎熬于其自身固有的思维矛盾之中的原因所在。

别林斯基也和许多俄国知识阶层一样,对资产阶级持否定态度:"我说过,国家掌握在资本家手中于国不利,而现在我要添上:国家掌握在资本家手中就糟了,这是些没有爱国主义、没有任何高尚情操的人。"④正如索洛维约夫所说,"俄国是反资本主义的",反资本主义的性格早已在俄国知识阶层心中深深扎根。但是,别林斯基并没有完全囿于传统认识的框架,他一定程度上承认了资产阶级的积极意义,认为资产阶级有"自己的伟大的过去,自己的光辉的历史,为人类效过大劳",并且他还特别指出"应当把大资产家而不是一般的资产阶级,作为

---

① 汪剑钊编选:《别尔嘉耶夫集》,上海远东出版社,2004 年,第 100 页。
② 别林斯基:《给瓦·彼·波特金的信(1947 年 12 月)》//北京大学哲学系外国哲学史教研室编译:《十八—十九世纪俄国哲学》,商务印书馆,1987 年,第 281 页。
③ 汪剑钊编选:《别尔嘉耶夫集》,上海远东出版社,2004 年,第 100 页。
④ 别林斯基:《给瓦·彼·波特金的信(1947 年 12 月)》//北京大学哲学系外国哲学史教研室编译:《十八—十九世纪俄国哲学》,商务印书馆,1987 年,第 297 页。

现代法国的鼠疫和霍乱加以讨伐",①从而将资产阶级分成了不同的两种阵营,即战斗中的资产阶级和得胜的资产阶级。别林斯基指出,前者"没有把自己的利益跟人民的利益分割开来",是需要得到认可的,而后者是没有爱人之心的、只知道"纵情享受,沉湎于骄奢淫逸的生活,靠穷人发财致富"的蠹虫,是千刀万剐而不足惜的。②别林斯基指出"俄国国内的发展过程只有在俄国贵族转向资产阶级的时刻才能开始",他已经清醒地认识到"国家失去了有权的资产阶级,怎么能强大"。③

虽然别林斯基认为资产阶级"独掌国家之牛耳"将导致国家不幸,但他也承认即便是"遭到唾弃的那种资本家,也必定对社会事业有他自己的一份影响"④。也即是说,别林斯基认为,尽管资产阶级执掌国家政权是不合理的,但资产阶级的存在本身则是合理和有利的,这一观点无疑是具有积极的历史意义的。别林斯基能够对资产阶级进行"否定之否定"的思想更新,就表明此时的别林斯基已经基本具有了对世界资本主义现代化发展规律较为客观、理性的认识,这是其思想进步性的一个重要表现。

对资产阶级问题的探讨,基本上可以说是别林斯基在生命最后所作的思索,同时也是其最后一次思想上的自我反叛,他再一次逐渐走向"折中"。这种思想变化在很大程度上与他对传统思想束缚的摆脱不无关系。1848年2月,别林斯基声称自己终于抛弃了"对人民的神秘主义的信仰",因为他看到在法国革命及其后来的发展中,资产阶级是国家的支柱,而人民在各个时期都只能起"消极的辅助作用"⑤,所以在两相对照的基础上,别林斯基否定了自己对"人民"所执有的迷信,从而也在一定程度上超脱了俄国知识阶层所固有的对人民的偏执的热爱,其价值判断也就因此更为理性了。

别林斯基在声称自己"对个人的自由和独立产生了一种野性的、疯狂的、幻想的爱"的同时,又强调指出"这种自由和独立只在以诚实和豪迈气概为基础的社会中才存在"。⑥从别林斯基这一时期的文字来看,他所指的这种社会就是所

---

① 别林斯基:《给瓦·彼·波特金的信(1947年12月)》//北京大学哲学系外国哲学史教研室编译:《十八—十九世纪俄国哲学》,商务印书馆,1987年,第295页。
② 同上书,第295、297页。
③ 同上书,第314页。
④ 同上书,第295、297页。
⑤ 同上书,第314页。
⑥ 马里宁:《俄国空想社会主义简史》,丁履桂等译,商务印书馆,1990年,第115页。

谓的社会主义社会。1841年年底,别林斯基写道:"我现在站在一个新的极点——这就是社会主义的思想。它对我来说,已成为思想的思想、存在的存在、问题的问题,成为信仰和认识的最基本内容。一切都是由它产生的,一切都是为了它和通向它的。它是问题的本身,也是问题的解决。……社会性,社会性——不然就是死亡!"[1]

别林斯基在极端"爱人民"的思想引导下,主张建立一个平等主义至上的社会。而既然倡导人人平等,就要推翻一切具有否定"个体的人"的倾向的制度,这也就必然导致别林斯基对俄罗斯现实社会中压抑"个人"的专制制度、农奴制度的否定。于是别林斯基开始倡导用革命的手段实现社会主义,即所谓革命民主主义。

别林斯基赞赏法国大革命中推行"恐怖政策"的雅各宾派,认为"千年王国在地球上建立起来,不是靠着完美的、温情脉脉的吉伦特人的甜蜜的、热情洋溢的语言,而是依靠恐怖分子,依靠罗伯斯比尔们和圣鞠斯特们的语言和行动的双刃利剑"[2],别林斯基由此主张用流血牺牲的方式,换取民众的幸福。

别林斯基宣布:"我深信,这个时代将会到来,那时将不会有人被烧死,也不会有人被斩首;那时罪犯将会祈求去死,作为对他的恩典和拯救,而他不会被处以死刑……那时不会有针对感情的约定和条件,不会有责任和义务,而意志也不会屈服于别的意志而只是顺从于爱……那时不会有富人,也不会有穷人,不会有沙皇,也不会有臣民,只有兄弟,只有一般的人。"为了实现这一带有空想主义色彩的"社会主义",别林斯基主张采取革命的手段。这种"革命"的情结一方面是受传统俄国知识阶层对哲学的"现实化应用"的思想的影响,而产生的"行动的哲学";一方面也是对法国大革命激进主义者的借鉴,这就是别林斯基的"革命民主主义"。

1848年5月26日,别林斯基因肺结核病逝。宪兵第三厅厅长本肯道夫得到消息后遗憾地说:"我们本来准备让他在彼得—保罗要塞的监牢里腐烂掉的。"别林斯基虽然盛年离世,但他以自己对真理的追求、对朋友的真诚、对现实的不调和享誉同时代人,也为后世所称道。赫尔岑称他是"尼古拉一世时期最革命的人"。

---

[1] 马里宁:《俄国空想社会主义简史》,丁履桂等译,商务印书馆,1990年,第116页。
[2] 同上书,第125页。

思想交锋：赫尔岑的革命主张

在19世纪50—60年代，俄国激进主义者和民粹主义运动的精神领袖赫尔岑的思想历程也经历了革命——改革——革命的摇摆过程。他也曾误入"思想迷途"，曾经放弃了革命主张，把解放农民的希望寄托于沙皇亚历山大二世身上。

1848年欧洲革命失败的打击、政治观点上的孤立和对俄国命运的担忧使赫尔岑的笔下呈现出了越来越激进的色彩。赫尔岑开始了思想的回归，他回到俄罗斯历史和文化中去寻找答案，他找到了农民社会主义理想。赫尔岑的农民社会主义理想主要反映在1849年的《俄罗斯》《致乔治·赫尔维格的公开信》和《致马志尼的信》，1850年的《论俄国革命思想的发展》，1851年的《俄国人民和社会主义》和《致米什莱的公开信》，1854年的《旧世界与俄国——致W.林顿的公开信》中。

从19世纪40年代至50年代中期，赫尔岑集中论述了他的农民社会主义思想。他在法文撰写的《俄国人民和社会主义》中提出俄国人民本身最具有社会主义的基础，因为拥有村社的俄国要比西方国家更接近社会主义。受斯拉夫派影响，早在国内时期，赫尔岑已经对俄国村社予以关注。他在1844年2月17日的日记中写道："斯拉夫村社最发达的样板是黑山人的村社……他们那里的民主最充分，虽然是野蛮宗法家长式的，但充满活力，富有稳固性。"①赫尔岑认为村社是斯拉夫世界越来越吸引欧洲目光的原因。在1844年2月21日的日记中，他写道："未来的时代在其旗帜上标识的不是个性，而是公社；不是自由，而是博爱；不是抽象的平等，而是劳动的有机分配。"②此时，赫尔岑已经表达了村社是孕育着俄国社会主义种子的思想。

赫尔岑在1849年的《俄罗斯》中得出结论："我们称之为俄国社会主义的是这样一种社会主义：它来源于土地和农民的生活，来源于每个农民实际有一份土地，来源于土地的再分配，来源于村社占有制和村社管理——并且将同劳动者的

---

① Герцен А. И. *Полное собрание сочинений*. Москва，1954. т. 2. с. 335.
② Там же. с. 336.

组合一起去迎接社会主义所普遍追求的和科学所承认的那种经济上的正义。"①在 1847 年 3 月至 1851 年 12 月期间致莫斯科朋友的《法意书简》（第 5 封信）中，赫尔岑第一次表达了这样的观点：俄国高度公有化的村社在欧洲是不存在的，俄国的村社将提供社会主义的基石。"俄国的乡村在欧洲是不存在的，欧洲乡间的村社只有维持治安的意义……在欧洲饥饿的长工和富有的地主之间能有什么共同之处？……俄国的村社万岁！它的未来是伟大的！"而赫尔岑亲身亲历的西欧却是如此般的景象，"（欧洲资本主义国家中随处可见的）高高的石头墙，墙上插着的碎玻璃，独立的花园，这些都代表了某种不道德的独占的所有权。对于穷人来说，他只有肮脏的街道，这些残忍的、令人气愤的墙壁不断地提醒他们，他们只是一个乞丐。"②赫尔岑看到了资产阶级民主的虚伪性，看到了资产阶级社会的阶级压迫和无产阶级的贫困、愚昧，他不希望各国走西欧资本主义国家的老路，因而极力证明俄国历史道路的独特性，他在俄国村社和俄国人民身上找到了希望。"俄国不必把西方所经历的全部道路'再重复走一遍'，也不必再次踏入'罪恶的、鲜血铺就的'资本主义河流。"③赫尔岑在《法意书简》中认为："欧洲有辉煌的过去，但这一切并不能让俄国自愧弗如……我们的过去是贫瘠的……我们对我们自己没有什么回忆……但是"俄国没有伟大的过去，没有发展的负荷，但有着伟大的未来。"④

在赫尔岑的社会主义理论中，他论述的对象不是俄国的经济问题、贫困问题，而是人性、人的价值、地位、幸福、相互关系。在他看来，俄国村社保障了人的自主地位。他认为，村社是人民摆脱了个人从属于国家，从属于官僚政治的状态，村社这个共同体中有最完整的民主。

对赫尔岑来说，村社在本质上不仅仅是土地公有制，而且包括个人和集体的和谐。在赫尔岑眼里，村社是一个爱的王国，农民之间是一种相互尊重、关心、爱护和友好合作的关系。在生产和分配上，也体现了人道主义。"在财产问题上，欧洲人赋予财产的合法权，而俄国人民对他的机构或观念都一无所知，他们对财产的理解是彻底的共产主义式的"，"对财产的处理同与村社公共秩序有关的

---

① 马里宁：《俄国空想社会主义简史》，丁履桂等译，商务印书馆，1990 年，第 185 页。
② Герцен А. И. *Полное собрание сочинений*. Москва, 1955. т. 5. с. 74.
③ Володин А. И. *Утопический социализм в России*. Москва, 1985. с. 140.
④ Герцен А. И. *Полное собрание сочинений*. Москва, 1955. т. 5. с. 21.

所有问题一样，是和谐的和合作的。没有强迫或是约束。"①俄国社会主义者实现社会主义可能比西欧实现社会主义还要快，因为西欧的村社制度已经过早瓦解了。赫尔岑认为："西欧曾经拥有过村社，但在朝向封建主义的发展中以及罗马私有财产向一极集中的发展中失去了它。而俄国不同于西方，它还很年轻，因为它仍然拥有村社"，"村社将俄国人民从鞑靼（蒙古）人的野蛮主义和帝国文明中挽救出来，……村社组织顺利维持到了社会主义在欧洲发展起来的时候，这种情况对俄国是极端重要的……村社没有消灭，个人所有制没有粉碎村社所有制，这对俄国该十多么幸运的事。俄国人民置身于一切政治运动之外，置身于欧洲文明之外，这对他们该是多么幸运的事，因为这种文明本身已通过社会主义而达到了自我否定。"②

赫尔岑认为俄国人民，首先是农民，用自己全部的生活和历史为社会主义做好了准备，因为他们就生活方式来说天生就是集体主义者、社会主义者和共产主义者。他宣布："在俄国农民的小木屋中，我们发现了建立在共同掌握土地和本能性的农业共产主义基础之上的经济与行政的机构。"③1851年法国历史学家米什莱（Jules Michelet）曾批评俄国人民懦弱和卑劣。赫尔岑立即以法文所撰的《俄国人民和社会主义》予以还击，他认为应该将沙皇及其压制且落后的制度与俄国人民分开来讨论，极力陈说默默忍受暴政的俄国人民纯洁和无辜。赫尔岑认为，建立在长期消极的镇压原则基础上的政策只会带来更激烈的反抗，农民充满不满，专制政府早晚会面临人民的反抗。在赫尔岑笔下，俄国人民是无政府主义者，是独立自主的，是天生的共产主义者，并且他得出结论："俄国的未来必寄托于农民身上，犹如法国的未来必寄托于工人一样。"④

1857年7月，赫尔岑和奥加廖夫在伦敦编辑并出版了《钟声》杂志，利用国外的有利环境，揭露国内政治黑暗，讨论农民解放问题，争取"把言论从书刊检查制度中解放出来！把农民从地主的压迫中解放出来！把纳税者从毒打中解放出来！"赫尔岑在发刊词中向"全体爱国同胞"发出呼吁："不要只聆听我们的《钟声》，还要自己动手敲响它！"⑤赫尔岑希望把《钟声》办成一个自由论坛，

---

① Герцен А. И. *Полное собрание сочинений*. Москва，1955. т. 6. с. 200—201.
② Герцен А. И. *Полное собрание сочинений*. Москва，1986. вып. 2. т. 2. с. 179.
③ Володин А. И. *Утопический социализм в России*. Москва，1985. с. 38.
④ Герцен А. И. *Полное собрание сочинений*. Москва，1986. вып. 2. т. 2. с. 179.
⑤ *Колокол Газета Герцена И Н. П. Огарева*. Москва，1962. вып. 1. с. 1.

而奥加廖夫则希望使其成为发动革命运动的机关。① 两人因此发生矛盾，赫尔岑宣布"《钟声》要为俄国的根本利益服务。"②当赫尔岑得知军棍沙皇尼古拉一世因克里米亚战争战败而亡的消息之后，他异常高兴地"噙着真诚而快乐的眼泪"把"这个伟大的消息"告诉孩子们，告诉所有的人。③ 同时他也把俄国变革的希望寄托于新沙皇亚历山大二世身上。 他在《致沙皇亚历山大二世的信》中呼吁政府采取明智措施，自上而下实施改革，废除农奴制，解放农民。 因为，"农民带有土地的解放的问题是如此重要……这一问题的提出就会使我们站在跟欧洲完全不同的立足点上。"④赫尔岑在第九期《钟声》中发表《再过三年》，他表示："保留着农奴制状态的俄国是可耻的，我们颤栗地期待着俄国的希望，聆听俄国的运动和消息……亚历山大二世和我们在一起，为俄国伟大的未来而努力工作。 从他执政之日起，农民开始获得了解放。"他称亚历山大二世为"开创俄国历史新纪元的活动家，他的名字将永载史册……"，"你胜利了，加加利人！"⑤

赫尔岑和《钟声》政治观点上的逆转遭到国内和国外进步知识分子的批评。然而赫尔岑在1860年3月1日回应批评者的信中为自己辩护："我们之间的分歧不是思想上的而是手段上的，不是原则上的而是行动方式上的"，"您代表我们方面的一种激进的意见。 不过，在号召人们拿起斧头之前，应当掌握运动的主动权，应当有组织，应当有计划。"⑥当然，很快赫尔岑就发现沙皇政府改革方案的保守性，以及亚历山大二世的狡诈。 赫尔岑立即著文，郑重地声明："不要责备我们，我们坚持到最后的极限了，该公开叛变了……再见吧！ 亚历山大·尼古拉耶维奇，祝一路平安！ 一路平安！ 谨此。"⑦在这里，赫尔岑提到了亚历山大二世的父称"尼古拉耶维奇"，意在提醒沙皇和人民，不要忘记"军棍沙皇"尼古拉一世给人们留下的黑色记忆。

赫尔岑这一短时间内的迷途，究其原因是复杂的。 最重要的原因是赫尔岑对农奴制改革前革命形势悲观失望，因此走上了舍"激进"而求"保守"，弃"革

---

① Monica partridge, *Alexander Herzen*, 1812—1870. Paris, 1984. p. 105.
② *Колокол Газета Герцена И Н. П. Огарева*. М. ，1962. вып. 1. с. 1.
③ 赫尔岑：《往事与随想》，项星耀译，人民文学出版社，1993年，下册，第324页。
④ *Колокол Газета Герцена И Н. П. Огарева*. Москва，1962. вып. 1. с. 362.
⑤ Там же. с. 67.
⑥ Там же. с. 531.
⑦ Там же. с. 568.

命"图"改良"的道路。犹如苏联历史学家马里宁（В. А. Малинин）评价："赫尔岑和奥加廖夫维护改革并不意味着他们反对革命。正如我们已经多少地看到的那样，他们力图更深刻地理解历史进程的内在的动力，进而是理解进化和革命在这一进程中的地位。"①但是其深层原因，还是深藏于自称"在对亚历山大沙皇怀着极大的敬意的环境中长大的"②贵族家庭出身的赫尔岑的意识深处的皇权主义政治文化的无形影响。

乌瓦罗夫的保守主义理论，包括革命家别林斯基和赫尔岑极短时间内的"政治迷途"反映了俄国保守主义根源之深和影响之大。俄国保守主义的核心体现在政治上为君主主义和国家主义，体现在文化上为保守主义，体现在价值观上为经验主义。

19 世纪 60 年代之前，俄国思想文化界爆发的思想交锋，反映了保守主义与激进主义思潮的对抗，反映了革命与改革两条道路的历史选择，表明俄国已经站在历史大变革前夜的门槛之上了。

克里米亚战争的爆发和影响

1848 年欧洲革命被镇压之后，欧洲大陆的局势发生了重大变化。奥地利哈布斯堡王朝因俄国沙皇尼古拉一世帮助镇压匈牙利革命而得救，1848 年 12 月 3 日即位的皇帝弗兰茨·约瑟夫（Franz Joseph I）年仅 18 岁，尼古拉一世认为他会完全听命于自己，曾踌躇满志地说："我说到奥地利时，也就像说到俄国一样。"③恩格斯评价"普鲁士是一个甚至在 1849—1850 年挨了耳光之后仍然忠诚不二的唯一的附庸"。④ 法国经过 1848 年革命，刚刚恢复被破坏的秩序，还没有成为稳定的政权。俄国最大的对手是英国，但是在英国国内也有一部分托利党

---

① 马里宁：《俄国空想社会主义简史》，丁履桂等译，商务印书馆，1990 年，第 172 页。
② 赫尔岑：《往事与回忆》，巴金译，上海译文出版社，1979 年，第 1 卷，第 63 页。
③ Anderson M. S. *The Eastern Question*，1774—1923：*A Study in International Relations*. New York：St. Martin's，1966. p. 115.
④ 《马克思恩格斯全集》，中共中央编译局译，人民出版社，1965 年，第 22 卷，第 46 页。

的保守贵族，主张联俄反法，被称为"俄国派"。尼古拉一世认为俄国可以依靠普奥的忠顺，孤立法国，再同英国缔结利益均沾的协定，一举夺取君士坦丁堡，甚至将其变成叶卡捷琳娜二世梦寐以求的"沙皇格勒"。

1849年8月25日，沙皇政府和奥地利政府照会土耳其苏丹，要求引渡匈牙利和波兰革命流亡者，并以战争相威胁——因为1848年革命被镇压后有反俄的3600名匈牙利人和800多名波兰人流亡到土耳其。土耳其在英、法支持下拒绝了这一要求。

此外，俄、法之间为了争夺基督教圣地巴勒斯坦伯利恒圣诞教堂的"钥匙问题"发生了纠纷。伯利恒是巴勒斯坦一个小镇，在耶路撒冷南约5公里，为耶稣诞生地。耶稣的坟墓所在地耶路撒冷和耶稣的出生地伯利恒的教堂是十字军东征和后来欧美基督教国家与信仰伊斯兰的土耳其发生外交冲突的一个焦点。法兰西第二帝国皇帝拿破仑三世认为他如果能协助天主教取得圣地的保护权，必会得到法国天主教及天主教徒们的认同，以强化他的政权的合法性的基础。因此他以维护天主教利益的代言人身份，在国内挑动天主教应在圣地有优先权的运动。而英国的安立甘教于1842年也在耶路撒冷设立了一个新主教区。俄国东正教也成立了巴勒斯坦使节团。1845年，希腊东正教会决定将暂时设在君士坦丁堡的耶路撒冷大主教迁回耶路撒冷。罗马天主教教皇庇护九世（Pius IX）在1847年派遣了一位大主教，恢复了从1291年起属罗马天主教教廷管辖的耶路撒冷天主教区。奥地利在1846年用金钱支持当地的圣方济各教会（Franciscan Order）印刷所，专门印刷宣誓天主教教义及鼓励将希腊正教驱逐出圣地的小册子。1847年，一件原安置在耶稣出生地伯利恒的教堂屋顶上刻有拉丁文的银星失窃。天主教徒认为是东正教徒所为，因此群情大哗，要求他们立即交出。天主教会请求法国政府协助夺回圣地及伯利恒教堂的管辖权。

而在另一方面，一贯主张"正统"和"神圣"原则的沙皇尼古拉一世认为他不仅有维护东正教在耶路撒冷圣地的各种权益的义务，也有保护奥斯曼帝国境内所有东正教徒安全的义务。在历史上，土耳其曾与天主教会和东正教会签订过许多关于圣地耶路撒冷的地位的协议，这些文件签订年代相距久远，内容互有冲突，因此争执与诉讼不断，并且成为各国政府利用的外交把柄。根据土耳其1740年与法国签订的条约和1774年与俄国签订的库楚克—凯纳吉条约，土耳其帝国境内的罗马天主教徒受法国保护，而东正教徒则受沙皇保护。

1851年，俄国外交大臣涅谢里罗德将尼古拉一世的旨意转述给土耳其政府，强调俄国对耶路撒冷和土耳其境内东正教徒有保护的义务。他说:"当沙皇看到不论是在圣城中,或其他任何地方教堂中的崇拜仪式,因为受到局外人的诱惑,或因政治目的所造成的伤害与屈辱的时候,陛下就会毫不犹豫地、不顾任何牺牲地,担负起保护相同信仰者的光荣责任。他会坚持地维护着他们从远古以来就享有的看管圣墓与优先举行典礼的豁免权。对这些权益的任何侵害,都不可能不会招致严重的惩罚。"①

圣地和圣墓之争从表面上看是东正教与天主教争夺圣地管理权,实际上是俄、法内外政策的需要。拿破仑三世积极介入圣地之争,他的目的是非常明确的:一是为了讨好国内的天主教徒,巩固其刚刚窃取到的政权,二是为了加强法国在东方的影响,三是为了利用教会之间的矛盾,拆散俄国与英、奥之间的联系,促使他们分离。争执于1850年炽热起来,到1853年达到高潮。

1853年1月9日,尼古拉一世召见英国驻俄大使汉密尔顿·西穆(Hamilton Seymour),告诉他:"土耳其的局势正陷入一个非常紊乱的状态之中。这个国家的本身,似乎要分裂成碎片,这个分裂将是一个极大的灾难。对英国和俄国而言,最重要的是两国对这些事务一定要预先有一个最妥善的良好谅解。即是,双方的任何一方,都绝对不能在不照会对方的情形下,采取任何一项有决定性的措施。请注意!在我们的怀中,有一个病人,非常严重的病人。我很诚恳地告诉您,假如他在这些所有必要措施还没有被采取前的日子中就逝去的话,这将是一个很大的不幸。不过,现在还不到谈这些事的时候。"②随后,尼古拉一世又三次约见汉密尔顿·西穆,沙皇意图非常明显,即提出与英国瓜分奥斯曼土耳其帝国。而英国不愿看到俄国控制黑海海峡并出现在地中海——那将威胁到它通往东方的道路,而希望把土耳其作为在东方阻挡俄国势力的一道栅栏,所以对瓜分反应冷淡。

土耳其苏丹阿卜杜勒·迈吉德一世(Abdal-Mejid Ⅰ)于1853年1月做了有利于法国的让步,把伯利恒教堂正门的钥匙交给了天主教修道士,尼古拉一世说这是拿破仑三世关于"称号"问题的"报复"。他一面动员了两个军团的兵力集中于比萨拉比亚,一面派出以特使缅希科夫(А. С. Меншиков)为首的俄国使团

---

① David M. Godfrank,*The Origins of the Crimean War*. London:Longman. 1994. p. 79.

② "Semyour to Russian,11 January 1853"Correspondence Respecting the Rights and Priviliges of the Latin and Greek Churches in Turkey. 1853—1856. 8 volunes,Foreign office,Great Britain(CORR)// *The Origins of the Crimean War*. David M. Godfrank,London:Longman. 1994. p. 1.

帝国风暴：
大变革前夜的俄罗斯

前往君士坦丁堡，随员是驻比萨拉比亚第五军团司令和黑海舰队司令。 1853年2月23日，俄国特使缅希科夫乘坐安装两座能发射84磅炮弹的大炮以及8座较小型火炮的"雷鸣"号军舰，驶入博斯普鲁斯海峡，并且示威性地在君士坦丁堡的土耳其苏丹宫殿的附近抛锚驻留。 俄国特使缅希科夫态度蛮横至极，他声言不愿和土耳其外交大臣谈判，宣称该大臣亲法国，土耳其苏丹只好任命新的外交大臣开始了谈判。 缅希科夫首先提出有关耶稣圣墓的管辖权与伯利恒教堂的圆顶修建问题，他建议土耳其政府应该取消由天主教在此地负责的命令，将其交给东正教的耶路撒冷主教区全权处理。 他还要求土耳其政府允许俄国在耶路撒冷的附近建筑一座宫殿，由当地的俄国领事管辖，提出要土耳其承认苏丹统治下的1200万东正教臣民受俄国保护，并缔结一项类似1833年《温开尔·斯凯列西条约》的条约，限五天内答复。 此外，缅希科夫还建议土耳其与俄国签订一项秘密协议，由俄国全权保障土耳其的安全和领土完整。 就在这时，巴尔干半岛上的土耳其属地门的内哥罗发生革命，土耳其军队开进门的内哥罗镇压。 缅希科夫在君士坦丁堡获得了重大胜利，土耳其苏丹阿卜杜勒·迈吉德一世答应在圣地保护权上做出一切必要让步。 然而，缅希科夫得到沙皇的指示又提出新的要求，要求苏丹答应签订一项新条约，土耳其应该从门的内哥罗撤军。 这不啻于将巴尔干拱手让与沙皇，苏丹阿卜杜勒·迈吉德一世无法答应这个苛刻的要求。 另外一个重要原因是，英国驻土耳其大使雷德克利夫（Stratford de Redcliffe）勋爵鼓励苏丹拒绝俄国的漫天要价，和以往一样，英国许诺将在危机中支持土耳其。 除了英国的支持外，法国政府也表达了法国站在土耳其一方反对俄国的愿望。

1853年5月22日，缅希科夫离开君士坦丁堡，返回俄国。 5月31日，俄国对土耳其最后通牒，发表宣言说要保护在土耳其的东正教会，并且俄国为监督土耳其将依据《亚德里亚堡条约》进占多瑙河两公国瓦拉几亚和摩尔达维亚。 为了给土耳其苏丹打气同时警告俄国，6月13日英法联合舰队驶入贝西加湾，这非但未能震慑俄国，反而深深刺激了俄国。 7月2日，俄国出兵8万人在戈尔恰科夫（А. М. Горчаков）将军的率领下越过普鲁特河，占领了在奥斯曼帝国的属地多瑙河两公国——摩尔达维亚和瓦拉几亚，并拒绝了土耳其苏丹提出的撤军。 英国和法国的地中海舰队同时奉命开到达达尼尔海峡外面的比西开湾。 俄国面临着它多年来力图设法避免的与英、法联合对抗的形势。 10月5日，土耳其对俄国宣战，战争爆发。

1853年俄历10月21日（公历11月1日），俄国政府正式向土耳其宣战。

在战争初期，尼古拉一世自负地表示："1854年的俄国能够表现出它依然像1812年那样强大。"在多瑙河上开始的这场俄土战争，正如恩格斯所指出的，对于俄国人来说，这是实现传统的野心的战争，对于土耳其来说，这是生死存亡的战争。11月27日，一只土耳其小型舰队到达锡诺普港。锡诺普是土耳其北方的黑海港口，距离土耳其首都君士坦丁堡350海里，距离俄国的克里米亚半岛只有180海里。土耳其舰队指挥官命令部下不准首先开火。不久他就发现六艘俄国战列舰在港外巡弋。他发出急件请求增援，但杳无音信。土耳其舰队没有一艘战列舰，可以使用的炮弹仅有520发。俄国战列舰从100英里外的塞瓦斯托波尔赶来，它属于俄国黑海舰队，由海军中将纳希莫夫（П. С. Нахимов）指挥。俄军拥有6艘战列舰，拥有总数达720座的机动炮，可以发射爆炸性弹头。11月30日早晨，俄国舰队进入锡诺普湾要求土耳其舰队升起白旗投降，土耳其指挥官拒绝投降并下令开炮，几分钟后俄国战列舰开炮。当早晨结束时，俄国舰队取得完全的胜利。土耳其7艘护卫舰和2艘轻巡洋舰被击沉，土军死伤3000人。而俄军除少数士兵伤亡外，俄军舰队没有一艘军舰受到损坏。这是木制风帆战列舰最后的辉煌也是俄国黑海舰队最后的辉煌，这次海战也作为帆船舰队时代的最后一次大规模的交战而载入史册。正是在克里米亚战争期间，蒸汽动力战舰被英法广泛使用，技术兵器的优势大大体现出来。而战前拥有4艘120门炮战列舰、12艘84门炮战列舰和4艘60门炮巡洋舰以及大量辅助舰的俄国黑海舰队不久就消失了。俄国击败土耳其海军，震惊了英国和法国政府，他们都认为这是俄国真正控制黑海前兆。锡诺普海战消息很快传到伦敦和巴黎，两国的舆论迅速升温，在英国，锡诺普海战被更是渲染为"锡诺普大屠杀"，两国民意高涨，要求政府采取行动。

1854年1月4日，英法两国政府同时呈交外交信件给俄国外交大臣涅谢内罗德，宣布两国的舰队已经通过博斯普鲁斯海峡，进入黑海，为土耳其运输船队护航。英法联合舰队规模十分可观。英国舰队拥有11艘主要战舰，而法国舰队拥有14艘，并且装备了更多的舷炮，超过100门舷炮的军舰共有8艘（法国5艘，英国3艘）。英法舰队战舰由风帆和蒸汽混合驱动，机动优势非常明显。土军在西塔特击败俄军的进攻，这是俄军的一翼。此后战区迅速扩大，战争不仅在黑海、巴尔干和高加索进行，而且扩大到波罗的海、白海和远东。

1854年2月6日，俄国宣布与英法断交，作为英法联合舰队驶进黑海的回应。英法联合舰队不仅深入黑海，而且还在波罗的海频繁活动，曾经深入芬兰湾，甚至到达距离彼得堡 50 余公里的军港喀琅施塔德附近海面。 2 月 10 日，英国代表团到达俄国作最后的外交努力并面见了沙皇。 尼古拉一世对英国特使讲："你们不要以战争威胁我，而我可以依仗柏林和维也纳。"以此警告英法可能再次引起欧洲大战。 然而沙皇政府寄予最大希望的神圣同盟早已貌合神离。 普鲁士对 1850 年俄国在普奥争端中袒护奥地利早有怨言，此时更不会为巴尔干这个与自己毫无利益瓜葛的问题为俄国火中取栗。 尼古拉一世没有想到几个月之后奥地利的背叛。 2 月 23 日，第一批英国陆军上船前往土耳其。 2 月 27 日，英法向俄国发出最后通牒，要求俄国在 4 月 30 日之前撤离瓦拉几亚和摩尔达维亚。 沙皇尼古拉一世置之不理。 3 月 12 日，英法与土耳其结成同盟。 3 月 19 日，法国陆军也登船前往土耳其。 一天后，俄军渡过多瑙河。

1854 年 3 月 27 日和 3 月 28 日法国和英国相继对俄国宣战。 4 月 20 日，普奥两国宣布保持中立，并秘密结为防御同盟。 6 月 3 日，奥地利完成部署，在匈牙利与瓦拉几亚和摩尔达维亚的边境陈兵 8 万，并向俄国发出最后通牒，要求俄国立即从两公国撤军。 尼古拉一世大骂奥地利国王忘恩负义，出卖俄国对它的忠诚友谊。 俄国巴斯凯维奇将军早在 1853 年 1 月就曾向尼古拉一世建议，俄军驻守多瑙河两公国是孤军奋战，一旦战争爆发极其危险，不如尽早撤离。 为了不至于腹背受敌和保留住最后一个可能的盟友，6 月 8 日，俄国军队如奥地利所愿从多瑙河两公国撤军，奥地利军队随即进入，占领了瓦拉几亚。 6 月 14 日，奥地利又同土耳其签订条约，土耳其同意奥地利占领两公国直到战争结束。 6 月 15 日奥地利向俄国宣战。 8 月 8 日，奥地利政府向俄国政府提出与土耳其、英国和法国协商同意的"四点条件"。 其中包括：俄国必须放弃对摩尔达维亚、瓦拉几亚、塞尔维亚的保护权，改由欧洲诸国共同保证其安全；维护多瑙河的自由航行权；俄国政府不再坚持要求保护土耳其境内所有东正教徒的权力，土耳其政府向俄国保障负责他们的安全；为了保持欧洲的势力均衡，要求俄国同意修改 1841 年"海峡会议"的有关条文。 俄国政府予以拒绝。 这使俄土交战发展成了一场俄国和英法为争夺巴尔干和黑海的国际战争。 俄国在外交上陷于完全孤立，军事上面临优势敌人从各个方面发动的进攻。

1854 年 7 月 7 日，在古杰沃，俄军再次被击败。 疲惫的俄军开始全面撤退，先是布加勒斯特，到 7 月 28 日，俄军完全撤出瓦拉几亚和摩尔达维亚。 至此，俄军已经撤退到一年前的出发点。 尼古拉一世发动对土耳其战争的目的，只不过是想以战争方式迫使土耳其屈服沙皇政府，借以获得更多的权益，原本没有将之扩大成为国际战争的打算。锡诺普海战虽然大获全胜，但激发了英国和法国的强烈反应，并且派兵参战，这是他始料未及的。尼古拉一世虽然表面上强硬，其实仍希望能借助最后一个盟友奥地利的支持和调停，避免与英、法、土联盟的正式交战。然而，奥地利恰恰是利用俄国最虚弱的时候，向俄国提出了以前不敢提出的外交和领土要求。恩格斯分析："浅薄的尼古拉的狭隘心胸，消受不了这意外的福分，他过分性急地向君士坦丁堡进军，爆发了克里米亚战争，英法都去援助土耳其，奥地利则热衷于以其极端忘恩负义的行动震惊世界。"①

1854年5月，英法联军占领了保加利亚东岸的瓦尔纳港，以此为基地准备对俄国进行大规模的攻击。他们考虑采取攻占克里米亚以切断俄军的海军供应据点，或者是从黑海东岸的切尔克西亚登陆，直接偷袭高加索地区的俄军，迫使俄国政府早日求和。经过多次讨论，英法两国政府决定采取速战速决方式，一举攻下俄国在黑海最重要的海军基地塞瓦斯托波尔，迫使尼古拉一世坐在谈判桌前，尽早结束战争。从1854年8月起，英法土联军扭转了兵力分散的态势，集中兵力于克里米亚半岛，从俄国手中夺取黑海制海权。1854年9月中旬，联军出动60多艘战舰、6万多名士兵和3个攻城炮兵团在克里米亚半岛的叶夫帕托里亚登陆。9月20日，双方在阿尔马河畔进行第一次陆战，缅希科夫将军指挥的俄军一败涂地，损失5700多人，退向俄国黑海舰队的主要基地塞瓦斯托波尔。英法土联军开始对塞瓦斯托波尔长达11个月的围攻。

塞瓦斯托波尔有天然的深入内陆的港湾，可以驻泊大量海军舰只，俄军黑海舰队就以这里为母港。城外是连绵的高地，要塞临海一面有海岸炮台13座，火炮611门，易守难攻。1854年的塞瓦斯托波尔城本身还没有完全要塞化，因为俄军之前还从没有预料过在克里米亚打防御战。此次战役使要塞守备部队在居民的参与下构筑了一道7公里长，由8座棱堡和大量中间工事组成的防线。面对实力强大的英法土联军舰队，缅希科夫认为黑海舰队出海作战毫无胜算，因此命令海军中将科尔尼洛夫（В. А. Корнилов）凿沉舰队堵塞航道。俄军将水面战舰中的战列舰5艘和巡航舰2艘横向沉没于港口的入海处，以阻止联军的蒸汽战舰突进塞港内停泊场，其余的帆船和所有汽船及蒸汽巡航舰参加塞港保卫战，大约有1000门舰炮先后被搬至陆地，海军官兵也上岸充实守城部队。缅希科夫带领俄军主力前往城外的东北方，希望与俄国援军会合，从那里威胁联军侧翼。

---

① 《马克思恩格斯全集》，中共中央编译局译，人民出版社，1965年，第22卷，第42页。

10月9日，28000援军进入塞瓦斯托波尔，使得守城部队达到38000人。到了10月第2周，俄军已经恢复到阿尔马之战前的实力，甚至更强。10月17日，英法土联军舰队的炮击进行了一天，但1100门舰炮收效甚微。相反俄军的炮火却重创联军海军。英国海军损失了300人，7艘战舰严重损伤，法国舰队也损失不轻。英军炮击将凸角堡打成废墟，但是当夜俄军又修复了损坏的工事。这样的情况持续了7天。俄军损失惨重，2000人在炮击中丧生，17日当天，海军中将科尔尼洛夫阵亡。

1854年11月4日，克里米亚半岛遭受了暴风雪的袭击，英国海军舰队损坏严重，英军营地的帐篷被撕成了碎片，补给品被刮得不知去向，部队饥寒交迫。俄军总指挥缅希科夫报告沙皇尼古拉一世："联军人马在运输途中大部分死亡。"尼古拉一世闻讯后大受鼓舞。他决定乘机反攻，夺回欧巴托里亚。他亲自督促垂头丧气的前线人员发动反攻。当时缅希科夫指挥的俄军共有10万人，联军有12万人。1855年1月底，缅希科夫匆忙命令俄军19000人进攻叶夫帕托里亚，但因士气低落、气候恶劣、准备不足，俄军遭到高地联军的炮击而一败涂地。

1855年2月14日晚，尼古拉一世知道了欧巴托里亚失守的消息，2月15日尼古拉一世免去缅希科夫的职务，任命戈尔恰科夫接替他的职务。然而，在3天后的2月18日（公历3月2日）上午，冬宫突然传出了尼古拉一世暴亡的消息。

尼古拉一世的真正死因是俄国宫廷中无数个不解之谜中的一个。至今没有充分证据证明他死于疾病？死于自杀？抑或死于他杀？但有一点是明确的，他的突然离世与他亲自发动的对土耳其战争的失败有着极其密切的关系，与他继位以来始终致力于争夺欧洲、近东、中东乃至世界霸权的外交政策有关，而他亲自布置的欧巴托里亚战役的失败，既是他一生霸权事业的一个象征性的结束，也是自亚历山大一世执政以来，俄国维持了近半个世纪的欧洲霸权的终结。

克里米亚战争的战败是俄国军事实力和综合国力的体现。克里米亚战争是拿破仑帝国崩溃以后规模最大的一次国际战争。1853年战争爆发，俄国相较土耳其拥有较明显的军事和经济优势，然而当1854年英国、法国等国对俄宣战后，俄国与英、法、土联军相比较，俄国在军事装备和训练、交通运输和供应方面都极差。英、法军队使用的是远射程大炮、新式来复步枪和蒸汽战船，而俄军使用的仍是老式枪炮和木制帆船。据统计，俄国军队中95%的士兵使用的仍是一个世纪前的老式滑膛枪，射程只有300步远。线膛步枪相对于滑膛枪最大的优势在于射程和精度。滑膛枪的有效射程只有近 140—150 米,并且精度很低。而线膛步枪有效射程达到 400—500 米。英法的优势来源于新式线膛步枪——米尼步枪。法军在 1840 年代后期率先装备了米尼步枪,这使得它在同时期列强陆军中拥有巨大的技术和战术优势。英军在 1851 年装备了 1851 式米尼步枪,它成为克里米亚战争中英国陆军的主战单兵武器。英法军事部门在人类历史上第一次使用无线电远程指挥作战。开战时,俄军连一张完整的克里米亚半岛地图都没有。莫斯科以南完全没有铁路,使得克里米亚的俄国驻军补给无法得到及时的供应,调动军队和给养都要花上数月的时间。正如恩格斯所指出的,俄国所面临的是一个生产方式落后的民族对几个具有现代生产的民族的一场无望的战争。

克里米亚战争的败绩也是俄国政治制度(沙皇绝对专制制度)和经济制度(农奴制度)的试金石。

1855 年 9 月 8 日,法军占领了塞瓦斯托波尔军港区和市区制高点马拉霍夫岗,俄军被迫放弃要塞,向北转移,塞瓦斯托波尔陷落,这一事件决定了战争的结局。恩格斯评价:"尼古拉 25 年来夜以继日地苦心经营的事业被埋葬在塞瓦斯托波尔的废墟中"①"沙皇政府在全世界面前给俄国丢了丑。同时也在俄国面前给自己丢了丑,前所未有的觉醒时期开始了"。② 苏联历史学家佐林在事隔 100 年以后对尼古拉一世作出这样的评论:"他是中欧各国政府的灾星,是加害欧洲社会一切进步阶层的妖魔,但到后来却因为把握不住外交方向,走上意外的裂了口的深渊,以致跌下去摔死了。"③

---

① 《马克思恩格斯全集》,中共中央编译局译,人民出版社,1962 年,第 12 卷,第 696 页。
② 《马克思恩格斯全集》,中共中央编译局译,人民出版社,1965 年,第 22 卷,第 44 页。
③ Зорин В. А. История дипломатии. Москва, 1959. т. 1. с. 536.

尾　声

历史有尾声吗？

历史不能终结！帝国梦无法了结！帝国风暴再度聚集！

19世纪俄国著名诗人丘特切夫告诉后人："用理性不能了解俄罗斯，用一般的标准无法衡量它，在它那里存在的是特殊的东西。"这个"特殊的东西"是什么呢？数个世纪以来，在俄国思想文化界，哲学家、历史学家、作家、诗人和艺术家们把它解释成"俄罗斯思想"（русская идея）、"俄罗斯性格"（русский характер）和"俄罗斯道路"（русский путь）。

1855年2月初，就在克里米亚战事正酣、俄军屡遭败绩、塞瓦斯托波尔陷入英法联军重重围困之际，沙皇尼古拉一世急火攻心，一病不起。尼古拉一世在弥留之际招来皇太子亚历山大（Александр Ⅱ），他无限感慨地对自己的继承人说："为俄罗斯服务吧。我本想把最困难、最沉重的担子挑起来，把一个和平的、一切安排就绪的和幸福的帝国交给你，但上帝做了另一种安排。"当年2月18日（公历3月2日）午夜，莫斯科、基辅、华沙的贵族会议同时接到宫廷来电："尼古拉皇帝正在死去，并向所有的人们道永别。"

年方37岁的新沙皇亚历山大二世是在动乱中匆忙登上俄罗斯帝国皇位的，而此时的俄国在克里米亚战败之后已从欧洲霸权的顶峰跌落下来，已由欧洲头号军事强国和外交大国沦为"欧洲孤儿"。《现代人》（Современники）杂志于1856年刊登的一篇文章指出："俄罗斯好像从睡梦中醒了过来……人人都觉醒了，人人都开始思索，人人都充满着批判精神。"

亚历山大二世及其幕僚认真地估计了国际及国内的形势，终于在1856年4月表示："本人深信，迟早我们会解决这种状况。我想，诸位同我的意见是一致的，那就是从上面解决要比由下面来解决好得多"。1861年2月19日，亚历山大二世签署《关于农民摆脱农奴制依附地位的总法令》。沙皇政府宣布废除农奴制度，俄国由此开始了已经延误的现代化（delayed modernization）进程。

这一大改革(великая реформа)拯救了俄罗斯帝国,迎来了俄国经济尤其是工业高速发展的 50 年。到第一次世界大战前,俄国经济重回欧洲首位,出现了与 19 世纪上半期交相辉映的"白银时代"。

然而,经济的高速发展不能取代失衡并滞后的政治现代化,沙皇绝对专制制度(самодержавие)几乎以硕果仅存的"欧洲老古董"的迟缓步履迈进了 20 世纪。末代沙皇尼古拉二世(Николай Ⅱ)与专制体制经历了拒绝改革—回避改革—拖延改革—被迫改革的痛苦过程,于 1905 年 10 月 17 日颁布了《整顿国家秩序宣言》,宣布实行君主立宪制。但是,在英国历史学家基普(J. L. H. Kip)眼中:"1905 年改革不过是一场更大的翻天覆地的变动的前奏,这场大变动将要把 19 世纪俄国的遗产扫荡无遗,开辟出令人陶醉而又惊心动魄的新的宏伟前景"①。

1917 年二月革命爆发,仅仅 5 天的时间,拥有 300 多年统治历史的沙皇制度和 196 年历史的俄罗斯帝国一同轰然崩溃,以至于"当人们将 1917 年的事件和法国大革命或英国清教徒革命对比一下,他们吃惊地发现,前两次革命中花费了好多年才解决的冲突和争议,被压缩在俄国发生剧变的头一个星期内解决了"。

然而,这是一场持续的帝国风暴。仅仅 7 个月后的 1917 年 10 月,俄国再度爆发革命。列宁(В. И. Ленин)与其战友在几年时间里建立了一个布尔什维克绝对领导下的新型体制——苏维埃(Совет)和国家——苏联(СССР),并与欧美帝国主义国家分庭抗礼。"世界革命"的火种恰似幽灵般迅速燃遍东西方。

当苏维埃政权矗立在俄罗斯大地上时,欧美新老帝国英国、法国、美国和德国等国皆视之为"洪水猛兽",齐声诅咒之,欲协力打杀之。尤其是斯大林(И. В. Сталин)执政时期(1924—1953)的苏联,以傲然之势横扫欧美反苏势力、横扫德国法西斯势力,以迅速并高度的工业化和农业集体化冲击欧美资本主义经济,领军社会主义阵营冷战西方资本主义阵营,掀起了持续半个多世纪的红色帝国风暴。

西方学者不得不承认:"十月革命从根本上改变了俄国制度的形式和政治的社会基础。……一个新的领导集团出现了,它具有强烈的马克思主义意识形态,这种意识形态认为他们干预现代化的进程,成为推动历史变革的力量所进行的活动是正确的。"②

然而,自 20 世纪 70 年代中期以来,这股红色帝国风暴的冲击波逐渐减弱了,

---

① 《剑桥世界近代史》,中国社会科学出版社,1984 年,第 19 卷,第 587 页。
② 布莱克:《日本和俄国的现代化》,商务印书馆,1984 年,第 190—191 页。

帝国风暴：
大变革前夜的俄罗斯

克里姆林宫钟楼顶的红星的光辉也似乎开始逐渐暗淡下来。1991年12月25日，在零下35度的寒流肆虐的夜空中，在世人一片惊叹或惋惜声中，克里姆林宫上空悬挂了73年之久的印有锤子镰刀标志的红色旗帜缓缓降下，俄罗斯人熟悉的白蓝红三色旗徐徐升起，标志着一个庞大的红色帝国巨人的倒下。

1991年底，伴随着苏联解体，俄罗斯开始了疾风暴雨式的国家与社会转型、政治与经济转轨。在告别了社会主义之后，俄罗斯选择了"纯粹"的西方式道路，即政治上的多元化和政党政治、经济上的纯市场经济，推行外交上向西方一边倒、思想文化上的个人主义和西方价值观。俄罗斯复兴的核心即是"重返欧洲"，搭上"欧洲复兴的快车"，时任俄罗斯总统叶利钦（Б. Н. Ельцин）希望建立"从温哥华到符拉迪沃斯托克的欧洲—大西洋大家庭"。但是这个全方位和急速的社会转型异常波折。

普京（В. В. Путин）犹如当年的亚历山大二世一样，在20与21新旧世纪交替之夜，临危受命就职俄罗斯联邦总统，其艰难使命不言而喻。他在1999年12月底发表于互联网上的《千年之交的俄罗斯》中明确地回答了"俄罗斯路标在何方？"的诘问，他宣布："俄罗斯过去是，将来也还会是一个伟大的国家。它的地缘政治、经济和文化的不可分割的特征决定了这一点。"他提出了"爱国主义""强国意识"和"国家观念"三项基本原则，其核心是俄罗斯必须走欧亚主义之道路。在2013年的瓦尔代国际辩论俱乐部上，普京向在场各国专家提出了两个问题："什么是帝国？""如何成为一个帝国？"

2013年底，就在俄罗斯与美国的外交对抗愈演愈烈之际，就在俄罗斯与乌克兰外交关系极度紧张之际，克里米亚自治共和国政权在俄军控制下于2014年3月16日举行了公民公投，共约97%的选民支持克里米亚从乌克兰独立并加入俄罗斯。随后，普京于2014年3月18日签署接受克里米亚加入俄罗斯并组建新的俄罗斯联邦主体的条约草案。普京在俄罗斯国家杜马会议上宣布："对俄罗斯来说，克里米亚问题至关重要，对我们所有人有重要历史意义。在人民的心目中，克里米亚一直是也将是俄罗斯不可分割的一部分。"然而，与此同时，在美国的影响之下，联合国以100票赞成、11票反对的结果通过68/262号决议，强调克里米亚为国际普遍承认的乌克兰领土。

由此，类似19世纪的克里米亚战争和20世纪的苏美冷战的历史一幕再度上演，俄罗斯大地上，一场帝国风暴也再度聚集。